Human Resource Management

Strategien und Instrumente für Führungskräfte und das Personalmanagement in 14 Bausteinen

Prof. Dr. Markus Gmür
Prof. Dr. Jean-Paul Thommen

4., überarbeitete und erweiterte Auflage

Versus · Zürich

Bibliografische Information der Deutschen Nationalbibliothek

Die Deutsche Nationalbibliothek verzeichnet diese Publikation in der
Deutschen Nationalbibliografie; detaillierte bibliografische Daten
sind im Internet über http://dnb.dnb.de abrufbar.

Weitere Informationen über Bücher aus dem Versus Verlag unter
http://www.versus.ch

© 2014 Versus Verlag AG, Zürich

Umschlagbild und Kapitelillustrationen: Susanne Keller · Zürich
Satz und Herstellung: Versus Verlag · Zürich
Druck: Comunecazione · Bra
Printed in Italy

ISBN 978-3-03909-168-3

Vorwort
zur 4. Auflage

Die anhaltend gute Nachfrage nach diesem Buch macht im Sommer 2014 eine Neuauflage notwendig, die erneut für eine Aktualisierung und Erweiterung genutzt wurde. Das bewährte didaktische Konzept wird beibehalten, mehrere Kapitel wurden aber inhaltlich ausgebaut. Insbesondere wurden die bisherigen Bausteine um einen weiteren Baustein 14 ergänzt. Er ist dem vertieften Nachdenken über das Human Resource Management, seine tragenden Ideen und die Managementpraxis gewidmet und verbindet einen historischen Rückblick mit einer Anleitung zur ethischen Reflexion.

Wir bedanken uns wiederum bei allen denjenigen, die mit Feedback und inhaltlichen Anregungen dazu beigetragen haben, dass nun eine nochmals verbesserte, vierte Auflage erscheinen kann.

Fribourg und Zürich, März 2014
Markus Gmür und Jean-Paul Thommen

Vorwort zur 1. Auflage   Human Resource Management ist in erster Linie eine Führungs- und in zweiter Linie eine Fachfunktion. Es ist eine strategische Aufgabe für Unternehmer und Bereichsleiter, die ihre Mitarbeiter mit deren Fähigkeiten, Motiven und Interessen optimal zur Erreichung der Unternehmensziele einsetzen wollen.

Dieses Buch versucht eine Lücke zu schließen: Eine große Zahl von Personallehrbüchern für Universitäten und Fachhochschulen liegt heute vor. Obwohl diese sich explizit immer auch an Praktiker richten, ist der didaktische Ansatz auf Studierende ohne oder nur mit geringer Berufserfahrung ausgerichtet. Die systematische Darstellung des Fachgebiets steht im Vordergrund. Der Problemlösungsansatz bleibt dagegen unvermeidlich zurück. In den letzten Jahren ist auch eine große Anzahl an Praktikerbüchern zu verschiedenen Themenfeldern des Personalmanagements erschienen. Sie bieten praktische Problemlösungshilfen im operativen Tagesgeschäft, aber erfassen nur selten die Komplexität von Personalmanagemententscheidungen mit ihren unmittelbaren und langfristigen Konsequenzen. Das vorliegende Buch soll diese Lücke als Leitfaden für ein strategisches Human Resource Management in 13 Bausteinen schließen.

Ausgangspunkt ist die strategische Grundausrichtung, der erste Baustein im vorliegenden Konzept. Sie ist das Ergebnis personalpolitischer Grundsätze und der marktstrategischen Ausrichtung. Daraus leiten sich in den folgenden sechs Bausteinen die Kernfunktionen des Human Resource Management ab, die den Managementalltag jeder Führungskraft kennzeichnen: Führung, Motivation, Anreizgestaltung, Entwicklung, Feedback und Bindung. Die letzten sechs Bausteine vervollständigen das Konzept um die erweiterten personalpolitischen Funktionen der Rekrutierung und Eignungsdiagnose, Integration, Karrieresteuerung, Flexibilisierung und Aufgabensteuerung.

Dieses Buch fasst die Erfahrungen langjähriger Unterrichts- und Beratungstätigkeit für Führungskräfte und Personalmanager zusammen, die alltäglich Personalentscheidungen fällen und darauf angewiesen sind, die Folgen dieser Entscheidungen für ihr Unternehmen und seinen langfristigen Erfolg abschätzen zu können. In den vorliegenden dreizehn Bausteinen soll das Buch helfen, solche strategischen Entscheidungen zu strukturieren und auf der Grundlage des aktuellen Stands der Führungs- und Personalforschung zu praktikablen Lösungen zu gelangen.

Unser Dank gilt den zahlreichen Teilnehmern in unseren Management-Weiterbildungsprogrammen, die unseren Blick für die Managementpraxis geschärft haben. Er geht auch an die vielen Gesprächspartner – in erster Linie Rüdiger Klimecki, Markus Thomae, Hanna Fearns, Martina Schott und Oliver Altehage –, mit denen wir unsere Ideen diskutiert haben und die uns mit ihren Anregungen in unserem Buchprojekt vorangebracht haben.

Inhaltsübersicht

Baustein 1   Strategisch denken und steuern 17

Baustein 2   Wirksam führen 47

Baustein 3   Nachhaltig motivieren 97

Baustein 4   Leistungsanreize gezielt setzen 125

Baustein 5   Feedback systematisch geben 165

Baustein 6   Kompetenzen entwickeln 191

Baustein 7   Leistungsträger binden 229

Baustein 8   Langfristige Rekrutierungsstrategien verfolgen 247

Baustein 9   Passende Mitarbeiter identifizieren 271

Baustein 10   Neue Mitarbeiter integrieren 297

Baustein 11   Karrierewege steuern 317

Baustein 12   Rationalisieren und flexibilisieren 337

Baustein 13   Personalaufgaben effizient steuern und organisieren 363

Baustein 14   Die Grundlagen des Human Resource Management reflektieren .. 393

Inhaltsverzeichnis

Baustein 1 **Strategisch denken und steuern** **17**

1.1 Die Idee des Human Resource Management 19
Warum ist der Mensch in der Organisation wichtig?

1.2 Die strategische Ausrichtung des Human Resource
Management 20
*Wie wird die Personalpolitik auf die
Unternehmensstrategie abgestimmt?*

1.2.1 Die Personalstrategie 21
1.2.2 Personalstrategie I: Das eingespielte Team 24
1.2.3 Personalstrategie II: Das perfekte System 26
1.2.4 Personalstrategie III: Der intelligente Organismus . 27
1.2.5 Personalstrategie IV: Die kreative Evolution 29
1.2.6 Wahl einer Personalstrategie 31
1.2.7 Personalstrategien im Innovationsprozess 37

1.3 Das Strategische Personalkonzept 39
*Wie werden die personalstrategischen Ziele und
Instrumente abgeleitet?*

1.4 Die Bausteine des Human Resource Management 43
Wie ist das Buch in den folgenden Kapiteln aufgebaut?

Literaturhinweise 45

Baustein 2 **Wirksam führen** **47**

2.1 Die direkte Führung der Mitarbeiter 49
Was ist Führung und worauf beruht sie?

2.2 Führungsrollen 53
*Welche Funktionen erfüllen Führungskräfte
für Unternehmen?*

2.3 Führungsverhalten und Führungserfolg 55
*Welche Führungsstile lassen sich unterscheiden und
wann sind sie erfolgreich?*

2.3.1 Führungserfolg 55
2.3.2 Führungsstile zwischen Aufgaben- und
Mitarbeiterorientierung 57
2.3.3 Der Einfluss der Führungspersönlichkeit 64
2.3.4 Charismatische Führung 71

2.4   Situative Führung 75

Wie muss der Führungsstil auf die konkrete Situation
abgestimmt werden?

2.4.1   Reifegradorientierte Führung 75
2.4.2   Führung und Aufgabenstruktur 79
2.4.3   Organisations- und Landeskultur 86
2.4.4   Substitution von Führung 90

2.5   Management by Objectives (MbO) 91

Wie lässt sich die direkte Führung durch Zielsteuerung
ersetzen?

Literaturhinweise 95

Baustein 3   Nachhaltig motivieren 97

3.1   Motivation 99

Welche Formen der Motivation sind zu unterscheiden?

3.1.1   Motivation und Motivationstheorien 99
3.1.2   Formen der Motivation 101

3.2   Bedürfnisse und Leistungsmotivation 104

Was erzeugt Leistungsmotivation?

3.2.1   Die Zwei-Faktoren-Theorie: Motivatoren und
        Hygienefaktoren 104
3.2.2   Die Motivationstheorie von Maslow:
        Hierarchie der Bedürfnisse 109
3.2.3   Leistungs- und Machtmotivation nach
        McClelland 112

3.3   Erwartungshaltung und Leistungsmotivation 114

Wie wirken Reflexionsprozesse auf
die Leistungsmotivation?

3.3.1   Die VIE-Theorie von Vroom 116
3.3.2   Die Gleichheitstheorie von Adams 116
3.3.3   Das Prozessmodell von Porter und Lawler 117

3.4   Motivationsstrategien 119

Welche Strategien der Leistungsmotivation sind
zu unterscheiden?

Literaturhinweise 122

Baustein 4 **Leistungsanreize gezielt setzen** **125**

4.1 Anreizsystem 127

Aus welchen Elementen besteht ein integriertes Anreizsystem?

4.1.1 Ausrichtungen von Anreizsystemen 127
4.1.2 Elemente eines Anreizsystems 129
4.1.3 Motivationswirkungen von Anreizsystemen 131

4.2 Lohn und Gehalt 137

Wie kann erreicht werden, dass das Gehaltssystem motivierend wirkt?

4.2.1 Entgeltpolitik 137
4.2.2 Gerechtigkeitsprinzipien im Lohn- und Gehaltssystem 139
4.2.3 Leistungsgehalt 146
4.2.4 Erfolgsbeteiligung 154
4.2.5 Kapitalbeteiligung 156

Literaturhinweise 162

Baustein 5 **Feedback systematisch geben** **165**

5.1 Ziele eines Feedbacksystems 167

Welche Probleme kann ein Feedbacksystem lösen?

5.1.1 Funktion eines Feedbacksystems 167
5.1.2 Grundlagen eines Feedbacksystems 169

5.2 Konzeption des Feedbacksystems 170

Welche Ansätze und Verfahren stehen zur Auswahl?

5.2.1 Input-Output-Analyse 170
5.2.2 Kennzahlensysteme 172
5.2.3 Mitarbeitergespräch und 360°-Beurteilung 176

5.3 Effekte und Erfolgsvoraussetzungen 181

Unter welchen Voraussetzungen wirkt ein Feedbacksystem leistungsmotivierend?

5.3.1 Motivationswirkung von Feedbacksystemen 181
5.3.2 Beurteilungsfehler und Beurteilungsqualität 185

Literaturhinweise 188

Baustein 6 Kompetenzen entwickeln **191**

6.1 Funktionen der Personalentwicklung 193
Warum investieren Unternehmen in die Weiterbildung?

6.2 Analyse des Entwicklungsbedarfs 195
Wie werden die strategisch wichtigen Kompetenzen ermittelt?

6.2.1 Entwicklungsbedarf ausgehend von der Kompetenzbilanz 196
6.2.2 Entwicklungsbedarf ausgehend von den strategischen Unternehmenszielen 198

6.3 Methoden der Personalentwicklung 202
Welche Ansätze stehen zur Verfügung?

6.3.1 Personalentwicklung am Arbeitsplatz 202
6.3.2 Personalentwicklung außerhalb der Arbeitsumgebung 204
6.3.3 Personalentwicklung durch selbstorganisiertes Lernen 212
6.3.4 Kompetenzentwicklung als Führungsaufgabe 214
6.3.5 Newplacement 218

6.4 Entscheidungsfindung zur Personalentwicklung 219
Welcher Ansatz ist für welches Entwicklungsziel geeignet?

6.4.1 Lerntheorien 220
6.4.2 Entscheidungskriterien für die Methodenwahl ... 223

Literaturhinweise 227

Baustein 7 Leistungsträger binden **229**

7.1 Personalrisiken 231
Wann ist Personalbindung notwendig?

7.2 Commitment 235
Worauf beruht die Bindung an ein Unternehmen?

7.3 Bindungsmanagement 242
Wie können Mitarbeiter gezielt an das Unternehmen gebunden werden?

Literaturhinweise 245

Baustein 8   **Langfristige Rekrutierungsstrategien verfolgen** **247**

8.1   Personalmarketing und Employer Branding 249
*Wie positionieren sich Unternehmen auf dem
Arbeitsmarkt?*

8.2   Personalbedarfsplanung 253
Mit welchen Methoden lässt sich der Bedarf ermitteln?

    8.2.1   Qualitative Planung – Welche Kompetenzen und
Motivationen werden benötigt? 254

    8.2.2   Quantitative Planung – Wie viele Mitarbeiter
werden benötigt? 255

8.3   Stellenbesetzungsstrategien und Rekrutierung 259
*Wie sichert sich das Unternehmen seinen
Personalbedarf?*

    8.3.1   Stellenbesetzungsstrategien 259

    8.3.2   Interne Rekrutierungswege 264

    8.3.3   Externe Rekrutierungswege 265

Literaturhinweise 269

Baustein 9   **Passende Mitarbeiter identifizieren** **271**

9.1   Grundfragen der Eignungsdiagnose 273
Wie findet man das geeignete Auswahlverfahren?

    9.1.1   Qualitätskriterien der Eignungsdiagnostik 274

    9.1.2   Informationsbedarf und Akzeptanz 276

    9.1.3   Kosten-Nutzen-Analyse 277

9.2   Kriterien der Personalauswahl 280
Welche Kompetenzen und Motivationen sind relevant?

9.3   Instrumente der Personalauswahl 284
*Wo liegen Anwendungsmöglichkeiten und -grenzen
der Instrumente zur Personalauswahl?*

    9.3.1   Bewerbungsunterlagen und biografische
Fragebögen 285

    9.3.2   Bewerberinterview 287

    9.3.3   Psychologische Testverfahren 289

    9.3.4   Assessment Center 292

Literaturhinweise 295

Baustein 10   **Neue Mitarbeiter integrieren** **297**

10.1 Unternehmens- und Teamkultur 299
Wie wird der Mensch durch die Organisation,
in der er arbeitet, geprägt?

10.2 Sozialisation und Integration 302
Wie verläuft eine erfolgreiche Integration
neuer Mitarbeiter?
10.2.1 Betriebliche Sozialisationsprozesse 303
10.2.2 Ursachen und Formen gescheiterter Integration .. 306

10.3 Personaleinführung 309
Wie lässt sich eine erfolgreiche Integration steuern?

Literaturhinweise 314

Baustein 11   **Karrierewege steuern** **317**

11.1 Karrieremodelle 319
Wie lassen sich Aufstiegswege im Unternehmen
systematisch gestalten?

11.2 Karriere und Work-Life-Balance 322
Wie lassen sich berufliche und private Verpflichtungen
aufeinander abstimmen?

11.3 Internationale Karrieren 327
Welche Begleitung ist bei vorübergehenden
Auslandseinsätzen notwendig?
11.3.1 Strategien des internationalen
Personalmanagements 328
11.3.2 Auslandsentsendung 329

Literaturhinweise 334

Baustein 12   Rationalisieren und flexibilisieren **337**

12.1 Personaleinsatz zwischen Professionalität und Flexibilität 339
*Worin besteht das Spannungsfeld zwischen
Professionalität und Flexibilität?*

12.2 Voraussetzungen der Mitarbeiterflexibilität 341
*Von welchen Faktoren hängt die individuelle
Flexibilität ab?*

12.2.1 Flexibilitätsfähigkeit und Employability 341
12.2.2 Flexibilitätsbereitschaft 343
12.2.3 Flexible Arbeitsbedingungen 348

12.3 Flexibilität statt Personalabbau 356
*Wie lassen sich die negativen Folgen von
Abbaumaßnahmen vermeiden?*

Literaturhinweise 361

Baustein 13   Personalaufgaben effizient steuern und organisieren **363**

13.1 Organisation des Personalmanagements 365
*Wie können die Personalaufgaben zwischen
Fachbereich und Linie verteilt werden?*

13.1.1 Aufteilung der Personalaufgaben 365
13.1.2 Rollen des Personalmanagements 367
13.1.3 Organisationsmodelle der Personalarbeit 369
13.1.4 Auf dem Weg zur virtuellen Personalabteilung? .. 373

13.2 Personalcontrolling 375
*Wie lassen sich die Leistungsbeiträge im
Personalmanagement steuern?*

13.2.1 Funktionen und Ansätze des Personalcontrollings . 375
13.2.2 Faktororientiertes Personalcontrolling 377
13.2.3 Funktionsorientiertes Personalcontrolling 379
13.2.4 Human Resource Scorecard 382
13.2.5 Human Resource Due Diligence 386
13.2.6 Personalcontrolling – quo vadis? 388

Literaturhinweise 390

Baustein 14   **Die Grundlagen des Human Resource Management reflektieren** .. **393**

14.1 Die Geschichte der betrieblichen Arbeitsbeziehungen
     von der Zunftordnung bis zum modernen HRM 395

HRM – Wer hat's erfunden?

14.1.1 Personalbeziehungen vom Mittelalter bis zur
        Industrialisierung 395
14.1.2 Ideologien der Personalbeziehung 398
14.1.3 Auf dem Weg zum Human Resource
        Management 402
14.1.4 Die Entwicklung im deutschsprachigen Raum ... 405
14.1.5 Von den Human Relations zu den Human
        Resources 408

14.2 Grundfragen der Ethik im Human Resource Management 410

*Wie unterscheidet man zwischen richtig und
falsch im HRM?*

14.2.1 Die Bedeutung der Ethik für die
        Unternehmensführung 410
14.2.2 Ethik und Human Resource Management 411

Literaturhinweise 417

Literaturverzeichnis **419**

Stichwortverzeichnis **427**

Die Autoren **437**

ME 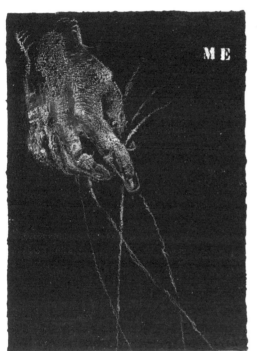 MYSELF & I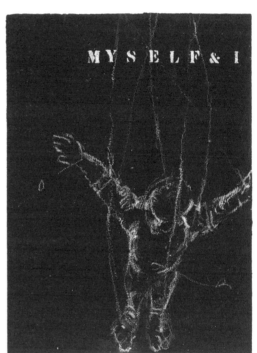

Baustein 1
Strategisch denken und steuern

Wie lässt sich die Personalpolitik so auf die unternehmensstrategischen Ziele abstimmen, dass sie einen erkennbaren Erfolgsbeitrag leistet?

Seit Mitte der 1980er Jahre beschäftigt sich die empirische Personalforschung mit der Frage, welche personalpolitischen Maßnahmen einen messbaren Beitrag zum Unternehmenserfolg leisten. Die bislang vorliegenden Befunde ergeben noch kein eindeutiges Bild, auch wenn ein überdurchschnittlicher Weiterbildungsaufwand oder variable leistungsabhängige Vergütungsanteile in den meisten Untersuchungen mit einem überdurchschnittlichen Unternehmenserfolg einhergehen. Aber eine empirisch ermittelte Korrelation ist noch lange kein gesicherter Kausalzusammenhang: Führen hohe Weiterbildungsausgaben zu höherem Erfolg im Markt, oder ist es nicht mindestens so plausibel anzunehmen, dass erst der finanzielle Erfolg eines Unternehmens zu einer Erhöhung des Weiterbildungsbudgets führt? Entsprechend weit gehen in der Unternehmenspraxis die Ansichten über personalpolitische Erfolgsbeiträge auseinander. Auf der einen Seite stehen vor allem Personalmanager, die sich über den Nachweis von Erfolgsbeiträgen eine ökonomische Legitimierung ihrer Arbeit im Unternehmen erhoffen. Ihnen gegenüber steht wohl die Mehrheit der Unternehmer und Führungskräfte, welche die Kernaufgabe der Personalpolitik gar nicht in den ökonomischen Erfolgsbeiträgen, sondern viel eher in der effizienten Erfüllung der Personalaufgaben oder in der innerbetrieblichen Konfliktvermeidung und -lösung sieht. Unabhängig davon, welche Ziele die Personalpolitik im Unternehmen verfolgen soll, bleibt die Aufgabe aber stets, die Personalpolitik so auf das Unternehmen und seine Leistungsprozesse abzustimmen, dass die angestrebten Ziele – worin diese auch immer bestehen mögen – erreicht werden können.

Inhalt

1.1   Die Idee des Human Resource Management 19

Warum ist der Mensch in der Organisation wichtig?

1.2   Die strategische Ausrichtung des Human Resource Management 20

Wie wird die Personalpolitik auf die Unternehmensstrategie abgestimmt?

1.2.1   Die Personalstrategie 21
1.2.2   Personalstrategie I: Das eingespielte Team 24
1.2.3   Personalstrategie II: Das perfekte System 26
1.2.4   Personalstrategie III: Der intelligente Organismus 27
1.2.5   Personalstrategie IV: Die kreative Evolution 29
1.2.6   Wahl einer Personalstrategie 31
1.2.7   Personalstrategien im Innovationsprozess 37

1.3   Das Strategische Personalkonzept 39

Wie werden die personalstrategischen Ziele und Instrumente abgeleitet?

1.4   Die Bausteine des Human Resource Management 43

Wie ist das Buch in den folgenden Kapiteln aufgebaut?

| 1.1 | **Die Idee des Human Resource Management** |

Warum ist der Mensch in der Organisation wichtig?

Human Resource Management (HRM) ist die Gesamtheit aller Maßnahmen, mit denen in einem Unternehmen geplant und zeitüberdauernd bei den Mitarbeitenden die zur unternehmerischen Zielerreichung notwendigen Fähigkeiten und Motivationen aufgebaut werden.

Der Begriff des Human Resource Management entstand ursprünglich in Nordamerika und breitete sich im deutschsprachigen Raum erst im Zuge einer zunehmenden Ökonomisierung der Arbeitsbeziehungen in den 1990er Jahren nachhaltig aus. Er verdrängt seither immer öfter die älteren Begriffe Personalwesen oder Personalwirtschaft. Der Gebrauch des Begriffs HRM bezieht sich nicht einfach nur auf eine Praxis in Unternehmen und anderen Organisationen, sondern bringt auch eine bestimmte Haltung der Unternehmensleitung gegenüber Menschen in Organisationen zum Ausdruck: Menschen leisten Arbeit und schöpfen Werte; deshalb werden sie als wesentliche Kapitalbasis, genauer als Humankapital angesehen. Als Humankapital sind Menschen für die Organisation wichtig und müssen gleichzeitig so geformt werden, dass sie auch nützlich und produktiv sind. Der Organisationspsychologe Oswald Neuberger hat das in einem Aufsatz 1990 einmal pointiert formuliert hat: «Der Mensch ist Mittelpunkt. Der Mensch ist Mittel. Punkt.» Mit dieser prägnanten Aussage werden zwei extreme Haltungen zum Ausdruck gebracht, zwischen denen sich die Praxis des Human Resource Management ansiedelt:

- *Der Mensch ist Mittelpunkt:* Mit dieser Haltung geht das Management davon aus, dass es seine Ziele nur erreichen kann, wenn die Mitarbeitenden so eingesetzt und weiterentwickelt werden, dass diese ihre Fähigkeiten und ihr Leistungsvermögen freiwillig und ungestört für das Unternehmen, für Kollegen und Kooperationspartner sowie für die Kunden einsetzen. Freiwilligkeit ist der Schlüssel zu Effektivität und Effizienz, zu Qualität und Innovation.
- *Der Mensch ist Mittel. Punkt:* Ausgangspunkte für diese Haltung sind ökonomischer Druck und arbeitsvertragliche Verpflichtung. In der Annahme, dass die Mitarbeitenden eigenwillig, aber auch bis zu einem gewissen Grad formbar sind, werden sie als bloßes Mittel zur unternehmerischen Zielerreichung angesehen. Effektivität und Effizienz sowie Qualität und Innovation resultieren daraus, dass sich die Menschen den organisationalen Zielen und Prozessen unterwerfen.

Wie sich die Praxis zwischen diesen beiden Extremhaltungen im konkreten Einzelfall ansiedelt, ist vor allem eine Frage der persönlichen Werthaltung und der persönlichen Erfahrung von Entscheidungsträgern. Die wissenschaftliche Forschung ist nicht in der Lage, eindeutig zu belegen, welche der beiden Extrempositionen zu einem höheren Unternehmenserfolg führt oder ob das Optimum in einer Mittelposition zu finden ist. Manager und Managerinnen an der Spitze von Unternehmen bzw. Führungskräfte mit Bereichs- oder Teamverantwortung müssen dazu eine Vielzahl von äußeren Faktoren berücksichtigen und ihre eigenen Einstellungen und Erfahrungen kritisch reflektieren. Die getroffenen Maßnahmen mit ihren Konsequenzen für die Mitarbeitenden ergeben eine Personalpolitik als Ergebnis von Human Resource Management, die in dem Maße einen strategischen Charakter bekommt, wie sie die Erreichung der Unternehmensziele unterstützt.

| 1.2 | **Die strategische Ausrichtung des Human Resource Management** |

Wie wird die Personalpolitik auf die Unternehmensstrategie abgestimmt?

Um eine enge Abstimmung zwischen der Personalpolitik und den Unternehmenszielen zu erreichen, müssen die strategische Ausrichtung im Markt und die personalpolitischen Grundsätze bestimmt werden. Unternehmen positionieren sich im Markt entweder als Kosten- und Qualitätsführer, um bestehende Positionen zu halten, oder als Innovatoren, die fortlaufend neue Positionen aufbauen und dafür weniger aussichtsreiche Segmente aufgeben. Dabei verfolgen sie entweder den Grundsatz, die Ziele nach Möglichkeit mit einem festen Mitarbeiterstamm zu erreichen, oder sie versuchen, ihre Personalkapazitäten so flexibel wie möglich zu halten. Aus der Kombination der beiden Basisentscheidungen ergeben sich vier personalstrategische Typen, die sich jeweils durch eine bildhafte Leitidee charakterisieren lassen: das eingespielte Team, das perfekte System, der intelligente Organismus oder die kreative Evolution. Jeder dieser Typen steht für eine bestimmte Personalstrategie.

1.2.1	**Die Personalstrategie**

Die *Personalstrategie* eines Unternehmens ist der mittel- und langfristige Plan zur Steuerung der Personalressourcen. Sie umfasst die personalpolitischen Ziele und Ergebnisse, die in den kommenden Jahren angestrebt werden, sowie die Konzepte, Instrumente und Maßnahmen zu deren Erreichung.

Die personalstrategische Grundausrichtung ist ein Kernelement der Unternehmensführung. Sie bestimmt wesentlich, wie die beschäftigten Führungskräfte und Mitarbeiter ihr Unternehmen und die Erwartungen, die an sie in Bezug auf die Aufgabenerfüllung gerichtet werden, wahrnehmen. Die Personalstrategie steuert langfristig den Aufbau von ▷ *Human Resources* (Personalressourcen), die das Unternehmen für seine Leistungsprozesse benötigt.

Personalstrategische Ausrichtung

In der personalstrategischen Ausrichtung eines Unternehmens lassen sich verschiedene Typen unterscheiden. Jeder dieser Strategietypen ist darauf ausgerichtet, diejenigen Kompetenzen und Motivationen aufzubauen, die das Unternehmen benötigt, um seine Ziele erreichen zu können.

Dabei stehen zwei *Grundsatzfragen* im Mittelpunkt: Die erste Frage betrifft die strategische Positionierung des Unternehmens im Markt, während die zweite Frage das Leitbild betrifft, das die Unternehmensleitung ihrer Personalpolitik zugrunde legen will. Die beiden Fragen sind weitgehend unabhängig voneinander zu beantworten. Obwohl zu jeder Frage eine Vielzahl möglicher Antworten denkbar sind, lassen sich jeweils zwei entgegengesetzte Pole unterscheiden:

1. *Marktstrategie:* Positioniert sich das Unternehmen im Markt als Kosten- oder Qualitätsführer und versucht auf dieser Grundlage, seine bisherigen Positionen zu halten *(Effizienzziel),* oder verfolgt es das Ziel, durch innovative Leistungen immer wieder neue Positionen aufzubauen *(Innovationsziel)?* Traditionell wird zwar häufig zwischen einer Kosten- und Qualitätsführerstrategie unterschieden, aber in den meisten entwickelten Märkten der industrialisierten Gesellschaften lassen sich diese beiden Leistungsaspekte kaum mehr voneinander trennen. Allerdings kann die Feinsteuerung einzelner Personalfunktionen unterschiedlich erfolgen, je nachdem, ob eher das Effizienz- oder das Innovationsziel unterstützt werden.

Human Resources

Human Resources sind Kompetenzen und Motivationen, welche die Beschäftigten eines Unternehmens situativ einsetzen, um die ihnen übertragenen Aufgaben zu erfüllen. Human Resources ergeben sich demnach aus den drei Faktoren *Kompetenz, Motivation* und *Situation.* Die folgende Formel illustriert den Zusammenhang, wonach die Human Resources die Summe aller Kompetenzen ist, hinter denen eine Motivation steht und die in einer bestimmten Situation wirksam werden:

Human Resources eines Unternehmens =
Σ (Kompetenzen × Motivationen × Situationen)

Kompetenzen sind sämtliche persönlichen Voraussetzungen, die eine Person befähigen, die ihr übertragenen Aufgaben zu erfüllen. Kompetenzen können sowohl in einer Ausbildungsphase aufgebaut worden sein, als auch durch Berufserfahrung erworben werden. Zu den Kompetenzen zählen insbesondere:

- *Fachkompetenz:* Kenntnisse und Fertigkeiten, die für eine Fachaufgabe benötigt werden.
- *Methodenkompetenz:* Kenntnisse und Fertigkeiten, die notwendig sind, um sich selbst, Mitarbeiter, Teams oder das Unternehmen als Ganzes steuern zu können (z.B. Zeit- und Projektmanagement, Führungstechnik).
- *Sozialkompetenz:* Fähigkeit, gemeinsam oder in Auseinandersetzung mit anderen Menschen Probleme zu lösen (z.B. Einfühlungsvermögen, Motivationsfähigkeit, Verhandlungsgeschick).
- *Systemkompetenz:* Verständnis der Funktionsweise von sozialen Systemen (Organisationen oder Gruppen) und die Fähigkeit, diese Systeme zu gestalten, zu lenken und zu entwickeln.
- *Unternehmensspezifische Kompetenzen:* Kenntnisse über Arbeitsweisen, Betriebsabläufe, Ansprechpersonen oder Wissensbestände im Unternehmen sowie die Fertigkeiten, diese Kenntnisse auch wirkungsvoll einzusetzen.
- *Branchenkompetenz:* Kenntnisse über aktuelle und potenzielle Interessengruppen (Stakeholders), die für die Geschäftstätigkeit des Unternehmens wichtig sind (z.B. Kunden, Lieferanten, Konkurrenten, Kooperationspartner, öffentliche Institutionen), sowie die Fertigkeiten im Umgang mit diesen Gruppen.

Motivationen sind sämtliche persönliche Voraussetzungen, damit eine Person bereit und willens ist, die ihr übertragenen Aufgaben zu erfüllen. Dazu zählen insbesondere:

- *Ziele* und *Bedürfnisse,* die eine Person in ihrer Arbeitstätigkeit verfolgt bzw. befriedigen will (z.B. Sicherheit, Anerkennung, beruflicher Aufstieg, Selbstverwirklichung).
- *Identifikation* und *Loyalität,* die eine Person auf die Ziele des Unternehmens und die persönlichen Aufgaben verpflichten.

Personalressourcen können auch als *Negativressourcen* vorhanden sein. Motivationale Negativressourcen sind beispielsweise *persönliche Werte* oder *Befürchtungen,* die eine Person davon abhalten, ihre Aufgaben zu erfüllen. Zu Kompetenzen als Negativressourcen zählen auch persönliche *Irrtümer* oder *Routinen,* die systematisch Fehler in der Aufgabenerfüllung nach sich ziehen.

Situationen sind Gelegenheiten, in denen Kompetenzen und Motivationen zum Einsatz kommen. Eine Situation kann unterstützend oder behindernd wirken. Wichtige Aspekte sind insbesondere:

- *Organisationsstruktur,* d.h. der Grad der Formalisierung, Spezialisierung oder Standardisierung, der Aufgaben und Abläufe kennzeichnet.
- *Organisationskultur,* d.h. Normen und Werte, die auf die Wahrnehmungen, Einstellungen und das Verhalten der Personen einwirken.
- *Führungsverhalten* der direkten oder indirekten Vorgesetzten, aber auch das *Verhalten von Kollegen* in der Zusammenarbeit.
- *Hilfsmittel,* die für die Aufgabenerfüllung zur Verfügung stehen.
- Weitere *äußere Rahmenbedingungen,* welche die Aufgabenerfüllung prägen und ihr eine spezifische Bedeutung geben. Beispiele dafür sind etwa die Wertschätzung, die einer Organisation oder einer Aufgabe von außen entgegengebracht werden, oder Entscheidungsdruck in Krisenzeiten.

Kompetenzen und Motivationen sind untrennbar mit der Situation verbunden. Je nach Situation wirken sie sich unterschiedlich auf die Aufgabenerfüllung aus. Ihre Entwicklung ist stets unter dem Gesichtspunkt ihres situativen Kontextes zu beurteilen.

2. *Personalpolitisches Leitbild:* Verfolgt das Unternehmen seine strategischen Marktziele so weit wie möglich mit dem bestehenden Personalstamm und entwickelt es dazu die Mitarbeiter fortlaufend weiter *(Erhaltungsziel),* oder strebt es nach maximaler Personalflexibilität, indem es die Positionen im Unternehmen nach Bedarf besetzt, ständig nach den am besten geeigneten Mitarbeitern sucht und sich gegebenenfalls von denjenigen trennt, die nicht benötigt werden *(Flexibilitätsziel)?*

Personalstrategische Grundtypen

Aus der Kombination der beiden Zieldimensionen ergeben sich vier personalstrategische Grundtypen, die jeweils eine bestimmte marktstrategische Ausrichtung unterstützen und ein personalpolitisches Leitbild widerspiegeln (▶ Abb. 1).

Personalpolitische Ausrichtungen in der Praxis

Es handelt sich dabei um Idealtypen. In der Realität bewegen sich Unternehmen mehr oder weniger eindeutig in einem der vier Felder, wobei auch Merkmale eines oder mehrerer anderer Typen mit hineinspielen können. In der Regel ist davon auszugehen, dass eine reine Strategie einer gemischten Strategie überlegen ist, weil es im ersten Fall besser gelingt, die vorhandenen Ressourcen gezielt zu bündeln. Andernfalls riskiert ein Unternehmen in eine sogenannte «Stuck-in-the-middle-Position» zu rutschen, in der keine selektiven Entscheidungen getroffen werden können, sondern ständig Kompromisse geschlossen werden, die suboptimal sind.

Innerhalb eines Unternehmens können sich ebenfalls Unterschiede ergeben: zwischen verschiedenen Produktdivisionen, Funktionsbereichen oder Tochtergesellschaften verschiedener Länder. Unterschiedliche Anforderungen an die Unternehmensbereiche machen

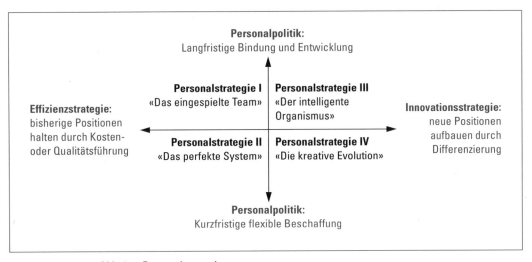

▲ Abb. 1   Personalstrategien

eine entsprechende personalstrategische Ausrichtung notwendig. Je
enger jedoch die Zusammenarbeit und die Personalwanderungen
zwischen den Bereichen sind, umso größer ist die Gefahr, dass es zu
Konflikten oder Unzufriedenheit kommt, deren Lösung wiederum
suboptimale Kompromisse oder Zugeständnisse erfordert.

Die vier strategischen Positionen lassen sich nicht nur auf ganze
Unternehmen im Markt anwenden, sondern auch auf die Position
eines Funktionsbereichs oder einer Abteilung innerhalb des Unternehmens: So wie sich die Anforderungen an eine Werbeagentur von
den Anforderungen an einen Finanzdienstleister – mit entsprechenden Konsequenzen für das Personal – unterscheiden, so unterscheiden sich auch die Erfolgsbeiträge des Produktionsbereichs von
denjenigen der Forschungs- und Entwicklungsabteilung innerhalb
desselben Industriebetriebs. Und auch innerhalb eines Funktionsbereichs ergeben sich womöglich unterschiedliche Anforderungen:
Während die Verantwortlichen für die Lohn- und Gehaltsabrechnung
innerhalb der Personalabteilung vor allem Standardroutinen beherr-
schen müssen, liegen die Herausforderungen an eine Projektgruppe
zur unternehmensweiten Einführung eines neuen Nachwuchsförderprogramms eher in der flexiblen Anpassung an laufend veränderte
Anforderungen.

1.2.2   Personalstrategie I: Das eingespielte Team

Die Personalstrategie I, das «eingespielte Team», bietet sich an,
wenn der Markterfolg des Unternehmens bzw. der Beitrag einer Abteilung zum Unternehmenserfolg in erster Linie auf den persönlichen
Kompetenzen und dem Engagement eines festen Mitarbeiterstamms
aufbaut. Jeder Einzelne ist für seine Aufgaben optimal qualifiziert
oder das Team ist so organisiert, dass die anfallenden Aufgaben effizient und qualitativ einwandfrei erbracht werden können. Die Anforderungen an das Team bzw. jede einzelne Stelle sind weitgehend bekannt. Grundlegende Veränderungen sind selten oder zumindest
frühzeitig absehbar. Eine weitere typische Voraussetzung für diese
Personalstrategie besteht darin, dass sich die notwendigen Kompetenzen nicht ohne weiteres und nur nach längerer Einarbeitungszeit
auf neue Mitarbeiter übertragen lassen oder der persönliche Kontakt
zu den Kunden ein intaktes Vertrauensverhältnis voraussetzt.

Das oberste Ziel dieser Strategie besteht darin, einen verlässlichen
und qualifizierten Stamm von Mitarbeitern aufzubauen, die aufgrund

ihrer Motivationen und Kompetenzen die Position des Unternehmens im Markt sichern und gegebenenfalls weiter ausbauen.

Anforderungen an die Mitarbeiter

Hohen Stellenwert haben persönliche Expertise und Qualität, Zuverlässigkeit und Beständigkeit, aber auch Harmonie und Loyalität in der Zusammenarbeit. Deshalb wird ein Unternehmen mit dieser Personalstrategie in der Personalrekrutierung großen Wert auf Fachkompetenz und die Fähigkeit, sich in ein Team zu integrieren, legen. Steht zu Beginn des Beschäftigungsverhältnisses die fachliche Kompetenz im Vordergrund, gewinnen Zuverlässigkeit und Loyalität sowie betriebliche Erfahrungen als Kriterien für den weiteren Aufstieg zunehmend Gewicht. Wenn möglich werden Führungspositionen intern besetzt. Dazu passen auf der anderen Seite eine geringe Fluktuationsrate und langfristige Karriere- und Entwicklungspläne. Stellenwechsel zwischen verschiedenen Arbeitsbereichen bilden eher die Ausnahme, denn jeder soll nach Möglichkeit das tun, wofür er am besten qualifiziert ist. In der Entgeltpolitik wird das Unternehmen danach streben, ein ausgewogenes Verhältnis zwischen Anforderungs- und Leistungsorientierung einerseits und der Verfolgung sozialpolitischer Ziele andererseits zu erreichen; Letztere können sich beispielsweise in finanziellen Beteiligungsmodellen oder großzügigen Regelungen für die Vereinbarkeit von Beruf und Familie niederschlagen. Variable Vergütungsanteile, insbesondere leistungsabhängige Prämien, werden dagegen eine vergleichsweise geringe Rolle spielen.

Erfolgsbeitrag dieser Personalstrategie

Die Erfolgsbeiträge einer solchen Personalstrategie liegen in der Expertise und einer leistungsorientierten Loyalität der Mitarbeiter. Eine mögliche Schwäche liegt in den eher geringen Potenzialen für Flexibilität und Innovation. Sie wirkt sich aus, wenn sich die äußeren Marktbedingungen für das Unternehmen bzw. die Anforderungen an den Unternehmensbereich grundlegend verändern oder wenn aufgrund eines Verlusts der führenden Marktposition eine strategische Neuorientierung notwendig wird.

Praxisbeispiel: Das eingespielte Team

Mittelständische Unternehmen besetzen häufig Marktnischen, die sie auf der Grundlage spezifischer Fähigkeiten oder langjähriger Kundenbeziehungen halten. Wichtige Erfolgsvoraussetzungen sind Kontinuität und Berechenbarkeit im Leistungsprogramm. Diese beruhen häufig auf einem kleinen Team von Leistungsträgern. Sie langfristig an das Unternehmen zu binden, ist von existenzieller Bedeutung.

1.2.3	**Personalstrategie II: Das perfekte System**

Im Gegensatz zur Strategie des «eingespielten Teams» sind es bei der Strategie «das perfekte System» nicht die spezifischen Kompetenzen und Motivationen der Mitarbeiter, auf denen die Marktleistungen aufbauen, sondern vielmehr die Strukturen und Systeme, nach denen die Mitarbeiter eingesetzt werden. Die Produkte und Leistungen sowie Herstellungs- und Vertriebsprozesse sind so weit standardisiert, dass sich die Anforderungen an die einzelnen Stellen vollumfänglich definieren lassen. Dementsprechend kurz ist die benötigte Einarbeitungszeit für neue Mitarbeiter. Für das Unternehmen ist von großer Bedeutung, dass sich der einzelne Mitarbeiter jederzeit an die Strukturen und Regeln, die für seine Tätigkeit gelten, anpasst und die vorgesehenen Leistungen erbringt.

Anforderungen an die Mitarbeiter

Die Kompetenzen der Mitarbeiter beruhen in dieser strategischen Ausrichtung weniger in der Expertise, sondern vor allem in den Fähigkeiten und Fertigkeiten, die in der Einarbeitungsphase systematisch vermittelt werden. Darüber hinaus werden laufend neue Routinen und Best Practices entwickelt. Damit verbunden hängt der Erfolgsbeitrag des Personals von der allgemeinen Leistungsbereitschaft der Beschäftigten ab. Sie wird nicht zuletzt durch ein fortlaufendes Leistungs- und Verhaltensfeedback aufrechterhalten. Die möglichst vollständige Transparenz sowohl über die Leistungen des Unternehmens als auch über die Leistungsanforderungen an die Beschäftigten ist ein wesentliches Kennzeichen einer erfolgreichen Strategie des «perfekten Systems». Das Unternehmen ist bestrebt, jeden Mitarbeiter auf der Position einzusetzen, für die er optimale Voraussetzungen mitbringt, und es wird die arbeitsvertraglichen Bedingungen so gestalten, dass es diesen nach Bedarf auch kurzfristig flexibel einsetzen oder bei Überkapazitäten teilweise oder ganz

---

Praxisbeispiel: Das perfekte System

Der Erfolg von Fastfood-Ketten wie McDonald's oder Burger King beruhen wesentlich auf der Effizienz ihrer Routinen. Die Strukturen und Prozesse jedes einzelnen Restaurants sind mit dem Ziel optimiert, zu jedem Zeitpunkt dieselbe Qualität des Angebots bei maximaler Effizienz zu gewährleisten. Ausnahmen vom eng umrissenen Angebot an Speisen und Getränken sind nicht vorgesehen. Sämtliche Arbeitsvorgänge wurden bis ins Detail definiert. Das sind wesentliche Voraussetzungen dafür, dass die Mitarbeiter schnell eingearbeitet und kurzfristig austauschbar sind.

freistellen kann. Voraussetzung für den Erfolg einer solchen Personalstrategie ist allerdings, dass die Stellenanforderungen so standardisiert sind, dass immer nur kurze Einarbeitungszeiten notwendig sind und keine persönliche Abhängigkeit von bestimmten Mitarbeitern besteht. Deshalb wird das Arbeitssystem fortlaufend optimiert. In der Personalauswahl haben Kriterien wie persönliche Flexibilität und Zuverlässigkeit, Disziplin und die Bereitschaft zur Einordnung hohen Stellenwert, während der fachliche Hintergrund nachrangig ist, denn diese Fähigkeiten werden in der Einarbeitungszeit erworben. Personalentwicklungsmaßnahmen dienen darüber hinaus in erster Linie zur Beseitigung von Defiziten. Da in der Regel wenig Aufstiegs- und Entwicklungsmöglichkeiten bestehen, ist von einer mittleren bis erhöhten Fluktuationsrate auszugehen, denn die Beschäftigten bauen auch nur eine geringe Bindung zum Unternehmen auf und sind zum Stellenwechsel bereit, wenn bessere Aufstiegs- oder Einkommensperspektiven bestehen. Das Vergütungssystem wird bei dieser Strategie vor allem leistungsorientierte variable Vergütungsanteile vorsehen, die an Zielvorgaben gekoppelt sind.

Erfolgsbeitrag dieser Personalstrategie
Der Erfolgsbeitrag dieser Personalstrategie steht und fällt mit der Effizienz und Effektivität des Systems, auf das diese Strategie ausgerichtet ist. Das macht eine wesentliche Besonderheit gegenüber den drei anderen Strategien aus.

1.2.4 Personalstrategie III: Der intelligente Organismus

Unternehmen, die sich in Märkten mit langen oder kontinuierlich aufeinander aufbauenden Innovationszyklen bewegen, sind darauf angewiesen, dass sie ihre strategischen Kernkompetenzen binden können. Diese Anforderungen soll die Personalstrategie des «intelligenten Organismus» erfüllen. Eine solche Bezeichnung enthält gleich zwei Analogien aus der Biologie: Wie in einem biologischen Organismus tragen die einzelnen Bestandteile, d.h. die Individuen in einem Team, die Teams in einer Abteilung oder die Abteilungen innerhalb des gesamten Unternehmens, durch ihr Zusammenwirken zum Ganzen bei. Intelligenz steht in diesem Zusammenhang für die Fähigkeit zu Problemlösung und Lernen aus vergangenen Erfahrungen. Das Oberziel dieser Personalstrategie besteht darin, ein Unternehmen oder einen Unternehmensbereich dazu zu befähigen, langfristige Innovationen hervorzubringen und die dabei fortlaufend aufgebauten Kompetenzen zu erhalten.

Diese Personalstrategie weist Ähnlichkeiten zur Strategie des «eingespielten Teams» auf, ist aber weniger auf Effizienz und funktionale Optimierung ausgerichtet, sondern soll die Grundlage für langfristige Innovationsprozesse legen. Die Mitarbeiter sind mit ihrem Können und Engagement für den Erfolg der Lern- und Entwicklungsprozesse verantwortlich. Die erfolgskritischen Kompetenzen und Motivationen sind eng mit den laufenden Innovationsprozessen verbunden und das Wissen und die Erfahrungen, die daraus resultieren, sollen langfristig gesichert werden. Die Zusammenarbeit im Team ist zur Bewältigung der komplexen Innovationsprozesse wichtiger als in den anderen drei Strategietypen, wo sich Verantwortlichkeiten und Aufgaben aus unterschiedlichen Gründen leichter einzelnen Personen zurechnen lassen.

Anforderungen an die Mitarbeiter

In der Stellenbesetzung wird deshalb großes Gewicht auf eigene Nachwuchskräfte gelegt, welche das unternehmensspezifische Wissen und die Erfahrungen aus früheren Innovationsprozessen mitbringen. Vorrangige Kriterien sind fachübergreifende Kompetenzen, Lernfähigkeit und persönliche Entwicklungspotenziale, aber auch Loyalität und Teamfähigkeit. Die Personalentwicklung steht in engem Zusammenhang zur Organisationsentwicklung. Hier nimmt die Erweiterung der persönlichen Kompetenzen und die Förderung erfolgreicher Teamarbeit einen großen Raum ein. Individuelle Karrieren werden ebenfalls entwicklungsorientiert und mit dem Ziel der langfristigen Bindung der Leistungsträger geplant. Typisch ist für diesen Strategietyp das Streben nach einer ausgewogenen Gewichtung von Anforderungs-, Leistungs- und Sozialorientierung im Vergütungssystem. Variable Vergütungsanteile werden unterdurchschnitt-

---

Praxisbeispiel: Der intelligente Organismus

Die Entwicklungsprozesse von Medikamenten in der Pharmaindustrie – von der Formulierung der Anforderungen an den angestrebten Wirkstoff bis zur Markteinführung des Medikaments – vollziehen sich in der Regel über mehrere Jahre. Der Entwicklungsprozess selbst ist nur beschränkt planbar, und die Erfolgsaussichten sind häufig ungewiss. Innerhalb der Forschergruppe wird spezifisches Wissen aufgebaut, und der Erfolg hängt wesentlich von einem kontinuierlichen kollektiven Lernprozess ab. Im Verlauf der Innovationsprozesse können sich Kernkompetenzen herausbilden, die den Erfolg zukünftiger Entwicklungsprozesse steigern können. Gleichzeitig kann der Ausstieg von Schlüsselmitarbeitern den weiteren Erfolg der Entwicklungsabteilungen gefährden. Aus diesen Gründen ist es wichtig, die Mitarbeiter eng an das Projekt zu binden und innerhalb des Teams den fortlaufenden Wissensaustausch zu fördern.

lich sein, denn es wird eine langfristige Bindung an das Team und das Unternehmen angestrebt, diese Bindung wird als wesentliche Grundlage der Leistungsmotivation angesehen. Kapitalbeteiligungsmodelle bieten sich bei entsprechender Risikobereitschaft der Mitarbeiter an.

Erfolgsbeitrag dieser Personalstrategie

Diese personalstrategische Ausrichtung verspricht eine optimale Unterstützung kontinuierlicher Innovationsprozesse. Eine potenzielle Schwäche besteht in den sogenannten «slack resources». Bei diesen handelt es sich um Ressourcen, die zwar aufgebaut werden müssen, um komplexe Innovationsprozesse unter ungewissen Bedingungen zu bewältigen, wenn es aber nicht gelingt, aus den Entwicklungspotenzialen erfolgreiche Innovationen und damit marktstrategische Wettbewerbsvorteile zu generieren, kann das Unternehmen gegenüber effizienzorientierten Wettbewerbern ins Hintertreffen geraten.

| 1.2.5 | **Personalstrategie IV: Die kreative Evolution** |

Die Personalstrategie der «kreativen Evolution» ist als Innovationsmechanismus der Strategie des «intelligenten Organismus» diametral entgegengesetzt. Während die Weiterentwicklung in der Strategie des «intelligenten Organismus» auf einem kontinuierlichen Aufbau und Wachstum der bestehenden Kompetenzen beruht, entsteht die hier betrachtete Strategie in der strategischen kreativen Evolution durch fortlaufende Neukombination alter und neuer Kompetenzen.

Die Analogie zu diesen Kompetenzen besteht in der Entwicklung natürlicher Systeme, die aus dem Zusammenspiel von Prozessen der Variation und Selektion resultiert: Variation führt zur Entstehung neuer Lebensformen, welche andere Eigenschaften und Fähigkeiten als die bereits existierenden aufweisen und damit auch in anderer Weise überlebensfähig sind. Der Prozess der Selektion besteht darin, dass die verschiedenen Lebensformen in einem Wettbewerb um knappe Ressourcen stehen. Aufgrund ihrer Eigenschaften und Fähigkeiten setzen sich einige Lebensformen gegenüber anderen durch und breiten sich weiter aus. Die weniger erfolgreichen Formen werden zurückgedrängt oder verschwinden ganz. Das System als Ganzes wandelt sich als Folge der Variations- und Selektionsprozesse und wird unter gegebenen Bedingungen zunehmend stabil. Ändern sich die äußeren Bedingungen und wird dadurch der Bestand des ganzen Systems gefährdet, führen Variation und Selektion nach einer Übergangszeit zu einer Neukombination der Lebensformen und einer wiederhergestellten Stabilität.

Übertragen auf Unternehmen und ihre Personalstrategie bedeutet «kreative Evolution», dass ein Rahmen geschaffen wird, in dem das Personal je nach Aufgabenstellung immer wieder neu zusammengesetzt wird und neue Mitarbeiter mit dringend benötigten Kompetenzen ebenso schnell rekrutiert werden, wie Mitarbeiter ohne solche Kompetenzen versetzt oder freigestellt werden. Eine solche Personalstrategie unterstützt ein Unternehmen, das auf kurzfristige Innovations- und Anpassungsfähigkeit gegenüber veränderten oder komplexen Marktbedingungen angewiesen ist.

Unternehmen mit der Personalstrategie der «kreativen Evolution» sind letztlich als Plattformen zur kurz- und mittelfristigen Leistungsentfaltung konzipiert. Bindung und Loyalität zwischen dem Unternehmen und seinen Beschäftigten sind auf befristete Projekte beschränkt. Damit werden Bedingungen geschaffen, unter denen die jeweils erfolgreichsten unter den Mitarbeitern laufend neue Chancen mit zunehmenden Entfaltungsmöglichkeiten und Handlungsspielräumen erhalten, während die weniger erfolgreichen Beschäftigten nach kurzer Zeit wieder ausscheiden. Eine überdurchschnittliche Fluktuation wird in Kauf genommen und als Chance zu einer fortlaufenden Optimierung des Personaleinsatzes angesehen.

Anforderungen an die Mitarbeiter

Die wichtigste Ressource sind individuelles Engagement und individuelle Fähigkeiten zu einer ausgeprägten Erfolgsorientierung. Es findet ein offener Leistungswettbewerb statt, der durch entsprechende Anreiz- und Feedbacksysteme gefördert wird. Verbindliche Leistungsvereinbarungen sind mit großen Freiräumen in der Zielverfolgung verbunden. Die Motivation von außen spielt in diesem Strategietyp eine überdurchschnittlich große Rolle. Das drückt sich beispielsweise in einer ausgeprägten Leistungsorientierung und hohen variablen Bestandteilen in der Vergütung aus. In der Personalauswahl hat die Fachkompetenz gegenüber den anderen Strategietypen geringeres Gewicht bzw. kann durch ausgeprägtes Engage-

---

Praxisbeispiel: Die kreative Evolution

Die Tätigkeit von Werbeagenturen ist in der Regel durch kurze Innovationszyklen gekennzeichnet. Eine wesentliche Erfolgsvoraussetzung sind spontanes Engagement und hohe Kreativität der Beteiligten. Die Zusammensetzung der Teams ändert sich laufend, und die Fluktuationsrate ist vergleichsweise hoch, ohne dass dadurch der Erfolg der Agentur gefährdet sein muss. Jeder Auftrag stellt wieder ganz neue Anforderungen an die Kreativität der Teams, sodass eine Veränderung ihrer Zusammensetzung eher zum Erfolg beiträgt, als dass sie ihn gefährden würde.

ment und Initiative kompensiert werden. Die Weiterbildung zielt auf eine Entwicklung der individuellen Managementkompetenz; darüber hinaus sind Anlässe und Inhalte von Personalentwicklungsmaßnahmen stark individualisiert und haben immer auch einen «Incentive-Charakter».

Erfolgsbeitrag dieser Personalstrategie

Unter diesen Voraussetzungen können Unternehmen eine Innovationskraft entfalten, die es ihnen erlaubt, kurzfristig auf veränderte Bedingungen zu reagieren und flexibel neue Positionen aufzubauen oder ebenso schnell wieder aufzugeben, wenn sie sich als wenig erfolgversprechend erweisen. Die Hauptschwäche einer solchen Strategie besteht in den Reibungsverlusten aufgrund der in aller Regel wenig koordinierten Innovationsprozesse und die stark ausgeprägte Neigung zu individueller Erfolgsmaximierung bei den Akteuren. Damit riskiert ein Unternehmen nicht nur, laufend Leistungsträger zu verlieren, die sich entweder übernommen haben oder schnell bereit sind, attraktivere Alternativangebote anzunehmen; es läuft auch Gefahr, zu überhitzen und in einer Art Hyperaktivität die Fähigkeit zu einer effektiven Nutzung der erreichten Ertragspotenziale zu verlieren.

1.2.6 | Wahl einer Personalstrategie

Jede der vier Personalstrategien zielt auf den Aufbau von spezifischen Motivationen und Kompetenzen, welche die angestrebte strategische Position im Markt sichern können, und widerspiegelt eine personalpolitische Grundhaltung. Sie ist aber nicht nur mit spezifischen Stärken verbunden, sondern birgt auch Risiken, die das Unternehmen vor allem bei einer Veränderung der Marktbedingungen gefährden können. Umgesetzt werden die Strategien in den Führungs- und Personalfunktionen, die in den folgenden Bausteinen dargestellt werden. Sie sind durch besondere Schwerpunktsetzungen in der Personalsuche und -rekrutierung, im Personaleinsatz, in der Personalentwicklung, in der Gestaltung der Anreiz- und Feedbacksysteme und in der Personalbindung gekennzeichnet. Sie unterscheiden sich in der Führung und der Motivation der Mitarbeiter und schließlich in der Art der Bindung, die zwischen dem Unternehmen oder Team auf der einen Seite und dem einzelnen Beschäftigten auf der anderen Seite besteht. Einen Überblick über die Merkmale der Personalfunktionen für jede strategische Ausrichtung gibt ▶ Abb. 2.

Personalstrategie / Personalfunktionen		Eingespieltes Team	Perfektes System	Intelligenter Organismus	Kreative Evolution
Human Resources	■ primäre Ressourcen *worauf der Erfolg beruht*	spezifisches Wissen und Erfahrungen, stark personengebunden	angelerntes systematisches Wissen und generelle Leistungsbereitschaft	Innovationskraft, Teamgeist, Erfahrungen aus Innovationsprozessen	individuelles Engagement und individuelle Fähigkeiten
	■ primäre Managementfunktion *was zur Erfolgssicherung notwendig ist*	Erhaltung und Vernetzung der Wissensträger	Effizienz in Aufbau und Speicherung von Routinen und Best Practices	Speicherung von Erfahrungen und Förderung von Lernprozessen	Leistungswettbewerb erhalten und Diversität fördern
Wertbasis	■ Personalleitbild *der ideale Mitarbeiter*	Experte, Profi, Familienmitglied	Mit-Denker, Handwerker, Crew-Mitglied	Selbst-Denker, Innovator, Teamplayer	Querdenker, Sportsmann, Kämpfer
	■ Führungskultur *der bevorzugte Führungsstil*	kooperativ bis patriarchalisch	direktiv bis delegierend	visionär bis kooperativ	laisser-faire bis kompetitiv
	■ Employer Branding *das Image als Arbeitgeber*	Qualität, Kontinuität, Sicherheit	Transparenz und Konsequenz in Leistungen und Anforderungen	Wachstum, Veränderung, starkes Team, Elite	«Up or go», Erfolg und Scheitern liegen eng beieinander
Personalsuche	■ primäres Arbeitsmarktsegment	berufsfachlich und betrieblich gemischt	unspezifisch und eingeschränkt betrieblich	betrieblich und berufsfachlich	unspezifisch und eingeschränkt berufsfachlich
	■ überwiegend intern/extern	intern	extern	intern	extern
	■ vorrangige Kriterien	Berufs- und Branchenerfahrung, Fachexpertise, Zuverlässigkeit, Loyalität, Teamfähigkeit	Flexibilität, Zuverlässigkeit, Disziplin, Bereitschaft zur Einordnung; fachlicher Hintergrund ist nachrangig	fachübergreifende Kompetenz, Lernfähigkeit, Loyalität, Teamfähigkeit, Veränderungserfahrungen	Initiative, Engagement, Eigenständigkeit, Leistungswille und -bereitschaft; fachlicher Hintergrund ist nachrangig
Personaleinsatz	■ Arbeitsorganisation *Einzel- oder Teamarbeit*	vernetzte Einzelarbeit im Teamkontext	flexible Einzel- oder Teamarbeit im System	langfristig angelegte Teamorganisation	kurzfristige Projektorganisation
	■ Stellenwechsel *Wechsel zwischen Bereichen*	Bereichswechsel sind selten	Einsatz je nach Kapazitätslage	langfristige Bereichswechsel	wechselnde Zusammensetzung der Projekte
	■ Flexibilisierung	nachrangig	kapazitätsorientiert	entwicklungsorientiert	entwicklungsorientiert

▲ Abb. 2   Vergleich der vier Personalstrategietypen

Personalfunktionen \ Personalstrategie	Eingespieltes Team	Perfektes System	Intelligenter Organismus	Kreative Evolution
Personal-entwicklung ■ vorrangige Inhalte	Entwicklung der Fachkompetenz, Qualitätssicherung, Kooperation	Einarbeitung in die Aufgaben, Prozessoptimierung	Teamfähigkeiten, Innovation, persönliche Kompetenz	Managementkompetenz, personenspezifische Inhalte
■ Prozesse	langfristige individuelle Vereinbarung	kurzfristige Beseitigung von Defiziten	Team- und Organisationsentwicklung	kurzfristig mit Incentive-Charakter
■ Karrieremuster	Fachlaufbahn, teilweise nach Seniorität	wenig Aufstiegswege	Fach- und Führungslaufbahn nach Bewährung	schneller Aufstieg bei individuellem Erfolg
Feedback-system ■ vorrangige Kriterien	Erreichen vereinbarter Ziele	Erfüllung von Anforderungen und Verhaltensnormen	Beiträge zum Teamerfolg und zur Innovation	Projekterfolg, Leistungsbemühen und -erfolg
■ Prozesse	periodische Kontrolle, langfristige Konsequenzen	ständige Leistungs- und Verhaltenskontrolle mit kurzfristigen Konsequenzen	überwiegend informell mit langfristigen Konsequenzen	kurzfristige Erfolgsmessung mit kurzfristigen Konsequenzen
Anreiz- und Gehalts-system ■ Verteilungsprinzip	Gleichgewicht von Anforderungs-, Leistungs- und Sozialprinzip	Anforderungs- und Leistungsprinzip	Gleichgewicht von Anforderungs-, Leistungs- und Sozialprinzip	Leistungs- und Marktprinzip
■ variable Vergütung	eher gering, mit Leistungs- und Qualitätskriterien	mittel, abhängig von individueller Leistung	eher gering, abhängig von Teamleistung	hoch, abhängig von individueller Leistung
■ Beteiligungsmodell	langfristige Kapitalbeteiligung	keine	langfristige Kapitalbeteiligung	kurzfristige Erfolgsbeteiligung
Personal-bindung ■ Arbeitsvertragsmuster *Typus und Zeithorizont*	langfristig	unbestimmt, zugunsten des Unternehmens	langfristig	projektbezogen zwischen gleich starken Partnern
■ Commitment *vorrangiges Bindungsmuster*	affektiv, normativ und kalkulativ	kalkulativ	affektiv und normativ	kalkulativ
■ Fluktuationsrate	gering	mittel	gering	hoch
■ Trennungsmuster *vorrangige Gründe für Entlassung oder Weggang*	grobe Pflichtverletzung, Aufstiegschancen	fehlende Leistung oder Disziplin, mangelnde Entwicklungschancen	Entfremdung, Aufstiegschancen	Erfolglosigkeit, Outburning, Sicherheit

▲ Abb. 2   Vergleich der vier Personalstrategietypen (Forts.)

Praxisbeispiel: Personalstrategien sind branchenunabhängig!

In fast jeder Branche lassen sich Beispiele für diametral entgegengesetzte Personalstrategien bei ähnlichen Wettbewerbsbedingungen finden, wie die beiden US-amerikanischen Forscher Cappelli & Crocker-Hefter (1996) gezeigt haben.

Beispiel 1: Strategieberatung –
Boston Consulting Group (BCG) versus McKinsey

BCG rekrutiert Berater aus unterschiedlichen Bereichen mit einem breiten Branchenfokus; relativ viele Berater wechseln von Dozentenpositionen führender Business Schools zu BCG oder kehren an die Hochschule zurück. Die Unternehmenskultur von BCG ist stark ausdifferenziert und lässt den Beraterteams große Freiheiten im Beratungsansatz. Trotz einiger standardisierter Ansätze überwiegt traditionell die kundenspezifische Lösung. Das Gehaltsniveau ist im Branchenvergleich unterdurchschnittlich, enthält aber größere individualisierte Erfolgsvergütungsanteile.

McKinsey rekrutiert Berater traditionell direkt von der Hochschule und bevorzugt Absolventen technischer Studiengänge mit spezifischer funktionaler Expertise. Die Neueinsteiger unterscheiden sich in Bezug auf ihre Berufserfahrungen nur wenig voneinander und werden in der ersten Phase intensiv geschult. Die Beratungsgesellschaft verfolgt die Philosophie eines «McKinsey Way of Consulting» und geht davon aus, dass die Kunden die Beratung von McKinsey in Anspruch nehmen, weil sie eine spezifische Arbeitsweise, für die das Unternehmen steht, erwarten. Auch McKinsey entwickelt kundenspezifische Lösungen, die jedoch stärker von einer standardisierten Arbeitsweise geprägt sind. Entsprechend langsamer vollzieht sich der Aufstieg innerhalb der Beratungsgesellschaft, der mit einer intensiven Sozialisation in die Kultur des Unternehmens verbunden ist. Das Gehaltsniveau ist im Branchenvergleich überdurchschnittlich und enthält relativ wenige individualisierte Vergütungsanteile.

Beispiel 2: Business Schools –
Wharton School versus Harvard Business School

Die Harvard Business School ist bekannt dafür, dass sie ihren Dozentenstamm überwiegend selbst aufbaut. Nachwuchskräfte werden häufig aus fachfremden Bereichen rekrutiert und dann nach der Harvard-Methodik trainiert. Der Aufstieg zu einer eigenständigen Professur vollzieht sich vergleichsweise langsam und ist gebunden an Harvard-spezifische Anforderungskriterien. Als Kernkompetenz der Harvard Business School wird ihre Fähigkeit angesehen, Konzepte und Managementprobleme auf Basis einer spezifischen Fallstudienmethode zu analysieren. Das Leitbild für die Ausbildung an der Harvard Business School ist der fachübergreifende General Manager.

Die Wharton School steht dagegen für eine Ausbildungsstätte, die danach strebt, in allen wesentlichen Feldern renommierte Forscher und Dozenten zu gewinnen, unabhängig davon, welchen akademischen Weg diese gegangen sind. Wenn die Hochschule eine vollamtliche Professur (Tenureship) vergeben will, stützt sie sich bei dieser Entscheidung auf Beurteilungen anderer Institutionen. Das Ausbildungsideal an der Wharton School ist eine herausragende Expertise in einer einzelnen Managementfunktion (z.B. Finance oder Accounting) und weniger eine generalistische Kompetenz.

Beispiel 3: Getränkeindustrie –
Coca-Cola versus Pepsi

Kaum ein Unternehmen ist so sehr mit der amerikanischen Geschichte und Kultur des 20. Jahrhunderts verknüpft wie Coca-Cola. Für ein Unternehmen seiner Größe ist es ausgeprägt auf sein Kerngeschäft und die Erhaltung seiner führenden Position konzentriert. Managemententscheidungen werden zentral gefällt und sind durch Tradition und zeitlich überdauernde Konsistenz gekennzeichnet. Coca-Cola rekrutiert vorzugsweise Hochschulabsolventen ohne spezifische Businesserfahrungen und bereitet sie in einem intensiven Traineeprogramm auf ihre spätere Position vor. Bei entsprechender Leistung ist eine lebenslange Beschäftigung in einer als familiär beschriebenen Firmenkultur keine Seltenheit.

Pepsi entwickelte sich als multipler Nischenanbieter, der laufend versucht, Positionen zu erobern, in denen Coca-Cola schwächer vertreten ist. Über das Kerngeschäft hinaus ist Pepsi mit verschiedenen Fastfood-Ketten (Taco Bell, Pizza Hut, Kentucky Fried Chicken) hochgradig diversifiziert. Managemententscheidungen orientieren sich eher an Innovation als an Tradition. Pepsi rekrutiert Mit-

---

Praxisbeispiel: Personalstrategien sind branchenunabhängig! (Forts.)

arbeiter aus den unterschiedlichsten Bereichen und vorzugsweise mit erfolgreicher Berufserfahrung. Der interne Wettbewerb im Unternehmen ist stark ausgeprägt, und dementsprechend hoch ist die Fluktuationsrate. Innovationen werden häufig über Neubesetzungen angetrieben. Richtungsweisende Entscheidungen werden im Gegensatz zu Coca-Cola nicht selten auf Geschäftsbereichsebene gefällt.

Die drei Beispiele zeigen, dass unter ähnlichen Wettbewerbsbedingungen immer mehrere Personalstrategien verfolgt werden können. Die Strategien tragen zum Unternehmenserfolg bei, wenn sie zur marktstrategischen Positionierung passen und personalpolitisch in sich konsistent sind.

Einflussfaktoren der
Personalstrategie

Die Personalstrategie ergibt sich nicht zwangsläufig aus den Merkmalen der Branche, in der das Unternehmen tätig ist, auch wenn man bei einem Branchenvergleich Unterschiede über alle Wettbewerber hinweg finden wird (◁ Praxisbeispiel). Auch auf Funktionsbereichsebene gibt es keine Merkmale, welche das Human Resource Management einer Marketingabteilung oder eines Fertigungsbereichs determinieren. Die personalstrategische Ausrichtung ist das Ergebnis einer weitgehend freien strategischen und personalpolitischen Entscheidung. Dies zeigen auch die Praxisbeispiele.

Die Instrumente, mit denen eine Personalstrategie auf Unternehmens- oder Bereichsebene umgesetzt wird, müssen sich an der jeweiligen Personalkultur ausrichten.

Personalkultur

> Die *Personalkultur* umfasst die Normen und Werte, welche die Arbeitsbeziehungen einer Organisation kennzeichnen. Sie ergibt sich aus den typischen Zielen, Arbeitsgrundsätzen und Tätigkeitsfeldern der Organisation sowie den vorherrschenden Motivations- und Qualifikationsstrukturen ihrer Beschäftigten.

In jeder Personalkultur muss die verfolgte Personalstrategie mit etwas anderen Konzepten und Instrumenten umgesetzt werden, damit die angestrebten Ziele erreicht werden können. Zu unterscheiden sind insbesondere die folgenden sechs Personalkulturtypen:

- Die *administrative Kultur* ist typisch für Verwaltungsaufgaben im weitesten Sinne, bei denen es auf die zuverlässige und regelkonforme Aufgabenerfüllung ankommt. Das Qualifikationsniveau der Beschäftigten bewegt sich in der Regel auf einem mittleren Niveau. Sicherheitsmotive spielen in der Motivationsstruktur der Beschäftigten eine wichtige Rolle; entsprechend hoch sind Bereitschaft und Erwartung, sich in klaren Regelstrukturen zu bewegen, die einer individuellen Aufgabenauslegung wenig Raum lassen. Die Kommunikation zwischen den Beschäftigten ist zu einem großen Teil formal, und Konflikte werden überwiegend verdeckt ausgetragen. Der Führungsstil ist kooperativ bis delegativ. Die Beschäftigten orientieren sich in ihren Erwartungen an die Organisation am Gleichheitsgrundsatz, wonach im Regelfall jeder Mitarbeiter dieselben Rechte und Pflichten hat. Entsprechend werden eher Team- als individuelle Prämienregelungen praktiziert, wobei variable Vergütungsmodelle generell nur eine untergeordnete Bedeutung haben.

- Die *gewerbliche Kultur* kennzeichnet den sogenannten «blue collar»-Bereich, in dem überwiegend manuelle Tätigkeiten ausgeführt werden. Neben ausgebildeten Fachkräften werden in vielen Fällen Beschäftigte ohne Fachausbildung eingesetzt; der Anteil fremdsprachiger Mitarbeiter ist häufig hoch. Dies stellt besondere Herausforderungen an die Kommunikation im Team, da anders als im akademisch geprägten Bereich Englisch als Verständigungssprache nicht in Frage kommt. Der vorherrschende Führungsstil ist eher autoritär oder patriarchalisch und Leistungskontrollen finden fortlaufend statt. Die Kommunikation zwischen den Beschäftigten ist direkt, und Konflikte werden offen und unverzüglich ausgetragen. Zudem ist diese Kultur dadurch gekennzeichnet, dass der Interessengegensatz zwischen Management und Beschäftigten offener zu Tage tritt als in der administrativen Kultur. Das vergleichsweise niedrige Gehaltsniveau bringt es mit sich, dass direkte Prämienzahlungen eine starke Anreizwirkung haben.

- Eine *akademische Kultur* findet sich überall dort, wo die Belegschaft sich überwiegend aus Hochschulabgängern zusammensetzt, die in ihrem Bereich weitgehend selbständig arbeiten. Beispiele sind Forschungs- und Entwicklungsbereiche, Expertenorganisationen und Hochschulen. Mit dem hohen Qualifikationsniveau geht auch ein ausgeprägter Individualismus einher. Es wird zwar viel in Teams mit wechselnden Zusammensetzungen gearbeitet, die Bindung des Einzelnen ans Team oder an die Gesamtorganisation ist aber vergleichsweise gering. Die Kommunikationsbeziehungen sind komplex und wenig emotional. Die Motivation ist stark intrinsisch auf die Aufgabe gerichtet. Die finanzielle Vergütung ist zwar wichtig, wird aber selten offen thematisiert. Betont werden hingegen persönliche Entwicklungsmöglichkeiten und hohe Freiheitsgrade in der Aufgabe.

- Die *wettbewerbliche Kultur* ist durch eine starke Leistungs- und Konkurrenzorientierung gekennzeichnet. Aus dieser Kultur gehen immer wieder Gewinner und Verlierer hervor, Siege und Niederlagen werden offen gelegt, und es herrscht die Erwartung, dass auf dieser Grundlage Gehalts- und Karriereentscheidungen fallen. Wie in der akademischen Kultur ist der Individualismus in der

Regel stark ausgeprägt, auch wenn die Bedeutung des Teams nach außen hin immer wieder hervorgehoben wird. Entsprechend gering ist die Bindung an die Organisation. Direkte Kommunikation wird gepflegt und kurzfristiges Denken steht im Vordergrund. Die wettbewerbliche Kultur ist typisch für Vertriebsbereiche. Starke emotionale Schwankungen zwischen Genuss und Selbstausbeutung kennzeichnen Arbeitsweise und Lebensstil der Beschäftigten.

- Eine *familiär geprägte Kultur* herrscht in Unternehmen vor, in denen die Beschäftigten sich stark auf Personen und ihre unternehmerischen Ideen verpflichten. Diese Verpflichtung, bei der individuelle Interessen zurückgestellt werden, kann sich an eine aktive Unternehmerpersönlichkeit richten oder sich in einer starken Traditionsorientierung niederschlagen. Die Bindung ist hoch; außerdem wird auch ein autoritärer oder patriarchalischer Führungsstil akzeptiert, sofern sich die Unternehmerpersönlichkeit oder das traditionsorientierte Unternehmen den Mitarbeitern gegenüber loyal und vertrauensvoll verhält sowie entsprechende finanzielle Sicherheit bietet.

- Eine *bekenntnisorientierte Kultur* findet sich vor allem in Organisationen, die ein politisches oder soziales Ziel verfolgen. Persönliche Ziele oder ökonomischer Erfolg stehen gegenüber dem Engagement für das Organisationsziel im Hintergrund. Wie in der familiär geprägten Kultur gibt es auch hier eine starke kollektivistische Orientierung. Der Einzelne nimmt mit seinem Engagement oft eine hohe psychische Belastung auf sich, und nicht selten gibt es ein implizites Genussverbot.

Personalkulturen unterscheiden sich darin, ob die Beschäftigten ihre individuellen Ziele in den Vordergrund stellen oder sich Gruppen- oder Organisationszielen unterordnen. Das wirkt sich vor allem auf die Bindungsmuster und Erwartungen gegenüber der Ausgestaltung des Feedback- und Gehaltssystems aus.

| 1.2.7 | **Personalstrategien im Innovationsprozess** |

Die optimale personalstrategische Ausrichtung unterscheidet sich in einem Unternehmen möglicherweise nicht nur von Bereich zu Bereich, sondern sie kann sich auch im Zeitverlauf verändern. Das gilt insbesondere für Produkt- und Service-Innovationsprozesse.

Phasen
Innovationsprozess

Innovationsprozesse erstrecken sich über mehrere Phasen, die in ihrem Ablauf ineinander übergehen:

1. *Ideengenerierung und -auswahl:* In der ersten Phase wird die Grundlage für die Produkt- und Service-Innovation geschaffen, indem eine große Zahl von Ideen erzeugt wird. Die Ideen werden anschließend vergleichend bewertet. So werden aus der Vielzahl möglicher die besten ausgewählt und weiter ausgearbeitet. Unternehmen oder Bereiche, die der Strategie der kreativen Evolution folgen, sind in dieser Phase besonders stark. Individuelle Persönlichkeiten und eine wechselnde Zusammensetzung und flexible Organisation des Innovationsteams sind wesentliche Antriebsmotoren des kreativen Prozesses.

2. *Ideenverdichtung und -ausarbeitung:* In dieser Phase werden ausgewählte Produkt- und Service-Ideen in einem kontinuierlichen Entwicklungsprozess zur Marktreife gebracht. Diese Prozessphase erfordert eine höhere personelle und organisatorische Kontinuität als die Phase der Ideengenerierung. Sie wird durch eine personalstrategische Ausrichtung am Typus des «intelligenten Organismus» unterstützt.

3. *Einführung und Anwendung:* Ausgangspunkt für die Implementierung ist ein abgeschlossener Produktentwicklungsprozess. Die neuen Produkte und Dienstleistungen werden auf dem Markt eingeführt. Die Produkt- und Servicequalität hängt in dieser Phase in aller Regel vom Engagement und der Expertise der beteiligten Mitarbeiter ab. Sie gewährleisten, dass das Unternehmen flexibel auf besondere Kundenbedürfnisse, wechselnde Marktbedingungen oder andere unerwartete Schwierigkeiten reagieren kann. Auch setzt eine schrittweise Professionalisierung ein, an deren Ende das Unternehmen oder der Unternehmensbereich in der Lage ist, seine Produkte und Dienstleistungen mit einer sehr guten Kosten-Leistungs-Relation zu erbringen. Diese Phase im Innovationsprozess korrespondiert optimal mit der Strategie des «eingespielten Teams».

4. *Routinisierung:* Gelingt es, die Produkt- oder Service-Innovation so weit zu professionalisieren und standardisieren, dass sie nicht mehr von spezifischen Qualifikationen und Erfahrungen einzelner Mitarbeiter abhängig sind, kann das Unternehmen schließlich zur Personalstrategie des «perfekten Systems» übergehen.

Diese Phasen können auf unterschiedliche Art und Weise durchlaufen werden: Die Geschichte vieler Unternehmen zeigt, wie sie sich in einem Zeitraum von zehn oder zwanzig Jahren von einer unternehmerischen Gründung auf Grundlage einer kreativen Produktidee zu einem marktbeherrschenden Unternehmen mit standardisierten Wertschöpfungsprozessen entwickelt haben. Dagegen durchlaufen in etablierten Unternehmen Produktinnovationen verschiedene Bereiche (Grundlagenforschung, Produktentwicklung, Produktion), die ihrerseits personalstrategisch auf die jeweiligen Anforderungen eingestellt sind. Schließlich finden sich auch zahlreiche Beispiele von Unternehmen, die sich auf einzelne Abschnitte eines typischen Innovationsprozesses konzentrieren und die Innovation nach Abschluss des betreffenden Abschnitts weitergeben: Sie konzentrieren sich auf die Rolle von Impulsgebern («kreative Evolution»), greifen Ideen von externen Ideenentwicklern auf und führen diese zur Marktreife («intelligenter Organismus»), vergeben Lizenzen für standardisierte Produkte und Dienstleistungen, statt sie selbst zu vertreiben («eingespieltes Team») oder betätigen sich selbst ausschließlich als Lizenz- oder Franchisenehmer («perfektes System»). Welche Abschnitte des Innovationsprozesses ein Unternehmen abdeckt und wie weit es sich auch personalstrategisch danach ausrichtet, ist eine freie unternehmerische Entscheidung.

| 1.3 | **Das Strategische Personalkonzept** |

Wie werden die personalstrategischen Ziele und Instrumente abgeleitet?

Die vier beschriebenen Personalstrategien sind Idealtypen. Das bedeutet, dass sie als Anhaltspunkte für die Einordnung und Weiterentwicklung eines konkreten Human-Resource-Management-Systems mit seinen einzelnen Maßnahmen in einem Unternehmen bzw. einem Unternehmensbereich dienen können. Die strategische Ausrichtung im Einzelfall erfordert jedoch eine detailliertere Analyse der Ziele und der Ausgangslage in mehreren Schritten.

Strategieanalyse

Der erste Ausgangspunkt ist die *Analyse der Strategie* für das Unternehmen bzw. den jeweiligen Unternehmensbereich. Zu klären ist, welche der gegenwärtigen strategischen Positionen erhalten und welche mittel- und langfristig neu aufgebaut werden sollen. Die Ziele sind um möglichst konkrete Maßnahmen zu erweitern, aus denen sich die Anforderungen an das Personal und dessen Motivationen und Kompetenzen ableiten lassen. Für ganze Unternehmen oder Bereiche mit externen Kunden (z.B. Vertrieb oder Kundendienst) sind dabei folgende Fragen zu beantworten:

- Auf welchen Leistungen oder Fähigkeiten beruht die derzeitige Marktposition?
- Welche Leistungen oder Fähigkeiten sind für die zukünftige Marktposition bedeutsam?

- Mit welchen Fähigkeiten oder Leistungen heben wir uns wesentlich von den Wettbewerbern ab?
- Wie sind wir grundsätzlich im Dreieck von Kostenvorteil, Qualitätsvorteil und Innovation positioniert?
- Was macht uns besonders krisenfest?

Praxisbeispiel: Strategisches Personalkonzept einer Druckerei

Die Relox GmbH ist ein mittelständischer Mediendienstleister mit 95 Beschäftigten, der auf Werbedruck spezialisiert ist. Strategisch ist das Unternehmen in seinem Hauptmarkt als Kostenführer positioniert. Die bestehenden Positionen sollen besonders im regionalen Wettbewerb mit kleineren Anbietern gesichert und nach Möglichkeit weiter ausgebaut werden. Es wird deutlich, dass Kontinuität und Zuverlässigkeit in der Zusammenarbeit mit den bestehenden Kunden zentrale Erfolgsvoraussetzungen sind. Die Analyse der Kompetenzen und Motivationen ergab vier wesentliche Defizite, welche die Wettbewerbsfähigkeit erheblich gefährden:

- Schwächen in der Führungskompetenz der Team- und Abteilungsleiter,
- lückenhafte Produktkenntnisse bei den Vertriebsmitarbeitern,
- abnehmender Zusammenhalt in den wachsenden Teams,

- eine relativ hohe Fehlerhäufigkeit in der Auftragsabwicklung.

Der geschäftsführende Alleingesellschafter erarbeitet in einem Workshop mit den Führungskräften und der Mitarbeitervertretung ein Personalleitbild: Ergebnis ist, dass trotz des kontinuierlichen Wachstums in den vergangenen Jahren immer noch eine vertrauensvolle Zusammenarbeit zwischen allen Mitarbeitern gepflegt wird. Ein starker Teamzusammenhalt und eine hohe Loyalität werden als wichtig und erfolgskritisch angesehen. Die Fluktuationsrate soll weiterhin niedrig gehalten werden.

Aus dieser Ausgangslage ergibt sich für die Unternehmensleitung, dass die Strategie des «eingespielten Teams» für alle Bereiche und Ebenen des Unternehmens verfolgt werden soll. Um diese konsistent zu verfolgen und dabei die aktuellen Defizite zu beseitigen, wird folgendes Personalkonzept aufgestellt:

Strategisches Personalziel	Erfolgskriterien	Personalmaßnahmen
1. Verbesserung der Führungsarbeit	- 30 % der Arbeitszeit von Führungskräften ist Führungsarbeit - Vorgesetztenindex bei der nächsten Mitarbeiterbefragung steigt von 2,5 auf 3,0	- Führungstrainings - Einführung einer jährlichen Beurteilung des Vorgesetztenverhaltens durch die Mitarbeiter - Einbeziehung der Führungskompetenz in die Zielvereinbarungsgespräche
2. Entwicklung von Teamfähigkeit und -bereitschaft	- Anteil von Mitarbeitern, die in Projekten arbeiten, ist höher als 40 %	- Teamschulungen - Einführung von Prämien, die vom Teamerfolg abhängen und 10 % des Gehalts ausmachen.
3. Verbesserung der Qualifikation im Außendienst	- Steigerung des Umsatzes um 5 %	- quartalsweise Informationsveranstaltungen - Gewichtung der Erfolgsprämien im Verhältnis 50 % Individual- zu 50 % Gruppenleistung
4. Verbesserung der Qualifikation der Verpackungshelfer	- Reklamationsquote wegen Verpackungsqualität sinkt unter 1 % - Kundenzufriedenheit bezüglich Verpackung ist größer als 90 %	- Schulung im Bereich Qualitätssicherung und Selbstverantwortung - Einrichtung von Qualitätszirkeln
5. Sicherung der langfristigen Mitarbeiterbindung	- Senkung der mitarbeiterseitigen Kündigungsrate auf 3 % pro Jahr	- individuelle Weiterbildungspläne für die Führungskräfte und Fachleistungsträger

Entsprechende Fragen stellen sich für interne Funktionsbereiche im Unternehmen (z.B. Rechnungswesen oder Personalwesen) oder für Unternehmen unter einem Konzerndach, welche Leistungen für andere Unternehmen im Verbund erbringen:

- Auf welchen Leistungen oder Fähigkeiten beruht unsere Position im Unternehmen oder Verbund?
- Was macht uns auf Dauer nichtsubstituierbar im Unternehmen oder im Verbund?
- Was macht uns im Vergleich zu alternativen Leistungserbringern (z.B. externe Anbieter oder Berater) besonders attraktiv?
- Erbringen wir möglichst innovative und qualitativ hochwertige oder kostengünstige Leistungen im Unternehmen oder Verbund?

Personalbezogene Defizite

Diese strategischen Anforderungen sind durch eine personalbezogene Defizitanalyse zu ergänzen. Dabei werden akute Schwachstellen erörtert und auf ihre strategische Bedeutung hin geprüft. Leitfragen für die Defizitanalyse sind folgende:

- Welche der strategisch notwendigen Ressourcen fehlen aus Unternehmens- oder Kundensicht bzw. sind nur unzureichend vorhanden?
- Welche Fähigkeiten und Motivationen sind gegenwärtig zu stark ausgeprägt, sodass sie die strategische Position gefährden können?
- Welche wiederholten Fehlleistungen mit strategischem Risikopotenzial sind auf fehlende Fähigkeiten, Motivationen oder Vernetzungen zurückzuführen?

Leitbild

Ein weiterer Ausgangspunkt ist das *personalpolitische Leitbild.* Dieses enthält die Grundsätze, die das Unternehmen in der Führung und Zusammenarbeit verfolgt. In diesem Leitbild kommt zum Ausdruck, worauf die gegenseitige Bindung im Beschäftigungsverhältnis beruht und wie die Mitarbeiter von der Unternehmens- bzw. Bereichsleitung gesehen werden. Im Einzelnen stellen sich dazu folgende Fragen:

- Gibt es im Unternehmen ein offizielles Führungs- und Personalleitbild, aus dem sich ableiten lässt, wie die Arbeitsbeziehungen aussehen sollen (z.B. in Bezug auf Nachwuchsförderung, Besetzung von Führungspositionen, Weiterbildungsmöglichkeiten, Gehalts- und Feedbacksystem)?
- Gibt es im Unternehmen allgemein geteilte, informelle Grundsätze, wie die Arbeitsbeziehungen gestaltet werden sollen?
- Welches relative Gewicht haben bei personalrelevanten Entscheidungen die Interessen des Unternehmens und die Interessen der betroffenen Mitarbeiter?

Strategische Analyse

Strategische Ziele für das Unternehmen/für den Unternehmensbereich
Welche Positionen sollen erhalten bzw. aufgebaut werden? Welche Maßnahmen sollen dazu getroffen werden?
- ...
- ...
- ...

Strategische Anforderungen an das Personal *Welche Kompetenzen und Motivationen werden in Zukunft vermehrt benötigt?* - ... - ... - ...	**Aktuelle Defizite im Personal** *Welche Kompetenzen und Motivationen fehlen gegenwärtig oder sind zu stark vorherrschend?* - ... - ... - ...

Personalleitbild und -politik
Welche Stellung sollen die Beschäftigten in unserem Unternehmen einnehmen?
Welche Grundsätze sollen für Führung und Zusammenarbeit gelten?
- ...
- ...
- ...

Personalstrategie

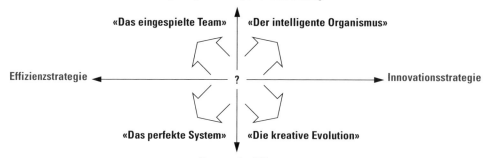

Personalkonzept

Strategische Personalziele *Welche Kompetenz- und Motivationsziele sollen erreicht werden?*	**Erfolgskriterien** *Woran lässt sich die Zielerreichung feststellen?*	**Personalmaßnahmen** *Welche Maßnahmen werden getroffen, um die angestrebten Ziele zu erreichen?*	**Verantwortung und Zeithorizont** *Wer ist für die Maßnahme verantwortlich? Bis wann muss die Maßnahme durchgeführt sein?*
1.			
2.			
3.			

▲ Abb. 3   Aufbau des Strategischen Personalkonzepts

■ Wie positioniert sich das Unternehmen offiziell und informell zwischen langfristiger Bindung und Entwicklung einerseits sowie kurzfristiger Flexibilität und Austauschbarkeit gegenüber den Mitarbeitern andererseits?

Strategietyp

Ausgehend von der Analyse der Strategie und dem Personalleitbild lässt sich die strategische Grundausrichtung als Anhaltspunkt für die weitere Konkretisierung bestimmen. Das Unternehmen legt fest, welche *Personalstrategie* den eigenen Zielen am ehesten entspricht und mit welcher Konsequenz sie für welche Mitarbeitergruppen verfolgt wird. Dabei ist beispielsweise durchaus möglich, dass ein Unternehmen seine Führungskräfte nach der Strategie des «eingespielten Teams» einsetzt, die übrigen Mitarbeiter aber in eine Strategie des «perfekten Systems» einbindet.

Personalkonzept

Der letzte Schritt ist die Konkretisierung der Strategie im *Personalkonzept,* wie es ◄ Abb. 3 im unteren Teil zeigt. In der Regel werden drei bis fünf Oberziele definiert, welche die strategische Ausrichtung kennzeichnen. Wichtig ist, diese Ziele so zu definieren, dass ihre Erreichung ausreichend quantitativ oder qualitativ messbar ist. Den einzelnen Oberzielen werden anschließend in der dritten Spalte konkrete Personalmaßnahmen zugeordnet, die dazu geeignet sind, das jeweilige Ziel auch wirklich zu erreichen. Für diese Maßnahmen wird abschließend ein Zeitraum und die jeweilige Verantwortung bestimmt.

| 1.4 | Die Bausteine des Human Resource Management |

Wie ist das Buch in den folgenden Kapiteln aufgebaut?

Der vorliegende Ansatz betrachtet das Human Resource Management als Kernaufgabe jeder Unternehmens- oder Bereichsleitung. Demgegenüber steht die Personalarbeit als Fachaufgabe im Hintergrund. Dementsprechend ergibt sich für dieses Buch auch ein anderer Aufbau, als er sich in den meisten Darstellungen zum Personalmanagement findet, die sich überwiegend an Personalfachkräfte richten (► Abb. 4).

Ausgangspunkt ist die Bestimmung der strategischen Grundausrichtung, die Entwicklung von Personalkonzept und -strategie (vgl. Baustein 1). Die Personalstrategie ist die Richtschnur für die nachfolgenden Bausteine, die jeweils für einzelne Personalfunktionen stehen.

Kernfunktionen des Personalmanagements

Um die Personalstrategie sind die *Kernfunktionen* des Personalmanagements angeordnet, die in den Bausteinen 2 bis 7 behandelt werden. Sie kennzeichnen die erweiterte Personalführung der vorhandenen Stammbelegschaft. Im Mittelpunkt von Baustein 2 zur

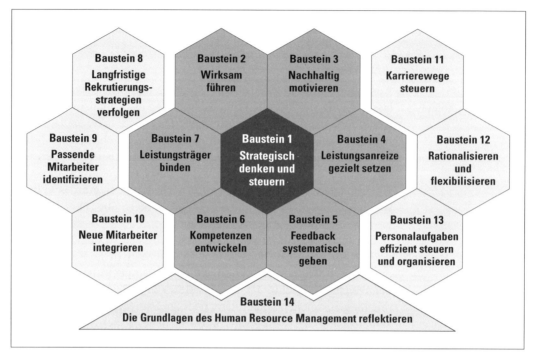

▲ Abb. 4   Bausteine des Strategischen Personalmanagements

Führung steht die Frage, welche Zusammenhänge zwischen dem Führungsstil des Vorgesetzten und seinem Führungserfolg, d.h. Leistung und Zufriedenheit der Mitarbeiter sowie Teamzusammenhalt, bestehen. Die Bausteine 3 und 4 befassen sich mit den Grundlagen der individuellen Motivation und darauf aufbauend mit der Gestaltung der Anreizsysteme zu ihrer Erhaltung. Die wichtigste Funktion von Anreizsystemen, die Steuerung der Leistungsbeiträge von Individuen und Teams, wird in Baustein 5 zu Feedbacksystemen vervollständigt. Die Kompetenzentwicklung mit besonderer Betonung der Rolle der Führungskräfte wird in Baustein 6 behandelt, und Baustein 7 schließt die Kernfunktionen mit einer Erörterung der Grundlagen und Gestaltungsansätze für die Personalbindung ab.

Unterstützungs-funktionen

Um die Kernfunktionen sind sechs *Unterstützungsfunktionen* angeordnet. Sie betreffen weniger die laufende Führungs- und Personalleitungsaufgabe, sondern umfassen periodische Aufgaben der Personalbeschaffung und -weiterentwicklung. Die Bausteine 8 bis 11 behandeln die Suche, Auswahl und Integration neuer Mitarbeiter: Ausgangspunkt ist das Employer Branding, d.h. die Positionierung des Unternehmens nach innen und außen als attraktiver Arbeitgeber, auf das die Rekrutierungsaktivitäten aufbauen. Daran schließen sich Grundlagen und Instrumente der Eignungsdiagnose an, wie sie vor allem in der Bewerberauswahl relevant werden, sowie Maßnahmen zu einer erfolgreichen Integration neuer Mitarbeiter über Einführungsprogramme. Danach werden längerfristige Perspektiven des Personaleinsatzes, die Gestaltung von Karrieresystemen und Auslandseinsätze in einem globalisierten Umfeld erörtert. Die Bausteine 12 und 13 behandeln das Management von HRM-Systemen unter den Gesichtspunkten einer flexiblen Kapazitätsanpassung sowie der Organisation und Steuerung aller HRM-Aktivitäten. Schließlich lädt der Baustein 14 zu einer grundsätzlichen Reflexion über die betriebliche Personalarbeit aus historischer, ethischer und theoretischer Perspektive ein.

Literaturhinweise

Randall S. Schuler & Susan E. Jackson (2007): Strategic Human Resource Management. 2. Auflage.
Der Sammelband vereinigt eine Reihe einflussreicher Aufsätze zum Strategischen Personalmanagement, die in internationalen wissenschaftlichen und praxisorientierten Zeitschriften veröffentlicht wurden.

Peter Boxall & John Purcell (2011): Strategy and Human Resource Management. 3. Auflage.
Dieses Lehrbuch zum Human Resource Management unterscheidet sich von den meisten anderen dadurch, dass es besonderes Augenmerk auf die Abstimmung der betrieblichen Personalarbeit mit der Entwicklung strategischer Wettbewerbsvorteile legt.

James N. Baron & David M. Kreps (1999): Strategic Human Resources: Frameworks for General Managers.
Das Lehrbuch unterscheidet sich in zwei Merkmalen von den zahlreichen Veröffentlichungen zum Personalmanagement: Erstens wählen die Autoren einen ökonomischen Ansatz, den sie auf allgemein verständliche Art und Weise ausbreiten, und zweitens legen sie ihren Schwerpunkt auf die Fragestellungen, welche aus Unternehmens- oder Bereichsleitungsperspektive von besonderer Bedeutung sind.

SOUL SISTERS

Baustein 2
Wirksam führen

Führung oder Steuerung? Ist ein Human Resources Management durch individuelle Mitarbeiterführung erfolgreicher als die Steuerung der Mitarbeiter über Personalmanagementsysteme? Können Manager durch unmittelbare Kommunikation und persönlich überzeugende Menschenführung nicht viel mehr erreichen als Stellenbeschreibungen und Anreizsysteme? In der Managementlehre schwingt das Pendel der Erfolgsrezepte beständig zwischen den beiden Polen der direkten und der indirekten Führung: Auf das Leitbild der kooperativen Führung der 1970er Jahre folgte in den 1980er Jahren das Controlling, auf die charismatische Führung der frühen 1990er Jahre die Balanced Scorecard der späten 1990er Jahre. Führung oder Steuerung – das ist hier die Frage.

Inhalt

2.1 Die direkte Führung der Mitarbeiter 49

Was ist Führung und worauf beruht sie?

2.2 Führungsrollen 53

Welche Funktionen erfüllen Führungskräfte für Unternehmen?

2.3 Führungsverhalten und Führungserfolg 55

*Welche Führungsstile lassen sich unterscheiden und
wann sind sie erfolgreich?*

2.3.1 Führungserfolg 55
2.3.2 Führungsstile zwischen Aufgaben- und
Mitarbeiterorientierung. 57
2.3.3 Der Einfluss der Führungspersönlichkeit 64
2.3.4 Charismatische Führung 71

2.4 Situative Führung 75

*Wie muss der Führungsstil auf die konkrete Situation
abgestimmt werden?*

2.4.1 Reifegradorientierte Führung 75
2.4.2 Führung und Aufgabenstruktur 79
2.4.3 Organisations- und Landeskultur 86
2.4.4 Substitution von Führung 90

2.5 Management by Objectives (MbO) 91

*Wie lässt sich die direkte Führung durch
Zielsteuerung ersetzen?*

2.1   Die direkte Führung der Mitarbeiter

Was ist Führung und worauf beruht sie? Direkte Führung in einem Unternehmen bedeutet die soziale Einflussnahme zur Erreichung von Zielen, die mit dem Unternehmenszweck verbunden sind. Führung gibt es nicht nur im Verhältnis zwischen einer vorgesetzten Person und den ihr untergeordneten Mitarbeitern, sondern sie kann zwischen Personen unabhängig von ihrer hierarchischen Position stattfinden, nämlich immer dann, wenn eine Person in der Lage ist, eine andere Person in ihren Einstellungen und in ihrem Verhalten zu beeinflussen: beispielsweise ein Kollege den anderen, ein Mitarbeiter seinen Vorgesetzten oder ein Mentor seinen Schützling. In diesen Fällen spricht man häufig von informeller Führung, im Unterschied zu der formellen Führung zwischen Vorgesetzten und Untergebenen gemäß Organigramm.

Die Möglichkeit, Führung auszuüben und damit andere Personen zu beeinflussen, beruht auf Macht. Als Macht wird seit der klassischen Definition des Soziologen Max Weber (1921) die Chance bezeichnet, in einer sozialen Beziehung seinen eigenen Willen auch gegen Widerstand durchsetzen zu können. Die wichtigsten Grundlagen **Grundlagen der** der Macht und somit auch der Führung in einer Organisation oder **Macht und Führung** einem Unternehmen sind folgende:

- *Macht auf der Grundlage einer formalen Position:* In einem Unternehmen sind mit jeder Position mehr oder weniger große Möglichkeiten verbunden, andere Personen und ihr Verhalten zu sanktionieren, das heißt, zu belohnen oder zu bestrafen: Vorgesetzte haben Einfluss auf Einstellungs-, Versetzungs- oder Entlassungsentscheidungen. Sie beurteilen die Leistungen und das Verhalten ihrer Untergebenen, haben damit Einfluss auf das Gehalt und die Karrierechancen. Sie können zudem fortlaufend Anweisungen erteilen. Führung auf der Grundlage von Positionsmacht beruht darauf, dass die Geführten Sanktionen befürchten, falls sie den Anweisungen nicht Folge leisten. Ähnliche Einflussmöglichkeiten haben auch Spezialisten, die Regeln und Standards setzen können, an die sich die anderen halten müssen: Programmierer beschränken die Möglichkeiten des individuellen Datenzugriffs und zwingen den Benutzer, bestimmte Routinen einzuhalten; Controller geben Berichtsbogen vor, die ausgefüllt werden müssen; Sekretariate können den direkten Zugang zu den Entscheidungsträgern beschränken oder zumindest verzögern.

- *Macht auf der Grundlage von Expertise:* Über Fähigkeiten oder Informationen zu verfügen, die andere Personen für wichtig erachten, ist eine zweite wesentliche Quelle von Macht in Organisationen. Führung beruht dann auf der Fähigkeit, andere mit Sachargumenten zu überzeugen. Diese Machtquelle kann in Konkurrenz zur Positionsmacht stehen, wenn der Mitarbeiter seinen Vorgesetzten aufgrund seines Fachwissens davon zu überzeugen versucht, dass eine Anweisung sachlich falsch ist.
- *Macht auf der Grundlage von persönlicher Überzeugungskraft:* Diese Machtquelle besteht, wenn eine Person andere allein aufgrund des Vertrauens in ihre Persönlichkeit und ihre Kompetenz zu überzeugen vermag. Führung durch eine Person wird unabhängig von ihren Sanktionsmöglichkeiten oder ihrer Sachkompetenz akzeptiert, weil dieser Person eine besondere Fähigkeit, intuitiv richtig zu erkennen, zu entscheiden oder zu handeln, zugesprochen wird. Man spricht in einem solchen Fall häufig auch von charismatischer Führung.

Vertrauensbeziehung

Macht durch persönliche Überzeugungskraft weist auf eine zweite wesentliche Grundlage der Führung hin: die *Vertrauensbeziehung* zwischen Vorgesetztem und Mitarbeiter. Vertrauen in eine Person kann aus ihrer charismatischen Überzeugungskraft herrühren. Sie kann sich aber auch in der Zusammenarbeit zwischen einander ebenbürtigen Personen herausbilden, wenn diese eine gemeinsame Verständigungs- oder Wertbasis entdecken: Zu erkennen, dass der/die Andere «dieselbe Sprache» spricht, d.h. Probleme ähnlich sieht und beurteilt, oder dass er/sie dieselben Werte teilt (z.B. Leistungsorientierung, Hartnäckigkeit, Toleranz oder Rücksichtnahme), erzeugt Vertrauen in diese Person und ihr Verhalten, weil sie berechenbarer werden. Berechenbarkeit im Urteil und im Verhalten kann unter Umständen sogar vertrauensbildend sein, wenn keine gemeinsame Verständigungs- oder Wertbasis besteht. Ein Beispiel dafür sind Vorgesetzte, von denen die Mitarbeiter sagen: «Er ist zwar häufig ein unmöglicher Kerl, aber ich weiß, wie ich mit ihm umgehen muss!» Ist der Umgang der Führungskraft mit dem Mitarbeiter durch Wohlwollen und Loyalität in schwierigen Situationen gekennzeichnet, stärkt das ebenfalls allmählich die Vertrauensbasis im Führungsverhältnis. Schließlich ist davon auszugehen, dass die Vertrauensbereitschaft von Personen aufgrund des unterschiedlichen Erfahrungshintergrunds jedes Einzelnen stark variiert: Wer in der Vergangenheit ausnahmslos positive Erfahrungen im Umgang mit anderen Menschen gemacht hat, wird einem neuen Vorgesetzten von vornherein ein höheres Vertrauen entgegenbringen als eine Person, die in ihrem Vertrauen mehrfach enttäuscht wurde.

Menschenbilder der Führung

Das Menschenbild ist ein Bündel von Annahmen über die Fähigkeiten, Einstellungen und Motive von Menschen im Allgemeinen. Es ist eine subjektive «Hinterkopftheorie», die beispielsweise das Verhalten von Führungskräften gegenüber ihren Mitarbeitern oder das Verhalten von Beratern gegenüber ihren Kunden prägt. Das Menschenbild ist aber auch Ausdruck des persönlichen Optimismus oder Pessimismus in den Erwartungen gegenüber anderen Menschen.

Menschenbilder kommen in historischen Werken zum Ausdruck: So ging der Florentiner Staatstheoretiker Niccoló Machiavelli (1513) davon aus, dass der Mensch heuchlerisch, hinterhältig und unzuverlässig sei. Dieses Menschenbild unterstellt ein grundlegendes Misstrauen im Umgang mit anderen Menschen. Adam Smith (1776) vertrat – wie nach ihm die meisten Ökonomen – die Ansicht, jeder Mensch verfolge nur seinen persönlichen Nutzen. Aus diesem Menschenbild zog er allerdings einen anderen Schluss: Wenn jeder nur seinem eigenen Nutzen folge, werde dies den Wohlstand der gesamten Gesellschaft fördern.

Douglas McGregor (1973) unterscheidet zwischen zwei polarisierten Menschenbildern, der *Theorie X* und der *Theorie Y*. Führungskräfte, die das Menschenbild der Theorie X verinnerlicht haben, gehen davon aus, dass ihre Mitarbeiter grundsätzlich nur unter äußerem Zwang bereit sind, Leistung zu erbringen und Verantwortung zu übernehmen. Daraus folgt für die Führungskraft, dass sie nicht nur detaillierte Anweisungen geben, sondern die Mitarbeiter auch ständig kontrollieren muss. Dagegen gehen Führungskräfte mit dem Menschenbild der Theorie Y davon aus, dass Mitarbeiter von sich aus motiviert sind, wenn sie sich mit den Unternehmenszielen identifizieren können und die Möglichkeit zur Selbstverwirklichung erhalten.

Edgar Schein (1965) hat diese Typologie auf vier Menschenbilder erweitert: Die Theorie X entspricht bei ihm dem Menschenbild des *«rational man/economic man»* und damit der Annahme, der Mitarbeiter verfolge immer nur seine persönlichen Ziele und müsse deshalb ständig angetrieben und kontrolliert werden. Das Menschenbild des *«social man»* geht davon aus, dass es vor allem die sozialen Motive sind, welchen den Menschen antreiben. Weil die eigene Tätigkeit als sinnentleert wahrgenommen wird, sucht der Mensch Ersatzbefriedigung in den sozialen Beziehungen. Vom Vorgesetzten werden Anerkennung, Loyalität und Verständnis erwartet. Führungskräfte mit dieser Hinterkopftheorie werden eher ein kooperatives oder patriarchalisches Führungsverhalten zeigen. Für die Theorie Y setzt Schein das Menschenbild des *«self-actualizing man»*. Dieses Menschenbild führt dazu, dass sich die Führungskraft vor allem als Förderer und Katalysator für grundsätzlich hochgradig leistungsmotivierte Mitarbeiter versteht. Das Menschenbild des *«complex man»* steht für die Überzeugung, dass Menschen wandlungs- und lernfähig sind. Die Struktur der Motive ändert sich situativ, neue Motive tauchen auf, während andere verschwinden. Führungskräfte mit diesem Menschenbild versuchen, die aktuelle Motivation einzuschätzen und werden sich bemühen, flexibel zu führen, um die Leistungsbereitschaft ihrer Mitarbeiter zu sichern.

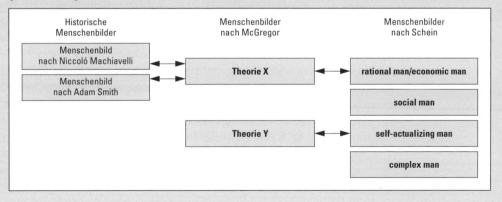

Persönliches Führungsleitbild

Neben der Möglichkeit zu führen bildet auch das persönliche Führungsleitbild – nicht zu verwechseln mit dem Führungsleitbild, das ein Unternehmen für seine Führungskräfte formuliert – eine wesentliche Grundlage von Führung. In diesem kommt die Vorstellung der Führungskraft zum Ausdruck, welche Annahmen sie über den Mitarbeiter im Allgemeinen hat und welche Schlussfolgerung sie daraus für ihr Führungsverhalten zieht (◁ Menschenbilder der Führung). Führungskräfte, die beispielsweise das Führungsleitbild der sogenannten Theorie X von McGregor (1973) haben, werden ihren Mitarbeitern gegenüber grundsätzlich misstrauisch eingestellt sein und sie entsprechend autoritär oder direktiv führen und kontrollieren. Dagegen werden Führungskräfte mit dem Leitbild der Theorie Y generell vertrauensvoll sein und sich auch durch vorübergehende enttäuschende Erfahrungen mit ihren Mitarbeitern nicht in ihrer mitarbeiterorientierten Grundhaltung erschüttern lassen.

Einflussfaktoren Menschenbild

Welches Menschenbild eine Führungskraft oder ein Berater in sich trägt, ergibt sich zum einen aus einschlägigen beruflichen Erfahrungen in der Vergangenheit. Es wird aber auch durch die eigene Motivationsstruktur geprägt, wie zum Beispiel durch die generelle Vertrauensbereitschaft oder durch das persönliche Sicherheits- und Kontrollbedürfnis.

Bilder der Geführten

Dem Menschenbild des Führenden stehen die Bilder der Geführten gegenüber. So wie Ersteres das Führungsverhalten und die Erwartungen gegenüber den Mitarbeitern prägt, so schlagen sich in den Bildern der Geführten die Erwartungen und Ängste nieder, die dem direkten Vorgesetzten oder dem Management eines Unternehmens entgegengebracht werden. Oswald Neuberger (2002) hat zwei Formen solcher Bilder skizziert, die er als archetypische Ideologien der Führung bezeichnet:

- *Die Führungskraft als Vater:* In dieser Vorstellung verbinden sich mit der Führungskraft Assoziationen wie Überlegenheit und Stärke, Stabilität und Verlässlichkeit, aber auch gegensätzliche Erwartungen von Verzeihen und Bestrafen. Entsprechend sind die Gefühle, die der Führungskraft entgegengebracht werden: Sie liegen zwischen Verehrung und Hass, Vertrauen und Angst. Diese Erwartungshaltung begünstigt einen patriarchalischen Führungsstil.
- *Die Führungskraft als Retter und Heilsbringer:* Im Gegensatz zum ersten Bild sieht sich der Geführte in einer Krisen- oder Notsituation. Er knüpft an die Führungskraft die Erwartung, dass diese in der Lage sei, eine solche Situation zu beseitigen, weil ihr außergewöhnliche Fähigkeiten zugesprochen werden. Diesem Leitbild entspricht am ehesten ein charismatischer Führungsstil.

In diesen Bildern der Führung kommen Erwartungen zum Ausdruck, die eine Führungskraft in ihrem Handeln unterstützen, wenn sie ihnen entsprechen kann, die auf der anderen Seite aber auch den Erfolg einer Führungskraft gefährden, wenn sie das nicht kann.

| **2.2** | **Führungsrollen** |

Welche Funktionen erfüllen Führungskräfte für Unternehmen?

Führung charakterisiert nicht nur die Beziehung zwischen Führenden und Geführten, sondern sie hat auch eine wesentliche Bedeutung für die Funktionsweise von Unternehmen und anderen komplexen Organisationen. Auf der einen Seite wird von Führungskräften erwartet, dass sie ihr Augenmerk darauf legen, mit den vorhandenen Ressourcen und unter gegebenen Bedingungen bestehende Erwartungen zu erfüllen und bestmögliche Ergebnisse zu erzielen; Führung zielt damit primär auf Kontrolle und Effizienz. Andererseits sollen Führungskräfte aber auch Impulse für Veränderungen geben und überkommene Routinen überwinden; der Fokus liegt dann auf Flexibilität und Veränderung. Von dieser Polarität der Führungsfunktionen ausgehend unterscheiden Cameron et al. (2007) acht verschiedene Rollen, welche durch Führungskräfte übernommen werden müssen (▶ Abb. 5). Die ersten vier dieser Rollen erfüllen eine verändernde und die übrigen vier eine effizienzsteigernde Funktion. Außerdem unterscheiden die beiden Autoren zwischen einer nach innen und einer nach außen gerichteten Führung. Nach innen gerichtet ist Führung, wenn sie sich an die eigenen Mitarbeitenden richtet, nach außen gerichtet, wenn sie sich an den Erwartungen Dritter an Ergebnisse und Arbeitsweisen orientiert. Es bleibt dabei offen, ob die Rollen von einer einzelnen Person oder von einer ganzen Leitungsgruppe abgedeckt werden. Die acht Rollen sind im Einzelnen wie folgt charakterisiert:

1. *Innovatorenrolle:* nach Verbesserungspotenzialen suchen, neue Ideen in die Diskussion einbringen und mit kreativen Vorschlägen Aufmerksamkeit erzielen.
2. *Mediatoren- und Brokerrolle:* Aufmerksamkeit für den eigenen Bereich bei Vorgesetzten und anderen Unternehmensbereichen anstreben und Einfluss auf die Unternehmenspolitik nehmen.
3. *Produzentenrolle:* die Wichtigkeit der Bereichsziele verdeutlichen und die Mitarbeitenden dazu befähigen, sie zu erreichen.
4. *Direktorenrolle:* die Bedeutung des eigenen Bereichs und seiner Ziele verdeutlichen und auf deren Erreichung achten.

5. *Koordinatorenrolle:* auf eine gute Abstimmung zwischen den Mitarbeitenden achten, Probleme beseitigen und auftretende Konflikte lösen.
6. *Controllerrolle:* auf die Einhaltung von Regeln achten sowie Fehler und Missverständnisse aufdecken.
7. *Stimulatorenrolle:* die Mitarbeitenden in Entscheidungsprozesse einbeziehen, Unstimmigkeiten zwischen den Mitarbeitenden auflösen und nach akzeptablen Lösungen für beide Seiten suchen.
8. *Mentorenrolle:* mit den Mitarbeitenden rücksichtsvoll und anteilnehmend umgehen und sich auch um die Lösung persönlicher Probleme kümmern.

Die Gesamtheit der Rollen abzudecken, ist ein Systemerfordernis, auch wenn es von Organisation zu Organisation Unterschiede in der Bedeutungsreihenfolge geben mag. Gleichzeitig ist aber davon auszugehen, dass eine einzelne Führungskraft kaum in der Lage sein wird, alle Rollen stets gleichermaßen auszufüllen. Daraus folgt, dass Führungsteams nach Möglichkeit so zusammengesetzt werden, dass die Rollen arbeitsteilig ausgeübt werden. Für die individuelle Führungskraft besteht zudem die Möglichkeit, einzelne Rollen an Mitarbeitende zu delegieren (z. B. die Rollen der Koordination, der Stimulation oder des Mentorings) oder über entsprechende Systeme erfüllen zu lassen (z. B. das Controlling durch ein automatisiertes Planungs- und Kontrollsystem).

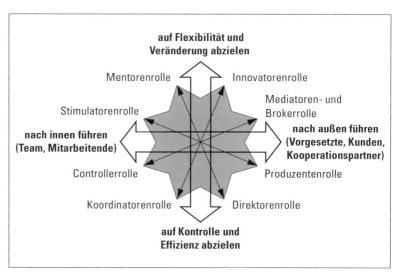

▲ Abb. 5   Das Oktogon der Führungsrollen nach Cameron et al. (2007)

| 2.3 | **Führungsverhalten und Führungserfolg** |

Welche Führungs-stile lassen sich unterscheiden und wann sind sie erfolgreich?

Der Erfolg von Führung hängt wesentlich davon ab, wie der Erfolg gemessen wird. Geht man von den vier Hauptkriterien Leistung, individuelle Zufriedenheit, Teamzusammenhalt und Veränderungs-impuls (Entwicklung) aus, so betont eine aufgabenbezogene Füh-rung vor allem das Ziel der Leistung, während eine mitarbeiterorien-tierte Führung sich in der Regel zuerst an der Zufriedenheit der Mitarbeiter orientiert. Neben diesen beiden Dimensionen ist der Führungsstil einer Person vor allem dadurch gekennzeichnet, wie stark die Persönlichkeit des Führenden betont wird.

| 2.3.1 | **Führungserfolg** |

Führungserfolg bemisst sich stets an den Zielen, die mit der Führung angestrebt werden. Diese Ziele sind vom Führungsleitbild abhängig, das ein Unternehmen oder eine einzelne Führungskraft verfolgt. Unterscheiden lassen sich vier Zielbereiche: Leistung, Zufrieden-heit, Teamzusammenhalt (Kohäsion) und Entwicklung. Sie sollen im Folgenden etwas genauer beleuchtet werden:

Leistungsziel

Führung kann darauf gerichtet sein, die Leistung einzelner Mit-arbeiter oder eines ganzen Bereichs zu steigern oder zu erhalten. Führung ist dann erfolgreich, wenn es einer Führungskraft gelingt, die quantitativen oder qualitativen Ziele des Unternehmens oder der Gruppe zu erreichen. Führungskräfte, welche das Leistungsziel in den Mittelpunkt stellen, gehen in der Regel von folgenden Annah-men und Überzeugungen aus:

- Jede Person im Unternehmen verfolgt ihre eigenen Interessen und versucht, die an sie gestellten Anforderungen mit möglichst mini-malem Aufwand zu erreichen (vgl. Menschenbild der Theorie X in ◁ Menschenbilder der Führung). Daraus folgt, dass es Haupt-aufgabe der Führungskraft ist, die Mitarbeiter zu höherer Leistung zu bewegen.
- Führungskräfte sind in erster Linie ihrem Unternehmen und dessen Zielen verpflichtet. Dafür werden sie in erster Linie be-zahlt. Die Zufriedenheit der Mitarbeiter ist nur dann relevant, wenn zuvor die Leistungsziele erreicht wurden.
- Der Zusammenhalt eines Teams beruht ganz wesentlich auf seinem Leistungserfolg. Je erfolgreicher eine Gruppe oder ein Unternehmen ist, umso größer ist auch der Stolz auf die kollektive Leistung und umso höher ist die gegenseitige Wertschätzung.

Praxisbeispiel: Woran scheitern obere Führungskräfte?

Während sich die Führungsforschung überwiegend damit beschäftigt, worauf der Erfolg von Führungskräften beruht, sind McCall & Lombardo (1983) der Frage nachgegangen, wie sich der *Misserfolg* von Führungskräften erklären lässt. Aufgrund von Untersuchungen über 20 erfolgreiche und 21 gescheiterte obere Führungskräfte – ausnahmslos Männer – gelangen sie zum Schluss, dass in der Regel zwei der folgenden zehn Merkmale für das Scheitern (in diesem die Entlassung) verantwortlich waren:

- fehlende Sensibilität gegenüber den Bedürfnissen anderer in Verbindung mit übermäßig kritischem, einschüchterndem oder tyrannischem Verhalten,
- distanziertes und arrogantes Auftreten,
- Vertrauensbruch,
- übermäßiger Ehrgeiz und damit verbundene Verwicklung in mikropolitische Spiele,
- spezifische berufliche Leistungsdefizite (z.B. nicht erreichte Ziele, mangelndes Leistungsstreben, Unfähigkeit, fehlende Veränderungsbereitschaft),
- Neigung zu Übersteuerung in der Führung (z.B. fehlende Delegation oder Teambildung),
- Unfähigkeit, effektive Mitarbeiter zu gewinnen und zu erhalten,
- fehlendes strategisches Denken,
- mangelnde Fähigkeit oder Bereitschaft, sich auf einen Vorgesetzten mit einem abweichenden Führungsstil einzustellen,
- übermäßige Abhängigkeit von einem Förderer oder Mentor im Unternehmen.

Da die Forscher diese Merkmale in ähnlicher Ausprägung auch bei den besonders erfolgreichen Führungskräften feststellen konnten, leiteten sie daraus die Schlussfolgerung ab, dass es sich bei den zehn Kriterien grundsätzlich um Erfolgsmerkmale handelt, die zum Scheitern führen, wenn sie ein bestimmtes Ausmaß überschreiten und wenn sich die Situation grundlegend geändert hat: nach einer Beförderung in eine Position mit höheren Anforderungen, nach einem Wechsel von einer Position, in der die Führungskraft viele ungelöste Probleme und frustrierte Mitarbeiter zurückgelassen hatte, oder nach dem Weggang eines protegierenden Vorgesetzten.

Die Studie lässt den Schluss zu, dass aufgaben- und mitarbeiterorientiertes Verhalten in unterschiedlicher Weise zu Erfolg und Misserfolg beitragen: Solange eine Führungskraft aufgrund ihrer Leistungen und Leistungsimpulse erfolgreich ist, wirken sich geringe oder mittlere Defizite im mitarbeiterorientierten Verhalten nicht negativ aus. Wenn eine Führungskraft mit Defiziten in der Mitarbeiterführung auch nur vorübergehend keinen Aufgabenerfolg erzielt, scheitert sie am Ende an den Defiziten im mitarbeiterorientierten Verhalten. Dagegen haben Führungskräfte mit ausgeprägt mitarbeiterorientierten Kompetenzen größere Chancen, Misserfolgsphasen zu überstehen.

Ein Führungsverhalten, das in erster Linie auf die Erreichung der Leistungsziele gerichtet ist, wird als *aufgabenorientierter Führungsstil* bezeichnet.

Zufriedenheitsziel

Führung kann sich auch am Ziel orientieren, eine hohe Zufriedenheit des Einzelnen mit seiner Aufgabe und mit den persönlichen Arbeitsbedingungen zu erreichen. Zufriedenheit wird in der Regel erreicht, wenn die Mitarbeiter in ausreichendem Maße Sicherheit, Wertschätzung, Anerkennung und Möglichkeiten zur eigenständigen Arbeitsgestaltung wahrnehmen (vgl. Abschnitt 3.2). Ein Führungsstil, der das Ziel der Mitarbeiterzufriedenheit in den Mittelpunkt stellt, wird als *mitarbeiterorientierter Führungsstil* bezeichnet. Im Gegensatz zum aufgabenorientierten Führungsstil beruht diese Zielsetzung auf folgenden Grundannahmen:

- Mitarbeiter sind bereit, sich eigenständig für das Unternehmen zu engagieren, wenn sie sich akzeptiert und gerecht behandelt fühlen (vgl. Menschenbild der Theorie Y in ◁ Menschenbilder der Führung). Daraus folgt, dass es Hauptaufgabe der Führungskraft ist, dafür zu sorgen, dass die Mitarbeiter mit ihren Aufgaben und Arbeitsbedingungen zufrieden sind und persönliche Entwicklungsmöglichkeiten erkennen können. Unter diesen Bedingungen können auch die Leistungsziele erreicht werden.
- Führungskräfte sind nicht nur dem Unternehmen, sondern im Rahmen ihrer Führungsaufgabe auch den Mitarbeitern gegenüber verantwortlich.
- Der Zusammenhalt eines Teams beruht ganz wesentlich auf der Zufriedenheit der einzelnen Mitarbeiter. Je höher die Zufriedenheit des Einzelnen ist, umso größer ist auch die Bereitschaft, der Person, dem Verhalten und der Leistung der Kollegen Wertschätzung entgegenzubringen.

Kohäsionsziel
Kohäsion im Zusammenhang mit der Führung steht für die Kräfte, die ein Team zusammenhalten. Sie ist eine wesentliche Grundlage dafür, dass das Team in der Lage ist, komplexe Aufgaben, welche die Mitwirkung aller Mitglieder erfordern, zu erfüllen oder vorübergehende Krisenphasen zu bewältigen. Die Führungskraft kann durch ihre Führung direkt die Zusammenarbeit im Team fördern, beispielsweise indem sie Entscheidungen in der Gruppe diskutiert oder Aufgaben gezielt Gruppen statt Einzelpersonen überträgt. Sie kann aber auch versuchen, die Selbstorganisation im Team zu stärken, indem sie sich möglichst im Hintergrund hält und Entscheidungen an das Team delegiert.

Entwicklungsziel
Während die ersten drei Ziele darauf gerichtet sind, eine stabile Erfolgssituation zu erreichen, orientiert sich das Entwicklungsziel an der Veränderungs- und Entwicklungsfähigkeit von Organisationen. Diese Zielsetzung ist umso wichtiger, je weniger sich die zukünftigen Anforderungen an ein Team oder ein ganzes Unternehmen vorhersagen lassen.

2.3.2 Führungsstile zwischen Aufgaben- und Mitarbeiterorientierung

Wie die empirische Führungsforschung bereits zeigen konnte, lässt sich der Führungsstil einer Person in mindestens zwei voneinander unabhängigen Dimensionen beschreiben: Aufgabenorientierung und Mitarbeiterorientierung.

Aufgabenorientierung ist ein Führungsstil, der auf die Erreichung der Unternehmens- oder Gruppenziele ausgerichtet ist. Wichtige Aspekte sind dabei Zielsetzung, Planung, Aufgabenzuweisung und Kontrolle.

Mitarbeiterorientierung ist ein Führungsstil, der darauf gerichtet ist, den Erwartungen und Bedürfnissen der Mitarbeiter entgegenzukommen und ein angenehmes Arbeitsklima zu schaffen. Wichtige Aspekte sind die Förderung von Motivation und Identifikation sowie der persönlichen Weiterentwicklung.

In der Praxis bedeutet dies, dass jedes konkrete Führungsverhalten eine Kombination von mehr oder weniger aufgabenorientiertem und mehr oder weniger mitarbeiterorientiertem Verhalten ist und dass es keinen zwingenden Zusammenhang zwischen den beiden Verhaltensdimensionen gibt: Aufgabenorientierte Führungskräfte sind nicht von vorneherein weniger mitarbeiterorientiert als Führungskräfte, die nur eine geringe Aufgabenorientierung haben.

Ausprägung Führungsstil

Der persönliche Führungsstil einer Person zeigt sich beispielsweise darin, wie Ziele gesetzt und Entscheidungen gefällt werden, welche Bedeutung der Mitarbeiterentwicklung zugesprochen wird oder wie Konflikte zwischen einzelnen Mitarbeitern angegangen werden. In der Regel verändert sich der Führungsstil, den eine Person unter entspannten Bedingungen zeigt, erheblich vom Verhalten, das sie in einer Krisen- oder Stresssituation zeigt. Deshalb ist zwischen einem Normalstil und einem Stressstil zu unterscheiden. Dazu lässt sich der nachfolgende *Test zum Führungsverhalten* nutzen.

Test zum Führungsverhalten

Der folgende Fragebogen erfasst den persönlichen Führungsstil anhand von zehn Merkmalen. Zu jedem Merkmal finden sich vier alternative Beschreibungen A bis D.

- Überlegen Sie zu Beginn, welche der vier Beschreibungen am besten zu Ihrem alltäglichen Führungsverhalten passt. Falls mehrere Antworten passen, wählen Sie diejenige, die das Verhalten am treffendsten beschreibt. Setzen Sie bei der betreffenden Antwort in der ersten Spalte ein Kreuz.
- Erinnern Sie sich anschließend an eine Führungssituation, in der Sie unter hohem Stress standen. Lesen Sie nochmals alle Beschreibungen durch und wählen Sie wiederum diejenige Beschreibung, die Ihr Verhalten in dieser Stresssituation am treffendsten charakterisiert. Setzen Sie bei diesen Antworten ein Kreuz in die zweite Spalte.
- Tragen Sie die Antworten in die anschließende Auswertungstabelle und das Summenergebnis in das Koordinatenkreuz ein. Die jeweils erste Zahl steht für den Grad der Aufgabenorientierung und die zweite Zahl für den Grad der Mitarbeiterorientierung (Beispiel: Die Antwort A für das Merkmal «Ziele setzen» bedeutet den Wert 1/0 und damit ein betont aufgabenorientiertes Führungsverhalten).

Vergleichen Sie nun das Ergebnis für die beiden Führungssituationen «im Idealfall» und «unter Stress» miteinander. Wie verändert sich Ihr Verhalten unter Stress?

1. Ziele setzen

	im Idealfall	unter Stress

Ich setze anspruchsvolle Ziele und kurze Termine, denn eine gute Leistung der Mitarbeiter setzt voraus, dass man sie ständig fordert. **1A** ☐ ☐

Die Mitarbeiter sollen ihre Ziele selbst setzen, denn dann strengen sie sich auch mehr an. Ich gebe höchstens Richtwerte oder grobe Ziele vor. **1B** ☐ ☐

Wichtiger als die Zielsetzung durch mich ist, dass die Mitarbeiter die Aufgaben, für die sie zuständig sind, erfüllen. Ziele, die von oben vorgegeben werden, gebe ich – soweit möglich – unverändert nach unten weiter. **1C** ☐ ☐

Ich vereinbare mit meinen Mitarbeitern regelmäßig Ziele und achte darauf, dass sich Unternehmensziele und persönliche Ziele der Mitarbeiter ergänzen. Meine Mitarbeiter sollen die Ziele verstehen und akzeptieren, aber auch herausgefordert werden. **1D** ☐ ☐

2. Aufgaben planen

Ich mache nur da Pläne, wo es die Situation erfordert. Im Normalfall soll jeder Mitarbeiter seinen eigenen Weg finden, wie er seine Aufgaben erledigt. **2A** ☐ ☐

Ich plane vor allem die langfristige Entwicklung und die wichtigsten Schritte dahin. Pläne sollten gut durchdacht sein und die Mitarbeiter aktivieren. **2B** ☐ ☐

Ich mache Vorschläge zur zukünftigen Entwicklung des Bereichs, überlasse die Detailplanung aber meinen Mitarbeitern, weil ich auf deren Fähigkeiten vertraue und ihnen möglichst große Handlungsspielräume einräumen will. **2C** ☐ ☐

In meinen Planungen stehen Nutzen- und Ertragsdenken im Vordergrund. Ich plane nur so weit, wie es mir aufgrund meiner Erfahrungen notwendig erscheint, achte aber sehr darauf, dass sie konsequent eingehalten werden. **2D** ☐ ☐

3. Ideen entwickeln

Wenn meine Mitarbeiter eigene Ideen vorschlagen, halte ich mich selbst zurück und versuche – soweit möglich – neutral zu bleiben und nicht Partei zu ergreifen. **3A** ☐ ☐

Ich ermuntere meine Mitarbeiter, eigene Ideen und Meinungen zu entwickeln. Auch wenn ich eigene Vorstellungen habe, bin ich gern bereit, sie anzupassen, wenn mir die Gegenvorschläge meiner Mitarbeiter besser erscheinen. **3B** ☐ ☐

Ich ziehe es vor, die Ideen anderer zu übernehmen und nicht die eigenen Vorstellungen in den Vordergrund zu stellen oder gar gegen Widerstand durchzusetzen. **3C** ☐ ☐

Ich stehe für meine Ideen auch dann ein, wenn nicht alle Mitarbeiter gleicher Meinung sind und ich vielleicht gezwungen bin, andere zu enttäuschen. Am Ende muss ich ja doch selbst für die Zielerreichung einstehen. **3D** ☐ ☐

4. Entscheiden

	im Idealfall	unter Stress

Ich gehe auf Vorschläge ein und komme mit meinen Entscheidungen den Mitarbeitern wenn immer möglich entgegen. So vermeide ich Widerstände und sichere die Motivation.   **4A** ☐ ☐

Ich schließe mich gern richtigen Entscheidungen anderer an, trage sie aber auch aktiv mit, wenn dies notwendig wird.   **4B** ☐ ☐

Ich entscheide möglichst viel selbst und aufgrund meiner persönlichen Erfahrungen, weil ich auch die letzte Verantwortung trage. Ich halte es für wichtig, Entscheidungen auch wirklich durchzusetzen.   **4C** ☐ ☐

Entscheidungen sollen vernünftig und begründet sein. Deshalb arbeite ich mit meinen Mitarbeitern so lange an der Entscheidungsfindung, bis eine optimale Alternative, welche Unternehmens- und Mitarbeiterinteressen verbindet, gefunden ist.   **4D** ☐ ☐

5. Motivieren

Ich versuche, meine Mitarbeiter vor allem dadurch zu motivieren, dass ich ihnen deutlich mache, worin ihr persönlicher Beitrag zum Unternehmenserfolg besteht und welchen Nutzen sie selbst daraus ziehen können.   **5A** ☐ ☐

Meine Mitarbeiter zu motivieren, heißt für mich in erster Linie, anspruchsvolle Ziele zu setzen und entsprechend faire Anreize zu bieten. Leistung soll sich lohnen.   **5B** ☐ ☐

Als Vorgesetzter kann ich meine Mitarbeiter leichter demotivieren als motivieren. Meiner Meinung nach ist es das Wichtigste, dass jeder eine Möglichkeit findet, sich die Arbeit nach Fähigkeiten und Interessen zu gestalten; dann stimmt auch die Leistung.   **5C** ☐ ☐

Wenn ein Mitarbeiter nicht in der Lage ist, sich selbst zu motivieren, kann ich auch als Chef wenig dafür tun. Leistungsmotivation muss aus der Aufgabe selbst kommen.   **5D** ☐ ☐

6. Kritisieren

Kritik ist häufig unumgänglich, aber sie soll sachlich und konstruktiv sein. Wichtig ist, dass der Mitarbeiter aus Fehlern lernt, und dazu müssen sie offen angesprochen werden.   **6A** ☐ ☐

Offene Kritik führt leicht dazu, dass der Mitarbeiter sich herauszureden versucht. Solange nicht wirklich ein ernster Fehler auftritt, halte ich mich mit Kritik zurück. Die meisten Probleme lösen sich am Ende doch am besten von selbst.   **6B** ☐ ☐

Kritik hört niemand gern, aber es ist notwendig, dass man sich nicht um unangenehme Gespräche drückt. Wenn ich einen Fehler oder eine Schwäche erkenne, die der dafür verantwortliche Mitarbeiter nicht gleich angeht, spreche ich ihn unverzüglich darauf an.   **6C** ☐ ☐

Wenn immer möglich vermeide ich offene Kritik und versuche zu erreichen, dass der Mitarbeiter Schwächen und Fehler selbst erkennt und sich bemüht, sie zu beseitigen.   **6D** ☐ ☐

7. Realisieren

| | im Idealfall | unter Stress |

Ich setze mich selbst unter Druck, denn nur mit Selbstdisziplin sind schnelle und nachhaltige Erfolge möglich. Bei Schwierigkeiten verstärke ich meine Anstrengungen und versuche, mich am Ende durchzusetzen. — 7A ☐ ☐

Ich ermutige und unterstütze meine Mitarbeiter wann immer möglich. Meine Tür ist stets offen. Um meine Mitarbeiter nicht zu überlasten, erledige ich eine Arbeit auch selbst. — 7B ☐ ☐

Bevor ich etwas angehe, überlege ich mir, wie ich mit dem geringsten Aufwand am weitesten komme. Es ist wichtig, dass ich bei der Umsetzung den Überblick bewahre und mich nicht in Details verstricke. — 7C ☐ ☐

Ich informiere mich laufend über aktuelle Entwicklungen, halte Kontakt zu meinen Mitarbeitern und setze jeweils Prioritäten. Auftretende Schwierigkeiten untersuche ich, um daraus für die weitere Entwicklung zu lernen. — 7D ☐ ☐

8. Kontrollieren

Ich kontrolliere, was der Mitarbeiter nicht selbst kontrollieren kann. Dabei konzentriere ich mich auf das Ergebnis. Abweichungen sind Anlass zur Analyse und zu Verbesserungen. — 8A ☐ ☐

Ich kontrolliere stichprobenweise und ohne Ansehen der Person. Damit will ich ein klares Bild darüber gewinnen, ob ich eingreifen und korrigieren oder neue Anweisungen geben muss. — 8B ☐ ☐

Ich kontrolliere auf unauffällige Art. Bei Fehlern hebe ich das Positive hervor und gebe Ermunterungen zur Verbesserung. Die Mitarbeiter sollen sich keinesfalls überwacht fühlen. — 8C ☐ ☐

Mein Ziel ist es, ein Steuerungs- und Kontrollsystem einzurichten, das so weit wie möglich automatisch funktioniert und mir so die persönliche Kontrolle weitgehend abnimmt. — 8D ☐ ☐

9. Konflikte lösen

Ich möchte von Anfang an verhindern, dass Konflikte entstehen. Treten sie aber trotzdem auf, versuche ich, die Mitarbeiter zu beruhigen und wieder ein gutes und freundliches Arbeitsklima herzustellen. — 9A ☐ ☐

Wenn es zu Meinungsverschiedenheiten oder Konflikten kommt, bemühe ich mich, neutral zu bleiben und mich herauszuhalten, denn meistens regeln sich Konflikte von selbst. — 9B ☐ ☐

Treten Konflikte und Meinungsverschiedenheiten auf, versuche ich, die Gründe herauszufinden und sie mit den Beteiligten zu klären. So ist eine konstruktive Lösung möglich. — 9C ☐ ☐

Konflikte und Meinungsverschiedenheiten sind oft nur so zu beseitigen, dass man als Vorgesetzter eine klare und sachlich gut begründete Position bezieht und sie auch durchsetzt. Konflikte resultieren allzu häufig nur aus rein subjektiven Interessen, die überwunden werden müssen, um zu einem Ende zu kommen. — 9D ☐ ☐

10. Mitarbeiter fördern

	im Idealfall	unter Stress

Ich setze auf Selbstentwicklung, d.h. Mitarbeiter entwickeln sich meiner Erfahrung nach vor allem dadurch, dass sie sich selbst Ziele setzen und daran arbeiten. — 10A ☐ ☐

Ich fördere meine Mitarbeiter dadurch, dass ich viel von ihnen verlange und ihnen so die Möglichkeit gebe, aus Erfolgen und Niederlagen zu lernen. Dabei hilft mir, dass ich ein gutes Gespür dafür habe, wer wirklich leistungsfähig und leistungsmotiviert ist. — 10B ☐ ☐

Bei der Entwicklung meiner Mitarbeiter achte ich darauf, dass nicht nur der Einzelne weiterkommt, sondern dass damit auch das ganze Team leistungsfähiger und erfolgreicher wird. — 10C ☐ ☐

Ich verstehe mich als Förderer und Mentor meiner Mitarbeiter. Dazu versuche ich zu erkennen, was jeden einzelnen Mitarbeiter motiviert und wo seine persönlichen Stärken liegen. — 10D ☐ ☐

Auswertungstabelle:

					im Idealfall	unter Stress
1. Ziele setzen	A = 1/0	B = 0/1	C = 0/0	D = 1/1	__/__	__/__
2. Aufgaben planen	A = 0/0	B = 1/1	C = 0/1	D = 1/0	__/__	__/__
3. Ideen entwickeln	A = 0/0	B = 1/1	C = 0/1	D = 1/0	__/__	__/__
4. Entscheiden	A = 0/1	B = 0/0	C = 1/0	D = 1/1	__/__	__/__
5. Motivieren	A = 1/1	B = 1/0	C = 0/1	D = 0/0	__/__	__/__
6. Kritisieren	A = 1/1	B = 0/0	C = 1/0	D = 0/1	__/__	__/__
7. Realisieren	A = 1/0	B = 0/1	C = 0/0	D = 1/1	__/__	__/__
8. Kontrollieren	A = 1/1	B = 1/0	C = 0/1	D = 0/0	__/__	__/__
9. Konflikte lösen	A = 0/1	B = 0/0	C = 1/1	D = 1/0	__/__	__/__
10. Mitarbeiter fördern	A = 0/0	B = 1/0	C = 1/1	D = 0/1	__/__	__/__
Summe (max. 10/10)					__/__	__/__

Führungsstildiagramm

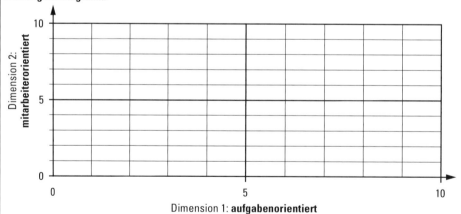

Anmerkung: Die Fragen wurden aus einem ähnlichen Befragungsinstrument von Kälin & Müri (2005) übernommen, teilweise geändert und wesentlich erweitert.

Führungsstile unter
Stress

Bei einem *Vergleich von Normalstil und Stressstil* lassen sich drei Abweichungstypen unterscheiden. Sie sind jeweils durch eine markante Zu- oder Abnahme auf mindestens einer der beiden Dimensionen des Führungsverhaltens gekennzeichnet.

- *Typ 1: Rückzug* – Aufgaben- und Mitarbeiterorientierung gehen zurück, weil die Führungskraft sich in einer Stresssituation überfordert fühlt. Sie versucht – soweit möglich – sich auf ihre eigenen Aufgaben zu konzentrieren und erwartet, dass die Mitarbeiter sich vorübergehend auch selbst zurechtfinden. Damit schafft sie sich Raum, den Überblick wiederzugewinnen, riskiert aber, zumindest vorübergehend die Kontrolle zu verlieren.
- *Typ 2: Versteifung* – Die Mitarbeiterorientierung geht zurück, während die Aufgabenorientierung zunimmt, weil die Führungskraft versucht, die Kontrolle zu erhalten, die ihr zu entgleiten droht. Das kann ihr bei entsprechendem Überblick über die Situation auch gelingen, jedoch riskiert sie, sich dabei persönlich zu überfordern.
- *Typ 3: Aktivierung* – Die Aufgabenorientierung nimmt deutlich und die Mitarbeiterorientierung zumindest leicht zu, weil die Führungskraft aus einer eher passiven Rolle in eine aktive Führungsrolle geht. Diese Verschiebung ist vor allem bei Führungskräften zu erwarten, die im Normalfall einen Führungsstil mit geringer Mitarbeiter- und Aufgabenorientierung bevorzugen.

Führungsdyaden

Führungsstilkonzepte gehen in aller Regel davon aus, dass jede Führungskraft zu einem bestimmten Verhaltensmuster neigt und dass dieses Muster von allen Mitarbeitern auch gleich beurteilt wird. In empirischen Untersuchungen zeigt sich jedoch eine erhebliche Verhaltens- und Beurteilungsvarianz:

- Führungskräfte verhalten sich ihren Mitarbeitern gegenüber sehr unterschiedlich, je nachdem, ob sie diese als mehr oder wenig engagiert, kompetent, sympathisch usw. wahrnehmen. Konzepte der situativen Führung (vgl. Abschnitt 2.4) tragen dem teilweise Rechnung.
- Mitarbeiter beurteilen das Verhalten ihres Vorgesetzten ebenfalls sehr unterschiedlich, wobei auch hier Faktoren wie Sympathie oder persönliche Führungs- und Geführtenerfahrungen eine wichtige Rolle spielen.

Aufgrund dieser Problematik, dass sich der Führungsstil eines Vorgesetzten nur eingeschränkt eindeutig bestimmen lässt, plädiert die Führungsforschung inzwischen dafür, sich in der Analyse auf die

Führungsdyaden zu konzentrieren, d.h. die spezifische Beziehung zwischen der Führungskraft und den einzelnen Mitarbeitern (Graen & Uhl-Bien 1995). Für die Praxis lassen sich aus der Dyadenforschung bislang noch keine konkreten Empfehlungen ableiten. Wichtig ist aber die Erkenntnis, dass im Umgang mit Führungsmodellen und der Frage des Zusammenhangs zwischen Führungsverhalten und Führungserfolg die Besonderheiten der einzelnen Beziehung berücksichtigt werden müssen.

2.3.3	**Der Einfluss der Führungspersönlichkeit**

Führungsstile bei geringer Betonung der Führungspersönlichkeit

Führungsstile sind nicht nur durch die Einstellung der Führungskraft gegenüber den Mitarbeitern und der Aufgabe gekennzeichnet, sondern auch dadurch, wie und in welchem Ausmaß die Führungskraft ihre eigene Persönlichkeit in der Führungsbeziehung zum Ausdruck bringt. ▶ Abb. 6 zeigt vier Führungsstile, in denen die Persönlichkeit der Führungskraft im Hintergrund bleibt.

- Ein *kollegialer Führungsstil* betont die Beziehung zu den Mitarbeitern und zielt darauf ab, diese so weit wie möglich an Entscheidungen zu beteiligen und ihnen Verantwortung zu übertragen. Das Selbstverständnis der Führungskraft ist das eines Partners oder Coaches, der seine Hauptaufgabe darin sieht, die Mitarbeiter zu fördern und sie dadurch zu motivieren, aus eigenem Antrieb Leistungen und Engagement zu zeigen. Die Erfolgswirkung dieses Führungsstils beruht zum einen auf den Freiräumen, die den Mitarbeitern eingeräumt werden, und zum anderen auf der Wertschätzung, die über das Führungsverhalten ausgedrückt wird. Wie die empirische Forschung zeigt, wirkt sich ein kollegialer Führungsstil vor allem positiv auf die Mitarbeiterzufriedenheit aus.
- Bei einem *technokratischen* oder *strukturierenden Führungsstil* zieht sich die Führungskraft ganz auf die Steuerung der Arbeitsergebnisse zurück. Planung und Kontrolle der Aufgaben mit dem Ziel maximaler Effizienz und Effektivität stehen im Vordergrund. Wenn möglich werden dazu automatisierte Systeme eingesetzt. Persönliche Beziehungen zu den Mitarbeitern werden nicht gesucht und als Störfaktor für eine sachbetonte Aufgabenerfüllung angesehen. Erfolgswirkungen werden erzielt, wenn durch die Führung Ziele geklärt und Lösungswege aufgezeigt werden. Empirische Studien zeigen, dass ein solcher Stil insbesondere in unstrukturierten Führungssituationen sich sowohl auf die Leistung als auch die Zufriedenheit der Mitarbeiter positiv auswirkt.

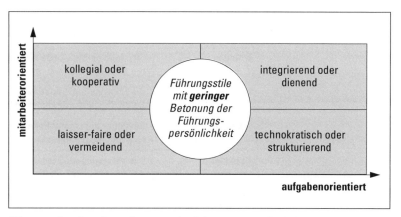

▲ Abb. 6   Führungsstile mit geringer Betonung der Führungspersönlichkeit

■ Ein *integrierender Führungsstil* versucht, Aufgaben- und Mit-
arbeiteransprüche in gleichem Maße zu erfüllen und stellt dementsprechend hohe Anforderungen an die Führungskraft. Unter
günstigen Umständen kann eine Synthese aus Mitarbeiterzufriedenheit und guten Leistungsergebnissen gelingen. Unter ungünstigen Bedingungen und bei Interessenkonflikten zwischen Aufgabe und Mitarbeitern besteht jedoch die Gefahr, Kompromiss-
lösungen anzustreben und damit zu suboptimalen Ergebnissen zu
gelangen. Mit dem Begriff der *dienenden Führung* («servant leadership») wird seit einigen Jahren zunehmend häufig ein integrierender Führungsstil bezeichnet, bei dem die Führungskraft sich
zwar aktiv für ein Unternehmen engagiert, dabei aber ihre persönlichen Interessen den Zielen der Organisation und ihrer Mitarbeitenden unterordnet (vgl. ▶ Abb. 7).

■ Ein *Laisser-faire-* oder *vermeidender Führungsstil* ist dadurch gekennzeichnet, dass die Führungskraft Eingriffe auf ein Minimum
reduziert. Das kann beispielsweise darauf zurückzuführen sein,
dass sie überzeugt ist, die Selbstorganisation sei das zuverläs-
sigste Steuerungssystem. Direkte Führung findet dann nur im
Ausnahmefall statt. Die empirische Forschung hat ergeben, dass
dieser Führungsstil zwar bei hochqualifizierten und selbstmoti-
vierten Mitarbeitern zu Zufriedenheit führt, sich jedoch wenig för-
derlich auf den Teamzusammenhalt auswirkt.

Wenn sich auch zeigen lässt, dass sich diese Führungsstile unterschiedlich auf Leistung und Zufriedenheit der Mitarbeiter auswirken, ist die tatsächliche Auswirkung von der konkreten Situation,
d.h. beispielsweise vom Reifegrad der Mitarbeiter oder von der
Aufgabenstruktur abhängig (vgl. dazu Abschnitt 2.4).

Listening	Bewusst auf die Bedürfnisse und Vorstellungen der Mitarbeitenden achten.
Empathy	Sich mit den Mitarbeitenden und ihrer Situation identifizieren und wenn nötig Verständnis zum Ausdruck bringen.
Healing	Die Mitarbeitenden darin unterstützen, mit emotionalen Belastungen umzugehen und ihr Potenzial zu entfalten.
Awareness	Sich über die eigene Rolle in der Organisation im Klaren sein und dementsprechend ethisch handeln.
Persuasion	Die Mitarbeitenden mit sachlich nachvollziehbaren Argumenten statt mit Positionsmacht überzeugen.
Conceptualization	In Entscheidungssituationen sowohl situationsgerecht als auch mit Blick auf das «Große und Ganze» agieren.
Foresight	Bei Entscheidungen der eigenen Intuition und vergangenen Erfahrungen folgen.
Stewardship	Sich in den Dienst der Organisation und ihrer Ziele stellen und seine eigenen Interessen unterordnen.
Commitment to the growth of people	Die eigenen Mitarbeitenden unterstützen und in ihrem Handeln bestätigen.
Building community	Den Mitarbeitern ein Vorbild sein, sodass diese dasselbe Führungsleitbild praktizieren.

▲ Abb. 7   Elemente dienender Führung nach Spears & Lawrence (2004)

Eine zweite Gruppe von Führungsstilen ist dadurch gekennzeichnet, dass die Führungskraft ihre Person und eigenen Ansprüche in den Vordergrund stellt. Dies kann sich darin ausdrücken, dass die persönlichen Ziele Priorität gegenüber Aufgaben- und Mitarbeiterzielen erlangen. Die Persönlichkeit kann aber auch so eingesetzt werden, dass damit die Erreichung der Aufgaben- und Mitarbeiterziele erst ermöglicht oder zumindest unterstützt wird. Die vier Führungsstile sind in ▸ Abb. 8 dargestellt.

Führungsstile bei starker Betonung der Führungspersönlichkeit

- Der Begriff der *patriarchalischen Führung* leitet sich vom lateinischen Begriff für Vater («pater») ab. Damit wird die Führungsbeziehung als Vater-Sohn-Beziehung charakterisiert. Ein patriarchalischer Führungsstil ist mitarbeiterorientiert, weil die Entwicklung der persönlichen Beziehung einen zentralen Stellenwert einnimmt. Diese Beziehung ist aber im Gegensatz zur kollegial-kooperativen Führung ein hierarchisches Loyalitätsverhältnis: Der Mitarbeiter ist loyal, indem er die Entscheidungen des Vorgesetzten mitträgt, selbst wenn er sie sachlich für falsch halten sollte. Im Gegenzug ist der Vorgesetzte loyal, indem er den Mitarbeiter stützt, auch wenn dieser sachlicher Fehler begehen sollte.

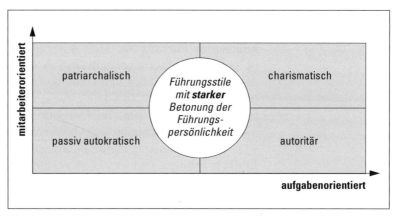

▲ Abb. 8   Führungsstile mit starker Betonung der Führungspersönlichkeit

Wie die vergleichende Führungsforschung zeigen konnte, ist dieser Führungsstil insbesondere im romanischen Kulturkreis (z. B. Frankreich und Italien) weit verbreitet. Der Erfolg dieses Führungsstils zeigt sich eher in der Mitarbeiterzufriedenheit und dem Teamzusammenhalt als in den Leistungszielen.

- Ein *autoritärer Führungsstil* kommt darin zum Ausdruck, dass die Führungskraft alle wesentlichen Entscheidungen allein fällt und Aufgaben direktiv zuweist. Dieser Führungsstil kann unter der Bedingung hoher Unsicherheit erfolgreich sein, sofern die Führungskraft von ihrer Kompetenz und Leistungskraft her in der Lage ist, richtige Entscheidungen zu treffen und auch durchzusetzen. Die empirische Forschung zeigt, dass der Erfolg eines solchen Führungsstils stark von der persönlichen Präsenz der Führungskraft abhängig ist: Bei Abwesenheit geht die Leistung des Teams stark zurück.

- Ein *passiv autokratischer Führungsstil* ist dadurch gekennzeichnet, dass sich die Führungskraft auf die Sicherung ihrer Position konzentriert und darüber hinaus keinen direkten Einfluss auf die Zielerreichung nimmt. Die Wahrscheinlichkeit, dass dieser Führungsstil sich positiv auf eine der Erfolgsvariablen auswirkt, ist gering, da ein eklatanter Widerspruch zwischen dem Anspruch auf Führung und der Führungsleistung besteht, der in aller Regel nach kurzer Zeit zu Unzufriedenheit und geringer Leistungsbereitschaft der Mitarbeiter führt.

- In der *charismatischen Führung* strebt die Führungskraft danach, Kraft ihrer Persönlichkeit und den ihr durch die Mitarbeiter zugeschriebenen Fähigkeiten eine Identifikation der Mitarbeiter mit den Zielen des Unternehmens zu erreichen. Dieser Führungsstil soll nachfolgend noch eingehender beleuchtet werden.

Yukl (2006) erweitert das weit verbreitete zweidimensionale Konzept noch in anderer Weise, indem er der aufgaben- und mitarbeiterorientierten Führung als dritte Ausprägung die veränderungsorientierte Führung gegenüberstellt (▶ Abb. 9). Die Überlegung dabei ist, dass sich das Verhalten von Führungskräften in Phasen grundlegender Veränderung der Zuordnung zwischen Aufgaben- und Mitarbeiterorientierung entzieht. Im Umgang mit Veränderung zeigt sich nicht nur eine Kombination aus beidem: sondern die Art und Weise, wie veränderungsorientierte Führungskräfte auf ihre Mitarbeiter Einfluss nehmen, und welche Prioritäten sie beim Vorantreiben der Aufgaben setzen, bekommt auch eine andere Qualität.

Die typischen Verhaltensweisen, die Yukl unter dem Begriff eines veränderungsorientierten Führungsstils zusammenfasst, weisen be-

Aufgabenorientiertes Verhalten	Mitarbeiterorientiertes Verhalten	Veränderungsorientiertes Verhalten
▪ Aufgabenorganisation zur Effizienzsteigerung ▪ Planung kurzfristiger Maßnahmen ▪ Zuweisung von Aufgaben an Gruppen oder Einzelpersonen ▪ Setzen spezifizierter Ziele und Standards für die Leistungserbringung ▪ Erläuterung von Regeln, Grundsätzen und Routinen ▪ Anweisung und Koordination von Aufgaben ▪ Überwachung von Prozessen und Ergebnissen ▪ Unmittelbare Beseitigung von Hindernissen für die Leistungserbringung	▪ Unterstützung und Ermutigung bei schwierigen Aufgabenstellungen ▪ Ausdrückliches Vertrauen in Personen oder Gruppen bei der Bewältigung schwieriger Aufgaben ▪ Bemühen um enge kollegiale Beziehungen ▪ Anerkennung von Beiträgen und Leistungen der Mitarbeiter ▪ Führung im Sinne von Coaching und Mentoring ▪ Abstimmung von Entscheidungen mit den Betroffenen ▪ Die Entscheidung für einen bestimmten Problemlösungsweg den Mitarbeitern überlassen ▪ Mitarbeiter über Aktivitäten auf dem Laufenden halten, die sie direkt betreffen ▪ Konstruktive Beiträge zur Konfliktbewältigung ▪ Bildung einer Gruppenidentität mit Hilfe von Symbolen, Ritualen, Zeremonien und Geschichten ▪ Rekrutierung kompetenter neuer Mitarbeiter für die Teams oder die Organisation	▪ Fortlaufende Umweltbeobachtung, um frühzeitig Chancen und Gefahren zu erkennen ▪ Ereignisse als Anlass zur Veränderung deuten ▪ Wettbewerber und andere Marktteilnehmer für mögliche Verbesserungsansätze studieren ▪ Vorausdenken neuer und spannender Entwicklungsmöglichkeiten für das Unternehmen ▪ Neue Strategien zur besseren Nutzung der Kernkompetenzen entwickeln ▪ Innovation und unternehmerisches Denken anstoßen und ermöglichen ▪ Mit neuen Ansätzen zur Zielerreichung experimentieren ▪ Neue Leitideen oder Strategien mit symbolischen Veränderungen unterlegen ▪ Anstrengungen zur Realisierung grundlegender Veränderungen anstoßen und ermöglichen ▪ Veränderungsfortschritte sichtbar machen und feiern ▪ Kooperationspartner in die eigenen Veränderungsprozesse konstruktiv einbinden

▲ Abb. 9   Führungsstile nach Yukl (2006: S. 66)

reits auf ein Führungsverständnis, das im folgenden Kapitel zur charismatischen Führung näher beleuchtet wird.

Neben der verhaltensorientierten Betrachtung von Führung hat sich in der Führungsforschung auch ein eigenschaftsorientierter Ansatz herausgebildet. Bereits zu Beginn des 20. Jahrhunderts wurden Studien durchgeführt, in denen der Frage nachgegangen wurde, ob es Persönlichkeitsmerkmale gibt, die es Personen erleichtert, als **Durchsetzungs-fähigkeit einer Führungskraft** Führungskräfte akzeptiert zu werden. Dabei zeigte sich, dass vor allem zwei Merkmale eng mit der Durchsetzungsfähigkeit einer Führungskraft verknüpft sind:

- *Intelligenz:* Der Intelligenzquotient einer Person, der sich aus einer Reihe kognitiver Fähigkeiten ergibt (z.B. Sprachgewandtheit, mathematische Fähigkeiten, logisches Denken), ist von allen untersuchten Eigenschaften diejenige, welche den stärksten Zusammenhang mit der Wahrscheinlichkeit, sich als Führungskraft durchzusetzen, verknüpft ist – allerdings ist der Umkehrschluss, dass alle überdurchschnittlich intelligenten Personen als Führungskräfte erfolgreich sind, falsch!

- *Maskulinität:* Dieses Merkmal ist ein Sammelbegriff für Eigenschaften und Verhaltensweisen, die im europäischen Kulturkreis stereotyp als männlich bezeichnet werden und von denen angenommen wird, sie seien unter Männern weiter verbreitet als unter Frauen. Zu diesen Eigenschaften zählen Aggressivität, Entschlossenheit und Emotionslosigkeit. Die vorliegenden empirischen Studien zeigen, dass Personen mit diesen Eigenschaften eher als Führungskräfte akzeptiert werden als Personen, bei denen sie nur schwach ausgeprägt sind. Dieser Befund kann als eine wesentliche Ursache dafür angesehen werden, warum in fast allen Ländern Frauen nur einen geringen Anteil an oberen Managementpositionen besetzen (vgl. dazu Abschnitt 2.4.3).

In der empirischen Führungsforschung zeichnet sich noch kein eindeutiges Bild einer erfolgreichen Führungskraft mit spezifischen Eigenschaften und Verhaltensmustern ab, und es ist sehr zweifelhaft, ob dies angesichts der Vielfalt von Führungssituationen überhaupt möglich ist.

Der Ansatz von Menkes (2005), in dem er Führungsintelligenz als ein Bündel von Fähigkeiten definiert, die überdurchschnittlich erfolgreiche Manager zur Bewältigung ihrer Führungsaufgabe einsetzen, ist ein Beispiel aus der eher praxisorientierten Literatur. Nach **Fähigkeiten der Führungsintelligenz** Menkes setzt sich Führungsintelligenz aus insgesamt 17 Fähigkeiten zusammen, welche zu den Bereichen Aufgabenverfolgung, Zusammenarbeit und Selbstwahrnehmung gehören:

- *Aufgabenverfolgung:* Führungsintelligenz drückt sich in der Fähigkeit aus,
  □ Probleme angemessen zu definieren und wesentliche Ziele zu erkennen,
  □ mögliche Hindernisse vorherzusehen und entsprechende Gegenmaßnahmen einzuleiten,
  □ Annahmen, die dem eigenen Vorhaben zugrunde liegen, kritisch zu prüfen,
  □ Stärken und Schwächen von Argumenten ausdrücken zu können,
  □ zu erkennen, was über ein Problem bekannt ist, welche relevanten Informationen fehlen und wie diese beschafft werden können,
  □ alternative Aktionspläne aus mehreren Blickwinkeln zu betrachten, um mögliche unerwünschte Folgen zu erkennen.

- *Zusammenarbeit:* Führungsintelligenz schafft die Grundlage für die erfolgreiche Zusammenarbeit zwischen der Führungskraft und ihren Mitarbeitern, indem sie dazu beiträgt,
  □ die richtigen Schlussfolgerungen aus einem Gespräch ziehen,
  □ Absichten und Motivationen der beteiligten Personen zu erkennen,
  □ mögliche Reaktionen von Personen auf Handlungen oder Ankündigungen vorherzusehen,
  □ zentrale Probleme und Perspektiven zu identifizieren, die für einen Konflikt ausschlaggebend sind,
  □ mögliche Folgen und unbeabsichtigte Konsequenzen, die sich aus bestimmten Handlungen ergeben können, angemessen zu berücksichtigen,
  □ unterschiedliche Bedürfnisse der wichtigen Interessengruppen zu beachten und auszubalancieren.

- *Selbstwahrnehmung:* Eine hohe Führungsintelligenz schlägt sich darin nieder, dass erfolgreiche Führungskräfte
  □ sich um Rückmeldungen bemühen, die Fehler im eigenen Urteil aufdecken können, und auf diese Rückmeldungen angemessen reagieren,
  □ sich der eigenen Voreingenommenheit und des beschränkten Blickwinkels bewusst sind und Denken und Handeln entsprechend anpassen,
  □ schwer wiegende Mängel eigener Ideen oder Handlungen erkennen, diese wenn nötig sofort öffentlich eingestehen und einen Richtungswechsel vornehmen,

□ wichtige Schwächen der von anderen vorgebrachten Argumente benennen und immer wieder auf die Stärke des eigenen Standpunkts verweisen.

□ die Einwände anderer, falls angebracht, zurückweisen und einem vernünftigen Aktionskurs treu bleiben.

Die Zusammenstellung dieser Komponenten der Führungsintelligenz hielte ebenso wie andere Beispiele von «Rezepturen für erfolgreiche Führung» einer empirischen Prüfung kaum stand. Sie weist aber auf das sicher wichtige Zusammenspiel von kognitiven Fähigkeiten und Sozialkompetenz hin und besitzt so zumindest eine hohe praktische Plausibilität.

| 2.3.4 | **Charismatische Führung** |

Die Besonderheiten charismatischer Führung wurden bereits zu Beginn des 20. Jahrhunderts vom deutschen Soziologen Max Weber (1921) untersucht, als Managementkonzept hat die charismatische Führung allerdings erst in der nordamerikanischen Forschung der 1980er Jahre größere Bedeutung erlangt. Dabei wird neben dem Begriff der charismatischen Führung auch von transformationaler Führung gesprochen, die ihrerseits von transaktionaler Führung abgegrenzt wird.

> *Transaktionale Führung* beruht auf der Idee der Tauschbeziehung (= Transaktion). Führungskraft und Mitarbeiter tauschen Leistung und Gegenleistung: Die Führungskraft verfolgt das Ziel, dass der Mitarbeiter sich für seine Aufgaben engagiert, und bietet dafür Leistungsanreize. Der Mitarbeiter verfolgt das Ziel, die eigenen Bedürfnisse zu befriedigen, und ist bereit, sich für die übertragenen Aufgaben zu engagieren, wenn er dafür eine angemessene Gegenleitung erhält.

> *Transformationale Führung* zielt darauf, die eigennützigen Ziele und Motive umzulenken (= Transformation), sodass eine Identifikation und persönliche Verpflichtung auf die Ziele entsteht, welche von der Führungskraft verfolgt werden. Aus der Tauschbeziehung entsteht eine Pflichtgemeinschaft.

Grundlagen transformationaler Führung

Bernard Bass und Bruce Avolio (1994) haben die wesentlichen Elemente einer *transformationalen Führung* ausgearbeitet und mit dem MLQ (Multifactor Leadership Questionnaire) ein eigenes Analyseinstrument entwickelt, mit dem sie Führungsverhalten messen, das in

aller Regel zur Entstehung einer transformationalen oder charismatischen Führungsbeziehung beiträgt:

- *Charismatische Ausstrahlung:* Führungskräfte, die sich darum bemühen, eine außerordentliche Vertrauensbasis zu ihren Mitarbeitern zu legen, als Identifikationsfigur zu wirken und Enthusiasmus
  für die gemeinsamen Ziele und Aufgaben zu vermitteln, legen damit die Grundlage, von den Mitarbeitern Charisma zugesprochen
  zu bekommen.
- *Inspiration* drückt sich darin aus, die Mitarbeiter weniger durch
  Planung und Organisation als über eine fesselnde Vision für ihre
  Aufgabe zu begeistern. Darin erschließt sich die häufig zitierte
  Empfehlung von Antoine de Saint-Exupéry in seiner Erzählung
  «La citadelle» (Die Stadt in der Wüste): «Wenn du ein Schiff
  bauen willst, so trommle nicht die Männer zusammen, dass sie
  Holz beschaffen, Werkzeuge vorbereiten, das Holz bearbeiten und
  zusammenfügen, sondern lehre sie die Sehnsucht nach dem wei-
  ten Meer!»
- *Geistige Anregung:* Damit wird das Bestreben der Führungskraft
  bezeichnet, überlebte Routinen und Denkmuster aufzubrechen
  und neuartige Einsichten in Zusammenhänge zu vermitteln.
- *Wertschätzung:* Eine große Bedeutung kommt in der transformationalen Führung schließlich auch der Förderung der individuellen
  Persönlichkeitsentwicklung zu.

Nach Bennis & Nanus (1990) gelingt es Führungskräften, ihre Mitarbeiter über deren Grundmotivation hinaus zu außergewöhnlichen
Leistungen zu motivieren, wenn sie über eine attraktive Zukunfts-
vision verfügen, sie ihren Mitarbeitern einprägsam kommunizieren
und die Beiträge des Einzelnen zur Realisierung der Vision verdeutlichen. Ähnlich kommen auch die Untersuchungen zu charismatischer Führung zum Ergebnis, dass eine solche Führungsbeziehung
die Motivation der Geführten in mehrfacher Hinsicht stärkt: Charismatische Führungskräfte verknüpfen die Aufgaben und Tätigkeiten
des Einzelnen mit einem höheren Sinn und Zweck, sie bieten sich als
attraktive Identifikationspersonen an, sie absorbieren Verunsicherung, indem sie einfache Erklärungen und Leitüberzeugungen anbieten, und sie stärken das individuelle und kollektive Selbstbewusstsein der Geführten. Die Ideosynkrasiekredit-Theorie von Hollander
(1958) zeigt, wie eine charismatische Führungsbeziehung entsteht
und wovon es abhängt, ob sie Bestand hat oder nicht (▷ Ideosynkrasiekredit).

Ideosynkrasiekredit

Ideosynkrasiekredit ist das Zugeständnis an eine Person, etwas Besonderes zu sein und sich außergewöhnlich und authentisch verhalten zu dürfen. Hollander (1958) hat in Experimenten beobachtet, dass es eine typische Phasenabfolge in der Entstehung von Führung in nicht-hierarchischen Ausgangssituationen gibt, wie sie beispielsweise typisch für Projektgruppen oder selbstorganisierende Teams ist:

- In einer ersten Phase zeigen sich Führungsansprüche darin, dass einzelne Gruppenmitglieder überdurchschnittliche Leistungs- oder Konformitätsbeiträge zeigen, d.h. sich auf ihre Weise besonders für die Ziele bzw. den Zusammenhalt der Gruppe einsetzen.
- Wer sich für die Gruppe besonders einsetzt, erhält nun unausgesprochen einen Ideosynkrasiekredit. Damit akzeptiert die Gruppe, dass die engagierte Person Führung übernimmt und die Gruppe sich dieser Führung unterordnet. Die Führungskraft gewinnt dadurch innerhalb der Gruppe an Status und Wertschätzung. Übernimmt eine Führungskraft von außen eine Gruppe, kann sie einen sogenannten Blankokredit erhalten. Dies ist dann der Fall, wenn ihr beispielsweise der Ruf vorausgeht, sie sei besonders engagiert, oder wenn sie über sichtbare außergewöhnliche Merkmale verfügt (z.B. Absolvent einer Eliteschule oder ausgewiesener Experte in seinem Fachgebiet).

- Der Ideosynkrasiekredit erlaubt es der Führungskraft, in einer zweiten Phase, von den bestehenden Gruppennormen abzuweichen, Routinen in Frage zu stellen und grundlegende Neuerungen durchzusetzen. Hollander bezeichnet dieses Verhalten als *produktive Nonkonformität*. Ohne den Kredit fehlte die Akzeptanz durch die Gruppe und die Führungskraft müsste sie mit Sanktionsmitteln durchsetzen, die Widerstand erzeugen würden.
- Solange die Führungskraft erfolgreich ist, wird der Kredit immer wieder bestätigt oder gar ausgeweitet. Bei Inaktivität oder Misserfolg baut er sich aber stufenweise wieder ab. Die Führungskraft verliert zunehmend an Akzeptanz, die sie – wenn nicht durch neuerliche Erfolge – nur zurückgewinnen kann, wenn sie wieder besondere Leistungsanstrengungen oder Konformität zeigt. In einer solchen Phase können auch andere Gruppenmitglieder die Führung im Team übernehmen.

Mit dieser Theorie lässt sich erklären, warum sich bestimmte Personen in einer Gruppe durchsetzen und ihnen eine Führungsrolle zugesprochen wird, warum diese sich erlauben können, gegen Gruppennormen, an die sich alle anderen halten, zu verstoßen (z.B. Unpünktlichkeit, Nichteinhalten von Terminvereinbarungen, Nichtteilnahme an unangenehmen Aufgaben), oder warum diese Personen scheitern. Schließlich zeigt sie auch, was diese Personen tun müssen, um eine gefährdete Führungsposition zu erhalten, oder, wenn sie von außen kommen, um eine Führungsposition zu übernehmen.

Erwartungen der
Geführten

Mehr als bei jedem anderen Führungsstil hängen das Zustandekommen und der Erfolg charismatischer Führung von den Erwartungen der Geführten an die Führungskraft und den äußeren Umständen ab:

- Was als charismatisch empfunden wird, hängt von der zu bewältigenden *Aufgabe* ab. Charismatisch wirkende Heerführer mögen sich für gewöhnlich durch eine ausgeprägte Begeisterungsfähigkeit, Pragmatismus, Härte gegenüber Fehlern und Schwächen anderer und persönliche Askese auszeichnen. Diese Voraussetzung werden für die charismatische Ausstrahlung eines Bankmanagers, eines Forschungsleiters an einer Universität oder eines Religionsstifters geringere Bedeutung haben.

- Charismatische Ausstrahlung ist darüber hinaus von der *Landes-kultur* abhängig (vgl. Abschnitt 2.4.3). Eine internationale Studie in 75 Ländern (Den Hartog et al. 1999) zeigt, dass es sowohl kulturübergreifend einheitliche Merkmale von charismatischen Führungskräften gibt (z. B. motivierend, vorausschauend, ermutigend, kommunikativ, vertrauensvoll, dynamisch, positiv, vertrauensbildend) als auch Merkmale, deren Bedeutung im Ländervergleich stark schwanken (z. B. enthusiastisch, risikobereit, ehrgeizig, einzigartig, aufopfernd, ernst, sensitiv, leidenschaftlich und willensstark).
- Eine Vision ist nur attraktiv, wenn sie ein *aktuelles Bedürfnis* der Geführten berührt. Wenn ein Unternehmen oder eine Arbeitsgruppe aufgrund von Misserfolgen in der Vergangenheit ein beeinträchtigtes Selbstwertgefühl hat, ist eine Vision, die einen Statuszuwachs in Aussicht stellt, attraktiv. Wird dagegen der innere Zusammenhalt im Team als größtes Defizit erlebt, ist eine visionäre Zielsetzung attraktiver, die ein Zusammenwachsen der Teammitglieder verspricht.
- *Krisensituationen* oder *Phasen grundlegenden organisatorischen Wandels* begünstigen die Entstehung charismatischer Führungsbeziehungen. Je höher die individuelle Verunsicherung ist, umso stärker ist auch die Bereitschaft, Sinnangebote und attraktive Visionen anderer Personen zu akzeptieren.

Beurteilung der transformationalen Führung

Im direkten Vergleich mit einem Laisser-faire-Führungsstil zeigen mehrere empirische Untersuchungen eine Überlegenheit transformationaler Führung. Im Vergleich zu einer ausgeprägt mitarbeiter- oder aufgabenorientierten Führung im Sinne eines transaktionalen Ansatzes sind die Unterschiede allerdings gering. So hat sich inzwischen die Überzeugung durchgesetzt, dass eine Kombination aus transformationaler Führung bei fundamentalen Änderungen und transaktionaler Führung bei Routineaufgaben der Schlüssel zu Führungserfolg ist. Da in der charismatischen Führung die Aufgabe und der Zusammenhalt in der Gruppe eng mit der Persönlichkeit verknüpft sind, besteht hier auch das Risiko, dass die Unterstützung der Führungskraft sofort und nachhaltig verloren geht, wenn diese sich als Persönlichkeit nicht bewährt: Ein solcher Fall tritt beispielsweise dann ein, wenn die Führungskraft einen Vertrauensbruch begeht oder wenn sich offensichtlich zeigt, dass sie über die Fähigkeiten, die ihr zugesprochen werden, gar nicht verfügt.

2.4   Situative Führung

Wie muss der Führungsstil auf die konkrete Situation abgestimmt werden? Eine Führungskraft muss in der Lage sein, ihr Verhalten an die konkrete Führungs- und Entscheidungssituation flexibel anzupassen. Wichtige Situationsfaktoren sind der aufgabenbezogene Reifegrad der Mitarbeiter, die Aufgabenstruktur, die Qualität der Führungsbeziehung und die Positionsmacht des Vorgesetzten. In der Frage, inwieweit eine Führungskraft ihre Mitarbeiter bei Entscheidungen einbeziehen soll, sind Faktoren der Entscheidungssituation sowie der Akzeptanz und Interessenlage der Mitarbeiter ausschlaggebend.

2.4.1   Reifegradorientierte Führung

Das von Hersey & Blanchard (1977) entwickelte Modell der reifegradorientierten Führung geht von den beiden klassischen Dimensionen des Führungsverhaltens aus: der *Aufgabenorientierung* und der *Mitarbeiterorientierung*. Die Kernaussage lautet, dass es keinen generell erfolgreichsten Führungsstil gibt, sondern dass die Führungskraft ihr Führungsverhalten auf den aufgabenbezogenen Reifegrad des Mitarbeiters ausrichten muss. Je nach Reifegrad ist ein anderer Führungsstil notwendig, um mit dem Mitarbeiter die Leistungsziele zu erreichen, seine Leistungsmotivation zu erhalten und ihn seinen Potenzialen entsprechend weiterzuentwickeln.

Komponenten eines aufgabenbezogenen Reifegrads Der *aufgabenbezogene Reifegrad* eines Mitarbeiters setzt sich aus zwei voneinander weitgehend unabhängigen Komponenten zusammen:

- *Fähigkeit zu selbständiger Aufgabenerfüllung:* Dazu zählen neben der Fachkompetenz berufliche Erfahrungen, die Sozial- und Methodenkompetenz, das Wissen um die betrieblichen Zusammenhänge sowie intakte Beziehungen zu Bezugspersonen, die für die Aufgabenerfüllung wichtig sind.
- *Motivation und Selbstvertrauen zu selbständiger Aufgabenerfüllung:* Ein positives Selbstbild und eine leistungsorientierte Grundeinstellung (vgl. dazu Baustein 3) sind dazu ebenso wichtige Voraussetzungen wie das Gefühl, von Kollegen und Kooperationspartnern akzeptiert zu werden sowie die Erfahrung vorangegangener Erfolge.

Wichtig ist, den aufgabenbezogenen Reifegrad von der persönlichen Reife zu unterscheiden: Der persönliche Reifungsprozess verläuft

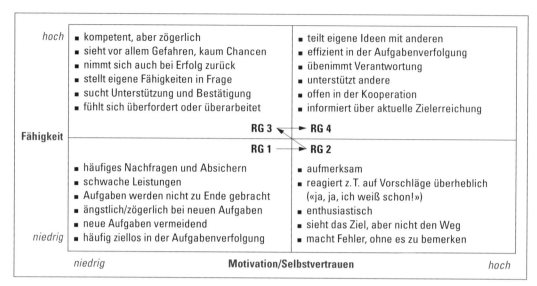

▲ Abb. 10   Indikatoren des individuellen Reifegrads nach Hersey & Blanchard (1977)

kontinuierlich und weitgehend unabhängig von konkreten beruflichen Aufgabenstellungen. Die aufgabenbezogene Reife entsteht mit
jeder Tätigkeit neu. Ein Mitarbeiter kann beispielsweise in seiner
Sachbearbeiterfunktion einen hohen Reifegrad erworben haben. Wird
er daraufhin in eine Führungsposition befördert, wird er sich dadurch
persönlich weiterentwickeln, aber seine aufgabenbezogene Reife ist
in Auseinandersetzung mit den neuartigen Anforderungen, die sich
aus der Führungsverantwortung ergeben, anfangs noch gering.

Allerdings führt eine hohe persönliche Reife in der Regel dazu,
dass bei neuartigen Aufgabenstellungen eine hohe aufgabenbezogene Reife leichter und schneller aufgebaut werden kann. ◄ Abb. 10
zeigt den aufgabenbezogenen Reifegrad (RG) in vier Abstufungen
(RG 1 bis RG 4) und mit jeweils typischen Anzeichen.

Anforderungen an die   Aus jeder der vier Reifegradstufen ergeben sich besondere Anfor-
Mitarbeiterführung   derungen an die Mitarbeiterführung (► Abb. 11): Bei einem geringen
Reifegrad (RG 1), der durch hohe Verunsicherung, fehlende Leistungsmotivation und Defizite in der Qualifikation gekennzeichnet
ist, wird demnach ein rein aufgabenorientierter Führungsstil («Telling») empfohlen. Damit absorbiert die Führungskraft die fehlende
Motivation und fängt Qualifikationsdefizite auf. Wenn der Mitarbeiter mehr Sicherheit gewinnt, aber noch nicht fähig zur selbständigen
Aufgabenerfüllung ist (RG 2), soll die Führungskraft einen Führungsstil anwenden, der gleichzeitig durch hohe Aufgaben- und
Mitarbeiterorientierung gekennzeichnet ist («Selling»). Sie gibt da-

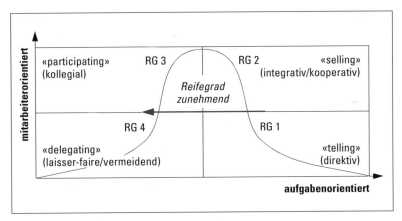

▲ Abb. 11   Das Reifegradmodell der Führung nach Hersey & Blanchard (1977)

mit weiter Anstöße zur Zielerreichung, geht dabei aber verstärkt auf den Mitarbeiter ein und fördert die Leistungsfähigkeit. Erreicht der Mitarbeiter ein Niveau, das es ihm ermöglicht, seine Aufgaben eigenständig und ohne Unterstützung der Führungskraft zu bearbeiten (RG 3), kann es zu vorübergehender Verunsicherung und damit Motivationsstörung kommen, welche die Führungskraft mit einem betont mitarbeiterorientierten Führungsstil («Participating») auffangen soll. Wenn der Mitarbeiter schließlich einen hohen Reifegrad erreicht und sowohl fähig als auch motiviert und sicher in der Aufgabenerfüllung ist (RG 4), empfehlen Hersey & Blanchard einen delegativen Führungsstil («Delegating»). Im Reifegradmodell ist also die Personalführung motivierend und entwicklungsförderlich, wenn sie dem aktuellen Reifegrad des Mitarbeiters im Umgang mit den eigenen Aufgaben entspricht.

Schwierigkeiten in der Führungspraxis

Obwohl das Modell auf den ersten Blick schlüssig und leicht umzusetzen scheint, ergeben sich bei näherer Betrachtung für die Führungspraxis einige Schwierigkeiten:

- Das Reifegradmodell unterstellt, dass eine Führungskraft in der Lage ist, ihren Führungsstil nach Bedarf anzupassen. Diese Fähigkeit ist jedoch aufgrund des persönlichen Verhaltensrepertoires und Führungsleitbilds der meisten Führungskräfte aber beschränkt. Falls die Führungskraft flexibel führt, gefährdet sie ihre Autorität, weil sie in ihrem Verhalten nicht mehr berechenbar ist und nicht mehr authentisch erscheint.

- Die praktische Umsetzung setzt zudem voraus, dass die Führungskraft bereit und in der Lage ist, den Reifegrad des Mitarbeiters richtig einzuschätzen, um daraus die entsprechenden Konsequenzen für das Führungsverhalten zu ziehen. Diese Bereitschaft ist aber wiederum mit dem persönlichen Führungsleitbild verknüpft: Eine Führungskraft mit kooperativer Grundeinstellung wird ein Eingreifen im Sinne eines «telling» vermeiden wollen und eher dazu neigen, den Reifegrad eines schwachen Mitarbeiters zu überschätzen und dessen Defizite zu übersehen, als mit direktivem Verhalten zu reagieren.

- Das Modell ist individualistisch konzipiert und berücksichtigt nicht die Schwierigkeit der Führung heterogener Teams. Dies wirkt sich vor allem in kollektivistischen Kulturen aus (vgl. Abschnitt 2.4.3), in denen Gleichbehandlung erwartet wird. Wendet die Führungskraft bei unterschiedlichen Mitgliedern eines Teams ein anderes Verhaltensmuster mit entsprechend unterschiedlichen Freiräumen für die Mitarbeiter an, kann sie leicht mit dem Vorwurf ungerechten und einseitig begünstigenden Verhaltens konfrontiert werden.

Trotz dieser Einschränkungen bietet das Modell hilfreiche Anhaltspunkte für die Reflexion und Überprüfung des eigenen Führungsverhaltens sowie insbesondere für Analyse und Lösung von Konflikten in der täglichen Zusammenarbeit im Führungsverhältnis.

Weg-Ziel-Theorie der Führung

Zu einer ähnlichen Empfehlung wie das Reifegradmodell kommt auch die *Weg-Ziel-Theorie der Führung*. Sie geht auf die Arbeiten von House (1971) zurück und berücksichtigt ebenfalls die Kompetenz und die Leistungsmotivation des Mitarbeiters. Die Hauptaussage lautet, dass eine Führungskraft ihr Führungsverhalten so ausrichten muss, dass der Mitarbeiter ein attraktives Ziel vor Augen hat und überzeugt ist, dieses Ziel auf einem gangbaren Weg auch wirklich erreichen zu können. Die beiden Aspekte einer motivierenden Mitarbeiterführung werden als *Ziel-Komponente* und *Weg-Komponente* bezeichnet. Eine Führungskraft muss sowohl immer wieder motivierende Ziele setzen als auch realistische Bedingungen zu ihrer Erreichung schaffen. Dabei ist die Schwerpunktsetzung von der Motivationsstruktur des betreffenden Mitarbeiters abhängig: Wenn der Mitarbeiter durch eine ausgeprägte Erfolgsmotivation angetrieben wird, so ist für ihn die Attraktivität des Ziels entscheidend. Da die Erfolgserwartung in diesem Fall generell hoch ist, muss die Führungskraft auch kaum Unterstützung für die Weg-Komponente anbieten; es besteht sogar eher die Gefahr, den Mitarbeiter durch eine zu starke Steuerung zu demotivieren. Ist der Mitarbeiter hingegen vor allem dadurch motiviert, Misserfolg zu vermeiden, so ist die Attraktivität des Ziels gering, wenn die Führungskraft nicht die Weg-

Komponente stärkt. Sie sichert in diesem Fall die Motivation des Mitarbeiters beispielsweise dadurch, dass sie den Weg der Zielerreichung mit dem Mitarbeiter klärt und diesem nötigenfalls Unterstützung anbietet.

Während das Reifegradmodell vor allem auf die Bedeutung der Freiräume, welche die Führungskraft dem Mitarbeiter in Abhängigkeit von seinem Reifegrad zugestehen soll, und der Unterstützung, die sie anbieten soll, hinweist, legt die Weg-Ziel-Theorie den Schwerpunkt auf die Motivationswirkungen, die mit einem bestimmten Führungsverhalten verbunden sind. In ihren praktischen Schlussfolgerungen ergänzen sie sich aber weitgehend.

Unterschied Reifegradmodell– Weg-Ziel-Theorie

2.4.2 | Führung und Aufgabenstruktur

Fred Fiedler (1967) führte verschiedene empirische Studien zum Zusammenhang zwischen Führungsstil und Führungserfolg durch. Sein Ziel war, Situationsfaktoren zu identifizieren, welche entscheidenden Einfluss auf diesen Zusammenhang haben. Seine zentralen Forschungsergebnisse wurden in der Folge heftig diskutiert und gelten bis heute als umstritten. Dennoch fehlt seine Studie bis heute in keinem Führungslehrbuch, weil diese neben dem Modell von Hersey & Blanchard (1977) die wohl prägnantesten Denkanstöße zur Reflexion des eigenen Führungsverhaltens liefert. Die Kernaussagen lauten:

Kernaussagen des Modells

- Die Effizienz des Führungsstils hängt von der *Günstigkeit der Führungssituation* ab: In ausgeprägt günstigen und ungünstigen Situationen ist ein aufgabenorientierter einem mitarbeiterorientierten Führungsstil überlegen, indem er zu besseren Leistungsergebnissen bei den Mitarbeitern führt. In einer Situation mittlerer Günstigkeit ist dagegen ein mitarbeiterorientierter Führungsstil überlegen.
- Die wesentlichen Faktoren der Führungssituation sind – in der Rangfolge ihrer Bedeutung – die *Führungskraft-Mitarbeiter-Beziehungen,* die *Aufgabenstruktur* und die *Positionsmacht.* Je günstiger diese drei Bedingungen für die Führungskraft sind, umso höher ist auch die gesamte Günstigkeit, an der sich der Führungsstil ausrichten soll.

Die *Führungskraft-Mitarbeiter-Beziehung* ist günstig, wenn das Verhältnis freundschaftlich, konfliktfrei und von gegenseitiger Anerkennung getragen ist. Ungünstig wäre dagegen eine betont distanzierte

Führungskraft-Mitarbeiter-Beziehung

Aufgabenstruktur

Positionsmacht

Beziehung, die durch Konflikte oder Illoyalität geprägt ist. Je besser die *Aufgabenstruktur* ist, indem die Ziele transparent und widerspruchsfrei sind, die Abläufe standardisiert und die persönlichen Zuständigkeiten der Mitarbeiter klar sind, umso günstiger ist auch die Führungssituation. Die *Positionsmacht* begünstigt die Führungsaufgabe ebenfalls, weil sie dem Vorgesetzten die Möglichkeit gibt, seinen Willen aufgrund der Sanktionsmittel, die ihm zur Verfügung stehen, auch gegen Widerspruch durchzusetzen. Demnach ist eine Situation, in der die Führungskraft ein Team mit klarer Aufgabenzuweisung, hoher eigener Entscheidungsbefugnis in kollegialer und entspannter Atmosphäre führt, sehr günstig. Demgegenüber ist die Ausgangslage eines Projektleiters ohne besondere Machtbefugnis, der eine Gruppe ehemaliger Kollegen führen soll, die ihm die Position streitig machen, in einem Projekt mit unklaren Zielsetzungen und offener Vorgehensweise führen muss, sehr ungünstig. In beiden Situationen empfiehlt das empirisch getestete Modell von Fiedler eine ausgeprägt aufgabenorientierte Führung.

Als Vorgesetzter soll sich die Führungskraft auf Aufgabenverteilung, Strukturierung und Ergebniskontrolle konzentrieren. Im günstigsten Fall lässt er seinen Mitarbeitern damit die eigenständige Aufgabenerfüllung, im ungünstigsten Fall schafft er damit zumindest die Voraussetzungen für eine Bewältigung der schwierigen Aufgabenstellung. Seine Rolle als mitarbeiterorientierter Führer trägt in beiden Situationen nicht zur Effizienz bei. Das tut sie jedoch in einer Situation mittlerer Günstigkeit, bei der nur einzelne Voraussetzungen gegeben sind oder die Bedingungen nur eingeschränkt günstig sind. Da Fiedler überzeugt ist, dass Führungskräfte ihren Führungsstil nur wenig verändern können, lautet seine Empfehlung, sich eine Aufgabenstellung und Führungssituation zu suchen, die dem eigenen bevorzugten Führungsverhalten entspricht.

Grundsätzliches
Entscheidungs-
verhalten

Während das Modell von Fiedler ein Beispiel für eine Führungstheorie ist, die auf den Ergebnissen einer Reihe von Laborexperimenten beruht, haben Vroom & Yetton (1973) ihre Empfehlungen für *Führungsentscheidungen* aus logischen Überlegungen abgeleitet, die auf sozialpsychologischen und ökonomischen Theorien aufbauen. Sie konzentrieren sich dabei auf die Frage, wann eine Führungskraft Entscheidungen, die ihre Mitarbeiter betreffen, selbst fällen soll, unter welchen Voraussetzungen sie die Mitarbeiter in die Entscheidung miteinbeziehen soll und wann sie die Entscheidung am besten delegiert. Ihre Empfehlungen für ein erfolgreiches Entscheidungsverhalten besteht aus einem Entscheidungsbaum, der sich mit einer konkreten Handlungsempfehlung für jeden Einzelfall nutzen lässt.

Vroom & Yetton unterscheiden in ihrem Modell fünf unterschiedliche Entscheidungsstile, die sie mit den Buchstaben A (= Alleinentscheidung), C (= konsultative Entscheidung) und G (= Gruppenentscheidung) belegen. Für die beiden ersten Entscheidungsstile werden jeweils zwei Untergruppen gebildet:

Entscheidungsstile

- A I: Die Führungskraft entscheidet und löst das Problem allein auf Basis der ihr bereits vorliegenden Informationen, ohne die Mitarbeiter in irgendeiner Form einzubeziehen.
- A II: Die Führungskraft löst das Problem allein, nachdem sie sich von den Mitarbeitern die nötigen Informationen durch gezielte Anfrage selbst besorgt hat.
- C I: Die Führungskraft bespricht das Problem mit den betroffenen Mitarbeitern im Vorfeld im Einzelgespräch. Sie holt Ideen und Vorschläge ein, entscheidet dann aber selbst.
- C II: Die Führungskraft klärt das Problem mit den betroffenen Mitarbeitern in einer Gruppenbesprechung. Sie holt Ideen und Vorschläge ein, entscheidet am Ende aber selbst.
- G: Die Führungskraft diskutiert das Problem mit den betroffenen Mitarbeitern in einer gemeinsamen Besprechung und versucht, einen Konsens zu erzielen. Am Ende liegt die Entscheidung bei der Gruppe und die Führungskraft trägt sie mit.

Erfolgs-voraussetzungen

In ihrem Modell gehen die beiden Autoren der Frage nach, unter welchen Bedingungen welcher Entscheidungsstil zielführend und effizient ist. Ihr Erfolgskriterium ist, dass die aus – Sicht der Führungskraft – bestmögliche Entscheidung getroffen wird und dabei die Zufriedenheit der Mitarbeiter erhalten werden kann. Das Modell kann nicht sicherstellen, dass alle diese Ziele erreicht werden, aber es soll dabei helfen, denjenigen Entscheidungsstil zu wählen, durch den diese Ziele mit der relativ größten Wahrscheinlichkeit erreicht werden können. Als Illustration dienen die beiden folgenden Fallbeispiele (▷ Praxisbeispiel).

Einflussfaktoren der situativen Führung

Vroom & Yetton gehen davon aus, dass die Frage der *situativ richtigen Vorgehensweise* für die Führungskraft im Wesentlichen von sieben Faktoren abhängt. Die folgenden Fragen sind jeweils mit ja oder nein zu beantworten:

1. Gibt es für das Problem qualitativ eindeutig bessere und schlechtere Lösungen, und ist es wichtig, die qualitativ beste Lösung umzusetzen? Die Frage ist mit nein zu beantworten, wenn das wesentliche Ziel, das die Führungskraft verfolgt, unabhängig von der konkreten Lösung erreicht werden kann.

2. Hat die Führungskraft alle Informationen für eine qualitativ gute Lösung? Die Frage ist insbesondere dann mit nein zu beantworten, wenn davon auszugehen ist, dass eine Rücksprache mit den betroffenen Mitarbeitern neue und hilfreiche Erkenntnisse erbringen könnte.

3. Ist das Problem gut strukturiert? Falls die Problemstellung ungeklärt ist, falls keine eindeutigen Ziele vorliegen oder die richtige Vorgehensweise, um zu den anvisierten Zielen zu gelangen, noch offen ist, muss die Frage mit nein beantwortet werden.

Praxisbeispiel: Führungsentscheidungen

Für die zwei folgenden Fallbeispiele stellt sich für die Führungskraft die Frage, wie sie bei der Entscheidung vorgehen soll: Auf welche Weise soll sie zu einer Lösung kommen (A I, A II, C I, C II oder G), und warum soll sie so vorgehen?

Fallbeispiel 1:
Begehrte Parkplätze
Sie sind seit kurzem Betriebsleiter einer in Bau befindlichen Anlage. Bei der Neugestaltung arbeiten Sie mit ihren fünf Abteilungsleitern kooperativ zusammen. Nun ist die Parkplatzfrage zu klären. Auf der anderen Straßenseite gibt es einen großen Parkplatz für die Beschäftigten. Direkt vor dem Hauptgebäude gibt es sieben Parkplätze für Besucher und reservierte Felder für die Betriebsleitung. Verbindliche Unternehmensvorschrift ist, dass mindestens drei Parkplätze für Besucher freizuhalten sind. Die übrigen vier Plätze bleiben für Sie und Ihre Abteilungsleiter. Es gibt keine weiteren Möglichkeiten, das Parkplatzangebot noch zu erweitern. Bislang gab es keine erkennbaren Statusunterschiede in Ihrem Team, das in der Planungsphase gut zusammengearbeitet hat. Es gibt allerdings Einkommensunterschiede, die darin bestehen, dass drei Abteilungsleiter etwas mehr verdienen als die anderen. Alle fünf Abteilungsleiter haben ihre Position im Zuge des Neubaus bekommen und Sie wissen, dass sie einen reservierten Parkplatz als Zeichen des neu gewonnen Status ansehen und erwarten. Sie möchten mit Ihren Mitarbeitern weiter so harmonisch zusammenarbeiten wie bis anhin und möchten die guten Beziehungen keinesfalls gefährden.

Fallbeispiel 2:
Reorganisation einer Einkaufsabteilung
Sie sind zum Leiter der Einkaufsabteilung eines großen Automobilzulieferers ernannt worden. Die insgesamt 20 Fertigungsbetriebe in Deutschland werden in hohem Maße dezentralisiert geführt. Auch im Einkaufsbereich herrschte bislang weitgehende Autonomie. Die Einkaufsleiter der einzelnen Werke kaufen jeweils immer nur für die Bedürfnisse der eigenen Fertigung ein und gehen allem Anschein nach unkoordiniert vor. Wenn sie sich überhaupt gegenseitig wahrnehmen, dann in erster Linie als Konkurrenten. Die für Sie neugeschaffene Position ist das Resultat der Einsicht, dass zunehmend Schwierigkeiten bei der Beschaffung wichtiger Rohmaterialien zu erwarten sind. Zum Schutz des Gesamtunternehmens ist es notwendig, das gegenwärtig dezentralisierte und unkoordinierte Einkaufssystem aufzugeben oder zumindest so zu modifizieren, dass es der neuen Ausgangslage gerecht wird. Für diese Position wurden Sie in erster Linie deshalb gewählt, weil Sie in einem anderen, weitgehend zentralisierten Unternehmen sehr viel Erfahrungen gesammelt haben. Ihnen liegt viel daran, möglichst rasch voranzukommen, da die Haupteinkaufzeit in nur drei Wochen beginnt. In diesem Zeitraum muss eine Vorgehensweise etabliert werden, welche die Wahrscheinlichkeit ernster Rohmaterialknappheit minimiert und gleichzeitig die mit dem größeren Einkaufsvolumen des zentralisierten Einkaufs verbundene Nachfragemacht realisiert.

In gekürzter Fassung übernommen aus Vroom & Jago 1991.

4. Ist die Akzeptanz durch die Mitarbeiter wichtig für die Umsetzung? Wenn die von der Führungskraft verfolgten Ziele dadurch gefährdet sind, dass die von der Entscheidung betroffenen Mitarbeiter diese nicht akzeptieren, ist die Frage mit nein zu beantworten.

5. Ist die Akzeptanz der Mitarbeiter zu erwarten, wenn die Führungskraft allein entscheidet? Die Beantwortung dieser Frage hängt nicht nur von der Interessenkonstellation zwischen der Führungskraft und ihren Mitarbeitern, sondern auch stark von der Organisationskultur. So kann es einer langen Tradition im Unternehmen entsprechen, dass der Vorgesetzte am Ende immer das letzte Wort haben soll, und genauso kann eine Mitbestimmungstradition vorherrschen, die ein solches Vorgehen gerade verbietet.

6. Stimmen die Ziele der Mitarbeiter mit den Zielen des Unternehmens, die durch die Führungskraft vertreten werden, überein? Insbesondere in einer Situation, in der die Führungskraft eine Lösung erreichen will, welche die Mitarbeiter als nachteilig ansehen, muss die Frage verneint werden.

7. Sind Konflikte zwischen den Mitarbeitern über mögliche Entscheidungen zu erwarten? Hier geht es um Interessenkonflikte zwischen den betroffenen Mitarbeitern unabhängig von den Zielen der Führungskraft.

Entscheidungsbaum

Anhand dieser Fragen gelangt der Anwender mit Hilfe des in ▶ Abb. 12 dargestellten Entscheidungsbaums von links nach rechts zu einer Führungsstilempfehlung. Die am rechten äußeren Ende angegebenen Stile sind in der betreffenden Situation möglich, wobei sie aber nach der zu erwartenden Effizienz geordnet sind: Der erstgenannte Stil ist die Vorgehensweise, welche in aller Regel die schnellste Entscheidung ermöglicht und für die Führungskraft mit den geringsten Risiken verbunden ist. Das bedeutet beispielsweise, dass bei einem Ergebnis in der ersten Zeile nur die Gruppenentscheidung empfohlen wird. Dagegen sind in der zweiten Zeile alle Entscheidungsstile möglich, jedoch wird von den Autoren unter Effizienzgesichtspunkten eine Alleinentscheidung empfohlen.

Die im Entscheidungsbaum dargestellten Zusammenhänge lassen sich auf eine Reihe von Regeln zurückführen, die Vroom & Yetton

Regeln

folgendermaßen formuliert haben:

- *Informations- und Strukturregel:* Wenn die Qualität der Lösung wichtig ist, die Führungskraft dazu aber nicht genügend Informationen oder Fachwissen besitzt, um die beste Lösung selbst zu erarbeiten, soll Führungsstil A I nicht angewandt werden. Falls darüber hinaus das Problem unstrukturiert ist, sollten auch A II und C I nicht gewählt werden. Die Gefahr einer sachlichen Fehlentscheidung ist zu groß, weshalb so weit als möglich Gruppensynergien genutzt werden sollen.
- *Vertrauensregel:* Wenn die Qualität der Lösung wichtig ist, die Mitarbeiter aber die Ziele, welche die Führungskraft vertritt, nicht teilen, soll C II nicht angewandt werden. Das Risiko einer Entscheidung, die den Zielen der Führungskraft entgegenläuft, ist in diesem Fall zu groß.

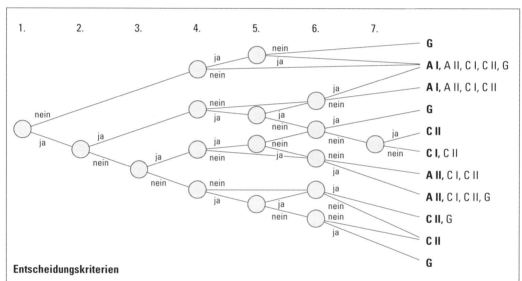

Entscheidungskriterien

1. Gibt es qualitativ eindeutig bessere oder schlechtere Lösungen und ist es wichtig, die qualitativ beste Lösung zu finden?
2. Hat die Führungskraft alle wesentlichen Informationen für eine qualitativ gute Entscheidung?
3. Ist das Problem gut strukturiert?
4. Ist die Akzeptanz durch die Mitarbeiter wichtig für die Umsetzung?
5. Ist die Akzeptanz der Mitarbeiter zu erwarten, wenn die Führungskraft allein entscheidet?
6. Stimmen die Ziele der Mitarbeiter mit den Zielen der Führungskraft überein?
7. Sind Konflikte zwischen den Mitarbeitern über mögliche Lösungen zu erwarten?

▲ Abb. 12   Der Entscheidungsbaum der Führung nach Vroom & Yetton (1973)

■ *Akzeptanz- und Konfliktregel:* Wenn die Akzeptanz der Lösung durch die Mitarbeiter wichtig ist und diese einer Alleinentscheidung nicht folgen würden, sollen A I und A II nicht angewandt werden. Wenn zusätzlich dazu Konflikte zwischen den Mitarbeitern infolge Meinungsverschiedenheiten über die Lösung wahrscheinlich sind, soll auch C I nicht angewandt werden. Wenn unter dieser Bedingung keine Konflikte zu erwarten sind und die Mitarbeiter zudem die Zielsetzung der Führungskraft teilen, soll C II angewandt werden.

■ *Fairnessregel:* Wenn die Qualität der Lösung nachrangig ist, die Akzeptanz jedoch wichtig und zudem bei einer Alleinentscheidung der Führungskraft nicht gewährleistet ist, soll ebenfalls C II angewandt werden.

Praxisbeispiele

Wendet man diesen Entscheidungsbaum auf die beiden *Praxisbeispiele* an, gelangt man zu folgenden Ergebnissen: Im ersten Fallbeispiel («begehrte Parkplätze») gibt es für den Vorgesetzten keine beste Lösung; wichtig ist nur, dass überhaupt eine Entscheidung getroffen wird. Frage 1 ist also mit nein zu beantworten. Auch die Akzeptanz der Lösung ist nicht von Bedeutung, denn die Nutzung der Parkplätze wirkt sich kaum auf die Leistungsprozesse im Unternehmen aus. Nachdem also Frage 4 auch mit nein beantwortet wurde, gelangt man zum Ergebnis, dass jede Vorgehensweise möglich ist, die Führungskraft aber am besten gleich allein entscheiden soll.

Die Situation im zweiten Fallbeispiel («Reorganisation einer Einkaufsabteilung») unterscheidet sich von der ersten dadurch, dass es eine angestrebte Lösung gibt, die von der Führungskraft als die beste angesehen wird, nämlich eine Zentralisierung der Abteilung (Frage 1: ja). Zweifelhaft ist aber, ob der neue Vorgesetzte alle Informationen hat, um eine umsetzbare Lösung zu entwickeln (Frage 2: nein). Auch stellt sich die Problemlage noch als wenig strukturiert dar (Frage 3: nein). Angesichts der starken Position der Einkaufsleiter ist deren Akzeptanz einer Lösung von hoher Bedeutung, weil andernfalls ein Zusammenbruch der Einkaufsfunktion droht (Frage 4: ja). Die Alleinentscheidung der neuen und damit aus Sicht der Einkäufer unerfahrenen Führungskraft ist unwahrscheinlich (Frage 5: nein). Da die Reorganisationsziele der Führungskraft mit den Statuszielen der Einkäufer kollidieren (Frage 6: nein), bleibt als einzige empfehlenswerte Vorgehensweise ein konsultatives Gespräch im Kreis der Einkäufer, um in dieser schwierigen Situation zur angestrebten Veränderung zu kommen.

2.4.3 | Organisations- und Landeskultur

Führungs- und Kooperationsbeziehungen werden nicht nur durch unmittelbare Faktoren wie Fähigkeiten und Motive der beteiligten Personen oder die Art der Aufgabenstellung beeinflusst, sondern auch durch den kulturellen Rahmen, in dem sie angesiedelt sind. Dieser Rahmen lässt sich in Organisationskultur und Landeskultur gliedern (▶ Abb. 13).

> Die *Organisationskultur* ist die Gesamtheit aller Normen und Werte, Denk- und Handlungsmuster, Gebräuche und Rituale, die für die Mitglieder einer Organisation (z.B. ein Unternehmen, eine Produktionsstätte, ein Büro) kennzeichnend sind: Sie werden von den Mitgliedern gemeinsam geteilt und sie unterscheiden die Mitglieder dieser Organisation von denjenigen anderer Organisationen.

Werte und Rituale

Die Organisationskultur ist zum einen ein *gewachsenes* Geflecht von Werten oder Ritualen, das Führungskräfte und Mitarbeiter gleichermaßen prägt und vor allem auch Erwartungen über «richtige» und «falsche» Führung erzeugt. Der Erfolg einer Führungskraft hängt nicht nur davon ab, ob sie sachgemäß führt und entscheidet, sondern ebenso stark davon, ob sie so führt und entscheidet, wie es den herrschenden Erwartungen ihrer Mitarbeiter entspricht. Aus diesem Grund kann ein bestimmter Führungsstil in derselben Situation in zwei verschiedenen Unternehmen oder Unternehmensbereichen unterschiedlich erfolgreich sein, weil sich die gewachsene Organisationskultur in diesen beiden Unternehmen unterscheidet.

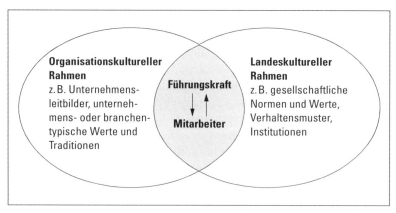

▲ Abb. 13   Der kulturelle Rahmen der Führungsbeziehung

Normen- und
Werteprogramm

Die Kultur einer Organisation kann aber auch Ergebnis eines Normen- und Werteprogramms sein, das die Unternehmensleitung über ein *Führungsleitbild* durchgesetzt hat: So kann beispielsweise ein Aspekt eines solchen Leitbilds sein, dass Mitarbeiter in Entscheidungen miteinbezogen werden oder dass individuelle Leistungen besonders gefördert werden sollen. Wenn solche Leitbilder im Unternehmen allgemein akzeptiert und getragen und damit Teil der gewachsenen Kultur geworden sind, unterstützen oder verhindern sie den Erfolg bestimmter Führungsstile.

> Die *Landeskultur* ist die Gesamtheit aller Normen und Werte, Denk- und Handlungsmuster, Gebräuche und Rituale, die für die Bewohner eines Landes kennzeichnend sind. In einem weiteren Begriffsverständnis werden auch alle Institutionen und Artefakte (z.B. Politik und Rechtssystem, Kunst und Architektur, Kleidung und Sprache) dazu gezählt.

Empirische
Untersuchungen

Seit den frühen 1960er Jahren sind zahlreiche empirische Untersuchungen zu der Frage durchgeführt worden, ob es landesspezifische Normen und Werte gibt, die dazu führen, dass sich im Ländervergleich unterschiedliche Führungsvorstellungen herausbilden und bestimmte Führungsstile im einen Land stärker verbreitet und tendenziell erfolgreicher sind als in anderen. Dies würde auch bedeuten, dass sich die vorherrschenden Führungsvorstellungen eines Landes nicht ohne weiteres auf andere Länder übertragen lassen und Führungskräfte ihren Führungs- und Entscheidungsstil in internationalen Einsätzen den lokalen Gegebenheiten anpassen müssen, um erfolgreich sein zu können.

Die bekannteste Untersuchung zu dieser Fragestellung wurde in den 1960er Jahren von Geert Hofstede (2001) weltweit in rund 50 Ländern durchgeführt. Die Ergebnisse dieser Studien wurden danach in zahlreichen Folgestudien überprüft und in ihren Grundaussagen weitgehend bestätigt. Aufgrund dieser Studien zeigte sich, dass sich

Landeskultur-
dimensionen

Länder in erster Linie auf den folgenden vier Dimensionen unterscheiden, die aus einer Vielzahl von Fragen zu arbeitsbezogenen Wertvorstellungen gewonnen wurden:

- *Machtdistanz:* Sie steht für die Bereitschaft, eine ungleiche Macht- und Statusverteilung in der Gesellschaft und im Unternehmen zu akzeptieren (= hohe Machtdistanz) bzw. abzulehnen (= niedrige Machtdistanz). Typische Kulturmerkmale in Ländern mit hoher Machtdistanz sind differenzierte hierarchische Strukturen, die Betonung von Titeln, Privilegien und formalen Bildungsabschlüssen sowie ein distanzierter und formeller Umgang zwischen Vorgesetzten und Mitarbeitern.

- *Unsicherheitsvermeidung:* In ihr kommt das Bedürfnis zum Ausdruck, Unsicherheit zu vermeiden und Sicherheit anzustreben (= starke Unsicherheitsvermeidung) bzw. die Bereitschaft, Risiken einzugehen und offene Situationen als persönliche Chancen zu begreifen (= geringe Unsicherheitsvermeidung). Dementsprechend bilden sich in unsicherheitsvermeidenden Kulturen leichter Regeln, Rituale und Routinen heraus, die allgemein geteilt werden; es wird nach Konsens gestrebt, und abweichende Positionen werden wenig toleriert.

- *Individualismus:* Diese Dimension repräsentiert die Tendenz, das Individuum über die Gruppe oder die Organisation zu stellen (= starker Individualismus) bzw. die Ziele und Interessen des Kollektivs über die Bedürfnisse des Einzelnen zu stellen (= schwacher Individualismus). Mit einer individualistischen Orientierung sind eine grundsätzlich geringe Loyalität gegenüber Organisationen, die Freiheit zur individuellen Meinungsäußerung und Bedürfnisbefriedigung sowie ein hoher Autonomieanspruch verbunden. Beziehungen werden unabhängig von der Zugehörigkeit zu bestimmten Statusgruppen eingegangen.

- *Maskulinität:* Dabei handelt es sich um eine Betonung stereotyp männlicher Werte wie Leistungsorientierung oder Konkurrenzdenken gegenüber stereotyp weiblichen Werten, wie emotionale Beziehungsqualität und Rücksichtnahme gegenüber Schwächeren (= hohe Maskulinität). Dem steht eine gleiche Gewichtung männlicher und weiblicher Werte in der Gesellschaft wie in den Arbeitsbeziehungen gegenüber (= geringe Maskulinität). Eine hohe Maskulinität drückt sich in der Regel in einem entsprechend geringen Anteil von Frauen in höheren Führungspositionen von Wirtschaft und Politik aus.

▶ Abb. 14 zeigt die Ausprägung dieser vier Dimensionen im Vergleich von sechs Ländern und Regionen, wobei die Werte jeweils relativ zum Durchschnitt der 50 Länder, die von Hofstede und seinen Mitarbeitern miteinbezogen wurden, zu interpretieren sind.

Kultur in angelsächsischen Ländern
Die Kultur in den angelsächsischen Ländern (Nordamerika, Großbritannien, Australien und Neuseeland) ist im internationalen Vergleich durch ausgeprägten Individualismus, hohe Maskulinität, geringe Machtdistanz und geringe Unsicherheitsvermeidung gekennzeichnet. Für die Führung bedeutet dies, dass es eine hohe Bereitschaft von Vorgesetzten gibt, Verantwortung an die Mitarbeiter zu übertragen und Kontrolle abzugeben und dafür hohe individuelle Leistungen zu erwarten. Ein delegativer Führungsstil und eine pri-

Dimensionen \ Länder	Deutschland	Schweiz (deutsch)	Schweiz (französisch)	Frankreich	Groß- britannien	USA	Schweden	Russland	Hongkong	Japan
Machtdistanz	–	– –	+	+	–	–	– –	++	+	ø
Unsicherheitsvermeidung	+	ø	+	++	–	ø	–	++	–	++
Individualismus	+	+	ø	+	++	++	+	–	– –	ø
Maskulinität	+	+	+	ø	+	+	– –	+	+	++

(+)+ = (sehr) hoch/stark   ø = durchschnittlich   (–)– = (sehr) niedrig/schwach

▲ Abb. 14   Arbeitsbezogene Werte im internationalen Vergleich nach Hofstede (2001)

mär ergebnisorientierte Führung kommt diesen kulturellen Werten entgegen und ist eine günstige Voraussetzung für Akzeptanz durch die Mitarbeiter.

Kultur in nordeuro-päischen Ländern

Die Führungskultur in Schweden und anderen nordeuropäischen Ländern weist einige Gemeinsamkeiten zum angelsächsischen Kulturkreis auf, unterscheidet sich aber erheblich in einem schwächeren Individualismus und einer ausgeprägt geringen Maskulinität. In der Führung gibt es dementsprechend eine größere Neigung zu einem kollegialen Führungsstil und einer konsensbetonten Entscheidungsfindung. Vorgesetzte werden akzeptiert, wenn sie ihre Mitarbeiter frühzeitig und umfassend in Entscheidungen einbeziehen und wenn sie eine freundschaftliche Beziehung zu ihren Mitarbeitern aufbauen. Führung in Deutschland (und entsprechend auch der deutschsprachigen Schweiz) unterscheidet sich gegenüber den USA und Großbritannien durch eine deutlich erhöhte Unsicherheitsvermeidung. Daraus folgt eine stärkere Neigung zu Verhaltensnormen und Routinen, die auch in einem kooperativen oder delegativen Führungsverständnis als wichtiger Rahmen angesehen werden.

Kultur in romanischen Ländern und osteuro-päischen Regionen

Hohe Machtdistanz und starke Unsicherheitsvermeidung kennzeichnen sowohl die meisten romanischen Länder als auch die osteuropäische Region, jeweils besonders stark ausgeprägt in Frankreich bzw. Russland. Für die Mitarbeiterführung bedeutet dies, dass in diesem Teil am ehesten ein autoritärer oder patriarchalischer Führungsstil akzeptiert oder gar erwartet wird. Formale hierarchische Unterschiede werden betont.

Kultur in Japan

Für Japan ist zwar ebenfalls eine hohe Unsicherheitsvermeidung festzustellen, jedoch ist die Machtdistanz etwas geringer, während die Maskulinität im Vergleich aller 50 Länder am höchsten ist. Traditionell finden sich hier auch nur sehr wenige Frauen in Führungs-

positionen. Führung und Kooperation sind durch eine starke Teamorientierung gekennzeichnet, wobei die Arbeitsgruppe eine wichtige
Sicherheitsfunktion für den einzelnen hat. Von den Teams wird eine
hohe Leistung erwartet, die zum einen auf hoher Loyalität und zum
anderen auf einer starken inneren Leistungsverpflichtung aufbaut. In
anderen ostasiatischen Ländern ist der Individualismus im Vergleich
zu Westeuropa oder den USA zwar ebenfalls nur schwach; die spezifische Verpflichtung auf das Team und das Unternehmen ist dort
allerdings geringer ausgeprägt, weshalb eine auf die Einzelperson
und ihre Leistung gerichtete Führung dort eher akzeptiert wird.

| 2.4.4 | **Substitution von Führung** |

Während die vorangegangenen Abschnitte gezeigt haben, wie Führung auf bestimmte Situationsbedingungen abgestimmt werden
muss, geht die *Substitutionstheorie der Führung* noch weiter. Hier
stehen die Fragen im Mittelpunkt, unter welchen Bedingungen
Führung überhaupt notwendig ist und wann ein Führungsverhalten
mit minimaler Aufgaben- und Mitarbeiterorientierung erfolgreicher
ist. Das Ergebnis dieser Fragestellung sind sogenannte Substitute der
Führung, die sich danach unterteilen lassen, ob sie eine aufgabenorientierte oder eine mitarbeiterorientierte Führung ersetzen. Wesentliche Substitute der Führung sind nach Kerr & Jermier (1978):

*Substitute der
Führung*

- *Professionelle Orientierung:* In Einklang mit dem Reifegrad-
  modell der Führung nach Hersey & Blanchard kann davon ausgegangen werden, dass ein hoher Grad an Professionalität der
  Mitarbeiter, was sich in der Fähigkeit und Bereitschaft zu selbständiger Aufgabenerfüllung ausdrückt, die Notwendigkeit an
  Fremdsteuerung durch Führung minimiert. Die professionelle
  Orientierung kann auch darin zum Ausdruck kommen, dass der
  Mitarbeiter einen hohen Autonomieanspruch hat.
- *Ausgeprägte Aufgabenstruktur:* Besteht die Tätigkeit der Mitarbeiter vor allem aus repetitiven und maschinengesteuerten Aufgaben, wird der Handlungsspielraum des Einzelnen so weit eingeschränkt, dass eine weitergehende Steuerung durch Führung nicht
  mehr notwendig ist.
- *Automatisches Leistungsfeedback:* Tätigkeiten, deren Erfolg unmittelbar sichtbar ist und zu direkten Konsequenzen für die Mitarbeiter führt, machen die persönliche Kontrolle durch den Vorgesetzten weitgehend überflüssig.

■ *Selbststeuernde Arbeitsgruppe:* Wenn es in einer Arbeitsgruppe starke Leistungsnormen und eine fortlaufende gegenseitige Leistungskontrolle gibt, wird damit ebenfalls die Antriebs- und Kontrollfunktion der Führung ersetzt.

Wenn diese Substitute vorliegen, sind Wirkungen von aufgaben- oder mitarbeiterorientierter Führung nicht nur stark eingeschränkt, sondern sie können sogar zu negativen Effekten führen: Mitarbeiterorientierte Führung kann demotivierend wirken und aufgabenorientierte Führung eine effiziente Leistungserfüllung verhindern.

| **2.5** | **Management by Objectives (MbO)** |

Wie lässt sich die direkte Führung durch Zielsteuerung ersetzen?

In der Mitarbeiterführung steht die direkte Kommunikation zwischen Führungskraft und Mitarbeiter im Mittelpunkt der Betrachtung. Der Ansatz des Management by Objectives (Führung durch Zielvereinbarung) verlagert als Führungskonzept den Schwerpunkt etwas in Richtung einer indirekten Steuerung des Mitarbeiters durch ein Kennzahlensystem.

> *Management by Objectives* (MbO) ist ein Führungskonzept, das die direkte Verhaltenssteuerung durch eine indirekte Zielsteuerung ersetzt. Führung beginnt mit der Vorgabe oder Vereinbarung von Aufgaben- und persönlichen Entwicklungszielen aus, setzt sich in der Begleitung des Mitarbeiters bei der eigenständigen Zielverfolgung fort und schließt mit der Kontrolle der Zielerreichung und Vereinbarung von Folgezielen. Zielvereinbarungen beziehen sich in der Regel über Zeiträume zwischen drei und zwölf Monaten.

Konsequenzen für die Führungskraft

Für die Führungskraft bedeutet dieses Führungskonzept, dass sie ihren Schwerpunkt auf die Vereinbarung von Zielen legt, welche die Kernaufgaben der einzelnen Mitarbeiter repräsentieren. In der Zielerreichung lässt sie dem Mitarbeiter jedoch völlige Freiheit und beschränkt sich mit Berücksichtigung des aufgabenbezogenen Reifegrads auf die Rolle eines Türöffners und Coaches: Als *Coach* berät die Führungskraft den Mitarbeiter bei der eigenständigen Zielverfolgung, ohne in dessen Aufgaben direkt einzugreifen. Der Fokus ist auf die Klärung von Leistungshindernissen und Lösungsressourcen gerichtet, um eine selbständige Zielerreichung optimal zu unterstützen (vgl. Abschnitt 6.3.4). Als *Türöffner* unterstützt die Führungskraft den Mitarbeiter, indem sie ihm den Zugang zu Ressourcen (z. B. Kontaktpersonen oder finanzielle Mittel) aktiv erleichtert, ohne aber direkt einzugreifen.

Zielarten, die sich für ein Management by Objectives eignen, sind *Zielarten* zum einen *Aufgabenziele,* welche die Quantität oder die Qualität der Aufgabenerfüllung definieren (z. B. Vereinbarungen über Umsätze, Kundenbesuche oder Fehlerquoten). Diese Ziele lassen sich durch *Bereichsentwicklungsziele* ergänzen, mit denen Voraussetzungen für die langfristige Aufgabenerfüllung geschaffen werden (z. B eine Vereinbarung über die Einführung eines Controlling-Systems zur verbesserten Erfolgssteuerung). Die dritte Gruppe von Zielen umfasst *persönliche Entwicklungsziele,* mit denen insbesondere Kompetenzdefizite beseitigt und weitergehende Einsatzmöglichkeiten für den Mitarbeiter geschaffen werden (z. B. der Erwerb einer weiteren Spra-*Prozess eines* che oder die Absolvierung eines Projektmanagementseminars).

Management by Der Prozess eines Management by Objectives lässt sich in vier *Objectives* Phasen unterteilen:

1. *Klärung des Zielrahmens:* Voraussetzung für die zielorientierte Führung ist die Festlegung des Rahmens, in den die zu vereinbarenden Ziele eingebettet sind. Dieser Rahmen wird zum einen durch die Unternehmensziele abgesteckt, aus denen sich nach dem *Kaskadenprinzip* stufenweise Anforderungen über alle Führungsebenen bis zum einzelnen Mitarbeiter herunterbrechen lassen. Ein weiterer Einflussfaktor sind bestehende Aufgabenzuordnungen, wie sie beispielsweise in Stellenbeschreibungen oder vertraglichen Vereinbarungen niedergelegt sein können. Schließlich bilden die Fähigkeiten bzw. Fähigkeitsdefizite einen weiteren Rahmenfaktor, aus dem sich mögliche Aufgabenziele und notwendige persönliche Entwicklungsziele für den einzelnen Mitarbeiter ergeben.

2. *Zielvereinbarung:* Der Zielvereinbarungsprozess kann entweder autoritär, konsultativ oder kooperativ ausgestaltet sein. Ein *autoritärer Prozess* ist dadurch charakterisiert, dass der Vorgesetzte dem Mitarbeiter die Ziele vorgibt. Die autoritäre Variante wird vor allem da gewählt, wo das Management by Objectives nur die Funktion hat, die im Topmanagement festgelegten Marktziele des Unternehmens auf die einzelnen Mitarbeiter zu verteilen. In einem *konsultativen Prozess* berät sich der Vorgesetzte im Vorfeld mit dem Mitarbeiter über mögliche Ziele und setzt diese anschließend unter Berücksichtigung von Einwänden des Mitarbeiters fest. Eine *kooperative Vereinbarung* setzt Ziele als Ergebnis eines Aushandlungsprozesses zwischen dem Vorgesetzten und dem

Mitarbeiter. Die Wahl der Prozessvariante hängt wesentlich davon ab, wie hoch der aufgabenbezogene Reifegrad des Mitarbeiters (vgl. dazu Abschnitt 2.4.1) eingeschätzt wird: Je höher der Reifegrad ist, umso größer ist die Wahrscheinlichkeit, dass ein Mitarbeiter eine autoritäre Zielvorgabe nicht akzeptiert oder zu unterlaufen versucht, dass eine grundsätzliche Zielübereinstimmung zwischen Vorgesetztem und Mitarbeiter erreicht werden kann und dass drittens die Zielqualität in der kooperativen Variante am höchsten ist, weil Kompetenzen und Erfahrungen des Mitarbeiters in die Zielvereinbarung optimal miteinfließen.

3. *Zielkorrektur:* Zielkorrekturen sind notwendig, wenn sich die Rahmenbedingungen für die Zielerreichung ohne Zutun des Mitarbeiters stark verändert haben. Beispielsweise kann die Vereinbarung mit einem Vertriebsmitarbeiter auf Annahmen über eine bestimmte Marktentwicklung und ein bestimmtes Produktportfolio beruhen. Da der Mitarbeiter keinen Einfluss auf die generelle Konjunkturentwicklung oder Entscheidungen des Topmanagements nehmen kann, wäre es unbillig, ihm die negativen Konsequenzen solcher Entwicklungen für seine Leistung anzulasten, und dies würde sich auf seine Leistungsmotivation auswirken. Falls Zielvereinbarungen solche Entwicklungen nicht bereits von Beginn an beispielsweise durch einen Konjunkturindex oder Vergleichszahlen (Branchenmittelwerte, Vergleiche mit anderen Vertriebsmitarbeitern) berücksichtigt werden, ist eine Anpassung der Zielkriterien im Vereinbarungszeitraum notwendig.

4. *Zielerreichungskontrolle:* Am Ende einer Vereinbarungsperiode werden in einem abschließenden Gespräch die Zielerreichung festgestellt und darauf aufbauend Ziele für die Folgeperiode vereinbart.

Erfolgswirkungen eines Management by Objectives

Die Erfolgswirkungen eines Management by Objectives beruhen einerseits auf Annahmen über die Motivationswirkungen und setzen andererseits voraus, dass die vereinbarten Ziele bestimmte Voraussetzungen erfüllen:

- *Zielkenntnis schafft Identifikation:* Die Kenntnis der persönlichen Aufgabenziele und ihres Bezugs zu den übergeordneten Unternehmenszielen stärkt die Identifikation mit der eigenen Aufgabe. Voraussetzung dafür ist, dass die vereinbarten Ziele alle – aus der Sicht des Mitarbeiters – wesentlichen Aufgaben mit einschließen. Darüber hinaus ist es Aufgabe der Führungskraft, die Bedeutung der individuellen Beiträge für die Unternehmensziele aufzuzeigen, wo der einzelne Mitarbeiter sie nicht selbst erkennt.

- *Zielbeteiligung schafft Akzeptanz:* Je stärker der Mitarbeiter in Zielklärung und Zielanalyse miteinbezogen wird, umso eher ist er bereit, diese Ziele als die eigenen zu akzeptieren. Diese Anforderung schafft allerdings für die Führungskraft möglicherweise ein Dilemma: Wenn sie den Zielvereinbarungsprozess kontrollieren will, um zu gewährleisten, dass sie ihre eigenen Ziele durchzusetzen vermag, riskiert sie eine geringe Zielakzeptanz durch den Mitarbeiter und daraus folgend eine eingeschränkte Leistungsmotivation. Wenn sie umgekehrt die Akzeptanz sichern will, geht sie das Risiko ein, dass die vereinbarten Ziele nicht vollständig mit ihren eigenen Interessen übereinstimmen.
- *Selbstkontrolle fördert Leistung:* Die Möglichkeit, im Rahmen der vereinbarten Ziele die Aufgaben frei gestalten zu können, stärkt die Kontrollüberzeugung des Mitarbeiters. Voraussetzung dafür ist zum einen, dass der Vorgesetzte dem Mitarbeiter im Anschluss an die Vereinbarung auch tatsächlich den Freiraum zur eigenständigen Zielverfolgung lässt und nicht ungefragt eingreift. Zweite Vorbedingung ist, dass möglichst nur Ziele vereinbart werden, deren Erreichung allein vom Engagement des Mitarbeiters abhängen. Ungeeignet für die subjektive Kontrollüberzeugung sind dagegen stark vernetzte Tätigkeiten.
- *Objektive Beurteilung fördert Zufriedenheit:* Die Zielerreichung bildet eine Grundlage für eine Leistungsbeurteilung, die nicht auf subjektiven Einschätzungen des Vorgesetzten, sondern auf messbaren Ergebnissen beruht, die – zumindest bei einem kooperativen Zielvereinbarungsprozess – auf selbstgewählte Ziele zurückgehen. Aus motivationstheoretischer Perspektive (vgl. Baustein 3) ist damit eine günstige Voraussetzung für eine hohe Akzeptanz einer Leistungsbeurteilung gegeben.

Obwohl das Konzept des Management by Objectives als Grundprinzip in der Praxis inzwischen weite Verbreitung gefunden hat, besteht die Herausforderung für viele Führungskräfte darin, zielorientierte Vereinbarungen konsequent einzuhalten und nicht in vermeintlich problematischen Situationen vorzeitig einzugreifen.

Literaturhinweise

Bernd Blessin & Alexander Wick (2013): Führen und führen lassen: Ansätze, Ergebnisse und Kritik der Führungsforschung.
Dieses Lehrbuch, das eine gleichnamige Veröffentlichung von Oswald Neuberger in einer Neuauflage fortsetzt, bietet einen breiten und fundierten Überblick über den aktuellen Forschungsstand der Führungslehre. Obwohl es primär für die akademische Ausbildung konzipiert wurde, ist das Buch in einer lebendigen und gut verständlichen Sprache geschrieben und deshalb auch für den interessierten Praktiker zu empfehlen.

Karl Kälin & Peter Müri (2005): Sich und andere führen: Psychologie für Führungskräfte und Mitarbeiter. 15. Auflage.
In diesem Buch werden Führungsfragen nicht von der wissenschaftlichen, sondern von der praktischen Anwenderseite her beleuchtet. Der Text wird durch eine große Zahl von Fragebögen zur Analyse der eigenen Führungseinstellungen und dem Führungsverhalten ergänzt.

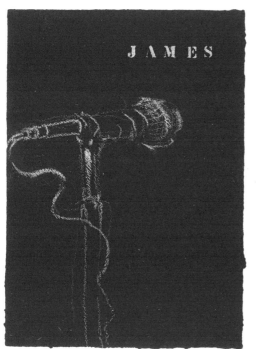

JAMES

BROWN !

Baustein 3
Nachhaltig motivieren

Wie lassen sich die Mitarbeiter zu höherer Leistung motivieren? Diese Frage ist wahrscheinlich die am häufigsten gestellte der gesamten Management- und Führungspraxis. Die Spanne der Antworten ist breit. Am einen Ende steht die klassische ökonomische Position, wonach geldwerte Leistungen wie Zielfähnchen zu stecken seien. Den anderen Pol bildet die resignierte Einsicht, dass kein Mensch nachhaltig von außen motivierbar sei und dass die einzig sinnvolle Gestaltungsfrage nur lauten kann: «Wo gibt es Motivationsbarrieren, die zu beseitigen sind?» Reinhard Sprenger bezeichnete dies in seinem gleichnamigen Bestseller von 1991 als «Mythos Motivation».

Genau genommen setzt sich die Ausgangsfrage aus zwei Teilfragen zusammen: Im ersten Schritt ist zu klären, worauf die Leistungsmotivation einer Person überhaupt beruht. Diese Frage beantworten Theorien der Motivation und empirische Studien, die auf der Grundlage dieser Theorien durchgeführt wurden. Im zweiten Schritt stellt sich die Frage, in welcher Weise eine Führungskraft gezielt auf die Motivation ihrer Mitarbeiter Einfluss nehmen kann. Die Gestaltungsmaßnahmen zur Motivationssteuerung lassen sich unter dem Begriff Anreizsystem zusammenfassen.

Inhalt

3.1 **Motivation** 99

Welche Formen der Motivation sind zu unterscheiden?

3.1.1 Motivation und Motivationstheorien 99
3.1.2 Formen der Motivation 101

3.2 **Bedürfnisse und Leistungsmotivation** 104

Was erzeugt Leistungsmotivation?

3.2.1 Die Zwei-Faktoren-Theorie:
        Motivatoren und Hygienefaktoren 104
3.2.2 Die Motivationstheorie von Maslow:
        Hierarchie der Bedürfnisse 109
3.2.3 Leistungs- und Machtmotivation nach McClelland 112

3.3 **Erwartungshaltung und Leistungsmotivation** 114

Wie wirken Reflexionsprozesse auf die Leistungsmotivation?

3.3.1 Die VIE-Theorie von Vroom 116
3.3.2 Die Gleichheitstheorie von Adams 116
3.3.3 Das Prozessmodell von Porter und Lawler 117

3.4 **Motivationsstrategien** 119

*Welche Strategien der Leistungsmotivation sind zu
unterscheiden?*

| **3.1** | **Motivation** |

Welche Formen der Motivation sind zu unterscheiden? Ausgehend von einem allgemeinen Begriff der Motivation sind bei einer Person im Unternehmen neben der Leistungsmotivation vor allem die Bindungs- und die Aufstiegsmotivation zu unterscheiden. Der Selbstmotivation durch die Person steht als Managementaufgabe die Fremdmotivation durch den Vorgesetzten oder durch personalpolitische Steuerung gegenüber. Schließlich unterbrechen Phasen der Demotivation bzw. Remotivierung die kontinuierliche Entwicklung und Erhaltung der Motivation.

| **3.1.1** | **Motivation und Motivationstheorien** |

Motivation ist eine emotionale Erfahrung, in der ein bestimmtes Handeln oder ein Ziel angestrebt wird. Motivation entsteht dadurch, dass ein Bedürfnis oder Motiv aktuell ist und die Person eine Möglichkeit sieht, dieses auch zu befriedigen. Ein *Bedürfnis* ist ein allgemeines Mangelempfinden. Aus einem Bedürfnis kann sich ein *Motiv* entwickeln, eine latent vorhandene und zielgerichtete Bereitschaft zum Handeln. Beispielsweise ist das Erleben von Einsamkeit Ausdruck eines Bedürfnisses, während die Suche nach Anschluss das daraus entstehende Motiv ist. Wenn ein Motiv auf ein passendes Objekt trifft, bezeichnet man dieses als *Anreiz*.

Gründe menschlichen Verhaltens Ausgangspunkt der Motivationstheorie ist die Frage nach dem «Warum» des menschlichen Handelns. Es wird angenommen, dass die Gründe für ein bestimmtes beobachtbares Verhalten des Menschen in ihm selbst vorhanden sind. Das Verhalten kann nicht unmittelbar von der Umwelt bestimmt werden, sondern höchstens mittelbar, indem die Umwelt auf die im Menschen bereits vorhandenen Motive einwirkt. Wahrscheinlich sind Bedürfnisse angeboren oder sie werden in frühester Kindheit von der Umwelt über- oder angenommen. Im späteren Leben sind sie relativ stabil. Währenddessen bilden sich die Motive im Laufe der Sozialisation und etablieren sich erst später als Werte.

Anreize Damit es zu Motivation kommt, sind Anreize notwendig. Anreize sind entweder in der Person selbst angelegt (z.B. ein Erfolgsgefühl), oder sie stammen aus der Umwelt (z.B. Werbung, Geld oder soziale Kontakte). Motive sind zwar immer vorhanden, werden aber erst als Anreiz wirksam, wenn sie durch innere Zustände angesprochen **Einfaches Motivationsmodell** werden. Zusammenfassend kann ein einfaches Motivationsmodell folgendermaßen beschrieben werden:

- Es ist ein Bedürfnis oder eine Mangelempfindung vorhanden.
- Es besteht eine zielgerichtete latente Bereitschaft etwas zu tun, damit das Bedürfnis befriedigt werden kann.
- Die Spannung zwischen dem Empfinden eines Mangels und der Bereitschaft zu dessen Beseitigung wird erhöht. Diese Spannung wird so stark, dass sie zu einem bestimmten Handeln führt. Dieses ist auf die angebotenen Anreize gerichtet.
- Ergebnis des Handelns ist die Bedürfnisbefriedigung. Je nachdem, ob es zu einer Befriedigung kommt oder nicht, verändern sich die Stärke des Motivs und das Verhalten bzw. verstärken sich die Anstrengungen oder verschwinden aufgrund von Frustration ganz.

Für das Unternehmen ist es von Interesse zu wissen, welche Bedürfnisse und Motive im Menschen vorhanden sind, damit es diese durch geeignete Anreize aktivieren kann, denn für das Verhalten eines Menschen sind nur diejenigen Anreize bestimmend, die eine Befriedigung der aktuellen Bedürfnisse versprechen. Theorien, die dazu Inhalts- und herangezogen werden können, um dies zu klären, lassen sich in Prozesstheorien Inhalts- und Prozesstheorien einteilen:

- *Inhaltstheorien* zeigen, *was* das Streben nach Leistung und ein entsprechendes Leistungsverhalten erzeugt und aufrechterhält. Sie unterscheiden jeweils eine Reihe von Grundbedürfnissen, fassen diese in Kategorien zusammen und legen die Beziehungen untereinander offen. Die einflussreichsten Inhaltstheorien (vgl. Abschnitt 3.2) sind die Zwei-Faktoren-Theorie von Herzberg (1968), die Bedürfnishierarchie von Maslow (1973, 1977) und die Theorie der gelernten Bedürfnisse von McClelland (1951).
- *Prozesstheorien* erklären, *wie* der Motivationsprozess abläuft, in dem Leistungsstreben und -verhalten erzeugt, gelenkt, erhalten oder abgebrochen wird. Im Mittelpunkt dieser Theorien steht nicht die Benennung bestimmter Bedürfnisse, sondern der Prozess ihrer Wirkung. Wichtige Aspekte des Motivationsprozesses (vgl. Abschnitt 3.3) beleuchten die Erwartungs-Valenz-Theorie von Vroom (1964), die Gleichheitstheorie von Adams (1965) und das Prozessmodell von Porter & Lawler (1968).

| 3.1.2 | **Formen der Motivation** |

Aus der Sicht eines Unternehmens oder einer Führungskraft lassen sich bei den Mitarbeitern verschiedene Formen der Motivation mit jeweils besonderen Konsequenzen für die Erreichung der Unternehmensziele unterscheiden. Dabei sind besonders die *Leistungsmotivation,* die *Aufstiegsmotivation* und die *Bindungsmotivation* hervorzuheben. Diese drei Motivationsformen sind unabhängig voneinander

Motivationsformen   zu betrachten, wie ▶ Abb. 15 zeigt.

- *Leistungsmotivation* ist darauf gerichtet, übertragene oder selbst gewählte Aufgaben aus eigener Kraft erfolgreich zu bewältigen. Soweit es der Führungskraft oder dem Unternehmen gelingt, die Aufgaben der einzelnen Beschäftigten vorzugeben, trägt eine bestehende Leistungsmotivation zur Zielerreichung des Unternehmens bei.
- *Aufstiegsmotivation* zielt darauf ab, dass die Person sich weiterentwickelt, indem sie beispielsweise ihr Gehalt, ihren Status oder ihre Entscheidungskompetenzen erhöht. Die Arbeitsleistung ist in diesem Fall nur ein Mittel zum Zweck des persönlichen Erfolgs. Die Aufstiegsmotivation trägt indirekt zur Erreichung der Unternehmensziele bei, wenn das Anreizsystem des Unternehmens (vgl. Baustein 4) so ausgerichtet ist, dass es die in Aussicht gestellten Belohnungen für jeden einzelnen an seinen Beitrag zu den Team- oder Unternehmenszielen koppelt. Besondere Bedeutung kommt dabei auch dem Karrieresystem zu (vgl. Baustein 11).
- *Bindungsmotivation* drückt sich in der Loyalität dem Unternehmen oder dem Team gegenüber aus. Sie zeigt sich beispielsweise darin, dass ein Mitarbeiter im Unternehmen verbleibt, auch

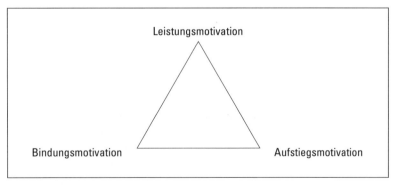

▲ Abb. 15   Formen der Motivation in Unternehmen

wenn er ein attraktives Stellenangebot eines anderen Unternehmens erhält (vgl. Baustein 7). Die Bindungsmotivation von Leistungsträgern ist eine wichtige Voraussetzung für den langfristigen Erfolg von Unternehmen, die eine Personalstrategie des «eingespielten Teams» oder des «intelligenten Organismus» verfolgen (vgl. Baustein 1).

Fremd- versus Selbstmotivation

Motivationstheorien erklären generell, wie es zu Motivation kommt. Sie lassen sich aber auch auf spezielle Formen der Motivation anwenden. Dazu zählen insbesondere der Gegensatz von Fremd- und Selbstmotivation sowie die Abfolge von Demotivation und Remotivierung.

> *Fremdmotivation* ist ein Prozess, in dem eine Person durch einen Anreiz oder eine Handlung einer anderen Person erfolgreich motiviert wird.

> *Selbstmotivation* liegt im Gegensatz zur Fremdmotivation dann vor, wenn eine Person die Anreize für ihre Handlungen und Leistungen selbst bereitstellt.

Selbstmotivation kann sowohl durch intrinsische Anreize (z. B. Stolz über die eigene Leistung) als auch durch extrinsische Anreize (z. B. sich selbst nach einer Anstrengung eine Ruhepause verschaffen) entstehen. Die Wahrscheinlichkeit, dass eine Person zur Selbstmotivation neigt, hängt vom Umfang der wahrgenommenen Handlungs- und Entscheidungsfreiräume ab. Je stärker eine Person überzeugt ist, ihre Aufgaben und ihr Arbeitsumfeld eigenständig gestalten zu können, desto größer ist ihre Selbstmotivation. Dementsprechend ist die Selbstmotivation gefährdet, wenn die Person äußere Eingriffe durch andere Personen in ihre Entscheidungen wahrnimmt.

Demotivation und Remotivierung

Demotivation und Remotivierung stehen in einem unmittelbaren Zusammenhang:

> *Demotivation* ist ein emotionaler Zustand, in dem ein Antrieb zum Handeln fehlt. Im Gegensatz zum Zustand der Motivation sieht die Person keine Möglichkeit, ein aktuelles Bedürfnis zu befriedigen. *Remotivierung* ist die Wiedergewinnung von Motivation.

Demotivation drückt sich in einer Einstellung aus, in der Potenziale, Leistungen oder Beziehungen des Arbeitslebens grundsätzlich negativ bewertet werden. Demotivation kann ein individueller oder ein kollektiver Zustand sein und somit die Einstellungen einer ganzen Gruppe, Abteilung oder Organisation kennzeichnen. Kollektive Demotivation lässt sich an verschiedenen äußeren Verhaltensmerkmalen erkennen. Dazu zählen beispielsweise bestimmte Empfangs- und Umgangsformen im Unternehmen, die Gestaltung des eigenen Arbeitsplatzes, die Art und Weise, wie über andere Personen gesprochen wird, sowie Gerüchte, Anekdoten oder Witze, die im Umlauf sind.

Demotivation kann Ausdruck fehlender Motive oder das Ergebnis frustrierter Motivation sein. In beiden Fällen erlebt sich die demotivierte Person als handlungsunfähig und einer unerwünschten Situation ausgeliefert. Im Einzelnen lassen sich folgende Ursachen unterscheiden:

Ursachen der Demotivation

- *Unsicherheit* über die Zukunft des eigenen Arbeitsplatzes und die damit verbundenen Aufgaben, über die Erwartungen von Vorgesetzten, Kollegen oder Mitarbeitern, über die eigenen Fähigkeiten und Entscheidungsspielräume.
- *Isolation* aufgrund von Konflikten mit wichtigen Bezugspersonen (z.B. Vorgesetzte oder Kollegen), fehlender Unterstützung in Krisensituationen, geringen Teamzusammenhalts, ausgeprägter interner Konkurrenz oder schwacher Unternehmenskultur.
- *Fehlende Anerkennung* der eigenen Leistung oder des beanspruchten Status von Seiten der Vorgesetzten, Kollegen, Mitarbeiter oder Kooperationspartner, sowie durch fehlende materielle oder immaterielle Leistungsentgelte der Organisation.
- *Fremdbestimmung* durch fehlende Entscheidungsfreiräume, ständige Kontrolle, die konstante Wahrnehmung, in der Erreichung der eigenen Ziele von anderen abhängig zu sein.
- *Persönliche Zurücksetzung* durch Mobbing oder durch das Gefühl, gegenüber anderen Personen finanziell oder in den Entwicklungschancen benachteiligt zu werden.

Remotivierung als Beseitigung von Motivationsbarrieren

Da Demotivation in den meisten Fällen ein Ergebnis von Motivationsbarrieren ist, bedeutet *Remotivierung* die Beseitigung dieser Barrieren. Eine erfolgreiche Remotivierung setzt voraus, dass die demotivierte Person die Ursachen ihrer Demotivation erkennt, einen aktiven Beitrag zu deren Beseitigung leistet und dann Gewissheit darüber hat, dass diese Ursachen ohne ihr eigenes Zutun auch nicht mehr auftreten werden. Die Bedeutung der aktiven Rolle bei der Remotivierung ergibt sich daraus, dass Demotivation eng mit dem Gefühl eigener Handlungsunfähigkeit verbunden ist. Wenn sich eine Person erneut motivieren lässt, bedeutet das, dass sie sich wieder handlungsfähig fühlt und überzeugt ist, ihre Tätigkeit und die Arbeitsbedingungen selbst kontrollieren zu können.

| 3.2 | **Bedürfnisse und Leistungsmotivation** |

Was erzeugt Leistungsmotivation?

Eine berühmte empirische Studie, die Herzberg (1968) in den 1960er Jahren durchgeführt hat, hat ergeben, dass Leistungsmotivation durch sogenannte Motivationsfaktoren entstehen und durch Hygienefaktoren wieder zerstört werden kann. Die meisten dieser Motivationsfaktoren hat Maslow (1977) als oberste Stufen seiner Hierarchie der Bedürfnisse, nämlich Anerkennung und Selbstverwirklichung, identifiziert. Währenddessen beeinträchtigen die Hygienefaktoren vor allem die unteren Hierarchiestufen: physiologische Bedürfnisse, Sicherheit und Zugehörigkeit. McClelland (1951, 1961) sieht Leistungsmotivation dagegen als eines von vier konkurrierenden Grundbedürfnissen neben Macht, Zugehörigkeit sowie dem Vermeiden von Misserfolg an.

| 3.2.1 | **Die Zwei-Faktoren-Theorie: Motivatoren und Hygienefaktoren** |

Befragt man eine Gruppe von Personen: «Was erleben Sie in Ihrem Arbeitsalltag als besonders motivierend, und was erleben sie umgekehrt als demotivierend?», so erhält man in der Regel Antworten, die auf den ersten Blick nicht nur äußerst vielfältig, sondern häufig auch widersprüchlich sind, etwa wenn eine Person detaillierte Zielvorgaben als motivierend, eine andere Person dieselben jedoch als äußerst demotivierend schildert. Wie lässt sich ein solches Ergebnis erklären?

Eine ähnliche Fragestellung wählte Herzberg (1968) in seinen Untersuchungen zu den Ursachen von Arbeitszufriedenheit. Die Interviewpartner sollten Arbeitssituationen schildern, in denen sie sich besonders gut bzw. schlecht fühlten. Dabei stellte er fest, dass **Ursachen von** sich zwei Gruppen von Faktoren unterscheiden lassen, die er als **Arbeitszufriedenheit** Motivationsfaktoren und Hygienefaktoren bezeichnete:

■ *Motivationsfaktoren* sind Ursachen für Arbeitszufriedenheit. Das Fehlen dieser Faktoren wird jedoch nur selten als Ursache für Unzufriedenheit beschrieben. Dazu zählen vor allem die eigene Leistung, Anerkennung, Verantwortung und interessante Aufgaben. Diese Faktoren sind vor allem dadurch gekennzeichnet, dass sie eng mit der Person und ihren eigenen Gestaltungsmöglichkeiten verknüpft sind.

- *Hygienefaktoren* sind Ursachen für Unzufriedenheit, jedoch kaum Faktoren der Zufriedenheit. Dazu zählen vor allem die Unternehmenspolitik, Kontrolle durch und die Beziehung zum Vorgesetzten, sowie die Arbeitsplatzgestaltung. Gemeinsam ist diesen Faktoren, dass sie durch die Person nur sehr beschränkt beeinflussbar sind. Herzberg bezeichnet diese Faktoren als Hygienefaktoren, um damit auszudrücken, dass sie wie hygienische Maßnahmen zwar vorbeugend gegen Erkrankungen wirken können, aber nicht der eigentliche Schlüssel zur Gesundheit sind. Besonderes Merkmal der Hygienefaktoren ist zudem, dass sie unbemerkt bleiben, solange sie sich im Bereich der allgemeinen Erwartungen bewegen. Sobald die Erwartungen nicht mehr erfüllt werden, werden sie zum Anlass für Unzufriedenheit.

Einteilung der Hygienefaktoren

Hygienefaktoren lassen sich danach einteilen, in welchem Zusammenhang sie relevant werden:

- *Arbeitstätigkeit:* Hygienefaktoren sind beispielsweise Verfügbarkeit und Funktionalität der Arbeitsmittel oder Möglichkeiten zur zeitlichen und räumlichen Gestaltung der übernommenen Aufgaben.
- *Arbeitsumgebung:* Zu den Hygienefaktoren zählen ausreichender Raum, um sich ungestört bewegen zu können, Umgebungseinflüsse wie Geräusche, Gerüche oder optische Störungen und insbesondere auch die Sauberkeit am Arbeitsplatz und den darüber hinaus benutzten Räumlichkeiten.
- *Beziehung zum Unternehmen:* Relevante Faktoren sind beispielsweise Zuverlässigkeit und Berechenbarkeit der Gehaltszahlungen, die Wahrnehmung von Gerechtigkeit und Fairness in der Personal- und Unternehmenspolitik, Mitsprachemöglichkeiten, das Einverständnis mit der öffentlichen Präsentation des Unternehmens und seiner Organe.
- *Beziehung zu Vorgesetzten, Kollegen oder Mitarbeitern:* Hygienefaktoren in den Arbeitsbeziehungen sind etwa Freundlichkeit und Rücksichtnahme im Umgang, Pünktlichkeit oder Zuverlässigkeit in der Einhaltung von Vereinbarungen.

Eine neutrale Stellung nahmen in den Untersuchungen von Herzberg die Faktoren Lohn und Weiterbildungsmöglichkeiten ein: Sie wurden ebenso häufig als Ursache für Zufriedenheit wie für Unzufriedenheit genannt. Trotzdem werden die Studien von Herzberg fälschlicherweise immer wieder als Beleg dafür herangezogen, dass eine nachhaltige Motivation mit Geld nicht möglich sei, obwohl sich das nur eingeschränkt ableiten lässt.

Intrinsische und extrinsische Motivation

Intrinsische Motivation liegt vor, wenn die Motivation, eine Aufgabe zu erfüllen, in dieser Aufgabe selbst liegt. Eine Aufgabe kann intrinsisch motivieren, wenn sie ein aktuelles Motiv abdeckt. Wenn eine Person zum Beispiel ein starkes Sicherheitsbedürfnis hat, wird sie durch eine Routinetätigkeit intrinsisch motiviert. Teamarbeit wirkt auf Personen mit stark ausgeprägtem Zugehörigkeitsmotiv intrinsisch motivierend. Eine Person mit einem starken Anerkennungsbedürfnis wird dagegen eher durch eine Aufgabe motiviert, die andere Personen als wichtig und wertvoll beurteilen. Schließlich wirken Freiräume in der Gestaltung intrinsisch auf Personen mit einem aktuellen Selbstverwirklichungs- oder Machtbedürfnis.

Nach Deci & Ryan (1985) beruht die intrinsische Motivation einer Person auf drei wesentlichen Bedingungen:

- *Selbstbestimmung:* Die Person erlebt sich als autonom und frei von äußeren Einflüssen oder Zwängen.
- *Kompetenz:* Die Person erlebt sich in ihrem Handeln als kompetent. Sie ist überzeugt, das zu tun, was sie am besten kann.

- *Sinnhaftigkeit* («Relatedness»): Die Person ist sich bewusst, dass ihr Handeln zu einem wertvollen Anliegen oder zum Gemeinwohl beiträgt.

Sobald auch nur eine dieser Bedingungen beeinträchtigt ist, besteht die Gefahr einer ▷ Verdrängung intrinsischer Motivation.

Extrinsische Motivation liegt vor, wenn die Motivation für eine Aufgabe nicht aus der Aufgabe selbst, sondern aus einer daran geknüpften Belohnung resultiert. Extrinsische Motivation kann sowohl aus der Hoffnung auf Belohnung als auch aus der Furcht vor Bestrafung entstehen. In der betrieblichen Praxis zählen zu den meistverbreiteten Belohnungen, die extrinsische Motivation auslösen sollen, finanzielle Erfolgsprämien, die Eröffnung von Aufstiegs- und Entwicklungschancen oder der Gewinn von Macht und Status. Die Vermeidung von Bestrafung kann extrinsisch motivieren, wenn die Person damit beispielsweise verhindern kann, dass sie die Loyalität ihres Vorgesetzten oder eine eben erworbene Position verliert.

Deutlich wird hingegen, dass die Befragten die Ursachen für Zufriedenheit vor allem bei sich selbst und die Ursachen für Unzufriedenheit überwiegend bei anderen Personen suchen. So lässt sich die Schlussfolgerung ziehen, dass Motivation auf Freiräumen zur Gestaltung der eigenen Tätigkeit beruht, während Demotivation eng mit dem Erleben von Fremdkontrolle verknüpft ist.

Gestaltung von Anreizsystemen

Die Theorie von Herzberg führt zu den folgenden beiden Schlussfolgerungen für die Gestaltung von Anreizsystemen:

- Es ist nur beschränkt möglich, durch Maßnahmen von außen Zufriedenheit und Leistungsmotivation bei den Mitarbeitern zu erreichen. Viel wichtiger ist, Aufgaben zu übertragen, die dem Einzelnen die Möglichkeit zu persönlichem Erfolg, Anerkennung, Identifikation oder Selbstverwirklichung verschaffen.
- Je stärker der Mitarbeiter davon überzeugt ist, seine Aufgaben und die Arbeitsumgebung selbst gestalten zu können, umso höher ist seine Arbeitszufriedenheit und wahrscheinlich auch seine Leistungsmotivation. Je schwächer diese Überzeugung ist, umso größer ist umgekehrt die Wahrscheinlichkeit, dass er mit den vor-

Die Verdrängung intrinsischer Motivation

Verdrängungseffekt: Je höher die intrinsische Motivation ist, umso geringer ist das Bedürfnis einer Person nach zusätzlichen extrinsischen Anreizen. Umgekehrt können extrinsische Anreize dazu führen, dass intrinsische Motivation zerstört wird, so wie fehlende Zufriedenheit aus der Aufgabe selbst den Nährboden für Unzufriedenheit über die Arbeitsbedingungen bereitstellt. Beispielsweise haben viele Unternehmen versucht, die Anzahl von Verbesserungsvorschlägen zu steigern, indem sie anstelle gelegentlicher Anerkennungszahlungen einen festgelegten Prämienkatalog einführten. Während es gewöhnlich kurzfristig zu einer deutlichen Steigerung der eingereichten Vorschläge kommt, fällt diese mittelfristig wieder auf ein Niveau knapp über der ursprünglichen Anzahl. Allerdings ist es dabei zu einer Verlagerung von intrinsischer zu extrinsischer Motivation gekommen: Der Anreiz für einen Verbesserungsvorschlag besteht nun wesentlich darin, eine Prämie zu bekommen, während er zuvor eher darin bestand, eine eigene Idee realisiert zu sehen. Würde das Unternehmen nun die Prämie wieder streichen, führte dies zu Unzufriedenheit und einem starken Rückgang der Verbesserungsvorschläge.

Das Beispiel zeigt, welche Gefahr darin besteht, durch gezielt gestaltete Anreizsysteme in die bestehenden Strukturen der Leistungsmotivation einzugreifen. Allein der Umstand, dass ein Anreiz von außen gesetzt ist, führt leicht dazu, dass aus einem ursprünglichen Motivationsfaktor ein Hygienefaktor mit ambivalenter Wirkung auf die Leistungsmotivation wird.

Zu einem Verdrängungseffekt zwischen intrinsischer und extrinsischer Motivation kommt es durch folgende Mechanismen, wenn diese von der betreffenden Person auch bewusst erlebt werden (vgl. Frey 1997):

- *Eingeschränkte Selbstbestimmung:* Die Person erlebt einen von außen kommenden Eingriff als Einschränkung ihrer Handlungsmöglichkeiten. Es entsteht ein Gefühl von Fremdkontrolle über die eigene Arbeitssituation.
- *Verminderte Selbsteinschätzung:* Die Belohnung wird als Signal aufgefasst, dass die zuvor bereits bestehende intrinsische Motivation nicht gesehen oder geschätzt wird.
- *Reduzierte Ausdrucksmöglichkeit:* Intrinsische Motivation ist eine Art und Weise, sich auszuleben und nach außen deutlich zu machen. Diese wird durch extrinsische Belohnungen überlagert und in der Folge abgebaut.
- *Überveranlassung:* Wenn sich die Person durch den äußeren Eingriff zu einem bestimmten Verhalten bewegen ließe, würde sie sich bei bestehender intrinsischer Motivation übermotiviert fühlen. Kann sie den extrinsischen Anreiz nicht ignorieren, baut sie als Ausgleichsmechanismus die intrinsische Motivation ab.

Externe Eingriffe verdrängen deshalb die intrinsische Motivation, wenn sie nicht als Anerkennung und Bestätigung, sondern vor allem als Fremdkontrolle erlebt werden. Die intrinsische Motivation und damit die Gefahr eines Verdrängungseffekts durch eine Belohnung sind umso stärker, je enger und persönlicher die Arbeitsbeziehung und je anregender die betreffende Arbeitstätigkeit ist, je größer die Mitbestimmungsmöglichkeiten der Person in der Gestaltung ihrer Arbeitstätigkeit sind und je enger die Belohnung an eine bestimmte Leistung gekoppelt ist.

gegebenen Arbeitsbedingungen unzufrieden wird und er einen beträchtlichen Anteil seiner Energie darauf richten wird, sich darüber aufzuregen.

Intrinsische versus extrinsische Motivation Die Untersuchung von Herzberg hat auch zur Unterscheidung von intrinsischer und extrinsischer Motivation geführt (◁ Intrinsische und extrinsische Motivation), die eng mit der Unterscheidung von Motivations- und Hygienefaktoren verbunden ist.

Während bei intrinsischer Motivation der Leistungsantrieb mit der Aufgabe verbunden ist, entsteht die extrinsische Motivation durch einen Anstoß von außen. Extrinsische Motivation kann eine bestehende intrinsische unter Umständen auch verdrängen (◁ Die Verdrängung intrinsischer Motivation). Zwischen diesen beiden Polen lassen sich aber nach Deci & Ryan (2000) auch noch drei weitere Arten der Motivation einordnen (▶ Abb. 16):

- *Motivation durch Introjektion:* Sie besteht darin, dass die Erwartung an mögliche Belohnungen oder Sanktionen verinnerlicht wird. An die Stelle der Überwachung durch den Vorgesetzten tritt die Selbstdisziplin, und Schuldgefühle bei schwacher Leistung ersetzen die Kritik von Kollegen oder Kunden. Diese Form der Motivation kommt der extrinsischen Steuerung am nächsten.
- *Motivation durch Identifikation:* Die Zustimmung zu Normen und Werten des Unternehmens ist hier zwar weitgehend freiwillig. Sie unterscheidet sich von der intrinsischen Steuerung aber dadurch, dass sich die Person der Organisation und ihren Zielen unterordnet, statt den ureigensten Bedürfnissen zu folgen.
- *Motivation durch Integration:* Sie stellt eine gesteigerte Form der Identifikation mit dem Unternehmen dar, die so stark ausgeprägt sein kann, dass die Person kaum mehr einen Unterschied zum intrinsischen Antrieb wahrnimmt. Die persönlichen Ziele und Verhaltensweisen verschmelzen mit denjenigen der Organisation.

Mit dieser Erweiterung lässt sich die oft allzu einfache Sichtweise einer Polarität von intrinsisch und extrinsisch wirkenden Anreizen

▲ Abb. 16   Motivationen zwischen intrinsischer und extrinsischer Steuerung (Deci & Ryan 2000))

überwinden. Zwischen individueller Entfaltung und organisatorischem Zwang gibt es noch eine ganze Reihe weiterer Anstöße zur Leistung, die einer differenzierten Führung einen erheblichen Spielraum eröffnet.

| **3.2.2** | **Die Motivationstheorie von Maslow: Hierarchie der Bedürfnisse** |

Die Motivationstheorie von Maslow (1973, 1977) befasst sich mit der Struktur der Bedürfnisse. Kernelement ist die ▷ *Bedürfnishierarchie,* die fünf Kategorien von Bedürfnissen unterscheidet: physiologische Bedürfnisse, Sicherheitsbedürfnis, Zugehörigkeitsbedürfnis, Anerkennungsbedürfnis und Selbstverwirklichungsbedürfnis. Diese Theorie geht davon aus, dass jedes Bedürfnis erst dann aktuell wird, wenn alle darunter liegenden Bedürfnisse befriedigt sind. Außerdem wird unterstellt, dass die ersten vier Bedürfnisse nur als Defiziterlebnisse wirksam werden, d.h. sie sind eine Quelle der Unzufriedenheit. Dem humanistischen Menschenbild dieser Theorie entsprechend, werden implizit zwei Arten der Motivation unterschieden: die *begrenzte Motivation* als Antrieb, ein Defizit zu beseitigen, und die *freie Motivation* zur Selbstverwirklichung. Der zufriedene und damit autonom leistungsbereite Mensch bewegt sich auf der obersten Ebene der Bedürfnishierarchie. Er kann alle seine Energien für die Aufgabe einsetzen, während derjenige, der eines der darunter liegenden Motive verfolgt, einen großen Teil seiner Energie zur Bedürfnisbefriedigung verbraucht: Wer beispielsweise eine Aufgabe übernimmt, von der er sich mehr Sicherheit verspricht, kann sich nur begrenzt auf die Aufgabe selbst konzentrieren, weil er gleichzeitig immer damit beschäftigt ist, sich abzusichern.

Bedürfnishierarchie

Die Bedürfnishierarchie geht auf die Forschungen von Abraham Maslow (1973, 1977) zurück und ist wohl die einflussreichste Motivationstheorie für Personalmanagement und Mitarbeiterführung, obwohl einige ihrer Kernaussagen umstritten sind. Maslow ging ursprünglich davon aus, dass der Mensch durch die beiden gegensätzlichen Bedürfnisse nach Sicherheit und Geborgenheit auf der einen Seite und nach Veränderung und Selbstverwirklichung auf der anderen Seite geprägt ist. Im späteren Verlauf erweiterte Maslow die Polarität zu einer Bedürfnishierar-chie. Darin sind die Bedürfnisse fünf Kategorien zugeordnet, wie es die folgende Abbildung zeigt.

Bedürfnishierarchie (Forts.)

- Die Basis bilden die *physiologischen Bedürfnisse*. Sie stehen für das körperliche Wohlbefinden: Essen, Trinken, Ruhe, sexuelle Befriedigung. Tangiert werden sie beispielsweise durch häufige Störungen von außen, Stress oder überlange Arbeitszeiten. Bleiben sie über einen längeren Zeitraum hinweg unbefriedigt, zeigt sich das in entsprechenden körperlichen Signalen wie Müdigkeit, Nervosität oder ernsteren Erkrankungen.

- Sind die physiologischen Bedürfnisse den Ansprüchen der Person entsprechend befriedigt, wird das *Sicherheitsbedürfnis* aktuell. Dazu zählen das Streben nach Schutz vor äußeren Gefahren oder Störungen (Sicherheit im Sinne von «safety»), nach Gewissheit über zukünftige Ereignisse und ihre Konsequenzen (Sicherheit im Sinne von «certainty») sowie nach Sicherheit in den eigenen Zielen, Überzeugungen und Handlungen (Sicherheit im Sinne von «security»). Das Fehlen von Sicherheit wird demzufolge als Schutzlosigkeit, Ungewissheit oder Verunsicherung wahrgenommen. Dass dieses Bedürfnis unbefriedigt ist, zeigt sich beispielsweise in einem verstärkten Streben nach Absicherung, in fehlender Bereitschaft zu Engagement und Risiko oder in einem geringen Selbstvertrauen in der Aufgabenerfüllung.

- Wenn das Sicherheitsbedürfnis abgedeckt ist, wird es ebenfalls schwächer. Dafür tritt das *Zugehörigkeitsbedürfnis* in den Vordergrund. Es steht für die sozialen Bedürfnisse eines Individuums und umfasst das Streben nach Zuneigung, Verständnis und Respektierung durch andere Personen. Ein unbefriedigtes Zugehörigkeitsbedürfnis kann sich in Isolierung, Abgrenzung und offener Geringschätzung anderer Personen äußern.

- Das *Anerkennungsbedürfnis* ist ähnlich wie das Zugehörigkeitsbedürfnis ein soziales Bedürfnis, aber im Streben nach Anerkennung zielt die Person darauf ab, sich von anderen Personen abzuheben. Das Anerkennungsbedürfnis wird beispielsweise dadurch befriedigt, dass die Person Wertschätzung erfährt, Lob empfängt, Privilegien nutzen kann oder Statussymbole besitzt. Das Anerkennungsmotiv wird vor allem durch die Hierarchie einer Organisation und die damit verbundenen Statusunterschiede tangiert. In dem Ausmaß, wie eine hierarchische Position mit sichtbaren Privilegien (z. B. Titel, Größe und Abschirmung des Arbeitsplatzes, Anzahl der zugeordneten Mitarbeiter, Zugang zu Clubs oder bevorzugten Parkplätzen) verbunden ist, wird der Aufstieg für Personen mit einem stark ausgeprägten Anerkennungsbedürfnis attraktiv. Damit ist gleichzeitig die Gefahr verbunden, dass Personen, welche nicht aufsteigen können, durch das Nichterreichen der Statussymbole demotiviert werden.

- Das oberste Bedürfnis in der Hierarchie ist das *Selbstverwirklichungsbedürfnis.* Nach der Überzeugung von Maslow ist es das dominante Motiv eines autonomen und selbstbewussten Menschen, der sämtliche darunter liegenden Bedürfnisse befriedigen konnte. Das Selbstverwirklichungsbedürfnis wird auch als Wachstumsbedürfnis bezeichnet, weil es die Voraussetzung dafür ist, dass der Mensch sich fortlaufend weiterentwickelt. Im Rahmen der beruflichen Tätigkeit ist dieses Bedürfnis mit Entscheidungs- und Gestaltungsfreiräumen, der Übernahme von Verantwortung und der Möglichkeit, auch moralische oder ästhetische Vorstellungen zu realisieren, verbunden. Sobald ein darunter liegendes Bedürfnis aktuell wird, tritt das Selbstverwirklichungsbedürfnis vorübergehend in den Hintergrund.

Die vier letztgenannten Bedürfnisse werden als Defizitbedürfnisse bezeichnet, weil sie vor allem dann bewusst wahrgenommen werden, wenn sie unbefriedigt sind und den Menschen am Streben nach Selbstverwirklichung hindern. Das oberste Bedürfnis gilt demgegenüber als Wachstumsbedürfnis, weil es stets positiv erlebt wird und nie abschließend befriedigt ist.

Zur Arbeitsleistung ist eine Person nach der Theorie von Maslow motiviert, wenn sie ein aktuelles Bedürfnis hat und die Möglichkeit sieht, dieses Bedürfnis durch Arbeitsleistung intrinsisch oder extrinsisch zu befriedigen.

Zusammenhänge zwischen Bedürfnisgruppen

Maslow geht von folgenden Zusammenhängen zwischen den Bedürfnisgruppen aus: Ein unbefriedigtes Bedürfnis ist gegenüber den anderen stets dominant, solange die Person glaubt, es noch befriedigen zu können. Wenn sie das für aussichtslos hält, wird das direkt darunter liegende Bedürfnis wieder wichtiger, in Ausnahmefällen auch das darüber liegende Bedürfnis. Beispielsweise kann eine Person, die sich von der Gruppe ausgeschlossen fühlt, diese Frustration auch mit einem stärkeren Statusstreben kompensieren.

Beurteilung der Bedürfnishierarchie

Während die Kategorisierung allgemein als hilfreiches Analyseinstrument für das Verständnis von Motivationsproblemen angesehen wird, ist die hierarchische Anordnung umstritten, insbesondere auch deshalb, weil sie sich nie überzeugend empirisch belegen ließ.

Dass die beiden «egoistischen» Bedürfnisse nach Anerkennung und Selbstverwirklichung über dem Zugehörigkeitsbedürfnis stehen, geht auf den Entstehungshintergrund der Hierarchie zurück: Maslow war nach seiner Auswanderung in die USA viele Jahre als Therapeut tätig, und die Bedürfnishierarchie widerspiegelt wohl die Bedürfnisstrukturen der amerikanischen Mittelschicht, die im interkulturellen Vergleich eine stark ausgeprägte individualistische Orientierung aufweist. In den kollektivistischen Kulturen Europas und Asiens wäre zu erwarten, dass auch das Zugehörigkeitsbedürfnis den Charakter eines Wachstumsbedürfnisses hat.

Es wird gelegentlich behauptet, dass sich Arbeitnehmer in der modernen Industriegesellschaft vor allem auf der obersten Bedürfnisebene bewegen. Das ist sicherlich eine Fehlinterpretation der Theorie und setzt fälschlicherweise individuelle mit kollektiven Bedürfnissen gleich. Durch den gesellschaftlichen und wirtschaftlichen Fortschritt hat sich nicht die Bedürfnisstruktur verändert, sondern allenfalls das mittlere Anspruchsniveau erhöht. So kann beispielsweise unser System der sozialen Sicherung (Arbeitslosen-, Kranken- und Altersversicherungen) nicht verhindern, dass Menschen bei betrieblichen Umstrukturierungen Angst und Unsicherheit erleben. Und die über Jahrzehnte aufgebaute Beschäftigungssicherheit führt dazu, dass der einzelne Mitarbeiter, der seinen Arbeitsplatz aus betrieblichen Gründen verliert, durch diese Erfahrung umso tiefgreifender erschüttert wird.

Schlussfolgerungen

Für die Frage nach der Entstehung von Leistungsmotivation ergeben sich aus der Theorie von Maslow folgende Schlussfolgerungen:

- Obwohl empirische Untersuchungsergebnisse nahe legen, dass bestimmte Faktoren mit höherer Wahrscheinlichkeit motivierend wirken als andere, hängt es stets von der individuellen Gewichtung der Bedürfnisse ab, ob ein bestimmter Anreiz leistungsmotivierend zu wirken vermag.
- Führungskräfte müssen, um ihre Mitarbeiter motivieren zu können, erkennen, welches Bedürfnis aktuell ist. Wird eine Aufgabe oder die dafür in Aussicht gestellte Belohnung dem aktuellen Bedürfnis gerecht, besteht die größte Chance, dass sie sich intrinsisch auf die Leistungsmotivation auswirkt.
- Anreizsysteme wirken deshalb dann am ehesten motivierend, wenn sie so flexibel sind, dass sie potenziell sämtliche Bedürfniskategorien bedienen können.
- Wird ein aktuelles Bedürfnis enttäuscht, äußert sich diese Frustration möglicherweise in einem über- oder untergeordneten Bedürfnis der Hierarchie. Das muss eine Führungskraft berücksichtigen, wenn sie nach einer Lösung für eine beeinträchtigte Leistungsmotivation sucht.

| 3.2.3 | **Leistungs- und Machtmotivation nach McClelland** |

Eine alternative Kategorisierung der Grundbedürfnisse zur Bedürfnispyramide von Maslow hat David McClelland (1951) mit seiner ▷ *Theorie der gelernten Bedürfnisse* vorgelegt. Sie unterscheidet vier Grundmotive, von denen das Leistungs- und das Zugehörigkeitsmotiv weitgehend mit den oberen drei Stufen der Bedürfnishierarchie von Maslow übereinstimmen. Darüber hinaus führt sie noch das Macht- und das Vermeidungsmotiv ein.

Leistungsmotivation ist eine Grundeinstellung, die durch die Erwartung von persönlichem Erfolg geprägt ist. Es lässt sich zeigen, dass sich Menschen darin unterscheiden, ob sie in ungewissen Situationen mit Chancen und Risiken eher persönlichen Erfolg erhoffen oder Misserfolg befürchten. Die einen werden als Erfolgssucher, die

Erfolgssucher

anderen als Misserfolgsmeider bezeichnet: *Erfolgssucher* sind durch eine stark ausgeprägte Leistungsmotivation geprägt und zeichnen sich durch die folgenden Merkmale aus: Sie gehen überschaubare Risiken ein; sie bevorzugen mittelschwere Aufgaben, die interessante Anforderungen an die eigene Kreativität und Initiative stellen

Theorie der gelernten Bedürfnisse

David McClelland geht von vier Grundbedürfnissen aus, die sich beim Individuum als Ergebnis eines Lernprozesses herausbilden, der die gesamte Lebensspanne umfasst: Leistungsmotiv, Vermeidungsmotiv, Zugehörigkeitsmotiv und Machtmotiv. Das bedeutet, dass die aktuelle Motivationsstruktur einer Person als Ergebnis von prägenden Erfahrungen, zum Beispiel in Elternhaus, Partnerschaft, Schule oder Beruf, anzusehen ist. Beispielsweise stärkt die Erfahrung, aus eigener Anstrengung Erfolge auch gegen Widerstand erzielt zu haben, das Leistungsmotiv. Dagegen führt die Erfahrung, sich nur in einer festgefügten Gruppe durchsetzen zu können, zu einer Stärkung des Zugehörigkeitsmotivs.

Die vier Grundbedürfnisse lassen sich in Hinblick auf die Erklärung von Leistungsmotivation auf zwei Dimensionen abbilden, auch wenn das McClelland selbst nicht explizit propagiert hat: Die Aufgabendimension ist durch die Polarität von Leistungs- und Vermeidungsmotiv gekennzeichnet. Sie steht für die Leistungsmotivation in Bezug auf die Erreichung von Aufgabenzielen. Die Beziehungsdimension besteht in der Polarität von Zugehörigkeits- und Machtmotiv. Sie steht im Zusammenhang mit der Leistungsmotivation für den Willen, sich im sozialen Kontext einer Organisation oder eines Teams mit den eigenen Vorstellungen durchzusetzen.

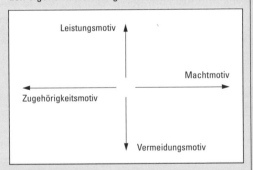

Die vier Grundmotive sind wie folgt charakterisiert:

- Das *Leistungsmotiv* ist das Bedürfnis, aus eigener Kraft und mit hoher Selbstdisziplin persönlichen Erfolg zu haben. Ein stark ausgeprägtes Leistungsmotiv ist auch eine Quelle für die Bereitschaft, Risiken einzugehen, soweit sie durch eigene Anstrengungen kontrollierbar erscheinen.

- Das *Vermeidungsmotiv* ist vor allem darauf gerichtet, Misserfolg, Niederlagen oder das Eingeständnis eigener Unfähigkeit zu vermeiden. Der Gegensatz zum Leistungsstreben ergibt sich daraus, dass Personen mit einem starken Vermeidungsbedürfnis ausgeprägt sicherheitsorientiert sind und keine persönlichen Risiken eingehen.

- Das *Zugehörigkeitsmotiv* ist das Streben, von anderen Menschen akzeptiert zu werden, und hat auch die Bereitschaft zur Folge, sich in seinem Verhalten an soziale Erwartungen anzupassen. In dieser Hinsicht steht es vor allem im Gegensatz zum Machtmotiv.

- Das *Machtmotiv* zielt darauf ab, Einfluss über andere Personen und ihr Verhalten zu erlangen. Der Begriff der Macht wird von McClelland neutral, d.h. ohne die im Alltag weit verbreitete negative Bewertung, verwendet. Das Streben nach Macht ist eine wesentliche Voraussetzung für die Motivation zur Führung von Mitarbeitern. Es steht für den Anspruch und die Bereitschaft der Führungskräfte, ihre Position dazu zu nutzen, dass die zugeordneten Mitarbeiter zur Erreichung der Bereichs- und Unternehmensziele beitragen. Ohne ein solches Machtmotiv ihrer Führungskräfte ist eine Organisation kaum in der Lage, ihre Ziele effizient und koordiniert zu erreichen. Zu unterscheiden ist zwischen dem *egoistischen Machtmotiv* und dem *altruistischen Machtmotiv*: Das Machtmotiv ist egoistisch, wenn die Person ihre Macht allein zum persönlichen Vorteil und zur Erreichung der eigenen Ziele einsetzen will. Altruistisch ist das Machtmotiv, wenn die Person ihre Macht dazu einsetzt, die Ziele anderer Personen oder des Unternehmens zu erreichen, und dafür ihre persönlichen Ziele zurückstellt.

McClelland hat neben der individuellen Motivation auch gesellschaftliche Motivationsstrukturen untersucht und den industriellen Niedergang Großbritanniens durch den Zerfall des kollektiven Leistungsmotivs erklärt sowie den wirtschaftlichen Aufstieg Chinas mit Verweis auf eine stark verankerte Leistungsorientierung in der kulturellen Basis prophezeit.

Misserfolgsmeider

und die Möglichkeit eröffnen, selbständig und eigenverantwortlich zu arbeiten; sie konzentrieren sich auf die Aufgabenstellung und stellen dabei die Beziehungen zu anderen Personen zurück; schließlich erwarten sie unmittelbares Feedback für ihre Leistung, wobei intrinsische Motivation überwiegt und Geld nur als Indikator für die Leistung angesehen wird. Dagegen scheuen *Misserfolgsmeider* grundsätzlich Risiken. Sie bevorzugen leichte Aufgaben und Sicherheit vor Misserfolg, weil sie ihren eigenen Fähigkeiten nicht trauen. Sie gehen davon aus, dass Glück und Unterstützung durch andere Personen wichtige Voraussetzungen für Erfolg sind. Damit Misserfolgsmeider zu Leistung motiviert werden können, müssen die Anforderungen völlig transparent und bewältigbar erscheinen; zudem wird von Vorgesetzten und Kollegen die Bereitschaft zur Unterstützung erwartet.

Möglichkeiten und Grenzen extrinsischer Anreize

Die Theorie von McClelland macht deutlich, wo die Möglichkeiten und Grenzen extrinsischer Anreize für die Leistungssteuerung liegen:

- Extrinsische Anreize können bestehende Leistungsmotive unterstützen, wenn sie als attraktive Belohnungen für die angestrebten Ziele und Ergebnisse erscheinen. Fehlende Leistungsanreize können entsprechend frustrierend auf das Leistungsmotiv wirken. Bei Personen mit starkem Vermeidungsmotiv ist dagegen die Anreizwirkung generell nur sehr beschränkt.
- Die Gestaltung des Anreizsystems kann mit der Ausprägung von Zugehörigkeits- und Machtmotiv kollidieren. Beispielsweise stützen Gruppenanreize das Zugehörigkeitsbedürfnis und begrenzen tendenziell die Befriedigung des Machtmotivs.

3.3   Erwartungshaltung und Leistungsmotivation

Wie wirken Reflexionsprozesse auf die Leistungsmotivation?

Über die Grundbedürfnisse hinaus wirken Zukunftserwartungen und die Wahrnehmung der Situation auf die Leistungsmotivation. Dazu zählen nach Vroom (1964) vor allem die Erfolgserwartung, nach Adams (1965) das Gefühl, gerecht entlohnt zu werden, sowie nach Porter & Lawler (1968) die Wahrnehmung von Aufgabenstellung und Erwartungen durch die Umgebung.

Erwartungs-Valenz-Theorie

Die Erwartungs-Valenz-Theorie (VIE-Theorie) ist eine Motivationstheorie und wurde von Victor Vroom (1964) entwickelt. Sie besagt, dass die Leistungsmotivation einer Person, der ein Anreiz geboten wird, von drei Faktoren abhängt, die allesamt erfüllt sein müssen, damit ein Anreiz wirksam ist:

- *Valenz des Anreizes:* Die Person hat ein aktuelles Bedürfnis und strebt danach, es zu befriedigen. Der Anreiz erscheint als adäquates Mittel, um dieses Bedürfnis zu befriedigen. Je attraktiver der Anreiz ist, desto höher ist die Valenz. Ist die Valenz dagegen gering, fehlt der Antrieb, nach einem Ziel oder Ergebnis zu streben.
- *Instrumentalität des Anreizes:* Wenn die Person überzeugt ist, dass sie mit der Erfüllung der an sie gestellten Anforderungen auch ihre Bedürfnisse befriedigen kann, ist die Instrumentalität hoch. Sie ist gering, wenn Zweifel darüber bestehen, ob der Erfolg tatsächlich zur erhofften Befriedigung führt.
- *Erwartung* einer erfolgreichen Aufgabenerfüllung und Zielerreichung: Die Person glaubt, dass sie gute Aussichten hat, mit einer angemessenen Anstrengung den in Aussicht stehenden Anreiz zu gewinnen. Die Erwartung ist niedrig, wenn die Aufgabenstellung als zu schwierig erscheint oder wenn die Person ein geringes Selbstvertrauen hat.

Bei niedriger Instrumentalität oder pessimistischer Erwartung wird der Anreiz zwar als interessant, aber das Engagement dafür als nicht lohnend wahrgenommen.

Vroom hat zur Illustration der Zusammenhänge eine Formel für die Leistungsmotivation eingeführt, bei der jede der drei Erklärungsvariablen einen Wert zwischen 0 und 1 einnehmen kann. Aus der Multiplikation der drei Werte ergibt sich, dass allein das Fehlen von einer der drei Voraussetzungen zu einer völlig fehlenden Leistungsmotivation (LM) führt.

$$LM = \underset{(0 \text{ bis } 1)}{\text{Valenz}} \times \underset{(0 \text{ bis } 1)}{\text{Instrumentalität}} \times \underset{(0 \text{ bis } 1)}{\text{Erwartung}}$$

Die Formel lässt sich an folgendem *Beispiel* illustrieren: In einer Bankfiliale ist die Leitungsposition neu zu besetzen, wofür die Zentrale zwei Kandidaten ins Auge gefasst hat:

- Robert Wagner, 30 Jahre, verheiratet, 2 Kinder. Nach seiner Ausbildung zum Bankkaufmann hat er an der Bankakademie studiert und dieses Studium als Jahrgangsbester abgeschlossen. Er ist ehrgeizig und hat bereits großes Interesse an einem raschen Aufstieg signalisiert. In der Filiale ist er seit einem Jahr tätig. Er wird von seinen Kollegen als Leistungsträger akzeptiert, aufgrund seines forschen Auftretens aber auch gelegentlich belächelt.
- Alfred Dinger, 50 Jahre, verheiratet. Er ist seit seiner Ausbildung im Unternehmen und seit 10 Jahren in der Filiale tätig. In der Vergangenheit hat er die Rolle des inoffiziellen Stellvertreters der Filialleitung innegehabt. Von seinen Kollegen wird er hoch geschätzt, und er ist bei den Kunden gut bekannt. Dazu trägt auch sein Engagement in zwei örtlichen Vereinen bei. Sein Ehrgeiz ist moderat, jedoch erwarten die meisten Kollegen, dass er in die Filialleitung aufrücken wird.

Als der Personalleiter auf Wagner zugeht und ihm die Stelle anbietet, ist dieser zunächst erfreut, zeigt aber nach wenigen Tagen ein deutliches Zögern, während Herr Dinger sich ohne Enthusiasmus bereit erklärt, die Position zu übernehmen, falls sie ihm angetragen würde.

Die Motivation zur Übernahme der Filialleiterposition im Fall von Robert Wagner ergibt zwar eine hohe Valenz (mit einem Wert von 0,8), da die Position dem aktuellen Wachstumsbedürfnis gut entspricht. Dagegen sind Instrumentalität und Erfolgserwartung nur gering, da Wagner befürchtet, von den Kollegen und Kunden nicht akzeptiert zu werden, und private Auseinandersetzungen aufgrund der unvermeidlich längeren Arbeitszeiten erwartet. Die Erwartung, die angestrebte Bedürfnisbefriedigung mit der neuen Position tatsächlich zu erreichen, ist also nur gering (jeweils mit einem Wert von 0,2). Hingegen gleicht sich bei Dinger die geringere Valenz des Wachstumsmotivs (mit einem Wert von 0,4) durch die viel höhere Instrumentalität mit 0,7 und Erfolgserwartung mit 0,8 aus. Nach der Formel von Vroom ergäbe sich für Wagner eine Leistungsmotivation von $0,8 \times 0,2 \times 0,2 = 0,032$, für Dinger ein Wert von $0,4 \times 0,7 \times 0,8 = 0,224$ und damit ein stärkeres Interesse an der angebotenen Stelle.

| 3.3.1 | **Die VIE-Theorie von Vroom** |

Die ◁ *Erwartungs-Valenz-Theorie* (oder auch *VIE-Theorie,* wobei die drei Buchstaben für die Initialen der drei Faktoren Valenz, Instrumentalität und Erwartung stehen) von Victor Vroom (1964) geht über die Inhaltstheorien der Motivation hinaus, weil sie neben der Motivationswirkung eines Anreizes noch das Erfolgskalkül mit einbezieht.

Faktoren der Leistungsmotivation

Leistungsmotivation lässt sich nach Vroom aus drei *Faktoren* erklären:

- Der erste Faktor ist die *Valenz,* d.h. die Wichtigkeit eines Motivs. Die erste Voraussetzung ist, dass die Person, die motiviert werden soll, überhaupt ein Bedürfnis hat, das sie befriedigen möchte.
- Der zweite Faktor ist die *Instrumentalität,* d.h. das Ausmaß, in dem eine erfolgreiche Aufgabenerfüllung geeignet ist, dieses Bedürfnis zu befriedigen. Dabei ist die subjektive Bewertung durch die Person entscheidend.
- Der dritte Faktor ist die *Erfolgserwartung,* d.h. die eingeschätzte Wahrscheinlichkeit, dass die Leistungsanstrengung auch tatsächlich zum Erfolg führt. Die Erfolgserwartung hängt beispielsweise davon ab, ob die Person glaubt, die Anforderungen vollständig überblicken zu können, für die gestellte Aufgabe ausreichend qualifiziert zu sein oder bei auftretenden Schwierigkeiten mit der Unterstützung durch andere Personen rechnen zu können.

Wenn auch nur eine der drei Voraussetzungen fehlt, entsteht keine Leistungsmotivation. Diese Theorie macht insbesondere deutlich, dass attraktive Anreize nicht ausreichend für Motivation sind, wenn die Person nicht daran glaubt, erfolgreich sein zu können.

| 3.3.2 | **Die Gleichheitstheorie von Adams** |

Die *Gleichheitstheorie* von Jean Adams (1965) erklärt Leistungsmotivation durch ein Anreiz-Beitrags-Gleichgewicht. Es wird angenommen, dass das Individuum nach Ausgleich und Harmonie strebt. Deshalb ist es ständig bemüht, wahrgenommene Spannungen und Diskrepanzen abzubauen. Für die Motivation ist bedeutsam, ob die Person den Eindruck hat, für ihre Leistungen *angemessen* entgolten zu werden.

Vergleich Anforderung– Belohnung

Wenn einer Person eine Belohnung für die Übernahme einer Aufgabe in Aussicht gestellt wird, vergleicht sie die Anforderungen und Belohnungen mit denjenigen

- *in der eigenen Vergangenheit:* Wer beispielsweise als Trainer für ein Seminar pro Tag 1500 € erhält, wird in der Regel motiviert sein, ein Seminar durchzuführen, für das er eine ähnliche Summe angeboten bekommt;
- *vergleichbarer Personen:* Wer als Trainer zum Beispiel bislang mit seinem Honorar zufrieden war und plötzlich feststellen muss, dass sein Kollege beim selben Auftraggeber für eine vergleichbare Leistung 2000 € bekommt, fühlt sich unmittelbar ungerecht behandelt.

Adams nimmt nun an, dass die Person in einer Situation, in der sie sich vergleichsweise über- oder unterbezahlt fühlt, in ihrer Leistung so reagiert, dass wieder ein Gleichgewicht erreicht wird, was auch in mehreren Experimenten bestätigt werden konnte. Fühlt sie sich unterbezahlt, ohne die Möglichkeit zu haben, aus dem vereinbarten Vertrag auszusteigen, wird sie versuchen, die Menge oder die Qualität der eigenen Leistung zu reduzieren. In einer Situation der wahrgenommenen Überbezahlung wird sie entsprechend versuchen, die Überbezahlung zu rechtfertigen: Das kann dadurch gelingen, dass sie sich um eine besondere Leistung bemüht oder indem sie sich einredet, dass die tatsächlich erbrachte Leistung höher zu bewerten sei, als das bisher geschehen ist.

| 3.3.3 | **Das Prozessmodell von Porter und Lawler** |

Lyman Porter und Edward E. Lawler (1968) fassen die Erkenntnisse verschiedener Motivationstheorien in einem einzigen Modell zusammen. Sie beschreiben den Motivationsprozess als eine vierteilige Abfolge von Anstrengung, Leistung, Zufriedenheit und Rückkopplung (▸ Abb. 17).

Elemente des Motivationsprozesses

1. *Anstrengung:* Ähnlich wie Vroom in seinem Modell gehen Porter und Lawler davon aus, dass die Leistungsanstrengung davon abhängt, ob die in Aussicht gestellte Belohnung attraktiv (Valenz) und erreichbar (Erfolgserwartung) erscheint.
2. *Leistung:* Ob die Anstrengung tatsächlich zu einer Leistung führt, hängt vor allem von den *Fähigkeiten* und *Grundeinstellungen* der Person sowie ihrer *Rollenwahrnehmung* ab. Zu den Grundeinstellungen gehört beispielsweise die Erfolgsmotivation, d.h. die Tendenz einer Person zur Erfolgssuche oder Misserfolgsvermeidung. Eine positive Rollenwahrnehmung bedeutet, dass die Person glaubt, man erwarte eine Leistung von ihr und unterstütze sie gegebenenfalls darin; eine negative Rollenwahrnehmung liegt

dagegen vor, wenn die Person den Eindruck hat, dass andere Personen ihr die Leistung nicht zutrauen oder nicht wollen, dass sie diese Leistung erbringt. Eine solche Situation kann beispielsweise vorliegen, wenn sich eine junge Nachwuchskraft engagieren möchte, aber ihre Kollegen der Meinung sind, sie solle sich stattdessen zurückhalten und anderen den Vortritt lassen.

3. *Zufriedenheit:* Ob die Leistung zur Zufriedenheit führt, hängt von den extrinsischen und intrinsischen Belohnungen ab, welche die Person nach erbrachter Leistung erhält. Außerdem spielt es – wie in der *Gleichheitstheorie* von Adams – eine wichtige Rolle, ob die Belohnungen als angemessen empfunden werden.

4. *Rückkopplung:* Die erlebte Zufriedenheit hat einen Einfluss darauf, ob derselbe Anreiz in Zukunft immer noch als attraktiv wahrgenommen wird. Es ist davon auszugehen, dass bei extrinsischen Belohnungen ein Gewöhnungseffekt eintritt: Die Zufriedenheit über eine Prämie wird tendenziell dazu führen, dass bei zukünftigen Aufgaben eher eine Prämiensteigerung erwartet wird; andernfalls nimmt die Zufriedenheit über die erhaltene Prämie im Zeitverlauf ab. Bei *intrinsischen Belohnungen* ist dagegen eher ein umgekehrter Zusammenhang anzunehmen: Wenn eine Person Stolz über die eigenen Leistungen empfindet, wird sie das darin bestärken, auch in Zukunft nach diesem Erleben von Stolz zu streben.

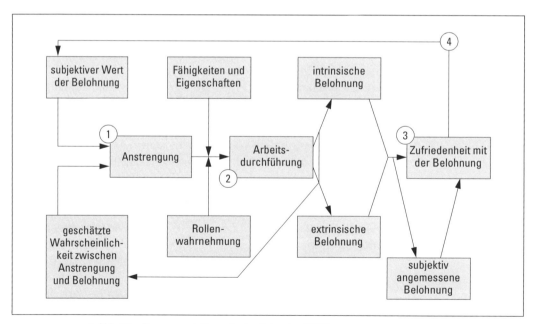

▲ Abb. 17   Prozessmodell von Porter & Lawler (1968)

Schließlich gibt es auch eine Rückkopplung von der tatsächlichen Anstrengung für die erbrachte Leistung (Arbeitsdurchführung) zur zukünftigen Einschätzung der Wahrscheinlichkeit zwischen Anstrengung und Belohnung: Macht eine Person beispielsweise die Erfahrung, dass ihre Erfahrungen und ihr Engagement nicht genügen, um das angestrebte Ergebnis zu erreichen, wird sie in Zukunft in aller Regel vorsichtiger bei der Annahme neuer Aufgaben sein. Die überraschende Bewältigung einer als schwer eingeschätzten Aufgabe kann umgekehrt die Selbstsicherheit der Person stärken und sie darin ermutigen, in Zukunft noch schwierigere Aufgaben zu übernehmen.

Leistungsmotivation hat Wurzeln in der Vergangenheit!

Dieses Modell macht auch deutlich, dass die aktuelle Leistungsmotivation einer Person zu einem wesentlichen Teil das Ergebnis vergangener Erfahrungen ist. Die aktuelle Leistungsmotivation einer Person hat immer eine Vorgeschichte – positiv wie negativ. So erschließt sich auch die Plausibilität der folgenden Aussage: *«Jede Führungskraft hat diejenigen Mitarbeiter, die sie verdient!»*

3.4 Motivationsstrategien

Welche Strategien der Leistungsmotivation sind zu unterscheiden?

«Alles Motivieren ist Demotivieren» ist die provokante Kernaussage der bereits eingangs erwähnten Veröffentlichung «Mythos Motivation» von Sprenger (1991). Er geht davon aus, dass Fremdmotivation in aller Regel auf dem Ansatz beruhe, einen Mitarbeiter zu etwas zu bewegen, was dieser nicht von sich aus tun wolle. Er unterscheidet

Strategien der Fremdmotivation

vier Strategien der Fremdmotivation, die er in der Unternehmenspraxis besonders häufig verwirklicht sieht.

- *Fremdmotivation durch «Zwang»:* Diese Strategie beruht im Kern auf der offenen oder verdeckten Androhung potenzieller Strafen. Dem Mitarbeiter wird die Erfüllung seiner Wünsche und Bedürfnisse in Aussicht gestellt, solange er die an ihn gestellten Anforderungen erfüllt. Eine solche Strategie liegt beispielsweise einer Vereinbarung zugrunde, bei welcher der Mitarbeiter ein festes Entgelt erhält, von dem bei jedem Fehler ein bestimmter Betrag abgezogen wird. Die Person folgt diesem Zwang, um Kritik oder Unsicherheit zu vermeiden. Da in besonders hohem Maße Kontrolle von außen erlebt wird, kann in diesem Fall keine intrinsische Motivation entstehen. Zudem kann eine solche Strategie zu einer Verschiebung vom Leistungs- zum Vermeidungsbedürfnis mit einer damit verbundenen geringen Initiativbereitschaft führen.

- *Fremdmotivation durch «Ködern»:* Nach dieser Strategie wird eine Belohnung bei Erreichen der Anforderungen in Aussicht gestellt. Der Anreiz bedeutet hier zwar – im Gegensatz zur ersten Strategie – ein potenziell positives Ergebnis, aber die Wahrnehmung von Fremdkontrolle ist in aller Regel ähnlich hoch, wenn die Belohnung durch den Vorgesetzten oder das Unternehmen immer wieder neu festgesetzt wird. Variable Bonusregelungen, wie sie weit verbreitet sind, haben in aller Regel einen solchen «Köder»-Charakter. Die Wahrscheinlichkeit, dass es zu einer Verschiebung von intrinsischer zu extrinsischer Motivation kommt, ist ebenfalls hoch.

- *Fremdmotivation durch «Verführung»:* Diese Strategie ist mit der «Köder»-Strategie verwandt, ergänzt aber das Belohnungselement nach Sprenger mit dem Versuch, die Person durch Belobigung aufzuwerten. Typische Beispiele sind leistungsabhängige Vergütungssysteme, welche die erfolgreichsten Mitarbeiter auch als Personen besonders hervorheben und ihre Leistung als Ausdruck der Unternehmenskultur darstellen. Für die weniger erfolgreichen Mitarbeiter bedeutet eine schwache Leistung im Gegenzug, dass nicht nur ihr Engagement, sondern auch ihre Zugehörigkeit zum Team oder Unternehmen in Frage gestellt ist. Aus der Perspektive der Motivationstheorie von Maslow beruht die Fremdmotivation auf einer Mischung von Zugehörigkeits- und Anerkennungsanreizen, wiederum in Verbindung mit ausgeprägter Kontrolle von außen.

- *Fremdmotivation durch «Vision»:* In dieser Strategie rückt an die Stelle der materiellen Belohnung die Identifikation mit übergeordneten Zielen oder Werten des Teams oder des Unternehmens. In einer charismatischen Führungsbeziehung (vgl. Baustein 2) verknüpft die Führungskraft die Ziele und Werte mit ihrer Person und motiviert ihre Mitarbeiter, indem sie ihnen vermittelt, welche Stellung sie bei der Realisierung der damit verbundenen Vision haben. Wenn die Identifikation gelingt und die Mitarbeiter der Überzeugung sind, die attraktiven Ziele aus eigenem Antrieb zu verfolgen, kommt es nicht zur Verdrängung intrinsischer durch extrinsische Motivation.

Vertrauensstrategie

Diesen vier Strategien stellt Sprenger einen fünften Ansatz gegenüber, die *Vertrauensstrategie.* In dieser Strategie wird auf Fremdsteuerung weitgehend verzichtet. Stattdessen werden dem Mitarbeiter Freiräume zur Selbststeuerung und damit auch Selbstmotivation eingeräumt. Unter diesen Bedingungen kann intrinsische Motivation entstehen. Zu den Elementen einer *Vertrauensstrategie* zählen insbesondere

Elemente einer
Vertrauensstrategie

- eine materielle Grundsicherung, die auch unter veränderten Bedingungen nicht einseitig durch Unternehmen oder Vorgesetzten in Frage gestellt wird (z. B. Arbeitsplatzsicherheit, Fixgehalt entsprechend der Normalleistungsanforderungen),
- Beziehungen im Vorgesetzten-Mitarbeiter- sowie Kollegenverhältnis, die durch gegenseitige Akzeptanz und Unterstützung gekennzeichnet sind und
- Handlungs- und Verhandlungsspielräume in den Ziel- und Leistungsvereinbarungen zwischen Vorgesetztem und Mitarbeiter.

Praxisbeispiel: Das Motivationskonzept der drilbox GmbH

Die drilbox GmbH war ein süddeutscher Hersteller von Werkzeugkassetten und Computergehäusen mit rund 70 Mitarbeitern. Bis zur Schließung des Werks Anfang 2006 verfolgte die Unternehmensleitung das Ziel, jeden einzelnen Beschäftigten zu einem aktiven Mitunternehmer zu machen (Knoblauch 2003). Das Konzept besteht aus insgesamt 33 Maßnahmen, die sieben Entwicklungsstufen des Mitunternehmertums zugeordnet sind und die dazu motivieren sollen, dass sich jeder Einzelne im Unternehmen als Mitunternehmer betrachtet:

Stufe 1 «Mitwissen»: Ein hoher Informationsstand aller Beschäftigten wird durch eine ausführliche Mitarbeiterbroschüre, die über die Geschichte des Unternehmens, wichtige innerbetriebliche Regelungen und wesentliche Leistungen informiert. Zusätzlich dazu gibt es eine monatlich erscheinende Mitarbeiterzeitung, eine 23 Meter lange Infothek, Kontaktabende und Belegschaftsversammlungen sowie eine Politik der offenen Tür.

Stufe 2 «Mitdenken»: Zentrale Elemente sind das betriebliche Vorschlagswesen, der Kontinuierliche Verbesserungsprozess (KVP) und die regelmäßige Ermutigung zur Fehlersuche. Darüber hinaus wird die aktive Beteiligung mit einer Vorgesetztenbeurteilung sowie einem Stammtisch gefördert, bei dem von Seiten der Mitarbeiter Verbesserungsideen oder Kritik angebracht werden können. Schließlich ermöglicht das Arbeitszeitmodell eine flexible Arbeitszeitgestaltung.

Stufe 3 «Mitlernen»: In vierzehntägigem Rhythmus finden Unterrichtungen für Mitarbeiter durch Mitarbeiter statt, die grundsätzlich freiwillig und Teil der Freizeit sind. Daran nehmen erfahrungsgemäß zwei Drittel der Mitarbeiter teil. Neben einem breiten Spektrum von Weiterbildungsangeboten wird Job Rotation gefördert. Strategietagungen mit den Führungskräften und dem Betriebsrat finden zweimal jährlich statt.

Stufe 4 «Mitverantworten»: Nach dem Motto «Jeder darf verdienen, was er will, er darf uns nur nichts kosten!» können die Mitarbeiter jeweils im Frühjahr Vorschläge für ihr angestrebtes Gehalt einreichen, sofern sie darlegen, wie sich eine eventuelle Steigerung finanzieren ließe. Zudem gilt das Prinzip der Führung durch Zielvereinbarungen.

Stufe 5 «Mitgenießen»: Die Mitarbeiter werden fortlaufend mit Mineralwasser, Obst und Salaten versorgt. Außerdem können sie zu geringen Preisen ein nahegelegenes Fitness-Center mit Sauna besuchen. Es werden halbjährlich Prämien an Mitarbeiter ohne Krankheitstage ausgeschüttet. Es gehört auch zu den Grundsätzen des Unternehmens, dass geschäftliche Erfolge und private Jubiläen sichtbar gefeiert und gemeinsame Freizeitaktivitäten organisiert werden.

Stufe 6 «Mitbesitzen»: Monatlich wird eine Bilanz für das Unternehmen erstellt. Dem Ergebnis entsprechend wird ein bestimmter Prozentsatz des Gewinns an die Mitarbeiter verteilt, der in der Regel 5 bis 10 % der Gehaltssumme entspricht. Die Mitarbeiter können auch einen Teil des Gehalts als steuerbegünstigtes Kapital mit Rentenberechtigung im Unternehmen anlegen.

Stufe 7 «Sinn bieten»: Hier stehen die Werte der Unternehmenskultur im Mittelpunkt, die auf Grundsätzen wie Eigenverantwortlichkeit und Freude an der Arbeit, Ehrlichkeit und das Stehen zu den eigenen Fehlern beruht.

Die personalpolitische Ausgestaltung des Anreizsystems im Sinne der gewählten Motivationsstrategie ist Gegenstand des folgenden Bausteins 4.

Literaturhinweise

Rolf Wunderer & Wendelin Küpers (2003): Demotivation – Remotivierung.
Die beiden Autoren erweitern in ihrem anspruchsvollen, aber dennoch anwendungsorientierten Lehrbuch die traditionelle Motivationsperspektive um den Ausgangspunkt der Demotivation und Strategien der Remotivierung.

Bruno Frey & Margit Osterloh (2002): Managing Motivation.
Das Buch verbindet die Ergebnisse der ökonomischen und psychologischen Motivationsforschung und vereinigt eine Reihe theorieorientierter mit praxisbezogenen Aufsätzen.

Arnsfried B. Weinert (2004): Organisations- und Personalpsychologie. 5. Auflage.
Baden Eunson (1990): Betriebspsychologie.
Zwei Lehrbücher, welche die Motivationsforschung in den breiteren Kontext der Betriebs- und Organisationspsychologie stellen. Während das Lehrbuch von Weinert inzwischen zu den Standardwerken im deutschsprachigen Raum zählt, zeichnet sich das aus dem Englischen übersetzte Buch von Eunson durch seine gelungene didaktische Aufbereitung aus.

Reinhard K. Sprenger (1991): Mythos Motivation.
Reinhard K. Sprenger (2002): Das Prinzip Selbstverantwortung.
Mit dem ersten Buch «Mythos Motivation» hat Sprenger breite Aufmerksamkeit erreicht; seine prägnante Kritik an vorherrschenden Vorstellungen über Motivation und Anreizgestaltung hat er in dem später veröffentlichten Buch «Das Prinzip Selbstverantwortung» weiter ausgeführt.

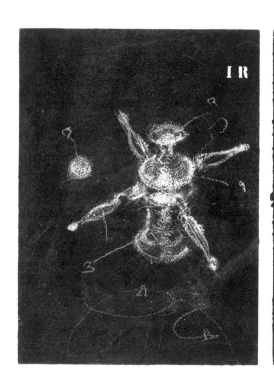

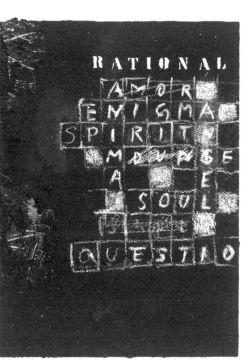

Baustein 4
Leistungsanreize gezielt setzen

**Was können Anreiz-
und Gehaltssysteme
bewirken?**

Anreizsysteme sind das Bindeglied zwischen Unternehmenszielen und Individualzielen. Sie umfassen weit mehr als die Regelungen zu Lohn und Gehalt. Unternehmen versuchen mit Anreizsystemen, ihre Beschäftigten gezielt zum Engagement für die Unternehmensziele zu bewegen. Die Erfolgswirkungen sind allerdings umstritten. Vorsichtig dosiert, können Anreizsysteme zwar bestehende Motivationsstrukturen stützen, aber es besteht die latente Gefahr, dass das Mittel zum Selbstzweck wird: Ein Prämiensystem, welches die Mitarbeiter zur Erhöhung des Unternehmensergebnisses motivieren sollte, kann leicht zu einem System werden, das in erster Linie zur Erhöhung der individuellen Prämie reizt – welche Nebeneffekte das auch immer für das Unternehmensergebnis hat. Wie kein anderes Aktionsfeld innerhalb des Personalmanagements birgt die Gestaltung des Anreizsystems die Gefahr, mehr unerwünschte als geplante Effekte zu erzeugen.

Inhalt

4.1   Anreizsystem **127**

Aus welchen Elementen besteht ein integriertes Anreizsystem?

4.1.1   Ausrichtungen von Anreizsystemen 127
4.1.2   Elemente eines Anreizsystems 129
4.1.3   Motivationswirkungen von Anreizsystemen 131

4.2   Lohn und Gehalt **137**

Wie kann erreicht werden, dass das Gehaltssystem motivierend wirkt?

4.2.1   Entgeltpolitik 137
4.2.2   Gerechtigkeitsprinzipien im Lohn- und Gehaltssystem .. 139
4.2.3   Leistungsgehalt 146
4.2.4   Erfolgsbeteiligung 154
4.2.5   Kapitalbeteiligung 156

4.1 Anreizsystem

Aus welchen Elementen besteht ein integriertes Anreizsystem? Jedes Anreizsystem weist entweder eine bewusste oder eine implizite Grundausrichtung auf, aus der sich die Steuerungswirkungen seiner materiellen und nichtmateriellen Elemente ergeben. Zu den nichtmateriellen Anreizen zählen insbesondere Sicherheit, Zugehörigkeit, Status und Autonomie. Diese Anreize sollten zusammen mit den materiellen Anreizelementen widerspruchsfrei ausgestaltet werden: sowohl untereinander als auch in Abstimmung mit den vorrangigen Unternehmenszielen.

4.1.1 Ausrichtungen von Anreizsystemen

Das *Anreizsystem* eines Unternehmens ist die Summe aller Anreize, die den Beschäftigten eines Unternehmens (oder allgemeiner: den Mitgliedern einer Organisation) angeboten werden, um ihre Leistungen zu erhalten oder zu steigern und ihren Verbleib im Unternehmen zu sichern.

Steuerungswirkungen eines Anreizsystems Ein zentrales Merkmal von Anreizsystemen ist ihre Steuerungswirkung. Sie ergibt sich aus den Zielen, auf die das System bewusst oder implizit ausgerichtet ist. Dazu zählen insbesondere die strategische Marktpositionierung des Unternehmens oder sein personalpolitisches Leitbild (vgl. Baustein 1). Mindestens sechs grundlegende Ausrichtungen lassen sich voneinander unterscheiden, wobei auch Kombinationen möglich sind (▸ Abb. 18):

- *Leistungsorientierung:* Ein leistungsorientiertes Anreizsystem ist durch einen hohen Anteil variabler Vergütungen gekennzeichnet, die vor allem von den individuellen Leistungen abhängig sind. Kurz- und mittelfristige Erfolge stehen in der Regel gegenüber den Beiträgen für eine langfristige Entwicklung im Vordergrund. Die Aufstiegschancen hängen ebenfalls in erster Linie von den erreichten Ergebnissen ab, während Seniorität oder Qualifikationen nachrangig sind.
- *Strategieorientierung:* In einem strategieorientierten Anreizsystem steht die laufende Abstimmung mit den strategischen Marktzielen des Unternehmens im Vordergrund. Die Anreizstrukturen werden fortlaufend an die strategischen Prioritäten angepasst. Ein solches System setzt Klarheit über die strategischen Ressourcen und Kernkompetenzen des Unternehmens voraus.

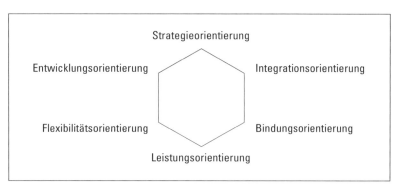

▲ Abb. 18   Mögliche Ausrichtungen von Anreizsystemen

- *Flexibilitätsorientierung:* Ein flexibilitätsorientiertes Anreizsystem zielt auf die Sicherung der Anpassungsfähigkeit des Unternehmens. Insbesondere die Förderung breiter Qualifikationsprofile und Anreize für die Einsatzflexibilität der Beschäftigten stehen hier im Vordergrund.
- *Entwicklungsorientierung:* Während in der Flexibilitätsorientierung die kurzfristige Anpassungsfähigkeit betont wird, soll durch ein entwicklungsorientiertes Anreizsystem die längerfristige Anpassungsfähigkeit an Marktentwicklungen unterstützt werden. Es bewertet Innovationsbeiträge höher als kurzfristige Leistungserträge. Das gilt ebenso für variable Gehaltsanteile wie für die Aufstiegschancen im Unternehmen. Einen wichtigen Stellenwert haben in einem entwicklungsorientierten Anreizsystem insbesondere Weiterbildungsangebote.
- *Integrationsorientierung:* Ein Anreizsystem, das die Leistungen und Ergebnisse von Teams und Abteilungen stärker gewichtet als die individuellen Beiträge, stärkt den Zusammenhalt zwischen den Beschäftigten. Auch ein Kapitalbeteiligungsmodell, das für die gesamte Belegschaft offen steht, und eine Gewinnbeteiligung, die nicht nach individuellen Leistungen differenziert, zielen vor allem auf die Integration im Unternehmen.
- *Bindungsorientierung:* Sie zielen auf die langfristige Bindung (Commitment) der Beschäftigten und damit vor allem auf eine Minimierung von Fehlzeiten und ungeplanter Fluktuation. Seniorität ist ein wichtiges Kriterium für den Aufstieg im Unternehmen, was sich unter anderem darin niederschlägt, dass die Dauer der Betriebszugehörigkeit ein Kriterium der variablen Vergütung ist (vgl. Baustein 7).

Das Anreizsystem eines Unternehmens erstreckt sich über die Vergütungs- und Weiterbildungspolitik, das Beurteilungssystem, die

Beförderungspraxis und die Gestaltung und Organisation der Aufgaben. Die Anreizwirkung hängt aber auch stark von der individuellen Bedürfnisstruktur der Mitarbeiter ab.

| 4.1.2 | **Elemente eines Anreizsystems** |

Kategorien von
Anreizen

Elemente eines Anreizsystems lassen sich nach ihrer Form in drei Gruppen mit unterschiedlichen Konsequenzen für die Handlungsspielräume des Unternehmens und die Motivationswirkung für den Beschäftigten untergliedern: freie materielle Anreize, gebundene materielle Anreize und nichtmaterielle Anreize. Allerdings ist zu betonen, dass sich nicht alle Anreize eindeutig einer dieser drei Kategorien zuordnen lassen. Betrachtet man beispielsweise eine Beförderung, so bedeutet diese primär einen immateriellen Anreiz, doch ist damit oft eine Lohnerhöhung verbunden, also ein monetärer Aspekt. Auch das betriebliche Vorschlagswesen kann sowohl materielle als auch immaterielle Anreize enthalten.

Um ein zweckmäßiges Anreizsystem aufstellen zu können, muss man zuerst wissen, auf welche Anreize die Mitarbeiter überhaupt reagieren. Im Mittelpunkt steht deshalb die Frage, welches die Bedürfnisse der Mitarbeiter sind und welche Motive zu einem bestimmten Verhalten (z.B. Leistungserbringung, Eintrittsentscheidung) führen. Sind diese Bedürfnisse und Motive bekannt, so können sie gezielt angesprochen werden.

Freie materielle
Anreize

Freie materielle Anreize sind Geldleistungen des Unternehmens, die anforderungs- oder leistungsabhängig ausgezahlt werden und über deren Verwendung der Beschäftigte jederzeit frei verfügen kann. Auf der freien Verwendbarkeit beruht ein Teil ihrer Motivationswirkung. Sie werden im Abschnitt 4.2 eingehender betrachtet.

Gebundene materielle
Anreize

Gebundene materielle Anreize sind geldwerte Leistungen des Unternehmens, deren Weiterverwendung für den Beschäftigten eingeschränkt ist. Zu den wichtigsten gebundenen Leistungen zählen Versicherungsleistungen, Kapitalbeteiligungen und Naturalleistungen:

■ *Versicherungsleistungen* des Unternehmens ergänzen die gesetzlich vorgegebenen Pflichtversicherungen und erlangen inzwischen auch in Deutschland in dem Maße zunehmende Bedeutung, wie die staatlichen Sicherungssysteme ihre Leistungen kürzen. Diese Versicherungen erweitern in den meisten Fällen die gesetzliche Altersvorsorge. Neben steuerlichen Vorteilen stärkt eine Betriebsrente auch die Bindung des Beschäftigten an das Unternehmen. Gleichzeitig werden diese Leistungen im Normalfall erst mit dem Verlassen des Unternehmens liquiditätswirksam. Darin besteht aus Unternehmenssicht ein wesentlicher Vorteil gegenüber freien materiellen Anreizen.

- *Kapitalbeteiligungen* lassen sich danach unterscheiden, ob sie Eigen- oder Fremdkapitalcharakter haben. Zu den wichtigsten Eigenkapitalbeteiligungen zählen die Belegschaftsaktie und der GmbH- bzw. Kommanditanteil. Fremdkapitalbeteiligungen können als Genussrechte (Partizipationsscheine), stille Beteiligungen oder als Darlehen von den Mitarbeitern gestaltet werden. Abgesehen von der Liquiditätswirkung erhoffen sich Unternehmen auch mit der Kapitalbeteiligung eine höhere Identifikation und Bindung an das Unternehmen (vgl. Abschnitt 4.2.5).

- *Naturalleistungen* sind geldwerte Nebenleistungen des Unternehmens wie Betriebskantine, Betriebskindergarten, Sportaktivitäten oder auch die Verfügung über einen Dienstwagen oder eine günstige Werkswohnung. Mit solchen Leistungen kann sich ein Unternehmen ein Image als attraktiver Arbeitgeber aufbauen. Auch die betriebliche Weiterbildung ist eine anreizwirksame Naturalleistung, wenn der Beschäftigte damit seinen Arbeitsmarktwert steigern kann. Solche Leistungen sind unter finanziellen Gesichtspunkten für ein Unternehmen dann interessant, wenn es die Leistungen deutlich unter dem Marktpreis bereitstellen kann. Das gilt insbesondere auch für Unternehmen, die ihren Mitarbeitern die eigenen Produkte zu besonders günstigen Konditionen anbieten.

Beurteilung der materiellen Anreize

In dem Maße, wie der symbolische Wert einer gebundenen Leistung aus Sicht der Beschäftigten über den geldwerten Vorteil hinausgeht, ist sie für das Unternehmen gegenüber einer freien materiellen Leistung vorteilhaft. Zudem verzögern einige dieser gebundenen Leistungen den Liquiditätsabfluss. Ein Nachteil gebundener Leistungen entsteht insbesondere bei Naturalleistungen für das Unternehmen, wenn die Leistungen des Unternehmens von den Beschäftigten nicht mehr bewusst wahrgenommen und selbstverständlich werden. In diesem Fall wird aus dem Motivationsfaktor ein sogenannter Hygienefaktor, der sich zu einer möglichen Quelle der Unzufriedenheit entwickeln kann.

Nichtmaterielle Leistungen

Nichtmaterielle Leistungen sind solche Leistungen, die das Unternehmen ohne Zusatzaufwand im Rahmen des Normalbetriebs zur Verfügung stellen kann und die aktuelle Bedürfnisse der Beschäftigten befriedigen. Diese Anreize lassen sich nach den wichtigsten

Arten von Anreizen

Bedürfniskategorien ordnen.

- *Sicherheitsanreize* bieten vor allem eine vertraglich festgelegte Beschäftigungssicherheit oder fortlaufende Feedbacks, welche die eigene Leistung bestätigen.
- *Soziale Anreize* kann ein Unternehmen durch eine ausgeprägte Teamkultur und Solidarität unter den Beschäftigten bieten, aber auch dadurch, dass es den Zugang zu geschlossenen sozialen Kreisen (z. B. Clubs) eröffnet.
- *Statusanreize* entstehen aus Titeln oder Auszeichnungen, die ein Unternehmen oder eine Organisation vergeben kann. Besondere Bedeutung haben diese Anreize in vielen öffentlich-rechtlichen Organisationen mit ihren spezifischen Titelhierarchien (z. B. Universitäten oder diplomatische Dienste). Unternehmen und Organisationen können auch Auszeichnungen verleihen, die über diese Organisation hinaus einen Stellenwert besitzen.
- *Selbstverwirklichungsanreize* entstehen daraus, dass das Unternehmen Aufgaben oder Positionen vergibt, die dem Einzelnen die Möglichkeit zur (bezahlten) Realisierung eigener Ideen und Visionen geben. Die Fort- und Weiterbildung, eine flexible Arbeitszeitgestaltung oder die Möglichkeit, unbezahlten Urlaub zu nehmen, kann einen Anreiz darstellen, wenn sie dem Beschäftigten die Chance zur persönlichen Weiterentwicklung bietet.
- *Machtanreize* ergeben sich aus der Hierarchie des Unternehmens. Die Übertragung von Verantwortung und die Zuordnung unterstellter Mitarbeiter bieten Möglichkeiten der Einflussnahme zur Erreichung persönlicher Ziele und zur Durchsetzung eigener Vorstellungen.

Gestaltungsspielraum

Das breite Spektrum an Anreizen eröffnet Unternehmen einen Handlungsspielraum, der über das Gehaltssystem mit seinen Grund- und Zusatzleistungen hinausgeht. Dieser Spielraum kann aber auch an die Beschäftigten übertragen werden. In diesem Fall spricht man von einem *Cafeteria-System* (vgl. Abschnitt 4.2.3).

4.1.3   **Motivationswirkungen von Anreizsystemen**

Ob ein Anreizsystem die Motivationseffekte hat, die damit personalpolitisch angestrebt werden, hängt von der aktuellen Motivationsstruktur ab. Die Praxis der Anreizsysteme widerspiegelt in der Regel die Annahme, die Mitarbeiter im Unternehmen entsprächen dem Modell des ▷ Homo oeconomicus.

Homo oeconomicus

Das ökonomische Menschenbild geht nicht nur davon aus, dass Menschen eigennützige Ziele verfolgen; es wird auch unterstellt, dass

- die Entscheidungen auf der Grundlage einer Einschätzung von Gewinnen und Verlusten aller Alternativen getroffen werden,
- die Einschätzungen über Gewinne und Verluste intersubjektiv deckungsgleich sind und vor allem mit den tatsächlich eintretenden Gewinnen und Verlusten übereinstimmen,
- die Menschen in ihrer Zielverfolgung konsequent und diszipliniert sind und
- alle Abweichungen von diesem Muster nur zufälliger Natur und deshalb langfristig und für größere Gruppen ohne weiteres vernachlässigbar sind.

Nicht nur die Alltagserfahrung zeigt, dass diese Annahmen selten zutreffen. Auch der amerikanische Nobelpreisträger Herbert Simon (1916–2001) hat in seinen frühen Arbeiten eine alternative Sichtweise propagiert: Er stellt der vollständigen Rationalität die Annahme der beschränkten Rationalität (Bounded Rationality) gegenüber. Sie ist durch folgende Merkmale gekennzeichnet:

- Menschen handeln zwar eigennützig, aber sie streben nicht nach maximalen, sondern nach befriedigenden Gewinnen oder Lösungen.
- Die Rationalität wird erstens durch die begrenzte Fähigkeiten der Informationsverarbeitung zur Bestimmung der besten Alternative beschränkt.
- Die Rationalität wird zweitens aber auch motivational begrenzt: Ausgangspunkt bildet ein bestimmtes Anspruchsniveau; wird es durch eine der Alternativen erfüllt, suchen Menschen nur noch selten nach besseren Lösungen.

Abgesehen von diesem kritischen Einwand innerhalb des ökonomischen Paradigmas werden auch aus soziologischer und psychologischer Perspektive Zweifel an den allzu individualistischen Grundannahmen des Homo oeconomicus geäußert: Bei vielen Menschen wird die individuelle Nutzenverfolgung durch die Orientierung an sozialen Normen überlagert. Das ist beispielsweise der Fall, wenn eine Person auf die Maximierung einer Leistungsprämie verzichtet, weil es ihrer Werthaltung widerspräche, wonach man sich gegenüber anderen Personen nicht besonders hervorheben solle. Auch bei einer ausgeprägt altruistischen Grundorientierung ist die individuelle Nutzenmaximierung beschränkt, wenn die Person befürchtet, damit anderen Personen einen Nachteil zuzufügen.

Arten von Anreizen

Aus einer ökonomischen Perspektive lassen sich – unabhängig davon, ob man dem Menschenbild des Homo oeconomicus vollständig oder nur eingeschränkt folgt – drei Arten von Anreizen unterscheiden:

- *Geplant wirksame Anreize* sind diejenigen Teile des personalpolitischen Anreizsystems, welche die Leistungsbereitschaft der Beschäftigten auch tatsächlich beeinflussen (z. B. eine von den Beschäftigten als attraktiv wahrgenommene Prämienregelung).
- *Ungeplant wirksame Anreize* sind solche, von denen eine Wirkung auf die Leistungsbereitschaft ausgeht, die personalpolitisch unbeabsichtigt oder sogar unerwünscht ist (z. B. eine Prämienregelung, welche die individuelle Leistung belohnt und dabei zu einer ungeplant höheren Konkurrenzorientierung und einem Rückgang des Teamzusammenhalts führt). In diesem Fall wird ein Anreiz gesetzt, ohne dass die Organisation sich darüber bewusst ist.

- *Unwirksame Anreize* sind Leistungen der Organisation, die entweder nicht bekannt sind oder auf kein Interesse der Beschäftigten stoßen (z.B. ein Angebot für Belegschaftsaktien, das aufgrund eines Kapitalmarktabschwungs nicht genutzt wird).

Während unwirksame Anreize in aller Regel nur zusätzliche Verwaltungskosten verursachen, führen ungeplant wirksame Anreize nicht nur zu direkten Aufwänden für die Bereitstellung, sondern darüber hinaus zu Folgekosten für die den Unternehmenszielen entgegenlaufende Verhaltenssteuerung.

Unerwünschte Motivations- wirkungen von Anreizsystemen

Die ökonomische Forschung hat sich mit ungeplant wirksamen und damit unerwünschten Motivationswirkungen von Anreizsystemen befasst. Diese unerwünschten Effekte entstehen dadurch, dass es einen *natürlichen Interessenkonflikt* zwischen den Unternehmenszielen und den individuellen Zielen jedes einzelnen Beschäftigten gibt: Aus ökonomischer Perspektive verfolgt jeder Beschäftigte, seine individuellen Interessen und versucht damit, die persönliche Kosten-Nutzen-Bilanz zu optimieren. Das Unternehmen ist auf der anderen Seite ständig bestrebt, den Mitarbeiter durch Anreize so zu beeinflussen, dass er seine Anstrengungen darauf ausrichtet, zur Erreichung der Unternehmensziele beizutragen und die an ihn gestellten Erwartungen im Sinne des Unternehmens zu erfüllen. Eine solche Steuerung gelingt in der Praxis nie vollständig. Jedes Anreizsystem eröffnet dem Mitarbeiter, an den es gerichtet ist, stets mehrere Handlungsoptionen, von denen er diejenige auswählt, die ihm und seinen Bedürfnissen am ehesten entgegenkommt, wie sich das am Beispiel einer Prämie für einen Versicherungsvertreter, die leistungsabhängig an die Anzahl der Vertragsabschlüsse gekoppelt ist, illustrieren lässt: Der Mitarbeiter kann

Beispiel

- das Angebot annehmen und seine Arbeitszeit effektiver nutzen, um zu einer größeren Zahl an Abschlüssen zu kommen (= geplant wirksamer Anreiz);
- den Anreiz ignorieren, weil er an der in Aussicht gestellten Prämie nicht interessiert ist und ein stressfreies Arbeiten bevorzugt (= unwirksamer Anreiz);
- die Zahl der Abschlüsse auf Kosten ihrer Rentabilität für das Versicherungsunternehmen erhöhen (= ungeplant wirksamer Anreiz);
- alle Energie daran setzen, die Anzahl der Vertragsabschlüsse kurzfristig zu erhöhen und zu diesem Zweck Kunden zu einem Vertrag zu überreden, den sie anschließend bereuen, was mittelfristig zu einem negativen Image des Versicherungsunternehmens führt (= ungeplant wirksamer Anreiz).

Subjektive Gerechtigkeit

Die Theorie der Lohngerechtigkeit (oder auch: Gleichheitstheorie) von Jean Adams erklärt Motivation und Arbeitszufriedenheit mit dem Gefühl, für seine Leistungen angemessen entgolten zu werden. Werden Lohn und Gehalt als Über- oder Unterbezahlung wahrgenommen, versucht die betreffende Person, ihre Leistung so anzupassen, dass das Gleichgewicht wiederhergestellt ist. In mehreren Experimenten (Adams 1965) konnten einige der daraus abgeleiteten Vermutungen bestätigt werden:

- Wenn eine Person nach Zeitlohn arbeitet und sich überbezahlt fühlt, versucht sie, sowohl ihre quantitative als auch ihre qualitative Leistung zu erhöhen.
- Wenn eine Person nach Stücklohn arbeitet und sich überbezahlt fühlt, versucht sie ihre qualitative Leistung zu erhöhen, während der quantitative Output gleich bleibt.

- Wenn eine Person nach Stücklohn arbeitet und sich unterbezahlt fühlt, erhöht sie nach Möglichkeit ihre quantitative Leistung, während sich die Qualität verschlechtert.
- Die Vermutung, dass eine Person, die sich bei Zeitlohn unterbezahlt fühlt, ihre Leistung reduziert, konnte nicht ausreichend bestätigt werden.

Dabei ist zu berücksichtigen, dass diese Effekte in der betrieblichen Praxis durch weitere Faktoren, wie beispielsweise die Team- und Unternehmenskultur oder die technisch-organisatorisch bedingten Möglichkeiten zur Leistungsanpassung, beeinflusst werden.

In dieser Situation kann das Unternehmen versuchen, die Prämienregelung weiter zu verfeinern, um die unerwünschten Effekte zu verhindern: Die Prämienregelung könnte so verändert werden, dass neben der Zahl der Abschlüsse auch die Erträge aus den Vertragsabschlüssen sowie die Zufriedenheit der Kunden für die Prämienberechnung herangezogen würden. Diese Differenzierung eröffnet dem einzelnen Mitarbeiter jedoch neue Handlungsalternativen zur persönlichen Optimierung, indem er die drei Kriterien je nach seinen persönlichen Stärken und Schwächen unterschiedlich stark beachtet, was wiederum den Zielen des Unternehmens entgegenlaufen könnte. Auch wenn die unerwünschten Effekte für das Unternehmen reduziert werden können, verursachen zusätzliche verhaltenssteuernde Regelungen Kosten für das Unternehmen und beschränken zudem die freie Leistungsentfaltung derjenigen Mitarbeiter, die gegenüber dem Unternehmen und seinen Zielen loyal sind.

Die Motivationswirkung eines Anreizes hängt aber nicht nur von den individuellen Bedürfnissen einer Person ab, sondern auch davon, ob sie den in Aussicht stehenden Anreiz als angemessen ansieht (◁ Subjektive Gerechtigkeit).

Die ökonomische Motivationsforschung unterscheidet zwei Varianten *unerwünschter Motivationseffekte*, die mit der personalpolitisch gezielten Gestaltung von Anreizsystemen verbunden sein können:

Varianten unerwünschter Motivationseffekte

Praxisbeispiel: Motivationaler Verdrängungseffekt

Die beiden Forscher Uri Gneezy und Aldo Rustichini (2000) führten ein Experiment mit israelischen Jugendlichen durch, die Geld für einen wohltätigen Zweck sammelten. Die Teilnehmer wurden in drei Gruppen aufgeteilt, die unabhängig voneinander tätig wurden. Der ersten Gruppe wurde als Belohnung 1% der Einnahmen versprochen, der zweiten Gruppe aber 10%. Die dritte Gruppe erhielt überhaupt kein finanzielles Entgelt. Die Gruppen hatten offensichtlich keine Informationen über die Verein-barungen mit den beiden anderen Gruppen. Es stellte sich heraus, dass der Sammelerfolg der Gruppe mit der höheren Erfolgsbeteiligung um 42% über der Gruppe mit der geringen Beteiligung, aber um 9% niedriger als bei der Gruppe ohne jegliche Beteiligung lag. Die Forscher leiten daraus die Schlussfolgerung ab, dass finanzielle Anreize die intrinsische Motivation so stark reduzieren, dass allenfalls sehr hohe Prämien diesen unerwünschten Effekt auszugleichen vermögen.

- *Verdrängungseffekt:* Anreizsysteme mit extrinsischen Anreizen verdrängen eine bereits bestehende intrinsische Motivation. Wenn eine überdurchschnittliche Leistungsbereitschaft von Mitarbeitern bislang auf einer hohen Identifikation mit dem Unternehmen und der persönlichen Aufgabe beruht, kann die Einführung eines leistungsabhängigen Prämiensystems dazu führen, dass sich die Leistungsmotivation verschiebt: Die Leistungsbereitschaft hängt nun vom Prämienanreiz ab, während die Identifikation zurückgeht. Der Verdrängungseffekt erklärt sich dadurch, dass die Prämie wie eine externe Kontrolle wirkt und zu einem Gefühl der Fremdsteuerung und Abhängigkeit führt. Dadurch gehen Überzeugungen der eigenen Kompetenz und Selbstkontrolle als wesentliche Quelle intrinsischer Motivation sowie in der Folge auch die Arbeitszufriedenheit zurück. Das zeigt sich besonders dann, wenn die Prämienregelung wieder aufgehoben wird, weil sich der erwartete Leistungssteigerungseffekt nicht eingestellt hat.

  Dies bedeutet, dass insbesondere die Enttäuschung der Hoffnung auf extrinsische Belohnung und die dadurch empfundene Fremdkontrolle die intrinsische Motivation zurückgehen lässt. Der Verdrängungseffekt tritt auch da ein, wo das Belohnungsmodell offensichtlich professionellen Standards der Mitarbeiter widerspricht. Ein Beispiel dafür wäre ein Prämienmodell eines Versicherungsunternehmens, das an die Zahl der Vertragsabschlüsse gekoppelt ist und gewissenhafte Versicherungsagenten implizit dazu anhält, ihren Kunden Versicherungen aufzudrängen, auch wenn sie diese gar nicht benötigen.

- *«Turniere» und «Rattenrennen»:* Wenn ein Anreizsystem so gestaltet ist, dass nicht alle Mitarbeiter die in Aussicht gestellte Prämie erhalten können, sondern nur die erfolgreichsten unter ihnen, entsteht eine Turniersituation. Das ist beispielsweise der Fall, wenn der Anreiz in einer in Aussicht gestellten Beförderung besteht, um die mehrere Mitarbeiter miteinander konkurrieren. Der Motivationseffekt wird als umso größer angenommen, je höher der Gewinn in Relation zu den Folgen einer Niederlage ist. Die Motivationswirkung in einer solchen Turniersituation führt zu einem sogenannten «Rattenrennen». Die konkurrierenden Mitarbeiter werden als rational handelnde Akteure ihre Anstrengungen so erhöhen, dass ihre Konkurrenten davon möglichst wenig, die Schiedsrichter (z.B. die befördernden Vorgesetzten) jedoch möglichst viel erfahren. Auch wenn «Rattenrennen» aus Sicht des Unternehmens auf den ersten Blick positiv zu beurteilen sind, weil sie einen hohen gezielten Leistungsanreiz darstellen, besteht hier die Gefahr ungeplanter Nebeneffekte: Der Wettbewerbsdruck verleitet die Konkurrenten entweder zu Absprachen *(Kollusionseffekt)* oder zu einem Konkurrenzverhalten, indem sich jeder auch auf Kosten anderer durchsetzt, wodurch Kooperation bestraft und Synergieeffekte unterbunden werden.

Wirkung von Anreizsystemen

Die Wirkung von Anreizsystemen kann auch dadurch beeinträchtigt werden, dass sie für die Mitarbeiter als widersprüchlich wahrgenommen werden und einen sogenannten Anreizkonflikt (▷ Anreizkonflikt) verursachen.

Anreizkonflikt

Ein Anreizkonflikt liegt vor, wenn eine Person in einer Dilemmasituation mit mehreren positiven oder negativen Anreizen konfrontiert ist. Seit Kurt Lewin (1890–1947) werden drei Motivationskonflikte unterschieden, die Hovland und Sears durch eine vierte Konfliktvariante ergänzt haben. Konflikte entstehen grundsätzlich durch Appetenz (Anziehung) und Aversion (Vermeidung):

■ Ein *Appetenz-Appetenz-Konflikt* besteht, wenn die Person zwei Alternativen hat, die beide attraktiv erscheinen, sich aber gegenseitig ausschließen. Eine solche Situation liegt zum Beispiel vor, wenn sich eine Person zwischen zwei gleich attraktiven Stellenangeboten entscheiden muss.

■ Ein *Aversion-Aversions-Konflikt* wird dadurch erzeugt, dass die Person aus zwei unerwünschten Alternativen eine auswählen muss. Ein Beispiel dafür wäre eine Situation, in der eine Person vor die Wahl gestellt wird, entweder eine unange-

nehme Aufgabe zu übernehmen oder aber eine Gehaltskürzung zu akzeptieren.

■ Ein *Appetenz-Aversions-Konflikt* entsteht, wenn eine Person sich für eine Sache entscheiden muss, die sowohl attraktive als auch unerwünschte Aspekte aufweist. In einer solchen Situation befindet sich beispielsweise eine Person, die vor der Frage steht, ob sie das Angebot für eine befristete Tätigkeit im Ausland annehmen soll: Auf der einen Seite reizt sie die neuartige Aufgabenstellung, auf der anderen Seite befürchtet sie, eine langjährige Partnerschaft aufs Spiel zu setzen.

■ Ein *doppelter Appetenz-Aversions-Konflikt* entsteht dadurch, dass die Person zwei Alternativen hat, von denen jede sowohl positive wie auch negative Seiten aufweist.

Anreize wirken häufig gleichzeitig auf mehreren Ebenen: Eine in Aussicht gestellte Gehaltserhöhung bedeutet nicht nur einen materiellen Einkommenszuwachs; sie kann auch als Loyalitätssignal, als Anerkennung für das persönliche Engagement, als Statussymbol oder einfach als Entsprechung für eine soziale Norm angesehen werden.

4.2 Lohn und Gehalt

Wie kann erreicht werden, dass das Gehaltssystem motivierend wirkt? Die Motivationswirkung eines Lohn- und Gehaltssystem hängt davon ab, ob die Elemente von den Beschäftigten als angemessen wahrgenommen werden. Die Angemessenheit ergibt sich aus einer ausgewogenen Mischung von Prinzipien der Leistungs-, Verhaltens-, Anforderungs-, Markt- und Sozialgerechtigkeit. In jüngerer Zeit haben dabei Modelle der Erfolgs- und Kapitalbeteiligung an Bedeutung gewonnen.

4.2.1 Entgeltpolitik

Aufgabe der Personalpolitik ist es, den Lohn des Mitarbeiters zu bestimmen. Der Lohn ist das dem Arbeitnehmer bezahlte Entgelt dafür, dass er dem Unternehmen seine Arbeitskraft zur Verfügung stellt. Von diesen Lohnzahlungen im engeren Sinn sind zu unterscheiden: die betriebliche Erfolgsbeteiligung, die Sozialleistungen und die Prämien des betrieblichen Vorschlagswesens.

Absolute und relative Lohnhöhe Im Rahmen der Entgeltpolitik sind zwei wichtige Probleme zu lösen, nämlich die Bestimmung der *absoluten* und der *relativen Lohnhöhe*. Bei der Festlegung der absoluten Lohnhöhe handelt es sich um die Frage, wie der von einem Unternehmen geschaffene Wert (= Wertschöpfung) auf die Produktionsfaktoren Arbeit und Kapital verteilt werden soll. Bei der Beantwortung dieser Frage spielen individuelle und gesellschaftliche Wertvorstellungen eine große Rolle. Dieses Verteilungsproblem kann vor allem unter historischen, sozialen, politischen und philosophischen Aspekten gesehen werden, wobei auch die jeweilige Situation auf dem Arbeitsmarkt eine entscheidende Rolle spielt. Bei der relativen Lohnhöhe geht es um die Verteilung zwischen den verschiedenen Beschäftigtengruppen.

Anforderungen an
Gehaltssysteme

Damit Gehaltssysteme sowohl individuell motivierend als auch für das Unternehmen wertsteigernd wirken können, müssen sie mehreren Anforderungen genügen:

- *Kongruenz mit grundlegenden Unternehmenszielen:* Die Prinzipien der Verteilungsgerechtigkeit (vgl. Abschnitt 4.2.2) stimmen mit den Grundsätzen und Erwartungen der Kapitalgeber und der Geschäftsführung sowie mit den Normen und Werten der Unternehmenskultur überein. Die dem Anreizsystem zugrunde liegenden Leistungs- oder Verhaltenskriterien widerspiegeln zudem die strategischen Ziele des Unternehmens.
- *Differenzierung:* Das Anreizsystem ist so gestaltet, dass es auf sämtliche Mitarbeiten in annähernd gleicher Weise leistungsmotivierend wirkt, unabhängig von deren Hierarchieebene oder Aufgabe. Das erfordert eine flexible Ausgestaltung, welche Unterschiede in den Anforderungen und Leistungsbedingungen berücksichtigt, die zwischen Mitarbeitern und Führungskräften verschiedener Hierarchieebenen oder Beschäftigten unterschiedlicher Funktionsbereiche bestehen können.
- *Transparenz und Verständlichkeit:* Für jeden einzelnen Beschäftigten ist zu jedem Zeitpunkt verständlich, auf welcher Grundlage er Belohnungen erreichen kann bzw. erhalten hat. Das erfordert eine Klarheit über die Beurteilungskriterien sowie über ihre Messung.
- *Gerechtigkeit und Ausgewogenheit:* Das System der Belohnungen trägt zu einem Interessenausgleich zwischen Geschäftsführung und Beschäftigten sowie zwischen verschiedenen Beschäftigtengruppen bei; beispielsweise zwischen älteren und jüngeren Mitarbeitern, zwischen mehr und weniger leistungsbereiten Mitarbeitern, zwischen Front- und Back-Office-Mitarbeitern bei.
- *Glaubwürdigkeit:* Die Mitarbeiter können darauf vertrauen, dass ihre Leistungsanstrengungen im Erfolgsfall auch wirklich zu den versprochenen Belohnungen führen. Wenn Änderungen im Anreizsystem vorgenommen werden, führen diese nicht zu einem Nachteil für die betroffenen Mitarbeiter.
- *Signifikanz:* Das Belohnungen, welche das Anreizsystem in Aussicht stellt, sind erheblich. Die Signifikanz bezieht sich nicht nur auf die absolute Höhe der Belohnungen, die einen wesentlichen Anteil am Grundgehalt haben, sondern auch auf die zugrunde liegenden Kriterien, welche sich deutlich von den bestehenden Arbeitsroutinen abheben.

4.2.2 Gerechtigkeitsprinzipien im Lohn- und Gehaltssystem

Die Festlegung der relativen Entgelthöhe beinhaltet das Problem, die auf die Beschäftigten entfallende Gehaltssumme auf die einzelnen Mitarbeiter zu verteilen. Es geht um das Verhältnis der einzelnen Löhne zueinander, also um die Verteilungsgerechtigkeit. Die Lösung dieses Verteilungsproblems hat sich an der Lohngerechtigkeit auszurichten. Dies bedeutet einerseits, dass der Lohn gerecht sein sollte, d. h. in ursächlichem Zusammenhang zu den Leistungen und zur Person des Lohnempfängers stehen sollte, und dass andererseits der Mitarbeiter den Lohn auch als gerecht empfindet. Denn erst wenn dieses subjektive Gerechtigkeitsgefühl eintritt, ist der Lohnempfänger bereit, die geforderte Leistung zu erbringen oder ein gewünschtes Rollenverhalten zu zeigen.

Praxisbeispiel: Verteilungsgerechtigkeit im internationalen Vergleich

In den letzten Jahren sind nicht nur in Deutschland und in der Schweiz die Gehälter von Topmanagern in den Mittelpunkt des medialen Interesses gerückt. Während die tariflich geregelten Gehälter der Belegschaft in den letzten zehn Jahren nur moderat angehoben wurden, haben sich die Gehälter der obersten Führungsebenen unter Einbezug erfolgsabhängiger Zusatzleistungen teilweise vervielfacht.

Wie eine Gehaltsstudie von Towers Perrin 2005 ergab, bestehen im internationalen Vergleich allerdings noch erhebliche Unterschiede im Ausmaß dieser Lohnschere (▶ Abb. 19). Bei der Frage, wie viele gewerbliche Arbeitnehmergehälter ein Vorstandsgehalt ergäben, zeigte sich, dass die Lohnschere in den USA beispielsweise mehr als doppelt so groß ist wie in der Schweiz: Während ein amerikanischer Topmanager ein 39fach höheres Gehalt bezieht als ein Industriearbeiter, verdienen Schweizer Manager nur das 19fache ihrer gewerblichen Fachkräfte.

Wie lässt sich eine solche Lohnschere innerhalb eines Landes sowie im internationalen Vergleich begründen? Sie wäre *anforderungsgerecht,* wenn die motivationalen und qualifikatorischen Voraussetzungen für eine Vorstandsposition die typischen Voraussetzungen einer gewerblichen Position um ein Vielfaches überstiegen. Dass dieses Verhältnis in Mexico beispielsweise erheblich größer als in Westeuropa ist, wäre dann mit dem niedrigen Aus-

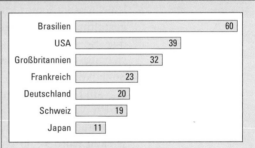

▲ Abb. 19 Gehaltsunterschiede im direkten Vergleich: Wie viele gewerbliche Arbeitnehmergehälter entsprechen einem Vorstandsgehalt?

bildungsniveau der Beschäftigten in mexikanischen Produktionsbetrieben zu begründen. Die Lohnschere wäre andererseits *leistungsgerecht* legitimiert, wenn die Wertschöpfungsbeiträge eines Vorstands um ein Vielfaches höher wären als die typischer gewerblicher Arbeitnehmer. *Sozialgerecht* wären internationale Unterschiede in der Lohnschere, wenn westeuropäische Länder in Fragen der Wertschöpfungsverteilung egalitärer geprägt wären als Nord- und Mittelamerika.

Da Fragen der Gehaltsgerechtigkeit auf Wertentscheidungen beruhen, die sich kaum abschließend ökonomisch rational begründen lassen, ist auch keine eindeutige Aussage darüber möglich, welches Gerechtigkeitsprinzip anzuwenden ist.

Die Grundsätze des Lohn- und Gehaltssystems eines Unterneh-mens beruhen auf einer Wertentscheidung über die richtige (im Sinne von gerechte) Bemessungsgrundlage des Entgelts für jeden einzelnen Beschäftigten. Je nachdem, welche Bemessungsgrundlage angewandt wird, ergibt sich eine andere Gehaltsstruktur im Unter-nehmen. Jede Bemessungsgrundlage erfüllt die Erfordernisse eines bestimmten Gerechtigkeitsprinzips und verletzt somit ein anderes.

Die fünf Prinzipien der Anforderungs-, der Verhaltens-, der Leis-tungs-, der sozialen und der Arbeitsmarktgerechtigkeit sollen nun etwas näher betrachtet werden.

Anforderungs-gerechtigkeit

Die Anforderungsgerechtigkeit beruht auf der Berücksichtigung des Schwierigkeitsgrades der Aufgaben. Im Mittelpunkt stehen die Anforderungen, die an den Mitarbeiter gestellt werden. Diese er-geben sich aus Arbeitsbewertung und Stellenbeschreibung. Sie füh-ren zu einer Lohnsatzdifferenzierung, d.h. zu unterschiedlichen Lohnsätzen für unterschiedliche Anforderungen. Ausgangspunkt ist eine definierte Normalleistung, die vom Mitarbeiter erwartet wird. Eine wesentliche Grundlage einer anforderungsgerechten Entgelt-gestaltung ist die Arbeitsanalyse, welche die körperliche und geis-tige Beanspruchung durch eine Tätigkeit erfasst. Daraus ergeben sich auch die Kompetenzanforderungen (z.B. Fachqualifikation oder Sozialkompetenz), die zur Bewältigung der Anforderungen notwen-dig sind. Für die Anforderungsanalyse haben sich vor allem das REFA-Verfahren für gewerbliche und das HAY-Verfahren für ad-ministrative Tätigkeiten, die beide Mitte des 20. Jahrhunderts ent-wickelt wurden, durchgesetzt.

Anforderungs-dimensionen

Das REFA-Verfahren bewertet Tätigkeiten nach den damit ver-bundenen Belastungen und geht dazu von sechs Anforderungs-dimensionen aus, die in Anforderungsarten zerlegt werden:

- *Kenntnisse* (Ausbildung, Erfahrung und Denkfähigkeit),
- *geistige Belastung* (Aufmerksamkeit und Denktätigkeit),
- *Geschicklichkeit* (Handfertigkeit und Körpergewandtheit),
- *Muskelbelastung* (dynamische, statische oder einseitige Muskel-arbeit),
- *Verantwortung* für die eigene Arbeit, für die Arbeit oder Sicher-heit anderer,
- *Umgebungseinflüsse* (z.B. Nässe, Schmutz oder Lärm, Unfall-gefährdung).

HAY-Ansatz

Der HAY-Ansatz beruht nicht auf der Messung von Belastungen, sondern bewertet eine Tätigkeit nach ihrer Bedeutung für das Unter-nehmen. Dazu werden notwendige Fähigkeiten des Stelleninhabers

(Wissen), die erforderlichen Anstrengungen (Denkleistung) und ihre potenziellen Wirkungen auf den Unternehmenserfolg (Verantwortung) bewertet. Daraus ergeben sich drei Gruppen von Anforderungsmerkmalen:

- *Wissen:*
  □ Sach- oder Fachwissen (Skala von «ungelernt» bis «(inter-)nationale Autorität»),
  □ Managementanforderungen (Skala von «begrenzt» bis «übergeordnete Integration»),
  □ Umgang mit Menschen (Skala von «normal» bis «unentbehrlich»);

- *Denkleistung:*
  □ Denkrahmen (Skala von «strikte Routine» bis «abstrakt definiert»),
  □ Denkanforderung (Skala von «wiederholend» bis «neuartig»);

- *Verantwortung:*
  □ Handlungsfreiheit (Skala von «detailliert angewiesen» bis «allgemein orientiert»),
  □ Art der Einflussnahme (Skala von «gering» bis «entscheidend»),
  □ finanzielle Bedeutung des Endresultats (Skala von «unbestimmt» bis «sehr groß»).

Beide Verfahren gehen von einem ein Defizitansatz aus, weil sie ausschließlich Belastungen oder Risiken erfassen, nicht aber persönliche Bereicherungen, die mit einer Tätigkeit verbunden sein können. Dazu zählen beispielsweise soziale Kontakte, Lerneffekte, die auch außerhalb der Tätigkeit genutzt werden können, oder Freiräume in der Ausübung der Tätigkeit. Solche Bereicherungen lassen sich für die praktische Anwendung aber ohne weiteres ergänzen.

Schließlich ist zu berücksichtigen, dass beide Verfahren auf Wertentscheidungen über die Auswahl der gewählten Kriterien beruhen. Die Zusammenhänge zwischen den Kriterien und der erfolgreichen Bewältigung einer Aufgabe beruhen auf Plausibilitätsüberlegungen ihrer Erfinder.

Verhaltens-
gerechtigkeit

Mit der Verhaltensgerechtigkeit versucht man, das Verhalten gegenüber anderen Mitarbeitern (Kollegen, Vorgesetzte oder Mitarbeiter), also Solidarität und Hilfsbereitschaft, gegenüber den Einrichtungen und Arbeitsmitteln des Unternehmens, also Pflichtbewusstsein und Sorgfaltspflicht, und gegenüber der Öffentlichkeit (Loyalität gegenüber dem Unternehmen) einzubeziehen. Grundlage bietet eine Verhaltensbewertung, die jedoch schwierig vorzunehmen ist, da das Verhalten schwer quantifizierbar ist. Aus diesem Grund versucht man, dieses indirekt zu bewerten, beispielsweise über die Verbundenheit mit dem Betrieb (Anzahl Dienstjahre). Die Verhaltensgerechtigkeit nimmt eine Zwischenstellung zwischen Anforderungs- und Leistungsgerechtigkeit ein.

Leistungs-
gerechtigkeit

Bei der Leistungsgerechtigkeit steht der vom Arbeitnehmer erbrachte Leistungsbeitrag im Vordergrund. Damit wird eine über oder unter der definierten Normalleistung liegende Leistung berücksichtigt. Das Unternehmen richtet auf die Leistungsgerechtigkeit ein besonderes Augenmerk, da es an einer Steigerung der Leistung und somit an einer Erhöhung der Arbeitsproduktivität stark interessiert ist. Allerdings hat es – durch den Einsatz geeigneter Lohnformen – auch die Voraussetzungen dafür zu schaffen, dass der Lohn tatsächlich zu einem Leistungsanreiz wird.

Eine leistungsorientierte Gehaltsdifferenzierung wirkt verhaltenssteuernd, wenn die Mitarbeiter den Leistungserfüllungsgrad individuell bestimmen können und der Zusammenhang zwischen persönlicher Anstrengung und Bestätigung transparent ist. Die lenkende Wirkung eines Leistungsentgelts für Motivationen und Qualifikationen hängt von den Leistungskriterien ab, die ihm zugrunde gelegt werden:

Leistungskriterien

- *Quantitative Leistung:* Wird das Leistungsentgelt an die Leistungsmenge gekoppelt, so wird die kurzfristige Ergebnismaximierung bestätigt. Individuelle Qualifikationsprofile verengen sich mit Bezug auf diejenigen Spezialaufgaben, welche mit höchster Effizienz ausgeübt werden können.
- *Qualitative Leistung:* Ist das Entgelt an die Leistungsgüte geknüpft, wird eine längerfristige Ergebnisoptimierung gefördert, die ebenfalls die Spezialisierung und damit verbunden eine Qualifikationsprofilverengung unterstützt. Anstelle einer kurzfristigen Ausbeutung rückt die zukunftsorientierte Ressourcenerhaltung in den Mittelpunkt.
- *Flexibilität der Leistungserbringung:* Nach diesem Kriterium wird die Fähigkeit zur laufenden Anpassung an wechselnde Bedingungen bestätigt. Die Effizienz wird zugunsten langfristiger Effektivitätssicherung zurückgestellt.

Ertragsgerechtigkeit

Die Ertragsgerechtigkeit koppelt das Gehalt an die Entwicklung des Unternehmenserfolgs: Je besser der ökonomische Erfolg eines Unternehmens in einem Geschäftsjahr, umso höher auch das Gehaltsniveau im Unternehmen. In schwierigen Zeiten werden die Gehälter entsprechend abgesenkt. Eine Verteilungsentscheidung wird damit nicht zwischen verschiedenen Positionen getroffen, sondern innerhalb einer Reihe von Zeitpunkten. Traditionell sind die Gestaltungsspielräume für dieses Prinzip durch tarifvertragliche Regelungen beschränkt. In dem Maße, wie die Beschäftigten als Mitunternehmer angesehen werden, setzt sich aber auch die Überzeugung durch, es sei akzeptabel, vormals fixe Gehaltszahlungen mit einer Kopplung zur Unternehmensentwicklung zu variabilisieren.

Sozialgerechtigkeit

Die soziale Gerechtigkeit berücksichtigt sozialpolitische Anliegen. Ausdruck von Sozialgerechtigkeit sind beispielsweise Altersvorsorge, die Lohnfortzahlung bei Krankheit oder Unfall, garantierter Mindestlohn bei einem Leistungslohn oder Kinder- und Familienzulagen. Das Kriterium der Sozialgerechtigkeit macht deutlich, dass die Lohnbemessung aufgrund einzelner Gerechtigkeitskriterien von gesellschaftlichen Wertvorstellungen abhängt. Das Prinzip orientiert sich an Merkmalen der Person und ihrer daraus folgenden gesellschaftlichen Stellung. Grundgedanke ist die Solidarisierung und Umverteilung von Erträgen, die bei individueller Konkurrenz erzielt würden, auf die jeweils sozial schwächeren Gruppen. Folgende Kriterien

Sozialkriterien

werden in der betrieblichen Entgeltpraxis häufig zugrunde gelegt:

- *Alter:* Jugendliche genießen nicht nur besonderen Schutz, sondern sie erhalten in der Regel neben den Ausbildungsleistungen unabhängig von Anforderungen und Leistungen auch ein Entgelt. Währenddessen begünstigt das Senioritätsprinzip ältere Arbeitnehmer durch spezielle Zulagen auf Basis der Dauer der Betriebszugehörigkeit und durch größere Chancen zu beruflichem Aufstieg.
- *Persönliche und familiäre Belastungen:* Unternehmen sind häufig gesetzlich zur Entgeltfortzahlung im Krankheitsfall oder bei Schwangerschaft verpflichtet. Zusätzlich sehen Betriebsvereinbarungen beispielsweise Familienzulagen, Kultur- und Sportangebote oder Zusatzleistungen für Fahrtkosten oder Kantinenessen vor.
- *Unternehmenspolitisches Engagement:* Die betriebliche Mitbestimmung sieht in vielen europäischen Ländern eine Freistellung von Mitgliedern der Arbeitnehmervertretung vor, um ihnen ihre Interessenvertretungsarbeit im Rahmen der Arbeitszeit zu ermöglichen.
- *Umverteilung zwischen Kapital und Arbeit:* Wie die Wertschöpfung eines Unternehmens auf Kapitalgeber und Arbeitnehmer verteilt wird, ist ebenfalls eine Frage der Sozialgerechtigkeit, betrifft aber nicht das Verhältnis von Arbeitnehmergruppen untereinander, sondern ihre bewertete Position als Ganzes im Unternehmen.

Im Gegensatz zu den vier ersten Prinzipien steht auch die Sozialgerechtigkeit in keinem unmittelbaren Zusammenhang zur Arbeitsaufgabe, sondern ist nur an die Zugehörigkeit zu einem Unternehmen gekoppelt.

Eine neuere Form sozialgerechter Entgeltgestaltung sind Zusatzleistungen für Mitarbeiter, welche im Sinne gesellschaftspolitischer Ziele handeln, die das Unternehmen gezielt unterstützen will. Ein Beispiel dafür sind Unternehmen, die umweltfreundliche Anschaffungen ihrer Mitarbeiter im privaten Bereich subventionieren (▷ Praxisbeispiel).

Arbeitsmarktgerechtigkeit
Neben den bisher genannten internen Kriterien spielt auch der externe Personal- bzw. Arbeitsmarkt eine entscheidende Rolle. Die Arbeitsmarktgerechtigkeit orientiert sich an der relativen Knappheit spezifischer Qualifikationen auf dem Arbeitsmarkt. Im Einzelfall kann sich das in der Vertragsverhandlung niederschlagen, wenn es dem Arbeitnehmer gelingt, ein hohes Einstiegsgehalt durchzusetzen, weil das Unternehmen ihn unbedingt gewinnen will. Sie kann aber auch ein generelles Ungleichgewicht in einzelnen Arbeitsmarktsegmenten widerspiegeln: Programmierer mit SAP-R/3-Kenntnissen oder Investment-Banker konnten in den 1990er Jahren Gehälter realisieren, die weit über denjenigen ähnlicher Qualifikationsgruppen in der gleichen Branche lagen, weil sie besonders gefragt waren. Abgesehen von einigen wenigen Fachqualifikationen spielt die Marktgerechtigkeit vor allem im Führungskräftebereich eine wichtige Rolle, wo die Verhandlungsspielräume in den letzten Jahren generell gestiegen sind. Dazu haben auch publizierte Vergütungsvergleiche von Personalberatungen und Managerzeitschriften beigetragen.

Praxisbeispiel: Ökologiebonus

Mehrere Unternehmen sind in den letzten Jahren dazu übergegangen, ihre Mitarbeiter finanziell zu unterstützen, wenn sie sich besonders umweltfreundlich verhalten.

So zahlt das Rückversicherungsunternehmen Swiss Re seit 2006 seinen Mitarbeitern eine Prämie von bis zu 5000 Fr., wenn sie ihre private CO_2-Bilanz verbessern, indem sie beispielsweise Sonnenkollektoren, eine Wärmepumpe oder ein Auto mit Hybridantrieb kaufen. Vorbild ist das Internetunternehmen Google, das bereits ein Jahr zuvor mit einer ähnlichen Maßnahme Aufsehen erregt hat. Mehrere Schweizer Unternehmen zahlen ihren Mitarbeitern einen sogenannten Bonus, wenn sie nicht mit dem Auto, sondern mit öffentlichen Verkehrsmitteln zur Arbeit fahren. Nestlé Australien unterstützt verschiedene Umweltschutzprojekte, welche von Mitarbeitern des Unternehmens in privater Initiative gestartet wurden, mit insgesamt 20 000 $ jährlich.

Die Gründe für diese Initiativen sind vielfältig. Im Fall von Swiss Re haben die Auswirkungen des drohenden Klimawandels strategische Bedeutung: Die befürchtete Zunahme von Erdrutschen, Überschwemmungen oder Dürreperioden erhöht die zu erwartende Summe an Entschädigungszahlungen für den weltweit größten Rückversicherer. Andere Unternehmen versprechen sich eine Imageverbesserung bei ihren Abnehmern oder wollen sich als attraktiver, weil verantwortungsvoll handelnder Arbeitgeber profilieren. (Barandun 2007)

Demokratische Gerechtigkeit

Die demokratische Gerechtigkeit unterscheidet sich von allen anderen Prinzipien dadurch, dass sie über die Verteilung nicht rational entscheidet. Sie zeigt hingegen auf, über welchen Entscheidungsprozess Gerechtigkeit hergestellt werden kann: durch ein demokratisches Votum, wie auch immer dieses ausfallen mag. Der Hintergrund für die Anwendung dieses Prinzips liegt in der gesellschaftlichen Diskussion über die Legitimität der überproportional gestiegenen Managergehälter und die sich weiter öffnende Lohnschere zwischen Spitzen- und Basisgehältern (◁ Praxisbeispiel, S. 139). Eine mögliche Lösung für das Legitimitätsproblem könnte darin bestehen, weite Teile der Beschäftigten an einer Diskussion und Abstimmung über die Gehaltsverteilung im Unternehmen zu beteiligen. Während ein solches Prinzip in selbstverwalteten Betrieben häufig anzutreffen ist, werden sich in Kapitalgesellschaften oder Eigentümerbetrieben derzeit noch kaum Beispiele finden lassen. Größere Unternehmen in der Rechtsform der Genossenschaft, wie beispielsweise Migros und Coop in der Schweiz, weisen flachere Gehaltspyramiden auf als ihre Konkurrenten anderer Rechtsformen, da durch die Beteiligung der Genossenschafter an den Unternehmensentscheidungen ein Dämpfungseffekt eintritt. Aber auch Unternehmen, die Beratungen über das Gehaltssystem mit dem Ergebnis führen, dass das Management auf Erhöhung seiner Bezüge im Kalkül einer höheren Legitimierung gegenüber der Mitarbeiterbasis verzichtet, folgen dem demokratischen Gerechtigkeitsprinzip.

Zusammenfassung

Unternehmen treffen mit ihren Lohn- und Gehaltsgefüge eine bewusste oder zumindest implizite Wertentscheidung darüber, welche dieser sieben Prinzipien stärkeres oder schwächeres Gewicht haben. Die sieben Prinzipien stehen größtenteils in einem Spannungsverhältnis zueinander, wie das ▶ Abb. 20 zeigt. Welche Prinzipien dominieren, kann Ausdruck einer freien unternehmenspolitischen Entscheidung sein. In der Regel drückt sich darin aber der Einfluss

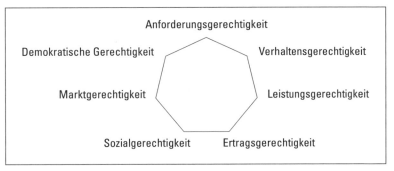

▲ Abb. 20   Gerechtigkeitsprinzipien im Lohn- und Gehaltssystem

von Interessengruppen oder ein Druck von Seiten des Marktes aus. So wird ein starker gewerkschaftlicher Einfluss eher zu einer Betonung von Anforderungs- und Sozialgerechtigkeit führen, während ein starker Erfolgsdruck des Unternehmens seitens seiner Kunden oder Kapitalgeber die Prinzipien der Verhaltens- und Leistungsgerechtigkeit wichtiger werden lässt. Schließlich wird auch eine vorübergehende Knappheit von Arbeitskräften mit bestimmten Qualifikationen zu einer marktorientierten Schwerpunktsetzung im Gehaltsgefüge führen.

| 4.2.3 | **Leistungsgehalt** |

Das Leistungsgehalt ist eine variable Vergütungsform (Prämie, Bonus), die in der Regel zusätzlich zu einem Fixgehalt gezahlt wird und deren Höhe von der erbrachten Leistung abhängt. Traditionelle Formen des Leistungsentgelts sind vor allem im gewerblichen Bereich der Akkord- oder Prämienlohn. Inzwischen hat die Vielfalt leistungsabhängiger Vergütungsformen jedoch beträchtlich zugenommen. Bei der Gestaltung einer leistungsabhängigen Vergütung sind eine Reihe von Parametern relevant, von denen jeder spezifische Motivationseffekte hat.

Leistungsgehalts-
anteil

Der Anteil der variablen Leistungsvergütung am Gesamtgehalt kann von wenigen Prozenten bis nahezu 100% variieren. In der Regel kann davon ausgegangen werden, dass der Prozentsatz umso geringer ausfällt, je formalisierter die zugrunde liegende Regelung ist. Tarifvertragliche Vereinbarungen über leistungsbezogene Vergütungen führen kaum zu variablen Leistungsgehaltsanteilen von über 10%. Den anderen Extremfall bilden die Gehaltsregelungen von Geschäftsführern in Krisensituationen (ein berühmtes Beispiel ist das symbolische Gehalt von *Lee Iacocca* von 1 US$ als CEO bei *Chrysler* 1979). Aktuelle Vergütungsstudien aus den letzten Jahren für Deutschland deuten darauf hin, dass die Anteile leistungsbezogener Vergütung bei leitenden Angestellten im Branchenvergleich überwiegend 10 bis 15% und auf der obersten Leitungsebene 20 bis 25% der Gesamtbezüge betragen. Es besteht ein Zusammenhang zwischen dem Leistungsgehaltsanteil und der Motivationsstruktur: Je stärker das Sicherheitsbedürfnis ist, umso geringer ist die Motivationswirkung eines hohen variablen Vergütungsanteils. Dementsprechend wird ein hoher variabler Anteil Personen mit einer ausgeprägten Erfolgsmotivation stärker motivieren als Personen, die durch Misserfolgsvermeidung angetrieben werden.

Leistungskriterien

Grundsätzlich ist zwischen verhaltens- und ergebnisbezogenen Leistungskriterien zu unterscheiden. *Verhaltensbezogene Leistungskriterien* stellen die Anstrengungen, welche die Person zur Erreichung bestimmter Ziele unternimmt, in den Mittelpunkt. Beispiele sind eine Leistungszulage für einen Vertriebsmitarbeiter, die von der Anzahl der Kundenbesuche abhängt, oder eine Zulage für einen Hochschullehrer, die sich an der Anzahl der Diplomarbeiten und mündlichen Prüfungen orientiert. Verhaltensbezogene Kriterien sind vor allem dann geeignet, wenn der Mitarbeiter in der Erreichung der Leistung im Wesentlichen von Entscheidungen anderer Personen abhängig ist, die er selbst nur wenig beeinflussen kann. Ein ergebnisbezogenes Kriterium würde in diesem Fall aufgrund der fehlenden Beeinflussungsmöglichkeiten tendenziell demotivierend wirken. Ein zweiter Grund für ein verhaltensbezogenes Kriterium ist eine unzureichende Messbarkeit des Ergebnisses.

Ergebnisbezogene Kriterien berücksichtigen nur die erzielten Erfolge in quantitativer oder qualitativer Hinsicht, unabhängig von dem dafür notwendigen Aufwand. Beispiele sind eine Leistungszulage im Vertrieb, die sich am Gesamtvolumen der Verkaufsabschlüsse orientiert, oder eine Zulage für einen Forscher, welche die akquirierten Forschungsgelder und die Zitationshäufigkeit seiner Veröffentlichungen zugrunde legt. Ergebnisbezogene Leistungskriterien wirken vor allem für erfolgsmotivierte Mitarbeiter attraktiv, während Misserfolgsmeider dadurch eher abgeschreckt werden. Geeignet sind sie da, wo die Ergebnisse leicht messbar sind und der Erfolg primär von den Fähigkeiten und dem Engagement des Mitarbeiters abhängen.

Leistungsperiode

Die Leistungsperiode ist der Zeitraum, der für die Bewertung der Leistung zugrunde gelegt wird. Sie kann von einem Monat bis zu mehreren Jahren reichen, was vor allem von der Art der Tätigkeit und der Hierarchieebene abhängt: Je größer die Bedeutung einer Tätigkeit für den Gesamterfolg eines Unternehmens ist, umso länger wird die Leistungsperiode dauern. Der wesentliche Grund liegt darin, dass kurze Leistungsperioden zu entsprechend kurzfristig orientierten Anstrengungen der Leistungsmaximierung führen, während mittel- und langfristige Nebeneffekte außer Acht gelassen werden. Beispielsweise wird die monatliche Ergebnisbewertung eines Verkäufers diesen jeweils zum Monatsende dazu verleiten, risikoreiche Abschlüsse zu tätigen, um kurzfristig ein gutes Ergebnis zu erzielen. Längere Perioden führen dagegen eher zu einer soliden Risikoabwägung und zur Berücksichtigung möglicher Langzeiteffekte. Auf der anderen Seite ermöglichen kürzere Perioden ein zeitnahes Feedback für erbrachte Leistungen und damit eine direkte

Motivationswirkung der Leistungszulagen als extrinsisch wirkende Anreize: Je komplexer die Aufgaben einer Person sind und je höher ihre intrinsische Motivation ist, umso eher empfiehlt sich eine längere Leistungsperiode.

In der Regel wird eine Leistungsvergütung immer wieder neu auf Basis der erbrachten Leistung berechnet. In der Konsequenz fällt sie bei zurückgehender Leistung in den Folgeperioden auch entsprechend geringer aus. In US-amerikanischen Unternehmen wird allerdings häufig das Prinzip des Bewährungslohns («merit pay») angewandt. Nach diesem Prinzip erreicht der Mitarbeiter aufgrund seiner Leistung ein bestimmtes Gehaltsniveau, das er in den Folgejahren auch nicht mehr verliert, selbst wenn seine Leistung zurückgehen sollte. Er kann das Gehaltsniveau aber durch eine noch höhere Leistung weiter steigern. Damit handelt es sich bei dieser Variante des Leistungsgehalts um eine Mischung von Leistungs- und Senioritätsprinzip.

Leistungsrisiko und
-entgeltkurve

Das Leistungsrisiko ist die Ungewissheit für eine Person, die angestrebte Leistung auch tatsächlich realisieren zu können. Dieses Risiko hängt zwar wesentlich von der Aufgabe ab, wird aber durch die Kriterienwahl moderiert. Für die Motivation entscheidend ist, wie das Risiko durch die Person selbst eingeschätzt wird. In der Regel ist der subjektive Risikograd bei verhaltensbezogenen Leistungskriterien niedriger als bei ergebnisbezogenen Kriterien, weil die Anstrengung durch die Person weitgehend kontrollierbar ist, während die Erreichung der Ziele bei vielen Tätigkeiten auch von anderen Personen beeinflusst wird. Darüber hinaus kann auch die Ausgestaltung als Einzel- oder Teamprämie das Risiko für die Person beeinflussen, je nachdem, wie das durchschnittliche Leistungsniveau der Teammitglieder eingeschätzt wird.

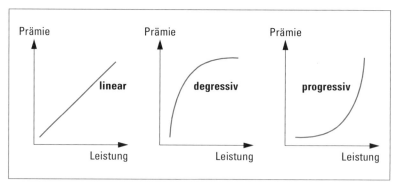

▲ Abb. 21   Leistungsentgeltkurven

Obwohl in einer *Leistungsentgeltkurve* im Regelfall ein linearer Zusammenhang zwischen der Leistung und der variablen Leistungszulage besteht, sind auch progressive oder degressive Kurvenverläufe möglich (◄ Abb. 21):

- Ein *linearer Verlauf* bedeutet, dass eine Leistungssteigerung um einen bestimmten Prozentsatz mit einer entsprechenden Erhöhung der Leistungszulage entgolten wird.
- Ein *progressiver Verlauf* hat mit steigender Leistung zunehmende Grenzerträge zur Folge. Das bedeutet, dass eine geringe Leistung nur mit geringen Zulagen, eine höhere Leistung dagegen überproportional entgolten wird. Ein solcher Verlauf bietet sich an, wenn das Unternehmen das Ziel verfolgt, herausragende Leistungen besonders zu belohnen. Der Nachteil besteht darin, dass der Leistungsanreiz für diejenigen Mitarbeiter gering ist, die keine außergewöhnliche Leistung anstreben bzw. für realisierbar halten.
- Ein *degressiver Verlauf* hat abnehmende Grenzerträge zur Folge. Mit steigender Leistung wird das zusätzlich erreichte Leistungsentgelt immer geringer. Mit einem solchen Kurvenverlauf werden herausragende Leistungen gekappt. Für ein Unternehmen ist ein degressiver Kurvenverlauf günstig, wenn es beispielsweise im Produktionsprozess verhindern will, dass besonders hohe Mengenleistungen die Qualität des Outputs gefährden.

Leistungsbeurteiler und Leistungsträger

Nicht immer lässt sich das Leistungsergebnis mit Hilfe objektiver Zahlen bestimmen. Alternativ bietet sich an, eine Beurteilung durch andere Personen (z.B. Vorgesetzte oder Kooperationspartner) zugrunde zu legen. Häufig wird ein jährliches Beurteilungsgespräch mit dem direkten Vorgesetzten als Grundlage für die Leistungsbewertung herangezogen. Alternativ dazu können aber auch Befragungen von Kollegen oder Kunden durchgeführt werden. Unter dem Gesichtspunkt der Motivationswirkung ist dabei bedeutsam, ob die Wahl der Beurteilungsinstanz die subjektive Überzeugung, die Ergebnisse durch eigene Anstrengungen verbessern zu können (Kontrollüberzeugung), tangiert. Eine ausführlichere Erörterung zu den verschiedenen Beurteilungsinstanzen findet sich im Abschnitt 5.2.3 zur 360°-Beurteilung als Feedbacksystem.

Anreizsysteme richten sich in aller Regel nicht nur an eine einzelne Person, sondern betreffen stets einen größeren Kreis von Beschäftigten. Dabei stellt sich die Frage, ob sich die Bemessung des Leistungsentgelts an der individuellen Leistung orientieren soll oder ob die Leistung einer ganzen Gruppe zugrunde gelegt wird. In diesem Fall spricht man von einem Teamanreiz. Damit sich *Team-*

Voraussetzungen für
Teamanreize

anreize im Vergleich zu individuellen Anreizen positiv auf die Motivation der Gruppenmitglieder auswirken, sollten möglichst viele der folgenden Voraussetzungen erfüllt sein:

- *Transparenz:* Das Gruppenergebnis ist für die Mitglieder als Einheit klar erkennbar (z.B. der Prototyp eines Entwicklungsprojekts oder ein erfolgreicher Vertragsabschluss), während die Einzelbeiträge (z.B. Ideen, Aktivitäten oder Ressourcen) am Ende nur schwer voneinander zu trennen sind.
- *Motivationsstruktur:* Bei den Gruppenmitgliedern sind das Sicherheits- und das Zugehörigkeitsbedürfnis im Durchschnitt stark ausgeprägt, während die individuellen Anerkennungs- und Selbstverwirklichungsbedürfnisse tendenziell im Hintergrund stehen. Die Motivationsstruktur in einer Gruppe hängt nicht allein von den individuellen Voraussetzungen ab, sondern wird durch die Unternehmenskultur geprägt: In einer Organisation, in der die Zusammenarbeit und gegenseitige Unterstützung hoch bewertet wird, ist auch die Akzeptanz von Teamanreizen wahrscheinlich.
- *Homogenität:* Die Gruppenmitglieder sind sich in ihren Fähigkeiten, Zielen und Interessen ähnlich. Außerdem bewerten die Gruppenmitglieder ihre Beiträge als gleichwertig oder zumindest als vergleichbar.
- *Interdependenz:* Die Gruppenmitglieder sind sich darüber bewusst, dass sie von der Unterstützung der übrigen Mitglieder abhängig sind, um ihren eigenen Beitrag zum Gruppenergebnis leisten zu können.
- *Dauer:* Die Gruppe besteht bereits über einen längeren Zeitraum hinweg in derselben Zusammensetzung. Mit der Dauer der Zusammenarbeit nimmt in der Regel das gegenseitige Vertrauen zu, weil das Wissen über die Fähigkeiten und die Leistungsbereitschaft der Arbeitskollegen größer wird.
- *Beitragssicherheit:* Die Mitglieder können sich darauf verlassen, dass jeder Einzelne seinen Beitrag leistet und keine Möglichkeit zum sogenannten «free-riding» (Trittbrettfahren) besteht. Dazu kann es beispielsweise bei räumlicher Distanz der Gruppenmitglieder kommen, wenn die Leistungen durch die anderen Mitglieder nur eingeschränkt einsehbar sind.

Falls mehrere dieser Voraussetzungen nicht erfüllt sind, ist ein Anreizsystem, das jeden Einzelnen für seine Leistungen belohnt, effizienter als ein Teamanreiz.

Kombination von
Individual- und
Teamanreizen

Die Bandbreite von Vergütungsmodellen zwischen rein individueller und teambezogener Anreizgestaltung ist groß. Einzel- und
Teamprämien lassen sich auf unterschiedliche Weise miteinander
kombinieren:

- Individual- und Teamprämie stehen unverbunden nebeneinander.
  Für beide gibt es jeweils unterschiedliche Leistungskriterien. Beispiel: Für ein Vertriebsteam wird die Teamprämie an den Umsatz
  im Verkaufsgebiet gekoppelt; zusätzlich dazu gibt es eine Individualprämie für die Anzahl der Kundenbesuche und eine besonders effiziente Tourenplanung.
- Eine Individualprämie wird nur ausbezahlt, wenn das Team (oder
  das ganze Unternehmen) ein vorher definiertes Erfolgsziel erreicht hat. Beispiel: Jeder Mitarbeiter im Unternehmen erhält eine
  Leistungsprämie auf Grundlage der jährlichen Beurteilung durch
  die Vorgesetzten, sofern das Unternehmen aufgrund einer günstigen wirtschaftlichen Entwicklung eine Eigenkapitalrendite von
  8 % realisieren kann.
- Eine Individualprämie wird nur ausbezahlt, wenn jedes Teammitglied ein vorher definiertes Minimalziel erreicht hat. Dadurch
  werden die Teammitglieder dazu verpflichtet, schwächere Kollegen zu unterstützen, solange diese ihre Ziele nicht erreicht
  haben. Beispiel: In einem Beraterteam wird die Individualprämie
  an das realisierte Auftragsvolumen gekoppelt. Voraussetzung dafür ist, dass jeder Berater zumindest das Auftragsvolumen des
  Vorjahres erreicht.
- Es entspricht der Politik des Unternehmens, dass Prämienzahlungen im Regelfall an die Teamleistung gekoppelt werden. Jedes
  Team kann sich aber zu Beginn des Geschäftsjahres einstimmig
  dafür entscheiden, dass jedes Teammitglied eine Prämie auf Basis
  seiner Einzelleistung erhält.

Das Hauptproblem bei den meisten kombinierten Modellen besteht
darin, dass beim einzelnen Mitarbeiter ein Zielkonflikt erzeugt wird,
weil die Maximierung der Individualziele zu Lasten des Teamziels
geht und umgekehrt. Es ist davon auszugehen, dass ein solcher Konflikt die Effizienz der Arbeitsleistung senkt und beim Mitarbeiter die
Überzeugung verstärkt, fremdgesteuert zu sein, was sich wiederum
negativ auf die intrinsische Motivation auswirken kann.

Absoluter und
relativer
Leistungsbezug

Obwohl sich in der Regel die Beurteilung der Leistung nur am
Verhalten oder den Ergebnissen der betreffenden Person orientiert
(absoluter Leistungsbezug), besteht auch die Möglichkeit, die Leistung relativ zu den Leistungen anderer Personen zu bewerten (relati-

ver Leistungsbezug). In diesem Fall wird eine direkte Konkurrenzsituation geschaffen. Beispielsweise kann das Leistungsgehalt so zwischen den Mitgliedern eines Vertriebsteams aufgeteilt werden, dass diejenige Person die gesamte Zulage oder zumindest den größten Anteil erhält, welche im Vergleich zu den anderen das beste Ergebnis erreicht hat. Eine positive Motivationswirkung ergibt sich für einen relativen Leistungsbezug nur bei geringwertigen Leistungszulagen oder im Fall einer hohen Konkurrenzorientierung unter den Teammitgliedern.

Mit der Einführung leistungsabhängiger Vergütungsbestandteile ist stets die Erwartung verbunden, dass es nach der Einführung auch tatsächlich zu einer Leistungssteigerung kommt. Ob es dazu kommt, hängt davon ab, welche Motivationseffekte (vgl. dazu Baustein 3) im Einzelnen ausgelöst werden. Dabei spielen neben der Ausgestaltung der Leistungsvergütung insbesondere auch das gegenwärtige Leistungsniveau der Mitarbeiter und ihre Anreizsensibilität eine wichtige Rolle (▶ Abb. 22).

| | | | Die **Anreizsensibilität** der Mitarbeiter ist … | |
			gering	hoch
Das **Leistungsniveau** der Mitarbeiter vor Einführung der leistungsabhängigen Vergütung ist …	niedrig		Kostenersparnis und Leistungsrückgang	Leistungssteigerung oder Ausstieg
	hoch		Verdrängung intrinsischer Motivation	anreiztaktische Verhaltensmuster

▲ Abb. 22   Effekte leistungsorientierter Vergütung

Voraussetzungen leistungsorientierter Vergütung

Mit leistungsorientierter Vergütung können die angestrebten Ziele unter zwei Voraussetzungen erreicht werden: Die Mitarbeiter verfügen über Leistungsreserven (d. h. das Leistungsniveau ist niedrig), und sie lassen sich durch die in Aussicht stehende leistungsabhängige Vergütung auch zu Mehrleistungen motivieren (d. h. die Anreizsensibilität ist hoch). Die angestrebten Effekte zeigen sich zum einen in einer höheren Leistung, zum anderen aber auch in einer erhöhten Fluktuation leistungsschwächerer Mitarbeiter.

Gefahr unerwünschter Nebeneffekte

Es besteht jedoch die Gefahr, dass die Einführung eines Leistungsgehalts zu unerwünschten Nebeneffekten führt, wie sie in den drei übrigen Feldern von ◀ Abb. 22 dargestellt sind:

- *Anreiztaktische Verhaltensmuster:* Mitarbeiter, die bereits zuvor eine überdurchschnittliche Leistung erbracht haben, profitieren in aller Regel vom Leistungsgehalt, weil sich zumindest ihr relatives Gehalt im Vergleich zu den leistungsschwächeren Kollegen erhöht. Sie werden aber auch dazu verführt, ihre Leistung nach Möglichkeit taktisch zu variieren. Dieser Nebeneffekt lässt sich am Beispiel eines Regionalverkäufers illustrieren, dessen Gehalt zukünftig direkt von den während eines Kalenderjahres realisierten Umsatzzuwächsen gegenüber dem Vorjahr abhängt. Wenn der Verkäufer gegen Ende des Geschäftsjahrs feststellt, dass er hohe Zuwächse realisieren wird, könnte er auf die Idee kommen, einen Teil der Umsätze auf das Folgejahr zu verschieben, weil er mit einem mittelfristigen Umsatzrückgang rechnet oder weil er befürchtet, ein zu rasches Wachstum könnte die Unternehmensleistung zu einer Senkung der Leistungsprämien nutzen. Die Folge ist, dass besonders leistungsstarke und prämienmotivierte Mitarbeiter ihre Leistung zumindest vorübergehend reduzieren, was für das Unternehmen nachteilig werden könnte.
- *Verdrängung intrinsischer Motivation:* Beruht die Leistungsbereitschaft eines Mitarbeiters verstärkt auf intrinsischer Motivation, wie ein ausgeprägtes Leistungsethos, ein starker Teamzusammenhalt oder eine hohe Identifikation mit dem Unternehmen, besteht die Gefahr der Verdrängung von intrinsischer durch extrinsische Motivation (vgl. Baustein 3). Die Leistungsprämie wird wichtiger, und auch die Erwartungen an zukünftige Steigerungen solcher Prämien nehmen zu. Werden diese Erwartungen nicht erfüllt, kann es zu Frustration kommen, die nicht mehr durch die intrinsische Motivation aufgefangen wird und deshalb mittelfristig zu einem Leistungsrückgang führt.
- *Kostenersparnis und Leistungsrückgang:* Schwächere Mitarbeiter, für welche die Aussicht auf eine Leistungsprämie nicht attraktiv ist, weil sie nicht finanziell motiviert sind oder weil sie keine Chance sehen, die Leistungsprämie zu erreichen, werden mit einem weitergehenden Rückgang ihrer Leistung reagieren. Anders als anreizsensible Mitarbeiter werden die Beschäftigten in diesem Feld so lange als möglich versuchen, im Unternehmen zu verbleiben, weil ihr Sicherheits- und Zugehörigkeitsmotiv stärker als das Leistungsmotiv ist. Für das Unternehmen kann dieser Effekt im günstigsten Fall zu einer Lohnkostenersparnis führen, deren Ertrag aber möglicherweise durch den Leistungsabfall überkompensiert wird.

Für ein Unternehmen ist es von großer Bedeutung, die möglichen Effekte einer leistungsabhängigen Vergütung bereits im Vorfeld zu berücksichtigen und erwünschte und unerwünschte Effekte gegeneinander abzuwägen.

4.2.4	Erfolgsbeteiligung

Die Erfolgsbeteiligung ist eine variable Vergütung, welche in ihrer Höhe von der Erreichung eines Unternehmensziels abhängt. Erfolgs-beteiligungsmodelle lassen sich nach fünf wesentlichen Kriterien unterscheiden:

Kriterien der Erfolgsbeteiligung

- *Erfolgsebene:* In der Regel bezieht sich eine Erfolgsbeteiligung auf den Erfolg des gesamten Unternehmens oder strategisch selbständiger Einheiten (z.B. Profit Center). Eine Kopplung an den Erfolg funktional gegliederter Einheiten ist weniger verbreitet und setzt das Vorliegen messbarer Erfolgskriterien voraus. Einen Ansatz dafür bieten Kennzahlensysteme wie die Balanced Scorecard.
- *Zielgruppe:* Der Kreis der Beschäftigten, die an einem Erfolgs-beteiligungssystem teilnehmen, schwankt beträchtlich, wobei sich drei Grundtypen unterscheiden lassen; entweder ist das System auf die Mitglieder der Geschäftsführung beschränkt – es nehmen die oberen und mittleren Führungskräfte des Unternehmens teil – oder das System erstreckt sich über die gesamte Belegschaft. Wie die EU-Kommission 1999 ermittelte, praktizieren in Deutschland knapp über 70% der Unternehmen mit mehr als 200 Beschäftigten ein System der Erfolgsbeteiligung im weitesten Sinne. Nur in 25% dieser Unternehmen nehmen mehr als die Hälfte der Beschäftigten am Erfolgsbeteiligungssystem teil. Im europäischen Durchschnitt praktizieren 45% der Unternehmen ein solches System, wobei in 63% der Fälle die Belegschaft mehrheitlich daran partizipiert.
- *Erfolgskriterium:* Als mögliche Erfolgskriterien bieten sich neben einer Reihe von finanzwirtschaftlichen Kennzahlen (z.B. Unternehmensgewinn, Umsatz, Kapitalrentabilität, Aktienkursentwicklung) auch marktstrategische oder operative Größen an (z.B. Anzahl führender Marktpositionen, Marktanteil, Produktneuein-führungen, Imagewerte, Auslastungskennzahlen, Personalfluktu-ation). Eine neuere Entwicklung ist die Erfolgsmessung über mehrdimensionale Kennzahlensysteme wie die Balanced Score-

card. In den meisten Fällen wird heute noch der ausgewiesene Unternehmensgewinn oder das operative Betriebsergebnis zugrunde gelegt. Wie die Kienbaum Vergütungsberatung für das Jahr 2002 ermittelte, erhalten 62% der deutschen Geschäftsführer über alle Unternehmensgrößen hinweg eine solche variable Vergütung. In 8% der Fälle wurde ein Umsatzziel gewählt und in weiteren 7% sind es nicht näher spezifizierte qualitative Größen. Beschränkt man die Betrachtung auf Aktienoptionspläne in den 100 größten DAX-Unternehmen, so ergibt sich, dass in 85% der Fälle die Entwicklung des Aktienkurses und nur in 15% andere Kennzahlen (z.B. Gewinn oder Rentabilität) zugrunde gelegt werden.

- *Referenzzeitraum:* In der Regel erstreckt sich der Referenzzeitraum für die Bestimmung des Unternehmenserfolgs auf ein Geschäftsjahr. Soll die Erfolgsbeteiligung jedoch die nachhaltige Unternehmensentwicklung unterstützen, so empfiehlt sich die Wahl längerer Zeiträume. Das setzt allerdings voraus, dass auch das Beschäftigungsverhältnis auf längere Zeit angelegt ist.

- *Beteiligungsform:* Während in börsennotierten Unternehmen zunehmend die Form der Aktienoption gewählt wird, die noch als Kapitalbeteiligungsmodell näher beleuchtet wird, steht in den übrigen Unternehmen die Form der direkten Gehaltszulage immer noch im Vordergrund. Darüber hinaus kann die Erfolgsbeteiligung aber auch als Cafeteria-System angelegt werden, in dem die Person eine Wahlmöglichkeit über die Beteiligungsform erhält.

Ziele der Erfolgsbeteiligung

Mit der Erfolgsbeteiligung werden in der Praxis unterschiedliche Ziele verfolgt. Bei der Beteiligung der obersten Führungsebenen stehen die Leistungsförderung und die Personalbindung im Vordergrund. Dagegen verfolgen Unternehmen, welche die Gesamtbelegschaft einbeziehen, häufig auch *unternehmenspolitische Ziele,* wie beispielsweise die Erhöhung des Firmenimages als Arbeitgeber, die Verbesserung der Zusammenarbeit zwischen Management und Belegschaft, die Verminderung des Interessenkonflikts zwischen Arbeitgeber und Arbeitnehmer oder die Förderung der Vermögensbildung.

| 4.2.5 | **Kapitalbeteiligung** |

Eine Kapitalbeteiligung ist jede Form der finanziellen Beteiligung der Beschäftigten am Kapital und damit auch am finanziellen Erfolg der Gesellschaft. Mit der Kapitalbeteiligung sind je nach Anlass und Ausgestaltung vor allem zwei Motive verbunden: Zum einen bietet sich die Kapitalbeteiligung als Selbstfinanzierungsquelle an, indem ein Teil der Wertschöpfung über die Gehaltszahlung in Form der Beteiligung wieder in das Unternehmenskapital einfließt. Zum anderen ist mit der Kapitalbeteiligung der Beschäftigten die Erwartung verbunden, dass diese zu Mitunternehmern werden, was deren Motivation und Commitment zum Unternehmen steigern soll.

Kapitalbeteiligungen sind seit langem und verstärkt im Zusammenhang mit der Finanzkrise in den Jahren 2007 bis 2009 zunehmend kritisch diskutiert worden. Das hat vor allem damit zu tun, dass bei der breiten Öffentlichkeit der berechtigte Eindruck entstanden ist, dass Kapitalbeteiligungen insbesondere in Form von Aktienoptionen für die Nutznießer mit immensen Gewinnchancen bei minimalen Risiken verbunden seien.

Je nach Rechtsform der Gesellschaft und Kapitaltyp (Eigen- oder Fremdkapital) lassen sich fünf Beteiligungsformen unterscheiden:

Beteiligungsformen

- *Belegschaftsaktie:* Mit dieser Beteiligungsform erwerben die Beschäftigten Anteile am Grundkapital der arbeitgebenden Gesellschaft. Nach den gesetzlichen Regelungen für Aktiengesellschaften dürfen diese einen beschränkten Teil ihres Kapitals vorübergehend erwerben, um sie ihren Beschäftigten zum Kauf anzubieten. Über den Aktienbesitz sind die Beschäftigten unmittelbar am Gewinn und Verlust des Unternehmens beteiligt und erwerben auch die damit verbundenen Stimmrechte. Sofern das Unternehmen börsennotiert ist, stellt die Bewertung der übertragenen Anteile keine besonderen Probleme dar.
- *GmbH- oder Kommanditanteil:* Der GmbH-Anteil entspricht bezüglich der Vermögens- und Stimmrechte weitgehend der Belegschaftsaktie. Die Übertragung von Anteilen ist jedoch an besondere Formvorschriften geknüpft und verursacht in der Regel erhebliche Bewertungsprobleme. Aus diesen Gründen ist diese Form der Kapitalbeteiligung wie auch die Kommanditbeteiligung kaum verbreitet.
- *Genussrecht* (Partizipationsschein): Mit einem Genussrecht können Beschäftigte am Gewinn und Verlust einer Gesellschaft beteiligt werden, ohne damit ein Stimmrecht zu erwerben. Steuerlich

werden Genussrechte als Fremdkapital behandelt, obwohl sie für die Besitzer einen eigenkapitalähnlichen Charakter haben. Die Bedingungen für die Übertragung und Ertragsbeteiligung können durch die Gesellschaft relativ frei ausgestaltet werden.

- *Stille Beteiligung:* Stille Beteiligungen bieten sich als Beteiligungsform bei Personengesellschaften an. Hier leistet der Mitarbeiter eine Einlage, die in das Vermögen des Unternehmers übergeht. Die rechtliche Gestaltung erfolgt entweder über Einzelvertrag oder über eine Betriebsvereinbarung. Wie bei Anteilen an Kapitalgesellschaften ist der stille Gesellschafter angemessen am Gewinn zu beteiligen. In welchem Umfang er am Verlust beteiligt wird, kann hingegen frei ausgehandelt werden.
- *Darlehen:* Im Gegensatz zu den übrigen Beteiligungsformen wird ein Mitarbeiterdarlehen in der Regel fest verzinst. Der Grundgedanke der Kapitalbeteiligung, den Beschäftigten zum Mitunternehmer zu machen, ist in diesem Fall demzufolge am schwächsten ausgeprägt.

Bedeutung von Kapitalbeteiligungsmodellen

Die Bedeutung von Kapitalbeteiligungsmodellen verändert sich mit der Entwicklungsphase, die ein Unternehmen oder ein Team durchläuft: In der Gründungsphase hat die Kapitalbeteiligung vor allem die Funktion, einen engeren Kreis der Wachstums- und Leistungsträger zu bilden und zusammenzuschweißen. Es wird erwartet, dass diese Mitarbeiter sich längerfristig dem Unternehmen verpflichten. Befindet sich das Unternehmen oder das Team in einer Reifephase mit stabilen finanziellen Erträgen, hat die Kapitalbeteiligung vor allem einen Belohnungscharakter: Management oder Führungskräfte dokumentieren damit, dass sie die bisherige Leistung der beschäftigten Mitarbeiter als wesentliche Ursache für den erreichten Erfolg ansehen. Schließlich kann die Kapitalbeteiligung aber auch dazu geschaffen werden, das Unternehmen in einer Krisenphase vor dem Untergang zu bewahren und auf diesem Weg mit neuem Kapital und einer verstärkten Einbindung der Beschäftigten zu stabilisieren.

Aktienoptionspläne

Im Zuge der Börseneuphorie hat sich mit *Aktienoptionsplänen* (engl. «stock options») eine besondere Form der leistungsabhängigen Kapitalbeteiligung verbreitet. Es handelt sich dabei um terminierte Bezugsrechte auf Aktien des Unternehmens für die Beschäftigten. Sie berechtigen zum Kauf der Aktien zu einem vorher festgesetzten Preis an einem ebenfalls vorher festgesetzten Zeitpunkt oder in einem bestimmten Zeitraum. Der Kaufpreis wird so in Relation zum aktuellen Aktienkurs bestimmt, dass sich bei der zu erwartenden Marktentwicklung ein Gewinn für den Beschäftigten ergibt.

Dieser Gewinn resultiert daraus, dass der Mitarbeiter die Aktie zu einem Preis unter dem dann gültigen Marktpreis erwerben und anschließend gegebenenfalls wieder verkaufen kann. Liegt der Marktpreis entgegen der Erwartung unter dem festgelegten Preis, wird die Option nicht ausgeübt und verfällt in der Regel.

Für die Gestaltung von Aktienoptionsprogrammen gibt es mehrere Parameter. Ihre Gestaltungsmöglichkeiten haben sich während der letzten Jahre in verschiedenen Ländern durch Gesetzesänderungen erweitert:

- *Kreis der Berechtigten:* Dieser kann sich auf das Topmanagement beschränken, auf mittlere Führungskräfte ausgedehnt werden oder auch die tariflichen Mitarbeiter miteinbeziehen. Eine Grenze für die Ausweitung solcher Programme liegt motivationstheoretisch in der auf unteren Hierarchieebenen fehlenden Beeinflussbarkeit der Aktienkursentwicklung durch persönliches Engagement.
- *Erfolgsmaßstab:* Hier ist insbesondere zwischen einer absoluten Aktienkursentwicklung und einer relativen, d.h. in Bezug auf die Entwicklung eines Branchenindexes gesetzten Bewertung zu unterscheiden.
- *Wandlungspreis:* Der Empfänger der Option erhält das Recht, in einem späteren Zeitpunkt Aktien (Underlying, Basistitel) zu einem bestimmten Preis (Wandlungs- oder Basispreis) zu erwerben. Dieser Preis wird entweder dem gegenwärtigen Aktienkurs entsprechen, sodass die bis dahin erreichte Kurssteigerung den Gewinn ausmacht, oder er kann bewusst höher angesetzt werden, um das Leistungsanspruchsniveau zu erhöhen.
- *Herkunft der Aktien:* Die für die Einlösung der Optionen bereitzustellenden Aktien können entweder aus einem Aktienrückkauf der Gesellschaft stammen oder mit einer bedingten Kapitalerhöhung geschaffen werden. Letzteres hat eine Kapitalverwässerung zur Folge.
- *Laufzeit:* Dabei ist die gesetzliche Vorschrift des KonTraG zu beachten, wonach Optionen frühestens nach zwei Jahren eingelöst werden können. Der Anreizeffekt längerer Laufzeiten ist, davon abgesehen, ambivalent: Einerseits verlängern sie die Bindung der Empfänger, andererseits nimmt die Berechenbarkeit des zu erwartenden Ertrags, der aus der Perspektive der Erwartungstheorie große Bedeutung zukommt, ab.

Vielfalt an Ausge-
staltungsvarianten
in der Praxis

In der Praxis findet sich eine kaum überschaubare Vielfalt an Ausge-
staltungsvarianten. Sie lassen sich vor allem danach unterscheiden,
wie groß der Erfolgsspielraum und das damit verbundene Risiko für
den Mitarbeiter ist:

1. *Beteiligungsmodelle mit geringem Risiko:*
   - *Stock purchase plan:* Der Mitarbeiter erhält die Möglichkeit,
     Aktien des Unternehmens zu besonders günstigen Konditionen
     zu erwerben.
   - *Time-based restricted stock:* Aktien werden nach einer be-
     stimmten Betriebszugehörigkeit als Vergütungsbestandteil aus-
     gegeben. Sie fallen wieder an das Unternehmen zurück, falls
     der Mitarbeiter das Unternehmen innerhalb einer festgelegten
     Zeit nach Erhalt verlässt.
   - *Performance-accelerated restricted stock:* Ihre Ausgabe ist an
     die Erreichung vereinbarter Leistungsziele gekoppelt. Neben
     dem Ziel der Bindung wird auch das der Leistungsförderung
     verfolgt.

2. *Beteiligungsmodelle mit mittlerem Risiko:*
   - *Time-vested stock option:* Der Mitarbeiter erhält das Recht,
     während einer bestimmten Periode in der Zukunft Aktien zu
     einem vorher festgelegten Preis zu erwerben.
   - *Performance-vested restricted stock option:* Die Aktienoption
     ist hier an die Erreichung bestimmter Leistungsziele gekoppelt.
   - *Performance-accelerated stock option:* Je früher ein vereinbar-
     tes Leistungsziel erreicht wird, umso früher kann in diesem
     Modell die Option eingelöst werden.

3. *Beteiligungsmodelle mit hohem Risiko:*
   - *Premium-priced stock option:* Die Einlösung der Option ist
     nicht an individuelle Leistungsziele, sondern an die Aktien-
     kursentwicklung gekoppelt.
   - *Indexed stock option:* Das Kriterium der Aktienkursentwick-
     lung des Unternehmens wird dadurch verschärft, dass sich der
     Aktienkurs gegenüber einem vorgegeben Branchenindex ver-
     bessern muss.

Gerade für junge Unternehmen im Neuen Markt, die in der allgemeinen Goldgräberstimmung der 1990er Jahre entstanden waren, sich
aber außerstande sahen, mehr als nur geringe Fixgehälter zu zahlen,
erschien die Aktienoption als nahezu perfekte Vergütungsform. Sie
versprach – abgesehen von der Wirkung als Leistungsanreiz – gleich

Vorteile von
Aktienoptionen

mehrere Bedürfnisse bei Unternehmen und den beschäftigten Managern abzudecken:

- *Liquiditätsschonung und Flexibilisierung von Personalkosten:* Aktienoptionen sind attraktive Gehaltsversprechen. Das gilt vor allem für Beschäftigte, die sich im Aufstieg befindlich begreifen, etwa nach einem Studium oder einer Beschäftigungspause: Man akzeptiert ein relativ niedriges Fixgehalt, weil man in Form der Option das zukünftige Mehreinkommen schon förmlich in der Hand zu haben glaubt. Die Option wird für das Unternehmen erst zu einem späteren Zeitpunkt auszahlungswirksam.
- *Bindungswirkung:* Aktienoptionen schaffen eine Grundlage für die affektive und kalkulative Bindung (vgl. Baustein 7) eines Managers an sein Unternehmen. Das ist gerade in Branchen, in denen eine hohe Wechselbereitschaft vorherrscht, von großer Bedeutung. Optionsprogramme lassen sich so gestalten, dass es für die Zielgruppen vorteilhafter ist, länger im Unternehmen zu verbleiben. Neben diesem kalkulativen Aspekt kann auch die affektive Bindung, d.h. die Identifikation mit dem Unternehmen, mittels Optionsprogrammen erhöht werden.
- *Wahlfreiheit:* Schon die Cafeteria-Konzepte der 1980er Jahre beruhten in ihrer Motivationswirkung darauf, dass den Mitarbeitern eine Wahlfreiheit in ihrer Vergütung eingeräumt wurde. Wer die Wahl zwischen mehreren attraktiven Alternativen hat, ist motivierter als derjenige, der eine ebenso attraktive Leistung ohne Wahlmöglichkeit erhält. Im Begriff der Option ist die Idee der Wahlfreiheit bereits enthalten. Der Besitzer einer Option entscheidet selbst, ob, wann und in welcher Form er sie ausübt.
- *Status und Innovation:* Wer Aktienoptionen als Gehaltsbestandteil erhält, bewegt sich in einem idealtypischen Kontinuum zwischen Beamten und Unternehmer bei der letztgenannten Gruppe. Während Beamte für ihre Staatstreue fix besoldet werden, lebt der Unternehmer von den Erträgen seines wechselnden Erfolgs unter ungewissen Bedingungen. Optionsbesitz nährt das Bewusstsein, «Beinahe-Unternehmer» zu sein, und das ist heute in weiten Kreisen statuswirksam. Schließlich hängt Aktienoptionsprogrammen auch das Etikett an, eine innovative Vergütungsform zu sein. Sie tragen also einen hohen symbolischen Wert in sich.

Darüber hinaus lassen sich solche Beteiligungsmodelle auch als Mechanismus für eine gleitende Nachfolgeregelung auf Geschäftsleitungsebene, zur schrittweisen Privatisierung zuvor öffentlicher Unternehmen oder zur Verhinderung feindlicher Übernahmen durch Dritte einsetzen.

In den USA praktizieren bereits über 50% aller Kapitalgesell-

schaften Beteiligungsmodelle, wobei der Prozentsatz bei Unternehmen mit weniger als 100 Mitarbeitern noch deutlich höher ist. Während die Kapitalanteile und Optionen in den USA traditionell das
wichtigste Instrument zur Mitarbeiterbeteiligung sind, war es in den
meisten europäischen Ländern erst der Boom an den Aktienmärkten,
der Aktienoptionen auf breiter Basis attraktiv erscheinen ließ. Gerade
der Kurseinbruch auf den Aktienmärkten am Anfang des 21. Jahr-

hunderts zeigte aber, dass Aktienoptionsprogramme auch Probleme
in sich bergen: In einigen besonders erfolgreichen Software-Unter-
nehmen, die ihre Spezialisten und Führungskräfte von Anfang an mit
Optionen bezahlt hatten, wuchs der Gesamtwert der ausgegebenen
Optionen im Vergleich zum Kapitalwert des Unternehmens überproportional an, sodass sie gar nicht mehr ausreichend durch Kapitalanteile gedeckt waren oder bei einem massiven Verkauf den Kurswert
ernsthaft gefährden konnten. Zudem signalisieren Aktienoptionsprogramme nicht nur den Empfängern attraktive Gewinnaussichten,
sondern führen auch den übrigen Beschäftigten und der Öffentlichkeit, die beide nicht davon profitieren können, vor Augen, welche
großen Summen an einen vergleichsweise kleinen Kreis von Begüns-
tigten ausgeschüttet werden. Aufgrund der nicht prognostizierbaren
Wertentwicklung der Optionen versuchten in der Folge viele Unternehmen, die Spannbreite möglicher Entwicklungen über eine Re-
glementierung einzuschränken. Dadurch werden die Optionsprogramme für die Adressaten aber auch schwerer durchschaubar. Die
dadurch entstehende Intransparenz gefährdet aber wiederum die angestrebte Motivationswirkung.

Ein weiteres Risiko, das mit Aktienoptionsprogrammen verbunden ist, zeigt sich bei fallenden Börsenkursen. Die besondere Anreizwirkung verkehrt sich dann leicht zu einer besonderen Frustra-
tionswirkung. Die Vorteile eines Optionsprogramms werden nun
zum Hebel für seine Nachteile: Mit den Optionsprogrammen wurden
hohe Erwartungen erzeugt, mit denen auch das Anspruchsniveau an-
gestiegen ist. Selbst wenn die Optionen sich mit Gewinn wandeln
lassen, kann es zu Unzufriedenheit kommen, da die anfänglich ge-
schürte Gewinnerwartung noch höher war. Daraus kann sich leicht
eine kostspielige Form der Demotivation entwickeln. Wahlfreiheit
wirkt motivierend bei attraktiven Alternativen. Sie erhöht aber die
Frustration, wenn zwischen unattraktiven Alternativen (einer wenig
erfolgversprechenden Option und einem sichtbaren finanziellen Verlust) gewählt werden soll.

Neben ungeplanten Nebeneffekten für die individuellen Bezüger
von Aktienoptionen zeigt die Finanzkrise von 2007 bis 2009 proble-

matische Effekte für die Gesamtwirtschaft. Haben die Nutznießer auf den obersten Führungsebenen außerdem weitreichenden Einfluss auf die Unternehmensentwicklung, besteht ein gesteigertes Risiko, diese Einflussmöglichkeiten allein zum persönlichen Vorteil auszunutzen, unter Inkaufnahme erheblicher Risiken für Beschäftigte und – wie im Falle der international tätigen Finanzdienstleister – sogar für die gesamte Volkswirtschaft. Es bleibt abzuwarten, wie sich die Nutzung dieser Vergütungsmodelle weiter entwickeln wird. Zumindest gibt es inzwischen genügend Negativerfahrungen, sodass die ursprüngliche Euphorie für Kapitalbeteiligungen inzwischen einer ausgewogeneren Beurteilung gewichen ist.

Literaturhinweise

Dudo von Eckardstein (2001): Handbuch variable Vergütung für Führungskräfte.
Der Sammelband vermittelt einen breiten Überblick über die Gestaltungsmöglichkeiten bei der Vergütung von Führungskräften und deren Bewertung. Neben den konzeptionellen Beiträgen werden Fallbeispiele aus großen und mittleren Unternehmen vorgestellt.

Dudo von Eckardstein & Stefan Konlechner (2008): Vorstandsvergütung und gesellschaftliche Verantwortung der Unternehmung.
Dieser Diskussionsbeitrag ist in zweierlei Hinsicht eine Ergänzung des Buchs von 2001, indem es den Fokus auf größere Unternehmen legt und auf die wachsende Kritik an der Praxis der Spitzenvergütung reagiert.

George T. Milkovich & Jerry M. Newman (2013): Compensation. 13. Auflage.
Entsprechend der Tatsache, dass die Gestaltungsspielräume für Lohn- und Gehaltssysteme in US-amerikanischen Unternehmen traditionell größer als in Europa sind, muss man bislang noch auf amerikanische Lehrbücher zum Thema zurückgreifen. Unter diesen ist das Buch von Milkovich und Newman, das inzwischen in der 13. Auflage erschienen ist, sicherlich das am weitesten verbreitete.

 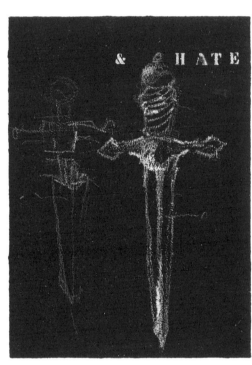

LOVE & HATE

Baustein 5

Feedback systematisch geben

**Auf dem Weg zur
täglichen Rundum-
Beurteilung?**

Feedback- und Beurteilungssysteme haben in den letzten Jahren deutlich an Aufmerksamkeit gewonnen, die in zahlreichen Veröffentlichungen zum Ansatz der 360°-Beurteilung gipfelten. Diesem liegt die Idee zugrunde, dass Mitarbeiter nicht nur von ihrem direkten Vorgesetzten, sondern auch noch von Kollegen, Mitarbeitern oder Kunden beurteilt werden sollten, und diese Fremdurteile mit einer Selbstbeurteilung krönen – und das möglichst regelmäßig! Angesichts der kaum mehr überschaubaren Beurteilungs- und Feedback-Euphorie entsteht leicht der Eindruck, das ideale Feedbacksystem sehe eine ständige Beurteilung der Person, ihres Verhaltens und der Leistungen vor, die zur Erzielung maximaler Objektivität möglichst viele Beurteilungsinstanzen einzubeziehen hätte. Die Grenzen einzelner Beurteilungsverfahren und das altvertraute Gesetz des abnehmenden Zusatznutzens geraten dabei leicht aus dem Blickfeld.

In diesem Baustein werden die Gründe, die eine Beurteilung des Mitarbeiters und seine Leistungen nahe legen, näher beleuchtet, um anschließend zu klären, welche Ansätze sich im besonderen Fall anbieten.

Inhalt

5.1 Ziele eines Feedbacksystems 167

Welche Probleme kann ein Feedbacksystem lösen?

5.1.1 Funktion eines Feedbacksystems 167
5.1.2 Grundlagen eines Feedbacksystems 169

5.2 Konzeption des Feedbacksystems 170

Welche Ansätze und Verfahren stehen zur Auswahl?

5.2.1 Input-Output-Analyse 170
5.2.2 Kennzahlensysteme 172
5.2.3 Mitarbeitergespräch und 360°-Beurteilung 176

5.3 Effekte und Erfolgsvoraussetzungen 181

*Unter welchen Voraussetzungen wirkt ein Feedbacksystem
leistungsmotivierend?*

5.3.1 Motivationswirkung von Feedbacksystemen 181
5.3.2 Beurteilungsfehler und Beurteilungsqualität 185

| 5.1 | **Ziele eines Feedbacksystems** |

Welche Probleme kann ein Feedback- system lösen?
Feedbacksysteme erfüllen mehrere Funktionen: Sie sorgen für Transparenz in den Leistungserwartungen, sichern die Leistungserfüllung, zeigen Entwicklungsbedarf und sind häufig eine Grundlage für die Festsetzung leistungsabhängiger Vergütungsbestandteile. Feedbacksysteme setzen bei der sogenannten Prinzipal-Agenten-Problematik an. Im Verhältnis zwischen Führungskraft und Mitarbeiter bzw. Unternehmen und Beschäftigten sollen sie gewährleisten, dass der Einzelne die an ihn gestellten Anforderungen erfüllt und die erwarteten Leistungen erbringt.

| 5.1.1 | **Funktion eines Feedbacksystems** |

> *Feedbacksysteme* sind Verfahren, mit denen die Potenziale, das Verhalten oder die Leistungen von Personen und Teams beurteilt werden, um positive Ergebnisse aufrechterhalten und Defizite oder Fehler beseitigen zu können. Die Bandbreite der Instrumente reicht dabei von Kennzahlensystemen und der periodischen Personal- und Leistungsbeurteilung bis zum einmaligen Management-Audit in Veränderungsprozessen.

Anwendungs- bereiche Feedbacksysteme
Feedbacksysteme werden in der Praxis in ganz unterschiedlichen Zusammenhängen eingesetzt. Dementsprechend groß ist auch die Bandbreite der dabei verwendeten Verfahren.

- Sie werden in der Führungsbeziehung eingesetzt, um eine laufende Rückmeldung über die Erwartungen des Vorgesetzten und die erbrachten Leistungen des Mitarbeiters zu gewährleisten. In der Regel findet dies im Rahmen periodischer Vorgesetzten-Mitarbeiter-Gespräche statt.
- Soll der Mitarbeiter ein Feedback nicht nur über seine Leistungen, sondern auch über sein Verhalten gegenüber Kollegen, Mitarbeitern oder Kunden erhalten, wird das Mitarbeitergespräch zu einer 360°-Beurteilung erweitert (vgl. Abschnitt 5.2.3).
- Als Grundlage für die Festlegung variabler Vergütungsanteile werden Feedbacksysteme in aller Regel als formalisiertes Verfahren mit messbaren Kennzahlen und Erfolgskriterien durchgeführt. Ist eine personenunabhängige Messung der Leistung nicht möglich, erfolgt die Beurteilung durch den Vorgesetzten, seltener auch durch Kollegen, Mitarbeiter oder Kunden.

- Feedbacksysteme kommen auch da zum Einsatz, wo es um eine situationsspezifische Beurteilung der Managementleistung geht, beispielsweise im Zuge von Mergers & Acquisitions oder in grundlegenden Veränderungsphasen. Die Führungskräfte als Einzelpersonen sowie das Führungsteam als Einheit durchlaufen ein Testverfahren und erhalten am Ende eine Rückmeldung über ihre Stärken und Schwächen in der Bewältigung von Managementproblemen.

Eine wichtige Funktion von Feedbacksystemen besteht darin, Leistungsstörungen zu verhindern oder zumindest deren Ursachen aufzudecken (▷ Leistungsstörungen).

Leistungsstörungen

Leistungsstörungen sind aus arbeitswissenschaftlicher Perspektive alle Ursachen, die zu einem vorübergehenden oder andauernden Rückgang der Leistungsbereitschaft einer Person führen. Leistungsstörungen zeigen sich vor allem darin, dass sich die erbrachte Leistung qualitativ oder quantitativ verschlechtert. Sie können sich aber auch in einem Verhalten niederschlagen, das gezielt gegen die Unternehmensziele gerichtet ist. Leistungsstörungen können auf verschiedene Ursachen zurückgehen:

- *Ergonomische Beeinträchtigungen:* Dazu zählen Mängel in der Gestaltung und Ausstattung des Arbeitsplatzes oder äußere Störeinflüsse (z.B. andauernde Lärmbelästigung oder häufige Unterbrechungen des Arbeitsflusses). Dabei ist durchaus möglich, dass die betroffene Person diese Störungen gar nicht bewusst wahrnimmt, jedoch unbewusst mit Stress und Leistungsrückgang reagiert. Eine Beseitigung dieser Ursache für die Leistungsstörung ist in der Regel durch einen äußeren Eingriff leicht möglich.
- *Qualifikationsdefizite:* Änderungen in den Aufgabenstellungen stellen häufig neuartige Anforderungen an die individuelle Qualifikation. Wenn die Person nicht in der Lage ist, die neuen Kenntnisse und Fertigkeiten zu erwerben, wird damit die Leistung beeinträchtigt. Ähnlich wie bei den ergonomischen Ursachen müssen diese Defizite der betroffenen Person nicht bewusst sein. Personalentwicklung im weitesten Sinne trägt hier zur Beseitigung der Störungsursachen bei.

- *Motivationale Störungen:* Fehlende oder enttäuschte Motive der Person (Demotivation, Frustration) können ebenfalls zu Leistungsstörungen führen. In diesem Fall sind der betreffenden Person die Ursachen bewusst, jedoch ist sie unter Umständen nicht bereit, sich mit deren Beseitigung aktiv auseinanderzusetzen. Diese Ursachen lassen sich nur durch aktive Einbindung der betreffenden Person beseitigen.
- *Soziale Konflikte:* Leistungsstörungen können schließlich auch auf Konflikte mit Vorgesetzten oder Kollegen zurückzuführen sein. Wenn eine Person mit ihrer Leistung gegen soziale Normen und Rollenerwartungen verstößt (z.B. Arbeitsnormen bei Akkordlohn oder die Erwartung, sich Vorgesetzten und älteren Kollegen unterzuordnen, wird sie mit Widerstand und Ablehnung konfrontiert, die ihre Leistung beeinträchtigen. Eine Beseitigung der Ursachen für diese Leistungsstörungen erfordert einen Beratungsansatz, der alle beteiligten Personen mit einbezieht.

| 5.1.2 | **Grundlagen eines Feedbacksystems** |

Feedbacksysteme als Kontrollinstrumente setzen an der sogenannten Prinzipal-Agenten-Problematik an (▷ Prinzipal-Agenten-Modell). Sie gehen von einem natürlichen Interessengegensatz zwischen der Geschäftsführung bzw. dem Vorgesetzten auf der einen und den Angestellten bzw. Mitarbeitern auf der anderen Seite aus. Aus dieser

---

Prinzipal-Agenten-Modell

Das Prinzipal-Agenten-Modell beschreibt die Kontrollproblematik von Beziehungen zwischen einem Auftraggeber (= Prinzipal) und einem Auftragnehmer (= Agent). Eine solche Beziehung liegt in einem Unternehmen beispielsweise im Verhältnis zwischen einem Kapitalgeber und dem von ihm eingesetzten Geschäftsführer oder zwischen einer Führungskraft und ihrem Mitarbeiter vor. In beiden Fällen verfolgt der Prinzipal ein bestimmtes Ziel (z.B. Kapitalrentabilität oder Aufgabenerfüllung) und verfügt über Mittel (z.B. Geld, Anweisungsbefugnisse oder andere Sanktionsmittel), die es ihm erlauben, jemanden einzusetzen, der dafür besonders qualifiziert ist.

Das Modell geht davon aus, dass Prinzipal und Agent versuchen, nach Möglichkeit ihren persönlichen Nutzen zu steigern. Der Nutzen des Agenten stimmt aber nur teilweise mit dem des Prinzipals überein. Er ist zwar bereit, den ihm erteilten Auftrag zu erfüllen, aber das nur so weit, wie es gerade noch notwendig ist, um die dafür vorgesehene Vergütung oder Belohnung zu erhalten. Der Prinzipal möchte auf der anderen Seite aber sicherstellen, dass sein Auftrag bestmöglich ausgeführt wird. Deshalb wird er die ihm zur Verfügung stehenden Möglichkeiten der Kontrolle nutzen und die Vergütung so lange zurückzuhalten, bis seine Ziele erreicht wurden. Die Bedingungen kann er aber nicht so unattraktiv gestalten, dass der Agent es überhaupt ablehnt, den Auftrag anzunehmen. Das Modell unterstellt, dass der Agent grundsätzlich *risikoavers* ist, d.h. keine Bedingungen mit hoher Erfolgsunsicherheit akzeptiert.

Die Möglichkeiten für den Prinzipal, seinen Agenten zu kontrollieren und gezielt zu steuern, sind durch die folgenden Ausgangsbedingungen beschränkt: Der Auftraggeber hat in der Praxis kaum die Möglichkeit, die Tätigkeit des Agenten und seine Leistungsanstrengung pausenlos zu überwachen. Er ist zudem aufgrund des Expertisevorsprungs des Agenten in der Regel nicht in der Lage, dessen Arbeitsweise zu beurteilen. Seine Fachexpertise erlaubt es dem Agenten, die Auftragsvereinbarung zu seinen Gunsten zu beeinflussen und Entscheidungen über seine Auftragserfüllung zu fällen, ohne dass der Prinzipal eingreifen kann.

Unter diesen Voraussetzungen hat der Prinzipal eine Reihe von Möglichkeiten, die Leistung des Agenten zu steuern und eine einseitige Nutzenmaximierung zu verhindern:

- Er kann das Anreizsystem so gestalten, dass der Agent seine Vergütung oder Belohnung nur erhält, wenn er dem Prinzipal einen messbaren Vorteil verschafft. Ein Beispiel dafür wäre ein Erfolgsbeteiligungsmodell. Die Grenzen eines solchen Anreizsystems liegen in der Risikoaversion des Agenten, der eine solche Vereinbarung nur akzeptieren wird, wenn er für das eingegangene Risiko eine besondere Prämie erhält.
- Er kann durch organisatorische Regelungen (z.B. Arbeitszeitregelung, vorgegebene Routinen) versuchen, die Arbeitsleistung zu steuern. Deren Grenze liegt in dem schwachen Erfolgszusammenhang solcher Regelungen (Anwesenheit bedeutet noch nicht Leistung) und den dadurch entstehenden Kosten.
- Schließlich kann er den Agenten auch verpflichten, ihn fortlaufend über die erzielten Arbeitsfortschritte zu informieren, was aber auch zusätzliche Aufwendungen erfordert und leicht zu einer geringeren Arbeitseffizienz führen kann.

Perspektive dienen Feedbacks dazu, dem Mitarbeiter laufend zu signalisieren, ob er die an ihn gestellten Erwartungen erfüllt. Dem Vorgesetzten geben sie ein Instrument in die Hand, um die Leistung der Mitarbeiter zu beobachten und gegebenenfalls korrigierend einzugreifen.

5.2   Konzeption des Feedbacksystems

Welche Ansätze und Verfahren stehen zur Auswahl?
Das Feedbacksystem eines Unternehmen kann sich aus mehreren Elementen zusammensetzen. Sie lassen sich danach unterscheiden, ob sie regelmäßig oder einmalig zum Einsatz kommen. Am weitesten verbreitet ist das jährliche Mitarbeitergespräch im Führungsverhältnis, das sich zum Ansatz der 360°-Beurteilung erweitern lässt. Daneben spielt die Leistungsbeurteilung auf Basis von Kennzahlensystemen eine zunehmend wichtige Rolle.

5.2.1   Input-Output-Analyse

Die Beurteilung der Beiträge von Mitarbeitern kann an drei verschiedenen Punkten ansetzen: an der Person selbst mit ihren aktuellen Fähigkeiten und ihren Potenzialen (Input-Ansatz), am Verhalten und der Leistungsanstrengung (Prozessansatz) sowie an den erzielten Ergebnissen (Output-Ansatz). ▶ Abb. 23 zeigt die Beziehungen zwischen den drei Ansätzen.

Ansätze der Input-Output-Analyse

- Der *Output-Ansatz* bezieht sich auf die in einer Periode erreichten Leistungen und ist damit vergangenheitsorientiert. Er geht davon aus, dass das Unternehmen bzw. die Führungskraft nur über die tatsächliche Zielerreichung steuern soll und es dem Mitarbeiter so weit als möglich freigestellt bleibt, mit welchen Voraussetzungen und auf welchem Weg er seine Ziele erreichen will. Dieser Ansatz ist vor allem im Rahmen eines zielorientierten Führungssystems (Management by Objectives) realisierbar. Hauptvorteil ist in der Regel die leicht objektivierbare Beurteilungsgrundlage, die zu einer hohen Akzeptanz der Beurteilten führt. Die Schwäche dieses Ansatzes besteht jedoch darin, dass allzu häufig eine kurzfristige Optimierung gefördert wird, gegenüber der langfristige Ziele und eine nachhaltige Entwicklung mit schwer absehbaren Ergebnissen zurückgestellt werden. Ein typisches Beispiel für diesen Ansatz ist

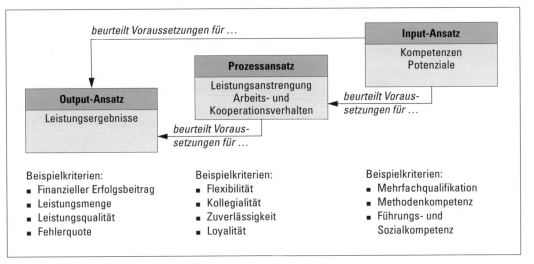

▲ Abb. 23 Ansätze der Input-Output-Analyse

ein Beurteilungssystem, das ausschließlich auf den Arbeitsergebnissen der abgelaufenen Periode (z.B. Quartalsumsatz) aufbaut.

■ Der *Prozessansatz* zielt auf das Leistungsverhalten. Traditionell standen die Arbeitstugenden wie Sparsamkeit, Sorgfalt, Pünktlichkeit und Kollegialität im Mittelpunkt. Dieser Beurteilungsansatz spielt noch heute in Unternehmen (bzw. Teilbereichen) eine wichtige Rolle, in denen kulturelle Werte über ein bestimmtes Leitbild der Führung und Zusammenarbeit gestützt werden sollen, weil sie als nachhaltige Erfolgsvoraussetzung angesehen werden. Dieser Ansatz unterscheidet zwischen erwünschten Verhaltensweisen, die als Erfolgsvoraussetzung angesehen werden, und unerwünschtem Verhalten, das durch die Beurteilung sanktioniert und zurückgedrängt werden soll. Eine Schwierigkeit besteht allerdings darin, diejenigen Verhaltensmuster zu identifizieren, welche tatsächlich ergebnis- und damit erfolgswirksam für das Unternehmen sind. Beurteilungsbögen in der Praxis enthalten noch heute meistens einen Abschnitt, in dem auf das Arbeits- und Kooperationsverhalten des Beurteilten eingegangen wird.

■ Der *Input-Ansatz* geht davon aus, dass die Entwicklungsfähigkeit und der langfristige Erfolg eines Unternehmens in erheblichem Maße von den Kompetenzen und Potenzialen der Mitarbeiter abhängig ist. Dementsprechend konzentriert sich die Beurteilung darauf, ob die benötigten Kompetenzen vorliegen, welche Potenziale verstärkt genutzt und welche Fähigkeiten erweitert oder neu aufgebaut werden müssen. Ein solcher Beurteilungsansatz dient als Informationsgrundlage für Karriere- und Weiterbildungsentscheidungen. Er ist am stärksten zukunftsorientiert angelegt und ist dementsprechend mit der Schwierigkeit belastet, zukünftige Anforderungen richtig einzuschätzen.

Bedeutung der
Ansätze

Welches relative Gewicht die drei Ansätze in einem konkreten betrieblichen Feedbacksystem erhalten, hängt in erster Linie von den Zielen der Beurteilung ab: Wenn die kurzfristige Erfolgs- und Leistungssicherung im Vordergrund stehen soll, ist der Output-Ansatz zu wählen, während der Input-Ansatz die langfristige Flexibilität und Entwicklungsfähigkeit unterstützt. Hat die Kontinuität der Unternehmenskultur, der «Stil des Hauses» große Bedeutung, sollten Elemente des Prozessansatzes zugrunde gelegt werden.

| 5.2.2 | **Kennzahlensysteme** |

Seit Kaplan und Norton Mitte der 1990er Jahre das Konzept der *Balanced Scorecard* eingeführt haben, ist ein Trend zu einer zunehmenden Kennzahlenorientierung in allen Managementbereichen festzustellen.

> Die *Balanced Scorecard (BSC)* ist ein formalisiertes System von Messgrößen, mit dem der Zielerreichungsgrad eines Unternehmens oder eines Unternehmensbereichs in vier wesentlichen Managementfeldern (Finanzen, Kunden, Leistungsprozesse, Innovation) laufend überprüft wird.

Balanced Scorecard
für Mitarbeiter

Als Feedbacksystem innerhalb des Human Resource Management lässt sich die Balanced Scorecard nutzen, wenn die Leistungskriterien, an denen sich ein Mitarbeiter orientieren soll, aus den Messgrößen der Scorecard des Unternehmens oder des Arbeitsbereichs abgeleitet werden. Sie lässt sich aber auch als systematischer Bezugsrahmen zur Formulierung von Zielen und Kennzahlen für die Aufgaben eines Mitarbeiters heranziehen (Mitarbeiter-BSC).

Die BSC beruht auf der Annahme, dass Unternehmen nur dann langfristig bestehen können, wenn es dem Management gelingt, in allen vier Feldern gleichermaßen erfolgreich zu sein. Ist ein Unternehmen auch nur in einem einzigen Feld schwach, gefährdet es die Zielerreichung in den drei anderen Feldern. Für jedes Feld werden Ziele gesetzt und Messkriterien und Toleranzspielräume definiert, mit denen festgestellt werden kann, wie gut die dazugehörigen Ziele bereits erreicht worden sind. Welche Ziele zu verfolgen sind und

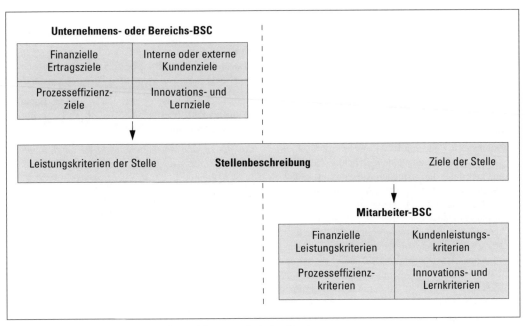

▲ Abb. 24 Die Balanced Scorecard als Feedbacksystem

Funktionen der
Balanced Scorecard

woran diese gemessen werden, lässt das Konzept offen. Diese Entscheidungen sind von jedem Unternehmen individuell zu treffen. Somit erfüllt die Balanced Scorecard gleich mehrere Funktionen:

- *Integration:* Die BSC verbindet eine große Spanne von Aufgabenbereichen und weist auf ihre inneren Zusammenhänge hin: kein finanzieller Erfolg ohne Prozessoptimierung und kein Erfolg bei internen oder externen Kunden ohne organisationale Lernfortschritte.
- *Vereinfachung* und *Prioritätensetzung:* Wesentliche Ziele werden in den Vordergrund gerückt und Prioritäten gesetzt. Handlungsfähig ist das Management einer Organisation, wenn die Zahl der zu verfolgenden Ziele und Erfolgsgrößen überschaubar ist.
- *Systematisierung* und *Transparenz:* Die BSC bietet ein Ordnungsschema für vielfältige Ziele und Erfolgskriterien, die das Management eines Unternehmens seiner Leitung zugrunde legen will. Sie zeigt darüber hinaus verbleibende Lücken auf, die zu schließen sind. Mit der Systematisierung werden Kompetenzen und Verantwortung verteilt und zugeordnet. Das ist auch eine wichtige Voraussetzung dafür, Ziele und Erfolgsgrößen sowie Konflikte und Synergien transparent zu machen.

Praxisbeispiel: Beurteilung mit Kennzahlensystem

Im Tagungshotel Schindler in Boxdorf bei Nürnberg wird seit 2003 ein Mitarbeiter-Aktienindex (MAX) praktiziert, in dem das Leistungsniveau des einzelnen Mitarbeiters und des Teams auf Basis einer Reihe vereinbarter Kriterien mit bereichsspezifischer Gewichtung gemessen wird. Jeder Mitarbeiter erhält an seinem ersten Arbeitstag einen Aktien-Nennwert in Höhe von 1000 Pixel. Ein späterer Kursverlauf wird monatlich neu errechnet und widerspiegelt dann den aktuellen Kurs des als «Player» bezeichneten Mitarbeiters. Wie an der Börse kann der Kurs steigen oder fallen. Jedes Jahr fällt der MAX automatisch um 100 Punkte; dieser Verlust kann aber durch neu erworbene Punkte (z. B. aufgrund von persönlichen Weiterbildungsmaßnahmen oder der Mitarbeit in Projekte) ausgeglichen werden. Im besten Fall können etwas mehr als 1200 Pixel erreicht werden. Zu den Kriterien die für die jährliche Neuberechnung des persönlichen Index herangezogen werden, zählen:

- Krankheitstage (ohne Krankenhausaufenthalte und Betriebsunfälle),
- Verstoß gegen Spielregeln – hausinterne Regeln, die jedem Player bekannt sind,
- Raucher/Nichtraucher,
- körperliche Fitness auf Grundlage des BMI (Body-Mass-Index),
- Pünktlichkeit,
- aktive Arbeit mit einem Zeitplansystem,
- Fehlerquote,
- Ergebnisse aus regelmäßigen Beurteilungsgesprächen (zweimal pro Jahr),
- Mitarbeit am kontinuierlichen Verbesserungsprozess (Vorschlagswesen),
- Seminare und Weiterbildungsaktivitäten,
- freiwillige Mitarbeit an Projekten (Projektarbeit findet grundsätzlich in der Freizeit statt),
- Betriebsjubiläen,
- Prämie bei Erreichung gesondert vereinbarter Ziele.

Der folgende Text besteht aus Auszügen eines Interviews, das mit dem Geschäftsführer des Hotels, Klaus Kobjoll im Herbst 2004 geführt wurde. (Morgenthaler 2004)

Herr Kobjoll, Sie haben vor knapp zwei Jahren einen Mitarbeiter-Aktienindex eingeführt. Wie hoch ist Ihr persönlicher Kurs im Moment?

Mein Kurs steht derzeit bei 1200 Punkten. Damit belege ich Platz 18 in meinem 70-köpfigen Team. Der beste Wert beträgt ungefähr 1500 Punkte.

Das macht sich ziemlich schlecht für einen mehrfach mit Preisen ausgezeichneten Chef ...

Es wurmt mich ja auch, aber ich leite 190 Seminartage im Jahr und habe deshalb weniger Zeit als meine Mitarbeitenden, Verbesserungsvorschläge einzubringen oder Weiterbildungskurse zu besuchen. Gleich wohl schätze ich den MAX sehr. Einerseits sind ausnahmslos alle Mitarbeitenden bis in die Fingerspitzen motiviert, ihren Wert zu verbessern und wenn möglich den Chef zu überholen. Andererseits erlaubt der MAX mir einen Blick in den Spiegel, zeigt mir, wo ich noch zusetzen sollte.

Gleichwohl suggeriert ein Instrument wie der MAX, Mitarbeitende seien bloß Investitionsobjekte, die man zukauft oder abstößt je nach Kursentwicklung ...

Die ganze Sache hat einen spielerischen und einen ernsten Hintergrund. Der Begriff MAX ist spielerisch an den DAX, den Deutschen Aktienindex angelehnt. Auch unsere tägliche Arbeit hat eine spielerische Komponente, sie soll Spaß machen, nichts Todernstes sein. Gleichzeitig befinden wir uns in einem Wettbewerb, wir als Firma und wir als einzelne Arbeitskräfte. Als Chef gebe ich meinen Angestellten ein Ratingsystem an die Hand, das ihnen zeigt, wo sie stehen.

Es wirkt etwas befremdend, wenn Faktoren wie das Rauchverhalten, die Anzahl Krankheitstage und sogar der Body-Mass-Index BMI in die Wertung einbezogen werden. Schließen Sie aus, dass beleibte Menschen gute Arbeit leisten?

Nein, keineswegs, den BMI hätte ich persönlich ja auch nicht reingenommen, denn da liege ich selber deutlich über dem Idealwert von 20 bis 25. Wir haben in einer Gruppe von zwölf Angestellten jeder Stufe 16 Kriterien definiert, die für den MAX maßgebend sind.

Praxisbeispiel: Beurteilung mit Kennzahlensystem (Forts.)

Es müssen also nicht alle schlank und rank sein, und es muss auch niemand mit dem Rauchen aufhören, schließlich gibt es 14 andere Kriterien, wo man glänzen kann. Wenn aber jemand etwas für seine Fitness tun oder mit dem Rauchen aufhören will, dann bieten wir mit Literatur und Kursen Hand dazu und belohnen das Engagement mit einigen Pixeln, die den MAX-Wert in die Höhe treiben.

Wie fällt die Bilanz knapp zwei Jahre nach der Einführung aus?

Innerhalb von zwei Jahren hat sich die durchschnittliche Zahl der Krankheitstage von elf auf vier reduziert. Das sind Einsparungen im sechsstelligen Bereich. Die Zahl der Verbesserungsvorschläge hat sich zwar nicht markant gesteigert, die Umsetzungsquote hingegen schon. 2002 wurden bloß zwei von drei Vorschlägen realisiert, dieses Jahr sind es 88 Prozent. Das ist darauf zurückzuführen, dass wir für einen Verbesserungsvorschlag zwei Pixel, für einen genehmigten Vorschlag deren fünf und für den Vorschlag des Monats zehn Pixel vergeben. Schließlich nahmen auch die Weiterbildungsaktivitäten um gut 20 % zu nach der Einführung des MAX, wobei bei uns der Mitarbeiter seine Freizeit beisteuert für Weiterbildungen, wir dagegen die Kosten übernehmen.

Bisher wirkte sich der MAX weder auf den Lohn noch auf die Weiterbeschäftigung aus. Wird sich dies ändern?

Ja, bisher baute alles auf dem Ehrgeiz jedes Einzelnen auf. Dazu kam ein gewisser Gruppendruck. Nebst dem Einzelindex gibt es nämlich noch einen Teamindex für jede Abteilung. Auch wenn jeder Angestellte nur seinen eigenen Index einsehen kann, weiß man speziell in kleinen Teams, wer eher tief liegt. In der Regel versuchen die anderen dann, dieses Teammitglied anzuspornen. Fürs dritte Jahr haben wir erstmals kleine Belohnungen geplant für jene, die eine Hundertermarke überschreiten; die dürfen dann im Hotel eines meiner Freunde ein schönes Wochenende verbringen. Langfristig ist denkbar, dass wir auch Gehaltserhöhungen und Beförderungen vom MAX abhängig machen.

Und folgerichtig auch Rückstufungen und Kündigungen?

Ja, es ist denkbar, dass zum Beispiel die letzten drei jeweils am Ende des Jahres gehen müssen. Im Sport werden bei andauernder Erfolglosigkeit ja auch Maßnahmen ergriffen. Vielleicht werden aber auch keine Entlassungen nötig sein. In den letzten zwei Jahren haben jene, die am Ende der Rangliste lagen, von sich aus gekündigt.

Gab es Widerstand gegen die ungewohnte Form der Leistungsbeurteilung?

Ich selber habe keinen gespürt, aber ich bin mir sicher, dass es teilweise Widerstand gegeben hat. Wer immer wieder Veränderungen anpeilt, macht Fehler – und er macht sich unbeliebt. Dank Nietzsche wissen wir: Der Mensch ist ein mittelmäßiger Egoist. Auch der Klügste nimmt seine Gewohnheiten wichtiger als seine Vorteile. Wir helfen unseren Angestellten, ihre Gewohnheiten zu hinterfragen und ihre Vorteile anzupeilen.

Grenzen der Anwendung der Balanced Scorecard

Damit lässt sich die Balanced Scorecard als Instrument einer auf Langfristigkeit und Nachhaltigkeit ausgerichteten Beurteilung einsetzen. Die Anwendung dieses Instruments hat aber auch Grenzen, die allerdings nicht so sehr spezifisch für das Konzept sind, sondern formalisierte Instrumente generell betreffen: Formalisierte Verfahren machen zwar bei ihrer Neueinführung deutlich, wo Lücken in der integrierten Steuerung einer Organisation bestehen. Sind sie erst einmal eingesetzt, führen sie aber leicht dazu, dass sich das Management nur noch auf diejenigen Kriterien konzentriert, die das Verfahren vorsieht. Damit werden unter Umständen unerwünschte neue blinde Flecken erzeugt. Verfahren, welche die Messbarkeit der Ziele betonen, führen zudem leicht dazu, dass sich das Blickfeld der Führung zukünftig auf quantifizierbare Kriterien verengt. Die quantitative Leistungserfüllung kann die schwerer zu erfassende Qualität der Leistungserstellung in den Hintergrund drängen. Formalisierte Verfahren können schließlich die Präzision der Organisationssteuerung erhöhen, aber sie tragen die Gefahr einer Bürokratisierung in sich, welche die Effizienzgewinne unter Umständen wieder verzehrt, wenn sich das formale Verfahren von seinem zugrunde liegenden Zweck entfernt und verselbständigt.

Unter Motivationsgesichtspunkten besteht der Vorteil eines systematisierenden Kennzahlensystems als Feedbackinstrument darin, dass eine hohe Transparenz über die Leistungskriterien erreicht wird. Sie ist eine wesentliche Grundlage für die Akzeptanz der Leistungsbeurteilung durch den Beurteilten (◁ Praxisbeispiel).

| 5.2.3 | **Mitarbeitergespräch und 360°-Beurteilung** |

Das periodische Mitarbeitergespräch mit dem direkten Vorgesetzten ist die am weitesten verbreitete Form eines Feedbacksystems. Ihre Anwendungsbereiche sind entsprechend vielfältig. Die wichtigsten Funktionen sind:

Funktionen des Mitarbeitergesprächs

- *Klärung von Anforderungen und Leistungszielen:* In vielen Unternehmen werden periodische Gespräche zwischen Vorgesetzten und Mitarbeitern nicht nur eingeführt und verankert, um auf diesem Weg eine Beurteilung der Mitarbeiterleistung vorzunehmen, sondern um überhaupt die Grundlage für eine solche Beurteilung zu schaffen.
- *Leistungsverbesserung durch Verhaltenssteuerung:* Mit dem Mitarbeitergespräch erfolgt in der Regel weniger eine Leistungs- als vielmehr eine Verhaltensbeurteilung. Der Vorgesetzte bestätigt Verhalten, das er als leistungsförderlich ansieht, und versucht eine Korrektur von Verhaltensmustern zu erreichen, die er als hinderlich ansieht. Mitarbeitergespräche wirken in diesem Sinne disziplinierend.
- *Informationsgrundlage für die Bestimmung von Gehalt und Zulagen:* In vielen Unternehmen werden variable Vergütungsbestandteile aufgrund der Leistungsbeurteilung in einem Vorgesetzten-Mitarbeiter-Gespräch bestimmt. Dies geschieht vor allem dann, wenn eine Leistungsmessung auf Grundlage objektiver Kennzahlen nicht möglich ist.

- *Grundlage für personelle Entscheidungen:* Diese Funktion stellt die Verknüpfung zum organisationalen Karrieresystem her (vgl. Baustein 11).
- *Kompetenzentwicklung:* Wenn das Mitarbeitergespräch in konstruktiver Weise über eine reine Verhaltens- und Leistungskritik hinausgeht, kann es Anstöße für Lernprozesse und die persönliche Weiterentwicklung des Beurteilten geben.
- *Basis für Aufgabenplanung und Organisationsgestaltung:* Mitarbeitergespräche lassen sich auch dazu nutzen, bestehende Aufbau- und Ablaufstrukturen zu überprüfen und Planungsschritte in Gang zu setzen.
- *Evaluation von Personaleinstellungen und Entwicklungsmaßnahmen:* Als Evaluationsinstrument ist der Fokus des Mitarbeitergesprächs nicht mehr auf den Mitarbeiter, sondern die Funktionen des betrieblichen Personalmanagements gerichtet.

360°-Beurteilung

Die 360°-Beurteilung ist ein erweiterter Feedback-Ansatz, der die klassische Vorgesetztenbeurteilung als Grundlage des Leistungsfeedbacks um Beurteilungen durch weitere Bezugsgruppen ergänzt, sodass eine «Rundum-Beurteilung» erfolgt (▶ Abb. 25). Welche Beurteilenden einbezogen werden, hängt vor allem von den Zielen ab, die mit der Beurteilung erreicht werden sollen.

Beurteilung durch den nächsthöheren Vorgesetzten

Neben der Beurteilung durch den direkten Vorgesetzten spielt die Beurteilung durch den nächsthöheren Vorgesetzten in der Praxis die größte Rolle. Der Grund, warum diese Beurteilungsform gewählt wird, liegt darin, dass der direkte Vorgesetzte in der Regel parteiisch ist, weil er von der Beurteilung seiner Mitarbeiter selbst betroffen ist: Eine schlechte Beurteilung kann auf den Vorgesetzten und seine

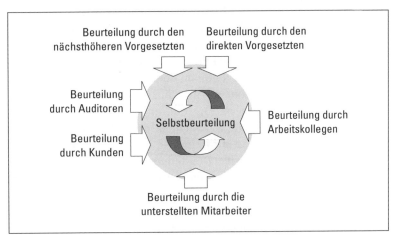

▲ Abb. 25   Träger der 360°-Beurteilung

Führungskompetenz zurückfallen. Je besser er auf der anderen Seite seinen Mitarbeiter beurteilt, umso größer ist auch die Gefahr, dass er ihn verlieren wird, weil er damit dessen Karrierechancen erhöht. Insbesondere in Situationen, in denen es um die Beurteilung des Potenzials geht, werden deshalb die nächsthöheren Vorgesetzten miteinbezogen. Die Schwäche dieser Beurteilungsform liegt darin, dass der nächsthöhere Vorgesetzte in der Regel nur wenig unmittelbaren Einblick in das Leistungsverhalten hat.

Beurteilung durch die unterstellten Mitarbeiter

Die Beurteilung durch die unterstellten Mitarbeiter eignet sich dazu, die Führungsleistung des Vorgesetzten aus der Perspektive der Geführten zu bewerten. Dabei stehen Kriterien wie das Informations- und Kommunikationsverhalten, die Partizipations- und Delegationsbereitschaft im Vordergrund. Verfolgt ein Unternehmen das Ziel, einen bestimmten Führungsstil zur Regel zu machen, ist diese Beurteilungsform eine wesentliche Informationsquelle für das Management. Häufiger wird die Beurteilung durch die Mitarbeiter im Rahmen von Befragungen zur Unternehmenskultur und zur Mitarbeiterzufriedenheit und als Ausgangspunkt für eine Entwicklungsmaßnahme eingesetzt. Den Führungskräften wird ein Spiegel ihres Führungsverhaltens und dessen Wirkung auf die Geführten vorgehalten, aus dem sie für ihr zukünftiges Verhalten lernen können. Um valide Ergebnisse aus einer Führungskräftebeurteilung zu bekommen, ist ein offenes Kommunikationsklima im Unternehmen bzw. in den jeweiligen Unternehmensbereichen notwendig, und dies unabhängig davon, ob eine solche Beurteilung in offener oder anonymisierter Form durchgeführt wird. Die Beurteilung des direkten Vorgesetzten widerspricht der tradierten Hierarchielogik, die von einer Einflussnahme von oben nach unten ausgeht und die Akzeptanz einer Führungskraft nicht zuletzt auch an ihre Unangreifbarkeit koppelt. Außerdem werden die Mitarbeiter mit möglichen Sanktionen bei einer schlechten Beurteilung rechnen. In einem repressiven Arbeitsklima wird eine solche Beurteilung auch leicht zum Ventil für eine Kritik an der Unternehmenspolitik, und diese Kritik am Unternehmen wird dann die Beurteilung des Vorgesetztenverhaltens überlagern. Die Führungskraft bietet sich nämlich als Zielscheibe an, weil ihr Verhalten für die beurteilenden Mitarbeiter greifbarer ist als eine nur in groben Umrissen erkennbare Unternehmenspolitik.

Beurteilung durch Arbeitskollegen

Eine Beurteilung durch Arbeitskollegen wird selten praktiziert, und dann meist in Ergänzung zu einer Beurteilung durch den Vorgesetzten, jedoch kaum als alleinige Beurteilungsform. Die Kollegenbeurteilung eignet sich vor allem da, wo das Teamverhalten des Einzelnen bewertet werden soll. Deshalb wird eine solche Beurteilung gelegentlich in Teamentwicklungsseminaren eingesetzt, ohne dass

---

Praxisbeispiel: Kollegenbeurteilung und Leistungsgehalt

Eine mittelständische Unternehmensberatung setzt die Kollegenbeurteilung zur Verteilung von Jahresprämien bei positivem Geschäftsverlauf ein. Zu Beginn wird die Jahresprämie auf die beiden unteren Hierarchieebenen verteilt, wobei auf die Gruppe der 8 bis 10 Projektleiter und die Gruppe der 30 bis 40 Berater je die Hälfte entfallen. Die beiden Gruppen werden nun aufgefordert, in anonymisierter Form denjenigen Kollegen zu nennen, der ihrer Über-

zeugung nach im vergangenen Geschäftsjahr den größten Beitrag zum Unternehmenserfolg geleistet hat, und dies inhaltlich zu begründen. Die beiden bestplatzierten Projektleiter und die fünf bestplatzierten Berater erhalten darauf hin eine doppelte, die übrigen einen einfachen Prämienanteil an der Gesamtsumme. Da es bei diesem Verfahren keine reinen Verlierer gibt, findet diese Beurteilungsform in diesem Unternehmen eine hohe Akzeptanz.

---

sie direkte Konsequenzen für die leistungsabhängige Vergütung hat. Mit einer wichtigen Einschränkung lässt sich die Kollegenbeurteilung auch dann einsetzen, wenn eine zuverlässige Einschätzung der Einzelleistung innerhalb eines Teams durch den Vorgesetzten nicht möglich ist. Diese Einschränkung betrifft die Konkurrenzbeziehung zwischen den Mitarbeitern: Nur wenn eine gute Beurteilung eines Kollegen nicht automatisch dazu führt, dass man die eigenen Chancen auf eine leistungsabhängige Vergütung reduziert, ist eine solche Beurteilung vertretbar (◁ Praxisbeispiel).

Größte Hindernisse einer validen Kollegenbeurteilung sind ein ausgeprägtes Konkurrenzdenken zwischen den Kollegen oder ein ebenso starkes Sicherheits- und Harmoniestreben im Team. Im ersten Fall fördert eine solche Beurteilung das gegenseitige Misstrauen und Versuche, mit Absprachen das Ergebnis zu beeinflussen («Wenn du mich wählst, wähle ich dich auch!»). Bei starkem Harmoniestreben werden die Mitarbeiter versuchen, einer solchen Beurteilung aus dem Weg zu gehen, um die idealisierte Einmütigkeit im Team nicht zu gefährden. Widerstände gegen eine Kollegenbeurteilung sind dann vor allem von den Beurteilenden zu erwarten, da die Beurteilungsform als Verstoß gegen das Kollegialitätsgebot empfunden wird.

Selbstbeurteilung

Die Selbstbeurteilung spielt nur in Kombination mit einer anderen Urteilsquelle eine Rolle, zum Beispiel dann, wenn sich eine Person zu einem Fremdurteil äußert. Selbst- und Fremdurteile weisen außer bei technischen Aufgaben erhebliche Differenzen auf, wenn die Übereinstimmung in aller Regel mit einem höherem Intelligenzquotient und höherem Leistungsniveau ansteigt. Selbsturteile unterliegen generell einer Tendenz zur Milde. Schließlich ist auch die Stabilität von Selbsturteilen im Zeitverlauf niedriger als bei Fremdurteilen. Dies wirft die Frage auf, wie denn das «richtige» Urteil zu finden sei. Gerade die Auseinandersetzung mit dieser Differenz macht die Selbstbeurteilung zu einem wichtigen Instrument innerhalb von Entwicklungsmaßnahmen. Nicht geeignet ist sie dagegen als Informationsquelle zur Leistungsmessung. Selbsturteile sind auch problematisch, wenn die Person negative Konsequenzen ihres Urteils selbst tragen muss und damit in einen Konflikt zum eigenen Selbstwertgefühl gerät.

Externe Beurteilungen
Zwei externe Beurteilungsinstanzen lassen sich im Rahmen der 360°-Beurteilung unterscheiden: Kunden und Berater. Die *Kundenbeurteilung* ist vor allem in Service-orientierten Unternehmen oder Unternehmensbereichen die interessanteste Alternative zu einer Beurteilung durch Vorgesetzte oder Kollegen. Dazu werden fortlaufend oder gezielt Befragungen von ausgewählten Kunden über ihre Zufriedenheit mit dem Unternehmen und ihren Kontaktpersonen im Vertrieb oder im Kundendienst durchgeführt. Die neutrale Position, die Kunden im Verhältnis zwischen Vorgesetzten und Mitarbeitern einnehmen, ist sowohl der größte Vorteil als auch gewichtigste Nachteil dieser Beurteilungsform. Die Kundenbeurteilung beruht einerseits vor allem auf dem Nutzen, den der Kunde durch die Serviceleistung erfahren hat, die ihrerseits die wichtigste Grundlage für den Unternehmenserfolg darstellt. Deshalb ist bei keinem anderen Verfahren die Kopplung von Einzelleistung und Unternehmenserfolg so eng. Andererseits hat der Kunde im Regelfall aber auch kein besonderes Interesse daran, dass der beurteilte Mitarbeiter aus der Beurteilung einen Vorteil zieht. Falls er mit der Leistung des Unternehmens unzufrieden ist, wird er die Aufforderung zur Beurteilung dazu nutzen, seine Unzufriedenheit kundzutun – weitgehend unabhängig davon, ob der dadurch Beurteilte überhaupt für die Unzufriedenheit verantwortlich ist oder nicht. Eine große Schwierigkeit der Kundenbeurteilung ist somit die Zurechenbarkeit einer Beurteilung auf das Verhalten und die Leistung eines Mitarbeiters.

Eine externe Beurteilung durch *externe Berater* findet im *Management-Audit* statt. Dabei handelt es sich um ein strukturiertes Testverfahren, mit dem Fähigkeiten und Verhaltensmuster in Krisensituationen beobachtet oder erfragt werden, um daraus Schlussfolgerungen für die aktuelle Managementkompetenz auf Einzel- oder Teamebene und für eine Einschätzung des Entwicklungspotenzials zu gewinnen. Obwohl das Instrument vor allem zur Teamentwicklung herangezogen wird, lässt es sich auch zur Führungskräftebeurteilung nutzen. Der Vorteil dieses Beurteilungsansatzes liegt zum einen in der neutralen Position der Beurteiler und zum anderen in den Vergleichmöglichkeiten mit Führungskräften anderer Unternehmen. Dafür ist es aber das zeitlich und finanziell aufwendigste Verfahren.

5.3 Effekte und Erfolgsvoraussetzungen

Unter welchen Voraussetzungen wirkt ein Feedbacksystem leistungsmotivierend? Ob ein Feedbacksystem die angestrebte Wirkung auf das Leistungsverhalten der Mitarbeiter hat, hängt vor allem von den gewählten Beurteilungskriterien und ihrer Wahrnehmung durch die Beurteilten sowie von den Beurteilungsfähigkeiten der Beurteiler ab: Wenn der Mitarbeiter sich gerecht beurteilt fühlt und die Überzeugung hat, mit seiner Leistung auch die Bewertung beeinflussen zu können, wird sich ein Feedbacksystem in der Regel leistungsmotivierend auswirken. Diese positive Wahrnehmung hängt wesentlich von den Fähigkeiten der Beurteiler zu einer angemessenen Beurteilung ab.

5.3.1 Motivationswirkung von Feedbacksystemen

Obwohl die Bedeutung für Feedbacks zum eigenen Verhalten und den erbrachten Leistungen als Voraussetzung für die Weiterentwicklung einer Person stets positiv hervorgehoben wird, sollte bei der Gestaltung von Feedbacksystemen erst einmal davon ausgegangen werden, dass ein Feedback immer ein mehr oder weniger stresserzeugendes Ereignis ist. Unternehmen sind ebenso wie Führungskräfte nicht in der Lage, ihren Mitarbeitern immer nur dann ein Leistungsfeedback zu geben, wenn diese es nachfragen. Denn die Funktionsweise von Feedbacksystemen im Unternehmen beruht gerade darauf, dass solche Systeme unabhängig von der damit zu beurteilenden Person wirken.

Feedbacks wirken sich aber unterschiedlich auf die Leistungsmotivation der Mitarbeiter aus, je nachdem, wie *gerecht, kontrollierbar* und *komplementär* zur Motivationsstruktur sie erlebt werden. Aus diesen Kriterien lassen sich unter Zuhilfenahme der in Baustein 3 erläuterten Motivationstheorien vier Anforderungen an Feedbacksysteme formulieren, wie sie im Folgenden dargestellt werden.

Beurteilungen müssen als gerecht wahrgenommen werden Wie die Motivationsstudien auf der Grundlage der Gleichheitstheorie von Adams (vgl. Abschnitt 3.3) zeigen, hängt die Leistungsbereitschaft eines Mitarbeiters davon ab, dass dieser sich angemessen und im Vergleich zu anderen gerecht entlohnt sieht. Beurteilungen im Rahmen von Feedbacksystemen wirken in ähnlicher Weise: Erlebt der Beurteilte ein Feedback als ungerecht, beeinträchtigt dies mit großer Wahrscheinlichkeit seine zukünftige Leistungsmotivation. Ein Feedback wird beispielsweise dann *als ungerecht empfunden,* wenn der Beurteilte überzeugt ist, dass

- die Anforderungen ohne nachvollziehbare Gründe gegenüber der vergangenen Periode erhöht wurden,
- er zwar höhere Leistungen als zuvor erbracht hat, diese aber nicht entsprechend höher bewertet werden,
- er im Vergleich zu anderen Personen, die er als ihm ähnlich wahrnimmt (z. B. Arbeitskollegen im selben Team oder Personen, die in einem ähnlichen Unternehmen in derselben Funktion tätig sind), strenger beurteilt wird,
- er höhere Anforderungen als in der Vergangenheit erfüllen muss, obwohl das Unternehmen sich gleichzeitig in einer günstigeren Position als zuvor befindet.

Ob der Mitarbeiter seine Leistungen in Relation zum Feedback selbst angemessen beurteilt, hängt erheblich von seinem aufgabenbezogenen Reifegrad ab (vgl. dazu Abschnitt 2.4.1).

Die Untersuchungen zur Zwei-Faktoren-Theorie von Herzberg (vgl. Abschnitt 3.3) verdeutlichen, dass Motivation und Zufriedenheit eng mit der Kontrollüberzeugung verknüpft sind: Wenn eine Person ihre Aufgaben und das Arbeitsumfeld als selbstbestimmt erlebt, schöpft sie daraus in der Regel eine hohe Selbstmotivation. Dagegen führt eine ausgeprägte Fremdkontrolle ebenso häufig zu überwiegend extrinsischer Motivation und erzeugt leicht Demotivation. Für die Gestaltung von Feedbacksystemen bedeutet dies, dass eine Beurteilung, die sich an Kriterien orientiert, von denen der Beurteilte glaubt, sie selbst beeinflusst zu haben, in den meisten Fällen positiv auf die Leistungsmotivation wirkt, während eine Beurteilung aufgrund von nicht beeinflussbaren Kriterien eher demotivierend wirkt. Kriterien werden in der Regel *als beeinflussbar erlebt,* wenn

Beurteilungen sollten auf beeinflussbaren Kriterien aufbauen

- der Beurteilte sie selbst gewählt hat. Ein solcher Fall liegt etwa in einem partizipativen Management by Objectives vor (vgl. Abschnitt 2.5), wenn ein Mitarbeiter mit hohem aufgabenbezogenem Reifegrad seine Ziele für die kommende Periode selbst vorgeschlagen hat.
- der Beurteilte durch seine Anstrengungen direkten Einfluss auf das beurteilte Ergebnis hat. Ein solcher Fall liegt beispielsweise bei einem Vertriebsmitarbeiter vor, dessen Leistung unter anderem auf Basis der Anzahl von Kundenbesuchen beurteilt wird. Dagegen wäre eine Beurteilung anhand des Unternehmensgewinns weniger geeignet, weil dessen Ermittlung von vielen nicht beeinflussbaren Faktoren abhängt.
- sie nicht widersprüchlich sind. Eine solche Situation könnte entstehen, wenn ein Kundenberater in einem Finanzinstitut in

gleichem Maße anhand des Deckungsbeitrags seiner Vertragsabschlüsse und der Zufriedenheit seiner Kunden mit der Beratung
beurteilt würde.

■ die Erfolgs- und Misserfolgsaussichten für den Beurteilten überschaubar sind. Beurteilungskriterien, die für die Zukunft gesetzt
werden, sind in unterschiedlichem Maße mit Erfolgschancen und
Misserfolgsrisiken verbunden. Geht man der Unterscheidung von
erfolgs- bzw. misserfolgsmotivierten Personen aus (vgl. Abschnitt
3.2, Motivationstheorie von McClelland), werden Erfolgssucher
eher höhere Risiken akzeptieren und als beherrschbar empfinden,
während Misserfolgsvermeider nur bei sehr geringen Risiken noch
überzeugt sind, aus eigenen Kräften erfolgreich sein zu können.

Der Vorgesetzte mit seinem Führungsstil und dem daraus folgenden
Prozess der Zielvereinbarung und Ergebnisklärung nimmt ganz erheblichen Einfluss auf die Kontrollwahrnehmung.

Geht man von den der Systematik der Grundbedürfnisse von
Maslow aus (vgl. Abschnitt 3.3), lassen sich ebenfalls Zusammenhänge zwischen *individuellen Motivationsstrukturen* und notwendigen Merkmalen von Feedbacksystemen ableiten:

Beurteilungen sollten an die individuelle Motivstruktur angepasst sein

■ Ein stark ausgeprägtes *Sicherheitsbedürfnis* setzt der Motivationswirkung von ergebnisorientierten Feedbacksystemen enge Grenzen. Diese wirken so lange motivierend, wie sie den Mitarbeiter in
dem, was er in der Vergangenheit unternommen und erreicht hat,
bestätigen. Feedbacksysteme haben in diesem Fall eine motivierende Orientierungsfunktion und können auf diese Weise die bestehende Leistungsbereitschaft sichern. Wenn die Anforderungen
jedoch die gegenwärtige Leistung übersteigen, wirkt das Feedback als Stressfaktor; die Leistungsmotivation ist gefährdet, wenn
der Beurteilte nicht gleichzeitig mit der kritischen Beurteilung
Unterstützungsangebote erhält.

■ Durch das *Zugehörigkeitsbedürfnis* zu einem Team sind Beurtei-
lungsprozesse in zweifacher Weise tangiert: Je stärker das Bedürfnis ausgeprägt ist, umso positiver ist die Wirkung eines Feedbacks, das sich an ein Team und seine Leistungen richtet, im
Vergleich zur Beurteilung einer einzelnen Person. Ist die Grundorientierung der beurteilten Person dagegen individualistisch,
wird die Leistungsmotivation eher durch ein individualisiertes
Feedback gestützt. Zweitens wird dadurch auch die Beziehung
zwischen dem Beurteiler und dem Beurteilten berührt: Es liegt in
der Grundidee einer ergebnisorientierten Beurteilung, dass sie –
so weit als möglich – ohne Ansehen der Person erfolgt; Lob und

Kritik sollen nur am Ergebnis festgemacht werden. Dieser Ansatz steht aber in einem Konflikt zu einer beziehungsorientierten Betrachtung, in der gerade die persönlichen Umstände und die Beziehung zwischen den Personen großes Gewicht haben soll. Personen mit einem starken aktuellen Zugehörigkeitsmotiv werden einen solchen Konflikt stärker empfinden als Personen mit einem schwächeren Sozialbedürfnis; ihre Leistungsmotivation wird dadurch unter Umständen beeinträchtigt.

- Das *Anerkennungsmotiv* einer Person wird durch ein Feedbacksystem in aller Regel gestützt. Je stärker dieses Motiv ausgeprägt ist, umso größere Bedeutung wird der Beurteilte den Beurteilungsergebnissen, einem Lob ebenso wie einer Kritik, beimessen.

Beurteilungen können bestehende Motive befriedigen und damit in ihrer Bedeutung abschwächen, beispielsweise wenn durch ein regelmäßiges Feedback die Unsicherheit über die Anerkennung der eigenen Leistung verringert wird. Nach der Logik der Motivationspyramide können damit höherrangige Bedürfnisse in den Vordergrund rücken, die zuvor verdeckt waren.

Beurteilungen sollten an sinnstiftende Ziele gekoppelt sein

Die vordergründige Funktion eines Feedbacksystems besteht darin, den Beitrag des Einzelnen zu den wirtschaftlichen Zielen des Unternehmens zu gewährleisten. Für die Motivationswirkung und dabei besonders die Frage, ob die Wirkung intrinsisch oder extrinsisch ist (vgl. dazu Abschnitt 3.2), spielt es eine entscheidende Rolle, in welchem Licht das Feedbacksystem die Tätigkeit und die Beiträge des einzelnen Mitarbeiters erscheinen lässt. Mit der Einführung oder Ausweitung eines Beurteilungssystems kann ein Unternehmen seinen Beschäftigten ebenso wie eine Führungskraft ihren Mitarbeitern *Misstrauen* signalisieren: «Da ich (wir) glaube(n), dass ihr nicht eure volle Einsatzbereitschaft zeigt, werde(n) ich (wir) eure Leistung in Zukunft eingehend messen und beurteilen!» Ähnlich wirkt ein Signal *ökonomischer Rationalität:* «Da mich (uns) jede Minute eurer Arbeitszeit Geld kostet, will ich (wollen wir) auch sehen, was ihr in dieser Zeit leistet!» In beiden Fällen wird der Eindruck vermittelt, das Feedbacksystem diene ausschließlich der Leistungskontrolle. Es betont den Interessengegensatz zwischen dem Unternehmen, das für gleiches Gehalt mehr Leistung erwartet, und dem Beschäftigten, der sich ohne Mehrleistung ein kontinuierlich steigendes Gehalt erhofft. Überwiegt auf Seiten der Beurteilten ein solcher Eindruck, wird sich kein intrinsischer Leistungsanreiz entfalten können. Wenn es dem Unternehmen oder der Führungskraft jedoch gelingt zu verdeutlichen, dass das Feedbacksystem zur Erreichung weitergehender Zielsetzungen beiträgt, kann daraus auch eine Stärkung der Leistungsmotivation entstehen. Solche höherrangigen Ziele können beispielsweise sein:

- *Bestandssicherung des Unternehmens:* Befindet sich ein Unternehmen aktuell in einer Krisensituation und bietet eine gemeinsame Leistungsanstrengung die Aussicht auf eine erfolgreiche Bewältigung der Krise, erhält das Feedbacksystem eine Bedeutung, die über die Tätigkeit des Einzelnen hinausreicht und sie gleichzeitig stützt.
- *Förderung von Kommunikation und Transparenz der Leistungsbeiträge:* Ein Feedbacksystem kann die Funktion übernehmen, den Austausch über Anforderungen und Beiträge über Hierarchieebenen hinweg zu fördern.
- *Stärkung der Anforderungs- und Leistungsgerechtigkeit im Unternehmen:* Mit einem Feedbacksystem kann eine Unternehmenskultur verkörpert werden, in der die Leistung jedes Einzelnen erkennbar gewürdigt wird.

| 5.3.2 | **Beurteilungsfehler und Beurteilungsqualität** |

Die Qualität einer persönlichen Beurteilung hängt erheblich davon ab, ob der Beurteiler zu seiner Bewertung frei von Sympathie oder Antipathie gegenüber der beurteilten Person und unabhängig von persönlichen, d.h. nicht mit den Unternehmenszielen in Einklang stehenden Zielen und Werten gelangt. Sieht man von absichtlichen Fehlurteilen einmal ab, gibt es eine ganze Reihe von systematischen Fehlbeurteilungen, die dem Beurteiler in den meisten Fällen gar nicht bewusst sind:

Systematische Fehlbeurteilungen

- *Beziehungsbedingte Beurteilungsfehler* ergeben sich aus dem Verhältnis zwischen Beurteiler und Beurteiltem: Je ähnlicher der Beurteiler die beurteilte Person zu sich selbst erlebt und je enger die emotionale Beziehung zwischen beiden Personen ist, umso wahrscheinlicher ist, dass der Beurteiler auch die Fähigkeiten, die Verhaltensweisen und die Motive des Beurteilten grundsätzlich positiv bewerten wird. Das Ausmaß dieser Fehlerquelle hängt davon ab, wie bewusst sich der Beurteiler über seine eigenen Vorlieben ist. Der Fehler lässt sich durch persönlichkeitsorientierte Schulungen der Beurteiler und durch eine Strukturierung des Beurteilungsinstruments reduzieren: Beurteilungen auf Grundlage vorgegebener und detaillierter Kategorien sind weniger anfällig als offene, ganzheitliche Bewertungen.

- *Bezugsgruppenbedingte Beurteilungsfehler* kommen dadurch zustande, dass der Beurteilte nicht als Person, sondern als Mitglied einer Gruppe beurteilt wird. Die Beurteilung spiegelt dann die Stereotype des Beurteilers. So ist vor allem im deutschsprachigen Raum die Überzeugung noch weit verbreitet, dass Frauen weniger durchsetzungsfähig und opferbereit in Hinblick auf ihre berufliche Karriere seien als Männer. Das offensichtlich durchsetzungsorientierte Verhalten einer Frau wird dann im Einzelfall leicht übersehen oder als atypisch und damit auch wieder fragwürdig beurteilt. Stereotype Verzerrungen von Urteilen kommen aber auch zwischen unterschiedlichen Nationalitäten, Altersgruppen oder Ausbildungstypen (z.B. Techniker versus Kaufleute) vor. Stereotype Urteile lassen sich zum Teil korrigieren, wenn sie auf die Gruppenzugehörigkeit des Beurteilers zurückgeführt werden können. Eine weitere Form des Bezugsfehlers ist der *Hierarchieffekt:* Je höher der Status einer Person ist, umso positiver fällt ein Urteil über sie aus. Entsprechend wirkt sich auch der «*Kleber-Effekt*» so aus, dass Personen, die über einen längeren Zeitraum hinweg nicht befördert wurden, in ihren aktuellen Leistungen systematisch unterschätzt werden.

  Diese bezugsgruppenbedingten Fehler beruhen auf stereotypen Wahrnehmungen der Beurteilten und können als selbsterfüllende Prophezeiung langfristige Folgen haben: Wenn sich eine Person wiederholt stereotyp beurteilt fühlt und keine Möglichkeit sieht, sich aus dieser Fehlbeurteilung zu befreien, kann es dazu kommen, dass sie das ihr unterstellte Verhalten annimmt. In Anlehnung an das Theaterstück «Andorra» von Max Frisch wird dieser Effekt auch «Andorra-Phänomen» genannt. Beispielsweise wird ein Mitarbeiter, dem von seinem Vorgesetzten fälschlicherweise unterstellt wird, er sei nicht bereit und in der Lage, Verantwortung zu übernehmen, und der sich dadurch in seiner Entfaltung behindert fühlt, tatsächlich mit der Zeit sein Interesse an verantwortungsvollen Aufgaben zurückschrauben.

- *Wahrnehmungsfehler* bestehen darin, dass Fähigkeiten und Verhaltensweisen eines Mitarbeiters unterschiedlich stark beachtet werden: Der *Überstrahlungseffekt* (Halo-Effekt) besteht darin, dass die Beurteilung eines einzelnen Merkmals als besonders positiv oder negativ die Bewertung der anderen Merkmale in die gleiche Richtung zieht. Wenn ein Vorgesetzter beispielsweise besonders großen Wert auf Pünktlichkeit legt, wird er einen pünktlichen Mitarbeiter auch bezüglich anderer Merkmale tendenziell zu gut und einen unpünktlichen Mitarbeiter unangemessen schlecht beurteilen. Solche Wahrnehmungsfehler gehen nicht nur auf persönliche Präferenzen zurück, sondern entstehen auch aus einer Überstrahlung des ersten Eindrucks auf spätere Beobachtungen oder durch die Überbewertung des letzten Ereignisses gegenüber vorangegangenen Beobachtungen. Auch beim Wahrnehmungsfehler ist eine Reflexion über die eigenen Wertvorstellungen die wichtigste Voraussetzung zur Reduzierung von Fehlerquellen.

- *Serienfehler* beruhen ähnlich wie der Überstrahlungseffekt auf einer Überlagerung aktueller Wahrnehmungen durch früher gemachte Einschätzungen. Der Beurteiler ist nicht in der Lage, sich von einer inzwischen überholten Beurteilung zu lösen. Serienfehler lassen sich dadurch vermindern, dass das Beurteilungsverfahren in regelmäßigen Abständen angepasst wird.

- Schließlich widerspiegeln *Maßstabsfehler* unangemessene Abweichungen von einer Normalverteilung der Bewertungen. Der Beurteiler ordnet die Personen zwar zueinander richtig ein und benachteiligt nicht einzelne Beurteilte gegenüber anderen, aber seine Beurteilung als Ganzes entspricht nicht der tatsächlichen Verteilung positiver und negativer Leistungen. Zu den Maßstabsfehlern zählt die *Tendenz zur Mitte:* Der Beurteiler vermeidet besonders gute und schlechte Bewertungen, entweder weil er nicht über ausreichende Informationen verfügt oder weil er ausgeprägte Entscheidungen zu vermeiden versucht. Eine *Tendenz zur Milde,* d.h. das Vermeiden schlechter Beurteilungen, geht auf fehlenden Mut zur Kritik oder auf Schuldgefühle gegenüber den Beurteilten zurück. Die *Tendenz zur Härte* mit fehlenden positiven Beurteilungen resultiert in den meisten Fällen aus einem überzogenen Anspruchsniveau des Beurteilers oder geht auf verdeckte Minderwertigkeitsgefühle gegenüber den Beurteilten oder der Organisation zurück. Maßstabsfehler lassen sich identifizieren, indem entweder eine Norm (Mittelwert und Streuung) vorgegeben wird oder ein Vergleich über mehrere Beurteiler stattfindet, der eine nachträgliche Korrektur aller Urteile ermöglicht.

Minimierung von Beurteilungsfehlern

Neben Schulungsmaßnahmen ist die Strukturierung eines Feedbacksystems die wichtigste Voraussetzung zur Minimierung von Beurteilungsfehlern. Die Praxis zeigt allerdings, dass wenig strukturierte Verfahren immer noch dort überwiegen, wo Unternehmen eigene Systeme entwickelt haben, die sie nicht mit den Arbeitnehmervertretungen aushandeln mussten. Ein wesentlicher Grund liegt darin, dass in wenig strukturierten Verfahren die Beurteiler eher in der Lage sind, eigene Vorlieben, die sie für ihren jeweiligen Arbeitsbereich als besonders wichtig ansehen, im Gespräch durchzusetzen. Standardisierte Verfahren werden dagegen als Pflichtübung angesehen und wenig sorgfältig bearbeitet. Je offener zudem das Beurteilungsverfahren ist, umso schwieriger ist es, die Gedankengänge und Leistungen der Beurteiler zu bewerten. Dieser Vorteil für den Beurteiler bringt den Nachteil mit sich, dass sich auch Stereotypisierungen leichter entfalten und auswirken, da ihr Einfluss keiner Kontrolle mehr unterliegt.

Literaturhinweise

Werner Sarges (Hrsg.) (2013): Management-Diagnostik. 4. Auflage.
Dieser Sammelband vereinigt eine große Zahl von Einzelbeiträgen zu sämtlichen Aspekten der Eignungs- und Leistungsbeurteilung und ist seit vielen Jahren ein Standardwerk in diesem Feld.

Heinz Schuler & Uwe Peter Kanning (2014): Lehrbuch der Personalpsychologie. 3. Auflage.
Wie der Sammelband von Sarges hat auch dieses Buch den Charakter eines Standardwerks. Die Themen sind hier breiter gestreut, behandeln aber ähnlich fundiert die wesentlichen Grundlagen für die Gestaltung von Feedbacksystemen.

SUB

CONSCIOUS

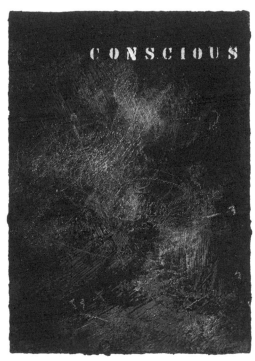

Baustein 6
Kompetenzen entwickeln

Wie kann die Kompetenz zur Kompetenzentwicklung gefördert werden?

In einer Zeit, in der Wandel die einzige Konstante in der Arbeitswelt ist, wird die fortlaufende Entwicklung von Fähigkeiten und Potenzialen zur letzten maßgebenden Orientierungsgröße für die Weiterbildung. Zur wichtigsten Kompetenz für den einzelnen Mitarbeiter oder ein ganzes Team wird die Fähigkeit, die sich ständig erneuernden Anforderungen und Aufgabenstellungen bewältigen zu können und immer wieder neue Problemlösungsfähigkeiten herauszubilden. Für die betriebliche Weiterbildung bedeutet dies eine Schwerpunktverlagerung vom Defizitansatz zum Potenzialansatz: Nicht aktuelle Defizite sollen in erster Linie beseitigt werden, sondern Fähigkeiten sollen aufgebaut werden, die den Einzelnen befähigen, selbständig Kompetenzen zu entwickeln, bevor Defizite in der Arbeitsleistung aufgrund fehlender Kompetenzen entstehen – Kompetenzentwicklungskompetenz!

Inhalt

6.1   Funktionen der Personalentwicklung **193**

Warum investieren Unternehmen in die Weiterbildung?

6.2   Analyse des Entwicklungsbedarfs **195**

Wie werden die strategisch wichtigen Kompetenzen ermittelt?

6.2.1   Entwicklungsbedarf ausgehend von der
        Kompetenzbilanz 196
6.2.2   Entwicklungsbedarf ausgehend von den strategischen
        Unternehmenszielen 198

6.3   Methoden der Personalentwicklung **202**

Welche Ansätze stehen zur Verfügung?

6.3.1   Personalentwicklung am Arbeitsplatz 202
6.3.2   Personalentwicklung außerhalb der
        Arbeitsumgebung 204
6.3.3   Personalentwicklung durch selbstorganisiertes
        Lernen 212
6.3.4   Kompetenzentwicklung als Führungsaufgabe 214
6.3.5   Newplacement 218

6.4   Entscheidungsfindung zur Personalentwicklung **219**

Welcher Ansatz ist für welches Entwicklungsziel geeignet?

6.4.1   Lerntheorien 220
6.4.2   Entscheidungskriterien für die Methodenwahl 223

| **6.1** | **Funktionen der Personalentwicklung** |

Warum investieren Unternehmen in die Weiterbildung?

Der wachsende Stellenwert, welcher über die letzten Jahrzehnte hinweg der Personalfunktion im Unternehmen zugesprochen wird, ist stark mit den Erwartungen an die Entwicklungsfähigkeit von Menschen verknüpft. Unternehmen in die Weiterbildung ihrer Beschäftigten in der Erwartung, dass diese sich in einer verbesserten Leistung niederschlagen und am Ende finanziell rechnen möge. Es wäre allerdings zu kurz gegriffen, anzunehmen, dass die Personalentwicklung ausschließlich dem Zweck dient, die Fähigkeiten zur Aufgabenerfüllung zu verbessern und damit den Unternehmenserfolg zu steigern. Neben dieser Hauptfunktion werden in der Praxis mit Weiterbildungsmaßnahmen noch eine ganze Reihe weiterer Ziele verfolgt:

- *Kollektiver Wissensaufbau:* Neben der Beseitigung individueller Defizite können Entwicklungsmaßnahmen darauf zielen, die Problemlösungsfähigkeit ganzer Teams zu verbessern. Beispiele sind Qualitätszirkel, bei denen die Mitarbeiter eines Arbeitsbereichs in regelmäßigen Abständen zusammenkommen, um aufgetretene Probleme in den Prozessen der Leistungserstellung zu diskutieren und anschließend zu erfolgreich zu lösen.
- *Organisationaler Wissensaufbau:* Mitarbeiter sind wesentliche Träger des Wissens im Unternehmen. Eine Entwicklungsmaßnahme kann zum Ziel haben, fehlendes Wissen für die Organisation zu erwerben und es über ausgewählte Personen abrufbar zu halten. Beispiele dafür sind Erste-Hilfe-Kurse oder Kompetenzen im Qualitätsmanagement. Dabei ist nachrangig, welche Mitarbeiter das Wissen erwerben, wenn es nicht zur Erfüllung bestimmter Aufgaben notwendig ist. Entscheidender ist, ob das Unternehmen davon ausgehen kann, dass die betreffenden Mitarbeiter eine hohe Bindung zur Organisation aufweisen.
- *Kritische Reflexion:* Unternehmen befinden sich regelmäßig in der Situation, dass die Leistungsprogramme und -prozesse störungsfrei sind und kein konkreter Handlungsbedarf für Veränderungen besteht. Oftmals macht sich aber Verunsicherung darüber breit, ob der eingeschlagene Weg auch zukünftig noch tragfähig ist. Weiterbildungsmaßnahmen kommt in diesem Fall die Funktion zu, bestehende Strukturen und Prozesse kritisch zu hinterfragen und unerkannte Schwachstellen aufzudecken, um sich anschließend mit ihrer Beseitigung zu befassen.

- *Wissensverteilung und interdisziplinäre Vernetzung:* Oftmals verfügt das Unternehmen über alle notwendigen Fähigkeiten zur Lösung anstehender Probleme, ist aber nicht in der Lage, diese rechtzeitig zum Einsatz zu bringen. Gründe dafür sind eine Fehlallokation (die Personen, welche das Wissen haben, sind nicht identisch mit denjenigen, welche es benötigen) oder fehlendes Wissen darüber, wer welches Wissen hat. Entwicklungsmaßnahmen, bei denen Mitarbeiter aus verschiedenen Bereichen zusammenkommen und bei denen der Austausch großen Raum einnimmt, können diese Funktion erfüllen.

- *(Re-)Motivierung:* Die Motivationsfunktion von Weiterbildung zeigt sich in einer ganzen Reihe von Maßnahmen. Unternehmen bieten jüngeren Mitarbeitern mit ausgeprägter Aufstiegsmotivation häufig eine finanzielle Unterstützung für Weiterbildungsstudiengänge. Dahinter steht oft die Überlegung, damit einem karrieremotivierten Stellenwechsel zuvorzukommen. Ein anderes Beispiel sind Entwicklungsangebote mit einem ausgeprägten Belohnungscharakter, etwa wenn einem erfolgreichen Vertriebsteam ein Training bei einem besonders renommierten Institut oder in einer beliebten Urlaubsdestination finanziert wird. Der Remotivierung dient eine Entwicklungsmaßnahme, wenn sie zu einem Zeitpunkt einsetzt, zu dem einem Mitarbeiter oder einer Mitarbeiterin, die das Unternehmen auch nach einer persönlichen oder beruflichen Krise halten will, eine Perspektive für einen beruflichen Neuanfang vermittelt werden soll.

- *Integration und Motivationssicherung im Veränderungsprozess:* In Phasen grundlegender Veränderung und Organisationsentwicklung dient die Personalentwicklung nicht nur der Neuqualifizierung und dem Informationsaustausch, sondern nicht zuletzt auch der Integration. Individuelle Verunsicherung und aufbrechende Konflikte sollen über entsprechende Maßnahmen frühzeitig aufgefangen bzw. kanalisiert werden.

- *Disziplinierung und Herrschaftssicherung:* Aus einer kritischen Perspektive haben Entwicklungsmaßnahmen, die vom Unternehmen für die Mitarbeiter ausgesucht wurden, immer auch einen das Verhalten und die Einstellungen leitenden Charakter: Den Teilnehmern werden über die Weiterbildung Sichtweisen und Handlungsmuster vermittelt, die das Unternehmen als erwünscht ansieht. Das ist der disziplinierende Charakter. Indem die Teilnehmer sich dadurch den Erwartungen des Unternehmens anpassen, wird die Herrschaft des Managements gestützt. Der amerikanische Organisationsforscher Chris Argyris (1957) hat in einem bemerkenswerten Aufsatz darauf aufmerksam gemacht, dass die Disziplinierungsfunktion gar keine bewusste Strategie des Managements sein muss; sie ist eine zwangsläufige Begleiterscheinung insbesondere großer bürokratischer Organisationen.

Diese Aufzählung unterscheidet nicht zwischen sinnvollen und weniger sinnvollen Funktionen der Personalentwicklung. Wesentlich ist, dass ein Unternehmen oder eine Führungskraft, welche eine Investitionsentscheidung für eine Weiterbildungsmaßnahme trifft, sich darüber im Klaren ist, welche Ziele damit erreicht werden sollen, und alternative Methoden danach beurteilt, wie diese Zielsetzung am sichersten erreicht werden kann.

6.2 Analyse des Entwicklungsbedarfs

Wie werden die strategisch wichtigen Kompetenzen ermittelt?

Der Bedarf für Personalentwicklung ergibt sich zum einen aus der Analyse der Kompetenzen, die zur Erreichung der Unternehmensziele erforderlich sind. Zum anderen ist aber auch eine Analyse der derzeitigen Leistungsfähigkeit und des Leistungspotenzials der Mitarbeiter notwendig.

> Die *Personalentwicklung* umfasst alle Maßnahmen, die darauf abzielen, die bestehenden Potenziale und Fähigkeiten der Beschäftigten im Unternehmen zu erweitern und für die Erreichung der Unternehmensziele nutzbar zu machen.

Zielsetzungen der Personalentwicklung

In dieser Definition sind gleich zwei Zielsetzungen enthalten: Mit Blick auf den einzelnen Mitarbeiter hat die Personalentwicklung die vorrangige Funktion, die Fähigkeiten der Mitarbeiter in der Weise zu fördern, dass sie ihre gegenwärtigen und zukünftigen Aufgaben bewältigen können und ihre Qualifikation den gestellten Anforderungen entspricht. Aus der Perspektive des Unternehmens liegt ihre Funktion hingegen darin, diejenigen Kompetenzen aufzubauen, die dem Unternehmen die langfristige Zielerreichung sichern. Eine Analyse des Entwicklungsbedarfs muss von daher sowohl bei den strategischen Zielen als auch bei den Leistungen und Potenzialen der Beschäftigten ansetzen. Nachfolgend wird zuerst der Ansatz der Kompetenzbilanz einer Person oder eines Teams vorgestellt. Anschließend wird gezeigt, wie sich der Kompetenzbedarf mit Hilfe des Personalportfolios aus den strategischen Unternehmenszielen ableiten lässt.

| 6.2.1 | Entwicklungsbedarf ausgehend von der Kompetenzbilanz |

Kompetenzbilanzen dienen zur Beurteilung der Kompetenzen einer Person anhand standardisierter Skalen. Zur Erstellung solcher Bilanzen lassen sich allein im deutschsprachigen Raum gegenwärtig über 40 verschiedene Instrumente zur Kompetenzmessung und -bilanzierung nachweisen (Erpenbeck & Rosenstiel 2007). Während eine kleine Anzahl dieser Instrumente vor allem zu Forschungszwecken entwickelt und wissenschaftlich validiert wurde, ist die überwiegende Mehrheit für die betriebliche Anwendung konzipiert.

Da es keinen allgemein verbindlichen Standard gibt, mit dem sich Umfang und Unterteilung von Kompetenzen definieren lassen, lässt sich die Frage, welche Kompetenzen für eine Analyse der Fähigkeiten von einzelnen Mitarbeitern oder ganzen Teams berücksichtigt werden müssen, nicht abschließend beantworten. Für die Kompetenzmessung in einem Unternehmen spielen die strategischen Ziele des Unternehmens (vgl. Abschnitt 6.2.2), aber auch persönliche Erfahrungen und Überzeugungen des Topmanagements, die Unternehmenskultur oder die Landeskultur, in der sich das Unternehmen bewegt (vgl. Abschnitt 2.4.3), eine wichtige Rolle. Die Kompetenzmessung hängt aber auch davon ab, welche Fähigkeiten sich überhaupt gültig und zuverlässig messen lassen. Denn nur so lassen sich die Kompetenzen auch gezielt aufbauen: Bewerber für eine bestimmte Position im Unternehmen können auf ihre Fähigkeiten hin getestet werden, und Weiterbildungsprogramme lassen sich auf die Beseitigung bestehender Defizite ausrichten.

Kompetenzkategorien

Nach Erpenbeck & Rosenstiel (2007, S. XVI) lassen sich Kompetenzen, wie sie in wissenschaftlichen Untersuchungen und in der betrieblichen Praxis gemessen werden, vier Hauptbereichen zuordnen:

- *Personale Kompetenzen:* Bei diesen handelt es sich um Voraussetzungen, die eine Person befähigen, selbstorganisiert zu handeln. Sie reichen von arbeitsbezogenen Einstellungen (z. B. Leistungsorientierung oder Verantwortungsbereitschaft) über Reflexionsfähigkeit (z. B. sich selbst mit allen Stärken und Schwächen angemessen einschätzen) und Produktivität (z. B. Begabungen oder Leistungsvorsätze entwickeln) bis zur Lern- und Entwicklungsfähigkeit.
- *Aktivitäts- und umsetzungsorientierte Kompetenzen:* Sie lassen sich als die Fähigkeit einer Person zusammenfassen, Ziele und Absichten in Handeln umzusetzen und damit erfolgreich zu realisieren.

- *Fachlich-methodische Kompetenzen:* Darunter lassen sich alle Fähigkeiten und Fertigkeiten zusammenfassen, die eine Person einsetzt, um ihre Ziele und Absichten zu realisieren. Diese Kompetenzen lassen sich vergleichsweise leicht trainieren, wenn sie fehlen.

- *Sozial-kommunikative Kompetenzen:* Ähnlich wie bei den fachlich-methodischen Kompetenzen handelt es sich vor allem um Techniken, die aber nicht auf die Erreichung von Sachzielen, sondern auf die Verständigung mit anderen Personen gerichtet sind. Sie stehen für die Fähigkeit, sich mit anderen kreativ auseinanderzusetzen und in der Führungsbeziehung oder in der Gruppe Pläne, Aufgaben und Ziele zu entwickeln.

Die Unterschiede zwischen diesen vier Bereichen lassen sich am besten zeigen, wenn man sich die wesentlichen Schwächen, die mit

---

Praxisbeispiel: Siemens-Führungsrahmen

Ziel des Analyseinstruments zur Messung der individuellen Führungskompetenz ist, die Erwartungen des global agierenden Unternehmens an seine Führungskräfte transparent zu machen und die Förderung und Weiterentwicklung der Führungskräfte an die Unternehmensstrategie zu koppeln. Dieses Instrument wurde in einer Reihe von Manager-Workshops, einer Benchmarking-Studie in zehn Ländern sowie Interviews mit besonders erfolgreichen Führungskräften im Konzern entwickelt. Eine erste Version aus dem Jahr 1996 wurde 2001/02 im Zuge der mittlerweile verstärkten Internationalisierung des Unternehmens grundlegend überarbeitet.

Der Führungsrahmen geht von vier Dimensionen der Führungskompetenz mit insgesamt 17 Fähigkeiten aus:

Drive – Initiative ergreifen: Dazu zählen die Förderung von visionären Ideen und Innovationen, die Erschließung wachsender und herausfordernder Märkte sowie das ambitionierte und unternehmerische Zielsetzen zur Realisierung neuer Geschäftsideen. Als wesentliche Voraussetzungen dafür werden Initiative, Ergebnisorientierung, Kreativität, Veränderungsfähigkeit und Entscheidungsfähigkeit angesehen.

Focus – Erfolgsstrategien entwickeln: Diese Dimension des Führungsverhaltens setzt sich aus der intellektuellen Durchdringung komplexer Situationen und Sachverhalte und der Entwicklung erfolgreicher Strategien und Maßnahmenpläne zusammen. Zentrale Kompetenzen dafür sind Lernfähigkeit, Analysefähigkeit, strategisches Denken sowie Planungs- und Organisationsgeschick.

Impact – Partner gewinnen: Dazu gehört, andere zu überzeugen, ihre Unterstützung zu gewinnen und sie zu begeistern, die Zusammenarbeit mit internen und externen Partnern aus verschiedenen Kulturkreisen sowie die gezielte und faire Einflussnahme auf Kooperationspartner oder Kunden zur Erreichung der eigenen Ziele. Durchsetzungsfähigkeit, Kommunikationsfähigkeit, Networking Skills und Kundenorientierung sind als Kompetenzen zugeordnet.

Guide – Team führen: Darunter versteht das Unternehmen richtungsweisendes Kommunizieren, die Schaffung einer motivierenden und herausfordernden Atmosphäre und ein bewusstes Personalmanagement (Mitarbeiter fördern, Potenziale entwickeln, Besetzungen mit Sorgfalt vornehmen). Die zugehörigen Kompetenzen sind Motivationsfähigkeit, Teamfähigkeit, Einfühlungsvermögen sowie Coaching- und Mentoring-Kompetenz.

Die individuelle Beurteilung erfolgt periodisch auf Basis einer Befragung der unterstellten Mitarbeiter sowie in einem Gespräch zwischen dem direkten und dem nächsthöheren Vorgesetzten der zu beurteilenden Führungskraft (Karnicnik & Sanne 2003).

ihrem Fehlen verbunden sind, vergegenwärtigt. Eine Person mit Defiziten im Bereich der personalen Kompetenzen kann mit Hilfe der übrigen Kompetenzen auf ihrer Position erfolgreich sein, solange die Anforderungen und Erwartungen vorgegeben und eindeutig sind und sich auch nicht verändern, aber sie wird wahrscheinlich scheitern, wenn sich die Bedingungen ändern oder die an sie gerichteten Anforderungen nicht eindeutig sind. Schwächen in den aktivitäts- und umsetzungsorientierten Kompetenzen äußern sich darin, dass eine Person zwar erkennt, welche Maßnahmen für eine Problemlösung notwendig sind, und sie auch in der Lage wäre, Herausforderungen im Problemlösungsprozess zu begegnen. Es fehlt ihr aber der Impuls, die Problemlösung auch in Gang zu setzen. Sind diese beiden Kompetenzen dagegen vorhanden, während ausreichende fachlich-methodische Fähigkeiten fehlen, geht die Person zwar eine Problemlösung an. Sie wird aber wahrscheinlich an einer ineffizienten Zielverfolgung scheitern. Fehlende sozial-kommunikative Fähigkeiten lassen eine Person scheitern, wenn sie in ihren Problemlösungsbemühungen von der Unterstützung anderer Personen abhängig ist.

Das ◁ Praxisbeispiel des Siemens-Führungsrahmens zeigt, wie ein Unternehmen aus dem breiten Spektrum von Kompetenzen diejenigen ausgewählt hat, die es zur erfolgreichen Bewältigung von Aufgaben in allen Führungspositionen als unabdingbar ansieht.

6.2.2	**Entwicklungsbedarf ausgehend von den strategischen**
	Unternehmenszielen

Vorgehen zur Bestimmung des Entwicklungsbedarfs

Die Analyse des Personalentwicklungsbedarfs geht von den Kompetenzen und Motivationen aus, die zur Erreichung der strategischen Unternehmensziele notwendig sind, und vollzieht sich in folgenden Analyseschritten:

1. *Anforderungsanalyse und Szenarien:* Im ersten Schritt ist zu klären, welche erfolgskritischen Kompetenzen und Motivationen benötigt werden, damit sich die aktuellen Marktstrategien unter den gegenwärtigen oder in naher Zukunft zumindest absehbaren Bedingungen realisieren lassen. Daraus ergibt sich ein erster Anforderungskatalog. Die Szenarienprüfung erweitert die Anforderungsanalyse, indem alternative Szenarien miteinbezogen werden. Sie ist umso wichtiger, je weniger exakt sich die Bedingungen für die Strategierealisierung vorher bestimmen lassen. Dabei

werden mehrere mögliche Entwicklungspfade skizziert und es wird geprüft, ob die Abweichungen auch Konsequenzen für die Anforderungen an das Personal haben. Auf der Grundlage dieser Szenarien wird der ursprüngliche Anforderungskatalog überprüft und gegebenenfalls modifiziert.

2. *Defizitanalyse:* Sind die Anforderungen bekannt, muss Klarheit darüber erzielt werden, welche Kompetenzen und Motivationen gegenwärtig fehlen. Fehlen bedeutet nicht, dass bestimmte Kompetenzen im Unternehmen gänzlich fehlen, sondern dass sie nicht bei denjenigen Mitarbeitern vorliegen, die sie in erster Linie benötigen. So ist beispielsweise durchaus denkbar, dass im Unternehmen zahlreiche junge Mitarbeiter mit Führungspotenzial eingestellt wurden, dass die Führungskompetenz aber im mittleren Management schwach ausgeprägt ist und sich dies als ein (zumindest vorübergehender) Engpassfaktor erweist.

3. *Risikoanalyse:* Die Risikoanalyse geht ergänzend zur Defizitanalyse von der Frage aus, welche Kompetenzen und Motivationen das Unternehmen verlieren könnte, beispielsweise weil Mitarbeiter altershalber ausscheiden oder weil sie zu einem anderen Arbeitgeber wechseln. Diese Klärung ist auch wichtig, um die Übertragung von strategisch wichtigen Kompetenzen und Wissensbeständen von den bisherigen auf die zukünftigen Leistungs- und Entwicklungsträger systematisch gestalten zu können.

Am Ende dieses Analyseprozesses stehen diejenigen Kompetenzen und Motivationen, auf die das Unternehmen zur Erreichung seiner strategischen Ziele angewiesen ist, über die es aber im Augenblick noch nicht in ausreichendem Maße verfügt oder die es mittelfristig aufgrund von Fluktuationen zu verlieren droht.

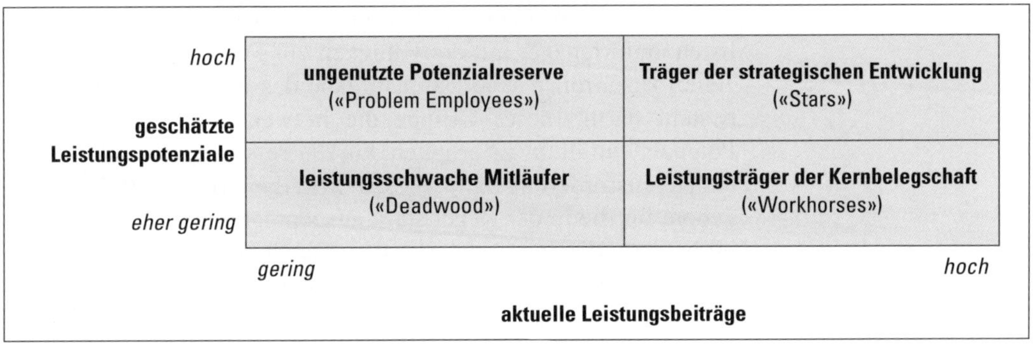

hoch	**ungenutzte Potenzialreserve** («Problem Employees»)	**Träger der strategischen Entwicklung** («Stars»)
geschätzte Leistungspotenziale	**leistungsschwache Mitläufer** («Deadwood»)	**Leistungsträger der Kernbelegschaft** («Workhorses»)
eher gering		
	gering	*hoch*
	aktuelle Leistungsbeiträge	

▲ Abb. 26   Personalportfolio (nach Odiorne 1984)

Entwicklungsbedarf
ausgehend vom
Personalportfolio

Während der Ansatz, der von den strategischen Unternehmenszielen ausgeht, von personenunabhängigen Kompetenzen und Motivationen ausgeht, die ein Unternehmen zur Erreichung seiner Ziele benötigt, setzt dieser Ansatz an den gegenwärtigen und den mittelfristig absehbaren Fähigkeiten der Mitarbeiter zur Aufgabenerfüllung an. Diese beiden Dimensionen lassen sich im Ansatz des Personalportfolios, das ursprünglich von Odiorne entwickelt worden ist, abbilden. Im Portfolio-Ansatz werden die Mitarbeiter nach zwei Kriterien eingeordnet, von denen das eine für die gegenwärtigen Leistungsbeiträge und das andere für die eingeschätzten Leistungspotenziale steht. Aus der Kombination der Ausprägungen ergeben

Typen von
Mitarbeitern

sich vier Typen von Mitarbeitern mit jeweils unterschiedlichen Konsequenzen für die Personalentwicklung (◄ Abb. 26).

- Die erste Gruppe bilden die gegenwärtigen Leistungsträger im Unternehmen *(Workhorses)*, deren Entwicklungspotenzial als gering eingeschätzt wird. Ihre Schlüsselstellung im Unternehmen resultiert häufig aus einer langjährigen Betriebszugehörigkeit und einem stark ausgeprägten Arbeitsethos. Ein besonderes Gewicht haben sie in den bindungsorientierten Personalstrategien, vor allem in der Strategie des «eingespielten Teams». Die Hauptaufgabe für das Personalmanagement besteht in der Erhaltung der Leistungsmotivation. Der Schwerpunkt in der Personalentwicklung ist auf die laufende Sicherung der Fachkompetenz bei veränderten Anforderungen und auf die Stärkung der Verankerung im Team und im Unternehmen zu legen.
- Die zweite Gruppe der *Stars* bildet die zukünftigen Leistungsträger, deren Motivation auf ständig neuartige Herausforderungen gerichtet ist. Sie sind auch die wichtigsten Träger der strategischen Entwicklung des Unternehmen. Dieser Gruppe sind vor allem jüngere Aufsteiger, aber auch hochmotivierte Fachspezialisten und Manager mit der Fähigkeit zur Führerschaft in Krisenzeiten zuzuordnen. Die Hauptaufgabe des Personalmanagements besteht darin, dieser Gruppe die notwendigen Freiräume zur Potenzialentfaltung zu erhalten. Für die Personalentwicklung liegt die Herausforderung darin, diesem Mitarbeiterkreis attraktive Angebote für die in der Regel stark ausgeprägte intrinsische Weiterbildungsmotivation bereitzustellen. Dabei besteht die latente Gefahr, dass aufstiegsmotivierte Mitarbeiter auch schnell bereit sind, das Unternehmen zu verlassen, wenn sich attraktive Alternativen bieten. Das würde aber einen schwerwiegenden Investitionsverlust bedeuten. Gerade in dieser Gruppe ist es deshalb wichtig, die Entwicklungsangebote mit langfristig bindenden Vereinbarungen zu verknüpfen (vgl. Baustein 7).

- Die Gruppe der Mitarbeiter mit einem als hoch eingeschätzten Potenzial, aber noch geringer gegenwärtiger Leistung, werden in der Matrix von Odiorne als *Problem Employees* bezeichnet. Für das Unternehmen bedeuten sie eine noch nicht genutzte Potenzialreserve. Die Leistungsdefizite können unterschiedliche Ursachen haben (◁ Leistungsstörungen auf S. 168). Dementsprechend unterschiedlich sind auch die Konsequenzen für die Personalentwicklung: Während reine Qualifikationsdefizite durch entsprechende Schulungen ausgeglichen werden können, erfordern motivationale Störungen eine Klärung der Anreizstruktur, bevor eine Qualifizierung nachhaltig wirksam wird.
- Die letzte Gruppe bilden die Mitarbeiter, die keine erkennbaren Potenziale aufweisen und deren Leistung im Lauf der Zeit stark zurückgegangen ist. Abgesehen von Fehlbesetzungen sind dazu auch Mitarbeiter zu zählen, die vor einem selbstgewählten Ausstieg stehen oder aufgrund ihrer Tätigkeit keinen besonderen Anlass zur Leistung haben. Odiorne verwendet in seiner Matrix den Begriff *Deadwood*. Personalentwicklungsmaßnahmen sind hier im Vorfeld an Leistungsvereinbarungen zu koppeln.

Erweiterung des Leistungsbegriffs

Für eine angemessene Bewertung der einzelnen Mitarbeitergruppen ist es notwendig, den Leistungsbegriff weiter zu fassen, und neben direkten auch indirekte Beiträge in die Betrachtung mit einzubeziehen.

> Die *Leistung eines Mitarbeiters* ist die Summe aller direkten und indirekten Beiträge zum Erfolg eines Teams oder eines Unternehmens. Direkte Leistungen tragen unmittelbar zur Wertschöpfung im Unternehmen bei, während indirekte Leistungen ermöglichen, dass andere Mitarbeiter ihrerseits einen Wertschöpfungsbeitrag leisten.

Indirekte Erfolgsbeiträge

Wenn der Erfolg einer Arbeitsgruppe oder eines gesamten Unternehmens davon abhängt, wie hoch die Zufriedenheit und der Teamzusammenhalt unter den Mitarbeitern ist, erbringen Mitarbeiter indirekte Erfolgsbeiträge, die zu einem angenehmen Arbeitsklima beitragen oder als Betriebspaten oder Mentoren andere Mitarbeiter unterstützen. Indirekte Leistungen können auch darin bestehen, besonders leistungsfähige Mitarbeiter in Routineaufgaben zu entlasten. Bevor sich ein Unternehmen von vordergründig leistungsschwachen Mitarbeitern trennt, sollte es also überprüfen, ob diese nicht wichtige indirekte Leistungen erbringen, deren Wegfall zu einem Leistungsrückgang bei anderen, bisher leistungsstarken Mitarbeitern führen würde.

| 6.3 | **Methoden der Personalentwicklung** |

Welche Ansätze stehen zur Verfügung?

Methoden der Personalentwicklung lassen sich danach unterscheiden, ob das Lernen direkt am Arbeitsplatz (Training on the job) oder in einer besonderen Lernumgebung (Training off the job) stattfindet. Darüber hinaus sind Methoden individuellen Lernens vom Lernen im Team bzw. im Führungsverhältnis zu unterscheiden. Die Eignung einer bestimmten Methode hängt einerseits von den Kompetenzen, die vermittelt werden sollen, und den damit verbundenen Entwicklungszielen ab. Für die Wahl der geeigneten Methode sind andererseits aber auch die Rahmenbedingungen entscheidend: Erfolgreiche Personalentwicklung bedeutet, beim einzelnen Mitarbeiter einen Lernprozess anzustoßen (▷ Lerntheorien, S. 221). Die äußeren Bedingungen können einen solchen Lernprozess ebenso fördern wie sie ihn zu behindern vermögen.

| 6.3.1 | **Personalentwicklung am Arbeitsplatz** |

Formen der Personalentwicklung

Personalentwicklung am Arbeitsplatz bedeutet, dass neue Kompetenzen in direktem Zusammenhang mit der Arbeitstätigkeit erworben werden. Arbeitsplatznahe Personalentwicklung kann auf verschiedene Arten stattfinden:

- Die Aufgaben des Mitarbeiters werden so verändert, dass deren Bewältigung automatisch mit einer Erweiterung der persönlichen Kompetenzen verbunden ist. Dazu zählen die Übertragung von zeitlich befristeten Projektaufgaben oder die vorübergehende Stellvertretung von Kollegen oder Vorgesetzten.
- Dem Mitarbeiter werden *Lernmittel* zur Verfügung gestellt, die er zur Bewältigung seiner Aufgaben direkt nutzen kann. Neben der traditionellen Form schriftlicher Unterlagen (beispielsweise Handbücher) ist das Bereitstellen von Lernsoftware für den Arbeitsplatzrechner zunehmend verbreitet.
- Es wird im Rahmen der Arbeitstätigkeit ein Rahmen geschaffen, in dem der Mitarbeiter in einem Team von Kollegen gemeinsame Problemstellungen, die sich aus der Routinetätigkeit ergeben haben, bearbeitet. Diese Form der Personalentwicklung hat sich unter anderem unter der Bezeichnung *Qualitätszirkel* verbreitet.

- Dem Mitarbeiter wird ein Berater zur Seite gestellt, der ihn als *Mentor* oder *Coach* bei der Bewältigung von beruflichen Herausforderungen unterstützt. Eine solche Rolle können ein externer Experte, eine erfahrene Führungskraft oder unter bestimmten Bedingungen auch der direkte Vorgesetzte übernehmen (vgl. Abschnitt 6.3.4).

Gelenkte Erfahrungs-vermittlung

Grundform der Personalentwicklung am Arbeitsplatz durch den direkten Vorgesetzten oder erfahrene Arbeitskollegen ist die *gelenkte Erfahrungsvermittlung*. Der Mitarbeiter soll von einem Experten gezielt neue Erkenntnisse oder Fertigkeiten erwerben, um seine Aufgaben besser bewältigen zu können. Mit der *Stellvertretung* wird dasselbe Ziel verfolgt, die Anforderungen an die zu entwickelnde Person sind jedoch höher, da diese stärker auf sich selbst gestellt ist. Die Übertragung von *Projektaufgaben* bedeutet, dass eine Person oder eine ganze Gruppe für einen befristeten Zeitraum eine Problemstellung bearbeitet, die zwar in der Regel mit der normalen Tätigkeit in Zusammenhang steht, sich aber außerhalb der Arbeitsroutine bewegt. Die Aufgabe trägt zur Kompetenzentwicklung bei, wenn sie den Einsatz neuer Problemlösungsmethoden voraussetzt oder zu einer Erweiterung des Wissens über den Arbeitsbereich oder die eigene Aufgabe führt.

Elektronische Lernmittel

Zunehmende Bedeutung haben in den letzten Jahren *elektronische Lernmittel* erlangt. Das Grundprinzip besteht darin, dass der Mitarbeiter einen Datenträger oder Zugang zu einer Datenbank im Inter- oder Intranet erhält. Die Software erzeugt eine virtuelle Umgebung, in der die Person vorgegebene Aufgabenstellungen bearbeitet oder Informationen, die sie aktuell für ihre Tätigkeit benötigt, abrufen kann. Haupteinsatzgebiet ist zur Zeit noch das Erlernen von Fremdsprachen und die Vermittlung aktueller Informationen über die Produkt- und Marktentwicklung. Zunehmend wird aber auch die Schulung von Führungs- und Managementkompetenzen vom traditionellen Training auf das Selbststudium verlagert, um die Nutzung von Entwicklungsangeboten weitmöglichst zu individualisieren.

Unter den Bedingungen einer stark ausgeprägten Leistungskultur lässt sich eine arbeitsplatznahe Entwicklung nur realisieren, wenn ein inhaltlich enger Bezug zwischen der Lernphase (z. B. einer Projektarbeit) und den Zielen des Arbeitsbereichs besteht. Andernfalls besteht ein starker Interessenkonflikt, der dazu führt, dass die Sonderaufgabe mit der vermeintlich niedrigeren Zielpriorität immer wieder der dringend erscheinenden Routineaufgabe geopfert wird.

6.3.2	**Personalentwicklung außerhalb der Arbeitsumgebung**

Typen von
Maßnahmen

Weiterbildungsmaßnahmen außerhalb der Arbeitsumgebung enthalten zwei wesentliche Aspekte, die sie von der arbeitsplatznahen Entwicklung abheben: Sie bieten erstens eine Lernumgebung, in der die Teilnehmer so weit als möglich aus den Zwängen ihrer Routineaufgaben herausgelöst werden sollen. Sie haben zweitens auch einen Anreizcharakter (vgl. dazu Baustein 4), soweit sie Teilnehmern die Möglichkeit bieten, während der Arbeitszeit Entwicklungsangebote zu nutzen oder diese zumindest außerhalb der Arbeitszeit finanziert zu bekommen. Drei grundlegend unterschiedliche Typen von Maßnahmen haben sich herausgebildet: das spezialisierte Fachseminar, das ganzheitliche Trainingskonzept der Erlebnispädagogik und der Ansatz des Führungs- und Managementplanspiels. Sie sollen im Folgenden erläutert werden.

Fachseminar

Fachseminare umfassen ein breites Spektrum von Kurzvorträgen über Tagesseminare bis zu mehrjährigen berufsbegleitenden Studiengängen. Standen früher fachspezifische Inhalte generell im Vordergrund, nimmt seit den 1980er Jahren die Persönlichkeitsentwicklung größeren Raum ein. Die Kontrastierung vertrauter Überzeugungen durch eine – vom Standpunkt des Unternehmens – Außenperspektive und die Möglichkeit zum interorganisationalen Erfahrungsaustausch spielen in allen Formen der externen Weiterbildung die zentrale Rolle. Durch die Möglichkeit zum Erwerb von Zertifikaten hat diese Form der Weiterbildung immer auch eine Auswirkung auf den Arbeitsmarktwert des Mitarbeiters. Diese Tatsache hat in den letzten Jahren zu einer intensiven Diskussion um die Frage geführt, wie die Kosten für die Weiterbildungsmaßnahmen zwischen dem Unternehmen und dem Mitarbeiter aufgeteilt werden sollten.

Ein Fach- oder Hochschulstudium bedeutet, sofern der Kontakt zum Unternehmen aufrechterhalten wird, eine langfristige Form der externen Personalentwicklung, die weitgehend in die Verantwortung des Mitarbeiters übergeben wird. Eine besondere Bedeutung kommt in Deutschland traditionell der Fernuniversität Hagen zu, die ein Studium ohne persönliche Anwesenheit ermöglicht. In jüngster Zeit hat sich dieses Segment mit der Gründung privater Fernhochschulen und einem rasch wachsenden Angebot spezialisierter MBA- und Zertifikatsstudiengänge stark erweitert. Während das Studium an den staatlichen Hochschulen meistens mit einer Unterbrechung der Berufstätigkeit und nicht selten mit einem Wechsel des Unternehmens verbunden ist, werden MBA-Studiengänge oder der Besuch berufsbegleitender Weiterbildungskurse als Personalentwicklungsmaßnahmen stärker in den betrieblichen Karriereweg integriert.

Methoden des Fach-seminars

Die wichtigsten Methoden der Personalentwicklung, wie sie vor allem beim Fachseminartyp zum Einsatz kommen, lassen sich in vier Gruppen zusammenfassen. Sie unterschieden sich vor allem in den Rollen, die Dozenten und Teilnehmern zugewiesen werden:

- Methoden, in denen der Dozent dominiert, sind *Vortrag* und *Lehrgespräch*. Dabei steht die Vermittlung von Überblicks- oder Grundlagenwissen im Vordergrund. Mit dem *Team-Teaching*, d.h. der kombinierten Unterweisung durch mehrere Dozenten, können auch kontroverse Perspektiven vermittelt werden.
- *Gelenkte Diskussion* ist eine Methode, bei der sich die unterweisende Person auf eine Moderatorenrolle zurückzieht, während die Erkenntnisse in der Gruppe der Adressaten entstehen und ausgetauscht werden.
- In der dritten Gruppe von Methoden verlagert sich die Aktivierung noch stärker auf die Teilnehmer. In *Einzel-* oder *Gruppenarbeit* lösen die Teilnehmer Problemstellungen eigenständig unter gegebenen Rahmenbedingungen, die durch eine Fallstudie oder ein Planspiel weiter strukturiert sein können. Diese Methoden zielen weniger auf Wissenserwerb oder Sozialkompetenz, sondern mehr auf sachbezogene Problemlösungstechniken, die in der Anwendung gelernt und vielfältig verwendet werden können.
- *Selbststudium* und verschiedene Methoden des mentalen Trainings sollen schließlich dem Einzelnen ermöglichen, selbstbestimmt neue Fähigkeiten zu erwerben.

Der Nutzen der eingesetzten Methoden ist – abgesehen vom zeitlichen und finanziellen Aufwand – vor allem danach zu beurteilen, wie schnell sich Lernfortschritte realisieren lassen und wie nachhaltig sie auch nach Abschluss der Entwicklungsmaßnahme wirken.

Teamworkshops als Variante des Fachseminars sind dadurch gekennzeichnet, dass sich eine Gruppe von Organisationsmitgliedern zu einem vorgegebenen Thema mit dem Ziel zusammenfindet, die aktuelle Situation zu analysieren, und auf dieser Grundlage neue Lösungen entwickelt. Für Großgruppen hat sich als Variante der so genannte *Open-Space-Ansatz* herausgebildet. Bei diesem werden Probleme parallel in kleineren Untergruppen bearbeitet, wobei die Teilnehmer die Möglichkeit haben, nach einem vorgegebenen Regelwerk neue Gruppen zu neuen Themenstellungen zu bilden und von einer Gruppe zu einer anderen zu wechseln. Problemlösungen entstehen hier somit in einem evolutionären Prozess, der nur eingeschränkt steuerbar ist, aber dadurch auch kreative Lösungsideen hervorbringen kann.

Firmenuniversität
(Corporate University)

Seit Ende der 1980er Jahre sind verschiedene Unternehmen in Deutschland dazu übergegangen, ihr Weiterbildungsprogramm unter dem Dach einer *Firmenuniversität* (Corporate University) zusammenzufassen. 1955 gründete General Electric mit dem «General Electric's Management Development Institute» die weltweit erste Firmenuniversität und fasste darin die Forschungs- und Entwicklungsabteilung mit der firmeneigenen Weiterbildung zusammen. Seither sind in den USA über 1000 und im deutschsprachigen Raum inzwischen rund 100 vergleichbare Institutionen gegründet worden. Abgesehen von konventionellen Universitäten, die sich auf eine bloße Zusammenfassung bisheriger Weiterbildungsprogramme beschränken, lassen sich mindestens drei spezifische Typen von Firmenuniversitäten unterscheiden:

Typen von
Firmenuniversitäten

- *Kulturorientierte Firmenuniversitäten* sind vor allem darauf ausgerichtet, Werte und Praktiken, die den Wesenskern des Unternehmens verkörpern, bei den Mitarbeitern zu verankern. In der «Hamburger-University» von McDonald's werden beispielsweise die weltweit verbindlichen Standards für Zubereitung und Service vermittelt, und in der Disney University werden die Mitarbeiter nach den Standards des spezifischen Disney-Entertainment geschult.
- *Strategieorientierte Firmenuniversitäten* wie diejenige von DaimlerChrysler sollen vor allem die strategische Entwicklung des Unternehmens und seiner Kernkompetenzen vorantreiben. Ein kleiner Kreis von Nachwuchskräften, die in die oberen Führungsebenen aufsteigen sollen, wird zusammengezogen und in projektartigen Schulungen weiterentwickelt. Die Problemstellungen setzen sich mit den aktuellen und möglichen zukünftigen Strategien des Unternehmens auseinander.

Praxisbeispiel: Seitenwechsel

Entscheidungsträger aus Wirtschaft und Verwaltung wechseln für eine Woche in eine soziale Institution. Der Perspektivenwechsel soll zur Entwicklung grundlegender Führungskompetenzen beitragen. Das unbekannte Arbeitsumfeld fordert rasche Orientierung und schnelle Einschätzung neuer Situationen. Entscheidungen werden unter hoher persönlicher Belastung getroffen.

Führungskräfte aus Unternehmen werden in einem begleiteten Prozess für eine Woche in einer von 200 angeschlossenen sozialen Organisationen (Schul- und Wohnheime für Jugendliche und Kinder, Wohn- und Arbeitsstätten für Menschen mit Behinderungen, psychiatrische Kliniken, Zentren für Asylsuchende, Gefängnisse und Suchtkliniken) tätig.

Die Schweizerische Gemeinnützige Gesellschaft hat dieses Projekt 1993 ins Leben gerufen, das zum Ziel hat, den Austausch zwischen Unternehmen und sozialen Organisationen zu fördern und individuelle Entwicklungsmöglichkeiten zu schaffen. In Deutschland wird es seit 2000 von der Patriotischen Gesellschaft von 1765 getragen. Seither haben nach Angaben der Träger über 2400 Führungskräfte teilgenommen (www.seitenwechsel.ch und www.seitenwechsel.com).

■ *Akademieorientierte Fimenuniversitäten* wie sie beispielsweise der Volkswagen-Konzern vorbereitet, stehen in Konkurrenz zu öffentlichen Weiterbildungsträgern, indem sie ihre Weiterbildungsprogramme über den Kreis der eigenen Führungs- und Nachwuchskräfte hinaus auch externen Studierenden öffnen.

Trainingsansatz der Erlebnispädagogik

Das *Outdoor-Training* steht für alle Formen der Personalentwicklung, in denen die Teilnehmer im Team und außerhalb ihres alltäglichen Arbeitsfelds mit überraschenden Problemstellungen konfrontiert werden. Die daraus resultierenden physischen und psychischen Grenzerfahrungen sollen grundlegende Lernfortschritte anregen und insbesondere die individuelle Teamfähigkeit fördern. Grundlage für diesen Personalentwicklungsansatz ist die *Erlebnispädagogik,* die vom Reformpädagogen Kurt Hahn (1973) begründet wurde (▷ Erlebnispädagogik).

Methoden der Erlebnispädagogik

Ein wesentliches Element der Reformpädagogik ist die Lernumgebung, die in scharfem Kontrast zur Arbeitsumgebung stehen soll, was als Voraussetzung für grundlegend prägende Lernerfahrungen angesehen wird. Dazu wird in aller Regel eine Umgebung gewählt, die mit der vertrauten Arbeitsumgebung und ihren routinisierten Abläufen und Beziehungen kontrastiert. Typische Beispiele sind Expeditionen im Gebirge, im Urwald oder auf hoher See. Aber auch

---

Praxisbeispiel: Vorwerk Performance Management

Die 1998 konzeptionell zusammengefasste Kompetenzentwicklung innerhalb der Konzernorganisation von Vorwerk mit seinen 13 600 Mitarbeitern weltweit beruht auf vier Säulen:

■ Die Vorwerk Academy besteht aus einem Managemententwicklungsprogramm, in dem über alle Führungsebenen hinweg Wissen und Methoden der Unternehmensplanung und -entwicklung vermittelt werden, sowie aus funktionsspezifischen Schools of Business (z.B. Controlling, Direct Sales oder Human Resources) für die Entwicklung von Fachwissen.

■ Das Mentoren-Programm dient dazu, die Unternehmenskultur zu kommunizieren und einen Kreis von rund 25 internationalen Leistungsträgern zu betreuen und zu binden.

■ Der Consulting Service unterstützt die Personalabteilungen sowie leitende Führungs- und Nachwuchskräfte bei der Potenzialanalyse, der Karriereplanung, der Durchführung von Qualifizierungs- und Trainingsmaßnahmen sowie bei

der Realisierung interner Organisationsveränderungsprojekten.

■ Das Coaching-Programm richtet sich ebenfalls an leitende Führungs- und Nachwuchskräfte und wird zur individuellen zielorientierten Qualifizierung eingesetzt. In Ergänzung des Mentoring wird dieses Konzept in drei unterschiedlichen Ausprägungen praktiziert: als Leadership Coaching durch die Führungskräfte, als Einzel-Coaching durch externe Coachs sowie als Team-Coaching für den obersten Führungskreis.

In den ersten drei Jahren nach Einführung des Programms übernahmen 80 Führungskräfte für insgesamt rund 350 Mitarbeiter eine Coaching-Funktion im Führungsverhältnis, die eng mit dem individuellen Zielvereinbarungssystem des Unternehmens verknüpft ist. Darüber hinaus wurden 14 Coaching-Vereinbarungen mit externen Coachs eingegangen und zwei Teams mit jeweils rund fünf Teammitgliedern im Team-Coaching begleitet (Maleska 2006).

spezifische soziale Situationen wie Aids-Kliniken, Asylunterkünfte oder Drogenentzugseinrichtungen werden dazu genutzt. Die Teilnehmer werden mit Problemen konfrontiert, in denen sie ihre bisherigen Lösungsmuster nicht mehr ohne weiteres anwenden können. Dadurch sind sie gezwungen, neue Problemlösungen im Team zu entwickeln, und sie lernen ihre persönlichen Grenzen – auch als «Komfortzone» bezeichnet – kennen und überwinden. Und schließlich erfahren sie eine emotionale Intensität, die den Lernprozess begleitet und ihn in der persönlichen Erfahrungswelt tief verankert.

Erfolgsbeitrag der Erlebnispädagogik

Empirische Studien zeigen, dass dieser Entwicklungsansatz vor allem auf die Motivation wirkt, weil sich die spezifischen Erfahrungen positiv auf das Selbstbild auswirken. Dieser Effekt ist in der Regel umso größer, je geringer die Selbstwertschätzung der Person vor dem Training war. Über die langfristigen Effekte und die Chancen für einen Transfer der persönlichen Erkenntnisse in die Arbeitsumgebung lassen sich nur Vermutungen anstellen. Es ist aber

---

Erlebnispädagogik

Ausgangspunkt der Reformpädagogik von Kurt Hahn (1973) ist seine Beobachtung von Einstellungs- und Verhaltensmustern, die er bei Jugendlichen in den 20er Jahren des 20. Jahrhunderts feststellte und die er als Verfallserscheinungen der Moderne interpretierte:

- *Verfall an menschlicher Anteilnahme, an Erbarmen und Hilfsbereitschaft* als Folge der Schnelllebigkeit in der modernen Gesellschaft. Persönliche Verantwortung werde durch Organisationen ersetzt, was es dem Einzelnen ermögliche, sich unangenehmen Situationen zu entziehen.
- *Verfall an Selbstinitiative und Konsumhaltung* fördere die Verweigerung gegenüber jeglicher Form von Herausforderung und aktivem Tun.
- *Verfall an Sorgsamkeit* äußere sich in verminderter Konzentrationsfähigkeit und zurückgehender Bereitschaft zu genauem Arbeiten. Hahn sieht darin auch die Ursache für den Niedergang handwerklichen Geschicks.
- *Verfall an körperlicher Tauglichkeit* bildet die Parallele zu geistiger Passivität und steht mit dieser in einem wechselseitigen Verstärkungszusammenhang: Geistige Passivität führt zu körperlicher Trägheit, und diese schwächt die intellektuelle Neugier.

In Anlehnung an Schriften Platos und Überlieferungen der Gesellschaftsordnung des antiken Sparta entwickelt Hahn sein Konzept der Erlebnispädagogik, das er erstmals im Internat von Salem umsetzen konnte. Die wesentlichen Elemente dieses Konzepts sind:

- *körperliches Training*, um persönliche Grenzen zu erfahren und zum Erlebnis der Selbstüberwindung und Selbstentdeckung zu gelangen,
- die *Expedition* zur Förderung von Entschluss- und Überwindungskraft,
- ein *Projekt* für die Förderung der Planungs- und Entscheidungsfähigkeit in der Einheit von handwerklichen und geistigen Anforderungen. Dabei sollen auch Kreativität, Sorgsamkeit, Geduld und Selbständigkeit geübt bzw. wiedergewonnen werden, und schließlich
- der *Rettungsdienst*, den Hahn als wichtigstes charakterbildendes Mittel ansah, mit dem das Gefühl der Gemeinschaft gefördert würde.

Kennzeichnendes Element dieses pädagogischen Ansatzes ist die enge Verknüpfung von Einsichten über wesentliche fachliche und soziale Zusammenhänge mit emotionaler Beteiligung, aktivem Handeln und persönlicher Verantwortungsübernahme (Osterrieder & Weiß 1993).

wahrscheinlich, dass besonders tiefgreifende persönliche Erlebnisse erst nach längerer Zeit richtig verarbeitet werden und dementsprechend Änderungen in den Deutungs-, Wert- und Handlungsmustern erst mit Zeitverzögerung eintreten werden. Außerdem schildern Teilnehmer von Outdoor-Trainings, dass es ihnen schwer fällt, die eigenen Eindrücke anderen Personen zu vermitteln, die nicht beteiligt waren. Das spricht dafür, nach Möglichkeit Teams aus demselben Unternehmensbereich dieselben Erfahrungen durchlaufen zu lassen. Der Lerneffekt erlebnispädagogischer Erfahrungen findet dann auch auf der kollektiven Ebene eines Teams statt.

Management- und Führungsplanspiele

Planspiele lassen sich dazu nutzen, die Führungs- und Managementkompetenz einer Person oder eines ganzen Teams zu diagnostizieren und weiterzuentwickeln. Die Trennung zwischen Führungs- und Managementkompetenz als Anwendungsbereich für ein Planspiel verläuft zwischen der Beziehungs- und der Sachaufgabe von Führungskräften: Die Beziehungsaufgabe besteht in der persönlichen Kommunikation zwischen Führungskraft und ihren Mitarbeitern, während sich die Sachaufgabe – abgesehen von der Fachfunktion – auf die Gestaltung von Planungs-, Informations-, Steuerungs- und Kontrollsystemen bezieht.

Managementplanspiele bestehen im Kern häufig aus einer Software, die eine virtuelle Managementumgebung erzeugt und an die Teilnehmer des Planspiels in mehreren Spielrunden Aufgaben stellt, die diese als Team oder als individuelle Entscheidungsträger zu lösen haben. Die Lösungen werden in das Programm eingegeben und führen zu neuen Situationen, die wiederum neue Herausforderungen stellen. Während sich die ersten Planspiele noch auf die Simulation von Gütermärkten und die Kommunikation im Telegrammstil beschränkten, erweitern moderne Planspiel-Systeme die Managementaufgaben bis in die Bereiche Führung und Motivation von Mitarbeitern. Die Teilnehmer fällen Personalentscheidungen auf der Basis von Kompetenzprofilen und Bewerberfotos virtueller Mitarbeiter. Diesen ist beispielsweise ein Reifegradmodell (vgl. Abschnitt 2.4.1) unterlegt, das zu einem Auf und Ab in den Leistungsbeiträgen führt. Die Fähigkeit der Teilnehmer, komplexe Aufgabenstellungen zu durchdringen und dabei in der Lage zu sein, Entscheidungen unter Unsicherheit zu fällen, lässt sich nach der Durchführung eines solchen Planspiels beurteilen.

Planspiele bewegen sich immer in einem Spannungsfeld zwischen Realitätsnähe und Praktikabilität: Damit sie den Teilnehmern realistisch erscheinen, müssen sie ausreichend komplex sein, sollten aber gleichzeitig so einfach sein, dass die Teilnehmer die Regeln nach

Praxisbeispiel: Das Führungsplanspiel «Spielfabrik»

Die Spielfabrik ist ein Planspiel, in dem rund 20 Teilnehmer über einen Zeitraum von zwei bis drei Tagen ein Unternehmen, das Gesellschaftsspiele herstellt, mit allen wesentlichen Funktionsbereichen über mehrere Geschäftsperioden hinweg leiten und eigenständig weiterentwickeln. Das Unternehmen produziert Spiele, die sich je nach dem Kreativitätspotenzial der Teilnehmer im Verlauf der zwei Tage komplett verändern können. Alle Rollen, von der Geschäftsführung über die Bereichsleitung bis zu den Mitarbeitern in Produktion, Produktentwicklung, Vertrieb und Personalmanagement werden von den Teilnehmern übernommen, und auch ein Gütermarkt besteht. Die Kommunikationsmöglichkeiten zwischen den Unternehmensteilen sind – der Realität größerer Unternehmen entsprechend – eingeschränkt. Zu Beginn des Planspiels sind Strukturen und Positionen vorgegeben. Diese können jedoch im Anschluss nahezu frei verändert werden, sofern eine entsprechende Entscheidung im Unternehmen erreicht wird. Dazu zählen auch Wechsel in den Positionen. Die Aufgabe für die Teilnehmer besteht darin, Lösungen für Probleme zu finden, die sich aus dem normalen, allerdings erheblich gestrafften Betriebslauf ergeben, und diese Lösungsansätze laufend zu verbessern, vor allem wenn sie sich einmal als Fehlentscheidung entpuppen sollten.

Das Planspiel ist so angelegt, dass die Teilnehmer über die betrieblichen Funktionen hinaus ständig mit Fragen der Führung und Motivation, des Konfliktmanagements, der Koordination, und Information konfrontiert werden. Entscheidend dabei ist, dass die Herausforderungen sich nach kurzer Zeit nicht mehr aus den Vorgaben des Planspiels, sondern überwiegend aus der durch die Teilnehmer geschaffenen Situation ergeben. Die Teilnehmer setzen sich mit den Ergebnissen ihrer eigenen Entscheidungen als Geschäftsführer, Bereichsleiter oder Team auseinander. Die Trainer greifen dabei über den gesamten Spielverlauf nicht direkt in das Geschehen ein sondern beschränken sich auf die Schaffung von reflexionsförderlichen Rahmenbedingungen.

Obwohl der Gestaltungsfreiraum für die Teilnehmer sehr groß ist, zeigen die Erfahrungen, dass dieser – wie in einem realen Unternehmen – nur zu einem kleinen Teil genutzt wird. Art und Umfang der Nutzung widerspiegelt zudem häufig das Unternehmen, aus dem die Teilnehmer stammen. Abgesehen von seiner Funktion als Führungsplanspiel bietet die Spielfabrik auch eine Grundlage für eine Kulturreflexion des auftraggebenden Unternehmens.

kurzer Zeit verinnerlichen können. Erst wenn die Regeln selbstverständlich werden, tritt das Planspiel in eine Phase ein, in der das Führungs- und Kooperationsverhalten authentisch wird, weil die Entscheidungen der Teilnehmer nicht mehr primär darauf ausgerichtet sind, den Spielregeln zu folgen, sondern die selbst gesetzten Ziele zu erreichen.

Führungskompetenz lässt sich weder auf eine Anzahl von Charaktereigenschaften noch auf einen einzig richtigen Führungsstil reduzieren. Führung ist ein Zusammenspiel von Kompetenzen, Einstellungen und Verhaltensweisen – und das nicht nur bei einer einzelnen Person, sondern häufig auch in einem Leitungsteam, das eine gemeinsame Führungsverantwortung hat (vgl. dazu Baustein 2) sowie schließlich in der gesamten Organisation. Ein Planspiel, das sich zur

Berücksichtigung aller Ebenen

Entwicklung von Führungskompetenz in einem Unternehmen eignet, muss deshalb alle drei Ebenen einbeziehen:

- *Individuum – Führung durch Selbstmanagement:* Die Fähigkeit zur Führung setzt voraus, dass die Führungskraft in der Lage ist, sich selbst zu führen. Dazu gehört die Klärung der Ziele, die aus der Führungsposition heraus verfolgt werden, und die Rolle, die man dabei einnehmen will. Dazu kommt die notwendige Methodenkompetenz, um die selbst gewählten Ziele auch erreichen zu können. Ein Führungsplanspiel verlangt von den Teilnehmern, ihre eigenen Ziele zu klären. Es zeigt, wie erfolgreich sie darin sind, die Ziele zu erreichen, und welche Kompetenzen dazu vorhanden sind bzw. noch fehlen.
- *Team – Direkte Führung in der Gruppe:* Führung im Team bezieht sich auf die hierarchisch unterstellten Mitarbeiter, aber auch auf die Führung innerhalb eines Leitungsteams. In beiden Fällen besteht sie aus zwei miteinander verschränkten Aspekten, nämlich der aufgabenorientierten und der personenorientierten Führung: In der aufgabenorientierten Führung geht es darum, einen gemeinsamen Auftrag zu strukturieren, Teilaufgaben zu verteilen und die damit geschaffenen Strukturen zu sichern. Personenorientiertes Führen umfasst zum einen die Kommunikation von Zielen und Erwartungen, ganz wesentlich zum anderen auch die Motivation. Ein Führungsplanspiel erzeugt eine natürliche Abfolge realistischer Aufgaben, die von der Konzeptentwicklung bis zur abschließenden Realisierung reichen und die nur bewältigt werden können, wenn das Zusammenwirken aller Beteiligten gelingt.
- *Organisation – Indirekte Führung des gesamten Unternehmens:* In der Regel nehmen Führungskräfte auf ihre Mitarbeiter nur zu einem kleinen Teil Einfluss über direkte Kommunikation – meist in der Anfangsphase einer Führungsbeziehung und danach wieder in Krisenzeiten. Dazwischen nehmen Führungskräfte sehr wesentlich über die Strukturen und strukturierten Prozesse Einfluss, die sie geschaffen haben. Dadurch findet Führung statt, ohne dass die Führungskraft direkt eingreift. Ein Führungsplanspiel lässt eine Organisation entstehen, die über direkte Kommunikationsbeziehungen hinausgeht, in der die Teilnehmer zusammenarbeiten müssen, aber sich nicht ständig abstimmen können. Die Führung fällt Entscheidungen, die sich indirekt auf die übrigen Teilnehmer auswirken, und sie empfängt ein ebenso indirektes Feedback, auf dessen Grundlage sie neue Entscheidungen trifft – ohne «Neustart-Option».

Führungsplanspiele beschränken sich typischerweise nicht auf die individuelle Kompetenzentwicklung. Es wird mit ihnen häufig auch ein organisationales Lernziel verfolgt, weshalb sich eine Brücke zur letzten Gruppe von Entwicklungsansätzen außerhalb des Arbeitsplatzes schlagen lässt, in denen das kollektive Lernziel in den Mittelpunkt rückt: Umgebungen für selbstorganisiertes Lernen.

| 6.3.3 | **Personalentwicklung durch selbstorganisiertes Lernen** |

Das Konzept des selbstorganisierten Lernens hat in den letzten Jahren im Zuge der Verbreitung des systemischen Ansatzes (▷ Systemischer Ansatz) Aufmerksamkeit erlangt und sich in verschiedene Richtungen konkretisiert. Ein gemeinsames Merkmal ist die Radikalisierung der pädagogischen Grundüberzeugung, dass nachhaltiges Lernen immer nur selbstorganisiert verläuft. Eine Konsequenz daraus ist, sich bei der Gestaltung von Entwicklungsmaßnahmen auf die Bereitstellung eines formalen oder methodischen Rahmens zu beschränken, da von außen keine aussichtsreichen Lernziele vorgegeben werden können, sondern Bedingungen geschaffen werden müssen, welche die Teilnehmer einzeln oder als Gruppe anstoßen, einen selbstorganisierten Lernprozess in Gang zu setzen.

Systemischer Ansatz

Der systemische Ansatz innerhalb der Pädagogik fasst mehrere Theoriestränge zusammen, welche die Sozial- und Verhaltenswissenschaften vor allem in den 1970er und 1980er Jahren geprägt haben. Dazu zählen die Theorie autopoietischer Systeme, das erkenntnistheoretische Paradigma des Konstruktivismus und die systemische Familientherapie:

■ Die *Theorie autopoietischer Systeme,* deren einflussreichster Vertreter der Soziologe Niklas Luhmann (1984) ist, geht davon aus, dass Organisationen autopoietische, d. h. operational geschlossene Sinnsysteme sind, die sich nach einem ihnen eigenen Code reproduzieren. Sie lassen sich nur von innen verändern, da sie Informationen von außen nur nach ihren eigenen Regeln verarbeiten können.

■ Der *Konstruktivismus* betont, dass es keine objektive Wirklichkeit gibt, die außerhalb unserer Sinneswahrnehmungen besteht. «Wirklichkeit» kann nur individuell sein, nämlich eine Konstruktion des Gehirns.

■ Die *systemische Familientherapie,* die am kalifornischen Palo Alto Institute um Paul Watzlawick (1978) entstand, wurde aus der therapeutischen Erkenntnis heraus entwickelt, dass psychische Störungen häufig nicht primär individuelle Ursachen haben, sondern das Ergebnis einer sozialen Konstellation sind, die sie nicht nur erzeugt haben, sondern auch fortlaufend stabilisieren. Diese Konstellation wird wiederum als System interpretiert, das nach eigenen Regeln funktioniert.

Der systemische Ansatz hat diese Strömungen in der Folge auch für die Managementlehre aufgegriffen und Theorien und Gestaltungskonzepte entwickelt, die von den folgenden Annahmen ausgehen: Unternehmen oder Gruppen sind soziale Systeme, die sich selbst organisieren. Sie verarbeiten Informationen aus der Umwelt nach ihren eigenen Regeln. Eine gezielte Steuerung von außen ist deshalb auch nur sehr beschränkt möglich ist. Interventionen von außen wirken allenfalls als Irritationen, die einen Selbstorganisationsprozess in Gang setzen können, ohne dessen Ergebnis vorbestimmen zu können.

Da es bislang noch keine Systematik für Umgebungen selbstorganisierten Lernens gibt, werden an dieser Stelle aus der Fülle der sich gegenwärtig ausbreitenden Ansätze drei unterschiedliche Konzepte herausgegriffen.

1. Systemische Organisationsaufstellung

Das Konzept der *systemischen Organisationsaufstellung* wurde im Wesentlichen von Bert Hellinger geprägt. Es beruht auf der Idee, Strukturen in Gruppen und Organisationen zu entwickeln, indem die Rollen und Ziele der beteiligten Personen durch einen Rollenwechsel sichtbar gemacht werden. Ausgehend von einer Problemstellung beschreibt ein Organisationsmitglied die Strukturen und besetzt die darin vorkommenden Rollen mit unbeteiligten Personen. Diese erhalten Anweisungen zu ihrer Position und Haltung, die sie in der betreffenden Organisation einnehmen. Aus dieser Rolle heraus sollen sich die aufgestellten Personen nun dazu äußern, wie sie sich und die ihnen zugewiesene Position empfinden. Somit stellt das Organisationsmitglied die Organisation aus seiner subjektiven Perspektive in vereinfachter Form auf. Ein Entwicklungsprozess wird dadurch ausgelöst, dass der Aufsteller von den aufgestellten Personen Reaktionen erhält, die Hinweise auf bislang unerkannte Zusammenhänge (Beziehungen, Konflikte) offen legen und damit neuartige Einsichten in die Organisationsstruktur eröffnen. Diese Einsichten können Veränderungsprozesse in der Organisation auslösen, ohne dass eine direkte Steuerung durch Externe erfolgen muss.

2. Organisationstheater

Auch das Konzept des *Organisationstheaters* zielt darauf ab, Strukturen aufzubrechen, indem diese für die Beteiligten auf neuartige Weise offen gelegt werden. Dazu wird ein spielerischer Ansatz gewählt: Die Berater, die mit dem Theaterkonzept arbeiten, sammeln im ersten Schritt möglichst viele Informationen über das Unternehmen und seine Kultur in Gesprächen mit den Organisationsmitgliedern. Anschließend entwickeln sie ein Theaterstück, das die Eindrücke, welche die Berater aus ihrer Beobachtung gewonnen haben, verarbeitet und an die Zuschauer, d.h. die Organisationsmitglieder «zurückspielt». Ähnlich wie bei der Organisationsaufstellung wird angenommen, dass die Vorführung eine irritierende Wirkung auf die Organisationsmitglieder und ihre verfestigten Überzeugungen hat und damit Veränderungsprozesse aus der Organisation heraus angestoßen werden.

3. Ansatz der inszenierten Wirklichkeit

Der *Ansatz der inszenierten Wirklichkeit* ist vor allem durch die vielfältigen Experimente der Berliner Gruppe «Story Dealer» bekannt geworden. Reflexions- und Entwicklungsprozesse werden in diesem Konzept dadurch angestoßen, dass eine Gruppe ohne besondere Vorbereitung mit einer irritierenden Situation konfrontiert wird.

Beispielsweise werden die Mitarbeiter einer Marketingabteilung, die sich auf dem Weg zu einem Jahresmeeting befinden, damit konfrontiert, dass ihr Hotel ausgebucht ist und sie stattdessen auf dem Gelände einer Künstlerkolonie notdürftig untergebracht werden. Dieser Umstand und die scheinbar ungeplante Begegnung mit einer fremden Welt setzt bei den einzelnen Personen und bei der Gruppe als Ganzes Prozesse der Selbstorganisation in Gang, welche die individuellen und kollektiven Problemlösungsfähigkeiten in der Reflexion und im Handeln steigern helfen sollen. Im Gegensatz zu den beiden anderen Konzepten beruht dieser Ansatz darauf, dass die Teilnehmer häufig nicht darüber informiert sind, welche der eingetretenen Ereignisse quasi auf natürliche Art und Weise zustande gekommen sind und welche der irritierenden Rahmenbedingungen das Ergebnis eines künstlichen Eingriffs durch die Moderatoren sind.

Alle drei Ansätze nehmen innerhalb des Methodenspektrums der betrieblichen Weiterbildung noch eine Exotenposition ein. Faszination und Ablehnung einer Vorgehensweise, die Prozesse anstößt, aber nicht im üblichen Ausmaß zielgerichtet lenkt, liegen hier eng beieinander. Besonders wenn das Entwicklungsziel auf der kollektiven Ebene liegt oder wenn in erster Linie organisationale Verkrustungen aufgelöst werden sollen, bieten sie eine interessante Alternative zu den traditionellen Entwicklungsmaßnahmen.

6.3.4 Kompetenzentwicklung als Führungsaufgabe

Nachdem die Personalentwicklung traditionell als Weiterbildungsauftrag des Unternehmens und des Personalbereichs angesehen wurde, verbreitet sich zunehmend die Überzeugung, dass wesentliche Entwicklungsimpulse aus dem Führungsverhältnis hervorgehen sollten. Dass die Führungskräfte als Träger der Personalentwicklung angesehen werden, mag im Einzelfall auf Kostenüberlegungen zurückgehen – ein Teil des Weiterbildungsbudgets steckt dann sozusagen bereits in den Gehältern für die Führungskräfte. Wichtiger ist aber die Erkenntnis, dass der direkte Vorgesetzte eine der wichtigsten Bezugspersonen jedes Beschäftigten ist. Das Führungsverhältnis sollte deshalb so gestaltet werden, dass es die fortlaufende Weiterentwicklung des Mitarbeiters und seiner Kompetenzen fördert. Zwei Ansätze für die Personalentwicklung im Führungsverhältnis sind zu unterscheiden: Coaching und Mentoring. Sie unterscheiden sich in Zielsetzung und Anwendungsbereich sowie darin, auf welchen Zeitraum sie angelegt sind.

> *Coaching* ist die persönliche Beratung der Mitarbeiter im beruflichen Kontext mit dem Ziel, dass sie ihre Aufgaben und die damit verbundenen Herausforderungen erfolgreich und selbständig bewältigen. Coaching ist eine zeitlich befristete Beratung mit einem von vorneherein festgelegten Ziel.

Obwohl Coaching in der Praxis noch immer überwiegend durch Berater praktiziert wird, die entweder als interne Coachs im Unternehmen beschäftigt sind oder als externe Coachs fallweise beauftragt werden, setzt sich das Konzept auch zunehmend als Leitidee für eine entwicklungsorientierte Mitarbeiterführung durch. Die Führungskräfte übernehmen die Funktion des Coaches. Aus dieser Perspektive wird Coaching im Folgenden beschrieben, wobei sich die Merkmale auch auf das Coaching durch interne oder externe Coachs übertragen lässt.

Coaching als Hilfe zur Selbsthilfe

Coaching ist als Hilfe zur Selbsthilfe zu verstehen. Eine Führungskraft, die sich als Coach versteht, löst nicht die Probleme für ihre Mitarbeiter – so wie auch der Coach im Fußball nicht die Tore für seine Mannschaft schießt. Sie sieht es aber als ihre Aufgabe an, ihre Mitarbeiter bei der Problemlösung zu unterstützen, sie im Vorfeld zu trainieren, bei der Aufgabenerfüllung «vom Spielfeldrand aus» zu begleiten und im Anschluss ein konstruktives Feedback zu geben.

Coaching als Prozess

Betrachtet man den Coachingprozess, so können vier Phasen unterschieden werden:

- *Problemerkennung:* Die Führungskraft stellt fest, dass der Mitarbeitende die vereinbarten Ziele nicht erreicht bzw. Probleme in der Aufgabenerfüllung auftreten. Möglich ist auch, dass sich der Mitarbeitende mit einem Problem an die Führungskraft wendet. Im ersten Schritt müssen Coach und Coachee zu einer gemeinsamen Problemdefinition gelangen. Das klingt einfach, ist aber häufig eine schwierige Aufgabe für die Führungskraft.
- *Zielvereinbarung:* Auf Basis der Problemdefinition vereinbart die Führungskraft mit dem Mitarbeitenden das Ziel, welches mit dem Coaching erreicht werden soll. Das Ziel muss so festgelegt werden, dass beide Beteiligten erkennen können, wann es erreicht wurde. Zur Zielvereinbarung gehört auch die Festlegung von Anzahl und Länge der Coaching-Gespräche, die dafür geplant sind.
- *Beratung:* Diese Phase ist das Kernstück des Coaching. Sie besteht darin, laufend Probleme zu erörtern und gemeinsam Lösungen zu finden. Wichtig ist dabei insbesondere, dass die erreichten Ergebnisse festgehalten werden.

- *Ergebnisklärung und Abschluss:* In dieser Phase werden das Ergebnis des Coaching-Prozesses festgestellt und gegebenenfalls weiterführende Maßnahmen vereinbart. Wichtig ist, dass das Ende des Coaching-Prozesses für beide Beteiligten eindeutig ist.

Als Coach soll die Führungskraft vermeiden, dass aus der ergebnisorientierten Beratung eine Dauertherapie und ein Abhängigkeitsverhältnis wird. Coaching setzt bei der Führungskraft voraus, dass sie bereit und in der Lage ist, auf den jeweiligen Mitarbeiter und sein spezifisches Problem einzugehen sowie konstruktive Lösungen zu erarbeiten. Es erfordert, längerfristig zu denken, weil sich nicht jedes Problem immer gleich und endgültig lösen lässt. Nachhaltige Lösungen, die vom Coachee aktiv getragen werden, sind nützlicher als (vor-)schnelle Lösungen, welche die Führungskraft angeordnet hat. Für die Führungskraft heißt Coaching, dass sie sich zurücknehmen

---

Praxisbeispiel: Integriertes Coaching-Programm

Seit dem Jahr 2002 praktiziert die Pleiderer AG, ein Systemanbieter für Holzwerkstoffe und Infrastrukturtechnik, für seine 50 obersten Führungskräfte ein Coaching-Programm, das auf den Prinzipien umfassender Information, uneingeschränkter Wahlfreiheit und absoluter Anonymität für die Coachees beruht. Damit sollte eine inzwischen unkontrollierte Seminarflut eingedämmt werden und den Führungskräften ein Weg eröffnet werden, nach Bedarf und ohne die Gefahr einer Stigmatisierung durch Dritte Coaching in Anspruch nehmen zu können. Ein weiterer Grundgedanke war die Förderung der Beschäftigungsfähigkeit (Employability): Die Führungskräfte sollten die Verantwortung für Leistungsfähigkeit und Einsetzbarkeit übernehmen und unabhängig von Zwängen und hierarchischer Kontrolle die eigenen Fähigkeiten und Motivationen selbständig weiterentwickeln.

Das Coaching-Programm des Unternehmens, in das die einzelnen Coaching-Gespräche eingebettet sind, setzt sich aus fünf Bausteinen zusammen (Steiner 2004):

Coaching Book: In dieser 40-seitigen Broschüre werden nicht nur zwölf externe Coachs vorgestellt, mit denen das Unternehmen zusammenarbeitet und die direkt angesprochen werden können, sondern auch die wichtigsten Fragen zum Coaching beant-

wortet: mögliche Themen und Anlässe, Voraussetzungen für einen erfolgreichen Verlauf, Kontaktaufnahme zum Coach usw.

Wertmarkensystem: Jede Führungskraft bekommt ein Jahreskontingent an Wertmarken, mit denen der Coachee den von ihm zu Rate gezogenen Coach direkt «bezahlen» kann. Der Coach rechnet sein Honorar mit der Personalabteilung über die Wertmarken ab. Auf diesem Weg wird die Anonymität für den Coachee gewahrt.

Coaches Meeting: An diesem regelmäßigen Treffen können die Führungskräfte die Coachs persönlich kennen lernen und in der Gruppe Sachthemen der Mitarbeiterführung und strategische Fragen diskutieren, die das Unternehmen betreffen.

Einblicke: Die Coachs dokumentieren regelmäßig anonymisierte Fälle und stellen sie den Führungskräften per E-Mail als Anschauungsmaterial zur Verfügung. Darüber hinaus können die Fälle auch auf demselben Weg vertieft diskutiert werden.

Literaturdienst: Die Personalabteilung stellt regelmäßig aktuelle Veröffentlichungen zum Thema Coaching über das Intranet zur Verfügung.

Im Jahr, das direkt auf die Einführung des Programms folgte, haben bereits 30 % der Führungskräfte das Angebot wahrgenommen.

und eigene Lösungsideen gegenüber gleichwertigen Ideen von Seiten des Mitarbeitenden auch einmal zurückstellen kann.

Voraussetzungen für Coaching

Ein funktionierendes Coaching setzt beim Mitarbeitenden voraus, dass er die Beratung durch die Führungskraft akzeptiert und sich einen Nutzen davon verspricht. Ohne eine vorangegangene vertrauensvolle Zusammenarbeit zwischen Führungskraft und Mitarbeiter ist dieser Ansatz nicht zu verwirklichen. Coaching kann angeboten, aber nicht aufgezwungen werden. Die Führungskraft kann die Akzeptanz für Coaching fördern, indem sie dem Mitarbeiter gegenüber klare Überzeugungen und Zielvorstellungen mit Unterstützungsangeboten paart.

> *Mentoring* ist die meist langfristig angelegte Förderung einer Nachwuchskraft durch eine erfahrene Führungskraft mit dem Ziel einer umfassenden persönlichen und fachlichen Entwicklung.

Phasen des Mentorings

Mentoring steht in Anlehnung an die mythologische Beziehung des Erziehers Mentor zu Telemachos, dem Sohn des Odysseus, für die langjährige Begleitung einer Nachwuchskraft durch eine erfahrene ältere Person. Im Gegensatz zum Ansatz des Coachings geht es dabei weniger um eine gezielte Lösung aktueller Probleme, sondern um eine generelle Unterstützung in der Phase der Potenzialentwicklung. Eine Mentoringbeziehung kann von den Beteiligten bewusst eingegangen werden; häufig entwickelt sie sich aber auch zufällig und ungeplant. Die *Phasen* einer Mentoringbeziehung, die wenige Monate oder mehrere Jahre andauern kann, lassen sich etwa wie folgt gliedern:

- Mentoring entsteht in der *Initiierungsphase*. Sie ist dadurch gekennzeichnet, dass die Führungskraft als Mentor das Potenzial der Nachwuchskraft erkennt und mit dieser eine Vereinbarung über eine langfristige Förderung trifft. Auf Seiten der Nachwuchskraft entsteht die Mentoringbeziehung typischerweise dadurch, dass sie die Kompetenz des Mentors akzeptiert und es zu einer mehr oder weniger ausgeprägten Identifikation mit diesem kommt.
- Die *Entwicklungsphase* stellt den Kern des Mentoring dar. Der Mentor schafft herausfordernde Situationen für die von ihm betreute Person, fördert und schützt diese gleichzeitig. In dieser Phase eignet sich die Nachwuchskraft neue Deutungs-, Wert- und Handlungsmuster an, die sie vom Mentor als Person oder stellvertretend für die Organisation übernimmt.
- Wenn die Nachwuchskraft ihre eigenen Potenziale zunehmend eigenständig entwickelt, entsteht eine Spannung in der Mento-

ringbeziehung, die eine *Trennungsphase* einleitet: Die Nachwuchskraft versucht, sich schrittweise unabhängig zu machen, während der Mentor den Erfolg der Entwicklungsbeziehung nach außen demonstrieren will. In der Folge kommt es entweder zu einem Auseinandergehen von Mentor und Nachwuchskraft oder es gelingt der Eintritt in eine vierte Phase der Neudefinition.

■ In der *Neudefinitionsphase* wandelt sich die enge asymmetrische Mentoringbeziehung zu einer tendenziell symmetrischen Freundschaft, in welcher der ehemalige Mentor die Nachwuchskraft weiterhin unterstützt, deren Autonomie aber respektiert.

Mentoring in der Praxis

Dieses Phasenmodell ist der idealtypische Verlauf einer persönlich engen und auf einen langen Zeitraum angelegten Beziehung. In der Unternehmenspraxis findet Mentoring häufig bereits nach den beiden ersten Phasen seinen Abschluss, wenn die Nachwuchskraft sich weitgehend etabliert hat die Beratung nicht mehr nachfragt. Hingegen folgen sogenannte Seilschaften auf dem Karriereweg (vgl. Baustein 11) häufig dem Typus der Mentoringbeziehung.

6.3.5 | Newplacement

Im weiteren Sinne lässt sich auch das Newplacement (auch Outplacement oder Re-Placement genannt) zu den Personalentwicklungsansätzen zählen. Die Besonderheit dabei ist, dass der Entwicklungserfolg für das Unternehmen darin besteht, dass es sich erfolgreich von der betreffenden Person trennt. Der Schriftsteller Urs Widmer hat diesen Ansatz in seinem Theaterstück «Top Dogs» aus dem Jahr 1997 ebenso eindrücklich wie humorvoll dargestellt.

Mit Newplacement werden zwei Ziele verfolgt: Die Person wird darin unterstützt, aus einem ungekündigten Arbeitsverhältnis heraus eine neue adäquate Position zu finden. Das Unternehmen kann damit aber auch notwendige Trennungen durchführen und die damit verbundenen Friktionskosten minimieren. Es wird eine einvernehmliche Trennung angestrebt, wobei in aller Regel das Unternehmen in vollem Umfang für die Beratungskosten aufkommt. Mit einer Newplacement-Maßnahme signalisiert ein Unternehmen, dass die Treuepflicht gegenüber den betroffenen Beschäftigten über den Zeitraum des Arbeitverhältnisses hinaus besteht. Newplacement umfasst ein Bündel von Maßnahmen und Instrumenten (Mayrhofer 1989):

- Am Anfang steht die Vorbereitung durch die Unternehmensleitung, oftmals in Zusammenarbeit mit einem spezialisierten Berater.

- Von zentraler Bedeutung ist die Mitteilung über die Trennungsentscheidung, welche mündlich durch eine Vertrauensperson erfolgt, zusätzlich aber auch schriftlich abzufassen ist, um in der emotional angespannten Situation die Informationsklarheit zu gewährleisten. In unmittelbarem Anschluss daran werden die weiteren Schritte des Newplacement-Prozesses mit dem Betroffenen abgesprochen.

- Danach setzt die eigentliche Beratungstätigkeit ein. Dazu werden Erwartungen und Perspektiven der betroffenen Person geklärt, wobei sowohl berufliche als auch private Aspekte, teilweise auch Familienmitglieder mit einbezogen werden. Als Instrumente werden beispielsweise Selbsteinschätzungsbögen, Lernprogramme oder Rollenspiele verwendet. Der Berater wird nach dem Prinzip der «Hilfe zur Selbsthilfe» versuchen, die Person in die Lage zu versetzen, die Problemsituation weitgehend eigenständig und selbstverantwortlich zu bewältigen.

- Ergänzend zur individuellen Beratungstätigkeit werden – ähnlich wie in der allgemeinen psychotherapeutischen Praxis – Gruppenseminare durchgeführt. Mit diesen soll die soziale Isolation, in die sich die Betroffenen häufig nach der Trennungsentscheidung begeben, aufgefangen werden, und der Einzelne kann erkennen, dass er nicht der einzige ist, der diese Problemsituation bewältigen muss.

Der Newplacement-Prozess kommt in aller Regel dann zum Abschluss, wenn es der betreuten Person gelungen ist, eine neue, den Erwartungen entsprechende Position zu finden.

6.4 Entscheidungsfindung zur Personalentwicklung

Welcher Ansatz ist für welches Entwicklungsziel geeignet? Welche Methoden zur Erreichung der Entwicklungsziele am besten geeignet sind, hängt einerseits von den zu entwickelnden Personen oder Gruppen ab, andererseits von den organisatorischen Rahmenbedingungen und den konkreten Zielsetzungen. Deshalb werden im ersten Schritt die lerntheoretischen Grundlagen betrachtet. Anschließend werden die Kriterien erörtert, anhand derer man zu einer konkreten Methodenentscheidung gelangt.

| 6.4.1 | **Lerntheorien** |

Lernbedingungen und
Lernziele

Lerntheorien versuchen zu erklären, wie sich Lernvorgänge bei Menschen bzw. ganzen Organisationen abspielen. Theorien individuellen Lernens (▷ Lerntheorien) betrachten den kognitiven Entwicklungsvorgang beim Menschen und machen Aussagen darüber, welche Bedingungen gegeben sein müssen, damit es überhaupt zu Lernfortschritten kommt.

Geht man von einer behavioristischen Perspektive aus, so zeigt sich, dass die Lernbereitschaft einer Person vor allem von den unterstützenden oder behindernden Anreizen abhängt, die mit der Weiterbildung verbunden sind: Ist der wahrgenommene Problemdruck hoch, ist ein unmittelbarer Bezug zwischen der Weiterbildungsmaßnahme und dem Problem erkennbar und kann die Person unmittelbare Vorteile erkennen, dann ist sie zu Lernen und Verhaltensänderungen bereit. Fehlt das Bewusstsein für Veränderungen, kann auch keine Bereitschaft zum Lernen entstehen. Auch der langfristige Lernerfolg wird durch Anreize bestimmt: Verhaltensänderungen, die durch Weiterbildungsmaßnahmen ausgelöst wurden, bleiben nur erhalten, wenn sie anschließend auch durch das Arbeitsumfeld bestätigt werden. Ist beispielsweise in einer Abteilung eine autoritäre Führungskultur vorherrschend, wird eine isolierte Entwicklungsmaßnahme, in der die Vorteile eines kooperativen Führungsstils vermittelt werden, keine nachhaltige Wirkung entfalten, wenn die Teilnehmer wieder in die bestehende Kultur zurückkehren.

Die soziale Lerntheorie betont hingegen die Bedeutung von Vorbildern im weitesten Sinne als wichtige Voraussetzung für das Zustandekommen von Lernprozessen. Eine Person lernt, weil sie ein für sie attraktives Modell entdeckt hat und diesem folgen will. Eine solche Vorbildfunktion können Vorgesetzte oder Kollegen, aber auch andere Vertrauenspersonen im Unternehmen übernehmen. So können Mitarbeiter eine Tätigkeit, die sie bisher als belastend und unangenehm empfunden haben, als attraktiv betrachten, wenn es das Vorbild auch tut. Umgekehrt können aber auch bislang attraktive Aufgaben in Anlehnung an das Vorbild abgelehnt werden. Rollenmodelle wirken aber nicht nur verhaltensändernd, sondern sie können ein bestehendes Verhalten auch verstärken (Stimulusintensivierung). Das ist beispielsweise der Fall, wenn das Management im Zuge einer strategischen Neuausrichtung besonderen Wert auf eine Qualitätsorientierung legt und es ihm gelingt, bei den Mitarbeitenden in ihrer alltäglichen Arbeit ein verstärktes Qualitätsbewusstsein in sämtlichen Aufgaben zu erzeugen.

Lerntheorien

Lerntheorien erklären die Bedingungen, unter denen Menschen ihr Verhalten verändern. Dabei ist vor allem zwischen *behavioristischen* und *kognitivistischen* Theorien zu unterscheiden. Aus heutiger Sicht ergänzen sich die beiden Theoriestränge, auch wenn die klassische behavioristische Position innerhalb der Psychologie heute kaum mehr vertreten wird.

Behaviorismus steht für eine Richtung innerhalb der Psychologie, die sich mit Verhaltensmustern und ihrer Beeinflussung durch die äußere Situation beschäftigt. Behavioristische Theorien gehen davon aus, dass ein bestimmtes Verhalten Ergebnis von Anreizstrukturen ist, die dieses Verhalten belohnen und andere Handlungsweisen bestrafen. Lernen wird demnach vor allem dadurch gefördert, dass sich die Bedingungen für Belohnungen und Bestrafungen verändern. Wird ein neuer Anreiz geschaffen, lohnt es sich für das Individuum, sein Verhalten entsprechend zu ändern.

Eine *kognitivistische Lerntheorie* baut auf der Annahme auf, dass Lernen nicht nur als ein Umweltreiz-Reaktions-Schema zu verstehen ist, sondern das Ergebnis einer Reflexion ist. Die Fähigkeit zu vorausschauendem Denken, also zur Antizipation zukünftiger Ereignisse, prägt das momentane Handeln und kann Lernfortschritte ohne Reize von außen anstoßen. Ein wichtiger Beitrag von Albert Bandura (1986) ist die Erforschung des Modell- oder Beobachtungslernens, wonach die Veränderung individueller Deutungs- und Handlungsmuster auf die Bobachtung eines für die Person attraktiven Modells zurückgeht. Ein Modell kann sowohl eine Person als auch ein Symbol (z. B. die Beschreibung eines Ereignisses) sein. Als mögliche, sozusagen nachahmende Lerneffekte lassen sich unterscheiden:

- *Aneignung* neuer Deutungs- und Handlungsmuster, welche beim Modell beobachtet wurden. Beispielsweise entwickelt eine Nachwuchskraft ihren persönlichen Führungsstil, indem sie das Verhalten eines als Vorbild wahrgenommenen Vorgesetzten übernimmt.
- *Hemmung* bzw. Enthemmung bereits gelernter Deutungs- und Handlungsmuster. Dabei spielen die beobachteten Handlungsfolgen beim Modell eine wichtige Rolle. Die Beobachtung, dass eine andere Person mit einem bestimmten Verhalten erfolgreich ist, führt wahrscheinlich dazu, dass dieses Verhalten kopiert wird.
- *Reaktionserleichterung,* indem das Verhalten des Modells als Auslöser für die Ausführung des-

selben Verhaltens dient. Wenn eine Person sich bisher nicht getraut hat, ein bestimmtes Verhalten zu zeigen, kann sie durch das Vorbild dazu ermuntert werden.

- *Veränderung* des emotionalen Erregungsniveaus aufgrund der Beobachtung von Emotionen beim Modell. Lernen beschränkt sich nicht auf ein bestimmtes Verhalten, sondern es kann auch darin bestehen, dass ein bestimmtes Verhalten anders erlebt wird als zuvor.
- *Stimulusintensivierung,* indem das Modell die Aufmerksamkeit des Beobachters auf Gegenstände oder Anhaltspunkte lenkt, die dann in der Zukunft stärker beachtet werden.

Eine zweite Richtung innerhalb der kognitivistischen Lernforschung sind Theorien, die sich mit dem Informationsverarbeitungsprozess beschäftigen, der beim Lernen stattfindet. Besonders einflussreich sind in diesem Zusammenhang die Arbeiten des Schweizer Entwicklungspsychologen Jean Piaget (1991) und des amerikanischen Psychologen Ulric Neisser (1979). Beide gehen davon aus, dass unser Wissen und unser Verhaltensrepertoire auf *Schemata* beruhen, die man sich wie einen Karteikasten mit Gebrauchsanweisungen oder eine Art innerer Landkarte vorstellen kann, auf die der Mensch zurückgreift, wenn er ein Problem löst, und die er unter bestimmten Bedingungen ergänzt.

Für den Entwicklungspsychologen Jean Piaget ist der Mensch auf dem Weg vom Kind zum reifen Erwachsenen ein Wesen mit Bildern über seine Umgebung, die er in seinem Handeln laufend anwendet und durch neuartige Erfahrungen verändert: Er lernt dazu. Diese Bilder werden als Schemata bezeichnet und sind in ihrer inneren Struktur logisch konsistent aufgebaut. Sie geben Auskunft darüber, wie eine Wahrnehmung zu interpretieren ist und welche Handlungen als Reaktion darauf geboten sind. Schemata reichen von konkreten Programmen für Handbewegungen bis zu abstrakten Deutungen. So wie das Kleinkind Greifschemata im Umgang mit Spielzeug anwendet, tut dies der Erwachsene mit Deutungen in der Bewältigung seiner Arbeitsaufgabe. Lernen findet statt, wenn die vorhandenen Handlungsmuster an äußeren Ereignissen offensichtlich scheitern und die Person irritiert wird. Dann werden die vorhandenen Schemata ausdifferenziert, bis die neue Anforderung bewältigt wird oder ein Rückzug erfolgt.

Organisationales Lernen

Theorien organisationalen Lernens beschreiben und erklären Veränderungen von Organisationen in Auseinandersetzung mit neuartigen Problemstellungen. Diese Veränderungen werden als Weiterentwicklung interpretiert, vergleichbar dem individuellen Lernprozess. Unter den Theorien organisationalen Lernens nimmt der Ansatz von Chris Argyris und Donald Schön (1978) eine zentrale Stellung ein. Für die beiden Forscher ist organisationales Lernen eine Veränderung vorherrschender Handlungstheorien in einer Organisation. Handlungstheorien sind Deutungs- und Wertmuster, welche die Organisationsmitglieder teilen und in gleicher Weise in ihrer Tätigkeit anwenden. Die Mitarbeiter eines Unternehmens bzw. die Teammitglieder sind Träger der organisationalen Handlungstheorie. Diese folgt einer eigenen Logik, da sie auf den Austauschprozessen zwischen den Mitgliedern beruht und sich auch nur in diesen Prozessen verändert.

Lernen findet statt, wenn in einer Organisation ein Bewusstsein darüber entstanden ist, dass sich die Rahmenbedingungen für das Unternehmen geändert haben und den Problemstellungen mit den bestehenden Handlungsprogrammen nicht mehr begegnet werden kann. Es werden drei Arten von Lernprozessen unterschieden.

- *Single-Loop-Learning* ist ein Prozess der Verhaltensanpassung ohne Veränderung der zugrunde liegenden Überzeugungen. Auf der personellen Ebene entspräche dies einer Veränderung der Handlungsmuster ohne Anpassung der Wert- und Deutungsmuster.
- *Double-Loop-Learning* ist ein Prozess, in dem sich die organisational geteilten Deutungs- und Wertmuster verändern und sich somit die Art und Weise der Problembearbeitung grundlegend wandelt.
- *Deutero-Learning* ist das «Lernenlernen», ein Prozess, in dem sich Strukturen so verändern, dass zukünftige Single- oder Double-Loop-Prozesse erleichtert werden.

Schließlich liegt die Bedeutung des kognitivistischen Ansatzes für die Personalentwicklung in der Einsicht, das Entwicklungsimpulse individualisiert und anschlussfähig gestaltet werden müssen: Neue Kompetenzen und Motivationen können nicht gezielt vermittelt werden, sondern ergeben sich aus der individuellen Auseinandersetzung der einzelnen Person mit ihrer Umgebung und den Anforderungen, die sie an sich gerichtet sieht. Personalentwicklung kann immer nur ein Anstoß zur Selbstentwicklung des Einzelnen sein. Selbstentwicklung ist also nicht eine Gestaltungsempfehlung für die Ausrichtung der betrieblichen Personalentwicklung, sondern Realität des Lernens. Der Einzelne entwickelt sich stets auf Basis der bestehenden Denk- und Handlungsmuster, die er in Auseinandersetzung mit seiner Aufgabe ausdifferenziert. Der Lerneffekt einer Entwicklungsmaßnahme hängt davon ab, ob dadurch die bestehenden Muster in Frage gestellt werden: Je stärker dies der Fall ist, umso größer ist der Lernschritt, umso kleiner aber auch die Wahrscheinlichkeit, dass er gegangen wird, weil das Individuum keine Anknüpfungspunkte hat. Im umgekehrten Fall ist der Schritt wahrscheinlicher, aber kleiner.

Theorien ◁ organisationalen Lernens erweitern die Lernperspektive, indem sie strukturelle Veränderungen in Organisationen im Analogieschluss als kollektive Lernprozesse eigener Qualität behan-

---

Praxisbeispiel: «Steigflug 99» bei Lufthansa

Das einjährige berufsbegleitende Projekt «Steigflug 99», das konzern- und weltweit rund 180 Führungskräfte einschloss, ist ein Beispiel dafür, wie sich individuelles und organisationales Lernen systematisch miteinander verbinden lassen. Ziel war es, die Entwicklung des Unternehmens zu mehr Innovation, Unternehmertum und Service-Orientierung zu beschleunigen. Vorbereitend durchliefen die Teilnehmer eine 360-Grad-Beurteilung zur individuellen Standortbestimmung und Zielklärung. In einer ersten Workshop-Reihe wurden die Herausforderungen an die Lufthansa und konkrete Optimierungsziele formuliert sowie zwanzig Unternehmen für ein Benchmarking ausgewählt. Die Führungskräfte wurden in entsprechend viele Studiengruppen eingeteilt, wobei darauf geachtet wurde, die einzelnen Teams mit Teilnehmern aus möglichst unterschiedlichen Tochtergesellschaften des Konzerns zu bilden.

Jede der Studiengruppen analysierte den Benchmarking-Partner und stellte die Ergebnisse und die daraus abzuleitenden Gestaltungskonsequenzen für die Lufthansa anschließend in einer zweiten Workshop-Reihe vor. Dies bot den Teilnehmern die Möglichkeit, die wesentlichen Erkenntnisse in ihre angestammten Organisationen zurückzutragen und in konkrete Einzelmaßnahmen umzusetzen. (Sattelberger 1999)

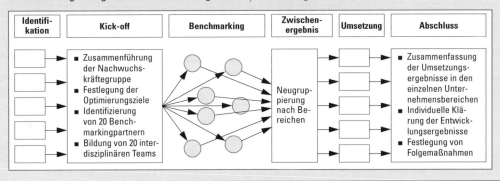

---

deln. Personalentwicklung und organisationales Lernen ergänzen sich wechselseitig, indem individuelle Qualifikationen und Motivationen eine wichtige Voraussetzung für kollektive Lernprozesse darstellen. Im Gegenzug verändern strukturelle Änderungen die individuelle Lernumgebung, indem sie neue Anstöße vermitteln und eigene Überzeugungen und Gewohnheiten in Frage stellen können.

6.4.2 Entscheidungskriterien für die Methodenwahl

Aus Unternehmensperspektive sind bei der Entscheidung für eine Entwicklungsmaßnahme eine ganze Reihe von Fragen zu klären (▶ Abb. 27). In einem ersten Schritt muss Klarheit darüber gewonnen werden, ob mit einer Maßnahme nur individuelle Entwicklungsziele verfolgt werden sollen oder ob damit auch ein kollektiver Lernprozess angestoßen werden soll. Dieser kann ausgewählte Teams oder ganze Unternehmensbereiche betreffen. Während sich ein Qualitätszirkel

| Wer ist die Zielgruppe für die Maßnahme?

(z. B. Individuum, Team, gesamte Organisation) | Was ist Gegenstand der Maßnahme?

(z. B. Fachwissen, Sozialkompetenz, Vernetzung, Reflexion, Remotivierung) | Wo sind die notwendigen Kompetenzen vorhanden?

(z. B. Kollegen, Vorgesetzte, Unternehmensleitung, externe Experten) | In welchem Kontext wird der Lernprozess optimal gefördert?
(z. B. am Arbeitsplatz, im Schulungszentrum, zu Hause, in einem fremden Umfeld) |

▲ Abb. 27   Entscheidungsprozess für die Personalentwicklung

gut eignet, um kontinuierliche Verbesserungsprozesse in Arbeitsgruppen anzustoßen, erfordert das Ziel, in einem mittleren Unternehmen ein innovationsfreundliches Klima zu schaffen, eine Moderationstechnik, die sich eher an der Open-Space-Methode orientiert.

Im zweiten Schritt sind die Entwicklungsziele und -inhalte zu klären. Wie in Abschnitt 6.1 ausgeführt wurde, ist das Spektrum der Ziele, welche in der Unternehmenspraxis mit Entwicklungsmaßnahmen erreicht werden sollen, breit. Die Methoden der Personalentwicklung sind zwar grundsätzlich allesamt geeignet, neues Wissen zu vermitteln. Sie haben aber ganz unterschiedliche Effekte auf die Nebenfunktionen, wie zum Beispiel die Förderung der Vernetzung zwischen den Teilnehmern oder die Remotivierung nach beruflichen Krisen. Aus der Kombination der ersten beiden Fragen im Entscheidungsprozess lässt sich die Matrix in ▶ Abb. 28 ableiten. Die Auflistung der Methoden in den einzelnen Feldern ist nicht vollständig; sie zeigt aber, welche Methoden in der Regel eine vergleichsweise gute Eignung für bestimmte Problemstellungen haben.

Wenn die Zielgruppe und die Entwicklungsziele definiert sind, sollten sich die Entscheidungsträger darüber klar werden, ob die notwendigen Kompetenzen im Unternehmen vorhanden sind oder ob dazu eine externe Expertise notwendig ist. Es empfiehlt sich, bei der Klärung dieser Frage in der folgenden Reihenfolge vorzugehen. Sie beruht auf der Annahme, dass der Transfer umso höher und die Kosten einer Maßnahme umso geringer sind, je näher die notwendige Expertise dem Problem bereits ist. Außerdem lässt sich die Gefahr eines Wissensabflusses aus dem Unternehmen gering halten.

1. *Expertise im Kollegenkreis:* In diesem Fall sind Maßnahmen vorzuziehen, bei denen der Austausch zwischen den Beteiligten gefördert wird. Beispiele dafür sind Mentorbeziehungen zwischen erfahrenen und unerfahrenen Mitarbeitern (Peer-Mentoring), aber auch Qualitätszirkel und moderierte Workshops mit den bestehenden Teams.

Zielgruppe / Zielsetzung	Individuum	Fachteam	Management-team	Großgruppe
Aufbau von Methoden- und Fachkompetenz	▪ Fachseminar oder Studium ▪ Gelenkte Erfahrungs-vermittlung ▪ Elektronische Lernmittel	▪ Planspiel		
Aufbau von Führungs- und Kooperationskompetenz	▪ Coaching ▪ Mentoring ▪ Assessment Center ▪ Projektarbeit	▪ Planspiel ▪ Projektarbeit ▪ Selbst-organisation	▪ Management Audit ▪ Erlebnis-pädagogik	
Vermittlung von betriebs spezifischem Wissen	▪ Traineeprogramm ▪ Mentoring ▪ Job Rotation	▪ Interdisziplinärer Workshop		▪ Betriebs-versammlung
Kritische Reflexion und Innovationsförderung	▪ Coaching ▪ Externes Seminar	▪ Workshop ▪ Organisations-aufstellung ▪ Qualitätszirkel	▪ Workshop ▪ Organisations-aufstellung	▪ Organisations-theater ▪ Inszenierte Wirklichkeit
Wissensverteilung und interdisziplinäre Vernetzung	▪ Interdisziplinärer Workshop	▪ Interdisziplinärer Workshop		
Remotivierung und langfristige Bindung	▪ Coaching ▪ Seitenwechsel	▪ Erlebnis-pädagogik	▪ Erlebnis-pädagogik	
Professionelle Neuorientierung	▪ Studium ▪ Newplacement			
Integration im Veränderungsprozess	▪ Workshop	▪ Interdisziplinärer Workshop		▪ Open Space

▲ Abb. 28   Anwendungsbereiche von Entwicklungsmethoden

2. *Expertise im Führungskreis:* Wenn direkte oder nächsthöhere Vorgesetzte als Mentoren oder Coachs eingebunden werden, können sie ihr Wissen und ihre Erfahrungen systematisch weitergeben.

3. *Expertise bei Spezialisten anderer Unternehmensbereiche:* Eine solche Ausgangslage besteht, wenn Spezialistenwissen breit im Unternehmen gestreut werden soll oder wenn in einem Veränderungsprozess Pilotgruppen eingesetzt wurden, die ihre Erfahrungen in der Folge an die übrigen Gruppen weitergeben können. Ansätze wie interdisziplinäre Workshops oder auch ein systematischer Arbeitsplatzwechsel (Job Rotation) können hier zum Einsatz kommen.

4. *Expertise bei Partnerunternehmen:* Eine mögliche Quelle für neues Wissen sind andere Unternehmen, die über spezifisches Fachwissen oder Erfahrungen mit besonderen Herausforderungen, wie zum Beispiel mit dem Eintritt in einem schwierigen Auslandsmarkt, besitzen. Sofern keine unmittelbare Konkurrenzsituation besteht, kann hier ein Lernprozess über ein Benchmarking, Schulungen oder einen vorübergehenden Personaltausch in Gang gesetzt werden.

Steht keine der skizzierten Möglichkeiten zur Verfügung, muss das Unternehmen auf andere externe Beraterinnen oder Trainerinnen zurückgreifen.

In einem letzten Schritt ist eine Entscheidung über den Ort der Entwicklungsmaßnahme zu treffen. Die Alternativen mit ihren jeweiligen Vor- und Nachteilen wurde bereits in den vorangegangenen Abschnitten 6.3.1 und 6.3.2 erörtert.

Literaturhinweise

Manfred Becker (2013): Personalentwicklung: Bildung, Förderung und Organisationsentwicklung in Theorie und Praxis. 6. Auflage.
Herbert Einsiedler et al. (2003): Organisation der Personalentwicklung.
Anja Weidemann & Michael Paschen (2002): Personalentwicklung.
Drei Lehrbücher, die einen Überblick zu den wichtigsten Fragen der Personalentwicklung geben. Das Buch von Becker tut dies eher auf einem akademisch-systematischen Anspruch, während Einsiedler u. a. sowie Weidemann & Paschen sich auf praktische Umsetzungsfragen konzentrieren.

Hans-Christian Riekhof (Hrsg.) (2006): Strategien der Personalentwicklung.
In diesem Sammelband finden sich ausführliche Beschreibungen der Personalentwicklungskonzepte und ihrer Grundannahmen von neun verschiedenen Großunternehmen.

John Erpenbeck, Lutz von Rosenstiel & Sven Grote (2013): Kompetenzmodelle von Unternehmen: Mit praktischen Hinweisen für ein erfolgreiches Management von Kompetenzen.
John Erpenbeck & Lutz von Rosenstiel (Hrsg.) (2007): Handbuch Kompetenzmessung. 2. Auflage.
Die beiden Sammelbände vereinigen ein breites Spektrum von Instrumenten und Praxismodellen zur fragebogen- oder computergestützten Kompetenzmessung, die im Einzelnen vorgestellt und beurteilt werden.

Wilhelm Backhausen & Jean-Paul Thommen (2006): Coaching.
In diesem Buch wird Coaching nach dem systemisch-konstruktivistischen Ansatz erläutert. Neben theoretischen Grundlagen und Instrumenten werden eine Reihe von Beispielen integrierter Coaching-Konzepte aus der Unternehmenspraxis ausführlich beschrieben.

Hans Geißlinger (Hrsg.) (2013): Überfälle auf die Wirklichkeit: Berichte aus dem Grenzland zwischen Magie und Realität.
Der Autor zeigt anhand mehrerer Experimente den konstruktivistischen Ansatz der «Story Dealer».

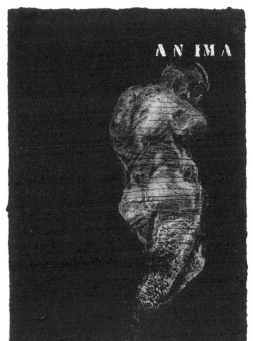
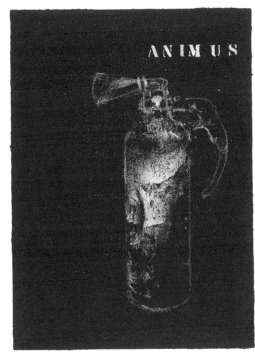

Baustein 7
Leistungsträger binden

Wie kann ein Unternehmen seine Leistungsträger binden? Auch in Zeiten schwacher Wirtschaftskonjunktur, wenn die meisten Unternehmen oft nur ein einziges Rekrutierungsproblem haben – nämlich die Masse der eingereichten Bewerbungsunterlagen zu bewältigen – und wenn die Fluktuationsraten auf ein Minimum sinken, bleibt ein Risiko meist konstant: der mögliche Verlust von Wissens-, Potenzial- und Leistungsträgern, auf denen der gegenwärtige Erfolg und die strategischen

---

Warum Mitarbeiter kommen, bleiben und gehen (Towers Perrin 2003)

	kommen	bleiben	gehen
Reputation des Unternehmens	1.		
Wettbewerbsfähiges Gehalt	2.	2.	5.
Herausfordernde Arbeit	3.	1.	
Aufstiegs- und Karrierechancen	4.	4.	1.
Unternehmenskultur	5.	5.	6.
Weiterentwicklungsmöglichkeiten	6.	6.	
Hoher Grad an Eigenständigkeit		3.	
Arbeitsumfeld			3.
Verhältnis zum Vorgesetzten			4.
Work-Life-Balance			2.

(Bedeutung in Rangplätzen)

Quelle: «Die Kunst, die Besten zu halten: Anforderungen an das Personalmanagement steigen». In: FAZ 15/2004 vom 19.1.2004, S. 16

Entwicklungsperspektiven des Unternehmens aufbauen. «Warum kommen, bleiben oder gehen Mitarbeiter?» Diese Frage sollte eine Studie, durchgeführt im Jahr 2003 durch das internationale Personalberatungsunternehmen Towers Perrin, offen legen. Die Ergebnisse (jeweils mit den sechs wichtigsten Faktoren) zeigen, dass die den Befragten bewussten Gründe für eine intakte Bindung an das Unternehmen weitgehend andere sind, als jene, die für einen Weggang ausschlaggebend sind.

Inhalt

7.1 Personalrisiken 231

Wann ist Personalbindung notwendig?

7.2 Commitment 235

Worauf beruht die Bindung an ein Unternehmen?

7.3 Bindungsmanagement 242

Wie können Mitarbeiter gezielt an das Unternehmen gebunden werden?

Wann ist   Personalbindung ist das Management personalbezogener Risiken. Je
Personalbindung   mehr ein Unternehmen davon abhängig ist, dass ihm seine Leis-
notwendig?   tungs- und Potenzialträger langfristig erhalten bleiben, umso größer
ist die Bedeutung der Personalbindung.

> *Personalrisiken* sind potenzielle Gefahren, die einem Unterneh-
> men drohen, wenn Mitarbeiter ausscheiden oder sich illoyal ver-
> halten und damit die Leistungsfähigkeit des Unternehmens be-
> einträchtigen.

Unternehmen, die eine Personalstrategie nach den Prinzipien des
eingespielten Teams oder des intelligenten Organismus verfolgen
(vgl. dazu Baustein 1), sind hochgradig von ihrem Personal abhängig. Ihr Erfolg beruht auf den Kompetenzen und Motivationen
ihrer Leistungs- und Potenzialträger. Der Verlust dieser Kompetenzen und Motivationen schwächt nicht nur die Leistungskraft eines
Unternehmens oder eines Teams. Wenn sie verloren gehen, weil der
betreffende Leistungsträger in die berufliche Selbständigkeit oder
gar zu einem Konkurrenzunternehmen wechselt, wiegen die Folgen
gleich doppelt schwer.

Erfolgreiche Personalbindung geht über die Verhinderung unerwünschter Fluktuation weit hinaus. Nicht die Bindung der Mitarbeiter als Personen ist das eigentliche Ziel der Bindung, sondern die Erhaltung ihrer Kompetenzen und Motivationen. Auch Unternehmen
mit Fluktuationsraten von jährlich weniger als 1 % können erheb-

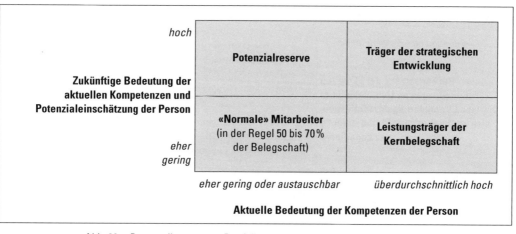

▲ Abb. 29   Personalkompetenz-Portfolio

liche Bindungsdefizite aufweisen, wenn ihre Beschäftigten zwar täg-
lich zur Arbeit erscheinen, aber entweder nicht in der Lage oder
nicht motiviert sind, Wissen und Engagement für das Unternehmen
und seine Ziele einzusetzen.

Analyse der Personalrisiken

Zur *Analyse der Personalrisiken* bietet sich die Portfolio-
Methode, die bereits in Baustein 6 vorgestellt wurde, in leicht verän-
derter Form an. Dabei werden die Beschäftigten nach zwei Kriterien
beurteilt, von denen eines sich auf die gegenwärtige Situation und
das andere auf die zukünftige Entwicklung bezieht. Da die Personalressourcen eines Unternehmens sowohl die Kompetenzen als auch
die Motivationen betrifft, muss die Beurteilung in zwei Schritten er-

1. Schritt: Personalkompetenz-Portfolio

folgen. Zuerst werden die Personen nach ihrer gegenwärtigen und
zukünftigen Bedeutung für den strategischen Unternehmenserfolg
bewertet (◄ Abb. 29). Anschließend werden die Personen in den beiden rechten Feldern in einem zweiten Schritt eingehender im Hin-

2. Schritt: Motivations-Portfolio

blick auf ihre Motivation betrachtet. Je nach Motivationslage ergibt
sich für die *Leistungsträger der Kernbelegschaft* ein eher kurzfristiger und für die *Träger der strategischen Entwicklung* ein längerfristig angelegter Bindungsbedarf. Der Erhalt beider Gruppen ist für das
Unternehmen von vorrangiger Bedeutung, weshalb die Maßnahmen
des Bindungsmanagements auch *unbedingt* ausgestaltet werden sollen. Das bedeutet, dass die Personalpolitik Maßnahmen vorsieht, die
unabhängig von Vereinbarungen oder der besonderen Motivlage des
einzelnen Mitarbeiters wirksam sind. Dazu zählt beispielsweise ein
Gehaltssystem mit einer Leistungsprämie abhängig von der Dauer
der Zugehörigkeit zum Unternehmen. Für die Mitarbeiter im linken
oberen Feld *(Potenzialreserve)* sollten dagegen konditionale Bin-

Bei Fortsetzung der aktuellen Entwicklungen im Unternehmen zu erwartende Veränderung der Motivation, sich im Unternehmen für die Aufgabe zu engagieren	**kurzfristiger Bindungsbedarf** als Grundlage einer langfristigen Perspektive	**kein aktueller Bindungsbedarf**
zunehmend oder gleichbleibend		
abnehmend	**evtl. kurzfristiger Bindungsbedarf,** aber langfristige Perspektive ist fraglich	**langfristiger Bindungsbedarf** zur Verbesserung der langfristigen Perspektive
	niedrig	*mittel bis hoch*
	Gegenwärtige Motivation, sich im Unternehmen für die Aufgabe zu engagieren	

▲ Abb. 30   Motivations-Portfolio

dungsmaßnahmen vorgesehen werden. Das bedeutet, dass die Maßnahme nur greift, wenn sich die betreffende Person innerhalb eines Beobachtungszeitraums in der Matrix in Richtung der beiden rechten Felder bewegt. Ein Beispiel hierfür ist ein mit dem Mitarbeiter vereinbarter Karriereweg, in dessen Verlauf eine kontinuierliche Leistungs- und Potenzialbewertung stattfindet, deren erfolgreicher Abschluss die Voraussetzung für den weiteren Aufstieg ist.

Im Rahmen des zweiten Schrittes der Analyse wird für die drei im Mittelpunkt stehenden Personalgruppen eine Analyse der gegenwärtigen und der zu erwartenden Bindungsmotivation durchgeführt. Daraus ergibt sich das Motivations-Portfolio (◄ Abb. 30).

Symptome
einer niedrigen
Bindungsmotivation

Symptome einer niedrigen Bindungsmotivation der Mitarbeiter äußern sich sowohl im Verhalten als auch in den Leistungen:

- Im Branchenvergleich überdurchschnittliche oder wachsende Fehlzeiten oder Fluktuationsraten. Fehlzeiten und ungeplante Fluktuation sind als zwei Seiten derselben Medaille anzusehen: Unzufriedenheit und fehlende Verpflichtung auf das Unternehmen schlagen bei guten Arbeitsmarktchancen der Beschäftigten in einer hohen Fluktuation nieder, während sie sich bei fehlenden Beschäftigungsalternativen in einer gesteigerten Fehlzeitenrate äußern.

- Hohe Fehlerraten in der Leistungserstellung und fehlende Initiative bei der Identifizierung und insbesondere auch bei der Beseitigung der Fehlerursachen. Haben die Beschäftigten keine Möglichkeit, das Unternehmen zu verlassen oder vorübergehend wegzubleiben, fällt die Bereitschaft, für das Unternehmen und die persönlichen Aufgaben Verantwortung zu übernehmen.

- Eine hohe Konfliktneigung oder gar Arbeitsverweigerung, verbunden mit aktiver Demotivierung anderer Beschäftigter. Bei geringer Bindung entwickelt sich eine Diskrepanz zwischen den persönlichen Interessen und den Unternehmenszielen, die sich in einer offenen Auseinandersetzung niederschlagen kann.

- Eine geringe Anzahl von Verbesserungsvorschlägen und generelle Neigung zu Änderungswiderständen. Da die Mitarbeiter keine zukunftsbezogenen Erwartungen mit dem Unternehmen verbinden, haben sie auch keinerlei Interesse, sich mit Veränderungen ihrer gegenwärtigen Arbeitsbedingungen auseinanderzusetzen.

- Unerlaubte Nebenbeschäftigungen während oder außerhalb der vereinbarten Arbeitszeit. Sie dokumentieren, dass die Beschäftigten über Leistungspotenziale verfügen, die sie nicht im Rahmen ihrer Haupttätigkeit einsetzen können oder wollen.

- Eine geringe Loyalität der Beschäftigten gegenüber dem Unternehmen im Kontakt zu Kooperationspartnern und Kunden. Bei geringer Bindung an das Unternehmen neigt der Einzelne eher dazu, das Renommee des Unternehmens zugunsten der eigenen Position aufs Spiel zu setzen.
- Unerlaubte Nutzung von Unternehmensressourcen zu persönlichen Zwecken oder aktive Schädigung des Unternehmens. Hier drückt sich die mangelnde Bindung in der fehlenden Bereitschaft aus, persönliche Mitverantwortung für das Unternehmen und seine Ressourcen zu übernehmen.
- Geringes Interesse, insbesondere auch an Gemeinschaftsanlässen und betriebsspezifischen Weiterbildungsangeboten des Unternehmens.

Personalbindung und Personalrisiko

Eine fehlende Personalbindung bedeutet für Unternehmen an denjenigen Stellen im Wertschöpfungsprozess ein strategisches Personalrisiko, wo der Weggang einzelner Personen oder das auch nur vorübergehende Fehlen ihres Engagements und Wissens nicht kompensiert werden kann und der ökonomische Erfolg gefährdet ist. Ein solches Risiko hat unterschiedliche Aspekte, von denen insbesondere die folgenden hervorzuheben sind:

- *Verlust von Routinekompetenz:* Dazu zählt Fach- oder Betriebswissen, das zur Ausführung der Standardroutinen notwendig ist, die nicht formalisiert und automatisiert sind (z. B. Wissen über die Aktenablage, über den aktuellen Verhandlungsstand mit einem Kunden oder über die Tricks, mit denen ein fehleranfälliges Betriebssystem auch bei Störungen noch genutzt werden kann).
- *Verlust von Kernkompetenz:* Dabei handelt es sich um Wissen, das die strategischen Kernkompetenzen und damit den langfristigen Markterfolg des Unternehmens trägt (z. B. spezifisches Produkt- und Verfahrenswissen, Wissen über die Kunden und ihre Erwartungen). Wenn der betreffende Wissensträger sich selbständig macht oder zu einem Konkurrenzunternehmen wechselt, kann sich dieser Verlust noch potenzieren.
- *Verlust von organisationaler Kohäsion und Dynamik:* Der innere Zusammenhalt (Kohäsion) eines Teams oder eines Unternehmens und seine dynamische Kraft wird nicht selten von einzelnen Personen erhalten und immer wieder neu gestärkt. Mit ihrem Rückzug oder Weggang kann es zu einem allmählichen Zusammenbruch dieser Einheiten kommen.

Personalbindungs-
bedarf
Ein Personalbindungsbedarf entsteht in erster Linie da, wo im Kreis der Leistungs- und Entwicklungsträger entweder die Motivation gegenwärtig gering ist oder mittelfristig mit einem Rückgang zu rechnen ist. Typische Problemgruppen sind beispielsweise

- aufstiegsorientierte Nachwuchskräfte, an die das Unternehmen hohe Erwartungen knüpft, die aber mittelfristig keine Perspektive sehen, ihre persönlichen Ziele in der gegenwärtigen Position zu realisieren und die deshalb über einen Wechsel in ein anderes Unternehmen nachdenken;
- bewährte Leistungsträger im unteren oder mittleren Management, die oft nach einer langjährigen erfolgreichen Tätigkeit ein nachlassendes Interesse am Unternehmen und dem eigenen Aufgabenbereich erleben («Burnout-Syndrom»);
- Neueinsteiger, denen das Unternehmen ein hohes Potenzial zuspricht, denen es aber in einer frühen Phase nicht gelungen ist, sich ins Team zu integrieren, und die deshalb daran zweifeln, die richtige Berufsentscheidung getroffen zu haben;
- die erfolgreichsten unter den Leistungsträgern, wenn sie den Eindruck gewinnen, dass das Unternehmen ihren Wert und ihre Leistungen nicht angemessen entlohnt.

Dabei geht es um verschiedene Formen fehlender oder nachlassender Bindung, die für das Unternehmen ein strategisches Personalrisiko darstellen. Solche Risiken lassen sich zum einen dadurch kontrollieren, dass die Abhängigkeit von einzelnen Personen reduziert wird. Der andere Ansatz liegt im Bindungsmanagement durch den Aufbau von Commitment.

7.2 Commitment

Worauf beruht die
Bindung an ein
Unternehmen?
Personalbindung beruht auf einem intakten Anreiz-Beitrags-Gleichgewicht. Dieses entsteht entweder aus einer Zwangssituation oder aus affektivem, normativem bzw. kalkulativem Commitment des Einzelnen gegenüber dem Unternehmen und seinen Zielen. Diese drei Formen des Commitments unterscheiden sich vor allem durch ihre spezifische emotionale Qualität. Grundlage für den Verbleib in einem Unternehmen oder einer Organisation ist, dass der Beschäftigte überzeugt ist, dass die Anforderungen, die an ihn gestellt werden, und der Nutzen, den er daraus zieht, in einem angemessenen

Verhältnis zueinander stehen. Ein solches Verhältnis wird als
▷ Anreiz-Beitrags-Gleichgewicht bezeichnet.

Bei einem intakten Anreiz-Beitrags-Gleichgewicht kann sich
Commitment als Grundlage der Personalbindung entwickeln.

Commitment ist die individuelle Verpflichtung und Bindung einer
Person. Es kann sich beispielsweise auf eine Aufgabe, die Zugehörigkeit zu einem Team oder zum Unternehmen beziehen oder
sich in der Identifikation mit einem Produkt oder einer Leitidee
ausdrücken.

Anreiz-Beitrags-Gleichgewicht

Die Anreiz-Beitrags-Theorie erklärt, warum Personen einer Organisation beitreten und in ihr verbleiben. Begründet wurde sie in den 1930er Jahren von
Chester Barnard, der nicht nur als Manager erfolgreich, sondern auch ein wegweisender Organisa-
tionstheoretiker war.

Eintritt und Verbleib von Organisationsmitgliedern hängen davon ab, ob es dem Management
einer Organisation gelingt, ein Gleichgewicht von
Anreizen und Beiträgen herzustellen. Anreize sind
Leistungen, welche die Organisation für ihre Mitglieder und deren Bedürfnisbefriedigung bereitstellt, zum Beispiel Gehalt, Aufstiegschancen, Status und Privilegien oder Weiterbildungsmöglichkeiten. Beiträge sind die Leistungen, welche die
Mitglieder zur Zielerreichung der Organisation erbringen. Dazu zählen besonders die Arbeitsleistung,
aber auch Loyalität oder Bereitschaft zur Einordnung in ein Team. Auf dem Anreiz-Beitrags-Gleichgewicht beruht der implizite Vertrag zwischen der
Organisation und den einzelnen Mitgliedern.

Ist das Gleichgewicht von Anreizen und Beiträgen aus Sicht der einzelnen Mitglieder gestört, werden diese im ersten Schritt versuchen, ihre Beiträge
an die Anreize anzupassen. Wenn das nicht gelingt,
nimmt die Wahrscheinlichkeit zu, dass die Person
die Organisation bei der ersten sich bietenden Ge-
legenheit verlassen wird. Das gilt insbesondere
dann, wenn das Organisationsmitglied überzeugt ist,
die Anreize seien nicht ausreichend für die geleiste-
ten Beiträge. Wenn die Anreize hingegen die Beiträge aus Sicht des Mitglieds übersteigen, wird es
eher zu einer Neubewertung des Gleichgewichts

kommen: Die Anreize werden geringer und die eigenen Beiträge höher bewertet. Wenn beispielsweise
ein Mitarbeiter den Eindruck gewonnen hat, er er-
halte für seine Leistungen ein weit überdurchschnittliches Gehalt, kann er das wahrgenommene
Ungleichgewicht von Anreizen und Beiträgen wie-
derherstellen, indem er das Gehalt durch besondere
Qualität und Zuverlässigkeit (Höherbewertung der
Beiträge) oder durch den Hinweis auf hohen Stress
oder nachteilige Arbeitsbedingungen (Abwertung
der Anreize) rechtfertigt. Für die Organisation birgt
ein Anreiz-Beitrags-Ungleichgewicht also die Gefahren eines Leistungsrückgangs, des Verlusts
wichtiger Mitglieder oder der Abwertung der Orga-
nisationsleistungen durch die Mitglieder.

Für das Anreiz-Beitrags-Gleichgewicht entscheidend ist nicht nur der formale Vertrag, wie er in einer
schriftlichen Zielvereinbarung oder einer Stellenbeschreibung festgelegt ist. Ebenso wichtig ist der
implizite oder reale Vertrag. Er umfasst neben den
tatsächlich gewährten Anreizen auch Erwartungen
über zukünftige Leistungen der Organisation. Auf der
Beitragsseite umfasst der implizite Vertrag auch Beiträge, die das Mitglied freiwillig zusätzlich erbringt.
Zu diesen freiwilligen Beiträgen zählen zum Beispiel
die Bereitschaft, vorübergehend oder dauerhaft
zusätzliche Aufgaben zu übernehmen oder die Flexibilitätsbereitschaft in Krisensituationen. Wird das
implizite Anreiz-Beitrags-Gleichgewicht gestört,
kommt es zu Verhaltensweisen wie das Prinzip
«Dienst nach Vorschrift» oder zu anderen Formen der
Beitragsverminderung.

Commitment erzeugt ein Bindungsmuster zwischen dem Einzelnen und dem Unternehmen. Dabei lassen sich drei unterschiedliche Typen unterscheiden: affektives Commitment, normatives Commitment und kalkulatives Commitment. Sie erzeugen drei verschiedene

Bindungsmuster

Bindungsmuster, die sich durch die Bindung über Zwang ergänzen lassen:

- *Bindung durch affektives Commitment:* Die Bindung beruht hier auf Affekten und Emotionen, wie zum Beispiel Freude, Stolz, Zuneigung oder Dankbarkeit. Sie kann dadurch entstehen, dass der Mitarbeiter die Produkte des Unternehmens attraktiv findet und sich damit identifiziert. Auch freundschaftliche Beziehungen zu Vorgesetzten oder Kollegen können affektives Commitment begründen, wenn diese Beziehungen in engem Zusammenhang zur Berufstätigkeit stehen.
- *Bindung durch normatives Commitment:* In diesem Fall fühlt sich der Mitarbeiter dem Unternehmen, seinen Werten und Zielen oder den übrigen Beschäftigten gegenüber moralisch verpflichtet. Die normative Bindung nimmt eine mittlere Position zwischen der Bindung durch Zwang und der Bindung durch Affekte ein: Die Person fühlt sich zum Verbleib gedrängt und sie ist emotional verpflichtet, aber diese Verpflichtung ist an einen höheren Wert gekoppelt. Beispiele dafür können verwandtschaftliche Beziehungen oder familiäre Traditionen sein, auf denen das Angestelltenverhältnis aufbaut. Eine normative Bindung besteht jedoch auch, wenn sich eine Führungskraft während einer Krisensituation ihren Mitarbeitern gegenüber verpflichtet fühlt.
- *Bindung durch kalkulatives Commitment:* Die Bindung des Mitarbeiters an das Unternehmen ist das Ergebnis einer Abwägung von Vor- und Nachteilen der aktuellen Beschäftigung im Vergleich zu alternativen Stellenangeboten. Kalkulative Bindung beruht auf der Überzeugung, bei einem Weggang Nachteile in Kauf nehmen zu müssen, welche durch die in Aussicht stehenden Vorteile nicht aufgewogen werden. In diese Überlegungen fließen nicht nur finanzielle Gewinne oder Verluste, sondern auch Überlegungen bezüglich Sicherheit, Zugehörigkeit, Anerkennung oder Selbstverwirklichung ein. Eine solche Bindung kann sich auf ein überdurchschnittliches Gehalt, die Mitgliedschaft in einer Seilschaft oder außergewöhnliche Freiräume in der Ausübung der eigenen Tätigkeit beziehen. Im Vergleich zu den drei anderen Bindungsmustern lässt sich eine kalkulative Bindung durch das Unternehmen am leichtesten steuern. Sie ist aber auf der anderen Seite mit dem Nachteil verbunden, dass sie finanziell aufwendig ist.

- *Bindung durch Zwang:* Sie besteht dann, wenn die Person über-zeugt ist, keine Alternative zum bestehenden Beschäftigungs-verhältnis zu haben, weil ein Ausscheiden mit untragbaren Konsequenzen verbunden wäre. Eine solche Situation liegt bei-spielsweise vor, wenn arbeitsvertraglich ein weitreichendes Kon-kurrenzverbot für den Fall des Ausscheidens vereinbart wurde. Der Bindungseffekt ist für das Unternehmen zweischneidig: Ein Weggang des Mitarbeiters wird zwar nahezu ausgeschlossen; das Bewusstsein darüber kann aber zu Demotivation führen, wodurch sich der Nutzen des Mitarbeiters und seiner Fähigkeiten für das Unternehmen unweigerlich vermindert.

Empirische Untersuchungen Empirische Untersuchungen zeigen, dass normatives, affektives und kalkulatives Commitment unterschiedliche Bindungsmuster erzeu-gen. So sind affektives und normatives Commitment relativ eng mit-einander verknüpft: Eine Person, die stolz auf ihr Unternehmen ist und mit Freude im Team arbeitet, empfindet mit großer Wahrschein-lichkeit auch eine moralische Verpflichtung, sich für das Unterneh-men zu engagieren. Dagegen besteht ein negativer Zusammenhang zum kalkulativen Commitment: Kalkulativ gebundene Mitarbeiter weisen in der Regel nur ein geringes affektives oder normatives Commitment auf; umgekehrt ist das kalkulative Commitment bei stark affektiv und normativ gebundenen Mitarbeitern auch nur schwach ausgeprägt.

Wirkungen Bindungsmuster Entsprechend unterschiedlich sind auch die *Wirkungen der drei Bindungsmuster* für das Unternehmen. Eine Reihe von Untersuchun-gen konnte zeigen, dass Beschäftigte mit einem starken affektiven oder normativen Commitment eine deutlich geringere Fluktuations- und Fehlzeitenrate sowie eine höhere Arbeitsleistung zeigen; außer-dem verhalten sie sich gegenüber anderen Beschäftigten im Unter-nehmen kollegialer und engagierter. Für kalkulatives Commitment zeigen die Untersuchungen zwar ähnliche Arbeitsleistungen und eine vergleichbare Fluktuationsrate; dagegen ist die Fehlzeitenrate deut-lich höher, und kollegiales Verhalten ist weniger stark ausgeprägt.

Bindungsstärke Wie stark die Bindung einer Person an ein Team oder ein Unter-nehmen ist, wird in erster Linie von zwei Faktoren stark beeinflusst:

- *Die wahrgenommene Unterstützung* durch den Vorgesetzten und die Organisation: Ein hohes Commitment beruht darauf, dass eine intensive Kommunikation zum Vorgesetzten besteht und dass die Beschäftigten das Gefühl haben, vom Unternehmen als Personen akzeptiert und gefördert zu werden. Besteht hingegen nur eine lose Vorgesetzten-Mitarbeiter-Beziehung und ist die Überzeugung vorherrschend, dass die Mitarbeiter im Unternehmen auf ihre Arbeitsleistung reduziert werden, ist auch nur eine schwache (insbesondere affektive und normative) Bindung zu erwarten.

■ Die *wahrgenommene eigene Kompetenz:* Je kompetenter sich ein Mitarbeiter in seiner Aufgabe erlebt, umso höher ist auch das Commitment. Hier zeigt sich die enge Verknüpfung zwischen der intrinsischen Motivation und der Bindung an ein Unternehmen oder Team.

Ebenfalls positiv auf das Commitment wirken sich eine interessante und abwechslungsreiche Tätigkeit, eine vielfältige Vernetzung der eigenen Aufgabe mit den Tätigkeitsfeldern anderer Mitarbeiter sowie ein partizipativer Führungsstil des Vorgesetzten aus. Dagegen haben Alter und Geschlecht sowie das Qualifikationsniveau keinen oder nur einen sehr schwachen Einfluss. Die genannten Zusammenhänge konnten allesamt in einer Reihe empirischer Untersuchungen – allerdings überwiegend aus dem englischsprachigen Raum – bestätigt werden. (Westphal & Gmür 2009)

Bezugsebenen

Das Commitment kann sich unabhängig vom Bindungsmuster auf fünf verschiedenen Ebenen der Organisation beziehen, die von der Gesamtorganisation bis zur individuellen Aufgabe reichen:

1. *Bindung an das Unternehmen:* Sie bezieht sich insbesondere auf die Produkte des Unternehmens und sein Image in der Öffentlichkeit, kann aber auch mit der Unternehmerpersönlichkeit und den von ihr vertretenen Werten verbunden sein.

2. *Bindung an den Unternehmensbereich* und seine Position innerhalb des Unternehmens. Diese Bindung kann aus einer hohen Identifikation mit der Funktion des Bereichs und seinem Ansehen innerhalb des Unternehmens resultieren.

3. *Bindung an die Arbeitsgruppe,* d. h. an den Kreis der Kollegen, mit denen die betreffende Person persönlich zusammenarbeitet. Die Bindung ist hier der Ausdruck einer starken Integration im Team.

4. *Bindung an einzelne Bezugspersonen,* die auf einer engen Zusammenarbeit oder persönlicher Freundschaft beruhen kann. Wichtige Bezugspersonen können neben dem unmittelbaren Vorgesetzten auch ein Mentor oder ein Kooperationspartner sein. Die Bindung kann sich beispielsweise aus einer besonders vertrauensvollen Beziehung, einer persönlichen Verpflichtung oder aus dem Kalkül heraus ergeben, mit Hilfe dieser Bezugsperson über außergewöhnliche Karrierechancen zu verfügen.

5. *Bindung an die Aufgabe,* d.h. die Arbeitsinhalte sowie die Verantwortung oder das Prestige, die damit verbunden sind. Eine Bindung über die Aufgabe kann für eine Person auch in einem hoch-
spezialisierten Qualifikationsprofil begründet sein: Das ist der
Fall, wenn die Person über spezifische Qualifikationen verfügt,
die für die jetzige Aufgabe wichtig sind, aber in einer anderen
Position nutzlos wären.

Aus der Kombination von Bindungsmustern und -ebenen lassen sich
eine Reihe möglicher Ansatzpunkte für ein gezieltes Bindungsmanagement ableiten (▶ Abb. 31).

Butler und Waldroop haben sich in einer 1999 veröffentlichten
Studie auf das affektive Commitment gegenüber der eigenen Ar-

Bindungs-muster / Bindungs-ebenen	Affektives Commitment	Normatives Commitment	Kalkulatives Commitment	Zwang
Unternehmen und seine Produkte	z. B. die Identifika-tion mit attraktiven Produkten des Unternehmens	z. B. Betriebszuge-hörigkeit aufgrund familiärer Tradition	z. B. Optionen auf Mitarbeiteraktien, die an die Dauer der Betriebszugehörig-keit gekoppelt sind	z. B. ein arbeitsver-traglich veranker-tes Wettbewerbs-verbot im Falle eines Ausscheidens
Unternehmens-bereich und seine Stellung	z. B. Stolz auf den Er-folg einer Abteilung, in der man selbst eine führende Rolle spielt	z. B. innere Ver-pflichtung gegen-über einem Unter-nehmensbereich in einer Krisenphase	z. B. persönlicher Status, der auf der Zugehörigkeit zu einer erfolgreichen Abteilung beruht	z. B. eine Tätigkeit im Entwicklungs-bereich mit weitrei-chendem Geheim-haltungsgebot
Arbeitsgruppe und -klima	z. B. starke Einbin-dung in ein erfolg-reiches Team	z. B. Führung eines Teams in einer lau-fenden Restruktu-rierung	z. B. Mitgliedschaft in einer karriereför-dernden Seilschaft	z. B. Mitarbeit in einem zeitlich fest-gelegten Projekt und Sanktionen bei vorzeitigem Austritt
Persönliche Beziehungen	z. B. eine enge freundschaftliche Beziehung zu einem Arbeitskollegen	z. B. Bestehen einer Mentorenbezie-hung, die sich in einer kritischen Phase befindet	z. B. ein enger Kon-takt zum Vorgesetz-ten, von dem inten-sive Förderung zu erwarten ist	z. B. Mitarbeit auf-grund streng sank-tionierter verwandt-schaftlicher Ver-pflichtungen
Arbeitsaufgabe	z. B. hohe Zufrie-denheit mit den Frei-räumen, welche die gegenwärtige Posi-tion erlaubt	z. B. die Überzeu-gung, im Unterneh-men persönlich unersetzbar zu sein	z. B. eine Tätigkeit, die wesentlich auf betriebsspezifi-schen Qualifikatio-nen aufbaut	z. B. eine hoch spe-zialisierte Tätigkeit, die nur in diesem Unternehmen mög-lich ist

▲ Abb. 31   Ansätze für Maßnahmen der Personalbindung

beitsaufgabe konzentriert und untersucht, welche Merkmale der Arbeitsaufgabe zu einer hohen Zufriedenheit und engen Bindung führen. Dabei zeigte sich, dass Manager von insgesamt acht *Grundinteressen* angetrieben werden, von denen jeweils eines oder zwei bei einer Person im Vordergrund stehen: die Anwendung von Technologien, quantitative Auswertungen, die Entwicklung und Anwendung von Konzepten, kreative Entwicklung, Beratung und Mentoring, das Steuern von Menschen und Beziehungen, die Kontrolle über Unternehmen oder Unternehmensbereiche und schließlich die Einflussnahme durch Sprache und Ideen. Die Bindung an ein Unternehmen beruht dementsprechend darauf, dass die Person die Möglichkeit hat, in ihrer Tätigkeit ihre vorrangigen Interessen realisieren zu können (▷ Existenzielle Interessen).

Existenzielle Interessen

Timothy Butler und James Waldroop (1999) haben insgesamt 650 MBA-Studenten in den USA nach ihren existenziellen Interessen im Zusammenhang mit Berufstätigkeit und Karrierezielen befragt. Dabei ermittelten sie acht verschiedene Typen von Interessen, die auch in Kombinationen auftreten können:

1. *Technologieanwendung:* Arbeiten mit Computern und technischen Geräten im Bestreben, die Abläufe im Detail nachvollziehen zu können und sie gegebenenfalls noch zu optimieren.
2. *Quantitative Auswertung:* Datenanalysen und Berechnungen mit dem Ziel, Zusammenhänge aufzudecken und mit Zahlen zu illustrieren.
3. *Konzeptentwicklung:* Arbeiten mit abstrakten Ideen, Entwicklung von Theorien und Modellen zur Reflexion vordergründiger Fakten.
4. *Kreative Entwicklung:* Generierung neuartiger Ideen, Infragestellen bewährter Routinen, fortlaufende Optimierung über neue Lösungen für bekannte Probleme.
5. *Beratung und Mentoring:* Bestreben, anderen Personen die eigenen Überzeugungen zu vermitteln und sie in ihrer Weiterentwicklung zu unterstützen.
6. *Einflussnahme über Sprache und Ideen:* Freude daran, sich durch Kommunikation anderen ver-

mitteln zu können und anderen Menschen die eigenen Vorstellungen erfolgreich zu «verkaufen».
7. *Menschen und Beziehungen steuern:* Über die Beratung hinausgehendes Bestreben, eigene Ideen mit Hilfe anderer Menschen zu realisieren, andere Menschen von den eigenen Zielen zu überzeugen und sie entsprechend zu beeinflussen. Dieses Interesse tritt besonders häufig gemeinsam mit (1.), (2.), (5.) oder (8.) auf.
8. *Kontrolle über Unternehmen:* Wunsch, Unternehmen oder Unternehmensbereiche so zu steuern, dass sie die angestrebten Ziele erreichen oder sich den eigenen Vorstellungen entsprechend verändern lassen. Dieses Interesse tritt besonders häufig in Kombination mit (4.), (6.) oder (7.) auf.

Die Forscher sind zum Ergebnis gelangt, dass Manager in ihrem Beruf durch maximal drei dieser acht Interessen angetrieben sind. In dem Maße, wie sie diese Interessen in ihrer Tätigkeit und an ihrem Arbeitsplatz verwirklichen können, fühlen sie sich daran gebunden. Den Ansatz, Arbeitsplätze so zu gestalten, dass sie optimal zur individuellen Interessenstruktur der Beschäftigten passen und damit die Bindung zu erhöhen, bezeichnen die Forscher als «Job Sculpting».

| 7.3 | **Bindungsmanagement** |

Wie können Mitarbeiter gezielt an das Unternehmen gebunden werden?

Die Bindung zwischen einem Unternehmen und seinen Beschäftigten wird nach Rousseau (1995) durch den sogenannten *psychologischen Vertrag* bestimmt. Der Begriff steht für Erwartungen zwischen Unternehmen und Mitarbeiter, die nicht explizit in einem juristischen Arbeitsvertrag vereinbart werden, aber dennoch eine wichtige Grundlage für die Arbeitsbeziehung darstellen. Dazu gehören auf Seiten der Mitarbeitenden zum Beispiel die Erwartungen einer fairen Bezahlung oder gerechten Behandlung; auf Seiten des Unternehmens stehen dem Erwartungen von Loyalität oder flexibler Anpassungsbereitschaft gegenüber. Ein psychologischer Vertrag erstreckt sich aber auch auf die Einstellungen der Vertragspartner zur angestrebten Vertragsdauer: Unabhängig von gesetzlichen Kündigungsfristen können die Vertragspartner ein kürzer oder länger andauerndes (gegebenenfalls sogar lebenslanges) Vertragsverhältnis anstreben.

Psychologische Verträge als Grundlage für Personalbindung

Dass sich gesamtwirtschaftlich in vielen Ländern der vorherrschende psychologische Vertrag tendenziell verändert hat, beschreibt Kissler (1994) mit seiner Unterscheidung zwischen sogenannten alten und neuen psychologischen Verträgen:

Alter und neuer psychologischer Vertrag

- Nach dem *alten psychologischen Vertrag* sieht sich das Unternehmen als Elternteil und die Mitarbeitenden als Kinder. Daraus leiten sich Fürsorgepflichten des Unternehmens ab. Unternehmensseitig wird eine langfristige Arbeitsbeziehung angestrebt. Mitarbeiter, die dem Unternehmen die Treue halten, werden dementsprechend als gut und loyal angesehen. Sie erhalten eine langfristige Beschäftigungsmöglichkeit und Chancen zu einer traditionellen hierarchischen Karriere im Unternehmen.

- Im *neuen psychologischen Vertrag* wird die Beziehung von Mitarbeiter und Unternehmen als Beziehung zwischen zwei eigenständigen Erwachsenen betrachtet, die zum gegenseitigen Vorteil befristet zusammenarbeiten. Eine langfristige Beschäftigung ist eher Ausnahme als Regel. Eine mäßige Fluktuation von Mitarbeitenden wird als wünschenswert angesehen, da damit die Anpassungsfähigkeit des Unternehmens gewahrt wird.

Dem Bindungsmanagement kommt bei beiden Vertragstypen eine wichtige Bedeutung zu. Unter den Bedingungen des alten Vertrags bedeutet es, alle Voraussetzungen zu einer langfristigen Bindung der Belegschaft an das Unternehmen aufrechtzuerhalten. Bei einem Übergang zu einem neuen Vertrag wird diese generelle Zielsetzung aufgegeben. Da die Mitarbeitenden sich aber bewusst darüber sind, dass sie sich nicht auf eine unbedingte Loyalität des Unternehmens verlassen können, werden sie versuchen, nach Möglichkeit ihre eigene Unabhängigkeit zu erhalten und sich immer wieder alternative Beschäftigungsoptionen zu verschaffen. Wenn nun das Unternehmen bestimmte Leistungsträger halten will, muss es über ein individuelles Bindungsmanagement an den spezifischen Erwartungen dieser einzelnen Personen ansetzen.

Unter den Personalfunktionen sind vor allem die Gestaltung der Personaleinsatzpolitik, die Fort- und Weiterbildung sowie die Anreizsysteme des Unternehmens von Bedeutung für eine erfolgreiche Personalbindung:

- *Personaleinsatz und Arbeitsorganisation:* Aus der Perspektive des Bindungsziels sind Personaleinsatz und Arbeitsorganisation bedeutsam, weil damit auf Führungs- und Kooperationsbeziehungen Einfluss genommen wird. Mit einer Teamorganisation werden Voraussetzungen für enge Beziehungen geschaffen, die aber umso mehr Bestand haben, je länger ihre Dauer ist. Projektgruppen mit eher informellem Charakter und geringer Verbindlichkeit fördern dagegen die Tendenz zur Individualisierung und einer geringen inneren Verpflichtung des Einzelnen gegenüber dem Unternehmen oder dem Arbeitsbereich. Erfolge schreiben sich die Beteiligten dann ebenfalls individuell zu, während sie eventuellen Misserfolg auf die Rahmenbedingungen schieben, zu denen kein Bezug besteht. Gelingt die Einbindung des Einzelnen, wird der Erfolg eher auf das Team attribuiert und Misserfolg als Anstoß zur Auseinandersetzung mit dem Problem aufgefasst.

- *Fort- und Weiterbildung:* Maßnahmen zur Personalentwicklung wirken sich nicht nur auf die Einsetzbarkeit des Einzelnen im Unternehmen, sondern auch auf seinen Arbeitsmarktwert aus: Je spezifischer die vermittelten Qualifikationen auf die Anforderungen im Unternehmen ausgerichtet sind, umso geringer ist in aller Regel die Wirkung auf den individuellen Arbeitsmarktwert und damit die Wahrscheinlichkeit, dass der Mitarbeiter bei einem anderen Unternehmen attraktivere Arbeitsbedingungen findet. Eine solche Gefahr besteht im Falle einer Verlagerung von engen Fachkenntnissen auf generalisierbare Basis- und Metaqualifikationen, weil damit die Mobilität erhöht wird. Diese Problematik lässt sich aber begrenzen, wenn beispielsweise die Maßnahme nicht individuell, sondern im Team durchlaufen wird.

- *Anreizsystem:* Mit dem Anreizgestaltung können je nach Ausrichtung ganz unterschiedliche Ziele verfolgt werden. Dazu zählen die Leistungs- oder Anforderungsgerechtigkeit, soziale Ziele oder die Balance von Arbeitsmarktungleichgewichten. Eine personalbindende Wirkung wird dadurch erreicht, dass neben einem rein vergangenheitsbezogenen Leistungsentgelt zukunftsbezogene Optionen angeboten werden. Eine wenig differenzierte Variante ist das Senioritätsprinzip der Entgeltgestaltung. Innerhalb eines flexibilitätsorientierten personalpolitischen Rahmens lässt sich dieses Prinzip aber auch individualisiert anwenden. Die Bindungswirkung ist umso stärker, je höher die zu erwartenden Entgeltbestandteile im Vergleich zum aktuellen Gehalt sind und je stärker jene an einen Eigenbeitrag des Mitarbeiters gekoppelt sind. Außerdem haben gebundene Entgeltleistungen (z.B. in Form einer Kapitalbeteiligung) eine stärkere bindende Wirkung als Geldzahlungen.

Wissensmanagement

Stehen im Zentrum der Bemühungen um die Personalbindung nicht bestimmte Personen, sondern deren Fähigkeiten und Wissen, wird auch das betriebliche *Wissensmanagement* und dabei insbesondere die Vermeidung von Wissensverlusten zu einem personalpolitischen Gestaltungsfeld. Gelingt es schon nicht, einzelne Personen an das Unternehmen zu binden, so kann ein funktionierendes System der Wissensspeicherung und -weitergabe doch zumindest einen wesentlichen Teil des Wissens erhalten. Von Bedeutung ist das vor allem in Branchen, in denen spezielle Kenntnisse über Produkte und Leistungen einerseits und die Kundengruppen andererseits erfolgsrelevant sind. Andererseits lässt sich der Aufwand für ein komplexes System der Wissenssicherung nur dann gering halten, wenn die Fluktuationsrate der wesentlichen Wissensträger des Unternehmens niedrig ist. Konzepte der Personalbindung und des Wissensmanagements stehen also in einem – allerdings beschränkten – Substitutionsverhältnis zueinander. Der Vorteil personengebundener gegenüber informationstechnischer Wissensspeicherung ist dabei umso größer, je weniger sich die Expertise eines Mitarbeiters standardisieren lässt und je komplexer die innere Organisation dieser Expertise ist.

Literaturhinweise

Denise Rousseau (1995): Psychological Contracts in Organizations: Understanding Written and Unwritten Agreements.
In diesem Buch wird die Theorie der psychologischen Verträge entwickelt, die in Unternehmen die grundlegende Beziehung mit ihren gegenseitigen Erwartungshaltungen von Arbeitgebenden und Arbeitnehmenden begründen.

John P. Meyer & Natalie J. Allen (1997): Commitment in the Workplace: Theory, Research, and Application.
Klaus Moser (1996): Commitment in Organisationen.
Meyer und Allen haben mit ihren Untersuchungen und der daraus abgeleiteten Dreiteilung von affektivem, normativem und kalkulativem Commitment die internationale Forschung über die individuelle Bindung an Organisationen nachhaltig geprägt. Beide Bücher fassen die wesentlichen Ergebnisse dieser Forschung zusammen.

Jean-Marcel Kobi (2012): Personalrisikomanagement: Strategien zur Steigerung des People Value. 3. Auflage.
Der Autor geht hier von einem breiten Spektrum von personalbezogenen Risiken aus und entwickelt darauf aufbauend Maßnahmen zur Vermeidung sowie zur Steuerung dieser Risiken.

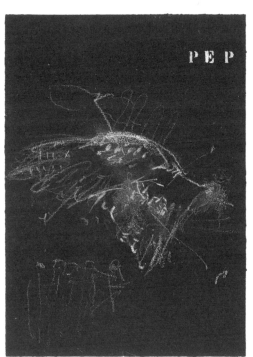 PEP

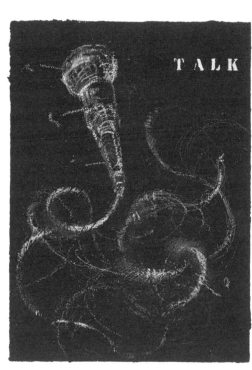 TALK

Baustein 8

Langfristige Rekrutierungsstrategien verfolgen

Das Unternehmen als Marke auf dem Arbeitsmarkt

Personalwerbung und -suche folgt in vielen Unternehmen einem steten Konjunkturzyklus. In Phasen starken Wachstums gelingt es oft kaum, die freien Positionen rechtzeitig und adäquat zu besetzen. Phasen der Stagnation sind dagegen vor allem damit verbunden, große Mengen von Initiativbewerbungen zu bewältigen. Zu allen Zeiten steht das Unternehmen über seine Personalbeschaffungspolitik aber in engem Austausch mit seiner Umwelt und prägt die Bilder, die sich potenzielle Bewerber vom Unternehmen machen. Diese Bilder sind wie die Produkte einer Firma mit positiven oder negativen Assoziationen verbunden und beeinflussen die Chance, im Bedarfsfall diejenigen Mitarbeiter zu bekommen, die das Unternehmen für sich gewinnen will. Diese Bilder frühzeitig zu prägen, bedeutet, sich als Arbeitgeber im Arbeitsmarkt eine Marke zu geben und damit eine Wettbewerbsposition aufzubauen – nach Möglichkeit unabhängig von der aktuellen Konjunkturlage.

Inhalt

8.1 Personalmarketing und Employer Branding 249

Wie positionieren sich Unternehmen auf dem Arbeitsmarkt?

8.2 Personalbedarfsplanung 253

Mit welchen Methoden lässt sich der Bedarf ermitteln?

8.2.1 Qualitative Planung – Welche Kompetenzen und
Motivationen werden benötigt? 254
8.2.2 Quantitative Planung – Wie viele Mitarbeiter werden
benötigt? 255

8.3 Stellenbesetzungsstrategien und Rekrutierung 259

Wie sichert sich das Unternehmen seinen Personalbedarf?

8.3.1 Stellenbesetzungsstrategien 259
8.3.2 Interne Rekrutierungswege 264
8.3.3 Externe Rekrutierungswege 265

8.1   Personalmarketing und Employer Branding

Wie positionieren sich Unternehmen auf dem Arbeitsmarkt?

Unternehmen können sich auf den für sie relevanten Arbeitsmärkten positionieren, indem sie ein *Employer Brand* aufbauen. Dies bedeutet, dass potenzielle Bewerber mit dem Unternehmen als Arbeitgeber attraktive Erwartungen verbinden. Auf diese Weise erhöht das Unternehmen im Wettbewerb seine Chancen, diejenigen Mitarbeiter zu gewinnen und zu halten, welche die Anforderungen am besten erfüllen.

> *Employer Branding* ist die Profilierung eines Unternehmens als Arbeitgeber in der Wahrnehmung seiner Beschäftigten sowie potenzieller Bewerber. Es ist ein Teil des Corporate Branding, d.h. einer Unternehmenskommunikation, die darauf gerichtet ist, ein attraktives Image des Unternehmens in den Augen der einflussreichen Interessengruppen aufzubauen.

Marktorientierte Ausrichtung des Personalmanagements

Employer Branding ist eine Leitidee, die sich aus dem *Personalmarketing* als Konzept zur marktorientierten Ausrichtung des Personalmanagements ableitet. In diesem Ansatz kommen Grundüberzeugungen zum Ausdruck, die sich vom traditionellen Selbstverständnis der Personalfachkraft deutlich abheben: Verstanden sich diese ursprünglich vor allem als Personalbetreuer und -verwalter sowie Experten für die Lösung arbeitsrechtlicher Konflikte, so sollten sie nun in erster Linie als Ökonomen für Humanressourcen und Vermarkter für Erwerbs- und Karrierechancen auftreten.

Aus der Perspektive des Personalmarketingansatzes ist der Personalmanager ein Vertriebsbeauftragter für die Positionen im Unternehmen. Beschäftigte und Bewerber werden als Kunden betrachtet, die bereit sind, ihre Qualifikationen und Motivationen einzusetzen, wenn die betreffenden Positionen attraktiv erscheinen. Marktpartner sind in diesem Konzept sowohl externe Bewerber im Rekrutierungsprozess – sozusagen die Neukunden – als auch interne Beschäftigte, deren Engagement gesichert werden soll – gewissermaßen die Stammkundschaft.

Personalmarketing wird im Kern verstanden als Personalwerbung, die mit geeigneten Maßnahmen auf die entsprechenden Zielgruppen auszurichten ist. Dazu werden im ersten Schritt die wesentlichen Zielgruppen festgelegt und deren Erwartungsstrukturen ermittelt. In einer Studie von Simon et al. (1995) mit deutschen Studenten wurde beispielsweise festgestellt, dass besonders erfolgreiche Absolventen sich gegenüber ihren weniger erfolgreichen Kommilitonen vor allem in einem größeren Interesse an einem Auslandsaufenthalt, der Möglichkeit, bereits frühzeitig Verantwortung übernehmen zu können,

einer höheren Mobilitätsbereitschaft und einem geringeren Sicherheitsbedürfnis unterscheiden. Die Erwartungsprofile der Zielgruppe
werden anschließend dem relativen Personalimageprofil des Unternehmens gegenübergestellt. Das relative Personalimage zeigt, in welchen Kriterien sich das Unternehmen von den Durchschnitts- oder
Spitzenwerten einer Unternehmensauswahl (z.B. einer Branche, einer Region oder einer Größenklasse) abhebt. Ein Unternehmen ist in
seinem Personalimage dann optimal positioniert, wenn es gerade in
den Kriterien, die für die Zielgruppen besonders wichtig sind, heraus-
ragend oder zumindest überdurchschnittlich wahrgenommen wird.
Der Abgleich zwischen dem Erwartungsprofil der Zielgruppe und
dem personalpolitischen Profil des Unternehmens bildet die Grundlage für eine Imagekorrektur und Schärfung des Employer Brand.

Interne und externe Funktion

Im Konzept des Employer Branding wird eine Zuspitzung des
Personalmarketings angestrebt, mit der sowohl die innere *Konsistenz*
als auch die *Abgrenzung im Wettbewerb* gestärkt werden: Marketing
hat zum Ziel, in der Wahrnehmung der Kunden greifbar zu werden.
Voraussetzung dafür ist, dass das Image des Unternehmens nicht nur
als Kombination attraktiver Einzelaspekte, sondern als intern konsis-
tentes Gesamtbild erkannt wird. Für das Personalmarketing bedeutet
dies, dass potenzielle Bewerber dem Unternehmen ein geschlossenes
personalpolitisches Profil zuordnen, in dem Antworten auf Fragen
nach Aufstiegsperspektiven, Loyalitätserwartungen und Leistungsangebot symbolisch verbunden sind. Ein Personalimage muss mehr
darstellen als eine Kombination verschiedener Merkmale. Marketing
zielt zudem auch darauf ab, das eigene Unternehmen und seine Produkte im Vergleich zu den wichtigsten Wettbewerbern abzugrenzen
und damit in der Wahrnehmung der Kunden einzigartig zu werden.
Personalpolitisch relevant sind in diesem Zusammenhang folgende
Fragen: Welche Vorteile bringt ein Engagement für dieses Unternehmen im Vergleich zu anderen Vertretern derselben Branche? Isolierte
Merkmale eines Personalimages wie Aufstiegsperspektiven, Auslandsaufenthalte oder Leistungsentgelte allein sind keine ausreichende Grundlage für eine Differenzierung im Talentsuchwettbe-
werb. Trennschärfe in der Imagebildung wird erst in der Synthese
der Einzelmerkmale erreicht.

Einzigartigkeit und klares Profil

Ziel des Employer Branding ist es, sich als personalsuchende
Firma für den Bewerber am Arbeitsmarkt als einzigartig und mit
einem ihrer wahren Identität entsprechenden Profil aufzustellen. Der
Bewerber begegnet dann im Idealfall bei seiner aktiven Suche einer
hoch aufgeladenen Arbeitgebermarke, die an allen Schnittstellen der
Kommunikation alle personalrelevanten Kernbotschaften des Unter-

Reaktion der Bewerber

nehmens kommuniziert. Die Reaktion auf das Unternehmen als Arbeitgeber erfolgt nach ähnlichen Kriterien wie in der Konsumgüterbranche:

- *Image:* Firmen gewinnen mit ihrer Personalpolitik wie mit ihrer Geschäftstätigkeit ein mehr oder weniger greifbares Image. Ein solches Image kann mit Merkmalen wie Fairness, Verantwortungsbewusstsein, Leistungsorientierung, Härte, Sicherheit oder Freundlichkeit verbunden sein. Im Rahmen des Employer Branding versucht das Unternehmen ein Imageprofil aufzubauen und positiv zu besetzen. Es wird bestrebt sein, sich mit diesem Image von den Wettbewerbern in den wichtigsten Arbeitsmarktsegmenten zu differenzieren.

- *Nutzen:* Das Image muss von einem personalpolitischen Leistungspaket begleitet werden, dessen Nutzen dem Einzelnen ständig bewusst sein muss. Im Employer Branding werden insbesondere die Personalentwicklung, die Anreizsysteme sowie die Gestaltung der Arbeitsplätze und des arbeitsorganisatorischen Rahmens überprüft.

- *Identifikation:* Die Bindungswirkung von Imageprofil und Nutzenbilanz hängt auch davon ab, ob sich die Bewerber damit identifizieren können. Leistungsgerechtigkeit als personalpolitisches Profil kann zwar positiv assoziiert sein und nützlich erscheinen; wenn sie jedoch den dominierenden Werten und Verhaltensweisen der Zielgruppe nicht entspricht, weil diese die damit verbunden Ziele nicht als erreichbar oder erstrebenswert ansehen, entsteht kaum Identifikation.

Formulierung von Kernbotschaften

Über das Brand soll der Bewerber in Stellenanzeigen, Bewerbermessen, im Internet oder im Bewerbungsgespräch immer auf dieselben Kernbotschaften treffen, die im Unternehmen erarbeitet wurden. Dabei handelt es sich um einen Kanon authentischer Werte und Fakten, mit denen der potenzielle Bewerber überzeugt werden soll. Folgende Fragestellungen sind in diesem Zusammenhang relevant: Welche Marktstellung hat mein künftiger Arbeitgeber? Ist das Unternehmen in der Öffentlichkeit (positiv) bekannt? Welche Entwicklungsmöglichkeiten stehen dem Bewerber offen? Welche langfristig nutzbaren Fähigkeiten und Kenntnisse bringt der neue Arbeitsplatz mit sich? Wie steht es um das Gleichgewicht zwischen Beruf und Privatleben? Welchen besonderen Beitrag leistet die Firma in der Branche? Durch welche besonderen Maßnahmen und Benefits unterscheidet sich das Unternehmen in seiner Kultur und im Umgang mit dem Angestellten vom direkten Wettbewerber (um dieselben Kandidaten)? Das ▷ Praxisbeispiel Employer Branding bei Softlab zeigt, wie der Entwicklungsprozess für ein Employer Branding ablaufen kann.

Chancen und Risiken

Die bisherigen Erfahrungen zeigen, dass die Realisierung eines Employer Brand die Chancen für eine erfolgreiche Nachwuchsrekrutierung potenziert. Diese Chancen sind aber mit nicht zu vernachlässigenden Risiken verbunden, wenn Fehler bei der Entwicklung und Verankerung des Brands begangen werden: Ein Employer Brand lässt sich nicht wie eine Vertriebsmarke an ein Produkt oder ein Leistungspaket binden, sondern es ist in der Führung und Zusammenarbeit im Unternehmen verankert und kommt darin immer wieder

---

Praxisbeispiel: Employer Branding bei Softlab

Die Softlab GmbH, ein Unternehmen der BMW Group, gehört zu den führenden Systemhäusern Europas. Kerngeschäft des Unternehmens ist ein umfassendes Beratungs- und Dienstleistungsangebot im Bereich Systemintegration über die gesamte Wertschöpfungskette. Über 1400 Mitarbeiter arbeiten weltweit für Kunden in Europa, Japan und den USA. Im Juli 2001 entschloss man sich zu einem Employer-Branding-Projekt. Ziel war, eine höhere Aufmerksamkeit und Bekanntheit als international tätiger, technologisch anspruchsvoller und damit intern und extern attraktiver Arbeitgeber zu erreichen.

Bislang hatte Softlab noch nicht gezielt auf sein Arbeitgeberimage am Bewerbermarkt Einfluss genommen. Potenzielle Kandidaten und Absolventen kannten das Unternehmen entweder gar nicht oder nahmen die beruflichen Chancen und Möglichkeiten nicht wahr, die das Unternehmen als Arbeitgeber mitbrachte. In einer Reihe von Interviews und Marktforschungsanalysen mit Mitarbeitern aus der Personalabteilung und potenziellen Bewerbern wurden externe Erwartungshaltungen ermittelt und in einem Selbstbild-Fremdbild-Profil zusammengefasst. Ziel war, bei Softlab ein Bewusstsein über die

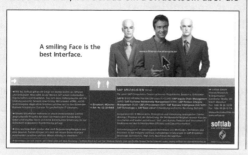

eigenen Stärken und Schwächen gegenüber dem potenziellen Bewerber zu erlangen. So entstanden konkrete Vorstellungen über das eigene Image im Fokus der Bewerberinteressen und Szenarien der Entwicklung einer Arbeitgebermarke. In Arbeitsgruppen und Meetings wurden die Mitarbeiter für den eigenen Status quo im Kontext des Wettbewerbs sowie für die Potenziale und Möglichkeiten des Employer Branding sensibilisiert.

Im weiteren Verlauf des Projektes konzipierte man ein Profil für Softlab, welches konzentrierte, spezifische Aussagen über unternehmenskulturelle Eigenheiten und Vorteile ermöglichte und das Unternehmen im Wettbewerbsfeld der Systemhäuser um potenzielle Bewerber einzigartig darstellte. Die Positionierung und das darauf aufbauende Arbeitgeberprofil wurde in unterschiedlichen Medien umgesetzt. Ergebnis war ein durchgängiges Konzept, welches an allen Schnittstellen zum potenziellen Bewerber eine Wiedererkennung garantierte – sowohl inhaltlich als auch grafisch. So entstanden neben einem Messeszenario für Recruiting-Messen auch eine Anzeigenkampagne für den Personalanzeigenmarkt, ein HRM-Internetauftritt mit Brandgerechtem Design und eine Recruiting-Broschüre.

Die Schaufensterpuppen stehen für das Stereotyp des «aalglatten IT-Beraters», mit dem Softlab um Bewerber und Kunden konkurriert. Durch die Gegenüberstellung zweier unterschiedlicher Charaktertypen (Mensch kontra Puppe) wird verdeutlicht, dass bei Softlab Menschen mit ausgeprägtem Charakter willkommen sind: Menschen, denen es um Kollegialität, um gute Arbeitsatmosphäre, Offenheit und Authentizität geht. (Gmür et al. 2002)

zum Ausdruck. Voraussetzung dafür ist, dass sich alle Mitarbeiter im Unternehmen mit diesem Brand auch identifizieren können, was wiederum voraussetzt, dass sie bei der Brand-Bildung einbezogen wurden. Das Brand wird zur bloßen Hülle, wenn seine Grundsätze nach der Einführung nicht von der Unternehmensspitze her immer wieder vorgelebt und weitergegeben werden. Schließlich kommt ein Employer Brand zwar in Symbolen zum Ausdruck – aber nur, wenn die realen Anreizstrukturen im Unternehmen dazu passen. Ein kooperatives Arbeitsklima hat keinen Bestand, wenn die Leistungsentgelte den Einzelkämpfer bevorzugen, und eine Leistungsorientierung kann nicht aufrechterhalten werden, wenn Aufstiegschancen nach Seniorität verteilt sind. Ein Brand ist demnach ein komplexes und eng gekoppeltes System von Symbolen, bei dem der Ausfall eines einzelnen Elements das Gesamtgefüge gefährden kann.

Employer Branding im Internet

In den letzten Jahren hat die Bedeutung des Internets für das Personalmarketing deutlich zugenommen. Auf der einen Seite wenden Unternehmen erhebliche Ressourcen auf, um sich auf ihrer Firmenwebseite und in den sozialen Medien des Web 2.0 als attraktive Arbeitgeber zu präsentieren. Dazu zählen Portraits auf Karrierenetzwerken wie Xing oder LinkedIn, aber auch Filme auf Youtube und anderen Videokanälen. Auf der anderen Seite sehen sie sich aber auch mit Diskussionsforen konfrontiert (z.B. Kununu, JobVote oder Vault). Hier äußern sich ehemalige Mitarbeitende oder Personen mit Erfahrungen aus Bewerbungsverfahren informierend und bewertend über die Unternehmen, ohne dass diese wesentlichen Einfluss auf ihre Imagebildung nehmen können.

8.2 Personalbedarfsplanung

Mit welchen Methoden lässt sich der Bedarf ermitteln?

Die *Personalbedarfsplanung* umfasst alle Maßnahmen, mit denen die mittel- und langfristig benötigten Kompetenzen und Motivationen ermittelt werden. Jede Bedarfsklärung setzt sich aus vier Aspekten zusammen: qualitativer, quantitativer, zeitlicher und örtlicher Bedarf.

Streng genommen enthält jede Bedarfsanalyse alle vier Aspekte, weil sie immer eine Klärung erfordert, welche Kompetenzen und Motivationen in welchem Umfang benötigt werden, auf welchen Zeitpunkt sich die Planung bezieht und wo der Personaleinsatz erfolgt. Es gibt aber Problemstellungen, in denen ein einzelner Aspekt im Vordergrund steht.

Mit der Personalbedarfsplanung bereitet sich das Unternehmen auf Veränderungen vor, die mittel- und langfristig erwartet werden. Planungsmethoden müssen auf die damit verbundene Ungewissheit abgestimmt werden: Je größer die Ungewissheit über zukünftige Entwicklungen ist, umso größer muss die Bandbreite sein, welche die verwendeten Berechnungsmethoden in den Ergebnissen enthalten. Während unter sicheren Bedingungen einfache Bestands- und Trendberechnungen angewandt werden können, werden ungewisse Entwicklungen mit offeneren Verfahren wie zum Beispiel der Szenariotechnik bewältigt. Eine grundlegende Alternative zur Planung bietet die Flexibilisierung: Je flexibler das Unternehmen seine Mitarbeiter einsetzen kann, umso leichter lassen sich Fehlplanungen ausgleichen.

8.2.1   Qualitative Planung –
Welche Kompetenzen und Motivationen werden benötigt?

Ausgehend von den strategischen Zielen und den Leistungsprozessen des Unternehmens werden die Anforderungen an das Personal abgeleitet. Da eine vollständige Erfassung aller Kompetenzen und Motivationen kaum realisierbar ist, wird sich die qualitative Planung immer auf besonders kritische Bereiche konzentrieren. Beispielsweise werden sich Unternehmen, die sich von einer zentralistischen Führungsstruktur hin zu einem Netzwerk weitgehend selbständiger Geschäfteinheiten entwickeln wollen, auf die Frage konzentrieren, welche Führungs- und Managementkompetenzen aufgebaut werden

▲ Abb. 32   Kompetenz- und Motivationsportfolio

müssen. Unternehmen, die vor einer internationalen Ausweitung ihrer Geschäftstätigkeit stehen, werden dagegen den Bedarf an interkulturellen Kompetenzen und die Bereitschaft, sich vorübergehend oder dauerhaft ins Ausland entsenden zu lassen, analysieren.

Eine Methode der qualitativen Personalplanung ist das Kompetenz- und Motivationsportfolio, wie es in ähnlicher Weise bereits im Rahmen der Entwicklungsbedarfsanalyse dargestellt worden ist (◄ Abb. 32). Es lässt sich dazu nutzen, die Schwerpunkte für die Rekrutierungsstrategie für das Unternehmen oder den Unternehmensbereich festzulegen.

8.2.2 Quantitative Planung – Wie viele Mitarbeiter werden benötigt?

Der Einsatzbereich der quantitativen Personalplanung liegt dort, wo eine größere Zahl von Mitarbeitern mit standardisierten Qualifikationen weitgehend flexibel einsetzbar ist. Dabei kann es sich beispielsweise um die Personalbedarfsplanung für einen Produktionsstandort handeln. Im Vordergrund steht die Frage nach der Anzahl von Mitarbeitern, die unter Berücksichtigung des geplanten Outputs sowie der zu erwartenden Ausfallzeiten und Fluktuationsraten laufend neu eingestellt werden müssen.

Methoden und Instrumente

Die für Planungsprobleme zur Verfügung stehenden Methoden und Instrumente unterscheiden sich darin, wie stark sie auf vergangenen Erfahrungen aufbauen. Häufig wird deshalb zwischen vergangenheits- und zukunftsorientierten Methoden unterschieden. Diese Unterscheidung ist jedoch irreführend, weil jede rationale Prognosemethode immer nur auf vergangenen Daten und Trends aufbauen kann. Da wir in der Gegenwart über keine Zukunftsinformationen verfügen, besteht die einzige Alternative zur Vergangenheitsfortschreibung im Aufbau von Flexibilität, um auf unerwartete Entwicklungen reagieren zu können (► Abb. 33).

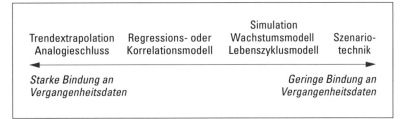

▲ Abb. 33   Methoden der quantitativen Personalbedarfsanalyse

Mathematische
Methoden

Die stärkste Bindung an Vergangenheitsdaten weisen *mathematische Methoden* auf, die Zusammenhänge zwischen Datenreihen herstellen:

- *Trendextrapolationen* schreiben vergangene Entwicklungen (z. B. über die Auftragslage oder die Fluktuationsrate) in der Annahme von Kontinuität fort.
- Nach dem Prinzip des *Analogieschlusses* werden Erfahrungen aus einem Unternehmen bzw. Unternehmensbereich auf andere übertragen.
- Mit der *Regressions- und Korrelationsrechnung* werden Zusammenhänge von Datenreihen genutzt, die zwar nicht direkt kausal verknüpft sein müssen, aber einen statistischen Zusammenhang haben. Ein Gastronomiebetreiber in einem Skigebiet könnte sich bei der Planung seines Servicepersonals beispielsweise an der Entwicklung der Frühbucherzahlen für Hotels orientieren oder ein Zementhersteller am Baukonjunkturindex.
- *Simulationen, Wachstums- und Lebenszyklusmodelle* bauen zwar ebenfalls auf vergangenen Entwicklungen auf, passen sie aber an vorgegebene Gesetzmäßigkeiten an. So wird beispielsweise bei Lebenszyklusmodellen unterstellt, es gäbe eine immer wiederkehrende Abfolge von Phasen des Wachstums, der Reife und des abschließenden Rückgangs. Auf Basis der vorliegenden Daten der Vergangenheit wird das aktuelle Stadium bestimmt, um daraus Schlussfolgerungen für den zukünftigen Bedarf abzuleiten. Bei Simulationen wird dies erreicht, indem verschiedene mögliche Entwicklungspfade errechnet und dementsprechend unterschiedliche Ergebnisse erzeugt werden. Sie halten die Entscheider dazu an, sich nicht nur an vergangenen Daten zu orientieren. Dadurch werden Ergebnisse, die sich von vorgefassten Meinungen der Planer abheben, wahrscheinlicher.

Szenariotechnik

Von diesen mathematischen Modellen zu unterscheiden ist die *Szenariotechnik*. Bei dieser werden – weitgehend frei von standardisierenden Verfahren – mögliche Entwicklungspfade vorausgedacht, die es dem Unternehmen erlauben, für Situationen, die zum jetzigen Zeitpunkt noch schwer abzuschätzen sind, unterschiedliche Handlungsprogramme anzulegen. Diese Methode dient dazu, mögliche Entwicklungsverläufe gedanklich durchzuspielen, um eine allgemeine Problemsensibilität zu erzeugen, damit zukünftige Warnsignale nicht übersehen werden. Eine irreführende Bindung an Vergangenheitsdaten kann nur vermieden werden, indem ein echtes Zufallsverfahren gewählt wird. Obwohl sich durchaus Argumente

Reflexionsbeispiel: Planung durch Zufallsauswahl

Jeden Tag stehen die Naskapi vor dem Problem, welche Richtung die Jäger einschlagen sollen, um Wild ausfindig zu machen. Sie beantworten die Frage durch Ins-Feuer-Halten von getrockneten Karibu-Schulterknochen. Wenn die Knochen erhitzt werden, bilden sich Risse und Flecken, die dann von einem Experten «gelesen» werden. Die Risse zeigen an, in welcher Richtung die Jäger nach Wild suchen sollten. Die Naskapi glauben, dass diese Praxis es den Göttern ermöglicht, in ihre Jagdentscheidungen einzugreifen. Das Interessante an den Praktiken ist, dass sie funktionieren.

Es ist vorstellbar, dass Gruppen besser in der Lage wären, in einfallsreicher Weise mit Wandel fertig zu werden, wenn sie in stärkerem Maß Zufallsverteilungen produzierende Verfahren anwenden würden, welche sie gegenwärtige Anpassungspraktiken vergessen ließen. Wenn ein Geschäftsführer Karibuknochen verbrennen würde, um zu entscheiden, wo er nach neuen Kunden suchen oder seine Fabrik neu ansiedeln sollte, dann ist es keineswegs ausgemacht, dass seine Organisation in irgendeiner Weise schlechter dastehen würde, als wenn er einen äußerst rationalen Plan zur Entscheidung dieser Fragen anwenden würde.

Die Anwendung von Zufallsverteilungen produzierenden Verfahren hat mehrere Vorteile:

- Die Konsequenzen von Fehlern sind geringfügig.
- Auch wenn die Fakten nicht ausreichen, kann eine Entscheidung getroffen werden.
- Auch wenn sich die Alternativen nicht in ausreichendem Maße unterscheiden, kann eine Entscheidung getroffen werden.
- Diese Praktiken verwirren die Konkurrenten.
- Sie schaffen eine unbegrenzte Anzahl an Alternativen.
- Diese Vorgehensweise macht Spaß.
- Entscheidungen können rasch gefällt werden.
- Der Benutzer braucht keine besonderen Fähigkeiten.
- Die Technik ist billig.
- Man braucht keine Akten und Archive.
- Es gibt keine Günstlinge, alle Alternativen werden in gleicher Weise abgewogen.

Der rationale Kern der scheinbar irrationalen Planungsmethode besteht darin, dass es auf diesem Weg gelingt, irreführende Schlussfolgerungen aus der Vergangenheit zu umgehen: Je ungewisser die Planungsgrundlagen sind, umso geringer ist der relative Erfolg systematischer Methoden gegenüber Zufallsverteilungen, umso wichtiger ist die Erzeugung von Handlungsalternativen, welche Optionen für spätere Entscheidungen eröffnen, und umso größer sind die Risiken, welche sich aus der Verpflichtung auf die Ergebnisse aufwendiger Verfahren ergeben. (Weick 1985: 372f.)

für ein solches Verfahren finden lassen (◁ Reflexionsbeispiel: Planung durch Zufallsauswahl), widerspricht seine Anwendung den vorherrschenden Vorstellungen rationalen Entscheidens und wird deshalb auch nicht ohne weiteres akzeptiert werden.

Voraussetzung für die Anwendung mathematischer Methoden für die quantitative Bedarfsplanung ist das Vorliegen ausreichender Informationen über die gegenwärtigen Ausgangsbedingungen und die zu erwartenden Entwicklungen in der Zukunft. Für die Berechnung des Nettopersonalbedarfs in einem Unternehmensbereich sind folgende Basisinformationen notwendig:

Basisinformationen für Berechnung Nettopersonalbedarf

- *Output:* Wie wird sich die Produktionsmenge bzw. der Service-
umfang entwickeln und welche Positionen müssen dazu besetzt
werden?

- *Produktivität:* In welchem Umfang lässt sich die durchschnittliche
Outputleistung pro Mitarbeiter durch Automatisierung, Reorganisation oder Entwicklungsmaßnahmen steigern?

- *Fluktuation:* Wie groß wird der Anteil der Mitarbeiter sein, die im
Planungszeitraum ausscheiden werden? Die Fluktuationsrate
hängt nicht nur von der Altersstruktur der Beschäftigten ab, sondern beispielsweise auch von der allgemeinen Wirtschaftslage
und der damit verbundenen Bereitschaft zum Stellenwechsel: Bei
besserer Konjunkturlage nimmt die Neigung zu, sich nach beruflichen Alternativen umzusehen.

- *Fehlzeiten:* Wie groß ist der Anteil von Arbeitsstunden, die aufgrund von Fehlzeiten verloren gehen? Fehlzeiten- und Fluktuationsraten hängen von der aktuellen Konjunkturentwicklung ab:
Je schlechter die wirtschaftliche Lage ist, umso geringer sind auch
die Fehlzeiten aufgrund tatsächlicher oder vorgetäuschter Krankheit. Die Fehlzeitenrate wird aber auch durch die Arbeitszufriedenheit im und die Identifikation mit dem Unternehmen beeinflusst.

Beeinflussbare und
nicht beeinflussbare
Faktoren

Für das Unternehmen von besonderem Interesse ist eine Unterteilung in Faktoren, die es beeinflussen kann, und in solche, die es als
gegeben hinnehmen muss. Während die externen Einflussfaktoren
(z.B. Arbeitslosenziffern) von einem einzelnen Unternehmen in der
Regel nicht oder nur wenig beeinflusst werden können, sind die internen Einflussfaktoren meistens Gegenstand unternehmerischer
Entscheidungen. Allerdings ist bei Letzteren eine zeitliche Differenzierung angezeigt. Langfristig sind fast alle internen Faktoren steuerbar. In die kurzfristig bis mittelfristig orientierte Planung müssen
dagegen die langfristig gefällten Entscheidungen als allgemeine
Rahmenbedingungen hingenommen werden. Beispielsweise kann in
Folge einer steigenden Nachfrage eine Erhöhung der Kapazität und
somit eine Vergrößerung des zukünftigen Personalbestands be-
schlossen werden; ist diese Entscheidung jedoch getroffen, muss die
Betriebsgröße kurzfristig als unveränderbar betrachtet werden.

Überdeckung
und Unterdeckung

Ist der Soll- und der voraussichtliche Ist-Personalbestand (unter
Berücksichtigung der bereits feststehenden Personalzu- und -ab-
gänge) zu einem bestimmten Zeitpunkt ermittelt, so ergibt sich entweder eine personelle Deckung, Überdeckung oder Unterdeckung,
und zwar in quantitativer, qualitativer, zeitlicher und/oder örtlicher
Hinsicht. Eine Überdeckung tritt beispielsweise auf, wenn infolge

eines schlechten Auftragseinganges oder einer Verbesserung der Produktivität (z.B. Reorganisation) mehr Mitarbeiter freigestellt werden, als über die bereits feststehenden Abgänge aufgefangen werden können. Auch wenn langfristig mit entsprechenden personalpolitischen Entscheidungen (Entlassung, Umschulung, Beförderung) ein Ausgleich zwischen Personalbedarf und Personalbestand geschaffen werden kann, verhindern oft rechtliche und ethische Gründe einen sofortigen Abbau des Mitarbeiterbestands und somit eine Anpassung der Ist-Werte an die Soll-Werte. Im Falle einer Unterdeckung muss mit entsprechenden Personalbeschaffungsmaßnahmen ebenfalls ein Ausgleich angestrebt werden.

Personalplanung als Sekundärplanung

Die Bestimmung des Personalbedarfs erfolgt aufgrund von Informationen aus anderen Funktionsbereichen, insbesondere des Marketings und der Produktion. Deshalb bezeichnet man die Personalplanung auch als Sekundärplanung und bringt damit zum Ausdruck, dass es sich um eine aus übergeordneten Plänen abgeleitete Planung handelt.

8.3   Stellenbesetzungsstrategien und Rekrutierung

Wie sichert sich das Unternehmen seinen Personalbedarf?

Wenn Unternehmen für die Besetzung ihrer Positionen eine langfristige Politik verfolgen, bewegen sie sich dabei zwischen drei Grundstrategien: Zu unterscheiden sind die Professionalisierungsstrategie, die Spotmarktstrategie und die innerbetriebliche Strategie. Jede dieser Strategien bedeutet, auf bestimmte Qualifikationen und Motivationen besonderes Gewicht zu legen. Aus der Besetzungsstrategie ergibt sich, ob das Unternehmen offene Führungspositionen eher intern oder extern zu besetzen versucht.

8.3.1   Stellenbesetzungsstrategien

> Die *Stellenbesetzungsstrategie* ist das Entscheidungsprinzip, nach dem offene Positionen besetzt werden. Die Besetzungsstrategie kann sich je nach Aufgaben- und Funktionsbereich sowie Hierarchieebene unterscheiden.

Jede Position im Unternehmen erfordert bestimmte Fähigkeiten und Einstellungen, die der Stelleninhaber mitbringen muss, damit er die Anforderungen, welche die Position an ihn stellt, erfüllen kann.

Professionalisie-
rungsstrategie

Die vorrangigen Fähigkeiten können in einer Fachexpertise bestehen, wie zum Beispiel bei der Position eines Buchhalters oder eines Juristen. Diese Expertise wird in aller Regel mit einer standardisierten Berufsausbildung oder Weiterbildungsmaßnahme und einem Berufsabschluss oder einem Zertifikat belegt. Wenn ein Bewerber über diesen Abschluss oder das Zertifikat verfügt, kann das Unternehmen davon ausgehen, dass er in aller Regel in der Lage sein wird, die Anforderungen zu erfüllen, ohne dass das überprüft werden muss. Damit werden Bewerber ohne diese Ausbildung von vornherein als nicht geeignet angesehen. Wenn ein Unternehmen seine Positionen grundsätzlich nach diesem Prinzip besetzt, verfolgt es damit eine *Professionalisierungsstrategie*. Typische Unternehmen, die nach diesem Prinzip arbeiten, sind beispielsweise Rechtsanwaltskanzleien und Architekturbüros, Hochschulen und Forschungslabors oder Handwerksbetriebe. Ihre Arbeitsweise ist dadurch gekennzeichnet, dass alle wesentlichen Positionen von Fachspezialisten besetzt sind, die klar voneinander abgegrenzte Aufgaben haben. Aber auch innerhalb von Unternehmen gibt es für gewöhnlich bestimmte Abteilungen oder Funktionsbereiche, die nach diesem Prinzip aufgebaut sind. Dazu zählen beispielsweise Forschung und Entwicklung, der technische Kundendienst oder die Rechtsabteilung.

Spotmarktstrategie

Die wesentlichen Anforderungen einer Stelle können aber auch in generellen physischen oder psychischen Voraussetzungen bestehen: Das Spektrum reicht hier von der körperlichen Konstitution (Beispiel: Möbelpacker), über emotionale Stabilität und Selbstdisziplin (Beispiel: Bodyguard), Initiative und Begeisterungsfähigkeit (Beispiel: Reiseführer oder Animateur), bis zu Attraktivität und Einfühlungsvermögen (Beispiel: Flugbegleiter). Typisches Kennzeichen dieser Voraussetzungen ist, dass sie entweder angeboren sind oder sich auf ganz individuelle Art und Weise erwerben lassen. Unternehmen, in denen solche Qualifikationsprofile bei den Mitarbeitern im Vordergrund stehen, finden sich beispielsweise im Gaststättenbereich (z. B. McDonald's oder Burger King), bei Call Centers oder in der Baubranche. Innerhalb von Unternehmen können dies – müssen aber nicht! – je nach Branche sowohl Produktions- als auch Kundendienst- oder Vertriebsabteilungen sein. Dieses Stellenbesetzungsprinzip wird als *Spotmarktstrategie* bezeichnet. Der Begriff des Spotmarkts wurde aus der Handelsbetriebslehre übernommen und bezeichnet dort einen Markt, auf dem Güter gegen Barzahlung erworben werden. Auf Arbeitsmärkte übertragen sind damit Arbeitsverhältnisse gemeint, die durch einen direkten Tausch von Leistung und Gegenleistung ohne langfristige Verpflichtungen oder Investitionen gekennzeichnet sind.

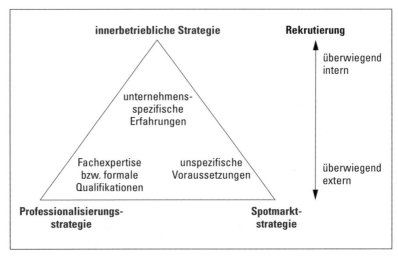

▲ Abb. 34   Stellenbesetzungsstrategien

Innerbetriebliche
Strategie

Schließlich können die wichtigsten Kompetenzen aber auch betriebsspezifischer Natur sein. Das bedeutet, dass sie nur dadurch erworben werden, dass der Mitarbeiter die Fähigkeiten über Erfahrungen im Unternehmen selbst sammeln konnte. Sie können in einer bestimmten Arbeitsweise oder in geschütztem Wissen über Produktion oder Technik bestehen. Unternehmen, deren Erfolg auf der Erhaltung, der Weiterentwicklung und der Abschottung solchen Wissens besteht, werden in der Regel wichtige Positionen vor allem intern besetzen. Diese Besetzungsstrategie wird als *innerbetriebliche Strategie* bezeichnet.

Wahl der Strategie

Für ein Unternehmen oder einen Unternehmensbereich ist die Rekrutierungsstrategie vor allem eine Entscheidung darüber, nach welchem Prinzip die wesentlichen Fach- und Führungspositionen besetzt werden. Diese Entscheidung bedeutet eine Positionierung innerhalb des Dreiecks der drei grundlegenden strategischen Richtungen (◄ Abb. 34). Dabei sind auch Mischformen grundsätzlich denkbar.

In der Praxis werden sich Unternehmen als Ganzes zwischen den drei Positionen bewegen. In Hinblick auf einzelne Bereiche oder Positionen kann die Strategie aber durchaus ausgeprägt sein. So könnte ein Unternehmen aus Kostengründen eine Personalpolitik verfolgen, bei der es im Fertigungsbereich von der bisherigen Praxis abrückt, Facharbeiter mit Berufsausbildung einzustellen, und dafür geeignete Bewerber ohne Berufsausbildung anlernt (Spotmarktstrategie). Führungspositionen sollen zur Stärkung der Unternehmenskultur nach Möglichkeit intern besetzt werden (innerbetriebliche Strategie). Um

Belegschaftsstruktur

Aus der Stellenbesetzungsstrategie eines Unternehmens ergibt sich eine *Belegschaftsstruktur.* Sie setzt sich aus drei Beschäftigtengruppen zusammen (Handy 1989):

■ Die *Kernbelegschaft* setzt sich aus den Beschäftigten zusammen, die aufgrund ihrer betrieblichen Erfahrungen oder fachlichen Expertise von zentraler Bedeutung für das Unternehmen und seine strategischen Ziele sind. Daher setzt das Unternehmen eine innerbetriebliche Besetzungsstrategie ein und verfolgt eine langfristige Personalbindung (vgl. Baustein 7).

■ Die *Professionsbelegschaft* besteht aus Fachkräften für vorübergehende oder wechselnde Aufgaben. Traditionell wird diese Gruppe ebenfalls langfristig beschäftigt; die Tendenz geht aber dahin, sie durch selbständige Berater und Ser-

viceunternehmen zu ersetzen oder in einem Outsourcing zu einem eigenständigen und mit anderen Anbietern konkurrierenden Unternehmen zu machen.

■ Die *Randbelegschaft* umfasst die Beschäftigten, welche ohne spezifische betriebliche oder fachliche Qualifikationen für das Unternehmen tätig und dadurch leicht austauschbar sind. Verträge werden häufig befristet oder über Zeitarbeitsunternehmen abgeschlossen.

Verfolgt ein Unternehmen die Strategie des «eingespielten Teams» oder des «intelligenten Organismus», wird ein größerer Anteil der Beschäftigten zur Kernbelegschaft gezählt. Dagegen wird mit einer Strategie des «perfekten Systems» die Randbelegschaft ausgedehnt, im Fall der «kreativen Evolution» je nach Branche auch die Professionsbelegschaft.

das Personalwesen aufzubauen und zu professionalisieren, werden gleichzeitig gezielt Spezialisten für Personalmarketing und Personalentwicklung gesucht (Professionalisierungsstrategie).

Die bewusste Entscheidung für eine der drei Strategien hat eine Reihe von Konsequenzen, die sich als Vor- oder Nachteile auf den langfristigen Unternehmenserfolg auswirken. Bei der Prüfung der strategischen Alternativen sollten folgende Kriterien berücksichtigt werden:

Beurteilungskriterien

■ *Motivationseffekte:* Eine innerbetriebliche Besetzungsstrategie ist ein Signal an Nachwuchskräfte im eigenen Unternehmen, dass eine langfristige Bindung an das Unternehmen mit Karrierechancen verbunden ist. Die Erfahrung, dass frei gewordene Führungspositionen vorzugsweise mit externen Kandidaten besetzt werden, wirkt sich bei aufstiegsorientierten Mitarbeitern nachhaltig frustrierend aus. Ausnahmen bestehen, wenn im Unternehmen eine generell hohe Fluktuationsrate vorherrscht, wenn die zu besetzenden Positionen hohe Anforderungen an die fachliche Kompetenz stellen und das betreffende Wissen eine kurze Halbwertszeit hat (z. B. in der wissenschaftlichen Forschung) oder eine Tendenz zu «selektiven Seilschaften» besteht: Je größer der Anteil der Mitarbeiter ist, der von einer funktionierenden Seilschaft auf dem Karriereweg ausgeschlossen wird, umso größer ist in der Regel die allgemeine Akzeptanz einer externen Stellenbesetzung.

Eine gemischte Strategie hält die Leistungsbereitschaft im Unternehmen hoch, wenn zwar Aufstiegschancen für interne Nachwuchskräfte signalisiert werden, das Unternehmen aber auch deutlich zu erkennen gibt, dass es im Bedarfsfall zu externen Bewerbern greift, wenn ausreichend qualifizierte und motivierte interne Bewerber fehlen.

- *Kompetenzeffekte:* Unternehmen mit einer betrieblichen Strategie sichern damit die bestehenden Kompetenzen und das betriebsspezifische Wissen. Damit stabilisieren sie ihre Kernkompetenzen, laufen aber Gefahr, «betriebsblind» zu werden. Eine Professionalisierungsstrategie ist vor allem dazu geeignet, sich im Wettbewerb auf dem aktuellen Wissensstand zu erhalten, indem laufend frisch ausgebildete Fachkräfte in das Unternehmen geholt werden. Der Wettbewerbserfolg auf Unternehmensebene hängt aber von der Fähigkeit ab, individuelle Kompetenzen offen zu legen, auszutauschen und zu Kernkompetenzen zu bündeln. Erfahrungsgemäß gelingt dies bei fachspezifischen Kompetenzen schwerer als bei betriebsspezifischen Kompetenzen, weshalb die Realisierung von Kompetenzzuwächsen bei einer Professionalisierungsstrategie auch mit deutlich größerem Aufwand verbunden ist. Spotmarktstrategien sind kaum darauf ausgerichtet, langfristig Kompetenzen aufzubauen. Sie können allenfalls dazu beitragen, dass ein Unternehmen auf niedrigem fachlichem Qualifikationsniveau flexibel und anpassungsfähig ist. Eine externe Besetzungsstrategie kann schließlich auch darin begründet sein, dass ein Unternehmen durch gezielte Abwerbung von Mitarbeitern eines erfolgreicheren Wettbewerbers Kompetenzen zu kopieren versucht.

- *Seilschaftenbildung:* Innerbetriebliche Strategien fördern die Herausbildung von Seilschaften, weil sie den Entscheidungsträgern die Möglichkeit geben, mögliche Nachfolger langfristig aufzubauen und in Bereitschaft zu halten. Für das Unternehmen führt das zu den oben genannten Motivations- und Qualifikationseffekten. Seilschaften können sich aber auch zwischen Unternehmen bilden. So kann eine Führungskraft aus ihrem letzten Unternehmen einen Managementstil mitbringen, den sie dadurch weiter zu verbreiten versucht, indem sie laufend frühere Kollegen aus dem alten Unternehmen nachzieht.

- *Gehaltsstruktureffekte:* Unternehmen, die ihre Stellen überwiegend mit externen Kandidaten besetzen, weisen größere Unterschiede zwischen den Gehältern für Neueinsteiger und für langjährige Mitarbeiter auf: In der Regel gelingt es leichter, externe Bewerber zu vergleichsweise niedrigen Gehältern zu gewinnen, als interne Mitarbeiter zu denselben Konditionen zu versetzen. Die durchschnittlich höhere Wechselbereitschaft in extern besetzenden Unternehmen führt aber auf der anderen Seite dazu, dass Mitarbeiter nur mit überdurchschnittlichen Gehältern langfristig an das Unternehmen gebunden werden können. Die höheren internen Gehaltsunterschiede lassen gleichzeitig auch einen stärkeren Leistungs- und Aufstiegswettbewerb erwarten.

- *Informations- und Einarbeitungskosten:* Jede Neubesetzung einer Position erfordert, dass sich das Unternehmen ein Bild über die möglichen Kandidaten macht. Es kann davon ausgegangen werden, dass die Informationskosten bei einer innerbetrieblichen Strategie am niedrigsten sind, da interne Bewerber meist bereits gut bekannt sind. Mittlere Informationskosten fallen bei der Professionalisierungsstrategie an, da eine Beurteilung der individuellen Fähigkeiten weitgehend anhand standardisierter Ausweise (z. B. Berufs- oder Studienabschluss) möglich ist. Eine Spotmarktstrategie wird in der Regel die höchsten Informationskosten und damit verbunden auch Fehlentscheidungsrisiken verursachen, weil die Erfolgskriterien unsicher sind.

Internationale Unterschiede

Interessant sind in diesem Zusammenhang international vergleichende Studien zu landestypischen Stellenbesetzungsstrategien: Noch in den 1990er Jahren unterschieden sich deutsche und französische Topführungskräfte wesentlich in ihren Berufswegen. Während die Hälfte der Vorstände in deutschen Großbetrieben im eigenen Unternehmen aufgestiegen waren, galt das nur für rund 5 % der französischen und nur wenig mehr der US-amerikanischen Topmanager.

| 8.3.2 | **Interne Rekrutierungswege** |

Interne Rekrutierung bedeutet – abgesehen von der internen Stellenausschreibung –, dass mittel- und langfristig Informationen über ausgewählte Nachwuchskräfte gesammelt werden, damit diese «High Potentials» auf zukünftig mögliche Anforderungen hin vorbereitet werden. Eine wichtige Quelle für die interne Rekrutierung ist die *betriebliche Erstausbildung* im dualen System von Betrieb und Berufsschule, wie es im deutschsprachigen Raum traditionell weit verbreitet ist. Im internationalen Vergleich wird immer wieder auf die besondere Bedeutung dieser Organisationsform der Facharbeiterausbildung hingewiesen, dem das angelsächsische Modell der rein betrieblichen und das französische Modell der vorrangig schulischen

Ausbildung gegenüberstehen. Mit einer *individuellen Laufbahnplanung* oder einer *Nachwuchskartei* werden systematisch interne Besetzungen vorbereitet (vgl. Baustein 11).

Schließlich gehen Unternehmen, insbesondere im Kreditgewerbe, wo die Zahl von Auszubildenden mit Hochschulreife relativ hoch ist, zunehmend dazu über, den Kontakt zu ihren ehemaligen Mitarbeitern aktiv aufrechtzuerhalten, wenn diese sich noch zu einem Studium entschlossen haben. Damit erhalten sie sich einen internen Nachwuchskräftepool.

8.3.3 Externe Rekrutierungswege

Die externe Rekrutierung umfasst zum einen Maßnahmen, mit denen ein Unternehmen Bewerber für aktuell zu besetzende Positionen anspricht. Zum anderen zählen dazu aber auch Aktivitäten, durch die Unternehmen im Sinne des Employer Branding potenzielle Bewerber auf zukünftige Stellen aufmerksam machen.

Rekrutierungs-
maßnahmen
Eine langfristige Vorbereitung externer Rekrutierungsmaßnahmen erfolgt vor allem über Imageanzeigen oder – im Fall von Akademikern – das Hochschulmarketing. Mit *Personalimageanzeigen* präsentieren sich Unternehmen häufig ohne unmittelbaren Bezug zu aktuell offenen Stellen, um potenzielle Kandidaten zu einer Bewerbung zu bewegen. Imageanzeigen sind Zeitströmungen unterworfen: Anfang der 1990er Jahre wurde in Deutschland um Frauen als Führungsnachwuchskräfte geworben, weil damals das Problem struktureller Diskriminierung von Frauen intensiv diskutiert und vor einer drohenden «Führungslücke» gewarnt wurde: Aufgrund des Generationenwechsels auf allen Führungsebenen sollte es den Unternehmen um die Jahrtausendwende herum nicht mehr gelingen, ausreichend Nachwuchs unter den Männern zu rekrutieren. Inzwischen sind sowohl die Warnungen vor der Führungslücke als auch die Personalimageanzeigen deutlich zurückgegangen. Auch die Produktwerbung oder unterstützende Maßnahmen wie Kultur- oder Sportsponsoring entfalten eine Imagewirkung, die sich in veränderten Bewerberzahlen niederschlagen kann. Imageanzeigen können mehrere Aufgaben haben: Sie können Informationen über das Unternehmen und seine Erwartungen an seine Mitarbeiter vermitteln, eine positive Vorstellung vom Unternehmen und Vertrauen erzeugen, die Anonymität des Unternehmens als Arbeitgeber abbauen, das Unternehmen individualisieren und von seinen Konkurrenten positiv abheben oder Interesse wecken und die

Zielpersonen dazu ermuntern, mit dem Unternehmen Kontakt aufzunehmen. Die meisten dieser Aufgaben zielen auf den emotionalen
Bezug zum Unternehmen. Es kann deshalb davon ausgegangen werden, dass Imageanzeigen vor allem Motive ansprechen, während bei
konkreten Stellenanzeigen eher Informationen über die geforderten
Qualifikationen der Bewerber im Vordergrund stehen.

Mit dem *Hochschulmarketing* hat sich in den letzten Jahren ein
eigenständiger Bereich der Rekrutierungsvorbereitung herausgebildet, welcher der zunehmenden Akademisierung von Führungs- und
Fachfunktionen bei undurchsichtiger Bewerberlage Rechnung trägt.
Zu diesen Aktivitäten zählen das Angebot von Betriebsbesichti-
gungen und Praktika, Vorträge, Diplomarbeitsbetreuungen sowie die
Zusammenarbeit mit Studentenvereinigungen und die Präsenz bei
Hochschulmessen und Bewerbertagen. Als Gründe für Hochschulmarketing als Alternative zu anderen Maßnahmen der Rekrutierung
akademischer Nachwuchskräfte werden relativ geringe Kosten und
geringe Streuverluste durch den leicht eingrenzbaren Adressaten-
kreis genannt. Viele Unternehmen sind inzwischen dazu übergegangen, ihre Aktivitäten auf ausgewählte Hochschulen zu konzentrieren

---

Organisationale Attraktivität

Mit den Grundlagen der Attraktivität von Unternehmen für externe Bewerber haben sich Daniel
Turban und Thomas Keon (1993) systematisch aus-
einandergesetzt. In einem Literaturüberblick und
anhand einer eigenen empirischen Studie zeigen
sie, dass die Attraktivität sowohl von Organisations-
merkmalen als auch von der Motivationsstruktur der
Bewerber abhängt. Zu wesentlichen Organisations-
merkmalen zählen die folgenden:

- Das *Gehaltssystem* mit seinen variablen Bestandteilen zeigt dem Bewerber nicht nur auf, mit welchem Einkommen er rechnen kann, sondern es
dient auch als Indikator für Unternehmenskultur.
Entscheidend sind dabei insbesondere die relative Bedeutung von Leistung und Seniorität.
- Der *Dezentralisierungsgrad* zeigt dem Bewerber,
welche Mitbestimmungsmöglichkeiten und Aufstiegswege ihm offen stehen.
- Die *Unternehmensgröße* ist zum einen tendenziell
positiv mit der Reputation des Unternehmens verbunden, steht zum anderen aber auch für Bürokratisierung und Anonymität.

- Die *regionale Verbreitung* eines Unternehmens
kann ebenfalls sowohl mit positiven Erwartungen
(persönliche Veränderungsperspektiven) als auch
mit Befürchtungen (Zwang zum Ortswechsel) verbunden sein.

Die beiden Forscher zeigen in ihrer Studie, dass die
Wirkung dieser Merkmale stark von der Motivstruktur der Bewerber und ihrer Selbstwerteinschätzung
abhängt: Danach fühlen sich beispielsweise Personen mit geringer Selbstwertschätzung stärker von
dezentralisierten Organisationen angezogen als Personen mit hoher Selbstwertschätzung. Bewerber mit
einem hohen Selbstbewusstsein finden kleinere oder
mittelgroße Unternehmen attraktiver als weniger
selbstbewusste Personen, die wiederum von großen
Unternehmen stärker angezogen werden. In welchem Maße leistungsorientierte Gehaltssysteme attraktiv wirken, hängt entsprechend von der eigenen
Leistungsmotivation ab. So wird deutlich, dass Unternehmen durch die Art und Weise ihrer Selbstbe-
schreibung die Wahrscheinlichkeit beeinflussen, bestimmte Personen anzuziehen bzw. abzuschrecken.

– ein Trend, der durch die in Deutschland erst seit kurzem verbreiteten Rankings unterstützt wird. Ein weiterer Vorteil wird darin gesehen, dass Kontakte zu Bewerbern über das Hochschulmarketing langfristig vorbereitet werden können und eine Art Probezeit (z.B. durch Praktikum und Diplomarbeit) vorgeschaltet wird, die dem Unternehmen nur geringen Aufwand verursacht. Durch ein gegenseitiges Kennenlernen wird das Risiko von Fehlentscheidungen für beide Seiten reduziert.

Rekrutierungswege

Unter den Rekrutierungswegen nimmt traditionell die *Stellenanzeige* in Fach- oder Publikumszeitschriften eine zentrale Stellung ein. Stellenanzeigen haben sich von reinen Anforderungsbeschreibungen für potenzielle Bewerber zu Instrumenten der offensiven Selbstdarstellung von Unternehmen gewandelt. Anzeigen enthalten demnach weniger Informationen über die gesuchte Person als vielmehr über die suchende Organisation. Einstellungsuntersuchungen zeigen, welche Bedeutung diese Botschaften für das Bewerbungsverhalten haben. Die Platzierung einer Anzeige (z.B. in einer Fach- oder einer Publikumszeitschrift) und ihre Gestaltung nehmen Einfluss darauf, welche Bewerberkreise sich ein Unternehmen damit erschließt. Zudem stellen sie vor allem durch die Art der Darstellung und die Formulierung von Anforderungsmerkmalen spezifische Signale an die drei bereits erwähnten Arbeitsmarktsegmente dar. Auf der anderen Seite sind gerade Anzeigen in Publikumszeitschriften ein Weg, auch Führungs- und Fachkräfte fremder Branchen anzusprechen.

Personalrekrutierung im Internet

Eine zunehmend wichtige Alternative zur klassischen Stellenanzeige in Printmedien stellt die *Rekrutierung über das Internet* (auch als E-Recruitment bezeichnet) dar. Die Präsenz von Unternehmen im Internet hat nicht nur unter Großfirmen stark zugenommen. Kaum ein großes oder mittleres Unternehmen verzichtet noch auf eine eigene Webseite, auf der über offene Stellen informiert wird oder potenzielle Interessenten zur Initiativbewerbung eingeladen werden. Über die traditionelle Zielgruppe der Hochschulabsolventen hinaus wird das Medium inzwischen für alle Positionen und Bewerbergruppen genutzt. In einer deutschen Untersuchung (Jäger & Jäger 1999) wurden Unternehmen danach befragt, wie sie ihre Homepage für Personalmarketingmaßnahmen nutzen. Demnach finden sich bei 75% der antwortenden Unternehmen Stellenangebote und bei 39% Praktikantenplätze. 51% führen detaillierte Anforderungsprofile für Bewerber auf und 7% geben die Möglichkeit zu einer persönlichen Selbstbeurteilung auf der Basis von Normprofilen. Letzteres ist besonders unter Beratungsfirmen weit verbreitet. Karriereplattformen wie Xing im deutschsprachigen Raum und LinkedIn in der französischsprachigen Schweiz werden inzwischen etwa von der Hälfte der Schweizer Unternehmen zur gezielten Personalsuche genutzt. Die Zufriedenheit mit diesem Medium hängt von der Resonanz auf die ausgeschriebenen Stellen ab. Diese wiederum ist in aller Regel umso höher, je vielfältiger die Kontaktmöglichkeiten für die potenziellen Bewerber sind (z. B. über E-Mail oder strukturierte Formulare), je umfangreicher die eigene Präsentation und je besser die Präsenz in externen Suchsystemen ist. Unternehmen erreichen inzwischen über die Online-Suche in den meisten Fällen deutlich höhere Bewerberzahlen als über eine Stellenanzeige in den Printmedien. Sie müssen aber in Kauf nehmen, dass diese Bewerbungen von Seiten vieler Bewerber auch eine geringere Verbindlichkeit aufweisen.

Online-Stellenbörsen decken inzwischen einen erheblichen Anteil der Stellenvermittlung ab. Im Jahr 2002 umfassten die zehn größten unter den insgesamt circa 500 Online-Stellenbörsen in Deutschland nach Berechnungen der Stiftung Warentest rund 640 000 Stellenangebote. Mehr als die Hälfte davon verwaltete der Online-Vermittlungsdienst der Bundesanstalt für Arbeit. Im Jahr 2010 hält er allein 600 000 Angebote und 3 Millionen Bewerberprofile gespeichert. Neben den unabhängigen Stellenbörsen haben sich inzwischen auch Meta-Suchmaschinen wie Jobrobot oder Jobworld etabliert. Sie greifen auf die spezialisierten Börsen zurück und verwalten im Jahr 2010 nach eigenen Angaben jeweils 300 000 Stellenangebote. Die Kosten für eine Standardpersonalanzeige bewegen sich in Deutschland bei den größten Anbietern im Bereich von 500 bis 1000 Euro und sind deutlich niedriger als in einer überregionalen Tageszeitung.

Arbeitsämter bieten ein breites Leistungsangebot für die Vermittlung der verschiedensten Zielgruppen an. Ein spezifisches Problem der öffentlichen Arbeitsvermittlung (stärker als bei privaten Personalvermittlungen) besteht in ihrer Doppelfunktion, sowohl den Interessen der Arbeitssuchenden als auch denjenigen des Unternehmens gerecht zu werden. Die Folge ist, dass Arbeitssuchende wie Unternehmen der Vermittlungstätigkeit und der sich daraus ergebenden Kontaktaufnahme häufig mit Misstrauen begegnen: Jede Seite glaubt, die Vermittler handelten nur im Interesse der anderen Seite.

Personalberater spielen vor allem auf oberen Hierarchieebenen, zunehmend aber auch bei der Suche von Führungsnachwuchskräften, eine wichtige Rolle. Dem Auftraggeber wird nicht nur die Suche, sondern auch ein wesentlicher Anteil des Auswahlprozesses gegen ein Entgelt, das sich am Monatsgehalt der zu besetzenden Stelle orientiert, abgenommen. Die beiden wesentlichen Beschaffungswege der Personalberater sind die Stellenanzeige und mit zunehmender Bedeutung die Direktansprache potenzieller Kandidaten, das sogenannte «Head-Hunting». Nach Schätzungen liegt der Branchenumsatz in Deutschland gegenwärtig bei rund 10 Mrd. Euro, der von etwas über 5000 Personalberatern erwirtschaftet wird. Der durchschnittliche Zeitaufwand für eine anzeigengestützte Personalsuche liegt bei knapp über zwei Monaten, bei der Direktsuche drei Monate. Das Entgelt für die Beratungsleistung richtet sich in gleichem Ausmaß nach dem Zeitaufwand für die Suche oder dem Jahresgehalt der zu besetzenden Position. Eine erfolgsabhängige Honorierung ist noch der Ausnahmefall.

Nachdem die Aktivitäten von *Zeitarbeitsfirmen (Temporärfirmen)* sich lange Zeit auf den eher niedrig qualifizierten gewerblichen und Verwaltungsbereich konzentrierten, hat die zunehmende Arbeitslosigkeit unter Akademikern zur Spezialisierung einiger Firmen auf Ingenieure und Naturwissenschaftler geführt. Unter Qualifikationsgesichtspunkten bieten die Zeitarbeitnehmer den Unternehmen interessante Perspektiven, weil diese kurzfristig Lücken schließen können, ohne dass das Unternehmen langfristige Verpflichtungen eingeht. Diese geringe Verbindlichkeit dürfte allerdings in der Regel auch mit einer niedrigeren Identifikationsbereitschaft des Arbeitnehmers und entsprechenden Wirkungen auf die Stammbelegschaft verbunden sein. Auf der anderen Seite erleichtert die stärkere extrinsische Motivation auch die Steuerbarkeit des Arbeitseinsatzes durch monetäre Anreizsysteme.

Literaturhinweise

Silke Wickel-Kirsch & Susanne Goerke (2002): Internes Marketing für Personalarbeit: Wie Sie Kundenansprache und Image verbessern.

Waldemar Stotz & Anne Wedel-Klein (2013): Employer Branding: Mit Strategie zum bevorzugten Arbeitgeber. 2. Auflage.
Zwei praxisorientierte Leitfäden mit zahlreichen Fallbeispielen.

Daniela Rastetter (1996): Personalmarketing, Bewerberauswahl und Arbeitsplatzsuche.
Gesamtdarstellung des Themenkreises Personalbeschaffung und Personalauswahl, die sich durch die Verknüpfung mit Arbeitsmarkttheorien von vergleichbaren Lehrbüchern abhebt. Dieses Lehrbuch richtet sich eher an Studierende als an Praktiker.

Baustein 9

Passende Mitarbeiter identifizieren

Worauf kommt es an, wenn die Besten unter den Besten gesucht werden?

Die Auswahl des besten Kandidaten unter allen Bewerbern für eine Stelle ist zwar für die meisten Führungskräfte keine alltägliche Aufgabe, aber sie steht am Anfang jedes Beschäftigungsverhältnisses und jeder neuen Führungsbeziehung. Fehler in der Eignungsbeurteilung lassen sich in den meisten Fällen nicht mehr ohne weiteres korrigieren, und in jedem Fall kosten sie viel Zeit und Geld. Kaum ein Aufgabenbereich des Human Resources Management ist deshalb so intensiv erforscht wie die Eignungsdiagnostik. Sie stellt eine Fülle von Verfahren zur Auswahl und darüber hinaus eine ausgefeilte Methodik, um deren Aussagekraft zu beurteilen. Zwei zentrale Fragen muss sich der Anwender aber nach wie vor am Ende selbst beantworten: Nach welchen Kriterien wählt er seine Mitarbeiter aus, und welche Verfahren soll er dazu anwenden? Das sind zwei Fragen, die sich nicht sinnvoll wissenschaftlich in allgemeiner Form beantworten lassen, weil dafür der spezielle Unternehmenskontext berücksichtigt werden muss. Hier ist der eignungsdiagnostisch informierte Entscheider gefragt.

Inhalt

9.1 Grundfragen der Eignungsdiagnose 273

Wie findet man das geeignete Auswahlverfahren?

9.1.1 Qualitätskriterien der Eignungsdiagnostik 274
9.1.2 Informationsbedarf und Akzeptanz 276
9.1.3 Kosten-Nutzen-Analyse 277

9.2 Kriterien der Personalauswahl 280

Welche Kompetenzen und Motivationen sind relevant?

9.3 Instrumente der Personalauswahl 284

*Wo liegen Anwendungsmöglichkeiten und -grenzen der
Instrumente zur Personalauswahl?*

9.3.1 Bewerbungsunterlagen und biografische Fragebögen .. 285
9.3.2 Bewerberinterview 287
9.3.3 Psychologische Testverfahren 289
9.3.4 Assessment Center 292

9.1 Grundfragen der Eignungsdiagnose

Wie findet man das geeignete Auswahlverfahren? Auswahlverfahren müssen in der Praxis einer ganzen Reihe von Anforderungen genügen: Sie müssen den Kriterien wissenschaftlicher Güte entsprechen, sie sollen ein möglichst umfassendes Bild über die Bewerber erzeugen, sie sollen sich mit einem angemessenen Aufwand realisieren lassen, und sie müssen von den Kandidaten akzeptiert werden. Daraus lässt sich erklären, warum einzelne Verfahren unterschiedlich häufig eingesetzt werden. Das Problem besteht darin, dass die Anforderungen in einem Spannungsverhältnis zueinander stehen, d. h. je besser ein Kriterium erfüllt ist, umso schwieriger ist es, auch den übrigen Kriterien zu genügen (▶ Abb. 35).

Grenzen der Personalauswahl Bei der Beurteilung von Personalauswahlverfahren ist zu berücksichtigen, dass der Erfolg einer Person sich nicht ausschließlich auf ihre Eigenschaften, Fähigkeiten und Verhaltenswiesen zurückführen lässt. Er ist immer auch von ihrem Umfeld, d. h. den Arbeitsbedingungen, den Möglichkeiten und Grenzen durch die organisatorischen Regelungen sowie dem Verhalten von Vorgesetzten oder Mitarbeitenden abhängig. Hier stößt die Personalauswahl in jedem Fall an ihre Grenzen, denn diese Faktoren lassen sich in das Auswahlverfahren nur schwer integrieren: Arbeitsbedingungen und organisatorische Regelungen lassen sich zwar im Auswahlverfahren simulie-

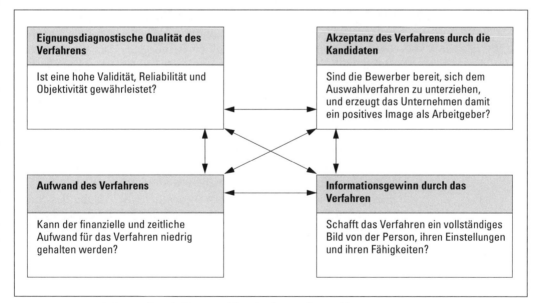

▲ Abb. 35   Entscheidungsproblem der Personalauswahl

ren. Ob ein neuer Mitarbeiter sich aber im Geflecht der Beziehungen durchsetzen kann, ist kaum vorherzusagen. Das Risiko einer Fehlbesetzung lässt sich aber verringern, wenn zukünftige Vorgesetzte und Kollegen in den Prozess der Anforderungsanalyse und in die Durchführung des Auswahlverfahrens miteinbezogen werden.

| 9.1.1 | **Qualitätskriterien der Eignungsdiagnostik** |

Aus einer wissenschaftlichen Perspektive muss ein Verfahren, damit es akzeptabel ist, vor allem den *Gütekriterien* der Validität, der Reliabilität und der Objektivität genügen (▷ Gütekriterien der Eignungsdiagnostik). Nur dann kann der Entscheider sich auf die Ergebnisse seines Auswahlverfahrens in doppelter Hinsicht verlassen: dass er diejenigen Kandidaten gefunden hat, welche die Anforderungen der Stelle am besten erfüllen können, und dass er diejenigen identifiziert hat, die mit großer Wahrscheinlichkeit scheitern würden. Die Überprüfung der Gütekriterien ist für den Anwender aufwendig, wenn er nicht auf bereits vorliegende Studien zurückgreifen kann, wie das beispielsweise für viele psychologische Tests der Fall ist. Er kann aber zumindest eine Plausibilitätsprüfung vornehmen und damit die Gefahr folgenschwerer Fehlentscheidungen vermindern.

Validität   Ein Auswahlverfahren wird dadurch *valide,* dass exakt diejenigen Eigenschaften, Fähigkeiten oder Einstellungen untersucht werden, welche die Person für ihre zukünftige Aufgabe benötigt, und dass diese Untersuchung unter denselben Bedingungen stattfindet wie in der späteren Position. Am ehesten kann das dadurch erreicht werden, dass die Bewerber eine Arbeitsprobe abgeben. Wo das nicht möglich ist, können reale Situationen simuliert werden. Diese Vorgehensweise entspricht dem Ansatz des Assessment Center, in dessen Rahmen Entscheidungs-, Präsentations- oder Diskussionsaufgaben erfüllt werden müssen, die für die fragliche Position kennzeichnend sind. Die Validität ist gefährdet, wenn die Bewerber die Möglichkeit haben, ein Wunschbild von sich zu vermitteln, das sich nicht vor Ort überprüfen lässt. Darin liegt eine wesentliche Schwäche des Interviews als Instrument der Eignungsbeurteilung: Der Bewerber hat hier viele Möglichkeiten, sich in seinen Erzählungen besonders positiv darzustellen; in einer Beobachtungssituation wird dies erschwert. Die Validität ist hingegen dort fraglich, wo ungeprüfte stereotype Zusammenhänge zwischen Antworten des Bewerbers bzw. Beobachtungen von dessen Verhalten und der Eignung hergestellt werden.

Gütekriterien der Eignungsdiagnostik

Methoden und Instrumente der Personalauswahl müssen in der Lage sein, die Eignung von Personen für bestimmte Anforderungen und Positionen im Unternehmen richtig und zuverlässig vorherzusagen. Daraus ergeben sich die wichtigsten Qualitätskriterien für solche Verfahren: Validität (Gültigkeit), Reliabilität (Zuverlässigkeit) und Objektivität.

- Die *Validität* (Gültigkeit) zeigt an, ob ein Instrument tatsächlich misst, was es zu messen vorgibt. Ein Wert von 1 besagt, dass es dies vollständig tut, während ein Wert von 0 ausdrückt, dass überhaupt kein Zusammenhang zwischen dem Ergebnis des Instruments und dem, was es messen soll, besteht (z. B. wenn eine Eignungsbeurteilung auf Basis eines Würfelergebnisses ermittelt worden wäre). Bei eignungsdiagnostischen Verfahren spielt die Prognosevalidität eine zentrale Rolle: Sie drückt aus, wie gut sich mit dem Verfahren vorhersagen lässt, ob die beurteilte Person auch tatsächlich erfolgreich sein wird. Stellt man bei einem Auswahlverfahren fest, dass die Vorhersagevalidität 1 beträgt, bedeutet es, dass sämtliche ausgewählten Personen für die vorgesehene Position bestens geeignet waren, während sich die zurückgewiesenen Kandidaten in ähnlichen Positionen als tatsächlich wenig erfolgreich herausgestellt haben. Ein Wert von –1 würde be-

deuten, dass systematisch die falschen Personen ausgewählt werden.

- Die *Reliabilität* (Zuverlässigkeit) eines Instruments kommt darin zum Ausdruck, dass die Ergebnisse einer Diagnose bei einer Wiederholung oder unter anderen Bedingungen gleich ausfallen wie bei der ursprünglichen Messung. Die Reliabilität wird in Werten zwischen 0 (= unzuverlässig) und 1 (= zuverlässig) ausgedrückt.

- Die *Objektivität* eines Instruments zeigt sich darin, dass die damit erzielten Ergebnisse unabhängig davon sind, wer das Instrument anwendet. Sie wird deshalb häufig auch als «Interrater»-Reliabilität (engl. «rater» = Beurteiler) bezeichnet und ebenfalls in Werten von 0 bis 1 beschrieben.

Die drei Kriterien sind teilweise abhängig voneinander: ein valides Verfahren muss auch zuverlässig und objektiv sein. Umgekehrt kann aber ein zuverlässiges und objektives Verfahren durchaus jeglicher Validität entbehren: Dies gilt beispielsweise für eine standardisierte astrologische Auswertung, welche zwar ein kontrolliertes und einheitliches Auswertungsverfahren gewährleistet, aber keine Ergebnisse erbringt, die in einem nachgewiesenen Zusammenhang zum Berufserfolg stehen. Ein Eignungsverfahren kann eben auch zu «zuverlässig falschen» Schlussfolgerungen führen.

Dies betrifft insbesondere Persönlichkeitstests oder die Grafologie. Bei diesen beiden Verfahren wird angenommen, dass ein Zusammenhang zwischen bestimmten Merkmalen der Person bzw. ihrer Schrift und ihren beruflichen Erfolgsaussichten besteht. Die Forschungsergebnisse bezüglich der Eignung der beiden Methoden für Personalauswahlentscheidungen sind in den meisten Fällen ernüchternd; die Validität der beiden Verfahren ist entsprechend niedrig.

Reliabilität

Die *Reliabilität* eines Verfahrens ist zum einen umso höher, je strukturierter ein Instrument ist, was eine einheitliche Durchführung gewährleistet. Kontrollierte Bedingungen sind eine entscheidende Voraussetzung dafür, dass die Ergebnisse von Befragungen und Beobachtungen über mehrere Bewerber hinweg vergleichbar sind. Viele Studien konnten zeigen, dass leitfadengestützte Interviews zu besseren Ergebnissen führen als freie Bewerbergespräche. Die Reliabilität hängt darüber hinaus auch davon ab, ob die untersuchten

Merkmale stabil sind. Beispielsweise ist die kognitive Intelligenz einer Person ein stabiles Merkmal, und Intelligenztests weisen eine hohe Zuverlässigkeit auf. Dagegen ist die Leistungsmotivation einer Person stärker situationsabhängig und deshalb nur schwer zuverlässig zu erfassen. Eine mögliche Lösung besteht darin, dasselbe Merkmal mehrmals zu messen, wie es typisch für das Assessment-Center-Verfahren ist, und dann einen Durchschnittswert zu bilden.

Objektivität

Strukturierte Verfahren mit standardisierter Auswertung (z. B. Intelligenz- oder Leistungstests) sind in aller Regel auch *objektiver* als offene Bewerbergespräche, deren Verlauf stark von Sympathien oder Antipathien des Interviewers gegenüber dem Befragten abhängig ist.

9.1.2 | Informationsbedarf und Akzeptanz

Personalauswahlentscheidungen sind für den Entscheider nicht nur ökonomisch, sondern meistens auch persönlich mit erheblichen Konsequenzen verbunden, wenn die ausgewählte Person ein zukünftiger Mitarbeiter, Kollege oder Kooperationspartner ist. Sie sind für den Beurteiler mit hoher Unsicherheit verbunden. Deshalb wird er

Attraktivität
von Auswahlkriterien

danach streben, ein möglichst umfassendes Bild vom Bewerber zu erhalten. Auswahlverfahren sind in der Regel attraktiv, wenn sie

- eine große Zahl und ein breites Spektrum unterschiedlicher Kriterien abdecken,
- Auskunft über besonders stabile Merkmale (z. B. kognitive Fähigkeiten oder Charaktereigenschaften) geben,
- auf faszinierenden, aber plausiblen Zusammenhängen zwischen den gemessenen Merkmalen und dem Berufserfolg beruhen,
- dem Entscheider einen großen Spielraum in der Interpretation der Ergebnisse lassen (ohne ihn in seinem Urteil zu verunsichern) und
- gleichzeitig nur mit einem geringen zeitlichen Aufwand verbunden sind.

Einige Persönlichkeitstests erfüllen ebenso wie die Grafologie die meisten dieser Kriterien. Dies macht verständlich, warum sie trotz fehlender Studien, die ihren Erfolg in der Eignungsdiagnostik belegen würden, verbreitet sind und nicht selten als «Geheimrezepte» gelten. Der hohe Anspruch dieser Verfahren verhält sich aber häufig umgekehrt proportional zu ihrer Qualität (insbesondere dem Merkmal der Validität). Will man als Entscheider dieselbe Informationsmenge mit validen Verfahren erreichen, muss ein erheblich höherer Aufwand unternommen werden.

Attraktivität und
Akzeptanz durch
Bewerber

Ein weiteres Spannungsverhältnis besteht zwischen der Attraktivität von Auswahlverfahren für den Entscheider und der *Akzeptanz durch die Bewerber.* Während der Entscheider das Ziel verfolgt, möglichst viele und ungefilterte Informationen über den Bewerber und seine Eignung zu erhalten, hat der Bewerber ein Interesse, nur diejenigen Informationen über sich preiszugeben, die ihn in einem besonders positiven Licht erscheinen lassen. Psychologische Testverfahren (und ähnlich auch die Grafologie) stellen für den Bewerber eine «blackbox» dar, weil dieser den Verlauf des Verfahrens nicht beeinflussen und in der Regel auch nicht erkennen kann, zu welchen Schlussfolgerungen seine Antworten führen. Legt der Entscheider Wert darauf, dass die Kandidaten ein positives Bild der Organisation haben, sollte er versuchen, ihnen das Gefühl zu geben, dass sie die Möglichkeit haben, sich positiv darzustellen. Hier liegt ein großer Vorteil offener Bewerbergespräche, der aber gleichzeitig den Nachteil geringer Aussagekraft mit sich bringt.

9.1.3 Kosten-Nutzen-Analyse

Die Kosten bei der Auswahl eines Bewerbers ergeben sich aus den aktuellen und den potenziellen Kosten. Die *aktuellen Kosten* sind die unmittelbaren Kosten, die mit dem Auswahlverfahren verbunden sind. Sie beinhalten die Lohnkosten der mit den Abklärungen beauftragten Personen sowie die anteiligen Verwaltungskosten der Personalabteilung. Dazu kommen die Ausgaben für extern vergebene Gutachten. Die *potenziellen Kosten* beruhen auf falschen Auswahlentscheidungen. Potenzielle Kosten entstehen dadurch, dass entweder ungeeignete Bewerber eingestellt und/oder besser geeignete Bewerber abgelehnt wurden: Fehlbesetzungen haben schwache Leistungen sowie Fehler und Probleme in der Zusammenarbeit mit entsprechenden Kosten zur Folge. Sie steigen mit der Reichweite und der Verantwortung, die mit der betreffenden Position verbunden sind. Die aktuellen Kosten eines Verfahrens sind in der Regel umso höher, je mehr Informationen gesammelt werden sollen und je höher die Qualität des Verfahrens ist. Dafür können gleichzeitig potenzielle Kosten reduziert werden.

Beurteilungsfaktoren

Die Kosten-Nutzen-Analyse eines Auswahlverfahrens hängt von mehreren *Faktoren* ab, die bei der Frage, ob ein aufwendigeres valides Verfahren oder eine einfache und dafür auch unsicherere Auswahlmethode gewählt wird, gegeneinander abzuwägen sind:

- *Spezifität der Stellenanforderungen:* Wenn sich die Anforderungen an den Stelleninhaber anhand einfacher Merkmale bestimmen lassen (z.B. über eine bestimmte Fachausbildung oder Berufserfahrungen in der Branche), ist der Zusatznutzen eines aufwendigen Verfahrens geringer als bei einer Stelle mit allgemeineren Anforderungen (z.B. Führungs- und Kommunikationsfähigkeit).
- *Bedeutung der zu besetzenden Position:* Je höher die potenziellen Kosten einer Fehlbesetzung sind, umso größer ist der relative Vorteil eines validen und zuverlässigen Verfahrens. Die Risiken einer Fehlbesetzung im Leistungsbereich sind in der Regel deutlich höher als bei ausführenden Tätigkeiten mit geringer Kostenverantwortung.
- *Anteil ausgewählter Bewerber:* Je größer der Anteil derjenigen Kandidaten unter allen Bewerbern ist, die am Ende auch ausgewählt werden sollen, umso geringer ist der Vorteil eines aufwendigen Verfahrens. Umgekehrt ist dessen Nutzen maximal, wenn unter einer großen Zahl von Bewerbern nur ein einziger ausgewählt wird.
- *Anteil ungeeigneter Bewerber:* Je höher die Wahrscheinlichkeit ist, dass sich im Bewerberfeld zahlreiche Personen befinden, die an der zu besetzenden Stelle scheitern würden, umso größer ist der relative Vorteil des aufwendigeren Verfahrens.

Mit Hilfe der Taylor-Russell-Tafel (▶ Abb. 36) lässt sich der relative Vorteil eines valideren gegenüber einem weniger validen Verfahren berechnen. Der Prozentwert in der Tabelle gibt an, wie groß die Wahrscheinlichkeit ist, bei Anwendung eines bestimmten Verfahrens einen geeigneten Bewerber unter allen Kandidaten zu finden. Der

		Anteil der erfahrungsgemäß geeigneten Bewerber an der Gesamtzahl der Kandidaten					
		5%	10%	20%	30%	50%	80%
Anteil der zu besetzenden Stellen an der Zahl der Kandidaten	5%	11%/24%	19%/39%	33%/59%	46%/72%	67%/88%	90%/98%
	10%	9%/17%	17%/32%	31%/52%	43%/65%	64%/84%	89%/97%
	20%	8%/15%	15%/24%	28%/44%	40%/58%	61%/78%	87%/96%
	30%	8%/12%	14%/22%	27%/38%	38%/52%	59%/77%	86%/94%
	50%	7%/9%	13%/17%	25%/31%	36%/44%	56%/70%	84%/91%
	80%	6%/6%	11%/12%	22%/24%	32%/35%	53%/57%	82%/86%

▲ Abb. 36   Erfolgsquoten von Verfahren mit Validitäten von 0,2 (%-Wert links) bzw. 0,5 (%-Wert rechts) (Taylor & Russell 1939)

linke Wert in einer Zelle zeigt den Vorteil eines Verfahrens mit einer Validität von 0,2 und der rechte Wert für ein Verfahren mit einer Validität von 0,5. Bei einer Validität von 0 entspricht die Erfolgswahrscheinlichkeit immer dem Anteil der erfahrungsgemäß geeigneten Bewerber (2. Zeile in der Tabelle). In den dunkel schraffierten Feldern ist der relative Vorteil valider Verfahren am höchsten.

Der Nutzen solcher Berechnungen hängt allerdings davon ab, wie gut die vorliegenden Daten über die Bewerber und die angewandten Verfahren sind. Als Faustregel lassen sie sich aber verwenden. Das ▷ Praxisbeispiel zeigt, wie sich diese Faktoren in einem konkreten Fall auswirken.

Praxisbeispiel: Kosten-Nutzen-Analyse für ein Auswahlverfahren

Der Nutzen unterschiedlicher Verfahren lässt sich mit einer einfachen Modellrechnung vergleichen: Auf die Stellenausschreibung für eine Traineeposition hat sich eine große Zahl von Hochschulabsolventen beworben, von denen nach einer Sichtung der Bewerbungsunterlagen zehn Bewerber in die engere Wahl gezogen wurden. Das Unternehmen weiß aus Erfahrung, dass durchschnittlich 30% der Bewerber die Voraussetzungen für ein erfolgreiches Durchlaufen des Ausbildungsprogramms und eine spätere Führungsposition erfüllen. Eine Fehlbesetzung verursacht durchschnittliche Kosten von 120 000 €. Drei alternative Auswahlverfahren werden miteinander verglichen: ein einfaches Losverfahren, ein Einstellungsinterview, dessen Prognosevalidität 0,2 beträgt, und ein Assessment Center mit einem Validitätswert von 0,5.

- *Losverfahren:* Wird ein Zufallsverfahren angewandt, belaufen sich die aktuellen Kosten auf 100 €. Die potenziellen Kosten bei einem 70%igen Fehlbesetzungsrisiko betragen weitere 84 000 € (0,7 × 120 000). Daraus ergibt sich ein Kostenerwartungswert von 84 100 € für das Losverfahren.

- *Einstellungsinterview:* Werden 10 Einzelinterviews mit einer Validität von 0,2 und aktuellen Kosten von insgesamt 5000 € geführt, sinkt das Fehlbesetzungsrisiko von 70% auf 57% und die potenziellen Kosten fallen entsprechend auf 68 400 €. Der Erwartungswert für das Verfahren beträgt 73 400 € und führt zu einer Kostenersparnis von 13% gegenüber dem Losverfahren.

- *Assessment Center:* Ein solches Verfahren verspricht eine Prognosevalidität von 0,5 und kostet das Unternehmen 30 000 €. Das Restrisiko einer Fehlbesetzung sinkt auf 35%, was potenziellen Kosten von 42 000 € entspricht. Der Erwartungswert für die Gesamtkosten des Assessment Center beträgt 72 000 € und entspricht damit, ähnlich wie bei der weniger validen, aber kostengünstigeren Interviewreihe, 14% Kosteneinsparungen gegenüber dem Losverfahren.

Der Kostenvorteil der aufwendigeren Verfahren reduziert sich in dem Maße, wie das Unternehmen seine Vorauswahl verbessert oder die Kosten einer Fehlbesetzung zu senken vermag.

9.2 | Kriterien der Personalauswahl

Welche Kompetenzen und Motivationen sind relevant?

Der Ansatz des strategischen Human Resources Management (vgl. dazu Baustein 1) geht davon aus, dass ein Unternehmen erfolgreich ist, wenn es ständig über die Kompetenzen und Motivationen verfügt, die es für seine Wertschöpfungsprozesse benötigt. Die Aufgabe der Personalauswahl ist, für die zu besetzenden Positionen diejenigen Personen zu finden, welche die benötigten Ressourcen mitbringen. Daraus ergeben sich drei Gruppen von Auswahlkriterien:

Gruppen von Auswahlkriterien

- *Leistungsfähigkeit (Kompetenz):* Dabei geht es um den Grad der Übereinstimmung zwischen den Arbeitsanforderungen und den Fähigkeiten des Bewerbers, d.h. um einen Vergleich zwischen Anforderungs- und Fähigkeitsprofil. Die Leistungsfähigkeit einer Person setzt sich aus ihren fachlichen Kenntnissen und Fertigkeiten, generellen kognitiven Fähigkeiten, der Sozialkompetenz und der Handlungskompetenz zusammen
- *Leistungswille (Motivation):* Zu klären ist hier, ob der potenzielle Stelleninhaber gewillt ist, die seinen Fähigkeiten entsprechenden Leistungen zu erbringen und damit den Erwartungen des Unternehmens gerecht zu werden. Die Deckung oder sogar Überdeckung der Anforderungen durch die vorhandenen Fähigkeiten bietet nämlich noch keine Gewähr, dass diese Fähigkeiten auch in die verlangte Leistung umgesetzt werden. Andererseits kann eine Unterdeckung dazu führen, dass der Arbeitnehmer durch einen erhöhten Leistungseinsatz seine Fähigkeitsdefizite auszugleichen vermag.
- *Leistungspotenzial und Entwicklungsmöglichkeiten:* Schließlich sollte auch untersucht werden, inwieweit der Bewerber zu einem späteren Zeitpunkt für höherwertige Aufgaben (z.B. Führungsaufgaben) in Frage kommt. Häufig kommt es zudem vor, dass die Anforderungen und die Qualifikationen nicht vollständig übereinstimmen, d.h. es sind Unter- oder Überdeckungen festzustellen. Bei Unterdeckungen muss abgeklärt werden, inwiefern der Bewerber durch entsprechende Weiterbildungsmaßnahmen auf die neue Stelle genügend vorbereitet und ausgebildet werden kann.

Fachkompetenz

Fachliche Fähigkeiten und Kenntnisse werden mit einer Ausbildung (z.B. Berufsausbildung oder Hochschulstudium) oder durch berufliche Erfahrungen erworben. Sie lassen sich deshalb auch relativ leicht durch Zeugnisse und eine Analyse der Berufsbiografie feststellen. Komplexe Kompetenzen lassen sich in einem Bewerber-

Generelle kognitive
Fähigkeiten

gespräch unter Einbezug einschlägiger Fachexperten abschätzen. Mit der Auflösung traditioneller Berufsbilder haben *generelle kognitive Fähigkeiten* für die Eignungsbeurteilung gegenüber der Fachkompetenz zunehmend an Bedeutung gewonnen. Zu diesen Fähigkeiten gehören:

- *Intelligenz:* Intelligenz ist ein Konstrukt, das sich aus verschiedenen Komponenten zusammensetzt. In der Regel werden dazu räumliches Vorstellungsvermögen, Sprachverständnis, Wortgeläufigkeit, Rechengewandtheit, die Fähigkeit zum logischen Schließen und die Wahrnehmungsgeschwindigkeit gezählt. Die Maßzahl für die Intelligenz ist der Intelligenzquotient (IQ). Intelligenztests sind so standardisiert, dass ein IQ von 100 einer durchschnittlichen Intelligenz entspricht. 50 % einer repräsentativen Gruppe bewegen sich im Bereich eines IQ von 90 bis 110. Zahlreiche Studien konnten zeigen, dass es für viele unterschiedliche Positionen einen positiven Zusammenhang zwischen dem Intelligenzquotienten und dem Berufserfolg gibt. Seit längerem wird über eine Erweiterung der Definition von Intelligenz diskutiert. Goleman (1995) hat dazu den Begriff der *emotionalen Intelligenz* geprägt: Er steht für die Fähigkeit zu antreibenden Emotionen wie Hoffnung, Optimismus und Wertschätzung sowie für die Fähigkeit, soziale Situationen richtig einzuschätzen und andere Menschen zu beeinflussen. In der Diagnostik hat sich dieses Intelligenzkonzept aber noch nicht durchsetzen können, nicht zuletzt auch deshalb, weil es im Gegensatz zur kognitiven Intelligenz für die Messung der emotionalen Intelligenz noch keine zuverlässigen Messverfahren gibt. In empirischen Studien zeichnet sich zudem ab, dass sich Defizite in der kognitiven Intelligenz durch eine hohe emotionale Intelligenz kompensieren lassen. Bei hoher kognitiver Intelligenz spielt die emotionale Intelligenz für den beruflichen Erfolg dagegen keine Rolle (Aydin u. a. 2005).
- *Entscheidungsverhalten und Problemlösungsfähigkeit:* Obwohl diese Merkmale eng mit Intelligenz zusammenhängen, lassen sie sich mit einfachen Tests nicht ohne weiteres messen. Es geht um die Fähigkeit zur Lösung komplexer Probleme in sozialen Situationen, d.h. Aufgabenstellungen, die durch unvollständige Information und Dynamik gekennzeichnet sind. Diese Fähigkeiten lassen sich sehr gut im Assessment Center oder mit Computersimulationen überprüfen.

- *Lernfähigkeit:* Die Feststellung der individuellen Lernfähigkeit ist schwierig und aufwendig, da sie eine Beobachtung über die Lernphase hinweg erfordern würde, die in Bezug auf managementrelevante Problemstellungen (z. B. Lernfortschritte in der Beurteilung vorrangiger Organisationsprobleme) sehr lang ist. Für einfachere Zusammenhänge gibt es spezielle Lerntests.

Sozialkompetenz

Neben diesen Kompetenzen, die vor allem auf die Lösung von Sachproblemen gerichtet sind, spielt auch die *Sozialkompetenz* (oder *soziale Intelligenz*) eine wichtige Rolle: Sie umfasst alle Fähigkeiten, die eine Person zur Führung und Problemlösung im Team befähigen. Häufig wird sie als Zusatzmerkmal zum traditionellen kognitiven Intelligenzbegriff herangezogen. Sie bezeichnet die Fähigkeit, in sozialen Situationen Probleme erfolgreich zu lösen. Dazu gehören Durchsetzungsfähigkeit, Teamfähigkeit, Verhandlungsgeschick und Konfliktlösungskompetenz. Die gültige und zuverlässige Messung der Sozialkompetenz ist schwieriger als die Bestimmung von Fachqualifikationen und kognitiven Fähigkeiten: Sozialkompetenz zeigt sich erst in einem sozialen Kontext, der auch zu ihrer gültigen Messung erforderlich ist.

Handlungskompetenz

Handlungskompetenz ist die Fähigkeit, Problemlösungen nicht nur kognitiv zu erarbeiten, sondern auch in der konkreten Aufgabensituation zu realisieren. Diese Fähigkeit speist sich wesentlich aus der persönlichen Arbeitstechnik (z. B. Zeitmanagement). Für eine Führungsaufgabe spielen aber auch Aspekte der Sozialkompetenz (z. B. Durchsetzungsfähigkeit) und der Motivation (z. B. Stresstoleranz) eine wichtige Rolle.

Eine große Bedeutung für die Personalauswahl hat die Unterscheidung zwischen veränderbaren und unveränderlichen Merkmalen. Diese Unterscheidung zieht sich durch alle Kompetenzbereiche: Generelle kognitive Fähigkeiten wie die Intelligenz oder andere Fähigkeiten, die eng damit verknüpft sind (z. B. generelle Problemlösungs- und Lernfähigkeiten), sind im Erwachsenenalter kaum mehr weiterzuentwickeln. Dasselbe gilt für zentrale Persönlichkeitsmerkmale wie Offenheit, Gewissenhaftigkeit, emotionale Stabilität, Extraversion-Introversion oder Verträglichkeit (in der Persönlichkeitspsychologie auch als die «Big Five» bezeichnet). Auf der anderen Seite sind fachliche oder methodische Kompetenzen prinzipiell entwicklungsfähig, und Defizite in der Sozialkompetenz lassen sich zumindest bis zu einem gewissen Grad durch erlernbare Techniken überspielen. In einer Personalentscheidung müssen sich die Entscheidungsträger darüber im Klaren sein, welche unveränderlichen

Merkmale erfolgskritisch für die zu besetzende Position sind. Entspricht ein Bewerber nicht den Mindestanforderungen, kann er nicht berücksichtigt werden, während fehlende Kompetenzen in den veränderbaren Bereichen gegenüber den zu erwartenden Aufwendungen für Personalentwicklungsmaßnahmen abzuwägen sind. Obwohl dieser Zusammenhang unmittelbar einleuchtend erscheint, zeigt die Praxis, dass ihm nicht entsprechend Rechnung getragen wird. Dies zeigt sich beispielsweise in der nach wie vor hohen Bedeutung, die – insbesondere im deutschsprachigen Raum – den fachlichen Voraussetzungen zugesprochen wird.

Die Auswahl der Kriterien, die im Einzelfall für eine Personalauswahlentscheidung herangezogen werden, hängt nicht allein von den Anforderungen der zu besetzenden Stelle ab. Sie spiegelt immer auch Merkmale des Unternehmens und seiner Umwelt wider. Dazu zählen insbesondere:

Bedeutung von Merkmalen des Unternehmens

- *Organisationskultur:* Unternehmen sind durch eine bestimmte Art und Weise gekennzeichnet, wie Probleme gelöst werden, wie die Führungs- und Kooperationsbeziehungen gestaltet sind oder wie das Unternehmen nach außen gegenüber Kunden oder Kooperationspartnern auftritt. Daraus ergeben sich häufig unbewusste Erwartungen an Persönlichkeit und Verhaltensmuster neuer Mitarbeiter.
- *Branchen- und Fachbereichskultur:* Anforderungskriterien insbesondere im Bereich der Sozialkompetenz können auch kennzeichnend für eine Branche oder eine bestimmte fachliche Funktion sein. Beispielsweise werden Vorstellungen darüber, was unter Durchsetzungsfähigkeit zu verstehen ist, ebenso zwischen einer Privatbank und einem internationalen Rohstoffhändler differieren wie zwischen dem Vertriebs- und dem technischen Entwicklungsbereich im gleichen Industriebetrieb.
- *Landeskultur:* Kulturkreise unterscheiden sich unter anderem darin, welche Bedeutung bestimmten Fähigkeiten und Verhaltensweisen zukommen. Während in deutschsprachigen Ländern beispielsweise traditionell die fachliche Expertise auf oberen Führungsebenen der Industrie eine hohe Anerkennung genießt, wird eine generalistische Bildung im französischen Kulturkreis höher bewertet. In angelsächsischen Ländern ist dagegen die Tendenz am stärksten, eine Person aufgrund ihrer erbrachten Leistungen und trotz fehlender Bildungsausweise hoch zu bewerten.

- *Moden und Mythen des Managements:* Anforderungskriterien gerade für höhere Managementpositionen sind auch Zeitströmungen ausgesetzt. So hat sich beispielsweise das Idealbild von Vorstandsmitgliedern in den führenden deutschen Unternehmen im Laufe der vergangenen Jahrzehnte mehrfach gewandelt: Dominierten ursprünglich technisch geprägte Manager mit langjähriger Branchenerfahrung das Bild, wurde im Zuge der ökologischen und wirtschaftsethischen Sensibilisierung in den 1980er Jahren die Fähigkeit zum politischen und gesellschaftlichen Diskurs wichtiger und prägte die Nachfolgeregelung mehrerer führender Unternehmen (beispielsweise bei Daimler-Benz zu Edzard Reuter oder bei der Deutschen Bank zu Alfred Herrhausen). Die sich daran anschließende Reökonomisierung der Unternehmensführung und der Shareholder-Value-Gedanke führte in den 1990er Jahren zu einer erneuten Verlagerung zugunsten eines vorherrschend finanzwirtschaftlich denkenden Managertypus.

Die Auswirkung solcher Umwelteinflüsse ist ambivalent: Einerseits erhöhen sie die Wahrscheinlichkeit einer erfolgreichen Stellenbesetzung, weil damit gewährleistet ist, dass die ausgewählten Personen nicht nur ihre Fachaufgaben bewältigen können, sondern auch in das Umfeld der Arbeitskollegen und Kooperationspartner integriert sind. Auf der anderen Seite kann aber eine zu starke Betonung dieser Umfeldfaktoren dazu führen, dass die Stelle nach aufgabenfremden Kriterien besetzt wird und so die Erfolgsbeiträge gefährdet werden.

| **9.3** | **Instrumente der Personalauswahl** |

Wo liegen Anwendungsmöglichkeiten und -grenzen der Instrumente zur Personalauswahl?

Eignungsdiagnostische Instrumente und Verfahren lassen sich nach verschiedenen Kriterien gliedern. Ein wesentliches Unterscheidungsmerkmal ist die *Art der Daten,* die für eine Entscheidung herangezogen werden:

- Die Auswahl kann auf Grundlage einer *Analyse von Dokumenten* erfolgen, aus denen Schlussfolgerungen über die Fähigkeiten und Fertigkeiten, Einstellungen und Motive einer Person und über deren Eignung gezogen werden. Dazu gehören insbesondere die Analyse von Bewerbungsunterlagen, Zeugnissen und Referenzen sowie die Grafologie. Der wichtigste Vorteil dieses Ansatzes liegt darin, dass die Informationen ohne großen Aufwand beschafft und mehrfach analysiert werden können; dem steht das Problem gegenüber, dass es nur schwer möglich ist, sichere Zusammenhänge zwischen diesen Daten und dem Berufserfolg herzustellen.

- In *Interviews, biografischen Fragebögen* und den meisten *psychologischen Persönlichkeits- und Leistungstests* werden Aussagen der Person über ihr Wissen und Können sowie ihre Einstellungen oder Verhaltensweisen gesammelt. Der wesentliche Vorteil besteht darin, dass die benötigten Informationen gezielt erfragt werden können, der Nachteil, dass der Befragte immer die Möglichkeit hat zu filtern, was er von sich preisgeben will. Fraglich ist, ob man aus dem, was eine Person über sich erzählt, zuverlässige Schlüsse über ihre Eignung ziehen kann.

- Die dritte Form der Datensammlung ist die *Beobachtung* von Verhaltensweisen der Person. Dieser Ansatz ist die wesentliche Grundlage für ein Assessment Center oder eine Arbeitsprobe. Die Personen müssen sich in ihrem späteren Arbeitsfeld bzw. in einer tätigkeitsähnlichen Situation bewähren. Der wesentliche Vorteil besteht im direkten Zusammenhang zwischen dem beobachteten Verhalten und der späteren Eignung. In aller Regel ist aber der Aufwand für komplexe Verfahren wie das Assessment Center sehr hoch und rechtfertigt sich – wie mehrere Studien zeigen – nicht ohne weiteres durch den Erkenntnisgewinn.

Verfahren der Personalauswahl sind aber auch danach zu unterscheiden, welche Personen miteinbezogen werden. Das Spektrum reicht dabei von computergestützten Verfahren mit einer automatisierten Auswertung über die Auswahl durch externe Personalberater oder interne Betreuer mit spezifischer Expertise (vor allem bei Einzel-Assessments, psychologischen Tests oder der Grafologie) bis zu Interview- oder Assessment-Center-Verfahren, die zukünftige Vorgesetzte und Kollegen miteinbeziehen.

9.3.1 Bewerbungsunterlagen und biografische Fragebögen

Die Auswertung von *Bewerbungsunterlagen* ist meistens der erste Schritt in der Vorauswahl. Zu den Unterlagen zählen das Anschreiben nach Form und Inhalt, der Lebenslauf, Schul- und Arbeitszeugnisse sowie persönliche Referenzen von früheren Arbeitgebern. Bewerbungsunterlagen als Vorauswahlkriterium sind bedeutsam, weil die zuerst empfangenen Informationen über eine Person nicht nur länger im Gedächtnis haften bleiben als später hinzukommende, sondern diese auch verdrängen können. Deshalb besteht die Gefahr eines Überstrahlungseffekts schriftlicher Unterlagen, der die Schlussfolgerungen der nachfolgenden Verfahren überlagern kann. Die Beurteilung von Bewerbungsunterlagen beruht im Wesentlichen auf zwei Prinzipien, welche die Validität dieses Auswahlverfahrens fraglich erscheinen lassen:

*Beurteilungs-
prinzipien*

- *Induktionsschluss:* Von vergangenen Leistungen wird auf zukünftig zu erwartenden Erfolge geschlossen. Arbeitszeugnisse und Referenzen haben aus unterschiedlichen Gründen häufig den Charakter von Gefälligkeitsgutachten. Sie sagen mehr über die Beziehung zum Gutachter als über die aufgabenbezogenen Leistungen aus.
- *Analogieschluss:* Aus Indikatoren wie beispielsweise der Studienabschlussnote wird auf nicht beobachtbare Merkmale wie Fleiß, Durchhaltevermögen oder Leistungsmotivation geschlossen. Es gibt zwar Untersuchungen, die zeigen, dass die Abiturnoten in bestimmten Fächern mit dem späteren Studienerfolg korrelieren; in Bezug auf den späteren Berufserfolg wird der Zusammenhang jedoch deutlich schwächer, weil die Anforderungen zu unterschiedlich sind und weil die Entwicklung, die eine Person nach der Schule durchläuft, nicht erfasst wird.

Aus diesen Gründen ergibt eine Analyse der Bewerbungsunterlagen in der Regel nur unzuverlässige Informationen für die Eignungsbeurteilung einer Person.

Biografische Fragebögen sind standardisierte Instrumente, mit denen nicht nur Ausbildungs- und Berufsweg erfasst, sondern Informationen über Einstellungen, Erfahrungen und die persönliche Entwicklung gesammelt werden. Die dabei gewonnenen Informationen lassen sich mit einem Normprofil vergleichen. Dieses Normprofil wird auf Basis von einfachen Korrelationsuntersuchungen zwischen Einzelmerkmalen und Berufserfolg bei bisherigen Mitarbeitern ermittelt. Diese Vorgehensweise beruht auf der Annahme, dass es Persönlichkeitsmerkmale gibt, die in einem komplexen, aber statistisch auffälligen Zusammenhang mit Erfolgsvoraussetzungen einer bestimmten Position stehen: Wenn die erfolgreichen Mitarbeiter sich von den weniger erfolgreichen Mitarbeitern in bestimmten Merkmalen unterscheiden, besteht bei denjenigen Bewerbern, welche diese Merkmale ebenfalls aufweisen, eine größere Wahrscheinlichkeit, dass sie ebenfalls erfolgreich sein werden, als bei den übrigen Bewerbern. Diese sogenannte empiristische Vorgehensweise entspricht den meisten Erfolgsfaktorenstudien, ist aber umstritten, weil die Ergebnisse sich erfahrungsgemäß im Zeitverlauf oft verschieben.

*Vergleich
Ist- mit Normprofil*

9.3.2	**Bewerberinterview**

Ein verbreitetes Instrument im Rahmen der Bewerberauswahl ist das Einstellungsgespräch. Es kann in verschiedenen Phasen des zeitlichen Ablaufs einer Beurteilung eingesetzt werden. Grundsätzlich wird zwischen Einführungs- und Einstellungsinterviews unterschieden.

Einführungsinterviews dienen einem ersten Informationsaustausch und einer Vorselektion. Sie haben zum Ziel, dem Bewerber einen Einblick ins Unternehmen zu geben sowie die Anforderungen zu präzisieren und die zukünftigen Aufgaben vorzustellen. Dies ermöglicht dem Bewerber zu entscheiden, ob er seine Bewerbung weiter aufrechterhalten oder zurückziehen soll. In einem solchen Gespräch ist es auch möglich, den aus den schriftlichen Bewerbungsunterlagen gewonnenen Eindruck zu überprüfen und einen Einblick in die aktuelle Situation des Bewerbers zu erhalten.

Das *Einstellungsinterview* findet demgegenüber in einer späteren Phase des Auswahlprozesses statt. Mit ihm sollen die bestehenden Informationen ergänzt werden. Zudem tritt man in einen ersten Verhandlungsprozess über die Festlegung von Gehalt, Arbeitszeit und Ferien. Nach dem Einstellungsinterview sollten so viele Daten vorhanden sein, dass ein Entscheid über die Einstellung oder Ablehnung des Bewerbers getroffen werden kann. Das Interview erfüllt gleich mehrere *Funktionen:*

Funktionen des Einstellungsinterviews

- Es werden Fakten über die Person und ihren beruflichen Werdegang als Ergänzung oder Überprüfung von Angaben aus den Bewerbungsunterlagen festgestellt.
- Die gegenseitigen Erwartungen an das Arbeitsverhältnis werden geklärt. Dabei geht es vor allem um die Frage, ob der Bewerber zum Unternehmen und zukünftigen Kollegenkreis passt, indem persönliche Einstellungen, Vorlieben und Abneigungen aber auch die äußere Erscheinung geprüft werden.
- Das Einstellungsinterview dient der Breitbanddiagnose, um gezielte Analysen anschließen zu können.
- Bestimmte erfolgsrelevante Kompetenzen und Motive des Bewerbers können erfragt und diskutiert werden.

Untersuchungen zur Aussagekraft des Bewerbergesprächs befassen sich vor allem mit der vierten Funktion. Dabei zeigt sich, dass die Qualität des Interviews als eignungsdiagnostisches Verfahren umso höher ist, je strukturierter die Informationsgewinnung und -verarbeitung ist. Die wichtigsten *Merkmale* eines strukturierten Interviews sind folgende (in Anlehnung an Rastetter 1996):

Merkmale eines strukturierten Interviews

- Das Interview besteht aus zuvor festgelegten Fragen, die auf einer systematischen Arbeitsanalyse beruhen und sämtlichen Bewerbern in gleicher Art und Weise gestellt werden.
- Die Interviewer kennen die Anforderungen des Arbeitsplatzes und sind in der Gesprächsführung geschult worden.
- Die Interviewer besitzen keine Vorabinformationen über die Bewerber, damit sie unbeeinflusst von irreführende Vorurteilen in das Gespräch gehen.
- Das Gespräch wird von mehreren Interviewern geführt, die sich sowohl in der Gesprächsführung als auch in Beobachtung und Bewertung ergänzen.
- Informationsaufnahme und -bewertung werden getrennt. Eine Bewertung findet erst nach Abschluss des Gesprächs statt.
- Die Bewertung erfolgt in Bezug auf verschiedene Dimensionen, die kombiniert werden. Dazu werden Skalen zur Erfassung von Beobachtungen verwendet.

Bedeutung des Interviews

Die Bedeutung des Interviews als Selektionsinstrument ist vor allem auf die allgemeine Praktikabilität und den geringen Aufwand zurückzuführen. Dieser Vorteil reduziert sich jedoch, sobald auch die Anforderungen an das Auswahlgespräch berücksichtigt wird: So lässt sich beispielsweise zeigen, dass die Validität des Interviews für Stellen mit geringen Qualifikationsanforderungen höher ist als für Stellen mit hohen Anforderungen: Einfachere Tätigkeiten sind mit standardisierten Arbeitsgängen verbunden. Deren Beherrschung ist in einem Gespräch leichter zu klären als die Kompetenz für komplexe Problemstellungen wie beispielsweise Leitungs- oder Entwicklungsaufgaben.

Mit dieser kurzen Beschreibung wird angedeutet, dass das Interview je nach Zielsetzung ein sehr vielfältig einsetzbares Instrument ist. Sein Vorzug besteht in der großen Flexibilität in Bezug auf die Informationsgewinnung. Zudem wird dem Bewerber erschwert, seine persönlichen Eigenschaften zu verstecken, da er oft auf unvorbereitete und überraschende Situationen reagieren muss. Als Nachteil lässt sich aufführen, dass das Interview stark von den subjektiven Wertungen des Interviewers geprägt wird, die einer objektiven Beurteilung entgegenstehen können. Diesem Nachteil kann jedoch entgegengewirkt werden, indem verschiedene Personen ein Interview durchführen oder mehrere Personen an einem Interview teilnehmen.

9.3.3   Psychologische Testverfahren

Weit verbreitete Auswahlinstrumente sind die psychologischen Einstellungstests, die je nach Zielgruppe unterschiedlich stark eingesetzt werden. Dem Einsatz solcher psychologischer Untersuchungen liegt die Annahme zugrunde, dass sich die Bewerber durch eine Reihe relativ stabiler Persönlichkeitsmerkmale unterscheiden, die erstens messbar und zweitens signifikant genug sind, um aufgrund dieser Informationen Prognosen über die zukünftigen Leistungsunterschiede der getesteten Personen abgeben zu können. Es wird mit anderen Worten versucht, eine Kausalbeziehung zwischen bestimmten persönlichen Eigenschaften und dem zukünftigen Verhalten herzustellen. Psychologische Testverfahren für die Berufseignungsdiagnose werden in der Regel in drei Gruppen unterteilt: Intelligenztests, Leistungstests und Persönlichkeitstests.

Intelligenztests
Intelligenztests werden nicht nur am längsten eingesetzt, sondern sie sind auch heute noch am weitesten verbreitet. Dies hat mehrere Gründe: Erstens sind sie leicht anzuwenden, zweitens erscheinen sie ebenso leicht auszuwerten und zu interpretieren, drittens ist die Akzeptanz solcher Tests in aller Regel hoch, und viertens gibt es auch eine große Zahl von Studien, die zeigen, dass die Intelligenz einen signifikanten Zusammenhang zum Berufs- und Führungserfolg aufweist. Erfasst werden beispielsweise sprachliche und rechnerische Fähigkeiten, Analysefähigkeiten, Erinnerungsvermögen, geistige Flexibilität und Auffassungsgabe.

Leistungstests
Mit *Leistungstests* werden Merkmale untersucht, die einen Rückschluss auf die zu erwartende Leistung erlauben und die zeigen, inwieweit die Person ihre Intelligenz, ihr Wissen und ihre Erfahrung in eine bestimmte Leistung umsetzen kann. Im Vordergrund stehen die Merkmale Konzentration, Aufmerksamkeit, Ausdauer, Genauigkeit und Arbeitsintensität. Ferner kann zwischen sensorischen Leistungstests, welche die Gesichts-, Gehör- oder Tastfunktion prüfen, und motorischen Leistungstests, welche die Reaktionszeit, die Zweihandkoordination, Fingerfertigkeit und Muskelkraft untersuchen, unterschieden werden. Die Verbreitung von Leistungstests ist vor allem im angelsächsischen Raum hoch. Generell liegt der Anwendungsbereich vor allem in der Auswahl von Auszubildenden und Facharbeitern; deutlich weniger Anwendungsmöglichkeiten gibt es in Hinblick auf Führungsaufgaben.

Den Leistungstests verwandt sind *Computersimulationen,* mit denen die Fähigkeit zur Bewältigung komplexer Entscheidungssituationen gemessen wird. Die Person erhält eine Aufgabe, die sie unter Beachtung zahlreicher Variablen, die vielfältig miteinander verknüpft und von ihr nur beschränkt beeinflussbar sind, zu lösen hat. Sie soll sich beispielsweise in die Lage eines Managers versetzen, der die Aufgabe hat, über mehrere Geschäftsperioden hinweg einen möglichst hohen Ertrag zu erwirtschaften. Dazu kann die Person das Leistungsangebot verändern, Werbemaßnahmen einleiten und ihre Mitarbeiter motivieren, muss dabei aber auch mit Lieferanten und Konkurrenten verhandeln und auf unvorhergesehene Ereignisse reagieren.

Persönlichkeitstests

Die letzte Kategorie psychologischer Testverfahren bilden die *Persönlichkeitstests,* die je nach Zielsetzung oder untersuchten Merkmalen in Eigenschafts-, Interessen-, Einstellungs-, Charakter- und Typentests unterteilt werden können. Diese Tests versuchen, mit Hilfe geeigneter Methoden persönliche psychische Merkmale bzw. deren Ausprägung zu messen, die bei der Erfüllung der zukünftigen Aufgaben von Bedeutung sind. Meistens wird dabei die unbewusste Ebene der Psyche angesprochen, damit die latent vorhandenen, aber nur in spezifischen Situationen aktualisierten und zum Vorschein kommenden Eigenschaften erfasst werden können. Beispiele psychischer Merkmale sind Durchsetzungsvermögen, Einfühlungsvermögen, Kooperationsbereitschaft und Toleranz. Ursprünglich wurden die meisten Persönlichkeitstests für klinische Anwendungen, d.h. die Behandlung von psychischen Störungen, entwickelt. Ihre Übertragung auf den Bereich der Berufseignungsdiagnostik ist sachlich und ethisch fragwürdig: Die Tests greifen tief in die Persönlichkeit ein und haben nur eine mäßige Vorhersagevalidität in Bezug auf den Berufserfolg. Dies lässt sich dadurch erklären, dass die untersuchten Merkmale allgemein konstruiert sind und sich nur schwer mit Arbeitsplatzanforderungen in Verbindung bringen lassen. Zudem provoziert die Durchschaubarkeit der Fragen, bei geringer Akzeptanz durch die meisten Bewerber, Testverfälschungen.

Beurteilung von Tests

Die Vielzahl der in der Praxis anzutreffenden Tests deutet darauf hin, dass es keine eindeutige Methode gibt, um zu einem klaren Ergebnis zu kommen. Bei einer Beurteilung und somit bei einem Einsatz dieser Tests sind deshalb folgende Probleme zu beachten:

■ Es ist – wie auch empirisch nachgewiesen wurde – schwierig, eindeutige kausale Zusammenhänge zwischen den getesteten Merkmalen und den gefundenen Fähigkeiten und Eigenschaften herzustellen. Die isolierte Betrachtung einzelner Faktoren kann zu Fehlschlüssen führen. Der Mensch handelt als ein ganzheitliches Wesen.

- Zudem berücksichtigen die Tests nicht, dass das zukünftige Verhalten des Mitarbeiters von seiner zukünftigen Arbeitsumwelt maßgeblich beeinflusst wird. So kann ein Mitarbeiter durch einen motivationsfähigen Vorgesetzten zu einer guten Leistung geführt werden. Die Tests lassen auch außer Acht, dass das Anreizsystem einen wesentlichen Einfluss auf das Verhalten des Bewerbers ausüben kann.
- Testsituationen entsprechen nicht realen Gegebenheiten. Die bei vielen Menschen beobachtbare Testangst führt zu Stressreaktionen und kann die Ergebnisse verzerren. Im gleichen Zusammenhang sind Widerstände und die daraus folgenden Abwehrreaktionen gegen solche Tests zu erwähnen.
- Empirische Untersuchungen zeigen auch, dass die Ergebnisse vieler Tests maßgeblich durch die Testsituation beeinflusst werden, beispielsweise die Umgebung, in welcher der Test stattfindet, und die momentane persönliche Situation des zu Testenden selbst.
- Viele Tests (z.B. Rorschach-Test) bedürfen einer qualitativen Interpretation, d.h. es resultieren keine quantitativ eindeutig messbaren Ergebnisse. Jede Interpretation enthält aber subjektive Elemente.

Grafologie

Die *Grafologie* ist ein Verfahren, das gelegentlich noch in Frankreich und in der Schweiz, aber kaum mehr in Deutschland angewandt wird. Dieses Verfahren ist den Persönlichkeitstests verwandt. Grafologen schließen von Merkmalen der Handschrift auf die Persönlichkeit und Verhaltensmuster des Schreibers. Grundlage dafür ist die Erkenntnis, dass die persönliche Handschrift individuell und Ausdruck psychischer Tendenzen im weitesten Sinne ist. Während diese Überzeugung unstreitig ist, lassen sich bis heute in wissenschaftlichen Studien keine signifikanten Zusammenhänge mit dem beruflichen Erfolg nachweisen. Dass dieses Auswahlverfahren immer noch praktiziert wird, ist wohl darauf zurückzuführen, dass das Verfahren den Anwender fasziniert und plausibel erscheint. Grafologische Gutachten erwecken – ähnlich wie astrologische Analysen – offensichtlich den Eindruck, dass sie die Persönlichkeit des Bewerbers in ihren Grundelementen ausleuchten und dem Entscheider Einblicke ermöglichen, die kein anderes Verfahren in dieser Vielfalt bietet. Außerdem ist der Aufwand überschaubar, sofern man das Einverständnis des Bewerbers hat. Die Akzeptanz des Verfahrens ist allerdings gering, und Unternehmen riskieren damit unter Umständen ihren Ruf als seriöse Arbeitgeber.

| 9.3.4 | **Assessment Center** |

Die *Arbeitsprobe* ist ein wichtiges Auswahlinstrument, wenn es um handwerkliche Fertigkeiten im weitesten Sinne geht. Für komplexe Tätigkeiten ist sie jedoch kaum praktikabel. Für solche Positionen wurde der Ansatz des Assessment Center entwickelt. Unter diesem Begriff werden in der Regel eignungsdiagnostische Verfahren zusammengefasst, die folgende Merkmale aufweisen:

Merkmale von Assessment Centers

- Es werden gleichzeitig mehrere Bewerber vergleichend beurteilt.
- Über einen Zeitraum von einem bis drei Tagen wird eine Reihe unterschiedlicher Testverfahren angewandt, die eine Vielzahl von Auswahlkriterien abdecken.
- Der Schwerpunkt liegt auf Testverfahren, welche Verhaltensbeobachtungen in Situationen ermöglichen, die dem späteren Einsatzgebiet der betreffenden Position gleichen.
- Beobachtung und Beurteilung werden auf der Grundlage standardisierter Auswertungsbögen von mehreren geschulten Beobachtern vorgenommen.

Einsatzgebiete

Assessment Center kommen in erster Linie bei der Auswahl von Führungsnachwuchskräften zum Einsatz. Entsprechend liegt der Schwerpunkt auf der Beurteilung der individuellen Führungs- und Problemlösungsfähigkeiten. Ähnlich wie beim Interview beruht die Qualität eines Assessment Center in der Praxis auf der Strukturierung von Beobachtung und Beurteilung und damit auf der Fähigkeit und Motivation der Beobachter, sich dieser Struktur im Auswahlprozess zu unterwerfen.

Sogenannte situative Verfahren, in denen reale Arbeitssituationen unter Laborbedingungen simuliert werden, nehmen im Assessment Center eine zentrale Stellung ein. Unterscheiden lassen sich dabei Einzelübungen (Postkorb, Präsentation und Fallstudie) und Gruppenübungen (Planspiele, Diskussionen, Konstruktionsübungen und Rollenspiele):

Übungen im Assessment Center

- *Postkorb:* Die Teilnehmer müssen in knapp bemessener Zeit eine Vielzahl von Einzelinformationen, die als schriftliche Notizen vorliegen, selektieren, kombinieren und ordnen sowie Entscheidungen über ihre Vorgehensweise treffen. Geprüft werden damit analytische Fähigkeiten, Flexibilität, Systematik, Entscheidungsverhalten und der Umgang mit Stress.
- *Präsentation:* Die Teilnehmer erhalten die Aufgabe, nach einer kurzen Vorbereitung zu einem vorgegebenen Thema einen Vor-

trag zu halten. Neben der Beurteilung der fachlichen Qualität des Vortrags stehen die Selbstdarstellung und die mündliche Ausdrucksfähigkeit im Mittelpunkt.

- *Fallstudien* sind häufig die Grundlage für Präsentationen und dienen neben der Beurteilung fachspezifischer Kenntnisse vor allem der Einschätzung der individuellen Problemlösungstechnik.
- *Planspiele* sind ähnlich gelagert wie Fallstudien, werden aber in der Regel von der Gruppe bearbeitet, was Beobachtungen ermöglicht, wie einzelne Personen ihre individuelle Problemlösungsfähigkeit in der Gruppe einsetzen.
- *Diskussionen* sind auf die individuelle Sozialkompetenz ausgerichtet, können aber sehr unterschiedlich gestaltet werden, je nachdem, wie spezifisch die inhaltlichen Vorgaben sind und ob eine formale Moderatorenrolle vergeben wird.
- *Rollenspiele* stellen ebenfalls Diskussionen dar, jedoch erhalten die Beteiligten Vorgaben zu ihrer Person oder individuelle Informationen zum Sachproblem. Ob das Rollenverhalten Schlüsse über tatsächliche dominante Handlungsmuster einer Person zulässt, hängt nicht nur davon ab, ob die Person sich mit ihrer Rolle identifizieren kann. Von Bedeutung ist auch, ob sie den Zweck des Rollenspiels versteht, um bewusst handeln zu können, und ob die Rolle ausreichenden Spielraum für individuelle Auslegungen lässt.
- *Konstruktionsübungen:* Die Gruppe erhält die Aufgabe, mit beschränkten Ressourcen ein Bauwerk zu errichten oder auf Basis von Einzelinformationen, die an die Gruppenmitglieder verteilt wurden, eine logische Aufgabe zu lösen. Ähnlich wie in Rollenspielen soll sichtbar werden, wie die individuelle Sozialkompetenz ausgeprägt ist. Jedoch werden bei dieser Übung weitere Aspekte des Handelns miteinbezogen. Erwartet wird, dass das Verhalten des Einzelnen weniger kontrolliert ist als in einer reinen Gesprächssituation.

Validität und Reliabilität von Assessment Centers

Die Validität und Reliabilität des Assessment Center beruht auf mehreren Merkmalen, die einzeln auch andere Selektionsverfahren aufweisen, sich in der Kombination aber nur in diesem Ansatz umsetzen lassen:

- Beobachtung und Bewertung werden getrennt. Die Beobachtung wird in einem Fragebogen individuell festgehalten, während die Bewertung in der Beobachtergruppe in einer anschließenden Diskussion erfolgt.
- Bewertungen erfolgen auf der Basis beobachteten Verhaltens. Vermieden werden spekulative und emotional gefärbte Annahmen.

- Die Beobachter beobachten unabhängig voneinander einzelne Kandidaten, wobei die Zuordnung von einer Übung zur nächsten verändert wird, sodass Einzelurteile verschiedener Personen gegenseitig überprüft werden und ein möglichst objektives Gesamtbild entsteht.
- Die Kombination unterschiedlicher Übungen für gleiche Kriterien erhöht die Zuverlässigkeit einzelner Diagnoseverfahren. Der lange Beobachtungszeitraum reduziert außerdem Fehleinschätzungen aufgrund von Frühstarter- oder Spätzündereffekten.
- Gegenstand ist die Bewährung in Situationen, welche die Anforderungen des späteren Aufgabengebiets weitgehend abbilden.

Eine Variante des Assessment Center ist das *Einzelassessment*. Die Besonderheit liegt hier darin, dass die beurteilte Person sich allein präsentiert und einem Fachpsychologen gegenübersteht, der unter Umständen von einem Firmenvertreter begleitet wird. Der Gruppenkontext fällt somit auf beiden Seiten weg. Inhaltlich liegt der Schwerpunkt auf der multimethodischen Prüfung der kognitiven Fähigkeiten. Der zeitliche und finanzielle Aufwand pro Person ist dem Gruppenassessment vergleichbar, der Beurteilungsprozess jedoch weniger komplex. Die Kandidaten nehmen Einzelassessments in höherem Maße als kontrollierbar wahr; dementsprechend größer ist die zu erwartende Akzeptanz des Verfahrens.

Literaturhinweise

Werner Sarges (Hrsg.) (2013): Management-Diagnostik. 4. Auflage.
Dieser Sammelband vereinigt eine große Zahl von Einzelbeiträgen zu sämtlichen Aspekten der Eignungs- und Leistungsbeurteilung und ist seit vielen Jahren ein Standardwerk in diesem Feld.

Heinz Schuler & Uwe Peter Kanning (2014): Lehrbuch der Personalpsychologie. 3. Auflage.
Wie der Sammelband von Sarges hat auch dieses Buch den Charakter eines Standardwerks. Die Themen sind hier breiter gestreut, behandeln aber ähnlich fundiert die wesentlichen Grundlagen für die Gestaltung von Feedback-Systemen.

Doris Brenner (2003): Neue Mitarbeiter suchen, auswählen, einstellen.
Ein Praxisleitfaden für die Durchführung eines Bewerbungsverfahrens von der Personalsuche bis zur Einführung mit zahlreichen Checklisten und Formularen.

Baustein 10
Neue Mitarbeiter integrieren

Warum brauchen Unternehmen Einführungsprogramme für neue Mitarbeiter?

Unternehmen, Abteilungen und Teams sind Lebenswelten mit eigenen Regeln. Sie erreichen ihre Ziele, indem sich die dort arbeitenden Menschen an die vorgegeben Regeln halten. Die Regeln ergeben sich nicht nur aus Stellenbeschreibungen und Arbeitsanweisungen, sondern sie sind auch Teil der Organisationskultur. Einführungsprogramme dienen demnach dazu, dass sich neue Mitarbeiter eingehend mit den formalen und informellen Regeln, die im Unternehmen oder im Team gelten, vertraut machen. Sie wirken also einerseits disziplinierend. Auf der anderen Seite werden neue Mitarbeiter auch eingestellt, damit sie neue Ideen und Sichtweisen in das Unternehmen tragen. Mit diesem «anderen Blick» werden sie vom ersten Arbeitstag an mit dem konfrontiert, was die bisherigen Mitarbeiter als richtig, wichtig und bewährt ansehen. Somit kann ein Einführungsprogramm auch die Aufgabe haben, den neuen Mitarbeitern die Scheu zu nehmen, ihre eigenen Vorstellungen zu äußern und umzusetzen. Zwischen diesen beiden Polen bewegt sich der Entscheidungsträger, wenn er sich die Frage stellt: Warum könnten wir ein systematisches Einführungsprogramm brauchen?

	Inhalt

10.1 Unternehmens- und Teamkultur 299

Wie wird der Mensch durch die Organisation, in der er arbeitet,
geprägt?

10.2 Sozialisation und Integration 302

Wie verläuft eine erfolgreiche Integration neuer Mitarbeiter?

10.2.1 Betriebliche Sozialisationsprozesse 303
10.2.2 Ursachen und Formen gescheiterter Integration 306

10.3 Personaleinführung 309

Wie lässt sich eine erfolgreiche Integration steuern?

Wie wird der Mensch durch die Organisation, in der er arbeitet, geprägt?

Mit dem Eintritt in eine Organisation wird der neue Mitarbeiter mit Anforderungen konfrontiert, die mit den ihm übertragenen Aufgaben verbunden sind. Diese Anforderungen ergeben sich nicht nur aus der formalen Stellenbeschreibung für die jeweilige Position, sondern auch aus informellen Erwartungen von Vorgesetzten, Kollegen oder externen Kooperationspartnern, die an die Person gerichtet sind. Solche Erwartungen sind Ausdruck der Organisationskultur, d.h. der Kultur des Unternehmens, der Abteilung oder des Teams, in denen die Position des neuen Mitarbeiters angesiedelt ist.

> Die *Organisationskultur* ist die Gesamtheit aller Strukturen und Abläufe, Regeln und Routinen, Normen und Werte, die ein Unternehmen (oder auch eine Abteilung oder Arbeitsgruppe) kennzeichnen und von anderen Organisationen unterscheiden.

Ebenen der Organisationskultur

Der amerikanische Organisationsforscher Schein (1985) hat eine Typologie zur Untersuchung von Organisationskulturen eingeführt, auf die seither immer wieder zurückgegriffen wird. Er geht von drei Ebenen der Kultur aus, die sich vor allem dadurch unterscheiden, wie sie den Organisationsmitgliedern bewusst und für einen Beobachter von außen wahrnehmbar sind (▸ Abb. 37). Häufig wird zur Beschreibung der Organisationskultur auch die Eisbergmetapher verwendet. Danach ist die Kultur für den Beobachter wie ein Eisberg nur zu einem geringen Teil sichtbar; der größte Teil lässt sich, da er

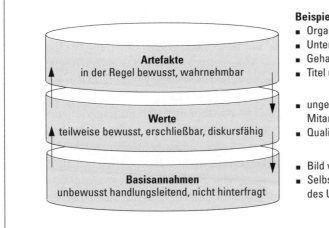

▲ Abb. 37   Ebenen der Organisationskultur nach Schein (1985)

quasi unter der Wasserlinie liegt, nur indirekt erschließen, aber nicht direkt beobachten.

Die Grundlage einer Organisationskultur sind die sie prägenden *Basisannahmen* über das Unternehmen und seine Ziele sowie die Stellung, die den Mitarbeitern darin zukommt. Basisannahmen können Ergebnis der unternehmerischen Idee sein, die das Unternehmen tragen und sich auch nach dem Rücktritt der Unternehmensgründer erhalten und verselbständigt haben. Sie prägen die Werte und das Verhalten der Mitarbeiter, ohne dass ihnen dies bewusst sein muss. Beispiele dafür sind die Überzeugung von Lehrenden und Studierenden einer Privathochschule, gegenüber den staatlichen Hochschulen eine Elite zu repräsentieren, oder der Grundsatz in einem Industrieunternehmen, dass Sparsamkeit und unbedingte Qualitätsorientierung die Grundlagen des Erfolgs des Unternehmens im Markt seien. Basisannahmen prägen den Einzelnen umso stärker, je höher seine Identifikation mit dem Unternehmen und deren Tradition ist. Für Außenstehende bleiben die Basisannahmen unsichtbar oder lassen sich nur schwer entschlüsseln. Der Eindruck, den solche Basisannahmen beim Außenstehenden erzeugen, ist aus dem Alltag bekannt: Wenn man beispielsweise als 50-Jähriger erstmalig eine Diskothek betritt, die sonst nur von 15- bis 20-Jährigen besucht wird, oder wenn man sich als Nicht-Anthroposoph im Goetheanum in Dornach bei Basel aufhält. Man spürt, dass die betreffenden Organisationen von Basisannahmen getragen werden, die einem selbst fremd sind, man ist aber nicht ohne weiteres in der Lage, sie zu begreifen und sich ihnen entsprechend zu bewegen.

Auf den Neueinsteiger wirken Basisannahmen nur dann direkt prägend, wenn sie Ausdruck in der sichtbaren Kultur finden. Unternehmen, die auf starken Basisannahmen beruhen, diese aber nicht sichtbar machen, sind nur beschränkt wachstumsfähig, weil die Integrationshürde für neue Mitarbeiter zu hoch ist, um sich langfristig zu binden. Neue Mitarbeiter sehen sich dann fortlaufend mit Erwartungen konfrontiert, die sie nicht vollständig entschlüsseln können. Sie spüren, dass sie ungewollt wiederholt gegen ungeschriebene Regeln verstoßen, werden zunehmend frustriert und gehen dann nach Möglichkeit dazu über, sich nach einer anderen Stellung umzusehen, weil sie im Unternehmen keine langfristige Perspektive sehen. Eine Alternative zur Übersetzung von Basisannahmen in Artefakte ist die persönliche Einführung und Betreuung in den ersten Arbeitswochen. Sie setzt aber voraus, dass der betreffende Betreuer in der Lage ist, die Basisannahmen zu reflektieren, um ihre Bedeutung an den Neueinsteiger weitergeben zu können.

2. Ebene: Werte

Werte sind den Basisannahmen dahingehend verwandt, dass sie für Außenstehende ebenfalls nicht ohne weiteres erkennbar sind. Auch sind die Übergänge von Basisannahmen zu Werten in der Realität wohl fließend. Es handelt sich bei den Werten um geteilte Überzeugungen darüber, was im Unternehmen (oder im Team) als richtig oder falsch, wichtig oder unwichtig, erstrebenswert oder abzulehnen gilt. In der Regel sind diese Werte den Organisationsmitgliedern bewusst und werden neuen Mitarbeitern gegenüber auch offen gelegt, wenn gegen sie verstoßen wurde. Werte prägen den Neueinsteiger in dem Umfang, wie sie offen kommuniziert werden (z. B. in Führungsgrundsätzen oder einem Kleidungskodex). Typische Bereiche, in denen die Wertvorstellungen von Unternehmen, Abteilungen oder Teams zum Ausdruck kommen, sind beispielsweise Erwartungen an

- das äußere Erscheinungsbild und das Verhalten gegenüber Kunden oder sonstigen Kooperationspartnern des Unternehmens,
- das Verhalten in internen Führungs- und Kooperationsbeziehungen (das Verhalten als Führungskraft, als Kollege oder als Mitarbeiter),
- Arbeitsweisen und Prioritätensetzung (z. B. Zuverlässigkeit, Schnelligkeit).

3. Ebene: Artefakte

Auch wenn die Eisbergmetapher suggeriert, dass die Kultur einer Organisation stets nur zu einem kleinen Teil sichtbar ist, lässt sich ein Unternehmen in der Regel am einfachsten anhand seiner *Artefakte* beschreiben. Dabei handelt es sich um alle Elemente der Organisationskultur, die unmittelbar erfahrbar, d. h. vor allem sichtbar oder hörbar sind:

- *Unternehmensorganisation* (Ablauf- und Aufbauorganisation): Unternehmen unterscheiden sich nach dem Grad ihrer Formalisierung, Standardisierung, Hierarchie und Kontrollspanne, Spezialisierung und der Ausdifferenzierung der einzelnen Bereiche. Diese Merkmale prägen den Einzelnen, indem sie ihm eine Position und die damit verbundenen Handlungsmöglichkeiten und -grenzen zuweisen. So wird beispielsweise eine hochdifferenzierte Organisationsstruktur mit vielen spezialisierten Aufgaben unter den Mitarbeitern eher Expertentum als Teamorientierung fördern.
- *Managementsysteme:* Die Kultur eines Unternehmens kommt stark darin zum Ausdruck, welches Verhalten durch Feedback-, Anreiz- und Gehaltssysteme gefördert wird. Wenn sich der Leistungsbonus nur an der individuellen Leistung orientiert, drückt sich darin eine individualistische Kultur aus, während ein einheitlicher Jahresbonus abhängig vom Gewinn des Unternehmens eher

eine patriarchalische Grundüberzeugung der Unternehmensleitung ausdrückt.

- *Handlungsmuster:* Dazu zählen der tatsächlich praktizierte Führungsstil, Umgangsformen, Rituale und Zeremonien oder eine
  spezifische Art und Weise, wie an bestimmte Probleme heran-
  gegangen wird.
- *Verbale Äußerungen:* Dazu zählen Anekdoten der Unternehmens-
  geschichte, ein bestimmter Sprachgebrauch oder Jargon, Witze
  oder Tabus. Zusammen mit den Handlungsmustern formen sie das
  Arbeitsklima in einem Unternehmen oder Team.
- *Corporate Design:* Das äußere Erscheinungsbild eines Unternehmens drückt sich in einem breiten Spektrum von Objekten aus: die
  Architektur seiner Gebäude, der Webauftritt, Logos und Werbe-
  botschaften, Korrespondenzpapier und Visitenkarten.

Die Wirkung von Artefakten auf die Mitarbeiter in einem Unternehmen oder die Mitglieder eines Teams ist ambivalent: Für neue Mitarbeiter bieten Artefakte wichtige Anhaltspunkte, um Erwartungen
und Anforderungen einschätzen zu können. Dies gilt besonders
dann, wenn die Artefakte für prägende Basisannahmen und Werte
des Unternehmens stehen. Auf der anderen Seite ist davon auszugehen, dass die Kultur eines Unternehmens einem ständigen Wandel
unterworfen ist. Die Artefakte geben Basisannahmen und Werte
wieder, die zu einem bestimmten Zeitpunkt gültig waren, aber sich
inzwischen verschoben haben. Die Informationen, die ein Neueinsteiger dann beispielsweise aus einem Führungsleitbild oder einer
Betriebsvereinbarung zur betrieblichen Weiterbildung zöge, wären
dann irreführend. Deshalb wirken die Artefakte als sichtbare Zeichen
der Unternehmenskultur nur dann nachhaltig und für die Integration
neuer Mitarbeiter unterstützend, wenn sie aktuell und konsistent
sind. Konsistenz bedeutet, dass Basisannahmen, Werte und Artefakte
allesamt dieselben Erwartungen an Mitarbeiter im Unternehmen
oder Mitglieder eines Teams zum Ausdruck bringen.

10.2   Sozialisation und Integration

Wie verläuft eine erfolgreiche Integration neuer Mitarbeiter? Mit dem Eintritt in ein Unternehmen setzt ein Prozess ein, in dem der
Neueinsteiger Erwartungen, die er an sich gerichtet sieht, aufnimmt,
um entsprechend darauf zu reagieren. Dieser Prozess ist entscheidend dafür, in welchem Ausmaß sich der neue Mitarbeiter im Team
bzw. Unternehmen integriert fühlt.

> *Sozialisation* ist der Prozess, in dem eine Person die Werte, Normen und Regeln einer Organisation oder einer Gruppe übernimmt und verinnerlicht, sodass sie diese als selbstverständlich annimmt.

10.2.1 Betriebliche Sozialisationsprozesse

Phasen
der betrieblichen
Sozialisation

Der Sozialisationsprozess, den neue Mitarbeiter mit dem Unternehmensziel einer erfolgreichen Integration durchlaufen, lässt sich in drei Phasen gliedern:

- *Vor-Eintrittsphase:* In dieser Phase findet eine antizipierende Sozialisation statt. Dies bedeutet, dass der neue Mitarbeiter Erwartungen an das Unternehmen und seine Kultur sowie an die von ihm angestrebte Position entwickelt. Solche Erwartungen bauen sich aufgrund des öffentlich wahrnehmbaren Image des Unternehmens (vgl. Abschnitt 8.1), aber auch durch den Webauftritt, Firmenbroschüren, Personalimageanzeigen und persönliche Kontakte zu Firmenangehörigen auf.
- *Eintrittsphase:* Während die Vorbereitungsphase durch eine schrittweise Übernahme antizipierter Rollenerwartungen gekennzeichnet ist, wird die Eintrittsphase eher als plötzliche Konfrontation mit unbekannten Anforderungen erlebt. Die Eindrücke sind emotional aufgeladen und wirken sich direkt auf die Leistungs- und Bindungsmotivation aus. Gezielte Maßnahmen, durch die das neue Mitglied mit seiner Tätigkeit und seinem sozialen Umfeld vertraut gemacht wird (beispielsweise eine Patenschaft oder eine Einführungsveranstaltung), sind in dieser Situation hoher wahrgenommener Unsicherheit sehr wirksam.
- *Veränderungsphase:* In dieser Phase vollzieht sich der Wandel vom Neu- zum Vollmitglied der Organisation. Die Erwartungen, welche die Person an sich gerichtet sieht, werden selbstverständlich und verschwimmen in der bewussten Wahrnehmung.

Sozialisationsträger

Diese drei Phasen des Sozialisationsprozesses durchläuft jedes Mitglied einer Organisation und zwar unabhängig davon, in welchem Umfang die Person am Ende integriert ist. In diesem Prozess wirken verschiedene Personen als *Sozialisationsträger* mit. Dabei handelt es sich um Personen, die im Sozialisationsprozess auf den neuen Mitarbeiter einwirken und damit seine Einstellungen gegenüber dem Unternehmen und seine Verhaltensweisen prägen. Jeder Träger nimmt entweder direkt über persönliche Beziehungen (z.B. Vorge-

Direkte und indirekte Einflussnahme

setzte im Mitarbeitergespräch, Kollegen in der täglichen Zusammenarbeit, Personalbetreuer im Einführungsgespräch) oder indirekt über Strukturen (z. B. Betriebsvereinbarungen, Organigramme, Räumlichkeiten) Einfluss:

- Die *Arbeitsplatzgestaltung* ist der Rahmen für die Entfaltung von Kompetenzen und Motivationen, indem sie der Person Verantwortung und Ressourcen für die zu erfüllende Arbeitsaufgabe zuweist und damit eine Rollenvorgabe darstellt.
- Die *Arbeitsgruppe* spezifiziert mit ihren Gruppennormen und Umgangsformen die aus der Arbeitsplatzgestaltung abgeleiteten Rollenvorgaben, weil sich in ihr kollektive Handlungs-, Deutungs- und Wertmuster herausgebildet haben, die sie auf jedes neue Gruppenmitglied überträgt.
- Das *Unternehmen* als Ganzes ist ein wesentlicher Bezugspunkt für die Identifikation des Einzelnen. Produkte oder Strategien prägen individuelle Orientierungen der Zustimmung oder Ablehnung. Aber auch Führungs- oder Personalgrundsätze können auf das Verhalten von Führungskräften und Mitarbeitern einwirken. Sie beziehen sich auf Personalbeurteilungsgrundsätze und Entgeltgestaltung, Regeln für den Karriereaufstieg sowie Arbeitszeit- und Urlaubsregelungen.
- Zu den *Interessengruppen,* welche auf den Einzelnen prägend einwirken können, zählen Berufsverbände, Gewerkschaften und Betriebsrat, aber auch überbetriebliche Netzwerke wie beispielsweise Karrierenetzwerke. Sie werden zu den Trägern der Personalsozialisation gezählt, weil ihre Aktivitäten in direktem Zusammenhang zur Arbeitstätigkeit stehen und deshalb indirekt auch für das Unternehmen wirksam werden.

Beurteilung der Maßnahmen

Empirische Untersuchungen zeigen, dass im Rückblick auf die Einführungsphase vor allem diejenigen Personen als prägend erlebt werden, zu denen aufgrund der Aufgabe der engste persönliche Kontakt besteht (direkte Vorgesetzte, Kollegen oder Betriebspaten). Dagegen spielen Informationsveranstaltungen oder Einführungswochen in der Wahrnehmung neuer Mitarbeiter nur eine untergeordnete Rolle. Auch im Vergleich von Mentoring und direkten Arbeitsbeziehungen zeigt sich, dass sich ein vertrauens- und respektvolles Verhältnis zum neuen Vorgesetzten und zu den neuen Kollegen signifikant auf die Arbeitszufriedenheit und das Commitment zur Organisation auswirkt, während der Einfluss eines formalen Mentorenprogramms nur schwach ist. Diese Ergebnisse machen deutlich, dass ein Einführungsprogramm mit festen Bezugspersonen in der Regel eine nachhaltigere Wirkung entfaltet als ein standardisiertes Programm, in dem die Inhalte gegenüber den vermittelnden Personen im Vordergrund stehen.

Im Prozess der Sozialisation nimmt der neue Mitarbeiter *Rollen* an, **Position und Rolle** die mit seiner Position verbunden sind. Als Rollen werden Bündel von Erwartungen bezeichnet, die auf eine Person in ihrer Funktion gerichtet sind. In der Regel sind mit einer bestimmten Position im Unternehmen oder im Team gleich mehrere Rollen verbunden, die sich gegenseitig ergänzen, aber in bestimmten Situationen auch im Widerspruch zueinander stehen können (▷ Rollen und Rollenkonflikte).

Die *Rollenvielfalt,* wie sie mit einer auf den ersten Blick eindeutigen Position verbunden sein kann, lässt sich am Beispiel eines neuen Vertriebsleiters illustrieren, der ein Team mit fünf Mitarbeitern übernimmt. Der Stellenbeschreibung sind bereits zwei unterschiedliche Rollen zu entnehmen: die *Fachrolle,* die darin besteht, den Vertrieb so zu organisieren, dass dieser Bereich seine Aufgaben effizient und zuverlässig erfüllen kann und damit zum Unternehmenserfolg beiträgt, und die *Führungsrolle* mit den Hauptzielen, die Leistungs-

---

Rollen und Rollenkonflikte

Als *Rolle* bezeichnet man in der Soziologie ein Bündel von Erwartungen, das an eine Person aufgrund ihrer Position gerichtet ist. Beispielsweise kann die Rolle einer Führungskraft bedeuten, dass die ihr unterstellten Mitarbeiter Anleitung und Unterstützung erwarten, ihre Kollegen auf gleicher hierarchischer Ebene Kollegialität und Fairness, ihr Vorgesetzter Loyalität und Leistungsbereitschaft. Rollen gehen aber für gewöhnlich über den beruflichen Bereich hinaus. Neben der Rolle als Führungskraft kann eine Person auch die Rolle als Vater bzw. Mutter oder als Vereinsmitglied übernommen haben. Jede Rolle ist mit Anforderungen verbunden, denen die Person als Rollenträger zu entsprechen versucht.

Rollenkonflikte entstehen dadurch, dass sich eine Person mit widersprüchlichen Erwartungen aus einer oder mehreren Rollen konfrontiert sieht, die sie nicht vollumfänglich erfüllen kann:

- *Inter-Rollen-Konflikte* ergeben sich daraus, dass eine Person gleichzeitig mehrere Rollen ausübt, die Erwartungen, die mit diesen Rollen verbunden sind, jedoch widersprüchlich sind. Beispiel: Ein Manager soll eine neue Position im Ausland übernehmen, um sich beruflich weiterzuentwickeln zu können. Als Familienvater mit schulpflichtigen Kindern möchte er aber einen Auslandsaufenthalt vermeiden.

- *Intra-Rollen-Konflikte* entstehen, wenn auf eine einzige Rolle unterschiedliche Erwartungen gerichtet sind. Beispiel: Von einer Führungskraft wird aufgrund des Unternehmensleitbilds erwartet, ihre Mitarbeiter kooperativ zu führen. Gleichzeitig soll sie eine von oben vorgegebene Restrukturierung und Stelleneinsparung durchsetzen.

- *Person-Rollen-Konflikte* sind die Folge mangelnder Identifikation mit der Aufgabe oder der Funktion, die eine Person innerhalb des Unternehmens hat. Sie ist nicht in der Lage, sich mit ihrer Aufgabe zu identifizieren, weil sie die Folgen nicht mit ihrer Überzeugung in Einklang bringen kann. Beispiel: Von einem Betriebsleiter mit ausgeprägtem Umweltbewusstsein wird verlangt, Giftstoffe auf aus seiner Sicht nicht sachgemäße Weise zu entsorgen.

Rollenkonflikte können, wenn sie häufiger auftreten, dazu führen, dass die betreffende Person sich nicht mehr mit ihrer Aufgabe identifizieren kann.

bereitschaft und die Zufriedenheit der Teammitglieder zu fördern. Jede Führungskraft wird früher oder später erfahren, welche Spannungsfelder zwischen den beiden Rollen bestehen; die Führungsforschung (vgl. Baustein 2) hat dementsprechend auch zwei Dimensionen des Führungsverhaltens identifiziert, die Aufgaben- und die Mitarbeiterorientierung. Zu den aufgaben- und mitarbeiterbezogenen Rollen kommen zwei weitere Rollen dazu, die mit einer Position in einer hierarchischen Organisation verbunden sind: eine *Kollegenrolle* besteht gegenüber den übrigen Bereichsleitern und eine *Mitarbeiterrolle* gegenüber dem Geschäftsführer. Rollenkonflikte entstehen, wenn die Geschäftsleitung beispielsweise ein Restrukturierungs- und Kosteneinsparungsprogramm beschließt, das der Vertriebsleiter durchsetzen soll, obwohl er damit mindestens einen seiner Mitarbeiter entlassen muss.

Externe Rollen   Weitere Rollen sind mit Beziehungen außerhalb des Unternehmens verbunden: Als Mitglied eines Berufsverbands, der professionelle Standards vertritt, muss der Vertriebsleiter sich ebenso mit möglicherweise konfligierenden Rollenerwartungen auseinandersetzen wie als Lebenspartner oder Familienvater.

Die Kernfragen für die Personalpolitik gegenüber neuen Mitarbeitern bestehen demnach darin, mit welchen Maßnahmen der Sozialisations- und Integrationsprozess gesteuert wird, in welche Rollen der neue Mitarbeiter damit eingeführt wird und wie das Unternehmen mögliche Rollenkonflikte aufzufangen versucht.

10.2.2   Ursachen und Formen gescheiterter Integration

Die organisationale Sozialisation ist durch einen grundsätzlichen Konflikt zwischen den Ansprüchen der Organisation und den Bedürfnissen des einzelnen Organisationsmitglieds gekennzeichnet. Der amerikanische Organisationspsychologe Chris Argyris (1960) hat diesen Widerspruch beschrieben: Danach liegt es in der Natur formaler Organisationsstrukturen, dass der Einzelne zu einer Einordnung nach vorgegebenen Regeln und Routinen gezwungen wird. Der erwachsene Mensch wird mit seinem Eintritt in eine Arbeitsorganisation in die Kinderrolle zurückversetzt, die er im Zuge der Reifung gerade erst hinter sich gelassen hat: Er soll sich einer vorgegebenen Zeitordnung unterwerfen, seine Aufgaben nach vorgegebenen Regeln bearbeiten und Anweisungen vorgesetzter Personen akzeptieren. Die sich ergebende Spannung ist umso größer, je niedriger die hierarchische Stellung, je direktiver der Führungsstil des eigenen Vorgesetzten ist, je höher die Aufgabenspezialisierung ist und je detaillierter die formalen Vorgaben (z. B. über Stellenbeschreibungen) sind.

Robert Presthus (1966) hat bürokratische Organisationsstrukturen untersucht und sich die Frage gestellt, wie sich solche Strukturen auf die darin arbeitenden Menschen auswirken. Dabei kam er zum Schluss, dass sich Mitarbeitende auf unterschiedliche Art und Weise an die Bedingungen einer hohen Routinen- und Regelungsdichte anpassen. Er unterscheidet drei *Anpassungstypen,* denen allerdings eine Entfremdung und damit verbunden eine geringe Loyalität gegenüber der Organisation und ihren Zielen gemeinsam ist:

- *Aufsteigende* sind der bürokratischen Organisation gegenüber positiv eingestellt und nutzen die Möglichkeiten, welche das Unternehmen bietet, zu ihrem persönlichen Aufstieg. Die eigene Karriere wird wichtiger als die Aufgabenerfüllung. Dadurch neigen sie zu Konformismus und zeigen wenig Bereitschaft, abweichende Positionen zu akzeptieren.
- *Indifferente* bilden in der Regel die nicht engagierte Mehrheit der Mitarbeiter. Die eigene Aufgabe im Unternehmen wird in erster Linie als ein Mittel – oder notwendiges Übel – angesehen, um persönliche Ziele außerhalb des Unternehmens realisieren zu können.
- *Ambivalente* stellen eine Minderheit dar, die in einem inneren Konflikt stehen zwischen dem Wunsch, sich zu engagieren, und den Zielen und Strukturen der Organisation, die sie nicht akzeptieren. Ambivalenz kann sich beispielsweise in einer undifferenzierten Widerspruchshaltung der Person gegenüber Zielen und Arbeitsweisen im Unternehmen äußern.

Je stärker ein Unternehmen zentralisiert ist und seine Arbeitsprozesse formalisiert und standardisiert sind, umso größer ist auch der Anteil von Mitarbeitern, die einem der drei Anpassungsmuster folgen. Dementsprechend lässt sich die Entstehung solcher Anpassungstypen am ehesten dadurch verhindern, dass die organisatorischen Einheiten überschaubar und die Beziehungen in der Aufgabenerfüllung persönlich verbindlich bleiben.

Allen drei Mustern ist gemeinsam, dass persönliche Zielsetzungen die Aufgabenerfüllung so weit überlagern, dass die Unternehmensziele gefährdet sind. Eine persönliche Verantwortung für die Aufgabe wird allenfalls noch für fehlerfreie Durchführung der vorgegebenen Aufgaben übernommen. Dagegen sinkt die Bereitschaft, sich auch für die Konsequenzen der Arbeitsergebnisse verantwortlich zu betrachten.

Während Argyris deutlich macht, welche Hindernisse einer erfolgreichen Integration von Menschen in eine Organisation entgegen-

Typen bürokratischer Anpassung

stehen, zeigt die Typologie von Presthus, wie sich eine gescheiterte Integration vor allem unter bürokratischen Bedingungen äußert.

Neben den drei Typen bürokratischer Anpassung kann sich eine abnehmende oder gescheiterte Integration von Mitarbeitern in einem Unternehmen oder einem Team auch in weiteren Verhaltensweisen zeigen:

Formen gescheiterter Anpassung

- *Rollendistanz:* Dieses Verhaltensmuster ist vom Soziologen Erving Goffman (1972) am Beispiel von Insassen in Gefängnissen und Patienten in Kliniken untersucht worden. Es entsteht, wenn eine Person sich einer beengenden Situation ausgesetzt sieht, der sie nicht ausweichen kann. Auch ein Mitarbeiter in einem Unternehmen kann sich in einer solchen Lage befinden, wenn er sich außerstande sieht, die an ihn gerichteten Anforderungen zu erfüllen, aber keine berufliche Alternative zur gegenwärtigen Position hat. Rollendistanz besteht darin, nach außen soweit notwendig den Anschein zu erwecken, den Erwartungen an das eigene Verhalten zu entsprechen, sich davon aber innerlich abzusetzen. Wenn die Person unbeobachtet ist, geht sie anderen Tätigkeiten als ihrer eigentlichen Aufgabe nach. Das können beispielsweise private Beschäftigungen oder eine Nebentätigkeit sein.
- *Illoyalität:* Im Kollegenkreis oder gegenüber externen Kooperationspartnern werden das Unternehmen und seine Repräsentanten oder der eigene Vorgesetzte offen kritisiert.
- *Mikropolitische Spiele:* Die Person konzentriert sich darauf, andere Personen gegeneinander auszuspielen, um auf diesem Weg von eigenen Fehlern oder Schwächen abzulenken.
- *Ausweichen in informelle Beziehungen:* Auch gegenüber Personen, zu denen in erster Linie eine formelle Arbeitsbeziehung besteht, wird im persönlichen Kontakt eine sogenannte «joking relationship» gepflegt. Damit wird eine Beziehung zwischen Personen oder Gruppen bezeichnet, bei der es den Beteiligten erlaubt ist, die anderen unabhängig von ihrem formalen Rang «auf den Arm zu nehmen», ohne dass der Betroffene dies als aggressiven oder respektlosen Akt werten darf.
- *Larmoyanz oder Aggression:* Es wird ständig über die persönliche Belastung am Arbeitsplatz geklagt; die Organisation oder der Vorgesetzte werden mit Schimpfworten oder abfälligen Bemerkungen belegt.
- *Hohe Fehlzeitenrate:* Auch wenn der Anlass für das Fehlen in gesundheitlichen Störungen begründet ist, liegt die tiefere Ursache in Unzufriedenheit oder mangelnder Integration.

Verhinderung von
gescheiterten
Integrationen

Um die Entstehung und Verbreitung dieser Formen gescheiterter Integration zu verhindern, ist es notwendig, ihre entlastende Wirkung für den betreffenden Mitarbeiter zu verstehen. Wirksame Gegenmaßnahmen bestehen zum einen darin, die Auswahl neuer Mitarbeiter (vgl. Baustein 9) so zu gestalten, dass die Wahrscheinlichkeit einer ungeeigneten Stellenbesetzung minimiert wird. Darüber hinaus kann eine erfolgreiche Integration durch ein entsprechendes Personaleinführungskonzept unterstützt werden.

10.3   Personaleinführung

**Wie lässt sich eine
erfolgreiche
Integration steuern?**

Der Gestaltungsspielraum der Personaleinführung reicht von einer kontinuierlich aufbauenden Einführung des neuen Mitarbeiters in Arbeitsweisen und Aufgabenstellungen bis zu extremen Integrationsformen wie das Prinzip des Ins-kalte-Wasser-Werfens oder die Entwurzelung. Die Entscheidung für einen bestimmten Integrationsansatz hängt von den Voraussetzungen des Mitarbeiters und von den Integrationszielen des Unternehmens ab.

> Die *Personaleinführung* umfasst alle Maßnahmen, mit denen die Integration neuer Mitarbeiter in der ersten Phase ihres Beschäftigungsverhältnisses unterstützt wird. Zu den am weitesten verbreiteten Maßnahmen zählen Informationsveranstaltungen, Mentoren- oder Patenbeziehungen und Traineeprogramme.

Aufgaben von
Einführungs-
programmen

Einführungsprogramme haben für Unternehmen gleich mehrere Aufgaben: Durch die Einführung soll gewährleistet werden, dass neue Mitarbeiter möglichst schnell ein realistisches und umfassendes Bild vom Unternehmen mit seinen Strukturen und Prozessen, Beziehungen und Ansprechpersonen und Verhaltenserwartungen erhält. Über das reine Informationsangebot hinaus kann das Ziel einer Einführung aber auch darin bestehen, Initiative und Engagement zu wecken oder direkt auf die Verhaltensmuster einzuwirken. Je nach Zielsetzung lassen sich mindestens vier *Einführungsstrategien* unterscheiden:

Einführungs-
strategien

- *Schonstrategie:* Dieser Ansatz baut auf der Überzeugung auf, dass eine langfristig erfolgreiche Integration am ehesten dadurch gewährleistet wird, dass der neue Mitarbeiter die Anforderungen an ihn in einer frühen Phase selbst bestimmt. Er erhält zu Beginn einfache Aufgaben und kann den Zeitrahmen selbst bestimmen. Die Anforderungen werden schrittweise und dem aufgabenbezogenen

Reifegrad des neuen Mitarbeiters entsprechend erhöht. Diese Vorgehensweise unterstützt die Entstehung von affektivem Commitment des Mitarbeiters, weil sie persönliche Wertschätzung und Rücksichtnahme signalisiert. Die Schwächen des Ansatzes liegen vor allem darin, dass Erwartungen aufgebaut werden, die unter erhöhten Anforderungen nicht mehr erfüllt werden können, und dass sich das persönliche Potenzial zur eigenständigen Problemlösung nicht entfaltet. Das weitgehend fehlende Leistungs- und Verhaltensfeedback verhindert zudem eine frühzeitige Klärung, ob die Anforderungen und Anreize des Unternehmens überhaupt zu den Kompetenzen und Erwartungen des neuen Mitarbeiters passen.

- *Kaltes-Wasser-Strategie:* Im Gegensatz zur Schonstrategie zielt dieser Einführungsansatz darauf ab, offen zu legen, ob der neue Mitarbeiter in der Lage ist, neuartige Problemstellungen eigenständig zu bewältigen. Die soziale Einbindung steht demgegenüber im Hintergrund. Die Anforderungen entsprechen von Beginn an denjenigen der späteren Aufgabenstellung. Damit werden selektive Integrationsbedingungen geschaffen: Wer die neuartigen Anforderungen bewältigt, bleibt im Unternehmen und entwickelt aus der Erfolgserfahrung seine organisationale Identität. Wer scheitert oder sich überfordert fühlt, scheidet dagegen frühzeitig aus. Bei dieser Strategie besteht die Gefahr, dass die Mitarbeiter eine stark individualistische Einstellung und nur eine geringe Bindung an das Unternehmen entwickeln. Dieser Nachteil wird vermindert, wenn die neuen Mitarbeiter die Einführungsphase im Team durchlaufen und die Gruppe individuelle Schwächen solidarisch ausgleicht.

- *Entwurzelungsstrategie:* Auch nach diesem Ansatz wird der neue Mitarbeiter von Beginn an mit hohen Anforderungen konfrontiert. Gleichzeitig werden die Verbindungen zum vertrauten Umfeld gekappt und neue Einstellungen und Verhaltensmuster durchgesetzt. Dieses Prinzip kommt zwar vor allem in disziplinierenden Organisationen (z.B. Militär, Gefängnisse, geschlossene psychiatrische Kliniken) zum Einsatz, die auf der vollständigen Kontrolle des Einzelnen beruhen. Ansatzweise findet sich diese Strategie auch in Einführungsprogrammen, bei denen die neuen Mitarbeiter nicht nur bis in die Nachtstunden hinein mit Projektaufgaben beschäftigt sind, sondern zusätzlich intensiv auf das Unternehmen mit seinen Zielen und Arbeitsweisen hin geschult werden, sodass sich ihre Kontakte zum bisherigen Bekanntenkreis auf ein Minimum reduzieren. Mit dieser Strategie wird eine starke Bindung an das Unternehmen und das Team angestrebt, die sich aus den Erfahrungen in der Extremsituation herausbilden sollen. Der Erfolg beruht darauf, dass die Isolierung vom bisherigen Umfeld dauerhaft besteht und durch den Mitarbeiter auch akzeptiert wird.

■ *Strategie der entwicklungsorientierten Einführung:* Dieser Ansatz geht einen Mittelweg zwischen den drei Extremstrategien. Ziel ist es, den neuen Mitarbeiter rasch und gezielt an die Anforderungen der neuen Position heranzuführen. Dabei werden die Bedingungen so gestaltet, dass der neue Mitarbeiter seinen Fähigkeiten entsprechend gefordert wird und sich so schrittweise weiterentwickelt.

Entwicklungsorientierte Einführungsprogramme

Entwicklungsorientierte Einführungsprogramme bewegen sich zwischen den beiden Polen der offenen individuellen Einführung und dem strukturierten Traineegruppenkonzept. Die *offene individuelle Einführung* ist tendenziell informell und unsystematisch gestaltet. Der neue Mitarbeiter wird in unmittelbarem Zusammenhang mit seiner Tätigkeit und den jeweiligen Rahmenbedingungen eingeführt, wobei der Sozialisationsprozess schrittweise erfolgt und als relativ

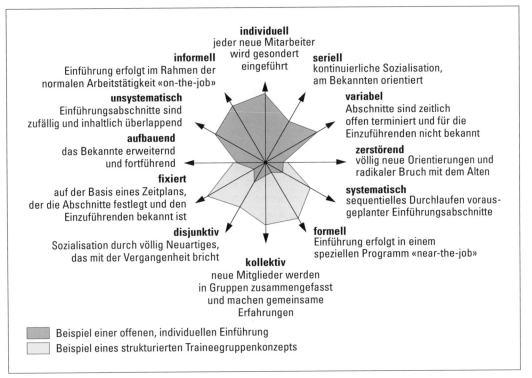

▲ Abb. 38   Typen von Einführungsprogrammen (nach Van Maanen & Schein 1979)

kontinuierlich erlebt wird. Soweit möglich, finden die einzelnen Maßnahmen on-the-job statt. Die Abfolge der einzelnen Maßnahmen orientiert sich am aktuellen Bedarf und erfolgt eher zufällig und mit inhaltlichen Überlappungen. Im *strukturierten Traineegruppenkonzept* werden neue Mitarbeiter (häufig Führungsnachwuchskräfte) zu einer Gruppe zusammengefasst und in einem strukturierten und systematisch geplanten Programm sozialisiert. Dies ermöglicht, die Einführung auf grundlegend neue Erfahrungen auszurichten. Die Entwicklungsschritte sind in der Regel vorausterminiert und in ihrer Abfolge inhaltlich aufeinander abgestimmt. Traineeprogramme sind in der Praxis überwiegend bereichsübergreifend und zunehmend auch international ausgerichtet. Empirische Untersuchungen zeigen, dass sich Einführungsprogramme anhand von fünf Ausprägungen konsistent beschreiben lassen. In ◄ Abb. 38 sind diese Ausprägungen oberhalb bzw. unterhalb der horizontalen Linie dargestellt. Die Horizontale mit den Polen «aufbauend – zerstörend» bildet weitere Ausprägungen, die aber in der Praxis – so zeigen die empirischen Studien – weder mit der individuellen Einführung, noch mit dem strukturierten Traineegruppenkonzept zwingend verbunden sind.

Einführungsprogramme können eine ganze Reihe von *Funktionen* übernehmen:

Funktionen

- *Fachliche Einarbeitung:* Das Programm soll gewährleisten, dass sich der neue Mitarbeiter konzentriert auf seine Aufgaben und die damit verbundenen Anforderungen vorbereiten kann. Dabei kommen dem direkten Vorgesetzten und darüber hinaus auch Experten aus dem Kollegenkreis zentrale Rollen zu.
- *Information über das Unternehmen:* Steht diese Funktion im Vordergrund, macht sich der Mitarbeiter mit Strukturen und Prozessen des Unternehmens in Informationsveranstaltungen oder in einer Phase mehrmaligen Bereichswechsels vertraut.
- *Soziale Integration:* Ziel der Einführungsphase kann es auch sein, eine rasche Integration des neuen Mitarbeiters in seine Abteilung oder sein Team und eine klare Orientierung an den vorgesehenen Karrierewegen zu erreichen. Dazu können außerberufliche Aktivitäten oder eine Projektarbeitsphase beitragen, in der die neuen Mitarbeiter sich in Teams mit aktuellen Problemstellungen außerhalb der täglichen Arbeit befassen. *Mentoren* kommen vor allem da zum Einsatz, wo Nachwuchskräften frühzeitig Karrierewege aufgezeigt werden sollen. *Individuelle Einführungsprogramme* fördern die Integration in einem überschaubaren Kreis von Bezugspersonen. Der *Traineegruppenansatz* ist dagegen eher ge-

eignet, die Bindung an das Gesamtunternehmen zu unterstützen; gleichzeitig besteht aber die Gefahr einer Kastenbildung unter den Nachwuchskräften, was zusammen mit dem damit verbundenen häufigen Stellenwechsel in der Einführungsphase eine persönliche Bindung an die bisherigen Mitarbeiter im Unternehmen erschwert.

- *Bindung:* Die Bindungsfunktion (vgl. Baustein 7) spielt bei der Gestaltung von Einführungsprogrammen vor allem da eine Rolle, wo neue Mitarbeiter in ihrer neuen Position mit hohem Stress und neuartigen Anforderungen konfrontiert sind. Hier besteht die Gefahr, dass sie sich bereits frühzeitig überfordert fühlen und das Unternehmen wieder verlassen. Das begleitende Einführungsprogramm kann hier ein Gegengewicht zu einer Einstiegssituation bilden, die – geplant oder ungeplant – dem Prinzip der Entwurzelung oder des «Ins-kalte-Wasser-Werfens» folgt.

Wirkung
von Einführungs-
programmen

Empirische Studien (vgl. dazu die Übersicht bei Neuberger 1990, S. 141 ff.) zeigen, dass sich die Wirkung von systematischen Einführungsprogrammen bei neuen Mitarbeitern nur schwer kontrollieren lässt. Vorgesetzte, die neue Mitarbeiter einführen, überschätzen in der Regel die Konsistenz ihrer Erwartungssignale: Sie frustrieren die Ansprüche neuer Mitarbeiter an Feedback, Wertschätzung oder Entwicklungsperspektiven, indem sie während der Einführung hohe Erwartungen aufbauen, die sie in der Folge nicht einlösen. Bemerkenswert sind auch die Zusammenhänge zwischen dem Ausmaß an Vorinformationen in der Einführungsphase und der Zufriedenheit von Neueinsteigern nach den ersten Wochen ihrer Beschäftigung: Der Grad an Vorinformation wirkt sich verstärkend auf die Anspruchshaltung gegenüber dem Unternehmen und auf die Wahrscheinlichkeit von Enttäuschungen aus. Gleichzeitig geht aber die Wahrscheinlichkeit zurück, dass die Neueinsteiger unangenehme Überraschungen erleben, negative Zukunftsbilder aufbauen und deshalb nach der Einführungsphase unzufrieden sind. Mit der Chance einer gezielten Integrationssteuerung neuer Mitarbeiter besteht also immer auch die Gefahr, dass die neuen Mitarbeiter in ihren Erwartungshaltungen enttäuscht werden und die Möglichkeit verlieren, individuelle Wege der Integration in Team und Unternehmen zu gehen.

Literaturhinweise

Oswald Neuberger & Ain Kompa (1993): Wir, die Firma: Der Kult um die Unternehmenskultur.
Dieses Buch stammt aus der Zeit, als sich die Organisationskulturforschung gerade auf dem Höhepunkt befand. Es ist bis heute eine der prägnantesten und anschaulichsten Darstellungen zum Thema, führt in die theoretischen Perspektiven ein und enthält zahlreiche Illustrationsbeispiele aus der Unternehmenspraxis.

Oswald Neuberger (1994): Personalentwicklung, Kapitel 3: Betriebliche Sozialisation. 2. Auflage.
Dieses Lehrbuchkapitel beleuchtet diesen in der Literatur zum Personalmanagement ansonsten vernachlässigten Aspekt der Personalpolitik aus verschiedenen Perspektiven.

Horst Bosetzky, Peter Heinrich & Jochen Schulz zur Wiesch (2002): Mensch und Organisation: Aspekte bürokratischer Sozialisation. 6. Auflage.
Die Autoren gehen vom Spannungsfeld zwischen Mensch und Organisation und der darauf folgenden betrieblichen Sozialisation aus. Sie analysieren und illustrieren Aspekte gelungener und gefährdeter Integration des Menschen in die Organisation. Auch wenn der Fokus der Autoren vor allem auf die öffentliche Verwaltung gerichtet ist, lassen sich die Inhalte ohne weiteres auch auf Unternehmen übertragen.

Yvonne McNulty & Kerr Inkson (2013): Managing Expatriates: A Return on Investment Approach.
DGFP e.V. (Hrsg.) (2010): Expat Management: Entsendung von Mitarbeitern ins Ausland erfolgreich gestalten.
Ein internationales Lehrbuch, das den Investitionsaspekt einer Auslandsentsendung in den Mittelpunkt rückt, und ein praxisorientierter Leitfaden des deutschen Fachverbands für Personalmanagement, der alle wesentlichen Gestaltungsfragen behandelt.

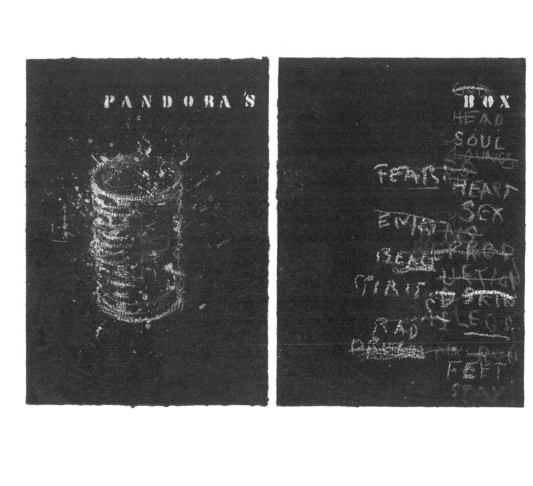

Baustein 11

Karrierewege steuern

Karrieren ohne Grenzen? Die fortschreitende Globalisierung der Wirtschaftsbeziehungen bringt es mit sich, dass Karrierewege heute in mehrfacher Weise grenzüberschreitend verlaufen: Der stetige Aufstieg in einem einzigen Unternehmen ist ebenso seltener geworden wie der Weg an die Spitze von Unternehmen ohne internationale Karrierestationen. Für ein global lokalisiertes Unternehmen besteht die personalpolitische Herausforderung darin, Nachwuchskräfte auf ihren internationalen Entwicklungspfaden zu begleiten, damit sie Kulturgrenzen leichter überschreiten. Gleichzeitig müssen sie diese aber auch langfristig erfolgreich an das Unternehmen binden und damit das Überschreiten von Organisationsgrenzen verhindern.

Inhalt

11.1 Karrieremodelle 319

*Wie lassen sich Aufstiegswege im Unternehmen systematisch
gestalten?*

11.2 Karriere und Work-Life-Balance 322

*Wie lassen sich berufliche und private Verpflichtungen
aufeinander abstimmen?*

11.3 Internationale Karrieren 327

*Welche Begleitung ist bei vorübergehenden
Auslandseinsätzen notwendig?*

11.3.1 Strategien des internationalen Personalmanagements . . 328
11.3.2 Auslandsentsendung 329

11.1 Karrieremodelle

Wie lassen sich
Aufstiegswege im
Unternehmen
systematisch
gestalten?

Unternehmen, die ihren Beschäftigten Wege aufzeigen, wie sie sich innerhalb des Unternehmens weiterentwickeln können, institutionalisieren damit Karrieremodelle. Sie schaffen Perspektiven für aufstiegsorientierte Mitarbeiter, ihre Bedürfnisse nach Sicherheit, Zugehörigkeit, Anerkennung, Selbstverwirklichung oder Macht zu befriedigen und gleichzeitig ihre Kompetenzen und Motivationen wirksamer in die Leistungsprozesse des Unternehmens einfließen zu lassen.

> *Karrieremodelle* sind Laufbahnmuster, die Nachwuchskräften in einem Unternehmen offen stehen, wenn sie eine qualitative Verbesserung ihrer Einstiegsposition anstreben. Individuelle Karrieren haben immer einen inhaltlich-fachlichen, einen hierarchischen und einen Selbstverwirklichungsaspekt. Diese Aspekte können im betrieblichen Karrieremodell unterschiedliches Gewicht haben.

Karrieremodelle werden durch das Unternehmen definiert. Welche Anreizwirkungen sie entfalten, hängt aber von gesellschaftlichen Normen und dem individuellen Lebensmodell ab. So wird in einer leistungs- und statusorientierten Kultur Karriere an hierarchischem Aufstieg und – damit einhergehend – an Gehaltssteigerungen gemessen. In einer postmaterialistischen Kultur kann Karriere hingegen auch als Zugewinn von persönlicher Entscheidungs- und Zeitsouveränität angesehen werden. Aus Sicht der Organisation ist von vorrangiger Bedeutung, mit dem Karrieremodell diejenigen Mitarbeiter im Unternehmen zu halten, deren Motivation und Kompetenzen besonders wichtig sind, und ihnen dazu Positionen zu bieten, die ihrer Motivationsstruktur möglichst gut entsprechen (vgl. dazu Baustein 3). Daraus lassen sich unterschiedliche Leitbilder für organisationale Karriereverläufe ableiten:

Leitbilder
für Karriereverläufe

- *Aufstiegsorientierte Karriere:* Diese Karriereorientierung wird vor allem durch Leistungs-, Anerkennungs- und Machtbedürfnisse gestützt. Der Fokus ist auf das Erreichen der nächsthöheren Hierarchieebene gerichtet.
- *Sicherheitsorientierte Karriere:* Bei dieser Orientierung werden Positionen angestrebt, die eine höhere Beschäftigungs- oder Statuserhaltungssicherheit versprechen. Solche Bedürfnisse werden durch Fachlaufbahnen ebenso gut erfüllt wie durch Führungslaufbahnen.

- *Souveränitätsorientierte Karriere:* Ähnlich wie bei der Sicherheitsorientierung kann auch ein persönliches Karriereziel, das dem Selbstverwirklichungsmotiv folgt, durch eine Fachlaufbahn ebenso gut erfüllt werden wie durch eine Führungslaufbahn. Karriereerfolg wird verstanden als Zugewinn von Entscheidungsfreiräumen über die Inhalte der Arbeitsaufgabe, ihre zeitliche Lage oder den Arbeitsort.

Beschränkt man sich auf aufstiegsorientierte Karrieremodelle, so **Formen** sind in der Praxis drei verschiedene Typen anzutreffen. Sie unter**aufstiegsorientierter** scheiden sich vor allem darin, welches Gewicht die fachliche im Ver**Karrieremodelle** hältnis zur hierarchischen Entwicklung hat:

- *Fachlaufbahn:* Die Karriere verläuft von einfacheren zu komplexeren Aufgabenstellungen innerhalb eines spezialisierten Fachgebiets.
- *Führungslaufbahn:* Der Karriereweg verläuft von einer Hierarchieebene zur nächsten, wobei Bereichswechsel möglich, aber nicht zwingend sind.
- *Projektlaufbahn:* Sie hat sich in der Polarität von Fach- und Führungslaufbahn als Mittelweg herausgebildet. Führungsaufgaben werden nur zeitlich befristet übernommen und beschränken sich typischerweise auf fachliche Fragen, während die disziplinarische Führungsaufgabe beim Vorgesetzten in der Linie verbleibt. Die Karriereentwicklung verläuft von kürzeren Projekten mit geringerer Bedeutung zu langfristig angelegten Projekten mit strategischer Bedeutung für das Unternehmen.

Fach- und Projektlaufbahnen werden meistens aus zwei Gründen eingerichtet: Erstens bieten sie Aufstiegschancen für Nachwuchskräfte oder bewährte Fachexperten, die nicht bereit oder in der Lage sind, Führungsverantwortung zu übernehmen. Zum zweiten vermindern diese Karrieremodelle den Flaschenhalseffekt in pyramidenartigen Hierarchien: Da auf jeder hierarchischen Ebene immer nur für einen kleinen Teil der aufstiegsorientierten Mitarbeiter offene Führungspositionen zur Verfügung stehen, bieten Fach- und vor allem Projektlaufbahnen zumindest vorübergehende Ausweichmöglichkeiten.

Karrieremodelle in Unternehmen lassen sich danach unterscheiden, welche Aufstiegskriterien ihnen zugrunde liegen. So kann im einen Fall die Beförderung von Mitarbeitern an eine formale Qualifikation (beispielsweise den erfolgreichen Abschluss eines MBA-Studiums), im anderen Fall an die langjährige Bewährung auf einer Position geknüpft werden. Mit hoher Wahrscheinlichkeit entsprechen die Aufstiegskriterien der präferierten Rekrutierungsstrategie

Typ Merkmale	Traditionelles Modell	Mechanisti- sches Modell	Effizienzmodell	Elitenmodell	Politisches Modell
Aufstiegs- kriterium	zufällige Passung mit freier Stelle	Seniorität im engeren Fachbereich	Erworbenes Humankapital	Zugehörigkeit zu einer Kaste	Erfolg im Wahlkampf
Organisa- tionskultur	Stammeskultur	Bürokratie	Markt	Segmentierung	Spielkultur
Vorteile für das Unter- nehmen	Geringer Besetzungs- aufwand	Geringer Besetzungs- aufwand	Ressourcenalloka- tion «ohne Ansehen der Person»	Selbstorganisa- tion auf Team ebene	Selbstorganisa- tion auf Unter- nehmensebene
Nachteile für das Unter- nehmen	Ineffiziente Ad- hoc-Theorien über Aufstiegs- chancen	Fatalismus und unterdrückte Karriere- motivation	Kurzfristiges Denken und individualistischer Wettbewerb	Nebeneinander von ausgeprägter Loyalität und Ent- fremdung	Ausgeprägter Karrierismus

▲ Abb. 39   Karrieremodelle (erweitert nach Nicholson 1996)

(vgl. Abschnitt 8.3.1), können aber zu dieser aber auch bewusst komplementär ausgestaltet sein. Letzteres wäre der Fall, wenn ein Unternehmen neue Mitarbeiter mit besonderer Betonung formaler Qualifikationen aussucht, den weiteren Aufstieg aber an eine nachweislich erfolgreiche Integration in das Unternehmen knüpft. Nicholson (1996) unterscheidet fünf verschiedene Karrieremodelle und zeigt, welche Konsequenzen sie für die Kultur und die Einstellung der aufstiegsmotivierten Nachwuchskräfte haben kann (◄ Abb. 39).

Internationale
Unterschiede

Aufstiegsorientierte Karrierewege unterscheiden sich unter anderem auch *im internationalen Vergleich:* Kennzeichnend für das angelsächsische Modells ist eine mehrjährige Testphase als Spezialist. Die auf dieser Basis ausgewählten «High Potentials» werden im weiteren Verlauf interdisziplinär weiterentwickelt, bis sie die Hierarchiespitze erreichen. Dem entgegengesetzt ist das deutsche Modell, wonach Nachwuchskräfte in einem Traineeprogramm mit verschiedenen Projektphasen alle Funktionsbereiche kennen lernen, bevor sie dann – spezialisiert auf einen einzigen Bereich – aufsteigen. Besonderes Merkmal des romanischen Modells ist, dass die Potenzialdiagnose nicht im Unternehmen stattfindet, sondern durch das streng hierarchische Bildungssystem der Eliteschulen vorgezogen wird. Französische Führungskräfte, die «cadres», durchlaufen auf ihrem Karriereweg mehrere Branchen, Unternehmen und Funktionsbereiche. Ähnlich ist das japanische Modell, das ebenfalls auf einem elitären Bildungssystem basiert. Nachwuchskräfte steigen auf der untersten Ebene ein. Der Aufstieg mit mehreren Funktionsbereichswechseln ist durch starken Konkurrenzdruck von der untersten bis

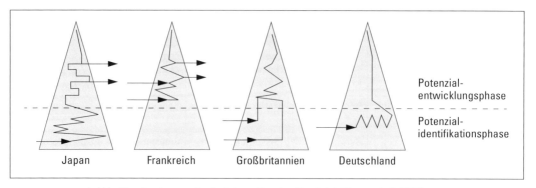

▲ Abb. 40   Karrieremuster im internationalen Vergleich (Evans et al. 1989)

zur obersten Führungsebene und das Prinzip «up-or-out» gekennzeichnet. Die verschiedenen Modelle sind in ◄ Abb. 40 dargestellt.

Kampf um die
Führungspositionen

Neben den Aufstiegswegen unterscheiden sich Karrieremodelle
auch darin, ob eine Konkurrenzsituation zwischen mehreren Nachwuchskräften auf einer Stufe besteht oder ob als Aufstiegskriterium
ausschließlich die persönliche Eignung herangezogen wird. In Organisationen, die sowohl eine pyramidenartige Hierarchie aufweisen
und in denen Bereichswechsel im Aufstieg häufig vorkommen (beispielsweise Unternehmensberatungen), bestehen *Wettbewerbs-* oder
Turniersituationen: Es gibt nur eine beschränkte Anzahl von Führungspositionen, und diese werden mit einer einzigen oder einigen
wenigen Personen besetzt, die sich im direkten Wettbewerb durchsetzen konnten. Da die einzelne Nachwuchskraft nur beschränkt
darauf Einfluss nehmen kann, befördert zu werden – sie ist immer
auch vom Erfolg oder Misserfolg ihrer Konkurrenten abhängig –, ist
die Anreizwirkung beschränkt. Die Alternative zu einem solchen
Karrieremodell ist eine Situation, in der vorgegebene Erwartungen
an die Nachwuchskraft gestellt werden und sie dann aufsteigt, wenn
sie *die gestellten Anforderungen erfüllt.*

| 11.2 | **Karriere und Work-Life-Balance** |

Wie lassen sich
berufliche und pri-
vate Verpflichtungen
aufeinander
abstimmen?

Während traditionelle Karrieremodelle außerberufliche Ziele und
Verpflichtungen ausklammern, hat die gesellschaftliche Wertediffe-
renzierung inzwischen dazu geführt, dass eine zunehmende Zahl von
Nachwuchskräften die Frage nach der Vereinbarkeit von beruflichen
und privaten Zielen stellen. Für Unternehmen ergeben sich daraus
zwei Hauptansatzpunkte: Entweder schaffen sie Arbeitsbedingun-

gen, welche dem Einzelnen eine maximale Entscheidungsfreiheit in der Arbeitsgestaltung erlauben, oder sie unterhalten Einrichtungen, welche den Mitarbeitern einige der außerberuflichen Verpflichtungen abnehmen.

> Die *Work-Life-Balance* ist ein Leitbild für die Gestaltung der arbeitsvertraglichen Vereinbarungen und der Arbeitsumgebung. Damit wird das Ziel eines ganzheitlichen Lebensentwurfs verfolgt: Die Person soll in der Lage sein, neben dem beruflichen Engagement auch persönliche Ziele zu realisieren und Verpflichtungen im privaten Bereich gerecht zu werden.

Frauen in Führungspositionen

Die Vereinbarkeit von beruflichen und privaten Engagements als Zielsetzung im Rahmen der Berufskarriere anzustreben ist auch zu Beginn des 21. Jahrhunderts in vielen Arbeitsbereichen noch immer tabuisiert. Je höher eine Person in der Hierarchie eines Unternehmens aufsteigt, umso stärker ist für gewöhnlich die Erwartung an sie,

Laufbahnmuster

Laufbahnmuster sind typische berufliche Werdegänge, die in einer Gesellschaft häufig auftreten und den Charakter von Normalverläufen haben. Bereits in den 1950er Jahren entwickelte Donald Super (1957) eine Typologie und stellte fest, dass sich die Laufbahnmuster von Männern und Frauen deutlich voneinander unterscheiden. Bei den untersuchten Männern lassen sich vier Muster unterscheiden, die trotz erkennbarer Verschiebungen auch heute noch anzutreffen sind:

- *Stabiles Karrieremuster:* Die Person entscheidet sich bereits frühzeitig für ein bestimmtes Berufsfeld und wählt die entsprechende berufliche oder akademische Ausbildung. Sie tritt gleich im Anschluss danach in das Berufsfeld ein und strebt eine geradlinige Karriere an. Dieses Muster ist heute vor allem in berufsständischen Feldern typisch (z.B. Ärzte, Rechtsanwälte oder Berufsmilitär).
- *Konventionelles Karrieremuster:* Die Entscheidung für eine bestimmte Laufbahn erfolgt in diesem Muster nach einer eher generalistischen Ausbildung oder einem noch unverbindlichen Berufseinstieg, worauf eine Phase der Orientierung mit möglicherweise wechselnden Betätigungsfeldern folgt. Nach dieser Orientierungsphase wird

die Entscheidung für eine bestimmte Laufbahn getroffen und diese dann – häufig in Verbindung mit einer Familiengründung – auch konstant verfolgt.
- *Instabiles Karrieremuster:* Die Person legt sich nicht abschließend fest, sondern wechselt in mehrjährigen Abschnitten zwischen Erprobungsphasen und festen Beschäftigungsverhältnissen. Möglicherweise werden auch Ausbildungsphasen eingeschoben. Ursachen für ein solches Karrieremuster können beispielsweise in einem volkswirtschaftlichem Strukturwandel liegen, der mit dem Verschwinden einzelner Berufsgruppen einhergeht (z.B. Drucker, Stahlwerker), oder in einer individuellen beruflichen Frustration und Sinnkrise.
- *Mehrfachtest-Karrieremuster:* Hier fehlt die berufliche Festlegung völlig. Es werden nacheinander oder parallel unterschiedliche Ausbildungsrichtungen verfolgt und die Berufstätigkeit häufig gewechselt. Dieses Muster ist häufig das Ergebnis einer gescheiterten oder gänzlich fehlenden Berufsausbildung, kann aber auch Ausdruck einer bewussten Lebensstilentscheidung sein. Im Gegensatz zu den drei übrigen Mustern ist die Zielvorstellung eines Wunschberufs nachrangig oder unrealistisch.

Laufbahnmuster (Forts.)

Die Karrieremuster, welche Super in den 1950er Jahren bei Frauen identifiziert hat, sind vielfältiger, da den gesellschaftlichen Erwartungen entsprechend ein Konflikt zwischen Berufs- und Familienrolle besteht. Trotz schrittweiser Auflösung tradierter Rollenbilder in den letzten Jahrzehnten, sind die folgenden Laufbahnmuster auch heute noch überwiegend bei Frauen anzutreffen. Sie sind inzwischen gleichermaßen auch auf Männer anwendbar, die sich dem Interessenkonflikt von beruflichen und familiären Anforderungen ausgesetzt sehen. Die vier Laufbahnmuster orientieren sich an der ursprünglichen Typologie weiblicher Karrieremuster von Super, wurden aber leicht verändert und erweitert:

- *Stabiles oder konventionelles Familienarbeitsmuster:* In unmittelbarem Anschluss an eine berufliche oder akademische Ausbildung bzw. nach einer kurzen Berufstätigkeit erfolgt die Gründung einer Familie. Die Person scheidet damit aus dem Berufsleben aus und plant auch keine Rückkehr. Dieses Muster wird fast ausschließlich von Frauen gewählt.
- *Unterbrochenes Karrieremuster:* Wie beim konventionellen Familienarbeitsmuster scheidet die Person (wiederum fast ausschließlich die Frau) aus dem Beruf aus. Nach mehreren Jahren – in aller Regel dann, wenn die Kinder selbständig geworden sind – erfolgt eine Rückkehr in den alten

oder einen verwandten Beruf mit dem Ziel einer neuerlichen Festigung der beruflichen Karriere.
- *Provisorisches Karrieremuster:* Es wird zwar eine Berufstätigkeit verfolgt, aber diese wird nach Möglichkeit den familiären Anforderungen angepasst, indem sie beispielsweise in Teilzeit ausgeübt oder für längere Perioden unterbrochen wird.
- *Doppelkarrieremuster:* Die berufliche Betätigung wird nur vorübergehend – vor allem nach der Geburt von Kindern – und im Rahmen der gesetzlichen Bestimmungen aufgegeben. Die Person ist aber fortlaufend bemüht, sowohl familiäre Aufgaben auszufüllen als auch den beruflichen Anforderungen zu genügen und Chancen des beruflichen Aufstiegs zu nutzen.

Von diesen insgesamt acht Laufbahnmustern sind nur die ersten beiden im Regelfall mit einem hierarchischen Aufstieg im Unternehmen verbunden. Erschwert ist ein solcher Aufstieg beim instabilen und beim Doppelkarrieremuster, während er in den übrigen Fällen unwahrscheinlich ist.

Dass sich die privaten Konsequenzen des beruflichen Karriereaufstiegs zwischen Männern und Frauen gegenwärtig noch deutlich voneinander unterscheiden, zeigt sich beispielsweise darin, dass Männer im oberen Management im Regelfall verheiratet sind und Kinder haben, während dies gemäß aktuellen Befragungen nur bei einer Minderheit von Frauen im oberen Management der Fall ist.

---

private Verpflichtungen so weit als möglich zu minimieren, damit eine vollumfängliche Konzentration auf die berufliche Rolle gewährleistet ist. Traditionelle Karrieremodelle verlaufen im Regelfall über Positionen, die eine 50-, 60- oder sogar 80-Stunden-Arbeitswoche verlangen. Sie setzen deshalb ebenso traditionelle Familienmuster voraus, in denen dem vollberuflich tätigen Aufsteiger ein Partner zur Seite steht, der das häusliche Leben organisiert und gegebenenfalls Kinder, Eltern oder kranke Familienangehörige versorgt. Mit steigender Hierarchieebene wird der Anteil von Frauen in Führungspositionen geringer. Der Grund dafür dürfte darin liegen, dass bei den vorherrschenden Rollenmustern unserer Gesellschaft Männer einfacher ergänzende Partnerinnen für die häuslichen Aufgaben finden als Frauen entsprechende männliche Partner. Fehlt ein entsprechender Partner bzw. Partnerin, lassen sich aufstiegsorientierte Karrieren nur dann langfristig realisieren, wenn das Unternehmen auf dem Karriereweg der Nachwuchskraft eine individuelle «Work-Life-Balance» ermöglicht. Die gesellschaftliche Bedeutung einer solchen Balance und ihre Realisierung sind davon abhängig, welche Laufbahnmuster vorherrschen (◁ Laufbahnmuster): Während die traditionell männlichen Muster nach Super eine Lösung der «Work-Life-Balance»-Problematik verlangen, sind die traditionell weiblichen Muster gerade das Ergebnis des Umstands, dass eine Vereinbarkeit der konkurrierenden Ansprüche gesellschaftlich erschwert ist.

Problematische Situationen

Anlässe, welche auf einem Karriereweg die Frage nach der Vereinbarkeit von Beruf und Privatleben aufwerfen, können sein:

- *Familiengründung:* Die Geburt von Kindern und ihre Entwicklung in den ersten Lebensjahren bedeuten nicht nur einen hohen Betreuungs- und Organisationsaufwand, sondern sie führen für gewöhnlich auch zu Verschiebungen im persönlichen Wertegerüst.

- *Erkrankung von Familienangehörigen:* Dies kann sich auf den Lebenspartner beziehen, betrifft aber häufiger die eigenen Eltern im Alterungsprozess.

- *Burnout-Phänomen:* Die Erfahrung körperlicher und mentaler Erschöpfung kann eine Begleiterscheinung des eigenen Alterungsprozesses sein, aber auch auf überbordende Leistungsanforderungen im Berufsleben zurückgehen. Durch den sich gegenwärtig abzeichnenden Trend zur Verlängerung der Lebensarbeitszeit wird sich die Bedeutung dieses Ursachenkomplexes noch verstärken. Dadurch dass die Medien heute ein erhöhtes Gesundheitsbewusstsein transportieren, verstärkt sich auch die Sensibilität im Umgang mit beruflichen Belastungen, während die Bereitschaft, solche Belastungen widerspruchsfrei zu akzeptieren, zurückgeht.

- *Persönliche Sinnkrisen:* Sie können Ausdruck für einen Wunsch nach Wachstum und Weiterentwicklung sein und die Frage nach einer beruflichen Neuorientierung aufwerfen.

- *Gesellschaftliches Engagement:* Der Wunsch, sich politisch, sozial oder kulturell zu engagieren, ist häufig die Folge eines der zuvor genannten Auslöser. Er kann aber auch Ausdruck des allgemeinen gesellschaftlichen Wertewandels sein.

Für ein Unternehmen oder eine Führungskraft, die von Seiten ihrer Mitarbeiter mit der Forderung nach einer besseren Work-Life-Balance konfrontiert sind, stellen sich sowohl ethische als auch ökonomische Fragen: Aus ethischer Perspektive ist es die Frage, wie weit die Verantwortung des Arbeitgebers für den wirtschaftlich abhängigen Arbeitnehmer geht, diesem eine ganzheitlich befriedi-

Praxisbeispiel: Familienfreundliche Unternehmen

Die Hertie-Stiftung hat 1995 ein Audit Beruf & Familie entwickelt, das in Anlehnung an den ein paar Jahre zuvor in den USA aufgestellten «family-friendly-index» Unternehmen die Möglichkeit bietet, den Grad an Familienfreundlichkeit in ihrer Personalpolitik standardisiert zu beurteilen. Der Kriterienkatalog gliedert sich in *acht Handlungsfelder,* denen jeweils mehrere Maßnahmen und 120 «best-practice»-Modelle deutscher Unternehmen zugeordnet sind (Frech 2003):

- *Arbeitszeit:* Dazu zählen vor allem flexible Teilzeitmodelle, großzügige Übertragungsmöglichkeiten für geleistete Überstunden sowie Springermodelle, mit denen der Druck, Überstunden zu leisten, reduziert wird.
- *Arbeitsinhalte und -abläufe:* «Best-practice»-Modelle zeigen eine bewusste Rücksichtnahme auf außerberufliche Verpflichtungen und Mitsprachemöglichkeiten bei der Arbeitsablaufplanung und reichen bis zur Bedarfsklärung für gesundheitsfördernde Maßnahmen und Kinderbetreuung bei Fortbildungsveranstaltungen.
- *Arbeitsort:* Familienfreundliche Arbeitsgestaltung verbindet sich in diesem Feld mit der Schaffung von Telearbeitsplätzen und anderen Formen dezentralen Arbeitens.
- *Information und Kommunikation:* Es geht dabei um die interne und externe Kommunikation familienfreundlicher Angebote, zum einen mit dem Ziel der Förderung im Unternehmen, zum anderen aber auch zur Positionierung als attraktiver Arbeitgeber.
- *Führungskompetenz:* Da erfahrungsgemäß die größten Hindernisse und Vorbehalte gegenüber

familienfreundliche Arbeitsgestaltung auf der Führungsebene bestehen, sind in diesem Handlungsfeld Maßnahmen zusammengefasst, die Führungskräfte sensibilisieren und zeigen, welche Ressourcen Familienarbeit für erfolgreiches Führen bereitstellt.
- *Personalentwicklung:* Darunter werden Beispiele gefasst, wie in Schulungen oder im Feedbackgespräch Führungskräfte für familiäre Belange ihrer Mitarbeiter sensibilisiert werden. Ebenfalls zugeordnet sind Kontakthalte- und Wiedereingliederungshilfen für Mitarbeiter im Erziehungsurlaub.
- *Entgeltbestandteile und geldwerte Leistungen:* Vorgeführt werden Beispiele von Unternehmen, die familienfreundliche Leistungen anbieten, wie beispielsweise die Mitnahme von Kantineessen, Zuschüsse zur Kinderbetreuung oder Einkaufsrabatte.
- *Service für Familien:* In diesem Handlungsfeld sind Unterstützungsleistungen zusammengefasst, die weit über die direkte Arbeitsgestaltung hinausgehen: Unterstützung bei der Betreuung Älterer oder chronisch Kranker, Kinderbetreuungseinrichtungen für die Schulferien, Kinderhäuser, Not-Wohngemeinschaften für Beschäftigte in schwierigen Lebenssituationen oder die Einrichtung von Eltern-Kind-Arbeitszimmern.

Bei der Auditierung wird das Gewicht weniger darauf gelegt, wie viele Maßnahmen ein Unternehmen praktiziert, sondern auf die erfolgreiche Verankerung familienfreundlichen Denkens und Handelns in der Unternehmenskultur.

gende Lebensführung zu ermöglichen. Aus ökonomischer Sicht geht es um die Frage, in welchem Zusammenhang die Work-Life-Balance zur langfristigen Leistungsfähigkeit des Mitarbeiters steht.

Unterstützung durch das Unternehmen

Es lassen sich zwei Ansatzpunkte für die Unterstützung des Einzelnen in der Realisierung der persönlichen Work-Life-Balance unterscheiden:

- Das Unternehmen kann die Arbeitsbedingungen so verändern, dass jeder einzelne Mitarbeiter bessere Möglichkeiten hat, eine individuelle Vereinbarkeit von Beruf und Privatleben zu erreichen.

Dazu zählen beispielsweise eine Flexibilisierung der Arbeitszeit oder die Einführung von Telearbeitsplätzen.

- Das Unternehmen kann aber auch Einrichtungen, wie beispielsweise Betriebskindergärten, schaffen, welche den Mitarbeiter im Spannungsfeld von Beruf und Familie entlasten (◁ Praxisbeispiel: Familienfreundliche Unternehmen).

Neben der familienfreundlichen Personalpolitik rückt die Förderung *gesellschaftspolitischen Engagements* erst allmählich in den Fokus der Diskussion um die «Work-Life-Balance». Zwei Formen dieses Engagements lassen sich unterscheiden: Das Unternehmen kann die politische Betätigung beispielsweise auf kommunaler Ebene unterstützen, weil es damit besonders engagierte Mitarbeiter im Unternehmen halten will oder weil es sich damit indirekt eigenen politischen Einfluss verspricht. Die Gefahr besteht, sich in der Öffentlichkeit dem Verdacht des Lobbyismus auszusetzen. Eine ähnliche Problematik besteht bei der zweiten Form, bei der Mitarbeiter ihre Fachexpertise gemeinnützigen Einrichtungen zur Verfügung stellen, beispielsweise wenn ein Bankangestellter den Schulrektor in seinem Stadtteil in finanziellen Fragen berät. Der Verdacht kann hier entstehen, dass das Unternehmen das Engagement des Mitarbeiters nur so weit unterstützt, wie sich daraus indirekte Vorteile für die Geschäftstätigkeit des Unternehmens ergeben. Generell trägt die Förderung gesellschaftlichen Engagements stets die latente Gefahr in sich, dass dem Unternehmen eigene Vorteilssuche unterstellt wird. Auf der anderen Seite tragen solche Entwicklungen der Einsicht Rechnung, dass Unternehmen – ob sie es wollen oder nicht – das soziale Geschehen in ihrem Umfeld beeinflussen und dass eine gezielte Beeinflussung für alle Beteiligten mehr Vor- als Nachteile mit sich bringt.

| 11.3 | Internationale Karrieren |

Welche Begleitung ist bei vorübergehenden Auslandseinsätzen notwendig?

Die Art und Weise, wie befristete Auslandseinsätze in organisationale Karrieren integriert und personalpolitisch begleitet werden, ist Ausdruck der internationalen Personalstrategie. Diese kann ethno-, regio- oder geozentrisch orientiert sein. Ihre Umsetzung betrifft Fragen der Rekrutierung, der Vorbereitung auf den Auslandseinsatz, die Planung der Reintegration sowie Grundsatzentscheidungen des Gehaltssystems.

| 11.3.1 | **Strategien des internationalen Personalmanagements** |

International tätige Unternehmen sind mit der Herausforderung konfrontiert, ihre Personalmanagementaktivitäten, die in den verschiedenen Ländern unter unterschiedlichen Bedingungen (z. B. Lohn- und
Qualifikationsniveau oder arbeitsrechtliche Bestimmungen) stattfinden, zu koordinieren. In Anlehnung an eine Einteilung von Howard
Perlmutter (1969) werden drei idealtypische Internationalisierungsstrategien unterschieden, die sich in der relativen Position von Unter-
nehmenszentrale und Tochterunternehmen sowie in den daraus abgeleiteten personalpolitischen Grundsätzen niederschlagen:

Idealtypische Inter-
nationalisierungs-
strategien

- *Ethnozentrische Strategie:* In diesem Strategietyp dominiert die
  Zentrale gegenüber den Tochterunternehmen. Sie agiert wie ein
  national tätiges Unternehmen und überträgt ihre Managementsysteme soweit möglich unverändert auf die ausländischen Ab-
  leger. Entscheidungen werden zentral gefällt. Die leitenden Positionen werden mit Führungskräften aus dem Land besetzt, in dem
  sich die Zentrale befindet. Auf den darunter liegenden Ebenen finden Auslandseinsätze nur projektbezogen statt. Ein Aufstieg ist
  im Unternehmen nur über die Zentrale möglich. Ethnozentrische
  Strategien finden sich vor allem bei Unternehmen aus Ländern, in
  denen sich eigenständige Führungskulturen herausgebildet haben
  (z. B. USA, Deutschland, Frankreich oder Japan) und das Stamm-
  haus eine lange nationale Tradition hat.
- *Polyzentrische Strategie:* Dieser Strategietyp ist dem vorangehenden entgegengesetzt. Die Zentrale hat vor allem eine koordinie-
  rende Funktion für die weitgehend selbständig agierenden Tochterunternehmen. Managementsysteme und Personalpolitik sind
  landesspezifisch ausgeprägt. Die Unternehmenskultur ist hetero-
  gen, die Rekrutierung der Führungskräfte und Mitarbeiter erfolgt
  lokal, wodurch die einzelnen Tochtergesellschaften in sich homo-
  gen sind. Die Kopplung zwischen den weltweit verstreuten Gesellschaften ist locker, und bei Stellenwechseln stehen persönliche
  Anlässe gegenüber unternehmenspolitischen im Vordergrund. Die
  Personalentwicklung erfolgt überwiegend kulturspezifisch mit
  geringem Austausch zwischen den Ländergesellschaften.
- *Geozentrische Strategie:* In diesem Strategietyp dominiert wiederum die Zentrale gegenüber den nationalen Tochtergesellschaften,
  die Integration des Gesamtunternehmens wird jedoch durch uni-
  versale Managementsysteme erreicht, die nicht mehr auf eine einzige Landeskultur zurückgehen. Die obersten Führungsebenen
  sind international zusammengesetzt. Der personelle Austausch

zwischen den Tochterunternehmen wird systematisch gefördert. Geozentrische Strategien sind häufig in weltweit tätigen Unternehmen mit Sitz in Kleinstaaten anzutreffen oder solchen, die im Stammland nur wenig verankert sind, weil sie von Beginn an global tätig waren.

Diese Strategien sind idealtypisch: Für die Praxis ist in der Regel von Mischstrategien auszugehen, die sich auch darin niederschlagen, dass beispielsweise Positionen im Forschungs- und Entwicklungsbereich generell international besetzt sind, während Führungskräfte für Vertriebs- oder Personalfunktionen häufiger lokal rekrutiert werden. Jeder Strategietyp ist für das Personalmanagement mit spezifischen *Vor- und Nachteilen* verbunden. Unternehmen erleichtern mit einer ethnozentrischen Personalpolitik die interne Kommunikation. Auf der anderen Seite werden aber die kreativen Potenziale des kulturell vielfältigen Umfelds nicht genutzt. Spannungen zwischen personalpolitischen Grundsätzen und institutionellen Rahmenbedingungen der ausländischen Tochtergesellschaften werden nicht abgebaut, was die Wahrscheinlichkeit von Konflikten erhöht. Dagegen unterstützen polyzentrierte Strategien die lokale Entwicklung, während die fehlenden Koordinationsmechanismen sich vor allem auf die Steuerung auf der Ebene des Gesamtunternehmens negativ auswirken: Synergien kommen kaum zustande, weil Kompetenzen nach unterschiedlichen Regeln entwickelt werden.

(Marginalie: Beurteilung der Strategietypen)

11.3.2 Auslandsentsendung

Der internationale Einsatz von Mitarbeitern stellt ein Unternehmen vor zwei wesentliche Herausforderungen: Zum einen müssen die Mitarbeiter in der Lage sein, die spezifischen Anforderungen von Aufgaben in einem fremden Kulturkreis erfüllen zu können. Zum anderen müssen die personalpolitischen Bedingungen für die Mitarbeiter in den verschiedenen Ländern so aufeinander abgestimmt sein, dass sie einen reibungslosen Übergang ermöglichen.

Auslandseinsätze in fremden Kulturkreisen sind für die betreffenden Personen (und ihre Angehörigen) mit besonderen Schwierigkeiten verbunden:

(Marginalie: Schwierigkeiten bei Auslandsentsendung)

- Sie geben vertraute Gewohnheiten und Annehmlichkeiten auf, verlassen ihre weiteren Familienangehörigen, müssen neben dem beruflichen auch den privaten Alltag neu organisieren und ungewohnte Belastungen aushalten.

- Sie bewegen sich in einem kulturellen Umfeld mit anderen Personen, deren Ziele, Rollen, Normen und Werte, Signale und Verhaltensweisen sie nicht eindeutig entschlüsseln können. Konfrontiert mit nicht vertrauten Umgangsformen und Verhaltensreaktionen, können sie die Grenzen zwischen erwünschtem und unerwünschtem Verhalten nur schwer einschätzen.

In der Zusammenarbeit mit Vorgesetzten, Kollegen oder Mitarbeitern im Gastland werden Einstellungs- und Verhaltensunterschiede deutlich, die sich in verschiedenen Aspekten niederschlagen: So unterscheiden sich im internationalen Vergleich nicht nur die Vorstellungen über ideale Führungs- und Verhandlungsstile sowie die Motivstruktur (vgl. dazu Abschnitt 2.4.3). Auch der Umgang mit Zeit und die Bewegung im Raum (Zeit- und Raumkonzept), die beide das Verhalten und die Interaktion unbewusst steuern, zeigen im Kulturvergleich große Unterschiede: Während beispielsweise im deutschen und angelsächsischen Kulturraum ein monochrones Zeitverständnis dominiert, das durch lineares Denken und sequenzielles Arbeiten gekennzeichnet ist, ist in romanischen oder asiatischen Kulturkreisen ein polychrones Zeitverständnis vorherrschend: Zirkuläres Denken ist hier vertraut, und Personen neigen dazu, mehrere Aufgaben parallel zu verfolgen und zeitweise in der Schwebe zu halten. Mit dem Raumkonzept ist beispielsweise verbunden, welche körperliche Distanz in der Kommunikation als angemessen angesehen wird. In südeuropäischen Ländern ist der mittlere Abstand zwischen Personen, die miteinander sprechen, in der Regel geringer als in Nord- und Mitteleuropa.

Personalrekrutierung für Auslandseinsätze

Die Personalbeschaffung und -auswahl wird vor allem durch die Frage der Anforderungsprofile für Führungs- und Fachkräfte, die in einem multikulturellen Kontext arbeiten, tangiert. Mit dem Begriff «Global Manager» verbinden sich Leitbilder für Führungskräfte, die über die generellen Belastungen hinaus in der Lage sind, den Anforderungen kultureller Grenzüberschreitungen zu begegnen, indem sie folgende Qualifikationen und Motivationen aufweisen:

Anforderungen an Führungskräfte

- *Offenheit für fremde Kulturen und Verhaltensmuster:* Sie basiert auf der Fähigkeit, die persönlichen Deutungs-, Wert- und Handlungsmuster nicht mehr als selbstverständlich, sondern als kulturgebunden zu akzeptieren. Dies ist die Voraussetzung dafür, Fremdes und Neues als prinzipiell gleichwertig mit dem bereits Bekannten anzusehen.
- *Bereitschaft zur Verhaltensanpassung:* Dazu gehört neben dem Erlernen der jeweiligen Landessprache die Übernahme der Rituale

des öffentlichen Lebens, von Begrüßungsformen über Tischsitten und Kleidungsordnung bis zum Umgang mit Vorgesetzten, Kollegen und Mitarbeitern.

- *Gesundheitlich-physische Kondition:* Dieser Aspekt spielt vor allem bei Klimawechseln eine Rolle und bezieht sich sowohl auf die allgemeine Konstitution als auch das Vorliegen latenter gesundheitlicher Störungen, wie beispielsweise Allergien.
- *Psychische Belastbarkeit:* Sie ist die Fähigkeit und Bereitschaft, mit Veränderungen der Arbeits- und Lebenssituation und den daraus resultierenden ungewohnten Anforderungen fertig zu werden.
- *Private und familiäre Flexibilität:* Internationale Versetzungen verlangen vom privaten Umfeld eine generelle Anpassungsbereitschaft, die durch kulturelle Besonderheiten zusätzlich strapaziert werden kann. In einigen Ländern bestehen nicht nur Akzeptanzprobleme für begleitende Lebenspartner, sondern die Bewegungsfreiheit von Frauen in der Öffentlichkeit ist dort generell beschränkt. Sind beide Partner berufstätig, ist die Mobilität eingeschränkt, wofür einzelne Unternehmen «Tandem-Modelle» vorsehen, bei denen am Einsatzort gleich zwei Positionen eingerichtet werden. Schließlich müssen für Kinder auch angemessene Schulen und Betreuungseinrichtungen bestehen.

Wie empirische Studien immer wieder zeigen, ist der häufigste Grund, einen Auslandseinsatz abzulehnen, familiärer Natur: eine kritische Haltung des Lebenspartners, die Trennung von Verwandten und Freunden oder die Furcht vor schulischen Nachteilen für die Kinder. Neben langfristig angelegten Patenmodellen können Unternehmen diese Probleme durch spezielle Wiedereingliederungsseminare und Hilfestellung bei privaten Angelegenheiten entschärfen.

Auslandsvorbereitung und Reintegration

Die Personalentwicklung hat im internationalen Kontext zwei Hauptfunktionen: die Vorbereitung auf einen Auslandseinsatz und die Integration von Mitarbeitern verschiedener Landeskulturen in der Unternehmenskultur. Beide Funktionen spielen sowohl für eine ethnozentrische als auch eine geozentrische Strategie eine wichtige Rolle. Neben *Sprachkursen* wird am häufigsten ein *Umfeld-Briefing* mit generellen Informationen zum Gastland durchgeführt, in vielen Fällen ergänzt durch eine kulturelle Orientierung. Der *Kultur-Assimilator* ist ein Lernprogramm, in dem die Teilnehmer mit typischen kulturspezifischen Situationen konfrontiert werden und aus einer Zahl von vorgegebenen Alternativen im «Trial-and-Error»-Prinzip die richtigen Verhaltensweisen lernen. Dagegen ist das *Sensitivitätstraining* stärker auf die Erfahrung und Reflexion grundlegender Zusammenhänge angelegt.

Verbreitung von
Vorbereitungs-
maßnahmen

Dass Personalentwicklungsmaßnahmen zur Vorbereitung internationaler Einsätze bisher nicht verbreitet sind, lässt sich zum einen damit erklären, dass am Nutzen von Maßnahmen, die über eine Vermittlung der wesentlichen Fakten hinausgehen, gezweifelt wird, oder die derzeit verfügbaren Schulungsmethoden als unzureichend angesehen werden. Der zweite wesentliche Grund liegt im kurzfristigen Zeithorizont: Interkulturelle Kompetenzen werden deshalb nicht langfristig aufgebaut, weil Selektionsentscheidungen unmittelbar vor dem anstehenden Auslandseinsatz gefällt werden und dieser häufig nur für kurze Dauer angesetzt ist, sodass eine intensive Schulung nicht lohnend erscheint. Offensichtlich gelten Kompetenzen und Motivationen für Auslandseinsätze noch immer als knappes und teures Humankapital, dem eine besonders hohe Fluktuation der damit ausgestatteten Mitarbeiter gegenübersteht, weshalb diese spezifischen Investitionen auf einem kurzfristig notwendig erscheinenden, niedrigen Niveau gehalten werden. Für eine gegenläufige Entwicklungen steht die Einführung internationaler Traineeprogramme.

Modelle der Aus-
landsvorbereitung

Konflikte bei der
Reintegration

Für die Koordination und Betreuung vorübergehender Auslandsaufenthalte haben sich in der Praxis verschiedene Modelle mit unterschiedlichen Zeithorizonten herausgebildet: von kurzfristigen Hospitanzen und mehrwöchigen Abschnitten im Rahmen eines Traineeprogramms bis zu einem mehrjährigen Einsatz im Karriereverlauf. Neben der Vorbereitung auf den Auslandseinsatz stellt die *Reintegration* eine wichtige Quelle von Konflikten dar, die auf folgende Ursachen zurückgehen:

- Häufig werden zum Zeitpunkt der Entsendung keine Überlegungen für die berufliche Weiterentwicklung nach der Rückkehr angestellt. Die Bereitschaft zum Auslandseinsatz sinkt, weil Karrierenachteile befürchtet werden.
- Die Reintegration wird auch erschwert, wenn sich während der Zeit des Auslandsaufenthalts die Strukturen des Heimatunternehmens verändert haben.
- Vor allem bei Entsendungen in Entwicklungsländer oder Staaten des früheren Ostblocks genießen Mitarbeiter aus den westlichen Industrieländern häufig Privilegien und einen sozialen Status, den sie bei ihrer Rückkehr weitgehend wieder verlieren.

Mit dem Auslandsaufenthalt entwickeln sich die Entwicklungswege des entsandten Mitarbeiters auf der einen Seite und dem Unternehmen und den verbleibenden Mitarbeitern auf der anderen Seite in unterschiedliche Richtungen. Diese Auseinanderbewegung wird oft erst dann sichtbar, wenn der Mitarbeiter nach seiner Rückkehr wieder in das Unternehmen reintegriert werden soll. Der Rückkehrer bringt einen breiten Erfahrungsschatz, eine verbesserte soziale Kompetenz, aber nicht selten auch veraltetes betriebliches und fachliches Wissen mit. Im Bewusstsein der erworbenen Kompetenz erwartet der Rückkehrer nicht nur, seine Erfahrungen weitergeben zu können, sondern dies auch mit einem weiteren Karriereaufstieg verbinden zu können. Dieser soll den im Ausland erworbenen Lebensstandard nun auch im Heimatland ermöglichen. Einer solchen Einstellung stehen Erwartungen von Seiten des Unternehmens gegenüber, die damit nicht ohne weiteres kompatibel sind: So wird in der Regel vom Rückkehrer erwartet, sich in die bestehende Hierarchie und dort häufig in der Ausgangsposition vor dem Auslandsaufenthalt wieder einzufügen. Der Rückkehrer erfährt tendenziell Desinteresse an seinen Erfahrungen, häufig sogar Neid oder Zurückweisung bei Kollegen und Vorgesetzten. Schließlich wird von Seiten des Unternehmens auch erwartet, dass der Rückkehrer den Verlust von Zulagen und Vergünstigungen, die an den Auslandsaufenthalt geknüpft waren, akzeptiert.

Internationale Gehaltssysteme

In der Entgeltgestaltung stellt sich die Frage, wie das Gehalt festzusetzen ist, wenn Mitarbeiter zwischen zwei Ländern mit unterschiedlichem wirtschaftlichem Entwicklungsniveau und daraus resultierenden Einkommensdifferenzen wechseln. Unter solchen Bedingungen kommt es zu einem Gleichbehandlungsdilemma: Wird zum Beispiel ein deutscher Mitarbeiter in die südamerikanische Niederlassung des Unternehmens versetzt, dessen Gehaltsniveau vergleichbarer Positionen um 50 % niedriger ist, bestehen für die Entgeltgestaltung zwei idealtypische Alternativen:

Modelle der Entgeltpolitik

- Der Mitarbeiter erhält weiterhin dasselbe Gehalt. Ein Gleichbehandlungsproblem entsteht in diesem Fall zu den einheimischen Beschäftigten, wenn diese für dieselbe Tätigkeit nur das halbe Gehalt beziehen (stammlandorientierte Gehaltspolitik).
- Das Gehalt wird schrittweise an das örtlichen Gehaltsniveau für vergleichbare Positionen angenähert, was zur Folge hat, dass der Mitarbeiter im Verhältnis zu Vergleichspersonen in Deutschland schlechter gestellt ist (gastlandorientierte Gehaltspolitik).

Praktische Regelungen streben stets einen Mittelweg in diesem Dilemma an, wobei ethnozentrische Strategien eher zu einer stammlandorientierten und polyzentrische Strategien eher zu einer gastlandorientierten Entgeltpolitik führen werden. Zur Vermeidung von Versorgungslücken werden allerdings zumindest die Sozialleistungen auf dem Ausgangsniveau belassen.

Literaturhinweise

Andreas Kammel & Dirk Teichelmann (1994): Internationaler Personaleinsatz: Konzeptionelle und instrumentelle Grundlagen.
Lehrbuch zum internationalen Personalmanagement, das gleichermaßen theoretische Grundlagen und praktische Gestaltungsfragen erörtert.

DGFP e.V. (Hrsg.) (2010): Expat Management: Entsendung von Mitarbeitern ins Ausland erfolgreich gestalten.
Ein aktueller Leitfaden, der alle wesentlichen Gestaltungsfragen für das Personalmanagement behandelt.

Dan Landis & Janet M. Bennett & Milton J. Bennett (Eds.) (2004): Handbook of Intercultural Training.
Ein Sammelband mit insgesamt 19 Beiträgen, die sich umfassend mit den theoretischen und methodischen Grundlagen der interkulturellen Personalentwicklung auseinandersetzen.

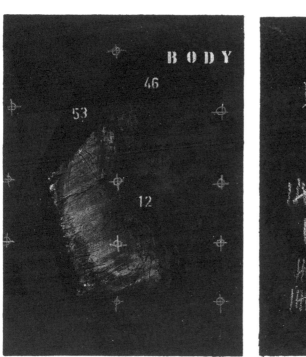

BODY

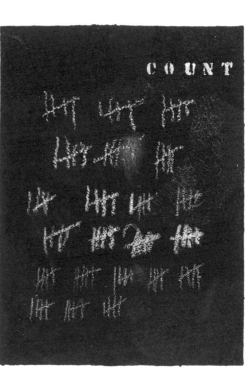

COUNT

Baustein 12

Rationalisieren und flexibilisieren

Flexibilität – Fluch oder Segen für das Human Resource Management?

Der amerikanische Soziologe Richard Sennett hat 1998 mit seinem Buch «Der flexible Mensch – die Kultur des neuen Kapitalismus» große Aufmerksamkeit erregt. Er beschreibt darin beispielhaft Arbeitsverhältnisse, die durch extreme Kurzfristigkeit und Flexibilität gekennzeichnet sind. Sie verlangen vom Einzelnen die ständige Bereitschaft, sich laufend neuen Aufgaben zu stellen und kurzfristig Arbeitsstelle und Wohnort zu wechseln. Sennett will vor allem die Belastungen des Einzelnen in einer deregulierten Arbeitswelt zeigen. Für die Unternehmen sind die Effekte der Flexibilisierung ambivalent: Einerseits nimmt die Gestaltungsfreiheit für arbeitsvertragliche Vereinbarungen zu. Mitarbeiter lassen sich zunehmend nach dem kurzfristigen Bedarf einsetzen. Andererseits werden Arbeitsbeziehungen aber für die Mitarbeiter, und hier insbesondere hochqualifizierte Leistungsträger, zunehmend unverbindlich. Die Loyalität nimmt ab und die Bereitschaft, kurzfristig die Stelle zu wechseln, wenn sich vorteilhafte Chancen bieten, zu: Erst haben Unternehmen, die es sich leisten können, den Mitarbeitereinsatz flexibilisiert; nun flexibilisieren die Mitarbeiter, die es sich leisten können, ihre Unternehmenszugehörigkeit.

Inhalt

12.1 Personaleinsatz zwischen Professionalität und Flexibilität ... **339**

*Worin besteht das Spannungsfeld zwischen Professionalität
und Flexibilität?*

12.2 Voraussetzungen der Mitarbeiterflexibilität **341**

Von welchen Faktoren hängt die individuelle Flexibilität ab?

12.2.1 Flexibilitätsfähigkeit und Employability 341
12.2.2 Flexibilitätsbereitschaft 343
12.2.3 Flexible Arbeitsbedingungen 348

12.3 Flexibilität statt Personalabbau **356**

*Wie lassen sich die negativen Folgen von Abbaumaßnahmen
vermeiden?*

12.1 **Personaleinsatz zwischen Professionalität und Flexibilität**

Worin besteht das Spannungsfeld zwischen Professionalität und Flexibilität?

Wenn neue Mitarbeiter ins Unternehmen eintreten, wurden sie in aller Regel für eine bestimmte Position rekrutiert, bei der ihre Fähigkeiten optimal zu den Anforderungen der Stelle passen. Im weiteren Zeitverlauf kann der Personaleinsatz auf den verschiedenen Positionen im Unternehmen aber nach unterschiedlichen Prinzipien erfolgen. Wird eine möglichst hohe Professionalität auf allen Positionen angestrebt, werden Stellenwechsel selten oder nur vorübergehend stattfinden, um einen kontinuierlichen Arbeitsfluss unter gleichbleibenden Anforderungen zu sichern. Um eine hohe Flexibilität unter wechselnden Bedingungen zu erreichen, sind häufigere Stellenwechsel unumgänglich, um die Ressourcen des Unternehmens stets da zum Einsatz zu bringen, wo sie aktuell benötigt werden.

> Der *Personaleinsatz* umfasst alle Prinzipien, nach denen die Beschäftigten über einen bestimmten Zeitraum hinweg auf den Positionen des Unternehmens eingesetzt werden.

Aus einer Motivationsperspektive spielt es eine große Rolle, inwieweit beim Personaleinsatz die persönlichen Ziele der Mitarbeiter berücksichtigt werden. Bei einem hohen aufgabenbezogenen Reifegrad (vgl. dazu Abschnitt 2.4.1) und einer ausgeprägten Identifikation mit den Unternehmenszielen wird es für das Unternehmen von Vorteil sein, wenn es Versetzungen allein von der Bereitschaft des einzelnen Mitarbeiters abhängig macht. In allen anderen Fällen bewegt sich die personalpolitische Frage, nach welchen Grundsätzen Stellenwechsel erfolgen sollen, im *Spannungsfeld zwischen Flexibilisierung und Professionalisierung*. Dieses Spannungsfeld hat der amerikanische

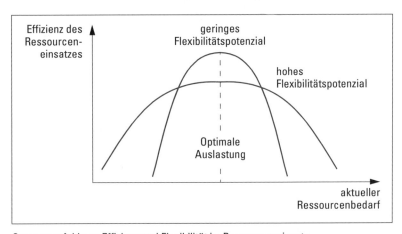

▲ Abb. 41 Spannungsfeld von Effizienz und Flexibilität im Ressourceneinsatz

Wirtschaftswissenschaftler George Stigler (1939) bereits vor 70 Jahren in einem Aufsatz als Grundproblem des wirtschaftlichen Ressourceneinsatzes unter kurzfristig wechselnden Bedingungen skizziert (◀ Abb. 41).

Bestimmung des Flexibilitätspotenzials

Wenn ein Unternehmen einen bestimmten Output plant und damit rechnen muss, dass die qualitativen Anforderungen und die Kapazitätsauslastung Schwankungen unterworfen sind, muss es eine Entscheidung über sein Flexibilitätspotenzial treffen. Es kann sich dafür entscheiden, seine Kapazitäten exakt auf die Planzahlen auszurichten (= geringes Flexibilitätspotenzial) und erreicht damit eine maximale Effizienz, wenn die Erwartungen in Bezug auf die Marktentwicklung auch tatsächlich eintreffen (= optimale Auslastung). Beispielsweise plant eine Beratungsgesellschaft, ihre Aktivitäten im Segment der IT-Systeme auszuweiten und stellt dafür zehn Softwarespezialisten ein. Wenn es danach zu ungeplanten Abweichungen kommt, nimmt die Effizienz deutlich ab, weil einzelne Mitarbeiter unterbeschäftigt oder überlastet sein können und ein Einsatz in anderen Bereichen oder eine Ergänzung der Kapazitäten durch Mitarbeiter aus anderen Bereichen aufgrund der Spezialisierung nur beschränkt möglich ist. Eine auf effiziente Professionalisierung und Spezialisierung ausgerichtete Personalpolitik wird mit zunehmender Unsicherheit über die Marktentwicklung ineffizient. Das Unternehmen kann sich aber auch dafür entscheiden, breit einsetzbare Mitarbeiter einzustellen, um auf ungeplante Veränderungen leicht reagieren zu können (= hohes Flexibilitätspotenzial). In unserem Beispiel würde das bedeuten, dass anstelle von Softwarespezialisten Berater mit einem breiteren Qualifikationsprofil eingestellt werden, die sich ohne weiteres auch in anderen Geschäftsfeldern einsetzen ließen, wenn sich das IT-Segment nicht wie geplant entwickeln sollte. ◀ Abb. 41 zeigt, wie sich nun die Bedingungen verändern: Auch ein höheres Flexibilitätspotenzial führt zu abnehmender Effizienz, wenn es zu Abweichungen vom geplanten Ressourcenbedarf kommt, die Effizienzverluste sind aber geringer als im ersten Fall. Dafür ist beim Planungsoptimum die Effizienz niedriger als bei einer Ressourcenausstattung mit geringem Flexibilitätspotenzial. Auf unser Beispiel übertragen würde das bedeuten, dass die spezialisierten Berater wahrscheinlich erfolgreicher bei der Abwicklung von IT-Projekten sind, aber sich weniger leicht substituieren oder anderweitig einsetzen lassen, wenn es zu ungeplanten Entwicklungen im Markt kommt.

Zusätzliche Kosten

Dieses Dilemma zwischen professioneller und flexibler Effizienz ist prinzipiell unauflöslich. Jeder Versuch, es in die eine oder andere Richtung aufzulösen, verursacht zusätzliche Kosten, wie beispielsweise folgende:

- *Abnehmende Motivation und zunehmende Fehlerhäufigkeit:* Diese entstehen, wenn das Unternehmen die Beschäftigten zu höherer Flexibilität zwingen will, als diese im Rahmen ihrer Kompetenzen zu leisten in der Lage sind.
- *Systemkosten:* Sie sind das Ergebnis verstärkter Planungsanstrengungen oder eines ausgeklügelten Personaleinsatzsystems, um die Flexibilität zu erhöhen.

Je höher die Schwankungen der Kapazitätsauslastung im Zeitverlauf sind, je kurzfristiger sie eintreten und je ungewisser ihr Eintreten zu einem vorher bestimmten Zeitpunkt ist, umso wichtiger wird die Mitarbeiterflexibilität im Personaleinsatz.

12.2   Voraussetzungen der Mitarbeiterflexibilität

Von welchen Faktoren hängt die individuelle Flexibilität ab? Die Flexibilität eines Mitarbeiters hängt von drei Bedingungen ab: (1) von der Fähigkeit und (2) von der Bereitschaft zur Flexibilität sowie (3) von den Arbeitsbedingungen, die eine individuelle Flexibilität ermöglichen. Wenn nur eine der drei Bedingungen nicht erfüllt ist, ist ein flexibler Personaleinsatz nicht möglich.

12.2.1   Flexibilitätsfähigkeit und Employability

Ende der 1990er Jahre setzte sich – insbesondere in Deutschland – ein neues Leitbild für die schulische und betriebliche Qualifizierung durch, das sich gegenüber einer traditionell fachlich definierten Qualifikationsidee deutlich abhob. Aus der Erkenntnis heraus, dass sich in vielen Berufsfeldern die fachlichen Anforderungen kaum mehr zuverlässig über einen längeren Zeitraum hinweg prognostizieren lassen, wurde die Leitidee der «Employability» propagiert.

Employability steht für die individuelle Fähigkeit, unabhängig von einem bestimmten Berufsbild und auch bei sich ständig verändernden Anforderungen in der Arbeitswelt beschäftigungs- und leistungsfähig zu bleiben. Innerbetrieblich bedeutet Employability flexible Einsetzbarkeit. Als Leitbild für die Berufsbildung ist es ein Qualifikationsprofil, das nach einem Stellenverlust einen raschen Wiedereinstieg oder eine erfolgreiche berufliche Selbständigkeit ermöglicht.

Kompetenzen
und Flexibilität

Mitarbeiter sind flexibel einsetzbar, wenn sie über Kompetenzen verfügen, durch die sie für mehr als eine Position im Unternehmen geeignet sind. Dies kann grundsätzlich auf zwei verschiedenen Wegen erreicht werden:

- *Multikompetenz:* Der Mitarbeiter verfügt über ein breites Spektrum von Fachqualifikationen. Ein breites Qualifikationsprofil geht in aller Regel zu Lasten einer Spezialisierung auf ein enges Aufgabenspektrum, wodurch sich die Zahl möglicher Einsatzbereiche erhöht. Im betrieblichen Bereich werden breite Qualifikationsprofile beispielsweise durch Stellvertretungsregelungen und Teammodelle mit interner Rotation unterstützt. Zunehmend verbreiten sich auch sogenannte Hybridmodelle in Studium und Berufsausbildung, die aus zuvor separaten Ausbildungsgängen oder -berufen zusammengesetzt wurden. Beispiele dafür sind der Betriebsingenieur, ein Studium aus ingenieurwissenschaftlichen und kaufmännischen Anteilen, und der Mechatroniker, ein Ausbildungsberuf, der die traditionellen Ausbildungen zum Mechaniker und zum Elektroniker zusammenführt.
- *Metakompetenz:* Der Mitarbeiter verfügt über Fähigkeiten, die es ihm erleichtern, sich auch in bislang fachfremde Aufgabenstellungen einzuarbeiten. Es handelt sich dabei um generelle Problemlösungsfähigkeiten (z. B. Analysefähigkeit, Zeitmanagement oder Kreativitätstechniken) und die individuelle Sozialkompetenz (z. B. Moderations- oder Konfliktlösungsfähigkeiten).

Diese beiden Kompetenzen kann sich ein Unternehmen entweder über die Rekrutierung oder die Entwicklung aufbauen. Im ersten Fall bedeutet dies, bei der Auswahl neuer Mitarbeiter fachübergreifende Fähigkeiten gegenüber der spezifischen Fachkompetenz stärker zu gewichten. Eine Entwicklung der Multi- und Metakompetenz kann über eine entsprechende Schwerpunktsetzung in der Weiterbildung erfolgen oder über eine Personaleinsatzpolitik, die den Einzelnen zum Beispiel über Job Rotation in verschiedenen Positionen wechselnd einsetzt.

Arbeitsbedingungen

Bei der Beurteilung der individuellen Flexibilitätsfähigkeit sind die Arbeitsbedingungen (vgl. dazu Abschnitt 12.2.3) stets mit einzubeziehen: Je differenzierter die einzelnen Stellen und je unterschiedlicher die dazu notwendigen Kompetenzen sind, umso höher sind auch die Anforderungen an Multi- und Metakompetenz. Im Umkehrschluss bedeutet dies, dass Unternehmen die Flexibilitätsfähigkeit erhöhen können, indem sie ihre Mitarbeiter schulen oder indem sie die Anforderungen über mehrere Positionen hinweg angleichen.

12.2.2 | Flexibilitätsbereitschaft

Formelles und informelles Anreizsystem

Die Bereitschaft zu einem flexiblen Personaleinsatz hängt wesentlich vom Anreizsystem des Unternehmens ab (vgl. dazu Baustein 4). Es umfasst die positiven und negativen Sanktionen flexiblen Verhaltens und kann die Anpassungsbereitschaft mehr oder weniger stark fördern. Über das Entgeltsystem hinaus wirkt sich aber auch die *Unternehmens-* und *Bereichskultur* auf die Bereitschaft zur Flexibilität aus. Man kann dabei vom informellen Anreizsystem sprechen. Die Flexibilitätsbereitschaft entfaltet sich nur, wenn Vorgesetzte, Kollegen oder Mitarbeiter ihrerseits die Flexibilität aufbringen, sich auf neue Formen der Zusammenarbeit einzulassen, d. h. beispielsweise, dass Vorgesetzte ihren Mitarbeitern gegenüber, die sie erst seit kurzer Zeit kennen, offen sind und ihren individuellen Reifegrad angemessen beurteilen, dass Arbeitsgruppen tolerant für Veränderungen in der personellen Zusammensetzung sind und neue Teammitglieder reibungslos integrieren oder dass Mitarbeiter ihre Vorgesetzten akzeptieren, auch wenn sie aus fachfremden Bereichen stammen und noch wenig Einblick in den spezifischen Aufgabenbereich besitzen.

Individuelles Identifikationsmuster

Der zweite Voraussetzung für die Flexibilitätsbereitschaft ist das individuelle *Identifikationsmuster.* Es ergibt sich aus den Aspekten der Arbeitstätigkeit, mit denen sich eine Person vorrangig verbunden fühlt. Dazu zählen die Identifikation mit der Arbeitsaufgabe, mit den Arbeitsbedingungen oder mit den Schlüsselpersonen.

- *Identifikation mit der Arbeitsaufgabe:* Für Mitarbeiter, die sich vor allem mit der Aufgabe identifizieren, spielen die fachspezifischen Anforderungen einer neuen Position für die Bereitschaft zum Wechsel eine zentrale Rolle: Die Flexibilitätsbereitschaft ist hoch, wenn der Mitarbeiter erkennt, dass die neue Aufgabe ähnliche Anforderungen wie die bisherige Position stellt und mit denselben Kompetenzen zu bewältigen ist.
- *Identifikation mit dem persönlichen Umfeld,* d. h. mit Vorgesetzten, Kollegen oder Kunden und Geschäftspartnern. Dabei steht das soziale Anschlussbedürfnis im Vordergrund. Dieses Muster ist vor allem bei Mitarbeitern in fachunspezifischen Positionen anzutreffen (z. B. allgemeine Hilfs- und Servicetätigkeiten). Die Flexibilitätsbereitschaft hängt stark davon ab, ob der betreffende Mitarbeiter in der neuen Position den Kontakt zu den vertrauten Personen aufrechterhalten kann oder damit rechnet, vergleichbare Bezugspersonen gewinnen zu können.

- *Identifikation mit den Arbeitsbedingungen:* Hierzu zählen die organisatorischen Rahmenbedingungen wie persönliche Spielräume für Entscheidungen oder die Arbeitszeitgestaltung, die räumliche Umgebung, physische oder psychische Arbeitsbelastung, insbesondere aber auch der Arbeitsplatz selbst. In diesem Fall besteht eine Flexibilitätsbereitschaft, wenn die neuen Aufgaben im vertrauten Umfeld bearbeitet werden können.
- *Identifikation mit dem Unternehmen und seinen Zielen:* Steht dieser Aspekt im Vordergrund, sind die Widerstände gegen einen flexiblen Personaleinsatz am geringsten ausgeprägt, wenn damit eine hohe Beschäftigungssicherheit verbunden ist.

Individueller Umgang mit Verunsicherung

Der dritte wesentliche Aspekt der Bereitschaft zum flexiblen Personaleinsatz – neben dem Anreizsystem und den individuellen Identifikationsmustern – ist der individuelle *Umgang mit Verunsicherung,* die durch einen Stellenwechsel mit veränderten Anforderungen ausgelöst wird. Wie sich Verunsicherung auswirkt, hängt nicht nur von den Anforderungen selbst ab, sondern auch davon, wie sie durch die betreffende Person wahrgenommen und eingeschätzt wird. Flexibilitätsbereitschaft setzt demnach voraus, dass der betreffende Mitarbeiter glaubt, die an ihn gerichteten Anforderungen bewältigen zu können (▷ Unsicherheit und Stress).

Faktoren der Flexibilitätsbereitschaft

Hat die Person eine hohe Kontrollüberzeugung und sind die Anforderungen für sie berechenbar, wird sie sich gezielt auf deren Bewältigung vorbereiten. Sind sie wenig berechenbar, steigt das Stressniveau, und es kann zur Blockierung der Handlungsfähigkeit kommen. Fehlt die Kontrollüberzeugung, wird die Person versuchen, den Anforderungen auszuweichen oder im Extremfall jede aktive Beteiligung aufgeben. Aus den Ergebnissen der Stressforschung lassen sich für einen erfolgreichen Personaleinsatz verschiedene Schlussfolgerungen ziehen: Die Bereitschaft zu einem flexiblen Stellenwechsel hängt davon ab, ob

- der Mitarbeiter glaubt, die Anforderungen bewältigen zu können. Darin wird er unterstützt, wenn ihm deutlich gemacht wird, über welche Ressourcen er bereits verfügt bzw. welche Ressourcen ihm zugänglich gemacht werden.
- der Stellenwechsel vorhersehbar ist, d.h. dem betreffenden Mitarbeiter ermöglicht wird, sich schrittweise darauf einzustellen.
- der betroffene Mitarbeiter einen Entscheidungsspielraum hat (z.B. über den Zeitpunkt oder die Umstände des Wechsels), der ihm ein Gefühl von Situationskontrolle vermittelt.

Unsicherheit und Stress

Richard Lazarus und Susan Folkman (1984) beschreiben den Umgang mit Unsicherheit in einem Kontextmodell, das von einem Zusammenwirken kognitiver und emotionaler Faktoren ausgeht. Unsicherheit entsteht, wenn sich eine Person mit Anforderungen konfrontiert sieht, die sie mit ihren bisherigen Fähigkeiten und Hilfsmitteln nicht ohne weiteres zu bewältigen vermag. Je nachdem, wie sie die Anforderungen und die ihr zur Verfügung stehenden Ressourcen beurteilt, wird sie den damit verbundenen Stress eher problem- oder eher emotionsorientiert abzubauen versuchen. Das lässt sich am Beispiel eines Abteilungsleiters illustrieren, der erfährt, dass sein Unternehmen mit einem Wettbewerber fusionieren wird, und der damit seine bisherige Position gefährdet sieht.

Anforderungen führen zu Verunsicherung, wenn sie schädigend, bedrohlich oder herausfordernd für die Person und die von ihr verfolgten Ziele erscheinen. Zu den *Ressourcen,* welche die Person zur Bewältigung ungewohnter Anforderungen einsetzen kann, zählen die physiologische und psychische Energie, persönliche Fähigkeiten (z.B. Überzeugungskraft, Problemlösungs- und Sozialkompetenz), Hilfsmittel und materielle Ressourcen (z.B. finanzielle Mittel oder Informationsdatenbanken) und die potenzielle Unterstützung durch andere Personen. Entscheidend für den Umgang mit Unsicherheit ist nicht das objektive Vorhandensein dieser Ressourcen, sondern inwieweit die Person überzeugt ist, über Ressourcen zu verfügen und diese auch wirklich einsetzen zu können. Die Nutzung der zur Verfügung stehenden Ressourcen kann aufgrund persönlicher Faktoren, durch kulturelle Normen und Werte, die eigene Kooperationsbereitschaft gegenüber potenziellen Helfern oder die Fähigkeit, Unsicherheit aushalten zu können (Mehrdeutigkeitstoleranz), eingeschränkt sein. Verunsicherung wird als Ungleichgewicht zwischen Anforderungen und Ressourcen zu ihrer Bewältigung erlebt.

Coping steht für alle Verhaltensweisen, mit denen eine Person auf Verunsicherung reagiert und damit das subjektive Gleichgewicht wiederherstellt. Dabei sind zwei Aspekte zu beachten:

- *Problemorientierte Bewältigung:* Darunter versteht man die Mobilisierung von Ressourcen, um die Anforderungen bewältigen zu können. Die Person entwickelt Lösungen, verschafft sich neue Ressourcen oder wirkt auf die Veränderung der Anforderungen ein.
- *Emotionsorientierte Bewältigung:* Sie dient dem Abbau der emotionalen Anspannung durch Neubewertung, Verdrängung oder Verleugnung der Anforderungen. Sie kann sich darin ausdrücken, dass Anforderungen ignoriert oder als unberechtigt zurückgewiesen werden.

Ein problemorientiertes Reaktionsmuster im Fall des oben genannten Abteilungsleiters würde sich darin äußern, dass die Führungskraft sich über die geplante Reorganisation informiert und ihre Kontakte nutzt, um sich eine gute Ausgangslage für den Wettbewerb um die neu zu besetzenden Positionen im fusionierten Unternehmen zu verschaffen. Emotionsorientierte Reaktionen könnten sich in einem Rückzugsverhalten und einer abnehmenden Bereitschaft äußern, sich an Projekten zur Reorganisation zu beteiligen.

Sowohl der problemorientierte als auch der emotionsorientierte Aspekt werden im Umgang mit Unsicherheit wirksam. Je größer die Verunsicherung ist, umso stärker steht dabei die Emotionsorientierung im Vordergrund und umso geringer ist die Fähigkeit der Person, die Herausforderungen zu meistern, weil sie zu Problemverdrängung oder -verleugnung neigen wird. Neben personenbezogenen Merkmalen, wie kognitive Fähigkeiten oder positive Erfahrungen in der Vergangenheit, sind für die Bewältigung von Unsicherheit auch Merkmale der Situation entscheidend, ob eine Person neuen Anforderungen eher problemlösend oder emotional begegnet. Besondere Bedeutung hat das Bewusstsein, die Situation kontrollieren zu können, und die Vorhersehbarkeit der Anforderungen.

Widerstände gegen flexiblen Personaleinsatz Widerstände gegen Veränderungen, wie sie mit einem flexiblen Personaleinsatz verbunden sind, äußern sich in Einstellungs- und Verhaltensreaktionen (▶ Abb. 42) – unabhängig davon, ob der flexible Einsatz vorübergehend oder endgültig ist. Diese beiden Reaktions-

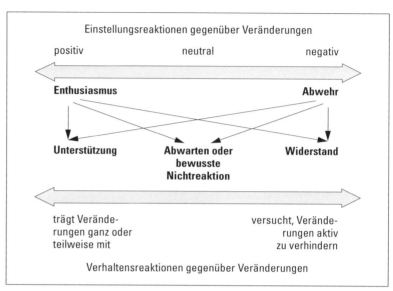

▲ Abb. 42   Einstellungs- und Verhaltensreaktionen gegenüber Veränderungen
(Bowman & Asch 1987)

ebenen sind voneinander zu unterscheiden, weil sie weitgehend
unabhängig voneinander sind: Eine positive Einstellung muss nicht
automatisch ein unterstützendes Verhalten nach sich ziehen, sondern
kann auch in eine abwartende Haltung münden. Übersteigerte positive Einstellungen können sogar den Charakter missionarischen
Eifers bekommen und sich in dann in einer spezifischen Form des
Widerstands niederschlagen. Ebenso kann ein abwartendes Verhalten aber auch auf eine Abwehrhaltung zurückzuführen sein, dann
nämlich, wenn die Person sich nicht traut, in den offenen Widerstand
zu gehen. Und schließlich können Personen, die gegen Veränderungen eingestellt sind, diese aufgrund einer hohen Loyalität dem
Unternehmen gegenüber dennoch mittragen.

Formen des
Widerstands

Die Bandbreite der Verhaltensweisen zwischen Unterstützung und
Widerstand ist groß. Neben der Sabotage als extremer Form der Verhinderung von Veränderungen kann sich ein persönlicher Widerstand
auch in subversiven Verhaltensweisen äußern: Eine Person kann eine
Veränderung, die sie nicht verhindern kann, zumindest zu ihren
Gunsten missbrauchen und so den Gesamterfolg eines Projekts gefährden (z. B. durch den sogenannten «Dienst nach Vorschrift»). Offener Widerstand äußert sich vor allem in Protest oder Ausweichen.
Welche Form gewählt wird, hängt nicht nur davon ab, wie stark die
ablehnende Einstellung ist, sondern auch von den Möglichkeiten, die

der Betroffene zu haben glaubt, um eine Veränderung zu verhindern. Eine unterstützende Haltung äußert sich in offener Begeisterung oder zumindest aktiver Mitarbeit. Schwächere Formen der Unterstützung sind Bereitwilligkeit oder ein Mitarbeiten unter Druck, in der schwächsten Form zumindest in der Duldung von Veränderungen.

Welche Faktoren beeinflussen die Reaktionen auf Änderungsmaßnahmen? Jede Veränderung führt beim Einzelnen zum Nachdenken über mögliche Konsequenzen, Chancen und Gefahren im direkten Vergleich zur jetzigen Situation. Viele Menschen neigen dazu, von einer Änderung eher mehr Verschlechterungen als Verbesserungen zu erwarten. Ängste und Widerstände gegenüber Veränderungen werden von denjenigen, die sie ungewollt ausgelöst haben, häufig als irrational hingestellt, weil die Betreffenden die Rationalität des Änderungsprojektes offensichtlich nicht verstehen bzw. akzeptieren wollen. Tatsächlich haben aber auch Ängste und Befürchtungen ihre eigene Rationalität und müssen erst einmal verstanden und akzeptiert werden, damit sie sich abbauen lassen. Gründe für Veränderungsängste sind nach Bowman & Asch (1987):

Gründe für Veränderungsängste

- *Verlust von Zufriedenheit, Status oder Beziehungen:* Jede Veränderung bedeutet eine Umverteilung von Handlungsspielräumen und -grenzen im persönlichen Einflussbereich. Viele Menschen fürchten sich davor, Handlungsspielräume zu verlieren und haben wenig Vorstellungen darüber, was sie auf der anderen Seite gewinnen können.
- *Überfordernde Erwartungen:* Veränderungen erfordern eine individuelle Anpassungsleistung. Unter Umständen müssen neue Fähigkeiten erworben werden, während bisherige Kompetenzen wertlos werden. Wie bei den möglichen Vorteilen, die man vielleicht erreichen könnte, fällt es vielen Menschen schwer, sich vorzustellen, dass sie die neuartigen Anforderungen erfüllen könnten.
- *Schwächen eingestehen müssen:* Änderungsmaßnahmen zu befürworten erfordert unter Umständen, dass die bisherige Tätigkeit nicht zu den erwünschten Ergebnissen geführt hat. Wenn es nicht gelingt, dies zu akzeptieren, werden Änderungsmaßnahmen als überflüssig oder fehlerhaft abgelehnt.
- *Zweifel an der Umsetzbarkeit der geplanten Änderungen:* Gelegentlich werden Änderungen als solches zwar grundsätzlich als notwendig angesehen, die konkreten Maßnahmen aber als ganz oder teilweise unrealisierbar eingestuft. Bestimmte Ressourcen scheinen zu fehlen, der Zeitpunkt gilt als ungünstig oder die Lösung scheint den allzu hoch gesteckten Erwartungen nicht zu genügen.

Subjektive Wahr-
nehmung der Ver-
änderungssituation

Die subjektive Wahrnehmung der Veränderungssituation spielt für die Ängste und die sich daraus ergebenden Verhaltensreaktionen eine besondere Rolle. Diese Wahrnehmung bezieht sich wiederum auf drei Hauptaspekte:

- *Wahrnehmung der Veränderung:* Der Betroffene prüft mögliche persönliche Folgen der Veränderung daraufhin, ob sie günstige oder ungünstige Konsequenzen, eine Verbesserung oder eine Verschlechterung der eigenen Situation bedeuten.
- *Wahrnehmung möglicher Reaktionen auf die Veränderung:* Der Betroffene bezieht in seine Überlegungen eigene Reaktionen mit ein und prüft die Konsequenzen solcher Reaktionen. Beispielsweise wird die Ablehnung einer Veränderung auch davon beeinflusst, welche Erfolgschancen der Einzelne sieht, sich dieser Veränderung zu entziehen. Je geringer diese Chancen sind, desto schwächer wird die Ablehnung ausfallen, selbst wenn günstigere Alternativen erkennbar sind.
- *Wahrnehmung der eigenen Rolle bei der Veränderung:* Die positive oder negative Wahrnehmung einer bestimmten Veränderung hängt nicht zuletzt auch davon ab, ob der Betroffene sich selbst als mitverantwortlich für Vorbereitung und Durchführung betrachtet oder sich einfach als Opfer versteht. Je intensiver der Einzelne an der Vorbereitung beteiligt war und das Gefühl mitgenommen hat, einen eigenen erkennbaren Beitrag zu der betreffenden Veränderungsmaßnahme geleistet zu haben, umso eher wird er ihr gegenüber befürwortend eingestellt sein. Ebenso wird eine eher positive Einstellung erreicht, wenn der Einzelne die Freiräume in der Umsetzung wahrnehmen kann.

Zentrale Bedeutung
der Führungskraft

Damit wird deutlich, dass die Akzeptanz von Veränderungen im persönlichen Arbeitsumfeld, die mit einem flexiblen Personaleinsatz unvermeidlich verbunden sind, von der individuellen Wahrnehmung abhängt. Der Führungskraft kommt deshalb bei der Einführung und Aufrechterhaltung eines flexiblen Arbeitssystems eine zentrale Rolle zu.

12.2.3 Flexible Arbeitsbedingungen

Neben den persönlichen Voraussetzungen für eine Flexibilisierung bildet der organisatorische Rahmen als Arbeitsbedingung die zweite wesentliche Komponente für ein flexibles Arbeiten. Die Arbeitsbedingungen gliedern sich wiederum in drei Aspekte: die Organisationsstruktur, die Arbeitszeitordnung und die Arbeitsplatzgestaltung.

Organisationsstruktur

Durch die Organisationsstruktur wird sowohl die Art der Arbeitsteilung als auch die Abfolge von Arbeitsschritten festgelegt. Als Bezugsgrößen kommen dabei sowohl Stellen als auch Gruppen in Frage. Die klassischen Formen der Arbeitsorganisation gehen von einer möglichst weitgehenden Arbeitsteilung (Spezialisierung) aus, die durch eine Hierarchie mit mehreren Führungsebenen koordiniert wird. Bei komplexem Wandel ändern sich jedoch die Erfolgsbedingungen dieses Organisationstyps. In der modernen Dienstleistungs- und Informationsgesellschaft findet man verstärkt:

- Aufgabenstellungen, die nicht mehr beliebig teilbar sind und deren Erfüllung sich nicht mehr bis ins Detail planen lässt (z. B. Finanzierungsberatung in einer Bank),
- kundennahe Produkte, die auch in kleinen Serien noch kostengünstig hergestellt werden müssen (z. B. Typenvielfalt im Automobilbau),
- Kunden, die an rudimentären Problemlösungen und nicht an uniformen Produkten interessiert sind (z. B. Softwarelösungen für unternehmensspezifische Anwendungsbereiche),
- Mitarbeiter, die interessante Aufgabenstellungen und eine selbstbestimmte Aufgabenerfüllung erwarten.

Gefragt sind Formen der Arbeitsorganisation, die einen hinreichenden Flexibilitätsspielraum aufweisen, um diesen Anforderungen gerecht werden zu können. Dabei treten teilautonome Formen der

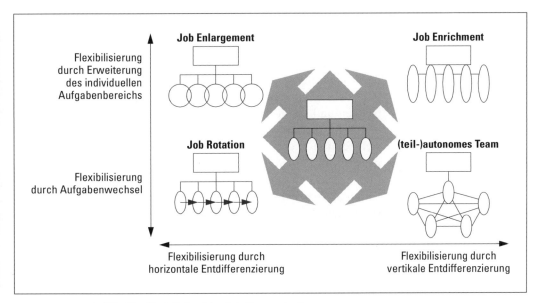

▲ Abb. 43   Modelle flexibler Arbeitsorganisation

Selbstorganisation verstärkt an die Stelle der hierarchischen Fremd-
organisation (◀ Abb. 43). Ausgangspunkt ist ein Grundmodell der
Arbeitsorganisation: Eine Arbeitsgruppe setzt sich aus horizontal
wie vertikal ausdifferenzierten Stellen zusammen, d.h. es gibt eine
funktionale Arbeitsteilung mit einer eindeutigen Abgrenzung der
Arbeitsgebiete und eine eindeutige zugeordnete Führungsaufgabe.
Der damit verbundene geringe Spielraum für einen flexiblen Personaleinsatz lässt sich auf vier verschiedene Weisen erweitern:

- *Job Enlargement:* Die Aufgabenbereiche werden so verbreitert,
  dass Überlappungen zwischen den Stellen entstehen, die sowohl
  vorübergehende Stellvertretungen als auch einen gegenseitigen
  Überlastausgleich ermöglichen. Bei dieser Methode wird dem
  Mitarbeiter eine größere Zahl von Teilaufgaben übertragen. Damit
  wird die Arbeitszerlegung rückgängig gemacht. Diese Maßnahmen führen dazu, dass zwar die Anzahl der Teilaufgaben erhöht
  wird, dass aber gleichzeitig die Anzahl der Ausführungen einer
  Teilaufgabe vermindert wird. Empirische Untersuchungen bestätigen, dass eine Aufgabenerweiterung nicht zwangsläufig zu einer
  Verminderung der Produktivität führen muss, da folgende Faktoren einen leistungssteigernden Einfluss ausüben: Die Arbeitsmonotonie geht zurück, die Mitarbeiter erkennen den Sinnzusam-
  menhang ihrer Arbeit und negative Auswirkungen einer starken
  Arbeitszerlegung (häufige krankheitsbedingte Fehlzeiten, hohe
  Fluktuationsrate) werden abgeschwächt.
- *Job Rotation:* Mit dieser Methode wird ein planmäßiger Wechsel
  von Arbeitsaufgaben und Arbeitsplatz angestrebt. Die Arbeitszerlegung bleibt damit unverändert, lediglich der zeitliche oder
  örtliche Personaleinsatz und die Aufteilung der Teilaufgaben auf
  die Mitarbeiter verändern sich. Der Arbeitsplatzwechsel ermöglicht dem Mitarbeiter, unterschiedliche Leistungsbeiträge zu erbringen und somit der Arbeitsmonotonie entgegenzuwirken. Zudem wird die soziale Isolation des Einzelnen vermindert, indem
  sich für ihn auch sein soziales Umfeld verändert. Der Arbeitsplatzwechsel erfolgt meistens auf der gleichen hierarchischen
  Ebene. Die Zeitdauer, während der ein Mitarbeiter an einem bestimmten Arbeitsplatz tätig ist, hängt ebenfalls von der Leistungs-
  stufe sowie der notwendigen Einarbeitungszeit ab.
- *Job Enrichment:* Während beim Job Enlargement in erster Linie
  eine Ausweitung von ausführenden Aufgaben stattfindet, versucht
  das Job Enrichment eine Anreicherung der Arbeit durch Führungsaufgaben (Planungs-, Entscheidungs-, Anordnungs- und

Kontrollaufgaben) zu erreichen. Diese Methode führt zwangsläufig zu einer verstärkten Delegation und somit auch zu einer Entlastung des Vorgesetzten. Diese Delegation ist auch motivational relevant: Werden die Voraussetzungen für eine Persönlichkeitsentfaltung und Selbstverwirklichung geschaffen, so kann ebenfalls mit Produktivitätssteigerungen gerechnet werden. Die Flexibilität wird durch vertikale Entdifferenzierung erhöht.

- *Teilautonome Arbeitsgruppen:* Anstelle einer individuellen Übertragung dispositiver Funktionen werden diese der Gruppe als Kollektiv zur Selbstregulierung übertragen. Die individuellen Stellenprofile ändern sich dabei kaum, hingegen bauen solche Arbeitsgruppen häufig auf interner Rotation auf. Die autonome oder teilautonome Arbeitsgruppe ist eine Variante des Job Enrichment: Einer Arbeitsgruppe wird eine relativ umfassende Aufgabe übertragen, für deren Erfüllung sie die Ausführungs- und Führungsaufgaben übernehmen muss. Damit erhält sie zusätzliche Kompetenzen, muss aber gleichzeitig die entsprechende Verantwortung tragen. Ziel wäre es, dass alle Mitarbeiter alle Arbeiten übernehmen können, um eine Job Rotation zu ermöglichen, bei Schwierigkeiten aushelfen oder bei Abwesenheit kurzfristig einspringen zu können. Unter Berücksichtigung der vom Unternehmen vorgegebenen Rahmenbedingungen (Unternehmensziele, Betriebsmittel, Budget, Termine) kann die Gruppe beispielsweise Entscheidungen treffen über die Aufgabenverteilung auf die Gruppenmitglieder, Rotationszyklen, die Arbeitsplatzgestaltung, die Arbeitszeit- und Pausengestaltung sowie Neueinstellungen.

Job Sharing

Eine weitere Variante, die dem Modell der teilautonomen Arbeitsgruppe gleicht, sich allerdings bis heute nur wenig durchsetzen konnte, ist das *Job Sharing,* bei dem sich in aller Regel zwei Arbeitnehmer einen Arbeitsplatz teilen. Die Ursache für die geringe Verbreitung ist darin begründet, dass dieses Modell besonders hohe Anforderungen an die Kooperationsfähigkeit der Sharing-Partner stellt.

Lean Management

Im Konzept des *Lean Management* sind mehrere dieser Flexibilisierungsprinzipien mit dem Ziel vereinigt, hohe Produktivität und hohes Qualifikationsniveau mit ebenso hoher Anpassungsfähigkeit zu verbinden. Die Merkmale der dahinter stehenden Prinzipien der Arbeitsorganisation sind anderen Gruppenkonzepten ähnlich, betonen aber stärker das Produktivitäts- und Qualitätsziel, während in den anderen Ansätzen der flexiblen Arbeitsorganisation ursprünglich

Elemente des
Lean Management

das Ziel der Humanisierung der industriellen Arbeitswelt verfolgt wurde. Lean Management baut auf folgenden Elementen auf:

- Qualitätsorientierung in allen Abschnitten des Wertschöpfungsprozesses (Total Quality Management), der die Idee der fortlaufenden Verbesserung (Kaizen) zugrunde liegt. Die individuelle Verantwortung für den Prozess der ständigen Verbesserung nimmt mit der hierarchischen Ebene zu.
- Eine einflussreiche Projektleitung mit Zuständigkeit für einen einzelnen Prozess, die ein Gegengewicht zu den Funktionsbereichsleitern darstellt und alle Aktivitäten auf diesen Prozess hin koordiniert.
- Das Prinzip der gleichzeitigen Entwicklung (Simultaneous Engineering), wonach Teilprozesse parallel überlappend statt sequenziell angeordnet sind.
- Teamarbeit in Gruppen von spezialisierten Facharbeitern mit der Verpflichtung gegenseitiger Vertretung. Die Gruppen haben innerhalb der Prozessmodule weitreichende Selbstorganisationskompetenzen.
- Intensive Personalschulung, auch zum Aufbau von Mehrfachqualifikationen für einen flexiblen Einsatz der Stammbelegschaft.

Über neue Formen der Arbeitsgestaltung findet eine inhaltliche oder aufgabenbezogene Flexibilisierung statt. Vereinfacht gesagt werden Stelle und Stelleninhaber entkoppelt, zum Beispiel in teilautonomen Arbeitsgruppen, die über die Zuordnung von Aufgaben selbständig entscheiden können.

Arbeitszeitordnung   Die Arbeitszeitordnung ist das System aller betrieblichen Regelungen für die Gestaltung der individuellen Arbeitszeit. Arbeitszeitregelungen haben historisch gesehen vor allem die Funktion eines kollektiven Arbeitnehmerschutzes. Sie sind deshalb nach wie vor zentraler Bestandteil tarifvertraglicher Vereinbarungen. Im Zuge der fortschreitenden Individualisierung verlieren sie in vielen Arbeitsfeldern diese Funktion und wirken vor allem als Hindernis für flexibilitätsförderliche Vereinbarungen zwischen Unternehmen und ihren Beschäftigten sowie zwischen Führungskräften und ihren Mitarbeitern. Der Grundgedanke der flexiblen Arbeitszeitgestaltung liegt in der *Entkopplung von Betriebs- und Arbeitszeit:* Die individuelle Anwesenheitszeit ist nicht mehr deckungsgleich mit den Zeiten der betrieblichen Leistungserstellung. Maschinenlauf- und Büroöffnungszeiten müssen nicht mit den Arbeitszeiten der einzelnen Beschäftigten übereinstimmen.

Jede Arbeitszeitordnung hat einen chronometrischen und einen chronologischen Aspekt. *Chronometrische Flexibilisierung* bedeutet, dass die Dauer der durchschnittlichen bzw. gesamten Arbeitszeit frei vereinbart wird. Innerhalb der gesetzlichen Höchstarbeitszeit können hier gegebenenfalls tarifliche oder betriebliche Vereinbarungen bestehen, die den äußeren Rahmen für eine individuelle Vereinbarung setzen. *Chronologische Flexibilisierung* bezieht sich auf die Lage der Arbeitszeit. Sie bedeutet eine Abweichung von der herkömmlichen gleichmäßigen Verteilung auf die Wochentage im Rahmen der gesetzlichen Bestimmungen zur Nacht- und Wochenendarbeit. Chronologische und chronometrische Flexibilisierung lassen sich weitgehend unabhängig voneinander auf Wochen-, Monats-, Jahres- oder Lebensarbeitszeitbasis gestalten.

Flexibilisierungs-modelle   Aus der großen Zahl möglicher Flexibilisierungsmodelle haben sich in den letzten Jahren folgende Typen herausgebildet:

- *Schichtarbeit* ist die älteste Form chronologischer Flexibilisierung und hat inzwischen eine Vielzahl an Varianten herausgebildet. Sie wird dort angewendet, wo technisch bedingte Kapazitätsengpässe bestehen, vorhandene Produktionsanlagen kostengünstig ausgelastet werden müssen oder Bereitschaftspflichten über die normalen Geschäftszeiten hinaus bestehen (z. B. Transportunternehmen oder medizinische Dienste).

- Der Anteil von *Teilzeitarbeit* unter allen Beschäftigungsverhältnissen liegt in Deutschland und der Schweiz inzwischen bei rund 20 %. In der Regel wird die Lage der reduzierten Arbeitszeit fest vereinbart (z. B. einzelne Wochentage oder nur vor- bzw. nachmittags). Unter Flexibilisierungsgesichtspunkten ist sie nur relevant, wenn die vertragliche Regelung eine kurzfristige Erhöhung ermöglicht, das heißt, eine kurzfristige Erhöhung oder Senkung der vereinbarten Arbeitszeit bei Kapazitätsschwankungen vorgesehen ist.

- *Gleitzeit* hat inzwischen in allen Arbeitsbereichen Verbreitung gefunden und ist das Standardmodell zur beschränkten Flexibilisierung von Vollzeitarbeitsverhältnissen. Sie bedeutet, dass die Mitarbeiter Arbeitsbeginn und -ende weitgehend frei bestimmen und dies in aller Regel an persönlichen Dispositionen ausrichten können. Große Unterschiede bestehen in den Entscheidungsspielräumen. Diese hängen vor allem davon ab, wie ausgedehnt die verpflichtenden Kernarbeits- oder Mindestbesetzungszeiten sind, in denen eine individuelle bzw. in der Arbeitsgruppe abzustimmende Anwesenheitspflicht besteht. Zudem ergeben sich Unterschiede daraus, wie groß das Über- bzw. Fehlzeitkonto ist, das von einem Monat auf den nächstfolgenden übertragen werden kann.

- Bei der *Vertrauensarbeitszeit* wird überhaupt auf feste Regelungen verzichtet. Dieses Modell sieht vor, dass der Mitarbeiter in Abstimmung mit dem Vorgesetzten Dauer und Lage seiner Arbeitszeit frei wählt. Praktiziert wird es vor allem dort, wo die Mitarbeiter weitgehende Selbstverantwortung in der Aufgabenerfüllung haben und ein ungestörtes Vertrauensverhältnis zum unmittelbaren Vorgesetzten besteht.

- *Jahresarbeitszeitvereinbarungen* spielen dort eine Rolle, wo jahreszeitlich bedingte, aber absehbare Schwankungen der Kapazitätsauslastung bestehen (z. B. im Fall von Ingenieuren im Industrieanlagenbau). Dazu werden im Vorfeld Zeiträume mit über- und unterdurchschnittlicher Auslastung bestimmt, in denen die Normalarbeitszeit vom Mittelwert abweichen soll.

- *Lebensarbeitszeitvereinbarungen* werden gegenwärtig noch kaum praktiziert. 1998 wurde erstmalig für die deutsche Kautschukindustrie eine tarifvertragliche Regelung über Lebensarbeitszeitvereinbarungen getroffen. In den letzten Jahren sind einige Unternehmen dazu übergegangen, mit älteren Arbeitnehmern eine schrittweise Reduzierung der Wochenarbeitszeit zu vereinbaren, was als gleitender Ruhestand bezeichnet wird. Um einen erheblichen Einkommensverlust zu verhindern, wird die Arbeitszeit zum Ausgleich in den Jahren davor erhöht, also ein Zeitguthaben angespart. *Sabbaticals,* d.h. mehrmonatige Arbeitsunterbrechungen in der Regel für Weiterbildungsmaßnahmen, zählen ebenfalls zu Modellen flexibler Arbeitszeitgestaltung.

- Der *Werkvertrag* stellt eine Sonderform dar, die zu denselben Effekten führen kann wie eine variable Arbeitszeitvereinbarung. Auch wenn rechtlich kein Arbeitsvertrag besteht, kann aufgrund starker Abhängigkeit des Auftragnehmers eine ähnliche soziale Beziehung bestehen (beispielsweise als Ergebnis des Übergangs eines Angestellten in eine selbständige Existenz).

Eine hohe Spezifität der Anforderungen an eine Stelle beschränkt einen flexiblen Personaleinsatz, wenn nur der aktuelle Stelleninhaber sie vollständig erfüllen kann. Abgesehen von den spezifischen qualifikationsbezogenen Anforderungen spielen auch die physischen Belastungen, die mit der Arbeitsaufgabe verbunden sind, eine wichtige Rolle:

Arbeitsplatzbelastung

- *Belastungen durch den Arbeitsplatz:* Sie resultieren aus Merkmalen der Arbeitsmittel (Form, Funktion und Anordnung) und aus der Beanspruchung der Sinnesorgane (z.B. durch Geräusche oder Lichtverhältnisse). Unter psychischen Gesichtspunkten ist bedeutsam, auf welche Objekte die Aufmerksamkeit zu richten ist und ob ein fremdbestimmter Zeitdruck besteht. Die wahrgenommenen Belastungen hängen wesentlich davon ab, ob die Person eigene Möglichkeiten zur Umgestaltung des Arbeitsplatzes hat.

- *Belastungen durch die Arbeitsmethode:* Sie ergeben sich aus der geforderten Körperhaltung sowie Form und Gewicht der Arbeitsmittel, aus dem Arbeitsrhythmus und schließlich den Anforderungen an das Konzentrationsvermögen, an die Genauigkeit und an die Art der Informationsaufnahme und -vermittlung. Die Belastungswahrnehmung hängt auch davon ab, ob die Person Änderungen im Tätigkeitsverlauf herbeiführen kann.

- *Belastungen durch die Arbeitsumgebung:* Dazu sind die klimatischen Bedingungen (Hitze oder Kälte, Lärm und Staub), aber auch psychische Belastungen durch persönliche oder organisatorische Konflikte am Arbeitsplatz zu zählen. Entscheidend ist, inwiefern der Stelleninhaber Möglichkeiten zu einem kontrollierten Ausweichen hat.

Obwohl die Bedeutung der Umgebungseinflüsse im Zuge der Ablösung industrieller durch verwaltende Arbeitsbereiche abgenommen hat, spielen psychische Belastungen – gerade weil sie schwerer erkannt werden – eine unvermindert große Rolle. Ob diese psychischen Anforderungen bewältigt werden, ist aber nicht nur von der körperlichen oder mentalen Konstitution des Stelleninhabers abhängig, sondern insbesondere auch von der persönlichen Kontrollüberzeugung: Wer überzeugt ist, seine Arbeitsbedingungen im Rahmen der baulich-technischen Möglichkeiten eigenständig verändern und optimieren zu können, ist eher bereit, auch schwierige Bedingungen zu akzeptieren, als jemand, der sich seiner Arbeitssituation völlig ausgeliefert sieht.

Telearbeit Eine besondere Form räumlicher und zeitlicher Flexibilisierung ist *Telearbeit,* bei der die persönliche Anwesenheit und Erreichbarkeit durch elektronische Kommunikation ersetzt wird. Ihr Anwendungsbereich liegt gegenwärtig noch vor allem da, wo Tätigkeiten vom Betriebsablauf weitgehend entkoppelt sind. Unterscheiden lassen sich mehrere Formen der Telearbeit, mit denen entsprechend Formen der Telearbeit unterschiedliche Zielsetzungen verbunden sind.

- *Teleheimarbeit:* Diese wird in der Reinform vor allem als Ansatz zur Förderung der Vereinbarkeit von Beruf und Familienaufgaben und zur beruflichen Integration behinderter Menschen praktiziert, häufig im Rahmen einer Teilzeittätigkeit oder in einer Werkvertragsbeziehung. Bei dieser Form spielt das Flexibilisierungsziel eine zentrale Rolle.

- *Nachbarschafts- oder Satellitenbüros* sind dezentrale Arbeitszentren und werden oft gemeinsam von mehreren Unternehmen für Telearbeiter, die in unmittelbarer Nähe wohnen, betrieben.
- Bei der Form der *mobilen Telearbeit* wird auf jede feste Arbeitsstelle verzichtet. Der Mitarbeiter ist über eine Datenleitung von unterschiedlichen Standorten aus zeitweise mit dem Unternehmen verbunden. Diese Form der Telearbeit wird vor allem für Außendiensttätigkeiten eingesetzt.

Beurteilung
Telearbeit

Obwohl Telearbeit angesichts des raschen Fortschritts bei den Kommunikationstechnologien immer wieder als Arbeitsform der Zukunft bezeichnet wird, sind gegenwärtig noch erhebliche Vorbehalte gegenüber Telearbeitern zu beobachten. Diese Vorbehalte sind vor allem darauf zurückzuführen, dass eine direkte Beobachtung des Arbeitsverhaltens nicht mehr möglich ist. Dies erfordert ein hohes Vertrauen von Vorgesetzten und Kollegen in die Leistungsbereitschaft des Telearbeiters, das häufig nicht vorhanden ist.

12.3   Flexibilität statt Personalabbau

Wie lassen sich die negativen Folgen von Abbaumaßnahmen vermeiden?

Die Flexibilität im Personaleinsatz ist nicht nur von Bedeutung, wenn ein Unternehmen mit seinem bestehenden Personalstamm auf wechselnde Anforderungen reagieren will, sondern schafft auch Handlungsspielräume, wenn Personal abgebaut werden muss. Für die Betroffenen ist der Stellenverlust ein einschneidendes Erlebnis (▷ Arbeitsplatzverlust als Trauma). Aber auch über den Kreis der direkt Betroffenen hinaus wirken sich Entlassungen erheblich aus und gefährden die Leistungsfähigkeit eines Unternehmens vorübergehend oder sogar nachhaltig. Die Fähigkeit eines Unternehmens, seine Personalkapazitäten ohne betriebsbedingte Kündigungen zu reduzieren, ist deshalb in mehrfacher Hinsicht erfolgsrelevant:

- Sie reduziert die Kosten für Trennungsentschädigungen, Sozialpläne und arbeitsgerichtliche Auseinandersetzungen mit den freigestellten Beschäftigten.
- Damit lassen sich Entlassungen aus sozialen Gründen vermeiden, bei denen sich das Unternehmen unter Umständen von besonders leistungsfähigen Mitarbeitern trennen muss, weil die in Deutschland gesetzlich vorgeschriebene Sozialauswahl einen relativen Schutz beispielsweise von älteren oder unterhaltspflichtigen Beschäftigten unabhängig von deren Leistung vorsieht.

- Das Employer Brand (vgl. Abschnitt 6.2) als attraktiver Arbeitgeber für potenzielle Bewerber, Kunden, Kapitalanleger und die Öffentlichkeit bleibt erhalten.
- Motivationsverluste bei verbleibenden Mitarbeitern lassen sich verhindern. Ein betriebsbedingter Personalabbau wirkt sich ebenso wie eine einzelne Entlassung auf die Leistungs- und Bindungsmotivation der verbleibenden Mitarbeiter aus.

Die Loyalität und die Zufriedenheit der verbleibenden Mitarbeiter wird besonders stark beeinträchtigt, wenn enge Beziehungen zu den ausscheidenden Kollegen bestehen. Eine solche Beziehung kann auf persönlichen Kontakten beruhen, oder sie entsteht dadurch, dass sich die verbleibenden Mitarbeiter als dem ausscheidendem Kollegen ähnlich wahrnehmen («Es könnte eines Tages auch mich treffen!»).

Arbeitsplatzverlust als Trauma

Der Verlust des Arbeitsplatzes ist für die Betroffenen in den meisten Fällen eine erschütternde Erfahrung. Die individuelle Verarbeitung einer solchen Erfahrung folgt einem typischen Phasenverlauf, wie er auch aus Untersuchungen zu anderen Lebenserfahrungen bekannt ist. Besonders eindrucksvoll hat Elisabeth Kübler-Ross (1972) in ihren Untersuchungen gezeigt, wie Menschen mit tödlichen Erkrankungen mit der Erkenntnis des nahen Todes umgehen und welche Phasen sie dabei durchlaufen. Daraus ist ein Modell entstanden, das die individuelle Verlusterfahrung und -reaktion in fünf Phasen untergliedert:

1. *Schock:* Erfährt der Betroffene einen schwerwiegenden und unvermeidlich erscheinenden Verlust, reagiert er unmittelbar mit Abwehr und Flucht. Unmittelbar kommt es zur Verdrängung der Realität. Die Verleugnungsphase ist wichtig für den Abbau der inneren Anspannung und Voraussetzung dafür, dass die Situation auf weniger radikale Weise bewältigt werden kann.
2. *Zorn:* Die Frage «Warum gerade ich – warum nicht der andere?» charakterisiert die zweite Phase, in der Emotionen weitgehend unkontrolliert ausgedrückt werden. Über die emotionale Äußerung wird die Isolation der Schockphase überwunden. Der Zorn richtet sich gegen Personen des Umfelds, aber auch gegen das Schicksal und weist Schuld und Unschuld zu. Auch der emotionale Ausbruch ist eine wichtige Voraus-

setzung zu einem allmählichen inneren Spannungsabbau.
3. *Verhandeln:* Mit zunehmender Akzeptanz der Realität versucht der Betroffene, ihre Unausweichlichkeit aufzuheben. Gegenleistungen zur Verhinderung des Verlusts werden angeboten, und es wird versucht, Wohlverhalten bei den Verursachern des Verlusts zu erzeugen, zumindest einen irgendwie gearteten Aufschub. Diese Phase ermöglicht die Aufarbeitung der Verlusterfahrung und wird dazu genutzt, eine Wiedergutmachung für eingestandenes Selbstverschulden zu leisten. Mit dieser Phase findet auch die Verleugnung der Realität ihren Abschluss.
4. *Depression:* Das Eingeständnis der Unausweichlichkeit mündet in ein Gefühl, dem Schicksal ausgeliefert zu sein. Es ist aber auch die Voraussetzung dafür, dass die Situation akzeptiert wird, um im Rahmen der bestehenden Möglichkeiten nach einer Problemlösung zu suchen.
5. *Zustimmung:* Diese Phase steht für die Bewältigung der Verlustsituation, in welcher der Betroffene seine Situation annimmt und in der Lage ist, problemlösungsorientiert die ihm zur Verfügung stehenden Ressourcen einzusetzen.

Auch wenn ein Arbeitsplatzverlust eine deutlich geringere Bedrohung als eine tödliche Erkrankung ist, so ist es plausibel anzunehmen, dass die Betroffenen einen vergleichbaren Phasenverlauf erleben.

Die Motivation der Restbelegschaft ist ebenfalls gefährdet, wenn die verantwortliche Geschäftsleitung bzw. Führungskraft keine ausreichenden Erklärungen zu den Gründen für die Freistellung gibt oder wenn die Entlassungen als unfair empfunden werden. Dabei zeigt sich, dass die Fluktuationsrate vor allem unter den besonders leistungsorientierten und hoch qualifizierten Mitarbeitern steigt. Der Grund dafür liegt wohl darin, dass Personen dieser Gruppe die besten Aussichten haben, auch in anderen Unternehmen wieder eine vergleichbare Anstellung zu finden.

Wenn ein Unternehmen nur mit einem zeitweise verminderten Personalbedarf rechnen muss, kann es versuchen, diese Kapazitätsschwankungen mit Maßnahmen der *Arbeitszeitverkürzung* aufzufangen. Abgesehen von den beschränkten Möglichkeiten der Kurzarbeit versuchen Unternehmen ihren Personalbestand im ersten Schritt dadurch zu reduzieren, dass sie die Mitarbeiter verpflichten, aufgelaufene Überstunden abzubauen. Alternativen mit längerfristiger Wirkung versprechen die folgenden drei Modelle:

Modelle der Arbeitszeitverkürzung

- Die generelle Verkürzung der Wochenarbeitszeit für alle Angestellten des Unternehmens oder eines Unternehmensbereichs (Beispiel: Volkswagen AG mit der Einführung der 32-Stunden-Woche ohne vollen Lohnausgleich, die Ende 1993 eingeführt wurde).
- Die individuelle Arbeitszeitverkürzungsvereinbarung als Veränderung von Teilzeitarbeitsverträgen bzw. Überführung von Voll- in Teilzeitverträge. Ein klassisches Beispiel dafür ist die Firma Landert Motoren AG, in der bereits 1975 – mit dem Ziel, die Folgen der schlechten Wirtschaftslage auszugleichen – für alle Angestellten die Möglichkeit geschaffen wurde, Wochenarbeitszeit und Jahresurlaub frei zu wählen, was dann auch zur erwünschten Gesamtreduzierung führte.
- Vereinbarungen über teilweise oder ganz bezahlten Langfristurlaub («Sabbatical»), die in der Regel mit Weiterbildungsmaßnahmen kombiniert werden. Der Mitarbeiter bleibt dem Unternehmen – sofern die Vereinbarung im Konsens erfolgte – weitgehend verbunden, weil keine anderen Arbeitsbeziehungen eingegangen werden. Allerdings können grundlegende Entwicklungsschritte als Ergebnisse eines Sabbaticals dazu führen, dass die Erwartungen der Mitarbeiter sich so verändern, dass sie keine Perspektive im Unternehmen sehen und sich neu orientieren.

Neben diesen Ansätzen gewinnen in den letzten Jahren auch die Arbeitnehmerüberlassung sowie die Überführung von Angestellten in eine selbständige Tätigkeit zunehmende Bedeutung:

Personalleasing

Die *Arbeitnehmerüberlassung* wird heute noch vor allem von Zeitarbeitsfirmen mit Schwerpunkt im gewerblichen und dort überwiegend im gering und mittel qualifizierten Arbeitsmarktsegment praktiziert. Durch einen entsprechenden Vertrag zwischen Zeitarbeitsfirma und Auftraggeber werden die Arbeitsvertragspflichten geteilt: Gehalts- und Urlaubsansprüche des Arbeitnehmers bestehen gegenüber dem Verleiher, hingegen überträgt dieser das Weisungsrecht weitgehend an den Entleiher, der hierfür ein Entgelt an den Verleiher entrichtet. Für Unternehmen bietet sich die Chance bei Kapazitätsüberhängen eigene Mitarbeiter an andere Unternehmen vorübergehend auszuleihen. Obwohl sich mit dieser Maßnahme mittelfristig Überhänge abbauen ließen, ohne den Kontakt zu den Mitarbeitern ganz abzubrechen, wird sie mit dieser Absicht nur selten praktiziert. Sie setzt in der Regel eine hohe Mobilität seitens des Mitarbeiters voraus und dürfte heute immer noch den Makel des niedrigen Status im Vergleich zur Festeinstellung tragen.

Gründung
einer Ich-AG

Die *Überführung in die selbständige Existenz* hat ihr Vorbild im Verlagswesen des 19. Jahrhunderts, als beispielsweise Textilhändler eine große Zahl von selbständigen Stickern oder Webern fortlaufend mit Aufträgen belieferten. In den vergangenen Jahren sind Unternehmen dazu übergegangen, Leistungen, die ursprünglich im Hause erbracht wurden, von außen einzukaufen, und zwar nicht selten von den ehemaligen Angestellten, welche nun als beschränkt selbständige Geschäftspartner auftreten. Der Vorteil für das Unternehmen liegt – abgesehen von Kosteneinsparungen – in der höheren Flexibilität der neuen Zulieferer, die in aller Regel hochgradig vom ehemaligen Arbeitgeber abhängig sind. Das Unternehmen sichert sich durch die veränderte Vertragsbeziehung – aus dem Dienst- wird ein Werkvertrag – weitgehend die bisherigen Qualifikationen und Motivationen, ohne deren Erhaltung und Weiterentwicklung selbst betreiben zu müssen, denn dies liegt im Verantwortungsbereichs des neuen Unternehmers. Seit Ende der 1990er Jahre werden einige Varianten dieser Vertragsbeziehung als (rechtswidrige) «Scheinselbständigkeit» bezeichnet. Als scheinselbständig gilt, wer formal selbständig ist, aber de facto wie ein abhängig Beschäftigter arbeitet. Als typische Merkmale gelten die starke Eingliederung in eine fremde Organisation, die gleichzeitig auch noch den einzigen Kunden darstellt, oder die Pflicht zur persönlichen Erbringung der Leistung. Dabei sind nach Untersuchungen der Sozialversicherungen die Bauwirtschaft sowie im Dienstleistungssektor die Außendienst- und Kraftfahrertätigkeiten sowie Sozial- und Erziehungsberufe überdurchschnittlich häufig vertreten.

Praxisbeispiel: Das DB-Mosaik der Deutschen Bank

Im Zuge einer Reihe von Restrukturierungen, welche die Deutsche Bank seit Mitte der 1990er Jahre durchlief, wurde unter anderem auch ein Konzept entwickelt, das die Beschäftigungsfähigkeit der Mitarbeiter erhöhen und dem Unternehmen mehr Spielraum für zukünftige Kapazitätsanpassungen verschaffen sollte. (Fischer 2001) Mit dem «DB-Mosaik für Beschäftigung» werden drei Hauptziele verfolgt: Die Flexibilisierung der internen Arbeitsmärkte, eine Humanisierung des fortlaufenden Strukturwandels und die Förderung der individuellen Beschäftigungsfähigkeit. Zu den wichtigsten Elementen dieses Konzepts gehören:

- *Bankforce:* Dabei handelt es sich um ein konzerninternes Zeitarbeitsunternehmen. Die dort beschäftigten Mitarbeiter werden in zeitlich befristeten Projekten, im Rahmen von Vertretungseinsätzen oder für Sonderaktionen bundesweit eingesetzt. Ein späterer Übertritt in die Kernbelegschaft ist bei entsprechendem Personalbedarf möglich.
- *Bankpower:* Dieses Zeitarbeitsunternehmen für Finanzdienstleister wurde als Gemeinschaftsunternehmen mit Manpower Deutschland gegründet. Mitarbeiter, die strukturbedingt aus der Deutschen Bank ausscheiden mussten, konnten

sich unter neuen Vertragsbedingungen und mit einer Abfindungszahlung in diesem selbständigen Zeitarbeitsunternehmen beschäftigen lassen.
- *Existenzgründungsförderung:* Ausscheidende Mitarbeiter, die eine berufliche Selbständigkeit planen, können sich entsprechend schulen lassen.
- *Berlin-Modell:* Dieses Umschulungsangebot kann alternativ zur Abfindungszahlung wahrgenommen werden. Mitarbeiter ohne Ausbildung oder mit veralteten Qualifikationen durchlaufen eine Ausbildung in einem von fünf Ausbildungsberufen.
- Die *Management Support GmbH* ist ein auf Unternehmensberatung, Interimsmanagement und Coaching spezialisiertes Tochterunternehmen der Deutschen Bank. Sie richtet sich vor allem an Führungskräfte, die vor dem gleitenden Ruhestand stehen.
- *Intrajob* ist ein interner, elektronischer Stellenmarkt, der alle Mitarbeiter über offene Stelen im Unternehmen informiert. Ergänzt wird dieses Angebot durch *Extra-Job,* das über regionale Stellenangebote anderer Unternehmen informiert.
- *Re-Placement* wurde für Mitarbeiter eingerichtet, deren Arbeitsplatz wegfällt. Sie werden durch individuelle Beratung bei der beruflichen Neuorientierung von externen Placement-Beratern unterstützt.

Newplacement (oder auch Outplacement, Re-Placement) ist ein Ansatz, bei dem einzelne Beschäftigte oder ganze Gruppen dabei unterstützt werden, eine neue Anstellung bei einem anderen Unternehmen zu finden. Das Unternehmen versucht damit, die Friktionskosten einer Kündigung zu minimieren. Es wird eine einvernehmliche Trennung angestrebt, wobei in aller Regel das Unternehmen in vollem Umfang für die Beratungskosten aufkommt. Die Kosten für die individuelle Newplacement-Beratung orientieren sich im Allgemeinen am Jahresgehalt der betroffenen Person. Einzelne Unternehmen sind aber bereits dazu übergegangen, notwendige Personalabbaumaßnahmen mit intern durchgeführten Newplacement-Workshops vorzubereiten. Wurde Newplacement ursprünglich nur für die oberen Führungsebenen durchgeführt, kommt der Ansatz inzwischen auch auf mittleren und unteren Ebenen zum Einsatz (vgl. auch Abschnitt 6.3.5).

| | Werden ganze Unternehmensbereiche ausgegliedert und in die |

<table>
<tr><td>

Management-
Buy-out und
Beschäftigungs-
gesellschaften

</td><td>

Werden ganze Unternehmensbereiche ausgegliedert und in die Hände der bisherigen leitenden Angestellten gelegt, spricht man von einem *Management-Buy-out.* Unter diesem Gesichtspunkt vergleichbar sind auch Beschäftigungsgesellschaften, in denen freigesetzte Angestellte über einen gewissen Zeitraum beschäftigt sind. *Beschäftigungsgesellschaften* werden gebildet, um notwendige Entlassungen infolge einer Betriebsschließung hinauszuzögern. Mit ihnen verbindet sich die Hoffnung, damit eine Grundlage für ein neu entstehendes Unternehmen zu schaffen. Vom Standpunkt des freisetzenden Unternehmens und seiner personalpolitischen Perspektiven aus ist der qualitative Unterschied gegenüber der sofortigen Trennung nur gering.

</td></tr>
<tr><td>

Maßnahmen
zur Vermeidung
von Entlassungen

</td><td>

Um Entlassungen und die damit verbundenen Signalwirkungen auf nicht betroffene Arbeitnehmer und potenzielle Bewerber zu umgehen, versuchen Unternehmen häufig, ihren Bestand durch eine Kombination von *Einstellungsstopp* und vorzeitiger *Ruhestandsregelung* zu senken. Allerdings reduziert das Unternehmen damit seine Entwicklungsmöglichkeiten, da Neueinstellungen auf nicht absehbare Zeit wegfallen. Dies ist mit der Gefahr eines Rückgangs potenzieller Bewerber verbunden, weil das Unternehmen keine ausreichende Arbeitsplatzsicherheit verspricht.

Vor allem große Unternehmen (◁ Praxisbeispiel) sind dazu übergegangen, Konzepte für einen flexibilisierten Personalabbau umzusetzen.

</td></tr>
</table>

Literaturhinweise

Roman Lombriser & Heinz Uepping (2001): Employability statt Jobsicherheit: Personalmanagement für eine neue Partnerschaft zwischen Unternehmen und Mitarbeitern.
Dieser Sammelband stellt verschiedene Initiativen und Praxiskonzepte vor, mit denen die Förderung einer flexiblen Einsetzbarkeit von Beschäftigten angestrebt wird.

Baustein 13

Personalaufgaben effizient steuern und organisieren

Lassen sich weiche Erfolgsgrößen steuern?

Als Kaplan & Norton (1997) ihr Konzept der Balanced Scorecard veröffentlichten, lösten sie damit eine Trendwende in der Managementforschung aus. Während in den 1980er Jahren trotz einer intensiven Controlling-Diskussion der Glaube an die gezielte Steuerbarkeit von Unternehmen nachhaltig erschüttert war, scheint der Traum von der Mess- und Beherrschbarkeit der Erfolgsfaktoren wieder aufzuleben. Im Zuge dieser neuen Steuerungseuphorie, die vor allem im Konzept der Balanced Scorecard ihren Ausdruck findet, werden auch die Ansätze des Personalcontrollings wieder aufgegriffen und fortgeführt. Gerade die Übertragung der Balanced Scorecard auf den Personalbereich zeigt die Möglichkeiten und Grenzen der Mess- und Steuerbarkeit der wohl komplexesten Ressource im Unternehmen.

Inhalt

13.1 Organisation des Personalmanagements 365

*Wie können die Personalaufgaben zwischen Fachbereich
und Linie verteilt werden?*

13.1.1 Aufteilung der Personalaufgaben 365
13.1.2 Rollen des Personalmanagements 367
13.1.3 Organisationsmodelle der Personalarbeit 369
13.1.4 Auf dem Weg zur virtuellen Personalabteilung? 373

13.2 Personalcontrolling 375

*Wie lassen sich die Leistungsbeiträge im Personalmanagement
steuern?*

13.2.1 Funktionen und Ansätze des Personalcontrollings 375
13.2.2 Faktororientiertes Personalcontrolling 377
13.2.3 Funktionsorientiertes Personalcontrolling 379
13.2.4 Human Resource Scorecard 382
13.2.5 Human Resource Due Diligence 386
13.2.6 Personalcontrolling – quo vadis? 388

13.1 **Organisation des Personalmanagements**

Wie können die Personalaufgaben zwischen Fachbereich und Linie verteilt werden?

Mit zunehmender Größe und Komplexität eines Unternehmens wächst der Bedarf an personalpolitischen Grundsatzentscheidungen und administrativen Routinen. Die damit verbundenen Aufgaben lassen sich nach verschiedenen Prinzipien verteilen. Als Organisationsmodelle lassen sich in erster Linie das funktionale Modell mit zentralem Fachbereich, das dezentrale Referentenmodell und das Moderatorenmodell unterscheiden. Jüngere Entwicklungen gehen in Richtung einer Virtualisierung der Personalfunktion. Die Wahl des Organisationsmodells hängt wesentlich davon ab, welche Rollen und Aufgaben der Personalfachbereich im Rahmen der Unternehmensführung abdecken soll.

13.1.1 **Aufteilung der Personalaufgaben**

> Die *Personalorganisation* ist die Struktur der Aufgabenteilung aller Personalmanagementaufgaben im Unternehmen zwischen der Unternehmensleitung, der zentralen Fachabteilung, dezentral verankerten Personalberatern, Linienführungskräften mit Personalverantwortung sowie externen Leistungsanbietern.

Historisch betrachtet fallen alle wesentlichen Personalfunktionen (Personalsuche und -auswahl, Einsatz, Beurteilung, Weiterbildung, usw.) mit der Führungsaufgabe zusammen, und bei kleinen Unternehmen ist das auch heute in der Regel noch beobachtbar. Die ersten Personalabteilungen entstehen um 1900 in amerikanischen Großunternehmen, häufig als sogenannte «Welfare Work»-Bereiche, die vor allem eine Betreuungsfunktion haben. Im 20. Jahrhundert nimmt die Bedeutung der Personalfunktion kontinuierlich zu und erreicht ihren Höhepunkt in den 1990er Jahren. Seither ist ein Trend zum schrittweisen Outsourcing von Personalaufgaben zu erkennen, der dazu geführt hat, dass die Zahl der Beschäftigten in Personalfunktionen von Unternehmen wieder im Rückgang begriffen ist.

Entscheidungskriterien für optimale Gestaltung

Bei der Frage nach der optimalen Organisationsform für die Zuordnung von Personalaufgaben, die sich nicht mehr im Rahmen der täglichen Führungsarbeit bewältigen lassen, sind eine Reihe von Entscheidungskriterien zu berücksichtigen:

- *Administrative Kosten:* Die Kosten, die mit der Durchführung von Personalmaßnahmen verbunden sind, hängen in erster von der Anzahl der involvierten Personen und vom Grad der Professionalisierung ab. Vor allem in kleineren Unternehmen spricht das für ein dezentrales Modell mit Personalbetreuern, die jeweils einer Bereichsleitung zugeordnet sind. Dagegen sind in größeren Unternehmen Skaleneffekte (z.B. bei der Bearbeitung von Bewerbungen oder bei der Koordination von Weiterbildungsinitiativen) möglich, die eine zentralisierte Personalabteilung begünstigen.

- *Strategische Bedeutung der Mitarbeiter:* Ein systematischer Aufbau und die Sicherung von Kernkompetenzen, die mit dem Engagement und dem Wissen der Mitarbeiter eng verknüpft sind, können einen zentralisierten Ressourcenaufbau nahe legen. Eine differenzierte bereichsspezifische Entwicklung legt auf der anderen Seite eine dezentrale Verankerung der Personalfachkräfte nahe.

- *Personalpolitische Integration:* Wenn es für das Unternehmen von großer Bedeutung ist, eine integrierende Unternehmenskultur zu schaffen, ist eine zentrale Stelle, von der die Impulse zur Kulturentwicklung ausgehen und der Entwicklungsprozess begleitet wird, notwendig. Sie kann Standards schaffen, welche die Voraussetzungen für einen reibungslosen Austausch zwischen den Unternehmensbereichen schaffen.

- *Fachexpertise versus flexible Kundenorientierung:* Je komplexer die Personalaufgaben sind, die abgedeckt werden sollen, umso höher ist auch der Bedarf an spezialisierten Experten, die in eigenen Fachbereichen organisiert sind. Stehen dagegen die Flexibilität und die ganzheitliche Betreuung der Bereichsleiter in der Linie im Vordergrund, erfordert dies ein stärker dezentralisiertes Organisationsmodell.

- *Rollenverständnis der Führungskräfte:* Wenn sich die Führungskräfte im Unternehmen vor allem als Experten in ihrer Fachaufgabe verstehen, werden sie dazu neigen, Personalaufgaben so weit als möglich an Personalfachkräfte zu delegieren. Steht dagegen die Führung der Mitarbeiter bei geringer fachlicher Bindung im Vordergrund, wird das Management größeres Interesse haben, wesentliche Personalentscheidungen eigenständig fällen zu können und nur die administrative Abwicklung zu übertragen.

- *Rollenverständnis des Personalfachbereichs:* Wie im nachfolgenden Abschnitt gezeigt wird, lassen sich verschiedene Rollen für das Personalmanagement unterscheiden, die spezifische Anforderungen an die Aufgabenverteilung stellen.

Das relative Gewicht dieser Kriterien hängt nicht nur von den strategischen Unternehmenszielen, sondern auch vom Entwicklungsstadium ab, in dem sich das Unternehmen befindet.

| 13.1.2 | **Rollen des Personalmanagements** |

Eine Besonderheit der Personalmanagementaufgabe, die sie von den übrigen Managementaufgaben unterscheidet, besteht in ihrer Mittelstellung zwischen den Unternehmenszielen und den Bedürfnissen der Beschäftigten: Auf der einen Seite soll das Personalmanagement gewährleisten, dass diejenigen Mitarbeiter rekrutiert werden, die das Unternehmen für die Erreichung seiner strategischen Ziele benötigt. Dazu beitragen sollen der Personaleinsatz, die Weiterbildungsmaßnahmen sowie die Anreiz- und Feedbacksysteme. Auf der anderen Seite beruht der langfristige strategische Erfolg nicht zuletzt darauf, dass sich die Mitarbeiter mit dem Unternehmen und seinen Zielen identifizieren und sich dafür engagieren. Die Personalpolitik hat somit auch die Aufgabe, den Interessen und Bedürfnissen der Mitarbeiter nach Sicherheit, Zugehörigkeit, Anerkennung und Selbstverwirklichung (vgl. Abschnitt 3.2) entgegenzukommen.

Von dieser Polarität ausgehend hat Dave Ulrich (1996) ein Konzept entwickelt, das vier unterschiedliche Rollen für das Personalmanagement vorsieht. Sie werden entlang von zwei Dimensionen angeordnet. Unterschieden wird zwischen einer primär strategischen bzw. operativen Ausrichtung der Personalaufgaben sowie zwischen einer Orientierung am Menschen als Adressat des Personalmanagements bzw. an den Prozessen als Fachaufgabe (▶ Abb. 44):

Rollen des Personalmanagements

- Die beiden ersten Rollen des Personalmanagements haben einen operativen Fokus. Als *administrative Experten* und als *Betreuer* erfüllen Personalfachleute die beiden traditionellen Hauptaufgaben im Spannungsfeld zwischen Unternehmens- und Mitarbeiterzielen. Ulrich beurteilt ein Personalmanagement, das sich auf diese beiden Rollen beschränkt, als in einem niedrigen Reifegrad befindlich.
- Die Rolle des *Change Agent* wird bedeutsam, wenn die Unternehmensentwicklung mit Phasen grundlegenden strukturellen Wandels einhergeht. Der Personalbereich im Unternehmen kann diese Rolle übernehmen, wenn er sowohl über individuelle Kompetenzen verfügt, solche Veränderungsprozesse anzustoßen, zu fördern und zu begleiten, als auch die Anreiz- und Feedbacksysteme so-

Strategischer Fokus	**Business Partner**	**Change Agent**
	Management der strategischen Personalressourcen	Management des organisationalen Wandels
Operativer Fokus	**Administrativer Experte**	**Betreuer**
	Management der Infrastruktur	Management der Mitarbeiterbeteiligung
	Orientierung an Prozessen	Orientierung an Menschen

▲ Abb. 44   Rollen des Personalmanagements nach Ulrich (1996)

wie die Weiterbildungspolitik so anpasst, dass sie die notwendigen Veränderungen unterstützen. In vielen Unternehmen wird diese Rolle, sofern sie nicht durch das Topmanagement abgedeckt werden kann, häufig externen Beratern übertragen. Eine Alternative dazu ist eine interne Beratergruppe (Inhouse Consulting).

- Die Rolle des *Business Partner* erfordert eine strategische Ausrichtung der administrativen Prozesse. Dabei stehen die Beiträge des Personalmanagements zum wirtschaftlichen Erfolg des Unternehmens im Vordergrund. Voraussetzung ist eine enge Abstimmung zwischen der strategischen Unternehmensplanung mit der langfristigen Personalpolitik. Ulrich sieht in dieser Rolle den höchsten Reifegrad für ein modernes Personalmanagement.

Bedeutung der Rollen

Während die administrativen Aufgaben im Personalmanagement zunehmend automatisiert oder an externe Leistungsanbieter übertragen werden (vgl. dazu Abschnitt 13.1.4), hat sich die Bedeutung der Betreuerrolle im Zuge der veränderten Arbeitsmärkte und Unternehmensleitbilder in den 1990er Jahren stark gewandelt. Ursprünglich resultierte die Betreuerrolle aus dem Selbstverständnis des sozial verantwortlichen Unternehmers und dem Ziel des langfristigen (wenn nicht lebenslangen) Beschäftigungsverhältnisses. Inzwischen lässt sich in weiten Bereichen eine schwächer werdende gegenseitige Loyalität zwischen Unternehmen und ihren Beschäftigten beobachten. Der einzelne Mitarbeiter wird immer weniger als Angestellter im Sinne des Arbeitsvertrags- und Arbeitsschutzrechts betrachtet, als vielmehr immer stärker als Ressourcenträger und selbstverantwortlicher Manager seiner Fähigkeiten und Interessen. Dies drückt sich nicht zuletzt im Leitbild der sogenannten «Ich-AG» aus. In dem Umfang, wie im Unternehmen noch ein Leitbild der sozialen Verantwortung vorherrscht, bleibt die Betreuerrolle im Personalmanagement erhalten. Wo sich eine ökonomische Betrachtung des Menschen im Unternehmen durchsetzt, wird neben der administrativen Expertise die Rolle des Business Partners wichtiger.

| 13.1.3 | **Organisationsmodelle der Personalarbeit** |

Seit sich das Personalmanagement in den Unternehmen als eigenständiger Funktionsbereich etablieren konnte, wird die Frage seiner organisatorischen Einordnung und Gliederung immer wieder neu gestellt. Die dabei diskutierten Modelle drehen sich im Wesentlichen um die Frage der Dezentralisierung der Personalarbeit. Sie weist zwei Hauptaspekte auf:

Dezentralisierung der Personalarbeit

- Die Übertragung von Aufgaben von Spezialisten für Personalfragen auf die Führungskräfte in ihrem jeweiligen Fachbereich.
- Die Verlagerung von Aufgaben von einer zentralen Personalabteilung mit funktionaler Spezialisierung auf dezentrale Personalreferenten mit ganzheitlichen Aufgaben.

Gründe für die Verlagerung auf die Linie

Die Verlagerung von Personalfunktionen auf die Fachabteilungen ist eine Reaktion auf den Trend zur Professionalisierung des betrieblichen Personalmanagements. Ursprünglich waren die meisten Personalfunktionen wie Auswahl, Entgeltgestaltung und Entlassung von Mitarbeitern ein Teil der Führungsaufgabe, wurden aber nach und nach an die wachsenden Personalabteilungen übertragen. So wurden die Führungskräfte angesichts der wachsenden Komplexität dieser Aufgaben – als Ergebnis einer zunehmenden gesetzlichen und tarifvertraglichen Prägung der Personalbeziehung – entlastet. Das hatte gleichzeitig zur Folge, dass Personalprobleme nach wie vor im Fachbereich auftraten, jedoch nun von einer zentralen Stelle aus bearbeitet wurden. Die daraus folgende Bürokratisierung lässt dieses Organisationsmodell für die Personalarbeit ineffizient, schwerfällig und problemfern erscheinen, weshalb inzwischen der umgekehrte Trend einer Rückverlagerung eingesetzt hat.

Die Verlagerung von Personalmanagementaufgaben von den Personalspezialisten zur *Fachabteilung* hängt nicht nur davon ab, ob die Linienführungskraft über die notwendigen Qualifikationen für eine sachgerechte Ausführung verfügt, sondern auch davon, welche Auffassung sie von ihrer Führungsaufgabe hat: Je stärker sie die aufgabenorientierte Komponente im Vordergrund sieht, umso geringer wird ihre Bereitschaft zu einer Ausweitung des Personalführungsanteils sein. Auf der anderen Seite bringt eine Betonung der Mitarbeiterorientierung tendenziell auch ein größeres Interesse an einer umfassenden Personalführung mit sich (vgl. dazu Abschnitt 2.3).

Die Verlagerung von Personalfunktionen auf dezentral agierende *Personalreferenten* lässt alle wesentlichen Personalfunktionen weiterhin in der Hand von Spezialisten, die nun aber jeweils für einen Unternehmensbereich oder eine Mitarbeitergruppe alle Personalfunktionen übernehmen. Damit werden Redundanzen zugunsten einer größeren Problemnähe in Kauf genommen. Die Referenten werden den jeweiligen Bereichsleitern unterstellt, müssen sich aber mit der zentralen Personalabteilung abstimmen. Dieser bleiben alle Aufgaben mit Koordinationsfunktionen zugeordnet (z. B. Personalcontrolling oder Personalgrundsätze) sowie Aufgaben, deren Dezentralisierung nur Effizienznachteile brächte (z. B. bei Rechtsfragen). Die Vorteile einer zentralen Personalabteilung liegen in der eindeutigen Kompetenzzuordnung, die vergleichbare Arbeitsbedingungen fördert und bereichsspezifische Entscheidungen (z. B. keine Ausbildungsplätze einzurichten), die zu Lasten des Gesamtunternehmens gehen, verhindert. Mögliche Nachteile einer Zentralisierung sind demgegenüber die folgenden:

Nachteile einer Zentralisierung

- Es erweist sich immer wieder als schwierig, Sonderfällen gerecht zu werden und von bereichsübergreifenden Grundsätzen abzuweichen. Es gibt eine Tendenz zur Hoheitsmentalität der Personalabteilung, die erwartet, dass die Fachabteilungen sie als Anweisungsempfänger betrachtet.
- Innovationen aus den einzelnen Unternehmensbereichen setzen sich nur schwer gegen die zentrale Fachexpertise durch.
- Problemlösungen können leicht praxisfern oder überkomplex geraten. Die Kenntnisse über die Problemlage vor Ort sind häufig gering.

Von einer dezentralen Organisation des Personalmanagements kann man kürzere Reaktions- und Bearbeitungszeiträume bei auftretenden Personalproblemen und durch das funktional breitere Aufgabenfeld der Referenten auch ganzheitliche Lösungen erwarten. Zudem sind die Referenten sowohl formal als auch von der inneren Bindung her ihrem Bereich stärker verpflichtet, da das Modell die Personenorientierung zulasten der Orientierung an Fachaufgaben fördert. Auch diesen Vorteilen stehen zu befürchtende Nachteile gegenüber:

Nachteile einer Dezentralisierung

- Aufgrund der Aufgabenbreite sind die Referenten für die verschiedenen Aufgaben unterschiedlich kompetent und in Spezialfragen eher überfordert (Gefahr des Dilettantismus).
- Die Fachbereiche bilden, abhängig von der Bereichsführungskraft und der Zusammensetzung der Beschäftigten, ihre eigenen personalpolitischen Grundsätze heraus, die nur schwer vom Zentralbereich zu koordinieren sind, um Widersprüche und Konflikte zu verhindern. Auch wird die Abstimmung mit der Arbeitnehmervertretung schwieriger.
- Personalreferenten sind aufgrund der stärker persönlichen Beziehungen zu den von ihnen betreuten Mitarbeitern schwieriger zu ersetzen.
- Es besteht die Gefahr, dass Führungskräfte ihre Personalverantwortung an die Referenten abzuschieben versuchen.

Wie stark diese Vor- und Nachteile wiegen, hängt nicht nur von der Kompetenz der Personalreferenten, sondern auch von der Führungskompetenz und den Zielen der Linienführungskräfte sowie Merkmalen der Unternehmensorganisation ab: Je größer ein Unternehmen ist und je stärker es funktional und räumlich differenziert ist, umso günstiger sind die Voraussetzungen für eine dezentrale Personalorganisation.

Modelle der Personalorganisation Paschen (1988) unterscheidet fünf Modelle, wie sich Personalaufgaben auf die Personalabteilung, die dezentral angesiedelten Personalreferenten und die Führungskräfte in der Linie verteilen lassen (▶ Abb. 45). Er geht vom traditionellen Modell (I) aus, in dem die Führungskräfte die wesentlichen Personalaufgaben in ihrer Führungsrolle abdecken. Von dort aus zeichnet er eine Entwicklungslinie, die über das funktionale Modell (II) mit einer zentralen Personalabteilung und anschließend zum Referentensystem (III) führt. Dieses ist durch eine Aufgabenteilung zwischen der zentralen Personalabteilung und den dezentral angesiedelten Personalreferenten gekennzeichnet. Die Referenten stehen als Betreuer und Berater vor Ort zur Verfügung, während in der Zentralabteilung administrative Standardprozesse, Koordinationsaufgaben und personalpolitische Grundfragen verbleiben. Die weitere Entwicklung führt zu zwei Modellen, in denen die Führungskräfte ihre zentrale Bedeutung wiedererlangen und darin entweder von dezentralen Referenten oder wiederum durch eine zentrale Stabsstelle unterstützt werden. Das Moderationsmodell (IV) gleicht dem Referentenmodell mit stärkerem Gewicht der Führungskräfte, während im Integrationsmodell (V) die dezentral zu erledigenden Aufgaben ganz in der Hand der Linienführungskräfte liegen.

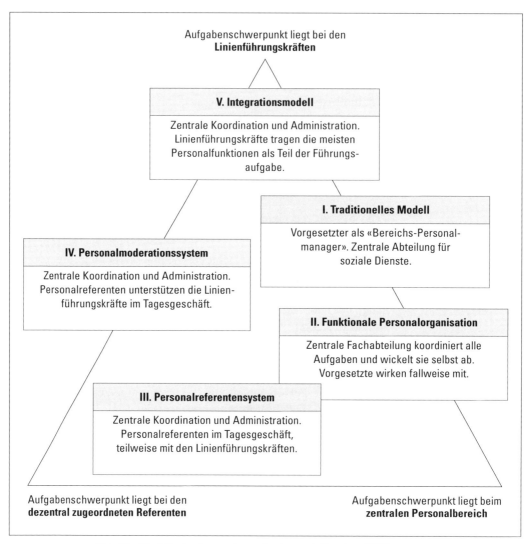

▲ Abb. 45   Modelle der Personalorganisation nach Paschen (1988)

Diese Entwicklung kann auch als *Lebenszyklus der Professionalisierung* der Personalmanagements interpretiert werden: Die Professionalisierung erreicht ihren Höhepunkt im funktionalen Modell, das alle Teilfunktionen an einer Stelle konzentriert und mit dem Ziel maximaler Expertise auf funktional differenzierte Spezialisten verteilt. Auf einer Ebene mit den übrigen betrieblichen Fachbereichen stehend, kann sich unter diesen Voraussetzungen eine eigenständige Personalabteilung herausbilden. Mit der Dezentralisierung der Personalarbeit wird der Aufgabenkomplex des Personalmanagements für bereichsspezifische Ziele geöffnet: im Referentenansatz noch in der Hand der Personalfachspezialisten, im Moderatorenansatz dann weitgehend auf die Führungskräfte in der Linie übertragen. Im Integrationsmodell beschränkt sich die Professionalität des Personalbereichs auf beratende Funktionen, die von einigen wenigen Hochqualifizierten in einer Stabstelle ausgeübt werden, während die praktische Personalaufgabe fachbereichsspezifisch im Rahmen der Führungsaufgabe vollzogen wird. Wenn diese hier angedeutete Entwicklungsrichtung abgeschlossen ist, stellt sich dann auch die Frage der Professionalisierung der Personalarbeit neu.

| **13.1.4** | **Auf dem Weg zur virtuellen Personalabteilung?** |

Die Informations- und Kommunikationstechnologie ermöglicht es heute, künstlich geschaffene, *virtuelle Welten* erstehen zu lassen, in denen sich der Mensch frei bewegen kann und die sich in ihrer Erscheinung der (ebenfalls nur scheinbar) realen Welt immer mehr annähern. Diese Entwicklung hat auch in der Betriebswirtschaftslehre die Frage aufgeworfen, ob nicht auch Teile eines Unternehmens sich virtualisieren lassen.

> Der Begriff *virtuell* bezeichnet alle Gegenstände und Sachverhalte, die nicht mehr physisch existieren, sondern nur aus der Kommunikation zwischen Menschen oder Maschinen bestehen. Die Idee des *virtuellen Unternehmens* besteht darin, alle Funktionen, die entweder nicht existenziell wichtig oder auf dem Markt nicht erhältlich sind, auszugliedern und durch Zulieferbeziehungen zu ersetzen, um eine minimale Kapitalbindung und somit maximale Flexibilität zu erreichen.

Die Idee der virtuellen Personalabteilung besteht darin, die Personalabteilung im Unternehmen als organisatorische Einheit bis auf einige wenige strategisch relevante Aufgaben, die eine fortlaufende Koordination und Steuerung erfordern, aufzulösen. Alle übrigen Personalaufgaben, die weiterhin ausgeübt werden müssen, werden nach folgenden möglichen Prinzipien verlagert:

Prinzipien der Verlagerung von Personalaufgaben

- *Übertragung von Fachaufgaben an andere Funktionsbereiche im Unternehmen:* Die zentrale Personalabteilung wird aufgelöst, während die Personalaufgaben von den Linienvorgesetzten für ihren Verantwortungsbereich übernommen bzw. die Zuständigkeiten verteilt werden. Letzteres könnte beispielsweise bedeuten, dass der Marketingbereich Trainees betreut, während dem Produktionsbereich die Lohn- und Gehaltsabrechnung übertragen wird.

- *Virtualisierung im Intranet:* An die Stelle von Sachbearbeitern für Personalsachfragen tritt ein Personalinformationssystem, das den Führungskräften alle notwendigen Informationen über ihre Mitarbeiter und Software für die Bearbeitung von Personalfragen zur Verfügung stellt. Entsprechend können auch die Mitarbeiter selbst notwendige Informationen abrufen, wie beispielsweise über ihre Betriebsrentenansprüche, Beurteilungsergebnisse oder Weiterbildungsmöglichkeiten.

- *Übergang zu temporären Organisationsformen:* Personalaufgaben, die über Standardroutinen hinausgehen, werden als zeitlich befristete Projekte im Rahmen von Arbeitskreisen oder Qualitätszirkeln bearbeitet. Dabei arbeiten Personalfachspezialisten mit Vertretern aus den betroffenen Unternehmensbereichen für einen begrenzten Zeitraum in einer Projektstruktur zusammen.

- *Outsourcing:* Die Personalaufgaben werden von externen Personalberatern oder selbständigen Sachbearbeitern übernommen, oder die Personalabteilung wird vollständig zum rechtlich selbständigen Dienstleistungsunternehmen.

Größere und mittlere Unternehmen sind in den letzten Jahren dazu übergegangen, bestehende Personalbereiche zu reduzieren und auf verschiedenen Wegen zu virtualisieren. Für kleine Unternehmen in der Wachstumsphase stellt sich die Frage nach der organisatorischen Bewältigung von Personalmanagementaufgaben in ähnlicher Weise: Mit welchem Organisationsmodell sollen die entsprechend zur Beschäftigtenzahl zunehmenden Personalaufgaben abgedeckt und verteilt werden? Die Virtualisierung der Personalarbeit weckt nicht nur Erwartungen einer rascheren und flexibleren Ausführung von Personalroutinen, sondern man erhofft sich auch eine deutliche Reduzierung der mit der Fachbereichsbildung verbundenen Gemeinkosten.

Unterschied Klein- und Großunternehmen

Während eine Delegation von Personalaufgaben an andere Funktionsbereiche in Kleinbetrieben ohnehin weit verbreitet und auch in mittleren, überschaubaren Unternehmen praktizierbar ist, wird ihr Nutzen bei Unternehmen mit mehreren hundert Mitarbeitern fragwürdig: Es ist zwar davon auszugehen, dass Problemanalysen und -lösungen eher praxisorientiert ausfallen, deren Umsetzung über den eigenen Fachbereich (und damit auch Machtbereich) hinaus wird jedoch schwierig, wenn keine flankierenden Vorkehrungen zur Verhinderung von Blockaden aufgrund von Bereichsegoismen getroffen werden. Ungeklärt ist, wie sich die Akzeptanz von Problemlösungen verändert, wenn an die Stelle des zentralen Personalbereichs verschiedene angehängte Nebenstellen für Personalfragen rücken, die in erster Linie mit ihrer Hauptfunktion in Verbindung gebracht werden. Zudem wird in diesem Konzept noch mehr als im Referentenmodell das Risiko des fachlichen Dilettantismus in Kauf genommen. Schließlich wird auch leicht übersehen, dass viele Personalaufgaben nicht nur dem Kriterium der Sachgerechtigkeit folgen, sondern auf einer persönlichen Beziehung zwischen Personalbeauftragtem und Mitarbeiter beruhen, in der Vertrauen eine zentrale Rolle spielt. Dieses Vertrauen lässt sich nicht beliebig übertragen und verteilen, wie es bei sachorientierten Funktionen möglich ist.

13.2 Personalcontrolling

Wie lassen sich die Leistungsbeiträge im Personalmanagement steuern?

Das Personalmanagement des Unternehmens lässt sich auf zweifache Weise steuern: faktororientiert über die ökonomische Erfassung der Ressource Personal und funktionsorientiert über die ökonomische Bewertung der Personalarbeit. Daraus ergeben sich für die Steuerung die Ansätze der Personalstatistik und Humanvermögensrechnung sowie durch das Kosten-, Effizienz- und Effektivitätscontrolling. In den letzten Jahren hat das Personalcontrolling vor allem durch die Übertragung der Due-Diligence-Prüfung und der Balanced Scorecard auf das Human Resource Management verstärkte Bedeutung gewonnen.

13.2.1 Funktionen und Ansätze des Personalcontrollings

Personalcontrolling umfasst alle Maßnahmen und Instrumente zur Steuerung von Aufwand und Nutzen der Personalarbeit im Unternehmen. Im weitesten Sinne sind dazu alle Aktivitäten zu zählen, mit denen der Verlauf von personalbezogenen Maßnahmen verfolgt wird; im engeren Sinne ist es vor allem eine ökonomische Evaluation von Personalmaßnahmen und eine Bewertung des Personals als wertschöpfende Ressource.

Funktionen des Personalcontrollings

Das Personalcontrolling kann nach Wunderer & Jaritz (2007) mehrere *Funktionen* erfüllen:

- *Transparenz- und Frühwarnfunktion:* Ziel ist, eine ausreichende Transparenz über die gegenwärtigen und die absehbaren Kosten und Effekte personalwirtschaftlicher Aktivitäten mit Hilfe von Kennzahlensystemen zu erreichen, um rechtzeitig die notwendigen operativen Entscheidungen für das Personalmanagement treffen zu können.
- *Strategische Funktion:* Über die operative Steuerungsaufgabe hinaus soll das Personalcontrolling Informationsgrundlagen für strategische Entscheidungen bereitstellen und langfristige Erfolgsbeiträge des Personalmanagements sichern.
- *Integrations- und Schnittstellenfunktion:* Sie beschränkt sich nicht auf die Abstimmung der verschiedenen Bereiche der Personalarbeit, sondern erstreckt sich auch auf die Schnittstellen zu anderen betrieblichen Funktionsbereichen (z.B. die Abstimmung der Weiterbildungspolitik mit der langfristigen Markt- und Produktplanung).
- *Beratungs- und Lotsenfunktion:* Versteht sich das Personalwesen als interne Beratungsfunktion zur Optimierung der Ressource Personal auf Unternehmens- oder Bereichsebene, stellt das Personalcontrolling die dazu notwendigen Informationen bereit.

Im Personalcontrolling kommt die Ökonomisierung des Personalmanagements zum Ausdruck. In dem Maße, wie die Beschäftigten im Unternehmen mit ihren Kompetenzen und ihrer Motivation als Produktionsfaktor und Ressource im Wertschöpfungsprozess betrachtet

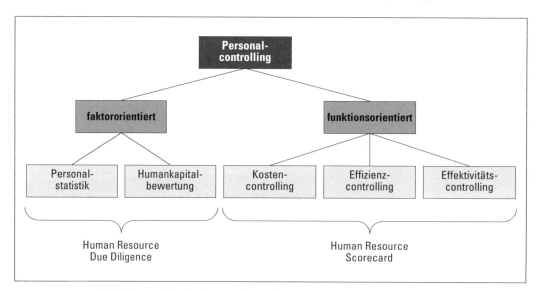

▲ Abb. 46   Ansätze des Personalcontrollings

werden, wächst die Erwartung, die damit verbundenen Aufwendungen transparent und frühzeitig steuerbar zu machen. Der besondere Ressourcencharakter des Personals erfordert allerdings ein Controllingverständnis, das über reine finanzielle Kennzahlen hinausgeht und auch weiche Faktoren (z.B. Zufriedenheit, Image in der Öffentlichkeit und Employer Brand) und langfristige Effekte mit einbezieht.

Ansätze des Personalcontrollings

Innerhalb des Gesamtkonzepts für das Personalcontrolling lassen sich verschiedene Ansätze unterscheiden (◄ Abb. 46), die in den folgenden Abschnitten näher beleuchtet werden.

13.2.2 Faktororientiertes Personalcontrolling

In der *Personalstatistik* erfassen Unternehmen Daten über die Zusammensetzung des Personals nach demografischen Merkmalen wie etwa die Altersstruktur als Grundlage für die Personalbeschaffungsplanung oder den Anteil von Frauen in Führungspositionen als Grundlage für eine auf Gleichstellung gerichtete Karriereförderung. Von großer Bedeutung ist zudem die Erfassung von unmittelbar qualifikations- oder motivationsbezogenen Kennzahlen wie beispielsweise Fremdsprachenkenntnisse oder Fehlzeiten. In aller Regel beschränkt man sich auf die Auswertung vorliegender Personalunterlagen; weitergehende Erhebungen durch Befragungen werden meist nur im Zusammenhang mit konkreten Projektvorhaben durchgeführt.

Internes und externes Informations-instrument

Die Personalstatistik ist nicht nur ein internes Informationsinstrument, sondern sie dient auch dazu, gesetzlich vorgeschriebene oder von externen Stakeholdern (z.B. Arbeitgeberverbände, Gewerkschaften oder Kammern) erwartete Informationen bereitzustellen. Gesetzlich vorgeschrieben sind insbesondere Daten für Statistische Ämter, beispielsweise über Lohn- und Gehaltsdaten oder Fort- und Weiterbildungsmaßnahmen, Auskünfte für Sozialversicherungsträger (Berufsgenossenschaften, Kranken- und Rentenversicherungsträger) oder Meldungen an die Arbeitsämter über Einstellungen und Entlassungen, offene Stellen und Ausbildungsplätze. Daten aus der Personalstatistik dienen aber auch dazu, ein Bild des Unternehmens im Sinne eines Employer Branding (vgl. Baustein 8) in der Öffentlichkeit aufzubauen oder zu korrigieren. So weitläufig der Bereich ist, der sich durch Personalstatistiken erschließen lässt, so groß ist auch die Gefahr, auf diesem Weg riesige «Zahlenfriedhöfe» zu erzeugen, wenn der Verwendungszweck im Unternehmen fehlt.

Bewertung der
Ressource Personal
Die *Humankapitalbewertung* (früher auch als *Humanvermögens-rechnung* bezeichnet) geht einen Schritt weiter, indem nicht nur Merkmale des Personals erhoben, sondern auch ökonomisch bewertet werden. Ziel ist, den Wert des Personals ähnlich wie finanzielle und materielle Werte bilanziell zu erfassen und damit zu einer messbaren Ressource zu machen. Dazu liegen Bewertungsverfahren vor, die jedoch mit zwei Grundproblemen behaftet sind: Nach dem gültigen Handels- und Steuerrecht ist eine bilanzielle Erfassung von Investitionen in das Personal generell nicht zulässig. Zudem sind für Menschen (bzw. deren Kompetenzen und Motivationen) nur schwer Marktpreise zu bestimmen – sieht man von Ausnahmebeispielen wie Ablösesummen im Spitzenfußball einmal ab. Marktpreise lassen sich nur für Objekte realisieren, die sowohl besitzbar als auch knapp sind. Ersteres ist schon aus rechtlichen Gründen nicht möglich, und für Letzteres besteht die Schwierigkeit in der nur unzureichenden Spezifizierbarkeit: Wie soll festgestellt werden, ob die Fähigkeiten eines Mitarbeiters tatsächlich knapp sind? Deshalb ist jede Bewertung nur in ihrem eigenen Referenzsystem gültig: Eine Humankapitalbewertung dient allenfalls dazu, dass sich ein Unternehmen über seine Anstrengungen personalwirtschaftlicher Natur vergewissern kann. Behelfsweise wird ein Ersatz für Marktpreise geschaffen, indem der Wert des Personals indikatorengestützt ermittelt wird:

Indikatoren für die
Personalbewertung

- *Aufwandswert:* Er errechnet sich beispielsweise aus dem abgezinsten Wert zukünftiger Vergütungen. Dieser Ansatz beruht allerdings auf der tautologiegefährdeten Annahme, dass ein Mitarbeiter so viel wert ist, wie er tatsächlich verdient. Alternativ kann statt der Vergütung auch die Ausbildung zugrunde gelegt werden.
- *Marktwert:* Er wird aus der Differenz zwischen Markt- und Buchwert einer Firma bestimmt. Das geschieht unter der Annahme, dass alles, was nicht anderweitig bilanziell erfasst werden kann, Humankapitals eines Unternehmens darstellt. Der Marktwert lässt sich noch durch unterschiedliche Verfahren der Bilanzkapitalbewertung verfeinern. Die wesentliche Schwäche dieser Ansätze liegt – abgesehen von der beschränkten Rationalität der Kapitalmarktdynamik – darin, dass es nicht gelingt, zwischen dem Kapital zu unterscheiden, das an die Mitarbeiter und ihr Engagement persönlich gebunden ist, und dem Kapital, das als Wissensbasis des Unternehmens bereits von den Beschäftigten entkoppelt ist.
- *Wiederbeschaffungswert:* Er ist die Summe aller Kosten, die mit dem Ausscheiden und der darauf folgenden Neubesetzung sowie der eventuell dem Nachfolger zu zahlenden Gehaltserhöhung verbunden wären.

- *Bewertung nichtmonetärer Größen:* Dazu bieten sich beispielsweise Fachqualifikationen oder Berufserfahrungsjahre an. Dieser Ansatz ist allerdings nur dann eine sinnvolle Bewertungsgröße, wenn von einer hohen Bindung an das Unternehmen ausgegangen werden kann. Dieser Ansatz wurde in jüngerer Zeit von verschiedenen Unternehmen und Beratungsgesellschaften zu *indikatorenbasierten Bewertungssystemen* weiterentwickelt (vgl. Scholz et al. 2011).
- *Nutzwert:* Dabei stehen die Effekte des Personaleinsatzes im Mittelpunkt. Dabei werden – vereinfacht gesprochen – diejenigen Anteile der Wertschöpfung errechnet, die nicht auf den Einsatz von physischem oder finanziellem Kapital zurückzuführen sind.

In dieser Anordnung werden die Ansätze von oben nach unten zwar zunehmend interessanter, was das Ziel der Bilanzierung betrifft. Dem entspricht jedoch auch ein höherer Aufwand für die Ermittlung der Bewertungsgrundlagen. Neuerliche Aktualität hat dieser Ansatz durch die Due-Diligence-Prüfung und die Humankapitalbewertung erfahren, die im späteren Verlauf dieses Kapitels erläutert werden.

13.2.3 Funktionsorientiertes Personalcontrolling

Ansätze für ein Controlling der Personalarbeit sind danach zu unterscheiden, welche Bezugspunkte einer ökonomischen Bewertung sie in Betracht ziehen: den Aufwand für Maßnahmen des Personalmanagements (Input-Orientierung), den damit erzeugten Nutzen (Output-Orientierung) oder die Relation beider Größen. Je nach Schwerpunktsetzung resultieren daraus drei unterschiedliche Controllingansätze: Kosten-, Effizienz- und Effektivitätscontrolling.

Input- versus Output-Orientierung

Das Kostencontrolling ist die Budgetsteuerung für die Personalfunktion. Die Bedeutung liegt zum einen in der laufenden Überwachung von Personalkosten; vor allem da, wo es um vollständig planbare Aufgabenbereiche geht (z. B. Personalverwaltung oder Gehaltsabrechnungen), kann es auch eine Kalkulationsgrundlage sein, auf deren Basis Entscheidungen über die Verteilung von Personalaufgaben getroffen werden können. Ein Kostencontrolling kann zum anderen auch als Basis für ein innerbetriebliches Benchmarking dienen, in dem die Leistungen und der dafür erforderliche Aufwand in verschiedenen Unternehmensbereichen verglichen werden.

Kostencontrolling

Im Effizienzcontrolling werden Input- und Outputgrößen der Personalarbeit zusammengeführt. Dabei erfolgt eine Bewertung von Per-

Effizienzcontrolling

sonalmaßnahmen unter dem Gesichtspunkt der Angemessenheit von Aufwendungen für ein vorgegebenes Ergebnis. Die wichtigsten Anwendungsbereiche liegen in der vergleichenden Beurteilung von Personalwerbung und -rekrutierung, von Weiterbildungsmaßnahmen sowie der betrieblichen Lohn- und Gehaltsabrechnung. Effizienzanalysen sind nicht nur eine Grundlage für Kosteneinsparungen im Personalmanagement, sondern sie sind auch eine Basis für Entscheidungen über eine Vergabe einzelner Personalaufgaben an externe Leistungsanbieter. Die größte Schwierigkeit besteht darin, sämtliche Transaktionskosten, die mit einer Maßnahme verbunden sind, über die sichtbaren finanziellen Aufwendungen hinaus vollständig zu erfassen. Das lässt sich am Beispiel der Lohn- und Gehaltsabrechnung, die bisher intern durchgeführt wurde und deren Vergabe an einen externen Dienstleister geprüft wird, illustrieren: Über die Personalkosten für die internen Mitarbeiter im Vergleich zum Rechnungsbetrag des Dienstleisters hinaus sind auch Aufwendungen für die Erstellung und laufende Kontrolle der vertraglichen Vereinbarung mit dem Dienstleister, für Auskünfte und Abklärungen bei Unstimmigkeiten oder für die Risikovorsorge im Falle von Datenverlusten mit einzubeziehen. Aufwand-Nutzen-Relationen lassen sich nicht allein in quantifizierbaren Größen ausdrücken. Vor allem in der Nutzenbewertung ist man häufig auf qualitative Daten angewiesen, mit denen der Effekt von Personalmaßnahmen bewertet wird. Deshalb ist eine Evaluation, die mit Befragungen der Adressaten arbeitet, häufig nicht nur eine messende, sondern auch eine interpretierende Aufgabe.

Effektivitätscontrolling   Kosten- und Effizienzcontrolling werden durch das Effektivitätscontrolling ergänzt, das nicht den Aufwand, sondern die Wirksamkeit von Personalmaßnahmen in den Mittelpunkt stellt, wie beispielsweise die Trefferquote von Auswahlentscheidungen oder den Lernerfolg von Weiterbildungsmaßnahmen. Eine solche Prüfung kann entweder über Beobachtungen von Verhaltensänderungen erfolgen, wozu sich die Analyse von Personalbeurteilungsgesprächen eignet, oder über strukturierte Befragungen, in denen dann eher auf die subjektive Zufriedenheit abgezielt wird. Am Beispiel des Bil-

Grundprobleme der Evaluation   dungscontrollings lassen sich die *Grundprobleme der Evaluation* von Personalmaßnahmen zeigen:

- *Die Messung der Wirkungen:* Während der Erwerb von Fachqualifikationen noch relativ leicht durch entsprechende Tests zu prüfen ist, sind die Lerneffekte in der Sozialkompetenz – ein zentrales Element von Führungsseminaren – nur schwer gültig und zuverlässig zu ermitteln. Außerdem spielen langfristige Wirkungen oft eine größere Rolle als die unmittelbar erkennbaren Verhaltensänderungen.

- *Die Zuordnung von Ursachen und Wirkungen:* Selbst wenn Lernerfolge erkennbar sind, ist damit noch nicht geklärt, ob und in welcher Weise sie auf die Weiterbildungsveranstaltung zurückzuführen sind. In der psychologischen Forschung wird mit Kontrollgruppen oder Placebos gearbeitet, was in der betrieblichen Praxis kaum möglich ist. So kann ein individueller Lerneffekt allein dadurch eintreten, dass ein Mitarbeiter sich herausgefordert fühlt, weil er für ein Entwicklungsseminar ausgewählt wurde, während die konkreten Inhalte ohne Bedeutung waren.
- *Die Zuordnung von Wirkungen zu Zielbeiträgen:* Weiterbildungsmaßnahmen erfüllen nicht nur konkrete individuelle, sondern ebenso abstraktere organisationale Ziele wie die Erhöhung der Unternehmensflexibilität. Für diese Oberziele wird die Ursache-Wirkungs-Analyse weiter erschwert, was in eine Dilemmasituation führt: Je abstrakter die zu prüfenden Wirkungen sind, umso schwieriger ist die Ursachenzuordnung; andererseits wird die Zuordnung für konkretere Wirkungen zwar einfacher, jedoch ist dann wiederum deren Bedeutung für die abstrakten Organisationsbeziehung zu klären.

Weiterbildungscontrolling in der Praxis

Eine Untersuchung in der Schweiz aus dem Jahr 2008 zeigt am Beispiel der Weiterbildungsevaluation, dass auch in einem sehr kostenträchtigen Bereich der Personalarbeit das Effektivitätscontrolling noch wenig entwickelt ist (Liechti & Abraham 2011): So gab die Hälfte der befragten Betriebe an, sich auf informelle Rückfragen zum Erfolg einer Maßnahme zu beschränken; nur jedes sechste Unternehmen praktizierte systematische Evaluationsgespräche. Fragebögen oder Qualifikationstests kamen nur in jedem zehnten Unternehmen zum Einsatz. Die Studie zeigte auch, dass die Größe des Unternehmens ebenso wenig ausschlaggebend für die Anwendung systematischer Evaluationspraktiken ist wie die Anzahl der Weiterbildungsmaßnahmen. Ein Effektivitätscontrolling findet sich eher dort, wo das Weiterbildungsbudget einen hohen Anteil an den Gesamtausgaben des Unternehmens hat und wo die Entscheidungsträger einen betriebswirtschaftlichen Ausbildungshintergrund aufweisen.

Vom operativen zum strategischen Controlling

Nachdem sich Personalcontrolling als Teilfunktion des betrieblichen Personalwesens in den 1990er Jahren etabliert hat, verlagert sich der Schwerpunkt zehn Jahre später von der operativen auf die strategische Ebene. Das zeigt sich an zwei jüngeren Entwicklungen, der Anwendung der beiden Konzepte der Balanced Scorecard und der Due-Diligence-Prüfung auf das Human Resource Management.

| 13.2.4 | **Human Resource Scorecard** |

Ausgangspunkt für die Entwicklung der Balanced Scorecard Mitte der 1990er Jahre war die Einsicht, dass ein auf monetären Kenngrößen basierendes Controllingsystem den Anforderungen an eine strategisch integrierte Unternehmensführung nicht genügt (vgl. auch Abschnitt 5.2.2). Kaplan & Norton (1997) stellten daraufhin mit ihrem Ansatz ein ausgewogenes Kennzahlensystem vor, mit dem der Zielerreichungsgrad in vier wesentlichen Managementfeldern lau-

Managementfelder fend überprüft wird:

- *Finanzen:* In diesem Feld geht es in erster Linie darum, den Erwartungen der Geldgeber gerecht zu werden. Die Rentabilitätsziele können durch Liquiditäts- oder Sicherheitsziele ergänzt werden.
- *Kunden:* Dieses Managementfeld bezieht sich auf die kundenorientierte Gestaltung des Leistungsprogramms.
- *Prozesse der Leistungserstellung:* Für die angestrebten Kundenleistungen sind die internen Prozesse der Leistungserstellung und der unterstützenden Bereiche entsprechend auszurichten.
- *Lernen und Innovation:* Schließlich ist die organisationale Innovationskraft und Lernfähigkeit laufend zu gewährleisten.

Monetäre und nicht-
monetäre Kennzahlen

Neben finanziellen Kennzahlen beinhaltet die Balanced Scorecard eine Vielzahl von Kennzahlen aus anderen Unternehmensbereichen. Diese beziehen sich zumeist auf Sachverhalte, die durch monetäre Kennzahlen nicht oder nur unzureichend umschrieben werden können wie beispielsweise Kundenzufriedenheit oder Mitarbeitermotivation. Der Grundgedanke dabei ist, dass monetäre Kennzahlen nur die Folge, kaum aber die wesentliche Ursache für den Unternehmenserfolg sind. In der Balanced Scorecard soll deshalb ein transparenter Zusammenhang zwischen nichtmonetären Ursachen und monetären Wirkungen hergestellt werden.

Mehrstufiges
Verfahren

Damit sämtliche Unternehmensaktivitäten dazu beitragen, die wesentlichen strategischen Ziele zu erreichen, wird für die Entwicklung einer Scorecard ein mehrstufiges Verfahren angewandt. Für alle vier Betrachtungsperspektiven werden aus der Unternehmensstrategie strategische Ziele, Messgrößen, operative Ziele und Maßnahmen abgeleitet. So wird die Strategie auf die operative Ebene übersetzt und im Unternehmen kommunizierbar gemacht.

Die Balanced Scorecard geht über die traditionellen Controllingansätze, in denen die Evaluation vergangener Maßnahmen und aktuelle operative Entscheidungen im Mittelpunkt stehen, hinaus. Durch Ausrichtung seiner Aktivitäten an der Strategie gestaltet das

Unternehmen proaktiv seine Zukunft. Vergangenheits- und gegenwartsorientierte Erfolgsgrößen werden nur am Rande berücksichtigt. Sie werden allenfalls herangezogen, um die Entwicklung zukunftsorientierter Erfolgsgrößen im Zeitablauf zu dokumentieren.

Das letzte kennzeichnende Merkmal der Balanced Scorecard ist die Konzentration auf eine überschaubare Zahl ausgewählter Erfolgsgrößen, was in der Praxis bedeutet, sich für jedes der vier Managementfelder auf vier bis sechs Kennzahlen zu beschränken. Nur so kann die Nachvollziehbarkeit und Transparenz der Erfolgszusammenhänge gewährleistet werden.

Für die Anwendung der Balanced Scorecard auf das Personalmanagement gibt es zwei Ansatzpunkte einer *Human Resource Scorecard (HR-Scorecard)* (▶ Abb. 47):

Ansätze einer HR-Scorecard

- *Abgeleitete Human Resource Scorecard:* Dabei werden personalwirtschaftliche Kennzahlen aus der Balanced Scorecard für das Gesamtunternehmen oder seine Geschäftseinheiten abgeleitet und die Beiträge des Personalmanagements für die Erreichung der Unternehmensziele bestimmt.
- *Eigenständige Human Resource Scorecard:* In diesem Ansatz wird nur der formale Grundgedanke der Balanced Scorecard übernommen. Für die vier Hauptfelder werden geeignet erscheinende Analogien gebildet, wobei der direkte Bezug zu den vier ursprünglichen Managementfeldern häufig auch ganz aufgegeben wird.

Bei einer *abgeleiteten HR-Scorecard* spielt die externe Kundenperspektive in aller Regel nur eine untergeordnete Rolle, da das Personalmanagement nur indirekt Einfluss auf die Marktleistungen des Unternehmens hat. Die Informations- und Kommunikationspolitik des Unternehmens oder sein Image als Arbeitgeber können möglicherweise die Absatzchancen des Unternehmens beeinflussen und werden durch das Personalmanagement mitgeprägt. Denkbar wäre, als Kunden die Adressaten des Personalmanagement im Unternehmen, d.h. Bereichsführungskräfte und Mitarbeiter, zu wählen. Steuerungsgrößen wären dann die Mitarbeiterzufriedenheit oder die Beurteilung der administrativen Leistung des Personalbereichs durch die Linienführungskräfte. Der direkte Bezug zur Balanced Scorecard des Gesamtunternehmens ginge dann aber verloren, da sich kaum direkte Bezüge zwischen der Zufriedenheit mit der Personalarbeit auf der einen und dem Unternehmenserfolg auf der anderen Seite herstellen ließen. Die drei übrigen Felder sind hingegen direkt relevant. Insbesondere die Zielerreichung in den Feldern Prozesseffizienz sowie Lernen und Innovation ist in der Regel eng mit Fragen der Arbeitsorganisation oder von Weiterbildungsmaßnahmen verknüpft.

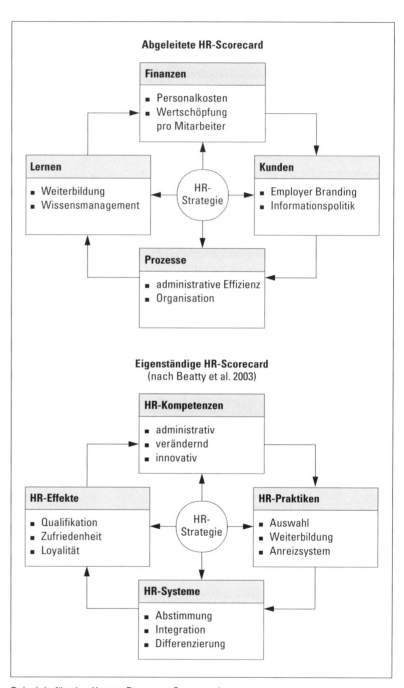

▲ Abb. 47   Beispiele für eine Human Resource Scorecard

Strukturen einer
eigenständigen
HR-Scorecard

Für eine *eigenständige HR-Scorecard* hat sich bislang noch kein Standard herausgebildet. Sie lässt sich aber beispielsweise so aufbauen, wie es Beatty, Huselid & Schneier vorgeschlagen haben (◄ Abb. 47): Das Feld der HR-Effekte umfasst die strategierelevanten Wirkungen der Personalarbeit auf die Ressource Personal. Als wesentliche Voraussetzung dafür sehen die Autoren drei Merkmale des personalpolitischen Profils (HR-Systeme) an: die Abstimmung aller

---

Praxisbeispiel: Die HR-Scorecard eines multinationalen Unternehmens

Ziel des Projekts zur Entwicklung einer Human Resource Scorecard im Jahr 2001 war, dem Personalvorstand des Unternehmens mit weltweit über 100 000 Mitarbeitern ein überschaubares Kennzahlensystem über die vorrangigen strategischen Personalziele zur Verfügung zu stellen. Im Rahmen eines rund einjährigen Entwicklungsprozesses wurde in fünf Entwicklungsschritten vorgegangen:

1. *Definition der strategischen Ziele:* Ausgehend von einer Analyse der aktuellen Entwicklungen auf den wichtigsten Absatz- und Arbeitsmärkten wurden sechs zentrale Herausforderungen an das Unternehmen identifiziert. Vier strategische Stoßrichtungen wurden erarbeitet, mit denen die zentralen Herausforderungen bewältigt werden sollen. Sie bilden die vier Felder der HR-Scorecard.
2. *Auswahl von Messgrößen:* Die strategischen Oberziele wurden in Teilziele und Kennzahlen über alle Unternehmensbereiche hinweg zerlegt. Aus diesem Prozessschritt resultierten insgesamt rund 3000 Steuerungsgrößen, die anschließend fortlaufend neu priorisiert, aggregiert und reduziert wurden, sodass am Ende noch 12 endgültige Steuerungsgrößen für die HR-Scorecard übrig blieben. Dabei wurden die Messgrößen hinsichtlich ihrer Verfügbarkeit, der prinzipiellen Erhebbarkeit sowie Kosten und Nutzen einer eventuellen Implementierung bewertet. Darüber hinaus sollten gezielte Interviews mit Experten in der HR-Organisation Aufschluss darüber geben, welche Messgrößen für die Betroffenen sowohl praktikabel als auch akzeptabel erschienen.
3. *Festlegung von Zielwerten:* Die definierten Zielwerte sollten anspruchsvoll, aber auch realistisch sein. Sie wurden teilweise in Workshops mit den betroffenen Führungs- und Fachkräften erarbeitet, teilweise aber auch aus Benchmark-Studien gewonnen. Um das Ausmaß oder die Dringlichkeit des notwendigen Steuerungseingriffes zu bestimmen, wurden Intervalle und Schwellwerte für die jeweiligen Messgrößen definiert, die eine Bewertung der Abweichung beim Soll-Ist-Vergleich ermöglichen. Außerdem wurden die Messgrößen in das Anreizsystems für die Führungskräfte integriert.
4. *Entwicklung strategischer Initiativen:* Mit strategischen Initiativen sollte die Zielerreichung sichergestellt werden. Als solche wurden Maßnahmen oder Projekte verstanden, die an definierte Verantwortlichkeiten sowie exakte zeitliche und inhaltliche Meilensteine gekoppelt wurden und über das operative Tagesgeschäft hinausgingen. So wurde eine Verzahnung zwischen strategischer Planung und operativem Jahresbudget erreicht.
5. *Ausbreitung der Scorecard in der Organisation:* In diesem letzten Entwicklungsschritt wurden die Personalziele des Gesamtkonzerns auf die einzelnen Geschäftsbereiche und Ländergesellschaften heruntergebrochen und mit den dortigen Scorecards harmonisiert.

Das Ergebnis war eine HR-Scorecard, die sich im Grundaufbau an der ursprünglichen Struktur der Balanced Scorecard orientiert, aber an die Stelle der Kundenperspektive das Managementpotenzial setzte, das eng mit dem Feld Zukunftssicherung verknüpft war. Sie zeigt ein Nebeneinander von hoch aggregierten Kennzahlen vor allem im Feld «Interne Geschäftsprozesse» und ausgewählten spezifischen Messgrößen wie die Rankingposition in standardisierten Befragungen zur Attraktivität als Arbeitgeber (Hoeldtke et al. 2001).

Praxisbeispiel: Die HR-Scorecard eines multinationalen Unternehmens (Forts.)

Human Resource Scorecard für den Personalvorstand

Beitrag zum finanziellen Ergebnis

- Administrationskosten Personalbereich
- Flexibilitätsgrad im Personaleinsatz der Produktionsstätten
- Arbeitskosten je Beschäftigtem

Interne Geschäftsprozesse

- Implementationsgrad der Human-Resource-Management-Prozesse im Intranet
- Zugriffe auf das HRM im Intranet
- Qualitätsbeurteilung der HR-Prozesse

Managementkompetenz

- Potenzialträger je Geschäftsbereich
- Rotationen der Potenzialträger zwischen den Geschäftsbereichen
- Professionalisierung des Nachwuchs-förderprogramms

Zukunftssicherung

- Fluktuationsrate Potenzialträger
- Bindungsquote der Absolventen des Nachwuchsförderprogramms
- Rankingposition «Attraktiver Arbeitgeber»

Projektmonitoring

- Controlling und Monitoring von 20 strategischen HR-Initiativen im Jahr 2000
- Controlling und Monitoring von 15 strategischen HR-Initiativen im Jahr 2001

Personalmaßnahmen mit der Unternehmensstrategie, die Integration der einzelnen Maßnahmen zu einer konsistenten Personalpolitik und die Differenzierung der Maßnahmen nach Bereichen mit unterschiedlichen Anforderungen. Die Maßnahmen selbst werden im Feld HR-Praktiken beurteilt, und die Kompetenzen der Führungs- und Fachkräfte als Fähigkeit zu administrativer Effizienz sowie Beiträgen zur organisationalen Entwicklung und Innovation bilden das letzte Feld der Scorecard. Der Gleichgewichtsgedanke bezieht sich in diesem Ansatz auf die ausgewogene Berücksichtigung von Voraussetzungen, Maßnahmen und Wirkungen des Personalmanagements. Die Finanz- und die Kundenperspektive werden diesem Aspekt untergeordnet.

13.2.5   **Human Resource Due Diligence**

Im Rahmen von Unternehmensakquisitionen und -fusionen werden detaillierte Analysen der beteiligten Unternehmen durchgeführt, um die Chancen und Risiken solcher Transaktionen einzuschätzen. Für eine solche Form hat sich inzwischen der Begriff der «Due Diligence» etabliert. Auch im Rahmen einer Bonitätsprüfung vor einer Kreditvergabe oder bei der Prüfung der Emissionsprospekte von Kapitalanlagegesellschaften werden Due-Diligence-Analysen durchgeführt. Da auch personalbezogene Chancen und Risiken die Qualität eines Unternehmens und die Erfolgsaussichten einer Übernahme oder Fusion beeinflussen, dient die Human Resource Due Diligence dazu, solche Chancen und Risiken frühzeitig zu erkennen. Der Ablauf einer solchen Prüfung kann wie folgt skizziert werden:

Ablauf einer Due Diligence

- *Definition der Anforderungen:* Die Anforderungen an das Personal – und damit an die personalbezogenen Chancen und Risiken – können von einer Unternehmenstransaktion zur anderen sehr unterschiedlich ausfallen. Einflussfaktoren sind beispielsweise die einer Unternehmenstransaktion zugrunde liegende Strategie, der Zeithorizont einer Transaktion sowie die Kulturen der beteiligten Unternehmen.
- *Festlegung der Prüfungsbereiche:* Basierend auf den Anforderungen an das Personal, die eine Unternehmenstransaktion mit sich bringt, werden die Prüfungsbereiche für die Human Resource Due Diligence festgelegt. Da Prüfungen oft unter hohem Zeitdruck und mit begrenzten Ressourcen stattfinden, ist eine Fokussierung auf einige ausgewählte Prüfungsbereiche unumgänglich.
- *Bestimmung von Messgrößen und Instrumenten:* Im Rahmen der Human Resource Due Diligence erweist sich besonders die Messung strategischer Kriterien wie das Potenzial des Personals oder die Unternehmenskultur als schwierig, aber häufig unvermeidbar. Als Messinstrumente für operative Kriterien werden häufig Dokumentenanalysen verwendet. Zur Analyse strategischer Kriterien eignen sich Management-Audits, Tests, Mitarbeiterbefragungen und Assessment Centers.
- *Ernennung von Verantwortlichen:* Grundsätzlich besteht die Möglichkeit, die Prüfung unternehmensintern durchzuführen oder externe Berater damit zu betrauen Eine interne Umsetzung der Prüfung schafft Vertrauen unter den Mitarbeitern und kann unter Mithilfe der Führungskräfte des Unternehmens erfolgen. In manchen Unternehmenstransaktionen ist jedoch der Einbezug neutraler, erfahrener Externer notwendig, da eine interne Prüfung zu stark von politischen Erwägungen geleitet sein könnte.
- *Analyse und Auswertung:* Um die erhobenen Daten komprimiert aufzubereiten und die personalbezogenen Chancen und Risiken der Unternehmenstransaktion zu bestimmen, bietet sich eine zweistufige Vorgehensweise an. Im ersten Schritt werden die Ergebnisse der Human Resource Due Diligence mit den Anforderungen an das Personal im betrachteten Prüfungskontext verglichen. Im zweiten Schritt werden daraus personalbezogene Chancen und Risiken abgeleitet.

Due Diligence
in der Praxis

In der Unternehmenspraxis wird bisher vornehmlich auf die Identifikation von Risiken auf der Basis operativer Kriterien wie Mitarbei-
terstruktur und Personalkosten abgestellt. Daten zur Effizienz und
Effektivität des Personalmanagements sowie zu den Motivationen
und Kompetenzen der Mitarbeiter werden bisher kaum erhoben,
obwohl diesen Aspekten große Bedeutung zugesprochen wird.

13.2.6　Personalcontrolling – quo vadis?

Personalcontrolling kann eine wichtige steuernde Funktion für das
Personalmanagement und seine Abstimmung mit der Unternehmensstrategie übernehmen. Der aktuelle Entwicklungsstand dieses
Konzepts rund zwanzig Jahre nach den ersten Publikationen zeigt
jedoch deutlich, dass dieser Ansatz zu einer ökonomischen Fundie-
rung der Personalarbeit selbst ein ökonomisches Problem darstellt:
Diejenigen Elemente, welche bisher im Detail ausgearbeitet wurden
(z.B. Kennzahlensysteme), sind von zweifelhaftem Nutzen. Elemente, von denen man sich dagegen einen besonderen Nutzen verspricht (z.B. Evaluationsmethoden für Personalinstrumente), sind
andererseits konzeptionell noch wenig geklärt und erscheinen in der
Herausforderungen
in der Praxis
praktischen Umsetzung mit hohem Aufwand verbunden. Der Anwender ist dabei mit zwei Herausforderungen konfrontiert:

- *Werden mit dem Versuch der ökonomischen Messung der Personalressourcen nicht Erwartungen erzeugt, die angesichts der erheblichen methodischen Schwierigkeiten gar nicht einlösbar sind?*
Personalfachleute haben mit der Übernahme des Controlling-
ansatzes immer wieder die Hoffnung verknüpft, ihre Legitimation
gegenüber den übrigen betriebswirtschaftlichen Funktionen erhöhen zu können. Aufgrund der schwierigen Messbarkeit der per-
sonalwirtschaftlichen Erfolgsbeiträge lassen sich die damit er-
weckten Erwartungen nur schwer erfüllen. So besteht die Gefahr,
dass der Versuch einer Ökonomisierung vor allem die Nicht-Öko-
nomisierbarkeit deutlich vor Augen führt, und erst recht dazu
führt, dass Personalfragen in ihrer Bedeutung zurückgesetzt werden, weil sie aus Sicht der Unternehmensführung als nicht ausreichend steuerbar erscheinen. Die Ballade des Zauberlehrlings von
Johann Wolfgang Goethe, in welcher der Lehrling die Grenzen seiner Meisterschaft dadurch erfährt, dass er den Meister nachahmt
und sich damit ins Verderben stürzt, ist wahrscheinlich eine tref-
fende literarische Analogie.

- *Wie lässt sich vermeiden, dass der Aufwand für die Entwicklung und Erhaltung eines Personalcontrollingsystems nicht den Nutzen für die Steuerung des Personals übersteigt?* Die Komplexität der Ressource Personal führt dazu, dass die Anzahl möglicher Kennzahlen für eine Steuerung schier unermesslich ist. Abgesehen von den für gewöhnlich bereits bestehenden Informationssystemen im Unternehmen lassen sich mit Befragungen von Führungskräften und Mitarbeitern fast beliebig viele Daten erheben, aus denen sich entsprechend viele Kennzahlen generieren lassen. Im Bewusstsein der Komplexität besteht sogar ein natürliches Bestreben, ein entsprechend komplexes Kennzahlensystem zu schaffen. Wenn es aber nicht gelingt, einen direkten Bezug zwischen einer Kennzahl und einem strategischen Ziel oder Risiko herzustellen, ist der Nutzen dieser Kennzahl gering und in der Regel nicht durch den Aufwand für ihre Berechnung zu rechtfertigen. Es kommt also darauf an, einige wenige Kennzahlen auszuwählen, die zwar die Komplexität der Ressource Personal nur zu einem geringen, aber dafür strategisch bedeutsamen Teil abdecken.

Somit besteht die größte Herausforderung für das Personalcontrolling in der praktischen Anwendung darin, die Grenzen zu erkennen, innerhalb derer Aufwand und Nutzen in einem ökonomisch angemessenen Verhältnis zueinander stehen.

Literaturhinweise

Dave Ulrich (1996): Human Resource Champions – The Next
Agenda for Adding Value and Delivering Results.

Dave Ulrich, Jon Younger, Wayne Brockbank & Mike Ulrich (2012):
HR from Outside In – Six Competencies for the Future of Human
Resources.

*Mit seinen Büchern hat Dave Ulrich die Diskussion um die Ma-
nagementrolle der Personalfunktion innerhalb der Unternehmensführung nachhaltig geprägt. Eine Kurzfassung seiner Argu-
mentation im Buch von 1996 ist auf Deutsch im Harvard Business
Manager Nr. 4 (1998), S. 59–69, unter dem Titel «Das neue Personalwesen – Mitgestalter der Unternehmenszukunft» erschienen.*

Christian Scholz (Hrsg.) (1999): Innovative Personalorganisation:
Center-Modelle für Wertschöpfung, Strategie, Intelligenz und Virtualisierung.

*Der Sammelband vereinigt eine Vielzahl von Praxisbeispielen zu
den unterschiedlichen Typen der Personalorganisation.*

Rolf Wunderer & Andreas Jaritz (2007): Unternehmerisches Personalcontrolling: Evaluation der Wertschöpfung im Personalmanagement.

*Ein Standardwerk zu den aktuellen Entwicklungen eines wert-
schöpfungsorientierten Personalcontrollings.*

Christian Scholz, Volker Stein & Roman Bechtel (2011): Human
Capital Management: Wege aus der Unverbindlichkeit. 3. Auflage.

*Die Autoren geben einen breiten Überblick zu möglichen Ansätzen
für eine finanzielle Bewertung des Personals mit ihren jeweiligen
Perspektiven und Grenzen.*

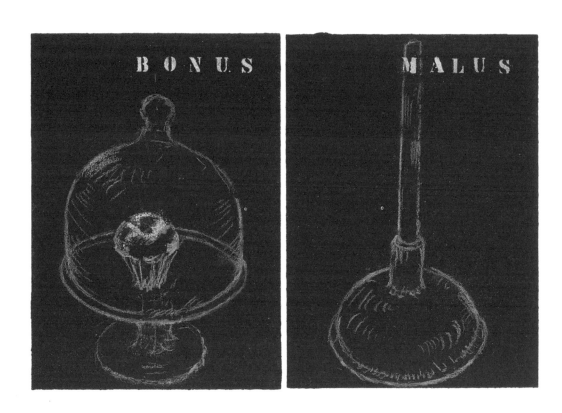

BONUS MALUS

Baustein 14

Die Grundlagen des Human Resource Management reflektieren

Warum denken wir, wie wir denken? In den vorangegangenen 13 Bausteinen dieses Buchs wurde eine Sammlung von Konzepten und Instrumenten im Sinne eines Werkzeugkastens für die Führungs- und Personalpraxis vorgestellt. Dieser Auswahl liegt ein bewusst gewählter Ansatz zugrunde, der sich seinerseits in mindestens drei verschiedene Entwicklungsstränge einordnet: in eine Ideengeschichte der sozialen Frage im Betrieb, in eine Praxisgeschichte des betrieblichen Personalwesens und in eine Wissenschaftsgeschichte der Betriebs-, Verwaltungs- und Managementlehre. Diese Entwicklungen haben das Human Resource Management in Forschung und Praxis geprägt. Um diese zu verstehen und damit an der einen oder anderen Stelle auch kritisch hinterfragen zu können, sollte man sich die wichtigen Phasen dieser Entwicklung vor Augen führen.

Eine Praxis aus ihrer Entwicklungsgeschichte heraus zu verstehen, kann dabei helfen, trittsicher Entscheidungen in der Rolle als Führungsverantwortliche oder als Personalexperten zu treffen. Oft bieten sich aber gleich mehrere Entscheidungsalternativen an, ohne dass sich so einfach die optimale, motivations- oder humankapitaltheoretisch begründete Lösung finden ließe. Entscheidungen von Menschen sind unvermeidlich wertbehaftet. Deshalb stellt sich für die Wirtschafts- und Unternehmensethik die Frage, wie man im Human Resource Management zu vertretbaren und nachvollziehbaren Entscheidungen gelangt.

Auf den folgenden Seiten werden Denkweisen für das Human Resource Management erst von einem geschichtlichen und anschließend von mehreren ethischen Blickwinkeln aus dargestellt.

Inhalt

**14.1 Die Geschichte der betrieblichen Arbeitsbeziehungen
von der Zunftordnung bis zum modernen HRM** 395

HRM – Wer hat's erfunden?

14.1.1 Personalbeziehungen vom Mittelalter bis zur
Industrialisierung 395
14.1.2 Ideologien der Personalbeziehung 398
14.1.3 Auf dem Weg zum Human Resource Management 402
14.1.4 Die Entwicklung im deutschsprachigen Raum 405
14.1.5 Von den Human Relations zu den Human Resources 408

14.2 Grundfragen der Ethik im Human Resource Management 410

Wie unterscheidet man zwischen richtig und falsch im HRM?

14.2.1 Die Bedeutung der Ethik für die Unternehmensführung . 410
14.2.2 Ethik und Human Resource Management 411

| 14.1 | **Die Geschichte der betrieblichen Arbeitsbeziehungen von der Zunftordnung bis zum modernen HRM** |

**HRM –
Wer hat's erfunden?**

Human Resource Management befasst sich mit der Personalbeziehung als wechselseitiges Rechte- und Pflichtenverhältnis zwischen Arbeitgebenden und Arbeitnehmenden. Personalbeziehungen sind in der Folge asymmetrischer Beziehungen zwischen Herrschern und Beherrschten, Herren und Sklaven, Anführern und Gefolgsleuten entstanden. Im Rahmen solcher Beziehungen stellen einzelne Personen aufgrund ihrer materiellen oder sozialen Macht andere Personen in ihre Dienste. Frühe Beispiele finden sich in den Hofstaaten Mesopotamiens und Ägyptens mit ihren militärischen und religiösen Organisationen sowie monumentalen Bauprojekten. Wo diese Organisationsformen ein bestimmtes Ausmaß erreichten, erwuchs auch das Bedürfnis nach ihrer Regelung. So enthält bereits der Kodex des babylonischen Herrschers Hammurabi (ca. 1750–1686 v. Chr.) Bestimmungen, in denen Rechtsbeziehungen zu Lohnarbeitern und Sklaven geregelt sind.

| 14.1.1 | **Personalbeziehungen vom Mittelalter bis zur Industrialisierung** |

Vom Spätmittelalter bis in das 19. Jahrhundert hinein spielten Zünfte und Gilden in den wirtschaftlichen Zentren der Schweiz und anderen europäischen Ländern eine wichtige Rolle. Sie regelten nicht nur die jeweiligen Märkte und die Beziehungen zwischen den Gewerbetreibenden, sondern auch die Arbeitsbedingungen und den sittlichen Lebenswandel der Zunftmeister und ihrer Angestellten. Es waren aber dann in der Folge wohl fünf wesentliche Faktoren, die am Beginn der Entwicklung zur modernen Personallehre und Personalpraxis und damit zum Human Resource Management führten. So stellt es Ling (1965) in seiner historischen Arbeit zur Entwicklung der Personalbeziehungen dar:

Auslöser der Entwicklung zum HRM

1. *Die technologische und industrielle Entwicklung:* Sie führt zur Entstehung komplexer Organisationen, in denen der einzelne Arbeitnehmer in der Masse der Arbeiterschaft aufgeht und die ursprünglich überschaubare Meister-Gehilfen-Beziehung zur anonymeren Beziehung zwischen der Unternehmensleitung und ihrem angestellten Personal mit einem entsprechenden Regelungs- und Überwachungsbedarf wird.

2. *Das Erziehungswesen:* Die Grundlagen der Personalentwicklung werden in den Zunftordnungen des späten Mittelalters gelegt. Gemeinsam mit dem klerikalen Ausbildungssystem, aus dem sich mancherorts das öffentliche Schulsystem entwickelte, bilden sie die Grundlage für die betriebliche Aus- und Weiterbildung.

3. *Arbeiterbewegung und die Arbeitsgesetzgebung:* Durch organisierte Interessenvertretungen, anfangs nur in Bergbau und Handwerk, später auch in der industriellen Fertigung, gelingt es den Arbeitnehmern, ihre Interessen gegenüber den Unternehmern durchzusetzen und so ihre ökonomische und soziale Lage zu verbessern.

4. *Die Fabrikgesetzgebung:* Sie beschränkt als staatlicher Regelungseingriff vor allem seit dem 19. Jahrhundert die Ausbeutung der abhängig Beschäftigten, indem sie Bestimmungen zu den Arbeitsbedingungen, insbesondere zur maximalen Arbeitszeit und zur Arbeitssicherheit einführt.

5. *Die Welfare-Bewegung:* Als Begleiterscheinung von Vergesellschaftung und Industrialisierung entstehen ungeahnte Formen der Verarmung und Verwahrlosung weiterer Bevölkerungsteile in den neuen Ballungszentren, welche die Frage der Verantwortung auch an die Unternehmen und die von ihnen profitierenden Gesellschaftsschichten stellt.

Das Wachstum und die zunehmende innere Komplexität der industriellen Betriebe zu Beginn des 20. Jahrhunderts stellen neuartige Anforderungen an die Organisation und den Personaleinsatz in den Fabriken. Gehört diese Aufgabe traditionell in die Verantwortung der Meister, erweisen sich deren Praktiken jedoch zusehends als überholt und erfolglos. An ihre Stelle rücken die Betriebsingenieure, die nach den Grundsätzen wissenschaftlicher Betriebsführung möglichst effiziente Arbeitsformen anstreben. Die Personalaufgabe stellt sich vor diesem Hintergrund in erster Linie als ökonomisches Problem dar. Damit verbunden ist die Einsicht, dass die Realisierung der wissenschaftlichen Betriebsführung auch eine ausreichende und gezielte Qualifizierung der Arbeitskräfte voraussetzt, wodurch die Grundlagen der betrieblichen Ausbildung in den Unternehmen geschaffen werden. Damit wird auch das niedrige individuelle Qualifikationsniveau der Arbeitskräfte in industriellen Unternehmen gegenüber der handwerklichen Produktion allmählich ausgeglichen. Es kommt zur Entstehung einer neuen Arbeitnehmergruppe: den fachlich qualifizierten Maschinenarbeitern, die zwischen den handwerklichen Fachleuten und den unqualifizierten Hilfskräften eine Mittelstellung einnehmen.

Die beiden Faktoren der Industrialisierung und der Ausformung des Bildungssystems sind aus der Perspektive der Unternehmen Begleiterscheinungen der wirtschaftlichen Entwicklung von der Agrar- zur Industriegesellschaft. Die Personalfunktion im Unternehmen hat von daher die Aufgabe, die Zielerreichung maximaler Effizienz durch begleitende Maßnahmen zu unterstützen. Völlig anders wirken sich hingegen die staatlichen Regulierungseingriffe der Arbeits-, Sozial- und Fabrikgesetzgebung sowie die entstehende Arbeiterbewegung aus. Sie erscheinen als Restriktionen für die unternehmerische Entscheidungsfreiheit, weil sie dem Ziel ökonomisch optimaler Nutzung des Faktors Arbeit Grenzen setzen und ihn verteuern. Zudem erinnern sie die Unternehmer daran, dass sie mit dem Eingehen einer organisationalen Arbeitsbeziehung auch eine Mitverantwortung für das Wohlergehen ihrer Beschäftigten übernehmen. Bereits davor entstehen Ansätze für die Gestaltung von Beschäftigungsbeziehung, die über eine rein ökonomische Betrachtung hinausgehen. Beispiele hierfür bieten die sozialreformerischen Experimente englischer und französischer Unternehmer, aber auch die paternalistischen Projekte von Industriellen wie beispielsweise Henry Ford oder Friedrich Krupp. Sie errichten um die Fabriken herum eigene Siedlungen, deren Zweck nicht nur darin besteht, die Arbeiter in der Nähe ihres Arbeitsplatzes wohnen zu lassen, sondern auch, ihnen eine bestimmte Lebensweise nahezulegen.

Mit der Einführung von Arbeitssicherheitsgesetzen ist die Forderung an die Unternehmer, Verantwortung für die beschäftigten Arbeitnehmer zu tragen, nicht mehr freiwillig, sondern sie wird verpflichtend. Von dieser Warte aus erscheint die Personalfunktion wiederum in einem anderen Licht: Sie unterstützt nicht die technisch oder ökonomisch optimale Zielerreichung in der unternehmerischen Tätigkeit, sondern sie gleicht deren negative Begleitfolgen aus, indem sie Beschränkungen, die der Unternehmertätigkeit von außen auferlegt sind, im Unternehmen umsetzt.

Diese unterschiedlichen und aus Unternehmenssicht gegenläufigen Entwicklungen führen zu einem Spannungsfeld für die betriebliche Personalarbeit, das bis heute weiterbesteht: Die Personalfunktion im Unternehmen kann entweder als Teilfunktion verstanden werden, welche im Zusammenspiel mit den übrigen betrieblichen Funktionen das betriebswirtschaftliche Oberziel maximaler Kapitalrendite verfolgt. Oder aber sie wird als Funktion verstanden, welche technisch-ökonomisch kaum vermeidbare, jedoch gesellschaftlich

Arbeitsbeziehungen in der Industrialisierung

unerwünschte Ergebnisse unternehmerischer Tätigkeit auffängt und ausgleicht. In diesem Verständnis steht die Personalarbeit den übrigen Aufgaben der Unternehmensführung (z.B. der Logistik oder dem Vertrieb) entgegen.

| 14.1.2 | **Ideologien der Personalbeziehung** |

Armut und Verelendung sind Erscheinungen, die die gesellschaftliche Entwicklung durch alle Jahrhunderte begleitet haben. Bis ins 18. Jahrhundert sind die wesentlichen Ursachen dafür kriegerische Auseinandersetzungen oder Naturkatastrophen. Beide sind von einer höheren Ordnung gedeckt: die Natur als göttliche Schöpfung und Kriege durch ähnlich legitimierte Herrschaftsverhältnisse zwischen Adel und einfachem Volk. Deshalb sind sie nicht in Frage zu stellen, und Armut ist individuelles, unveränderliches Schicksal.

Die Gestaltbarkeit von Arbeitsbeziehungen

Das ändert sich im Zuge der industriellen Revolution, als mit dem Proletariat eine neue Form von Armut entsteht. Auf dem Lande gehen Handwerk und Heimarbeit langsam zugrunde, und in den rasch wachsenden industriellen Zentren sammeln sich die Landflüchtigen in der Hoffnung, als unqualifizierte Fabrikarbeiter bestehen zu können, was nur wenigen gelingt. Zur materiellen Verelendung tritt eine Orientierungslosigkeit der entwurzelten Landbevölkerung, was den Begriff des Pauperismus geprägt hat. Als Ursache wird die industrielle Entwicklung erkannt, deren Träger jedoch nicht mehr wie Naturgesetze und staatliche Ordnung ohne weiteres legitimiert sind. Die kapitalistischen Unternehmer und ihr nach Gewinn strebendes Handeln werden als Ursache der modernen Armut identifiziert, und die Verantwortungsfrage wird neu gestellt. Evers & Nowotny (1987) zeigen in ihrer Studie, wie die Verantwortungsfrage im Verlaufe des 19. Jahrhunderts auf ganz unterschiedliche Weise beantwortet wird: Galt in der calvinistisch geprägten Logik des Wirtschaftsliberalismus noch jeder als seines eigenen Glückes Schmied und folglich Armut grundsätzlich als selbstverschuldet, wird die scheinbar natürliche Ordnung der Ungleichheit nun in Zweifel gezogen. Dieser Prozess wird nicht nur durch die entstehende Arbeiterbewegung vorangetrieben, sondern vollzieht sich auch in den Köpfen der privilegierteren Schichten. Auch unter den Unternehmern stellt sich die Frage nach dem Verhältnis zwischen dem Kapitalisten und seinem Management auf der einen Seite und dem abhängigen Lohnarbeiter auf der anderen Seite neu.

Wie sie beantwortet wird, zeigt das Beispiel der nordamerikanischen Welfare-Bewegung an der Schwelle vom 19. zum 20. Jahrhundert. Ähnliche Entwicklungen finden aber auch in Westeuropa statt. Im Verständnis der Personalbeziehung und damit der Gegenwartsdiagnose industrieller Arbeitsverhältnisse unterscheidet sich dieser Ansatz grundlegend von den beiden konkurrierenden Ideologien des Marxismus und des Wirtschaftsliberalismus. Gleichzeitig ist er aber auch als Kompromissformel zur Auflösung der Spannungen, die sich im 19. Jahrhundert aus dem Gegensatz der beiden anderen Positionen entwickelten, zu verstehen.

Das wirtschafts-
liberale Verständnis
der Arbeits-
beziehungen

Der Wirtschaftsliberalismus ist, wie Max Weber (1920) in seiner Studie zur Entstehung des Kapitalismus zeigte, ein System von Überzeugungen, die eng mit der Prädestinationslehre des Calvinismus verknüpft sind. Demnach ist jeder Mensch durch Gott von Anfang an zum Heil oder zur Verdammnis bestimmt, also prädestiniert, und weder persönliche Verdienste noch Vergehen vermögen diese Vorbestimmung zu verändern. Das hat, so Weber, ein Gefühl innerer Vereinsamung und die Entzauberung der Welt für das Individuum zur Folge. Daraus nähren sich Puritanismus und innerweltliche Askese, die nur mehr ein Ziel kennen, nämlich durch unermüdliche Anstrengung zu erweisen, ob man dem Heil oder der Verdammnis bestimmt ist. Jeder Einzelne steht als Individuum und Zeugnis göttlicher Vorbestimmung in der Welt. Weber sieht darin die Wurzel der kapitalistischen Wirtschaftsordnung, in der jeder Einzelne sich berechtigt sieht, nach persönlichem Erfolg zu streben, und zwar innerhalb der Regeln eines fairen Wettbewerbs auch auf Kosten anderer, weil das Ergebnis nur göttliche Vorbestimmung abbildet. Dabei betont er, dass diese ursprünglich religiös motivierte Weltanschauung erst zu dem Zeitpunkt auch ökonomisch wirksam wird, als der religiöse Enthusiasmus seinen Gipfel überschritten hat und in einer nüchternen Berufstugend aufgeht, lange Zeit nach Calvins Reformation im 16. Jahrhundert.

Zur Prädestinationslehre gesellt sich die naturwissenschaftlich begründete Lehre der Evolutionstheorie von Darwin, welche in der Folge vor allem von Spencer (1877) gesellschaftlich interpretiert wird. Danach setzt sich im Wettbewerb um knappe Ressourcen die am besten an ihre Lebensbedingungen angepasste Lebensform durch. Daraus wird der Schluss der selbstverständlichen Berechtigung der durchgesetzten Formen gezogen: der gerechte Sieg des Stärkeren über den Schwächeren. Gesellschaftliche und wirtschaftliche Strukturen bilden auch vor diesem Hintergrund eine durch höhere Gewalt legitimierte Ordnung. An die Stelle der göttlichen Vorsehung treten ebenso unumstößliche Naturgesetze.

Wir erkennen in diesen beiden Ideen die wesentlichen Grundlagen einer wirtschaftsliberalen Position, in deren Betrachtung Arbeitsbeziehungen einfache Verträge über den Austausch von Arbeit und Arbeitsentgelt darstellen. Über dieses Tauschverhältnis hinaus gibt es für den Arbeitgeber keine weitergehenden Verpflichtungen in Hinblick auf die Person des Lohnempfängers. Seine Leistungen sind zu Marktpreisen entgolten. Jede weitergehende Verpflichtung – etwa die Konstruktion einer Fürsorgepflicht – würde die natürlich gesetzte und differenzierte Ordnung, das marktwirtschaftliche Optimum, in ein Ungleichgewicht bringen. Ein betriebliches Personalwesen hat demnach nur die Aufgabe, den reibungslosen Einsatz des Faktors Personal zu gewährleisten.

Das marxistische Verständnis der Arbeitsbeziehungen

In der marxistischen Betrachtung ist die Gesellschaft durch Gegensätze gekennzeichnet, welche in der ungleichen Verteilung wirtschaftlicher Ressourcen bestehen. Diese Gegensätze sind nur in einer sozialistischen Gesellschaft auflösbar, in der Kapitalbesitz und Arbeitseinsatz wieder in jeder einzelnen Person zusammenfallen. Die kapitalistische Ordnung, wie sie Friedrichs Engels in seiner Schrift von 1845 «Die Lage der arbeitenden Klasse in England» nachzeichnet, stellt demnach das Endstadium einer alten Ordnung dar, die durch die zunehmende Massenverelendung unvermeidbar in der proletarischen Revolution kollabiert.

Der Marxismus geht ebenfalls von einer quasi natürlichen Ordnung aus, in der Unternehmen und die in ihnen tätigen Menschen platziert sind. Diese Ordnung ist aber nicht wie im Liberalismus harmonisch stabil, sondern aufgrund der inneren Gegensätze in dauernder Bewegung befindlich. Jedoch sind in beiden Betrachtungsweisen unternehmerisches Handeln und betriebliche Prozesse einer übergeordneten Gesetzmäßigkeit unterworfen. Der einzelne Unternehmer entscheidet nicht frei, sondern stets in Reproduktion seiner Verhältnisse – im marxistischen Verständnis wegen seiner kapitalistischen Klassenzugehörigkeit, aus wirtschaftsliberaler Perspektive aus Erfolgsstreben. Auch im marxistischen Verständnis kann der Personalfunktion im Unternehmen nur eine die Produktionsverhältnisse reproduzierende Aufgabe zukommen und zwar sowohl unter kapitalistischen wie sozialistischen Bedingungen. Die Personalbeziehung im Sinne von Personalbetreuung zu gestalten, hätte nur zur Folge, die bestehenden Klassenverhältnisse zu vertuschen und die Auflösung der unvermeidlichen Gegensätze aufzuschieben.

Die Welfare-
Bewegung als
dritter Weg

Zwischen diesen beiden Extrempositionen und in Auseinandersetzung mit der einen wie der anderen Betrachtungsweise der Arbeitsverhältnisse in der zweiten Hälfte des 19. Jahrhunderts entsteht
der dritte Ansatz, die Welfare-Bewegung, aus der sich wesentliche
Impulse für die Personallehre bis in die heutige Zeit ergeben haben.
Die Welfare-Bewegung baut im Gegensatz zu den beiden konkurrierenden Weltanschauungen auf dem Bewusstsein der Gestaltbarkeit
von Gesellschaft auf (Evers & Nowotny 1987). Die soziale Welt und
mit ihr die Arbeitsbeziehungen sind nicht naturgesetzlich vorgegeben, sondern sie sind durch den zu gestalten, der die Möglichkeiten dazu hat. Weite Teile der wohlhabenden Gesellschaftsschichten gelangten zur Überzeugung, vielleicht auch aufgeschreckt durch
die politische Formierung der Arbeiterbewegung, dass das durch die
Industrialisierung eingetretene Auseinanderklaffen der Lebensbedingungen nicht mehr akzeptabel sei. Als Konsequenz wurden
Maßnahmen ergriffen, um die Situation der Arbeiterschaft und ihrer
Familien durch karitative Organisationen zu verbessern.

Einflüsse der
christlichen
Soziallehre

Sicherlich dürften religiöse Motive eine Rolle gespielt haben. So
geht die katholische Soziallehre von der Idee der Solidargemein-
schaft aus, in der es zwar Herrschaftsverhältnisse geben kann, die
den Herrschenden und Einflussreichen jedoch gebietet, sich um das
Wohl der ihnen Untergebenen zu sorgen. Daraus entsteht ein patriarchalisches Verhältnis zwischen dem Unternehmer, der für das seelische und körperliche Heil seiner angestellten Arbeiter verantwortlich
ist, und ebendiesen Arbeitern, die ihm zu Treue und Befolgung
seiner Anweisungen verpflichtet sind. Damit liegt ein ganz anderes
Austauschverhältnis, eine andere Qualität der Beziehung zwischen
Arbeitgeber und Arbeitnehmer vor, als es für die individualistische
Weltanschauung des calvinistischen Unternehmers kennzeichnend
ist.

Typisch für diese Haltung die folgende Passage aus einer Anspra-
che des ehemaligen Leiters der Brown, Boveri & Cie., Heinrich Am-
bühl, der die Hauptaufgabe des Arbeitgebers folgendermaßen beschreibt:

*«[…] den Verkehr zwischen den Menschen eines Betriebes von
Hemmungen, Reibungen und Intrigen zu reinigen, die gegenseitige
Achtung zu heben, und der Arbeit wieder inneren Wert zu geben, welche allein dem Menschen die Wohltat der Arbeitsfreude und des
inneren Friedens geben kann. Der Arbeitgeber hat als Erster zu
zeigen, dass sein Tun und Lassen einwandfreien Motiven entspricht
und dass er selbst in der hingebungsvollen, aufopfernden Arbeit
seine innere Befriedigung und Befreiung sucht und findet. Dann wird*

er auch in den menschlichen Fragen, die im Leben seines Betriebes an ihn herantreten, die Lösungen treffen, welche dem Einzelnen und der Gesamtheit zum Wohle gedeihen.» (zitiert nach Geck 1953, S. 73–74).

Ihren Ausdruck fand die Welfare-Bewegung in den Unternehmen in den Anfängen der betrieblichen Sozialpolitik. Viele Unternehmer gingen dazu über, die Arbeitsbedingungen so zu verändern, dass den Arbeitern eine aus Unternehmersicht sittlich und materiell angemessene Lebensführung ermöglicht wurde, indem sie die Löhne über die Grenze des Existenzminimums anhoben, Werkswohnungen errichteten und zum Teil auch in den Lebenswandel der Beschäftigten eingriffen. Eines der bekanntesten Beispiele ist der Automobilhersteller Henry Ford, der unter anderem eine eigene Gewerbeschule und ein Firmenkrankenhaus unterhielt und so seine Beschäftigten in einen eigenen Staat im Staate einband. Der Unternehmer anerkennt damit seine aktive Rolle in der Gestaltung der gesellschaftlichen Bedingungen um seine Fabrik herum und nimmt sie im unmittelbaren Einfluss des Unternehmens auf den Arbeiter als Mensch und nicht nur als Produktionsfaktor wahr. Als eines der ersten Unternehmen gründete die NCR Company 1897 eine eigene Welfare Work-Abteilung und setzte einen Welfare Director ein. Neben Ausbildung und Verpflegung der Belegschaft war diese neu gegründete Personalabteilung auch für die Organisation von Freizeitaktivitäten zuständig.

| 14.1.3 | **Auf dem Weg zum Human Resource Management** |

Wesentliche Impulse für eine wissenschaftliche Beschäftigung mit Fragen der Personalarbeit im Unternehmen in der ersten Hälfte des 20. Jahrhunderts gehen auf drei ganz unterschiedliche Denkschulen zurück, die aber erst in ihrem Zusammenspiel die mitarbeiterorientierte Managementlehre und damit Fragen der Personalbeziehungen prägen:

1. Die wissenschaftliche Betriebsführung (Scientific Management), deren einflussreichster Vertreter Frederick Taylor war.
2. Die angewandte Psychologie, die nach ihrer Begründung durch Wilhelm Wundt in Leipzig um 1880 in den USA vor allem durch Hugo Münsterberg geprägt wurde.
3. Die Human-Relations-Bewegung, welche ihren Ausgangspunkt in den sogenannten Harvard-Hawthorne-Experimenten nahm und deren Begründer Elton Mayo und Fritz Roethlisberger sind.

Taylorismus und Human-Relations-Bewegung werden in der Literatur meist als aufeinanderfolgende Paradigmen der Managementlehre dargestellt, als wären die Konzepte Taylors allgemein herrschende Lehre bis 1930 gewesen und durch die Ergebnisse der Hawthorne-Studien schlagartig in Frage gestellt worden. Dabei wird übersehen, dass die Wurzeln beider Ansätze im 19. Jahrhundert zu suchen sind, wie bereits oben ausgeführt wurde, sodass eher von einer Parallelentwicklung als von einer Abfolge auszugehen ist. Gemeinsam ist ihnen das Bestreben, auf der Basis wissenschaftlicher Erkenntnisse über menschliches Arbeitsverhalten die Praxis der Arbeitsbeziehungen und der Arbeitsorganisation zu verbessern und damit gleichzeitig die Leistungsfähigkeit des Unternehmens zu erhöhen. Die Unterschiede liegen aber im Bild des Menschen, das die Vertreter der verschiedenen Ansätze ihren Gestaltungsempfehlungen zugrunde legen.

Scientific Management Für Taylor (1911) bestand die Herausforderung für die wissenschaftliche Betriebsführung darin, die offensichtliche Ineffizienz der althergebrachten Prinzipien der Arbeitsorganisation zu beseitigen. Er sah darin nicht nur eine Chance für die Unternehmen, ihre Produktivität um ein Vielfaches zu steigern, sondern auch für die Arbeiter in der industriellen Fertigung, die Effizienz und damit den Ertrag ihrer Arbeitsleitung zu steigern. Der Rationalisierungsgewinn sollte sich nicht nur in einer höheren Kapitalrentabilität niederschlagen, sondern auch zu Lohnerhöhungen und einer Verbesserung des allgemeinen Wohlstands führen.

Die wesentlichen Elemente des tayloristischen Systems waren:

- Arbeits- und Zeitstudien, mit denen die einzelnen vor allem manuellen Tätigkeiten in Ausführung und Anordnung optimiert wurden. An die Analyse schloss sich eine systematische Schulung der Arbeiter an.
- Gestaltung der Arbeitsumgebung, das heißt der Maschinen und Hilfsmittel, des Arbeitsplatzes und seiner Umgebungseinflüsse.
- Grundsätze für Personalauswahl und -einsatz, um Eignung und Motivation für die optimierten Arbeitsbedingungen zu gewährleisten.
- Die Trennung zwischen Ausführungs- und Dispositionsaufgaben, verbunden mit einer funktionalen Differenzierung einfacher Ausführungstätigkeiten wie auch verschiedener Führungsfunktionen.

Der Taylorismus basiert auf zwei Grundannahmen, die von Beginn an Kritik auf sich zogen: Erstens wird im Zusammenspiel von Mensch und Technik, welches die Arbeitsbedingungen der industriellen Produktion bestimmt, der Technik absoluten Vorrang eingeräumt, woraus folgt, dass der Mensch sich ihr vollständig anzupassen habe. Und zweitens wird die technisch-ökonomische Logik auf den Menschen selbst übertragen. Der Mensch passt sich nicht nur der Maschine an, sondern er funktioniert auch wie eine Maschine. Daraus resultieren die Vorwürfe, das tayloristische System schaffe nicht etwa menschenwürdige Arbeitsbedingungen, sondern es entwürdige den Menschen noch weiter, indem es ihm die letzten Autonomiespielräume nehme. Für Taylor und seine Nachfolger waren diese Vorwürfe kaum nachvollziehbar, denn in ihnen kommen die Gegensätze der liberalistischen und der wohlfahrtsorientierten Weltanschauung zum Ausdruck. Taylor wollte die Tauschbeziehungen verbessern, übersah aber, dass viele seiner Zeitgenossen um die Jahrhundertwende die Personalbeziehung umfassender betrachteten.

Angewandte Psychologie

Die sich ebenfalls um 1900 entwickelnde angewandte Psychologie ergänzt das tayloristische System insoweit, als sie Erkenntnisse über die individuelle Leistungsfähigkeit und damit ein zunehmend differenziertes Bild des Menschen im Arbeitsprozess vermittelt. Ermüdung und Arbeitssicherheit sowie individuelles Lernen stehen im Mittelpunkt der Forschung. Besonders einflussreich wird Hugo Münsterberg, der nach seiner Berufung an die Harvard University ein Labor für experimentelle Psychologie nach dem Vorbild von Wilhelm Wundt in Leipzig aufbaut und die Entwicklung der sogenannten Psychotechnik vorantreibt.

Human-Relations-Bewegung

Die Human-Relations-Bewegung entstand aus dem Zusammenhang der Hawthorne-Experimente und der Begründung einer sozialwissenschaftlich fundierten Managementtheorie an der erst 1908 gegründeten Harvard Business School Anfang der 1920er Jahre. Aus heutiger Perspektive wird den Beleuchtungs-Experimenten in den Hawthorne-Werken, die ab 1923 durchgeführt wurden und die Grenzen der tayloristischen Arbeitsgestaltung zeigten, eine viel zu große Bedeutung beigemessen. Viel entscheidender war die nachträgliche Interpretation durch Elton Mayo, der erst einige Jahre später zur Forschergruppe stieß. Schon zu diesem Zeitpunkt wurde der Einfluss psychologischer und gruppensoziologischer Bedingungen auf die Arbeitsleistung in einem langjährigen Laborexperiment untersucht. Erst Mayo erkannte aber die Chance, mit den Ergebnissen dieser Experimente ein neues Paradigma der Unternehmensführung zu begründen. Vom Selbstverständnis her eine Art Gesellschaftstherapeut, war er zur Überzeugung gelangt, dass ein Grundproblem der industrialisierten Gesellschaft darin bestand, dass sie den Menschen zwingt, unter Bedingungen zu arbeiten, die ihn nicht nur körperlich, sondern auch seelisch krank machen. Darin sah er auch die wesentliche Ursache für Arbeitskämpfe und Kriege. Erst wenn es gelänge, diese Bedingungen zu verändern, könnten auch die großen gesellschaftlichen Probleme gelöst werden. An der Harvard Business School fand Mayo die notwendige Unterstützung für die Realisierung seiner Ideen. Kernelement seines Gestaltungsansatzes wurde ein breit angelegtes mehrjähriges Interview-Programm, in dem jedem Arbeiter in regelmäßigen Abständen die Möglichkeit eröffnet wurde, seine Probleme und Ängste zu schildern – mit der Erwartung höherer Zufriedenheit und daraus resultierender gesteigerter Leistungsfähigkeit (vgl. Walter-Busch 1989).

Die wesentlichen Unterschiede der Human-Relations-Bewegung im direkten Vergleich zum tayloristischen Ansatz liegen nicht in der Zielsetzung, welche auf eine Erhöhung der Unternehmensproduktivität bei gleichzeitiger Verbesserung der individuellen Zufriedenheit abzielt. Sie liegen vielmehr in den Annahmen über den arbeitenden Menschen und seine Bedürfnisse und Motive. Die Diagnose der Human-Relations-Bewegung entsprach dabei eher der damals vorherrschenden Weltanschauung der Welfare-Bewegung und lieferte ihr mit den Hawthorne-Experimenten die wissenschaftliche Grundlage. Das ist eine wesentliche Ursache dafür, dass die amerikanische Managementlehre sich in der Folge als akademische Disziplin verstärkt sozialwissenschaftlich ausrichtete und Fragen der Personalführung eine zentralere Stellung einnahmen, als dies im deutschsprachigen Raum der Fall war. Dort verbreitete sich der Human-Relations-Ansatz erst in den 1970er Jahren.

14.1.4 Die Entwicklung im deutschsprachigen Raum

Am Beispiel Deutschlands lässt sich zeigen, wie sich die Entwicklung bei einem ausgeprägten Staatseinfluss auf die betrieblichen Arbeitsbeziehungen vollzogen hat. Hier wurde in den 1880er Jahren durch die Sozialreformen unter Bismarck eine Reihe von Sozialversicherungswerken begründet. Damit setzt der Staat erstmals Rahmenvorgaben für soziale Sicherung, welche unmittelbar an das betriebliche Arbeitsverhältnis gekoppelt wird. Als zweite Stufe der Regulierung der betrieblichen Arbeitsverhältnisse ist die Einführung der betrieblichen Mitbestimmung und ihre Verankerung in der Weimarer Verfassung von 1919 anzusehen. Diese Bestimmungen, konkretisiert durch das Betriebsrätegesetz von 1920, enthalten bereits sämtliche Elemente der Mitbestimmung, wie sie bis heute in den bundesdeutschen Unternehmen gelten. Die Leitidee ist in Art. 165 I der Reichsverfassung formuliert:

«Die Arbeiter und Angestellten sind dazu berufen, gleichberechtigt in Gemeinschaft mit den Unternehmern an der Regelung der Lohn- und Arbeitsbedingungen sowie an der gesamten wirtschaftlichen Entwicklung der produktiven Kräfte mitzuwirken. Die beiderseitigen Organisationen und ihre Vereinbarungen sind anerkannt.»

Der letzte Satz bezieht sich auf die in der zweiten Hälfte des 19. Jahrhunderts gegründeten Gewerkschaften und Arbeitgeberverbände, deren Tätigkeit nun in der Verfassung verankert ist. In der Praxis beschränkt sich zu diesem Zeitpunkt die Mitbestimmung allerdings vor allem auf soziale Aufgaben wie die Verwaltung von Pensionskassen und Werkswohnungen. Dennoch setzten diese Bestimmungen eine sehr weitgehende Änderung der Personalbeziehungen in Gang. Obwohl sie erst durch die politische Beteiligung der Sozialdemokratischen Partei in Gang gesetzt wurden, sehen wir in der konkreten Ausgestaltung der Bestimmungen das passende Gegenstück zu einer wohlfahrtsorientierten Unternehmerhaltung. So wie diese den Unternehmern Verantwortung für die beschäftigten Arbeitnehmer auferlegt, bindet die Wirtschaftsgesetzgebung die Arbeitnehmer als verantwortungsvolle Mitgestalter der Unternehmensgeschicke ein. Zwischen den beiden auf unauflösbaren Gegensätzen beruhenden Weltanschauungen etabliert sich der Mittelweg als Versuch, unterschiedliche Interessen in ein harmonisches Zusammenwirken zu überführen. Damit eröffnet sich eine Vielzahl von Herausforderungen für die systematische Gestaltung der betrieblichen Personalbeziehungen.

Mit der nationalsozialistischen Machtergreifung wird die Entwicklung in Deutschland zu einem partizipativen Modell der Gestaltung von Arbeitsbeziehungen, wie sie im 20. Jahrhundert auch in anderen europäischen Ländern einsetzt, unterbrochen: zum einen institutionell, indem die Mitbestimmungsstrukturen und die Institutionen der Tarifpolitik aus der Weimarer Republik wieder aufgehoben werden (an die Stelle der Gewerkschaften tritt die zentral gelenkte Deutsche Arbeitsfront DAF), zum anderen aber auch ideologisch durch die Verbreitung des Führerprinzips. Dieses kommt in §1 des Gesetzes zur Ordnung der nationalen Arbeit von 1934 zum Ausdruck:

«Im Betriebe arbeiten der Unternehmer als Führer des Betriebes, die Angestellten und Arbeiter als Gefolgschaft gemeinsam zur Förderung der Betriebszwecke und zum gemeinsamen Nutzen von Volk und Staat.»

Im Zentrum steht das Konzept der Betriebsgemeinschaft, in dem sich die Gegensätze zwischen Arbeit und Kapital auflösen sollen,

Die Anfänge der Arbeitnehmermitbestimmung

Betriebliche Arbeitsbeziehungen im totalitären Staat

durch das Führer-Gefolgschafts-Prinzip jedoch faktisch wieder in neuem Gewand errichtet werden. An die Stelle des Betriebsrats tritt der sogenannte Vertrauensrat, dessen Mitglieder jedoch nun von der Unternehmensleitung in Abstimmung mit der Partei bestimmt werden. Die Wurzeln eines gemeinschaftsorientierten Ansatzes für die Personalpolitik im Unternehmen wurden zwar bereits früher gelegt. Wie die Bestrebungen der amerikanischen Welfare-Bewegung dürfte auch er den historischen Harmonie- und Kooperationstraum von Managern und Unternehmern verkörpern. Erst der Nationalsozialismus verbindet in diesem Ansatz betriebliche und gesellschaftliche Gestaltungsziele zu einem totalitären System.

Die Entwicklung nach dem Zweiten Weltkrieg

Nach dem Zweiten Weltkrieg werden die Institutionen der betrieblichen und überbetrieblichen Sozialpartnerschaft wieder etabliert. Sie sollen im Falle Deutschlands ähnlich wie in den ersten Jahren der Weimarer Republik die autoritären Strukturen vor allem in den industriellen Schlüsselbetrieben auflösen helfen und zur allgemeinen Demokratisierung beitragen. Diese Entwicklung führt zur Entstehung des sogenannten Rheinischen Modells in den Arbeitsbeziehungen, das sich durch das Ideal der kooperativen Verständigung zwischen Arbeitgebern und Arbeitnehmern auszeichnet und vielfältige Mitwirkungsmöglichkeiten der Arbeitnehmervertretungen vorsieht, die im Gegenzug auf eine aggressive Interessenpolitik weitgehend verzichten. Das Modell unterscheidet sich deutlich von den vorherrschenden Modellen im angelsächsischen und romanischen Kulturkreis. In ähnlicher Weise wie in Deutschland prägt es die betrieblichen Arbeitsbeziehungen in den skandinavischen Ländern, in Österreich und – allerdings deutlich schwächer ausgeprägt – in der Schweiz.

In den 1960er Jahren nimmt die Bedeutung des Personalwesens in der Praxis durch die Entwicklungen auf dem Arbeitsmarkt, welche zu einer drastischen Verknappung von Arbeitskräften führen, stark zu. Dieser Trend setzt sich – ausgelöst durch den zunehmend raschen Wandel – bis in die 1980er Jahre hinein in einigen hochqualifizierten Segmenten fort. Personal wird zum Engpassfaktor und seine Beschaffung und Erhaltung zu einer zentralen betrieblichen Funktion. Zur selben Zeit führt die Expansion des akademischen Bildungssektors, die sich weltweit seit den 1960er Jahren vollzog, auch zu einer institutionellen Verankerung und Verwissenschaftlichung der Personallehre an Universitäten und Fachhochschulen. Mit dieser Expansionsphase geht im deutschsprachigen Raum die nachträgliche Aufarbeitung des Human-Relations-Ansatzes einher, der nun auch von einem verstärkten Einbezug psychologischer und soziologischer Konzepte, Begriffe und Forschungsergebnisse in die betriebswirtschaftliche Theorie und Praxis begleitet wird.

| 14.1.5 | **Von den Human Relations zu den Human Resources** |

Im Zuge des zunehmenden Einflusses aktueller Entwicklungen in der nordamerikanischen Managementlehre tritt in den 1980er Jahren neben die Human-Relations-Tradition der wiederum stärker ökonomisch orientierte Ansatz des Human Resources Management, welcher anstelle des einzelnen Mitarbeiters wieder dessen Leistungspotenzial als wesentlichsten und aktiven Kosten- und Produktionsfaktor begreift. Das vorherrschende Menschenbild in der Personalbeziehung verlagert sich vom abhängigen Untergebenen in der industriellen Produktion, der vor der potenziellen Ausbeutung durch das Unternehmen geschützt werden muss, zum annähernd gleichrangigen Partner und «Mit-Manager» für zunehmend anspruchsvolle Aufgabenstellungen im Dienstleistungssektor. Dieselben Mitarbeitenden sollen aber auch «Unternehmer in eigener Sache» werden. Das bedeutet nicht nur, dass sie Verantwortung für ihre langfristige Beschäftigungsfähigkeit auch unter ständig veränderten Bedingungen übernehmen, indem sie sich fortlaufend weiterqualifizieren. Sie sollen sich auch darauf einstellen, dass eine lebenslange Beschäftigung in einem Unternehmen kaum mehr wahrscheinlich, eine diskontinuierliche Berufsbiographie aber bald Regelfall ist.

Ökonomisierung und Globalisierung

Die Schere zwischen dem Human-Relations- und dem Human-Resources-Ansatz scheint sich zu Beginn der 1990er Jahre aufgrund einer konstant hohen strukturellen Arbeitslosigkeit zu öffnen: Flexibilisierung, organisationale Entwicklungs- und Lernfähigkeit, Lean Management und Business Reengineering, Internationalisierung und Globalisierung stellen auch an die Personalarbeit im Unternehmen und die akademische Personallehre an den Universitäten konzeptionelle Anforderungen, die weder mit dem traditionellen wohlfahrtsorientierten Ansatz noch mit einer orthodoxen arbeitsökonomischen Personalwirtschaftslehre aussichtsreich zu bewältigen sind. Seit einigen Jahren zeichnen sich mehrere Trends ab, denen das Human Resource Management in Forschung, Lehre und Praxis unterworfen ist:

- *Deregulierung und Dezentralisierung:* In den letzten dreißig Jahren ist ein schrittweiser Rückzug des Staates und der Tarifparteien aus der Regulierung betrieblicher Arbeitsverhältnisse zu beobachten. An die Stelle der Tarifpolitik auf Branchenebene rückt zunehmend die Betriebsvereinbarung zwischen Unternehmensleitung und Personalvertretung.
- *Europäisierung:* Während der Einfluss staatlicher Steuerung und tarifpolitischer Einflussnahme auf nationaler Ebene zurückgeht,

entstehen als direkte Folge der europäischen Integration neue Institutionen, die sich unmittelbar auf das betriebliche Personalmanagement auswirken. Beispiele sind die Institution des Europäischen Betriebsrats oder europäische Richtlinien zu Teilzeitarbeit und Erziehungsurlaub.

- *Amerikanisierung:* Der relative Erfolg der US-amerikanischen Wirtschaft und ihrer Branchenführer seit den 1990er Jahren ist unübersehbar geworden. Er hat dazu geführt, dass Unternehmen in Deutschland zunehmend Managementpraktiken amerikanischer Unternehmen (vor allem in der Gestaltung von Planungs-, Kontroll- und Anreizsystemen) stärker als zuvor übernehmen. Damit füllen sie nicht nur die neu entstandenen Regulierungslücken, sondern substituieren auch tradierte Praktiken.

- *Individualisierung:* Dieser Aspekt hat zwei Facetten: Zum einen ist er eine Begleiterscheinung der oben genannten Entwicklungen, die dazu führt dass jeder Mitarbeiter sich hinsichtlich seiner Arbeitsaufgabe und seiner Karrierewege immer wieder neu auf veränderte Anforderungen einstellen muss, sich also persönlich flexibel «aufzustellen» hat. Zum anderen bedeutet es, dass sich der Einzelne zunehmend aus dem sozialen Gefüge herauslöst, was als gesellschaftlicher Trend schon lange Zeit zu beobachten ist. Beide Formen der Individualisierung prägen zunehmend auch die Arbeitsbeziehungen: Arbeitsverträge und Aufstiegsvereinbarungen werden einzelfallbezogen gestaltet. Die auf Dauer angelegte Einbindung des Einzelnen in die Organisation mit der damit verbundenen gegenseitigen Loyalitätsverpflichtung wird obsolet.

- *Rationalisierung:* Unternehmen stehen unter zunehmendem Druck, ihre Humanressourcen und die daraus entstehenden Leistungspotenziale durch finanziell wirksame Leistungsbeiträge legitimieren zu können. Damit wird es auch für die Mitarbeiter zunehmend evident, im Rahmen kontinuierlicher Kostenreduktionsprogramme einen solchen Beitrag nachzuweisen.

Die gegenwärtige Stellung der Personalfunktion im Unternehmen erscheint unklar: Die Bedeutung des «Faktors Mensch» im Unternehmen wird immer wieder hervorgehoben. Noch ist nicht abzusehen, ob es der Personallehre gelingen wird, abweichende Arbeitsformen, wie Telearbeit, Zeitarbeit oder abhängige (Schein-)Selbständigkeit konzeptionell zu integrieren. Ebenso ist nicht geklärt, welche Konsequenzen diese Arbeitsformen für die Personalfunktion als Fachbereich und als Führungsaufgabe am Ende haben werden.

Wie unterscheidet man zwischen richtig und falsch im HRM?

Entscheidungen im Human Resource Management, in der betrieblichen Personalpolitik ebenso wie in der täglichen Führungsarbeit sind stets Wertentscheidungen. Diese Werte können ökonomisch begründet sein – etwa wenn sie mit dem Blick auf verfügbare Ressourcen oder zu erreichende Leistungsziele getroffen werden. Das entspricht der Leitidee eines Unternehmens als Produktionseinheit im Wettbewerb. Sie können aber auch über eine engere Nutzenüberlegung hinausgehen und Werte wie Gerechtigkeit, Beteiligung oder Gemeinschaft berühren. Wertfragen sind mit *Ethik* und *Moral* verknüpft, weshalb es notwendig ist, im ersten Schritt die unterschiedliche Bedeutung dieser beiden Begriffe zu klären.

> Mit dem Begriff der Moral bezeichnet man einen Katalog von gültigen Normen, denen sich Einzelpersonen, Gruppen oder Organisationen unterwerfen. Der Begriff der Ethik bezeichnet die nachvollziehbare Reflexion über moralische Normen.

Nach dieser Definition ist beispielsweise die Verpflichtung zu partnerschaftlichen Beziehungen zwischen Führungskräften und Mitarbeitern möglicherweise eine moralische Norm in einem Unternehmen. Eine ethische Frage ist es aber, wie sich diese Verpflichtung begründen lässt, etwa durch das Nutzenkalkül, partnerschaftliche Überzeugungen förderten das Commitment der Mitarbeiter an das Unternehmen, oder durch den Grundsatz, alle Menschen sollten ihrem Engagement entsprechend gleich behandelt werden.

14.2.1   **Die Bedeutung der Ethik für die Unternehmensführung**

Die Bedeutung von ethischen und moralischen Fragen für die Unternehmens- und Personalführung ist nicht unumstritten. Drei Positionen haben sich dazu herausgebildet, die das Verhältnis von Management und Ethik in ganz unterschiedlicher Weise interpretieren (vgl. dazu Ulrich 1990):

- *Identität von Unternehmensführung und Unternehmensethik:* Diese Position geht davon aus, dass sich in einer ausdifferenzierten Gesellschaft die Ethik des Handelns in ihren Subsystemen (z.B. Wirtschaft oder Recht) aus dem jeweiligen Systemzweck ergibt. Da Unternehmen den gesellschaftlichen Auftrag zur Steigerung des allgemeinen Wohlstands haben, besteht die moralische

Aufgabe der Unternehmensführung in der Gewinnmaximierung: «The social responsibility of business is to increase its profits!» (Friedman 1970). Das Personalmanagement erhält seine Legitimität dadurch, dass es mit den wirtschaftlichen Unternehmenszielen in Einklang steht.

- *Ethik als Korrektiv der Unternehmensführung:* Diese weitverbreitete Position geht von einer grundsätzlichen Unvereinbarkeit moralischer und unternehmerischer Entscheidungen aus. Der Unternehmensethik kommt die Aufgabe eines Korrektivs zu, welches sozialschädliche Wirkungen der Unternehmenstätigkeit beschränken soll. Mit normativen Grundsätzen für das Personalmanagement verpflichten sich aus dieser Perspektive Unternehmen, neben ökonomischen Gesichtspunkten auch die Interessen der Beschäftigten zu berücksichtigen.

- *Ethische Reflexion der Wertgrundlagen der Führung:* In seiner Kritik am Korrektivansatz führt Ulrich (1990) aus, dass jede wirtschaftliche Entscheidung immer auch eine Wertentscheidung ist. Ökonomische und soziale Wertentscheidungen werden nur deshalb in einem Widerspruch gesehen, weil der Wirtschaftsbegriff verkürzt ist: Er verkürzt die Ökonomie, die Haushaltsführung einer Gesellschaft, fälschlicherweise auf den Umgang mit Geldwerten. Das Management eines Unternehmens, so Ulrich, verfügt in der Regel aber über große Spielräume in der Entscheidung darüber, welche Wertgrundlagen es seinem Handeln unterlegt. Ebenso sind Grundsätze für das Personalmanagement unternehmerische Wertentscheidungen und ethisch auf viele verschiedene Weisen begründbar.

Nachfolgend werden nun vier ethische Ansätze vorgestellt und ihre jeweiligen Konsequenzen für das Human Resource Management erläutert.

| 14.2.2 | **Ethik und Human Resource Management** |

Die Vielfalt an ethischen Positionen, mit denen sich moralische Urteile begründen lassen, ist erheblich und seit Aristoteles' tugendethischer Grundlegung im Verlauf der Geschichte auch stetig angewachsen. Für die Untersuchung von Entscheidungen im Human Resource Management werden beispielhaft vier Positionen herausgegriffen: die katholische Soziallehre als Vertreterin einer dogmatischen Ethik, die Pflichtenethik nach Immanuel Kant, die angelsächsische Nutzenethik sowie die Diskursethik aus der Demokratisierungsära der 1970er und 1980er Jahre.

Dogmatische Ethik und christliche Soziallehre

Dogmatische Begründungen gehen von einem Wertekodex aus, der in der Regel religiös abgeleitet und deshalb auch grundsätzlich nicht kritisierbar ist, ohne damit auch das dahinterstehende Glaubenssystem in Frage zu stellen. Ein Beispiel dafür ist die katholische Soziallehre, die durch mehrere päpstliche Enzykliken zwischen 1891 und 1991 geprägt wurde und vor allem von Oswald Nell-Breuning (1950; 1987) ausgearbeitet und auf Fragen der Arbeitswelt übertragen wurde. Sie besteht im Kern aus drei Grundprinzipien, die in Einklang mit der katholischen Weltauffassung stehen (Drumm 1993):

- *Das personale Prinzip:* Die Würde des Menschen als Individuum ist zu beachten. Dafür ist er verpflichtet, seine Fähigkeiten für das Gemeinwohl zu entwickeln und einzusetzen. Gemeinwohl und individuelles Wohl sind untrennbar miteinander verbunden.
- *Das Solidaritätsprinzip:* Aus dem ersten Prinzip folgt die Verpflichtung zur Solidarität. Jedes Individuum trägt eine Mitverantwortung für die Gemeinschaft sowie für Bewährung und Versagen der Mitmenschen.
- *Das Subsidiaritätsprinzip:* Im Rahmen der Solidaritätsverpflichtung gilt das Prinzip der Subsidiarität, nach dem jeder Einzelne bzw. jede Gruppe für sich selbst verantwortlich ist. Übergeordnete Einrichtungen greifen nur dort ein, wo die Selbstregelung versagt, und bieten dann in erster Linie Hilfe zur Selbsthilfe an.

Katholische Soziallehre und Personalarbeit

Drumm leitet in seinem Beitrag aus den Prinzipien unmittelbare Schlussfolgerungen für die Gestaltung der Personalbeziehungen ab: Eine Solidaritätsverpflichtung ergibt sich im Verhältnis zu freigesetzten Mitarbeitern, die sicherlich auch eine Ursache für die Verbreitung der Outplacement-Beratung ist. Die Weiterbildung soll in erster Linie die persönliche Entwicklung fördern. Die so geförderten Beschäftigten sind umgekehrt verpflichtet, sich für das Unternehmen zu engagieren. Davon leitet Drumm auch das Gebot eines Mindestlohns, der den Lebensunterhalt des Einzelnen sichert, und die Kapitalbeteiligung der Beschäftigten am Unternehmen ab.

In der Frage der Mitarbeiterführung begründet die katholische Weltauffassung eine gegenseitige Treueverpflichtung aus dem Gemeinschaftsgedanken: Die Mitarbeitenden haben eine Verpflichtung zum Gehorsam gegenüber ihren Vorgesetzten, der diese durch die Verpflichtung zum Schutz der Person des Untergebenen zu entsprechen haben. Hierarchien in Organisationen widersprechen deshalb keineswegs den drei Grundprinzipien der Soziallehre. Obwohl die

Grundzüge der Soziallehre im Grundgesetz und in den davon abgeleiteten arbeitsrechtlichen Bestimmungen ihren Niederschlag gefunden haben, sind kaum Ansätze für eine weitergehende Umsetzung in der Personalpraxis erkennbar. Ihr überwiegend dogmatischer Charakter widerspricht der Funktionsweise einer säkularen Gesellschaft und wird deshalb stets auf Widerstände stoßen.

Protestantische Soziallehre und Personalarbeit

Auch im Protestantismus ist eine Soziallehre angelegt. Sein Weltbild unterscheidet sich vom Katholizismus durch die stärkere Betonung des Individuums, seines unmittelbaren Zugangs zu Gott und des persönlichen Schicksals. Besonders deutlich tritt das im Calvinismus zu Tage. Bereits Weber (1920) zeigte in seiner Untersuchung, dass die calvinistische Prädestinationslehre eine wichtige Voraussetzung für die Entstehung der kapitalistischen Wirtschaftsordnung seit dem 18. Jahrhundert war. Nach dieser Lehre ist das individuelle Schicksal vorherbestimmt. In der säkularisierten Übertragung erweist es sich im persönlichen Erfolg oder Misserfolg. Etwas überspitzt ausgedrückt, beruht die calvinistische Ethik auf folgender Grundlage: Nicht das «gute Werk» zugunsten der Schwachen innerhalb der Gemeinschaft ist der Schlüssel zum jenseitigen Glück, sondern der Tatbeweis des persönlichen wirtschaftlichen Erfolgs. Nicht die Gemeinschaft ist die Orientierungsgröße für richtiges Handeln, sondern das Individuum und sein Werk, dem es sich verschreibt. Dies bedeutet jedoch nicht, dass der Einzelne zum Schaden der anderen agieren darf, aber sein Handeln besitzt einen Eigenwert. Auf dieser Basis ist eine liberalistische Wirtschaftsordnung begründbar, persönlicher Vorteil als Ergebnis harter Arbeit ebenso legitimiert wie es soziale Unterschiede zwischen Erfolgreichen und Erfolglosen sind. Für die Personalpolitik könnte das bedeuten, dass jeder in seiner Arbeitstätigkeit die Chance zum Erfolgsbeweis haben soll. Autonomie im Rahmen der Unternehmensziele erhält Vorrang gegenüber Solidarität und individuelles Engagement gegenüber Loyalität.

Pflichtenethik und kategorischer Imperativ

Die Pflichtethik (oder auch deontologische Ethik) ist stark mit dem Namen Immanuel Kant (1724–1804) verbunden und geht ebenfalls von Grundsätzen aus, die einen Wert an sich darstellen können. Sie werden jedoch nicht durch eine äußere Ordnung legitimiert, sondern dadurch, dass vernünftige Individuen sie als verallgemeinerungsfähig erkennen. Kant formulierte dazu einen kategorischen Imperativ, das heißt eine Handlungsanweisung, die unabhängig von der konkreten Situation zu befolgen sei: *«Handle so, dass die Maxime deines Willens jederzeit zugleich als Prinzip einer allgemeinen Gesetzgebung gelten könnte.»* Dieser für das Zeitalter der Aufklärung kennzeichnenden Anweisung liegt die Überzeugung zugrunde, der vernunftbegabte Mensch sei selbst in der Lage, Grundsätze moralisch richtigen Handelns zu formulieren. Die moralische Berechtigung von Entscheidungen leitet sich daraus ab, dass jede Art der Übertragung letztlich zumindest akzeptabel erschiene.

Folgt man der Pflichtenethik, so sind Personalentscheidungen daraufhin zu prüfen, ob sie auch dann noch berechtigt wären, wenn sie auf alle Beschäftigten des Unternehmens angewandt würden. Personalfreisetzungen können als unumgänglich anerkannt werden, wenn die wirtschaftliche Situation eines Unternehmens einen Personalabbau erforderlich macht. Outplacement wäre, um am Beispiel des vorangehenden Abschnitts anzuknüpfen, eine Form der Trennung, die wahrscheinlich jeder Betroffene als fair empfinden würde, wodurch es eine Legitimierung erfahren würde. Ebenso kann ein leistungsorientiertes Anreizsystem in einer Leistungsgesellschaft allgemeine Zustimmung finden, während ein Karriereaufstieg aufgrund persönlicher Bekanntschaften unter denselben Bedingungen keine allgemeine Akzeptanz finden würde, wenn er ein generelles Prinzip wäre.

Pflichtenethik und Personalarbeit

Mit der dogmatischen Begründung hat der deontologische Ansatz die Schwäche gemeinsam, dass Grundsätze ohne die Berücksichtigung der Anwendungsfolgen im Einzelfall unangemessen erscheinen können, obwohl sie verallgemeinernd akzeptiert würden. Obwohl der Grundsatz der Wahrhaftigkeit zweifellos allgemein anerkannt ist, gibt es doch Situationen, in denen uns die Unwahrheit angemessen erschiene, beispielsweise einen Mitarbeiter mit einer Bestätigung in Hinblick auf die Zukunft zu motivieren, obwohl die aktuelle Leistung tatsächlich völlig unzureichend ist.

Utilitarismus und das Prinzip des Nutzens für die größte Zahl

Die Handlungsfolgen stehen im Mittelpunkt utilitaristischer Begründungen (Nutzenethik). Der Utilitarismus wurde von Jeremy Bentham (1748–1832) und John Stuart Mill (1806–1873) begründet. Dieser Ansatz sieht eine Entscheidung dann als moralisch berechtigt an, wenn sie im Vergleich zu allen übrigen Entscheidungsalternativen den größten Nutzen für die größte Zahl der durch die Entscheidung betroffenen Personen bedeutet. Ein Grundsatz kann also nie einen Wert für sich darstellen, sondern immer nur unter Berücksichtigung seiner Anwendungsfolgen. Zu unterscheiden sind der radikale Handlungsutilitarismus und der gemäßigte Regelutilitarismus. Für den Handlungsutilitaristen ist jede Entscheidung einem eigenen Kalkül zu unterziehen, muss also stets die spezifische Ausgangssituation berücksichtigen. Dagegen nimmt der Regelutilitarismus eine Zwischenstellung zur deontologischen Ethik ein, weil er sich nicht an der einzelnen Entscheidung, sondern an den Konsequenzen ihrer Verallgemeinerung orientiert. Die Handlung ist danach zu beurteilen, welche Folgen sie hätte, wenn sie zur allgemeinen Regel würde.

Utilitarismus und Personalarbeit

Für die Gestaltung normativer Grundsätze im Personalmanagement wird ein utilitaristischer Ansatz in der Regel eine Abwägung der Interessen einzelner Mitarbeiter, von Mitarbeitergruppen und des Gesamtunternehmens vornehmen. Die in vielen Ländern gesetzlich vorgeschriebenen Sozialpläne bei Massenentlassungen lassen sich zwar auch grundsatzethisch begründen. Von einer gesamtwirtschaftlichen Warte aus sind sie auch utilitaristisch fundiert: Mobilere Mitarbeiter werden noch am ehesten neue Anstellungen finden, und dadurch wird der Sozialstaat am wenigsten belastet. Geht man jedoch vom Unternehmen und seinen Beschäftigten aus, wird man eher zum umgekehrten Schluss kommen: Die Freisetzung flexibel einsetzbarer Leistungsträger schwächt das Unternehmen und damit letztlich auch die verbleibenden Beschäftigten, was durch die eventuell verbesserten Beschäftigungsaussichten der freigestellten Mitarbeiter kaum ausgeglichen wird.

So einfach und rational dieser Begründungsansatz auf den ersten Blick erscheint, so schwierig ist er in der Ausführung. Wie das Beispiel zeigt, sind Kosten und Nutzen von Personalentscheidungen kaum objektiv zu messen, weil die Wirkung einer Maßnahme von den Betroffenen oft ganz anders eingeschätzt wird als von außenstehenden Personen. Zudem stößt in der Praxis eine Kosten-Nutzen-Abschätzung in einer verzweigten Entscheidungssituation schnell an ihre Grenzen, muss also unvollständig bleiben.

Diskursethik und herrschaftsfreier Diskurs

Sowohl die deontologische als auch die utilitaristische Begründung gehen von einem Rationalitätsideal aus, in dem es immer eine beste Lösung unter verschiedenen Alternativen geben kann. Dabei ist aber in Betracht zu ziehen, dass jede Reflexion und jede Bewertung subjektiv und somit immer nur vom Standpunkt der begründenden Person aus gültig sind. Es ist also fraglich, ob solcherart begründete Entscheidungen allgemeine Akzeptanz finden können. Die kommunikative Begründung der Dialog- oder Diskursethik umgeht das Rationalitätsproblem, indem sie Handlungen und Grundsätze durch den Konsens der davon betroffenen Personen legitimiert. Sie versteht sich als eine Anleitung zur kollektiven Entwicklung von Wertgrundsätzen in einem herrschaftsfreien Kontext. Damit sind Bedingungen gemeint, unter denen alle beteiligten Personen die Möglichkeit erhalten, ihre Anliegen frei zu äußern und in die Diskussion, aus der sich die neuen Werte herauskristallisieren sollen, einzubringen (Apel 1990).

	Dogmatische Ethik	**Grundsatzethik**	**Nutzenethik**	**Diskursethik**
Voraussetzungen für die Anwendbarkeit	Akzeptanz des Dogmas und der abgeleiteten Normen	Rational reflektierende Entscheider	Kenntnis über die Kalküle der Betroffenen	Herrschaftsfreier Diskurs zwischen den Beteiligten
Grenzen der Anwendbarkeit	Legitimierung erfolgt außerhalb der Organisation	Rationalität der einsamen Entscheidungsträger	Reichweite des Nutzenkalküls	Gewährleistung eines herrschaftsfreien Settings
Beispiel 1: Begründung für leistungsorientierte Vergütungssysteme	Unterstützen die persönliche Entwicklung und das Gedeihen des Unternehmens	Weitgehende Akzeptanz in einer intakten Leistungsgesellschaft	Entgeltsystem, das die größten individuellen und kollektiven Fortschritte erzeugt	Kann eingeführt werden, wo sich Vorgesetzte und Mitarbeitende verständigen
Beispiel 2: Begründung für Maßnahmen der Arbeitsplatzgestaltung	Schützen die Person durch eine erhöhte Arbeitssicherheit	Jeder Mensch darf humane Arbeitsbedingungen erwarten	Ermöglichen ein effizientes Arbeiten und steigern so die Produktivität des Unternehmens	Arbeitsgruppen sollen die Chance zur autonomen Gestaltung der Arbeitsumgebung erhalten.

▲ Abb. 48   Anwendungsvoraussetzungen und -folgen ethischer Begründungen

Diskursethik und
Personalarbeit

Das Konzept der Organisationsentwicklung ist ein Beispiel dafür, wie sich Veränderungen in Unternehmen legitimieren, indem die Betroffenen am Veränderungsprozess aktiv beteiligt werden. Herrschaftsfreiheit soll dadurch erreicht werden, dass die Projektgruppen interdisziplinär und über Hierarchieebenen hinweg zusammengesetzt werden. Für die Diskursethik gibt es im Gegensatz zu den drei ersten Begründungsformen keine Kriterien, nach denen Grundsätze des Personalmanagements inhaltlich als moralisch richtig oder falsch erkannt werden können. Das einzige Kriterium dafür ist der Prozess ihres Zustandekommens. ◄ Abb. 48 zeigt die Anwendungsvoraussetzungen und -folgen ethischer Begründungen anhand von zwei Beispielen.

Jede Entscheidung im Human Resource Management basiert auf einer Wertentscheidung, gleichgültig, ob diese von außen erkennbar sind oder nicht. Viele Unternehmen sind dazu übergegangen, Unternehmens- und Personalgrundsätze zu formulieren, in denen grundlegende Wertentscheidungen dargelegt sind. Damit signalisiert die Organisation, welchen Erwartungen von Seiten der Mitarbeitenden sie über die ökonomische Zielsetzung hinaus genügen will. Wie weit sich diese Ansprüche im Konfliktfall auch durchsetzen können, bleibt fraglich, denn in der Regel sind sie eher allgemein formuliert. Außerdem muss man dabei von der impliziten Annahme ausgehen, dass sie nur unter der Voraussetzung Gültigkeit haben, dass das

---

Ethische Entscheidertypen

Ulrich und Thielemann (1992) haben Tiefeninterviews mit sechzig Managern schweizerischer Unternehmen über ihren Umgang mit dem Spannungsfeld von ökonomischen und ethischen Zielen geführt und fanden vier Typen unternehmensethischer Orientierung, die sich in zwei Dimensionen voneinander unterscheiden lassen. In einer ersten Dimension unterscheiden sie System- und Kulturorientierung: Systemorientierung steht für die Überzeugung, dass das Wirtschaftssystem und seine Wettbewerbsbedingungen jeweils eigenen Regeln folgen (Zwei-Welten-Theorie). Kulturorientiert macht man dagegen keinen Unterschied zwischen Wirtschaft und Gesellschaft, sondern geht stattdessen von einer einzigen Lebenswelt aus, in der ethische Normen universelle Geltung haben. In der zweiten Dimension unterscheiden die Forscher zwischen einer harmonistischen Einstellung, die von der Vereinbarkeit unternehmerischer Zwänge und moralischer Überzeugungen ausgeht, und einer konflikttheoretischen Einstellung, die hier einen kaum aufzulösenden Widerspruch sieht.

- *Ökonomisten,* die ein Drittel der Befragten repräsentierten, gehen davon aus, dass marktwirtschaftliche Wettbewerbsbedingungen die Realisierung moralischer Grundsätze nur zulassen, wenn sie von den Marktpartnern, insbesondere den Kunden, unterstützt werden. Moralische Richtigkeit kann nur ein Instrument zur Realisierung von Marktvorteilen, nicht aber letzte Instanz für die Unternehmensführung sein.

- Für *Konventionalisten,* etwas über die Hälfte der Befragten, wird Unternehmensethik mit überlieferten guten Sitten gleichgesetzt, deren Befolgung alle berechtigten moralischen Ansprüche an das Unternehmen abzudecken vermag.
- *Reformer* sind sich des Widerspruchs zwischen Marktdruck und moralisch richtigem Handeln bewusst, glauben jedoch, dass dieser nur durch Veränderungen der strukturellen Rahmenbedingungen, d.h. der Marktordnung, auflösbar wäre. Etwa zehn Prozent der Befragten ließen sich dieser Gruppe zuordnen.
- Der einzige *Idealist* unter den sechzig Befragten sah als Einziger die Notwendigkeit, ethische Fragen in die Unternehmensführung mit aufzunehmen, was seiner Ansicht nach großes Engagement der Unternehmer und einen allgemeinen gesellschaftlichen Bewusstseinswandel erfordere.

Soweit sich dieses Ergebnis auf Personalfragen im Unternehmen übertragen lässt, kann man daraus ableiten, dass die übergroße Mehrheit der Befragten zum Befragungszeitpunkt keinen Bedarf für eine ethische Hinterfragung von Personalentscheidungen sieht: Sie sind überflüssig (Konventionalist), behindern die Marktorientierung des Unternehmens (Ökonomist) oder erfordern erst vom Gesetzgeber entsprechende Maßnahmen, mit denen eine mitarbeiterfreundliche Personalpolitik belohnt würde (Reformer). Nur eine verschwindende Minderheit sieht hier Handlungsbedarf und Gestaltungsspielräume für ein normatives Management.

Unternehmen sich die Erfüllung auch ökonomisch leisten kann. Ähnliche Spannungsfelder tangieren auch den individuellen Entscheider und die individuelle Entscheiderin als Führungskräfte und Bereichsleiter, wenn sie versuchen, sowohl ihrem ökonomischen als auch dem gesellschaftlichen Gewissen gerecht zu werden. Welche Muster sich dabei herausbilden, haben empirische Studien zu den ◁ *ethischen Entscheidertypen* gezeigt.

Literaturhinweise

Cyril C. Ling (1965): The History of Personnel Relations.

Daniel A. Wren & Arthur G. Bedeian (2009): The Evolution of Management Thought. 6. Auflage.

Diese beiden Bücher bieten eine ausführliche Aufarbeitung der Entwicklungslinien in der Personallehre von ihren Ursprüngen bis in die jüngste Zeit. Der Fokus liegt allerdings besonders für die späteren Zeitabschnitte deutlich auf den USA.

Barbara Bleisch & Markus Huppenbauer (2011): Ethische Entscheidungsfindung – Ein Handbuch für die Praxis.

Die Autoren bieten einen Leitfaden zur ethischen Entscheidungsfindung in fünf Schritten und verbinden dies mit einem Überblick zu den wesentlichen Positionen und Begründungslogiken mit vielen Anwendungsbeispielen aus Politik und Wirtschaft.

Stephan Kaiser & Arjan Kozica (2012): Ethik im Personalmanagement: Zentrale Konzepte, Ansätze und Fragestellungen.

Der Sammelband vereinigt eine Reihe von aktuellen Beiträgen aus der grundlagen- und der anwendungsorientierten Forschung zu verschiedenen Aspekten von Personalarbeit und Mitarbeiterführung aus unternehmensethischer Perspektive.

Jean-Paul Thommen (2003): Glaubwürdigkeit und Corporate Governance. 2. Auflage.

Dieses Buch zeigt, was die Glaubwürdigkeit eines Unternehmens als zentrales Element ethischen Handelns bedeutet und wie eine Glaubwürdigkeitsstrategie formuliert sowie umgesetzt werden kann.

Literaturverzeichnis

Adams, J. (1965): Inequality in Social Change. In: L. Berkowitz (Ed.): Advances in Experimental Social Psychology (vol. 2). New York/London, S. 267–299.

Apel, K.-O. (1990): Diskurs und Verantwortung: Das Problem des Übergangs zur post-konventionellen Moral. Frankfurt am Main: Suhrkamp.

Argyris, C. (1957): Personality and Organization: The Conflict Between System and Individual. New York: Harper.

Argyris, C. (1960): Understanding Organizational Behavior. London: Tavistock.

Argyris, C. & D.A. Schön (1978): Organizational Learning: A Theory of Action Perspective. Reading u.a.: Addison-Wesley.

Aydin, M.D., D.N. Leblebiciy, M. Arslan, M. Kilic & M.K. Oktem (2005): The Impact of IQ and EQ on Pre-eminent Achievement in Organizations: Implications for the Hiring Decisions of HRM Specialists. In: International Journal of Human Resource Management, 16, S. 701–719.

Backhausen, W. & J.-P. Thommen (2006): Coaching. Wiesbaden: Gabler, 3. Auflage.

Bandura, A. (1986): Social Foundation of Thought and Action: A Social Cognitive Theory. Englewood Cliffs: Prentice-Hall.

Barandun, A. (2007): Swiss Re sponsort Hybridautos. In: Tages-Anzeiger vom 06.01.2007, S. 25

Baron, J.N. & D.M. Kreps (1999): Strategic Human Resources: Frameworks for General Managers. New York: Wiley.

Bass, B.M. & B.J. Avolio (1994): Improving Organizational Effectiveness Through Transformational Leadership. Thousand Oaks: Sage.

Beatty, R.W., M.A. Huselid & C.E. Schneier (2003): New HR Metrics – Scoring on the Business Scorecard. In: Organizational Dynamics, 32 (2), S. 107–121.

Becker, M. (2013): Personalentwicklung: Bildung, Förderung und Organisationsentwicklung in Theorie und Praxis. Stuttgart: Schäffer-Poeschel, 6. Auflage.

Bennis, W. & B. Nanus (1990): Führungskräfte: Die vier Schlüsselstrategien erfolgreichen Führens. Frankfurt am Main/New York: Campus, 4. Auflage.

Bleisch, B. & M. Huppenbauer (2011): Ethische Entscheidungsfindung – Ein Handbuch für die Praxis. Zürich: Versus.

Blessin, B. & A. Wick (2013): Führen und führen lassen. Ansätze, Ergebnisse und
   Kritik der Führungsforschung. Stuttgart: Lucius & Lucius, 7. Auflage.

Bosetzky, H., P. Heinrich & J. Schulz zur Wiesch (2002): Mensch und Organisation:
   Aspekte bürokratischer Sozialisation. Stuttgart: Kohlhammer, 6. Auflage.

Bowman, C. & D. Asch (1987): Strategic Management. Houndsmills: Macmillan.

Boxall, P. & J. Purcell (2011): Strategy and Human Resource Management. Hound-
   mills/New York: Palgrave Macmillan, 3. Auflage.

Brenner, D. (2003): Neue Mitarbeiter suchen, auswählen, einstellen. München:
   Luchterhand.

Butler, T. & J. Waldroop (1999): Job Sculpting: The Art of Retaining Your Best People. In: Harvard Business Review 77 (5), S. 144–152.

Cameron, K.S., R.E. Quinn, J. DeGraff & A.V. Thakor (2007): Competing Values
   Leadership: Creating Value in Organisations. Cheltenham: Edward Elgar.

Cappelli, P. & A. Crocker-Hefter (1996): Distinctive Human Resources are Firms'
   Core Competencies. In: Organizational Dynamics, Winter 25 (4), S. 7–22.

Deci, E.L. & R.M. Ryan (1985): Intrinsic Motivation and Self-Determination in
   Human Behavior. New York: Plenum.

Deci, E.L. & R.M. Ryan (2000): The «What» and «Why» of Goal Pursuits: Human
   Needs and the Self-Determination of Behavior. In: Psychological Inquiry, 11(4),
   S. 227–268.

Den Hartog, D.N., R. House, P.J. Hanges & S. Antonio Ruiz-Quintanilla (1999):
   Culture Specific and Cross-Culturally Generalizable Implicit Leadership Theo-
   ries. In: Leadership Quarterly, 10, S. 219–256.

DGFP e.V. (Hrsg.) (2010): Expat-Management: Entsendung von Mitarbeitern ins
   Ausland erfolgreich gestalten. Bielefeld: Bertelsmann.

Drumm, H.J. (1993): Die neueren Enzykliken zur katholischen Soziallehre: Eine
   Grundlage der Personalwirtschaftslehre? In: Weber, W. (Hrsg.): Entgeltsysteme:
   Lohn, Mitarbeiterbeteiligung und Zusatzleistungen. Stuttgart: Schaeffer-Poe-
   schel, S. 23–39.

Einsiedler, H. (2003): Organisation der Personalentwicklung. Neuwied: Luchterhand, 2. Auflage.

Erpenbeck, J. & L. von Rosenstiel (Hrsg.) (2007): Handbuch Kompetenzmessung.
   Stuttgart: Schäffer-Poeschel, 2. Auflage.

Erpenbeck, J., L. von Rosenstiel & S. Grote (2013): Kompetenzmodelle von Unternehmen: Mit praktischen Hinweisen für ein erfolgreiches Management von Kompetenzen. Stuttgart: Schäffer-Poeschel.

Eunson, B. (1990): Betriebspsychologie. Hamburg: McGraw-Hill.

Evans, P., E. Lank & A. Farquhar (1989): Managing Human Resources in the International Firm. In: P. Evans, Y. Doz & A. Laurent (Eds.): Human Resource Management in International Firms: Change, Globalization, Innovation. London:
   Macmillan, S. 113–143.

Evers, A. & H. Nowotny (1987): Über den Umgang mit Unsicherheit: Die Ent-
   deckung der Gestaltbarkeit von Gesellschaft. Frankfurt am Main: Suhrkamp.

Fiedler, F. (1967): A Theory of Leadership Effectiveness. New York: McGraw-Hill.

Fischer, H. (2001): Von der Arbeitsplatzsicherheit zur Beschäftigungsfähigkeit – das Employability-Konzept der Deutschen Bank AG. In: R. Lombriser & H. Uepping: Employability statt Jobsicherheit. Neuwied/Kriftel: Luchterhand, S. 158–169

Frech, G. (2003): Fokus Beruf & Familie: Work-life Balance – das familienfreundliche Unternehmen. In: A. Beck (Hrsg.) Personalmanagement 2003 – Erfolgreich praktizierte Modelle der Personalarbeit. Tagungsband der Technischen Akademie Esslingen, Ostfildern, S. 271–280.

Frey, B. (1997): Markt und Motivation: Wie ökonomische Anreize die (Arbeits-) Moral verdrängen. München: Vahlen.

Frey, B. & M. Osterloh (2002): Managing Motivation: Wie Sie die neue Motivationsforschung für Ihr Unternehmen nutzen können. Wiesbaden: Gabler.

Friedman, M. (1970): The Social Responsibility of Business is to Increase its Profits. In: New York Times Magazine vom 13. September 1970, S. 32–33 und 122–126.

Geck, L.H.A. (1953): Soziale Betriebsführung. Essen: Girardet.

Geißlinger, H. (Hrsg.) (2013): Überfälle auf die Wirklichkeit: Berichte aus dem Grenzland zwischen Magie und Realität. Books on Demand.

Gmür, M., D. Karczinski & P. Martin (2002): Employer Branding – Schlüsselfunktion im strategischen Personalmarketing. In: Personal 10/2002, S. 12–15.

Gneezy, U. & A. Rustichini (2000): Pay Enough or Don't Pay at All. In: Quarterly Journal of Economics, 115, S. 791–810.

Goffman, E. (1972): Asyle: Über die soziale Situation psychiatrischer Patienten und anderer Insassen. Frankfurt am Main: Suhrkamp.

Goleman, D. (1995): Emotionale Intelligenz. München: Hanser.

Graen, G.B. & M. Uhl-Bien (1995): Führungstheorien – von Dyaden zu Teams. In: A. Kieser, G. Reber & R. Wunderer (Hrsg.): Handwörterbuch der Führung. Stuttgart, 2. Auflage, Sp. 1045–1085.

Hahn, K. (1973): Erziehung zur Verantwortung. Stuttgart: Klett.

Handy, C.B. (1989): The Age of Unreason. Boston.

Hersey, P. & K.H. Blanchard (1977): Management of Organizational Behavior: Utilizing Human Resources. Upper Saddle River: Prentice-Hall.

Herzberg, F. (1968): One More Time: How Do You Motivate Employees? In: Harvard Business Review 46 (1), S. 53–62.

Hoeldtke, K., R. Waidmann & P. Waschetzko (2001): Die Balanced Scorecard als Instrument zur Strategieumsetzung im Human Resources Bereich eines Global Players. In: Personalführung 3/2001.

Hofstede, G. (2001): Culture's Consequences: Comparing Values, Behaviors, Institutions, and Organizations Across Nations. Beverly Hills: Sage, 2. Auflage.

Hollander, E.P. (1958): Conformity, Status, and Ideosyncrasy Credit. In: Psychological Review, 65, S. 117–127.

House, R. (1971): A Path-Goal Theory of Leader Effectiveness. Administrative Science Quarterly, 16, S. 321–338.

Jäger, M. & W. Jäger (1999): Personalmarketing im Internet: Neue Wege für die Personalarbeit. In: P. Knauth & A. Wollert (Hrsg.): Human Resource Management. Köln: Deutscher Wirtschaftsdienst.

Kaiser, S. & A. Kozica (Hrsg.) (2012): Ethik im Personalmanagement: Zentrale Konzepte, Ansätze und Fragestellungen. München und Mering: Hampp.

Kälin, K. & P. Müri (2005): Sich und andere führen: Psychologie für Führungskräfte und Mitarbeiter. Thun: Ott, 15. Auflage.

Kammel, A. & D. Teichelmann (1994): Internationaler Personaleinsatz: Konzeptionelle und instrumentelle Grundlagen. München/Wien: Oldenbourg.

Kaplan R.S. & D.P. Norton (1997): Balanced Scorecard: Strategien erfolgreich umsetzen. Stuttgart: Schaeffer-Poeschel.

Karnicnik, E. & C. Sanne (2003): Siemens-Führungsrahmen. In: J. Erpenbeck & L. v. Rosenstiel (Hrsg.): Handbuch Kompetenzmessung. Stuttgart: Schäffer-Poeschel, S. 212–218.

Kerr, S. & J.M. Jermier (1978): Substitutes for Leadership: Their Meaning and Measurement. In: Organizational Behavior and Human Performance, 22, S. 375–403.

Kissler, G.D. (1994): The New Employment Contract. In: Human Resource Management, 33(3), S. 335–352.

Knoblauch, J.W. (2003): drilbox GmbH – Motivierte und eigenverantwortlich handelnde Mitarbeiter sind kein Zufall. In: A. Beck (Hrsg.) Personalmanagement 2003 – Erfolgreich praktizierte Modelle der Personalarbeit. Tagungsband der Technischen Akademie Esslingen, Ostfildern, S. 221–235.

Kobi, J.-M. (2012): Personalrisikomanagement: Strategien zur Steigerung des People Value. Wiesbaden: Springer Gabler, 3. Auflage.

Kübler-Ross, E. (1972): Interviews mit Sterbenden. Stuttgart/Berlin: Kreuz.

Landis, D. & J.M. Bennett & M.J. Bennett (Eds.) (2004): Handbook of Intercultural Training. Newbury Park u.a.: Sage, 3rd edition.

Lazarus, R.S. & S. Folkman (1984): Stress, Appraisal, and Coping. New York: Springer.

Liechti, L. & M. Abraham (2011): Die Evaluation von betrieblichen Weiterbildungsmaßnahmen. In: Zeitschrift für Betriebswirtschaft, 81(3): S. 241–262.

Ling, C.C. (1965): The Management of Personnel Relations: History and Origins. Homewood: Irwin.

Lombriser, R. & H. Uepping (2001): Employability statt Jobsicherheit: Personalmanagement für eine neue Partnerschaft zwischen Unternehmen und Mitarbeitern. Neuwied/Kriftel: Luchterhand.

Luhmann, N. (1984): Soziale Systeme: Grundriss einer allgemeinen Theorie. Frankfurt am Main: Suhrkamp.

Machiavelli, N. (1961): Der Fürst. Stuttgart: Reclam (Erstausgabe: Il principe. 1513).

Maleska, B. (2006): Coaching – Integraler Bestandteil des Vorwerk Performance Managements. In: W. Backhausen & J.-P. Thommen: Coaching. Wiesbaden, S. 335–350.

Maslow, A.H. (1973): Psychologie des Seins. Ein Entwurf. München: Kindler.

Maslow, A.H. (1977): Motivation und Persönlichkeit. Olten: Walter.

Mayrhofer, W. (1989): Trennung von der Organisation: Vom Outplacement zur Trennungsberatung. Wiesbaden: Deutscher Universitäts-Verlag.

McCall, M. & M.M. Lombardo (1983): Off the Track – Why and How Successful Executives Get Derailed. Technical Report No. 21, Center for Creative Leadership, Greensboro.

McClelland, D.C. (1951): Personality. New York: Dryden.

McClelland, D.C. (1961): The Achievement Motive. Princeton: Van Nostrand.

McGregor, D. (1973): Der Mensch im Unternehmen. Düsseldorf: Econ.

McNulty, Y. & K. Inkson (2013): Managing Expatriates: A Return on Investment Approach. New York: Business Expert Publishing.

Menkes, J. (2005): Executive Intelligence: What All Great Leaders Have. New York.

Meyer, J.P. & N.J. Allen (1997): Commitment in the Workplace: Theory, Research, and Application. Thousand Oaks: Sage.

Milkovich, G.T. & J.M. Newman (2013): Compensation. New York: McGraw-Hill, 13. Auflage.

Morgenthaler, M. (2004): Wenn jeder Mitarbeiter am persönlichen Aktienindex gemessen wird. In: St. Galler Tagblatt, Stellenmarkt vom 04.12.2004, S. 1.

Moser, K. (1996): Commitment in Organisationen. Bern: Huber.

Neisser, U. (1979): Kognition und Wirklichkeit: Prinzipien und Implikationen der kognitiven Psychologie. Stuttgart: Klett-Cotta.

Nell-Breuning, O.v. (1950): Der Mensch im Betrieb. In: Zeitschrift für Betriebswirtschaft, 20. Jg., S. 257–266.

Nell-Breuning, O.v. (1987): Unsere Verantwortung. Für eine solidarische Gesellschaft. Freiburg: Herder.

Neuberger, O. (1990): Der Mensch ist Mittelpunkt. Der Mensch ist Mittel. Punkt. – Acht Thesen zum Personalwesen. In: Personalführung 1/1990, S. 3–10.

Neuberger, O. (1994): Personalentwicklung. Stuttgart: Enke, 2. Auflage.

Neuberger, O. (2002): Führen und führen lassen: Ansätze, Ergebnisse und Kritik der Führungsforschung. Stuttgart: Lucius & Lucius, 6. Auflage.

Neuberger, O. & A. Kompa (1993): Wir, die Firma: Der Kult um die Unternehmenskultur. München: Heyne.

Nicholson, N. (1996): Career-Systems in Crisis: Change and Opportunity in the Information Age. In: Academy of Management Executive, 10(4), S. 40–51.

Odiorne, G.S. (1984): Strategic Management of Human Resources. San Francisco: Jossey-Bass.

Ostenrieder, M. & M. Weiß (1993): Erleben – Lernen – Kooperieren: Innovation durch erfolgreiches Miteinander. München: Fachhochschulschriften Sandmann.

Paschen, K. (1988): Formen der Personalorganisation: Von der funktionalen Organisation zum Integrationsmodell. In: Zeitschrift für Führung und Organisation, 56, S. 237–241.

Perlmutter, H.V. (1969): The Tortuous Evolution of the Multinational Corporation. In: Columbia Journal of World Business, 4 (1), S. 9–18.

Piaget, J. (1991): Meine Theorie der geistigen Entwicklung (hrsg. von R. Fatke). Frankfurt am Main: Suhrkamp.

Porter L. & E.E. Lawler (1968): Managerial Attitudes and Performance. Homewood: Irwin.

Presthus, R.V. (1966): Individuum und Organisation: Typologie der Anpassung. Frankfurt am Main: Fischer.

Rastetter, D. (1996): Personalmarketing, Bewerberauswahl und Arbeitsplatzsuche. Stuttgart: Enke.

Riekhof, H.-C. (Hrsg.) (2006): Strategien der Personalentwicklung. Wiesbaden: Gabler, 6. Auflage.

Rousseau, D. (1995): Psychological Contracts in Organizations: Understanding Written and Unwritten Agreements. Thousand Oaks CA: Sage.

Sarges, W. (Hrsg.) (2013): Management-Diagnostik. Göttingen: Hogrefe, 4. Auflage.

Sattelberger, T. (1999): Wissenskapitalisten oder Söldner? Personalarbeit in Unternehmensnetzwerken des 21. Jahrhunderts. Wiesbaden: Gabler.

Schein, E.H. (1965): Organizational Psychology. San Francisco: Jossey-Bass.

Schein, E.H. (1985): Organizational Culture and Leadership: A Dynamic View. San Francisco u.a.: Jossey-Bass.

Scholz, C. (Hrsg.) (1999): Innovative Personalorganisation: Center-Modelle für Wertschöpfung, Strategie, Intelligenz und Virtualisierung. Neuwied u.a.: Luchterhand.

Scholz, C., V. Stein & R. Bechtel (2011): Human Capital Management: Wege aus der Unverbindlichkeit. München: Luchterhand, 3. Auflage.

Schuler, H. & U.P. Kanning (2014): Lehrbuch der Personalpsychologie. Göttingen: Hogrefe, 3. Auflage.

Schuler, R.S. & S.E. Jackson (2007): Strategic Human Resource Management. Oxford/Malden: Blackwell, 2. Auflage.

Sennett, R. (1998): Der flexible Mensch: Die Kultur des neuen Kapitalismus. Berlin: Berlin-Verlag.

Simon, H., K. Wiltinger, K.-H. Sebastian & G. Tacke (1995): Effektives Personalmarketing: Strategien – Instrumente – Fallstudien. Wiesbaden: Gabler.

Smith, A. (2004): Reichtum der Nationen. Paderborn: Voltmedia (Erstausgabe: The Wealth of Nations. 1776)

Spears, L.C. & M. Lawrence (2004): Practicing Servant Leadership: Succeeding through Trust, Bravery, and Forgiveness. San Francisco CA: Jossey-Bass.

Spencer, H. (1877): The Principles of Sociology. New York: Appleton.

Sprenger, R.K. (1991): Mythos Motivation: Wege aus einer Sackgasse. Frankfurt am Main: Campus.

Sprenger, R.K. (2002): Das Prinzip Selbstverantwortung. Frankfurt am Main: Campus.

Steiner, A. (2004): Coaching organisieren – Coaching per Wertmarke. In: Manager Seminare, Nr. 77/2004, S. 62–68.

Stigler, G.J. (1939): Production and Distribution in the Short Run. In: Journal of Political Economy, 47, S. 305–327.

Stotz, W. & A. Wedel-Klein (2013): Employer Branding: Mit Strategie zum bevorzugten Arbeitgeber. München: Oldenbourg, 2. Auflage.

Super, D.E. (1957): Psychology and Careers. New York: Harper & Row.

Taylor, F.W. (1911): The Principles of Scientific Management. New York: Harper & Row.

Taylor, H.C. & J.T. Russell (1939): The Relationship of Validity Coefficients to the Practical Effectiveness of Tests in Selection. In: Journal of Applied Psychology, 23, S. 565–578.

Thommen, J.-P. (2003): Glaubwürdigkeit und Corporate Governance. Zürich: Versus, 2. Auflage.

Towers Perrin (2005): Reward and Performance Management Challenges – Linking People and Results – Europe. Executive Summary (ohne Verlagsort).

Turban, D.B. & T.L. Keon (1993): Organizational Attractiveness: An Interactionist Perspective. In: Journal of Applied Psychology, 78, S. 184–193.

Ulrich, D. (1996): Human Resource Champions – The Next Agenda for Adding Value and Delivering Results. Boston: Harvard Business University.

Ulrich, D., J. Younger, W. Brockbank & M. Ulrich (2012): HR from Outside In: Six Competencies for the Future of Human Resources. New York: McGraw-Hill Professional.

Ulrich, P. (1990): Unternehmensethik: Führungsinstrument oder Grundlagenreflexion? In: H. Steinmann & A. Löhr (Hrsg.): Unternehmensethik. Stuttgart: Poeschel, 2. Auflage, S. 189–210.

Ulrich, P. & U. Thielemann (1992): Ethik und Erfolg: Unternehmensethische Denkmuster von Führungskräften – eine empirische Studie. Bern/Stuttgart: Haupt.

Van Maanen, J. & E.H. Schein (1979): Toward a Theory of Organizational Socialization. In: Research in Organizational Behavior (vol. 1), S. 209–264.

Von Eckardstein, D. (Hrsg.) (2001): Handbuch variable Vergütung für Führungskräfte. München: Vahlen.

Von Eckardstein, D. & S. Konlechner (2008): Vorstandsvergütung und gesellschaftliche Verantwortung der Unternehmung: Zur Berücksichtigung der gesellschaftlichen Funktion großer Kapitalunternehmen in Vergütungssystemen für die Mitglieder von Vorständen. Mering: Hampp.

Vroom, V.H. (1964): Work and Motivation. New York: Wiley.

Vroom, V.H. & A.G. Jago (1991): Flexible Führungsentscheidungen. Stuttgart: Schäffer-Poeschel Verlag.

Vroom, V.H. & P.W. Yetton (1973): Leadership and Decision Making. Pittsburgh: Pittsburgh University.

Walter-Busch, E. (1989): Das Auge der Firma: Mayos Hawthorne-Experimente und die Harvard Business School. Stuttgart: Enke.

Watzlawick, P. (1978): Wie wirklich ist die Wirklichkeit? Wahn – Täuschung – Verstehen. München/Zürich: Piper.

Weber, M. (1920): Die protestantische Ethik. München/Hamburg: Siebenstern.

Weber, M. (1921): Wirtschaft und Gesellschaft. Tübingen: Mohr.

Weick, K.E. (1985): Der Prozess des Organisierens. Frankfurt am Main: Suhrkamp.

Weidemann, A. & M. Paschen (2002): Personalentwicklung. Freiburg u.a.: Haufe.

Weinert, A.B. (2004): Organisationspsychologie. Weinheim: Beltz, 5. Auflage.

Westphal, A. & M. Gmür (2009): Organisationales Commitment und seine Einflussfaktoren: Eine qualitative Metaanalyse. In: Journal für Betriebswirtschaft, 59, S. 201–229.

Wickel-Kirsch, S. & S. Goerke (2002): Internes Marketing für Personalarbeit: Wie Sie Kundenansprache und Image verbessern. Neuwied: Luchterhand.

Wren, D.A. & A.G. Bedenian (2009): The Evolution of Management Thought. Chichester: Wiley, 6. Auflage.

Wunderer, R. & A. Jaritz (2007): Unternehmerisches Personalcontrolling: Evaluation der Wertschöpfung im Personalmanagement. Stuttgart: Schäffer-Poeschel, 4. Auflage.

Wunderer, R. & W. Küpers (2003): Demotivation – Remotivierung. München: Luchterhand.

Yukl, G. (2006): Leadership in Organizations. Upper Saddle River: Prentice-Hall, 6. Auflage.

Stichwortverzeichnis

A

Aktienoptionspläne 155, 157
Aktivitätskompetenz 196
Akzeptanz 83, 85, 94, 121, 276, 348
Änderungswiderstände 233
«Andorra-Phänomen» 186
Anerkennung . 104, 106, 109, 150, 237, 319,
    367
    fehlende 103
Anerkennungsbedürfnis 110
Anerkennungsmotiv 184
Anforderungs-
    -analyse 198
    -gerechtigkeit 140, 185
    -orientierung 25, 28
Anpassung 307
Anreiz 99
    extrinsischer 102, 107, 114, 135, 148
    intrinsischer 102
    Leistungs- 71, 114, 125, 136, 142
    Macht- 131
    Team- 149
Anreiz-Beitrags-Gleichgewicht 116, 235–236
Anreiz-Beitrags-Theorie 236
Anreizkonflikt 136
Anreizsensibilität 152
Anreizstrukturen 253
Anreizsystem . . . 30–31, 125, 127, 244, 343
    Ausrichtungen 127
    Elemente 129
    Motivationswirkungen 131

Appetenz 136
Arbeitnehmermitbestimmung 406
Arbeitnehmerüberlassung 359
Arbeits-
    -amt 268
    -gruppen, teilautonome 351–352
    -marktsegment 32, 251
    -organisation 32, 243, 349–350
    -platzgestaltung 304, 354
    -platzverlust 357
    -probe 285, 292
    -zeit 352
        -verkürzung 358
    -zufriedenheit 104
Artefakte 301
Assessment Center 274, 281, 285, 292,
    294, 387
    Reliabilität 293
    Validität 293
Aufgaben-
    -orientierung 58, 75
    -struktur 80
    -zuweisung 58
Auslandseinsatz 327
Auslandsentsendung 329
    Reintegration 331–332
autopoïetische Systeme 212
autoritäre Führung 52, 67
Aversion 136

B Balanced Scorecard 172, 363, 382
      Funktionen 173
Bedürfnis 22, 99
      Anerkennungs- 110
      -hierarchie 109
      physiologisches 104, 109–110
      Selbstverwirklichungs- 110
      Sicherheits- 110
      Theorie der gelernten
            Bedürfnisse 112–113
      Zugehörigkeits- 110
behavioristische Lerntheorie 221
Belegschaftsaktie 130, 156
Belegschaftsstruktur 262
Belohnung
      extrinsische 118
      intrinsische 118
Beobachtung 285
Beschäftigungsfähigkeit 360
Beschäftigungsgesellschaften 361
Betriebsführung, wissenschaftliche . 402–403
Beurteilungsfehler 185
Bewährungslohn 148
Bewerberinterview 287
Bewerbungsunterlagen 284–285
Bindungs-
      -management 242
      -motivation 99, 101, 233
      -muster 237
biografischer Fragebogen 285–286
Branchenkompetenz 22
Branchenkultur 283
Bundesanstalt für Arbeit 268
Burnout-Syndrom 235, 325

C Cafeteria-System 131, 155, 160
Change Agent 367
Charisma 72
charismatische Führung 50, 67, 71
chronologische Flexibilisierung 353
chronometrische Flexibilisierung 352
Coach 91, 203
Coaching 215
Commitment 33, 128, 156, 236–239
Computersimulation 281, 289
Controlling 47, 363
      Effektivitäts- 380–381
      Effizienz- 379
      Kosten- 379
      Personal- 375
Corporate Design 302
Corporate University 206

D Deadwood 201
Defizitanalyse 199
      personalbezogene 41
Defizitbedürfnisse 110
delegative Führung 89
demokratische Gerechtigkeit 145
Demotivation 99, 102, 168, 182
      Ursachen 103
deontologische Ethik 413
Deutero-Learning 222
Dezentralisierung 266
      der Personalarbeit 369
dienende Führung 65–66
direktive Führung 52
Diskursethik 415–416
Disziplinierung 194
dogmatische Ethik 412
Double-Loop-Learning 222
360°-Beurteilung 176–177
Due Diligence 387

E Effektivitätscontrolling 380–381
Effizienzcontrolling 379
Effizienz des Ressourceneinsatzes 339
Effizienzziel 21
Eignungsdiagnose 273
      Gütekriterien 275
Einarbeitung 264
Einführungsinterviews 287
Einführungsprogramm 297, 311
Einstellungsinterview 287
Einstellungsstopp 361
Einzelassessment 294
elektronische Lernmittel 203
emotionale Intelligenz 281
Employability 341, 360
Employer Branding 44, 249, 252, 357
      Einzigartigkeit 250
      Profil 250
      Internet 253
Engagement, gesellschaftspolitisches . . 325,
327
Entscheidertypen, ethische 417
Entscheidungs-
      -kompetenz 101
      -stil 81
      -verhalten 80
Entwicklung 28–29, 31, 55, 127, 191,
311, 313
Entwicklungs-
      -bedarf 195
      -möglichkeiten 280
      -ziel 57

Entwurzelungsstrategie 310
E-Recruitment 267
Erfolgsbeteiligung 137, 154
    Modelle 154
    Ziele 155
Erlebnispädagogik 204, 207–208
Ertragsgerechtigkeit 142
Erwartungs-Valenz-Theorie 115–116
Ethik 410
    deontologische 413
    Diskurs- 415–416
    dogmatische 412
    Nutzen- 414
    Pflichten- 413–414
    utilitaristische 414
ethische Entscheidertypen 417
Evaluation von Personalmaßnahmen 380
externe Rekrutierung 265
extrinsische Belohnung 118
extrinsische Motivation . . 106–107, 153, 182,
    184, 269
extrinsischer Anreiz . 102, 107, 114, 135, 148

F   Fachbereichskultur 283
Fachkompetenz 22, 280
Fachlaufbahn 320
Fachseminar 204–205
Fähigkeit, aufgabenbezogene 75
Fallstudie 293
Familienarbeitsmuster 324
Feedback
    Leistungs- 26, 90, 177, 181
    Verhaltens- 26
Feedbacksystem 30–31, 33, 165, 167
    Anforderungen 181
    Anwendungsbereiche 167
    Gestaltung 182
    Wirkung 181
    Ziele 167
Fehlzeiten 128, 233, 258, 350, 353, 377
    -rate 308
Firmenuniversität 206
Flexibilisierung 160, 254, 327, 337, 339,
    348, 352
    chronologische 353
    chronometrische 352
    Modelle 353
Flexibilität 25, 337, 339, 356, 366
Flexibilitäts-
    -bereitschaft 343
    -fähigkeit 341
    -potenzial 340
    -ziel 23

Fluktuation 258
Fort- und Weiterbildung 243
Fragebogen, biografischer 285–286
Fremdbestimmung 103
Fremdkontrolle 106, 120, 182
Fremdmotivation 99, 102, 119–120
Führung
    autoritäre 52
    charismatische 50, 71
    delegative 89
    dienende 65–66
    direktive 52
    kollegial-kooperative 66
    kooperative 47, 78, 89
    Mitarbeiter- 47, 76
    patriarchalische 66
    situative 75
    Substitutionstheorie 90
    transaktionale 71
    transformationale 71
    Weg-Ziel-Theorie 78
    zielorientierte 92, 170
Führungsdyaden 63
Führungsentscheidungen 80
Führungserfolg 55
    und Führungsstil 79
Führungsintelligenz 69, 71
Führungskompetenz 199, 209–210
Führungslaufbahn 320
Führungsleitbild 52, 87
    persönliches 52
Führungsplanspiel 204, 209–211
Führungsrollen 53–54
Führungsstil 22, 52, 55, 63
    aufgabenorientierter 56, 58
    autoritärer 67
    charismatischer 67
    integrierender 65
    kollegialer 64
    Laisser-faire- 65
    mitarbeiterorientierter 56, 58
    passiv autokratischer 67
    strukturierender 64
    technokratischer 64
    und Führungserfolg 79
    vermeidender 65

G   Gehaltsstruktur 263
Gehaltssystem 33, 131, 137, 266
    Gerechtigkeitsprinzipien 139, 145
    internationales 333
Gerechtigkeit 138
    demokratische 145

Gerechtigkeitsprinzipien 139
Gewerkschaften 406
Gewinnbeteiligung 128
Gleichheitstheorie 116, 118, 134, 181
Gleitzeit 353
Globalisierung 408
Global Manager 330
Grafologie 275–277, 284–285, 291

H Halo-Effekt 186
Handlungskompetenz 280, 282
HAY-Verfahren 140
Hierarchieeffekt 186
Hochschulmarketing 265–266
Homo oeconomicus 131–132
Humankapitalbewertung 378
Human-Relations-Bewegung 402–405
Human Resource Due Diligence 386
Human Resources 21–22
Human Resource Scorecard 382–384
Humanvermögensrechnung 378
Hygienefaktoren 104–105, 130

I Ich-AG 359, 368
Identifikation 22, 58, 67, 71, 93, 106,
108, 251, 339, 343–344
Identifikationsmuster 343
Ideosynkrasiekredit 72–73
Illoyalität 80, 308
indexed stock option 159
Individualismus 88–89
Individualprämie 151
Induktionsschluss 286
Industrialisierung 397
informelle Beziehungen 308
Inhaltstheorien 100
Inhouse Consulting 368
innerbetriebliche Strategie 261
Innovation 25, 27, 29, 39, 382
Innovationsprozess 37–38
Innovationsziel 21
Innovator 20
Input-Output-Analyse 170–171
Integration . . . 128, 173, 239, 300, 302–303,
309, 312
gescheiterte 306
Intelligenz 27, 69, 179, 281
emotionale 281
kognitive 276
-quotient (IQ) 281
soziale 282
-test 276, 281, 289

interkulturelle Kompetenz 332
internationales Personalmanagement 328
Internationalisierungsstrategien 328
interne Rekrutierung 264
Internet 203, 253, 267
Rekrutierung über das 267
Interview 274–275, 285, 287
Intranet 203, 374
intrinsische Belohnung 118
intrinsische Motivation 106–107, 114,
119–120, 135, 148, 151, 153, 184, 239
intrinsischer Anreiz 102
Introjektion 108
Isolation 103, 350

J Jahresarbeitszeit 353–354
Job Enlargement 350
Job Enrichment 350
Job Rotation 342, 350
Job Sharing 351
joking relationship 308

K Kaltes-Wasser-Strategie 310
Kapitalbeteiligung 29, 128–130, 156
Modelle 159
Nebeneffekte 162
Karriere-
-modell 319
-muster 323
-wege 317
Kaskadenprinzip 92
Kennzahlensysteme   167, 172, 174, 176, 376,
382, 388–389
Kernbelegschaft 262
Kernkompetenz . 27, 127, 206, 234, 263, 366
Kleber-Effekt 186
kognitive Fähigkeiten 281
kognitive Intelligenz 276
kognitivistische Lerntheorie 221
Kohäsion 55, 57, 234
Kollegenbeurteilung 167, 178–179
kollegial-kooperative Führung 66
Kollusionseffekt 136
Kommunikation 185
Kompetenz 21–22, 263, 280
Aktivitäts- 196
Branchen- 22
Entscheidungs- 101
erleben 106
Fach- 22, 280
fachlich-methodische 197
fachübergreifende 28

Kompetenz (Forts.)
  Führungs- 199, 209–210
  Handlungs- 280, 282
  interkulturelle 332
  Kern- 27, 127, 206, 234, 263, 366
  Management- 31, 209
  Meta- 342
  Methoden- 22, 211
  Multi- 342
  personale 196
  -portfolio 232
  Sozial- 22, 280, 282, 342, 380
  sozial-kommunikative 197
  System- 22
  umsetzungsorientierte 196
  unternehmensspezifische 22
Kompetenz-
  -bilanz 196
  -entwicklung 177, 191
  -messung 196
  -portfolio 254–255
Konflikte 168
Konkurrenzdenken 88
Konstruktionsübung 293
Konstruktivismus 212
Kontrolle ... 58, 64, 80, 90–91, 93, 103, 105,
  119, 135, 241, 310
  Fremd- 106, 120, 182
  Leistungs- 91, 184
  Selbst- 94, 135
  Situations- 344
Kontrollüberzeugung 149, 182, 355
kooperative Führung 47, 78, 89
Kostencontrolling 379
Kostenführer 20
Kosten-Nutzen-Analyse 277, 279
  Beurteilungsfaktoren 277
  Evaluation 277
Kreativitätstechniken 342
Kultur 319, 331
  Branchen- 283
  Fachbereichs- 283
  Landes- 74, 86–87, 283, 328, 331
  Leistungs- 203
  Organisations- 83, 86, 283, 297, 299
  Personal- 35–37
  Team- 299
  Unternehmens- 178
Kundenbeurteilung 180

L Landeskultur 74, 86–87, 283, 328, 331
Laufbahnmuster 319, 323, 325
Laufbahnplanung 264
Leadership
  siehe Führung
Lean Management 351
Lebensarbeitszeit 354
Lebenszyklusmodell 256
Leistung 55, 65, 195, 201
  des Teams 67
  Management- 168
  qualitative 142
  quantitative 142
  «Turniere» 135
Leistungs-
  -anreize 71, 114, 125, 136, 142
  -defizite 201
  -fähigkeit 280
  -feedback 26, 90, 177, 181
  -gehalt 146, 148
  -gerechtigkeit 142, 185
  -kontrolle 91, 184
  -kultur 203
  -lohn 143
  -motiv 113
  -motivation ... 29, 97, 99, 101, 104, 106,
    112, 114
  -normen 91
  -orientierung 25, 28, 30, 88
  -potenzial 280
  -risiko 148
  -störungen 168, 201
  -test 285, 289
  -wille 280
  -ziele 55, 67
  -zulage 147
leistungsabhängige Vergütung 146, 179
Leitbild
  Führungs- 52, 87
    persönliches 52
  personalpolitisches 23, 41
Lernen 221–222, 382
Lernfähigkeit 282
Lernmittel 202
  elektronische 203
Lernsoftware 202
Lerntheorien 202, 220–221
Lohnhöhe 137
Lohnsystem 137
Loyalität 22, 25, 28, 30, 66, 88, 90, 101, 137,
  141, 234, 250, 307, 337, 346, 357, 368

M

Macht 49–50, 319
   Positions- 49, 79–80
Macht-
   -anreize 131
   -bedürfnis 319
   -distanz 87
   -motiv 112–113
Management 52, 155, 157, 172, 366
   Beurteilung 178
   Bindung 235
   Bindungs- 242
   by Objectives 91, 170, 182
      Phasen 92
      Zielwirkungen 93
   Lean Management 351
   Moden und Mythen 284
   Personal-   43–44, 249, 365, 367, 369, 372
      internationales 328
   Selbst- 211
   Total Quality Management 352
   Wissens- 193–194, 225, 244
   Zeit- 342
Management-
   -Audit 167, 180, 387
   -Buy-out 361
   -kompetenz 31, 209
   -leistung 168
   -planspiel 204, 209
   -stil 263
   -systeme 301, 328
Markt-
   -gerechtigkeit 144
   -strategie 21
   -wert 378
Marxismus 399–400
Maskulinität 69, 88
Maßstabsfehler 187
Menschenbild 51, 109, 131
   complex man 51
   rational man/economic man 51, 132
   self-actualizing man 51
   social man 51
   Theorie X 51
   Theorie Y 51
Mentor 203, 312
Mentoring 214, 217, 241, 304
«merit pay» 148
Metakompetenz 342
Methodenkompetenz 22, 211
Misserfolgsmeider 114
Mitarbeiter-
   -beteiligung 161
   -beurteilung 170, 176
   -darlehen 157
   -führung 47, 76

Mitarbeiter- (Forts.)
   -gespräch 167, 170, 176
   -orientierung 56–58, 75
   -zufriedenheit 44, 55–56, 178
Mitunternehmertum 121, 143
Mobbing 103
Moral 410
Motiv 99
Motivation 21–22, 99, 194, 262, 280,
   341, 357
   Aufstiegs- 101
   Bindungs- 99, 101, 233
   Demotivation 99, 102, 168, 182
   extrinsische . 106–107, 153, 182, 184, 269
   Fremd- 99, 102, 119–120
   Inhaltstheorien 100
   intrinsische 106–107, 114, 119–120,
     135, 148, 151, 153, 184, 239
   Leistungs- 29, 99, 101, 104, 106, 112, 114
   Prozesstheorien 100
   Remotivierung 99, 102–103
   Selbst- 99, 102, 120, 182
   VIE-Theorie 115–116
Motivations-
   -faktoren 104, 130
   -portfolio 232, 254–255
   -strategien 119
   -struktur 319

N

Nachbarschaftsbüro 356
Nachwuchskartei 264
Nettopersonalbedarf 257
Newplacement 218, 360
Nutzenethik 414

O

Objektivität 274–276
Ökologiebonus 144
Ökonomisierung 408
Online-Stellenbörsen 268
Open Space 205
organisationales Lernen 222
Organisation des Personalmanagements . 365
Organisations-
   -aufstellung, systemische 213
   -entwicklung 28, 194
   -kultur 22, 83, 86, 283, 297, 299
   -modelle 369
   -struktur 22, 307, 349
   -theater 213
Outdoor-Training 207, 209
Outplacement 218, 360
Outsourcing 262, 365, 374

P Partizipation 178
patriarchalische Führung 66
performance-accelerated restricted stock . 159
performance-accelerated stock option . . . 159
performance-vested restricted stock
    option 159
Personalabbau 259, 356
Personalabteilung, virtuelle 373
Personalarbeit
    Dezentralisierung 369
    Organisationsmodelle 369
    Virtualisierung 374
Personalauswahl 271
    Instrumente 284
    Kriterien 280
    Verfahren 273
Personalbedarfsplanung 253
Personalberatung 267–268
personalbezogene Defizitanalyse 41
Personalbindung 31, 33, 128, 155, 193,
    230–231, 313
Personalcontrolling 375
    Ansätze 377
    Funktionen 375
Personaleinführung 309
Personaleinsatz 32, 243, 339
Personalentwicklung 28, 31, 33, 193, 195
    Methoden 202
Personalgrundsätze 416
Personalimage 250–251, 265
    -anzeigen 265
Personalkonzept 43
    strategisches 39
Personalkultur 35–37
Personalmanagement
    internationales 328
    Kernfunktionen 43
    marktorientierte Ausrichtung 249
    Organisation 365
    Professionalisierung 369, 372
    Rollen 367
    Unterstützungsfunktionen 44
Personalmarketing 249
Personalmaßnahmen, Evaluation 380
Personalorganisation 365
    Modelle 371
Personalplanung
    als Sekundärplanung 259
    Instrumente 255
    Methoden 255
        mathematische 256
Personalpolitik 20–21
personalpolitisches Leitbild 23, 41
Personalportfolio . . 195, 199–200, 232, 254

Personalreferent 370
Personalrekrutierung 31, 247, 259
Personalressourcen 21
Personalrisiken 231, 234
    Risikoanalyse 199
Personalstatistik 377
Personalstrategie 21, 31, 43
    Einflussfaktoren 35
    eingespieltes Team 24
    Grundtypen 23
    intelligenter Organismus 27
    kreative Evolution 29
    perfektes System 26
Personalsuche 32
Personalwerbung 247
Persönlichkeit 50, 55, 64
Persönlichkeitstest . . 275–276, 285, 290–291
Pflichtethik 413–414
Planspiel 204, 209–211, 292–293
Planung 58
    durch Zufallsauswahl 257
Positionsmacht 49, 79–80
Postkorb 292
Prämien 135, 151
premium-priced stock option 159
Prinzipal-Agenten-Modell 167, 169
Problem Employees 201
Problemlösungsfähigkeit . 27, 191, 281–282,
    292–293, 310, 342
Professionalisierung 339, 366, 369, 372
Professionalisierungsstrategie . 260–261, 263
Professionalität 339
Professionsbelegschaft 262
Projektaufgaben 203
Projektlaufbahn 320
Prozesstheorien 100
psychologischer Test 274, 277, 285, 289
psychologischer Vertrag 242

Q Qualitätsführer 20
Qualitätszirkel 40, 193, 202, 374

R Randbelegschaft 262
Rationalität, beschränkte 132
«Rattenrennen» 135
REFA-Verfahren 140
Referenzen 284
Reformpädagogik 208
Regressionsrechnung 256
Reifegrad, aufgabenbezogener . . 65, 75, 339
    Komponenten 75
Reifegradmodell 77, 209

Reife, persönliche 75
Reintegration 332
Rekrutierung 31, 247, 259
   externe 265
   interne 264
   über das Internet 267
Rekrutierungsmaßnahmen 265
Rekrutierungswege 267
Reliabilität 274–275, 293
Remotivierung 99, 102–103, 194
Re-Placement 218, 360
Risikoanalyse 199
Rollen 53–54, 305, 348
   des Personalmanagements 367
Rollen-
   -distanz 308
   -konflikte 305
   -spiel 293
   -verständnis 366
   -vielfalt 305
   -wahrnehmung 117
Ruhestandsregelung 361

S   Sabbatical 354, 358
Satellitenbüro 356
Scheinselbständigkeit 359
Schichtarbeit 353
Schonstrategie 309
Scientific Management 402–403
Seilschaften 237, 263
Seitenwechsel 206
Selbständigkeit 231, 341, 359
Selbstbestimmung 106
Selbstbeurteilung 179, 267
Selbstbewusstsein 72
Selbstbild 75, 208
Selbstkontrolle 94, 135
Selbstmanagement 211
Selbstmotivation 99, 102, 120, 182
Selbstorganisation 57, 65, 214, 350
selbstorganisiertes Lernen 212
Selbstsicherheit 119
selbststeuernde Arbeitsgruppe 91
Selbststeuerung 120
Selbstverantwortung 354
Selbstvertrauen 75
Selbstverwirklichung 104, 106, 109, 111,
   131, 150, 237, 319, 351, 367
Selbstverwirklichungsbedürfnis 110
Selbstwertgefühl 74, 180
Sensitivitätstraining 331
Serienfehler 187

servant leadership 65
Sicherheitsbedürfnis 110
Sicherheitsmotiv   52, 88, 104, 109, 127, 146,
   150, 153, 183, 237, 319, 367
Simulation 256
Single-Loop-Learning 222
Sinnhaftigkeit 106
situative Führung 75
soziale Intelligenz 282
soziale Konflikte 168
Sozialgerechtigkeit 143
Sozialisation 303
Sozialisationsträger 303
Sozialkompetenz 22, 280, 282, 342, 380
Soziallehre 401
   katholische 412
   protestantische 413
Sozialorientierung 28
Sozialpolitik 402
Spotmarktstrategie 260
Stars 200
Stellenanzeigen 251, 267
   im Internet 251
Stellenbesetzungsstrategie 259
Stellenbörsen 268
Stellvertretung 203
Stereotype 186
stock purchase plan 159
Story Dealer 213
Strategie
   -analyse 39
   Entwurzelungs- 310
   innerbetriebliche 261
   Internationalisierungs- 328
   Kaltes-Wasser- 310
   Markt- 21
   Personal- 21, 31, 43
   Professionalisierungs- 260–261, 263
   Schon- 309
   Spotmarkt- 260
   Stellenbesetzungs- 259
   Unternehmens- 20, 127, 198, 206
strategisches Personalkonzept 39
Stress 58, 63, 292, 313, 344–345
subjektive Gerechtigkeit 134
Substitutionstheorie der Führung 90
Systeme, autopoiëtische 212
systemische Organisationsaufstellung . . . 213
systemischer Ansatz 212
Systemkompetenz 22
Szenarien 198
Szenariotechnik 256

T

Taylorismus 403
Taylor-Russell-Tafel 278
Team-
    -anreiz 149
    -arbeit 352
    -fähigkeit 207, 282
    -kultur 299
    -organisation 243
    -prämie 148, 151
    -Teaching 205
    -zusammenhalt 55
teilautonome Arbeitsgruppen 351–352
Teilzeitarbeit 353, 358
Telearbeit 327, 355
    mobile 356
Teleheimarbeit 355
Temporärarbeit 269
Test
    Intelligenz- 276, 281, 289
    Leistungs- 285, 289
    Persönlichkeits- . 275–276, 285, 290–291
    psychologischer 274, 277, 285, 289
Theorie X 51
Theorie Y 51
time-based restricted stock 159
time-vested stock option 159
Total Quality Management 352
Trainee 312
    -programm 309, 312, 321, 332
transaktionale Führung 71
transformationale Führung 71
Trendextrapolation 256

U

Überstrahlungseffekt 186
Unsicherheit . . . 67, 103, 111, 184, 193–194,
    209, 276, 303, 340, 344–345
Unsicherheitsvermeidung 88
Unternehmens-
    -erfolg 17
    -kultur 178, 299, 343
    -organisation 301
    -strategie 20, 127, 198, 206
Utilitarismus 414–415
utilitaristische Ethik 414

V

Valenz 116
Validität 274–275, 293
variable Vergütung 120, 127, 146, 149,
    154–155, 167, 176
Veränderungsorientierung 68
Verantwortung 141
Verdrängungseffekt 107, 135, 153
Verhaltensfeedback 26

Verhaltensgerechtigkeit 141
Vermeidungsmotiv 112–113
Verteilungsgerechtigkeit 138–139
Vertrauen 24, 50, 52, 72, 120, 150, 265,
    356, 375
Vertrauensarbeitszeit 354
VIE-Theorie der Motivation 115–116
Virtualisierung 365
    der Personalarbeit 374
virtuelle Personalabteilung 373
virtuelles Unternehmen 373
Vorgesetztenbeurteilung 177–178

W

Wachstumsbedürfnis 110
Wachstumsmodell 256
Weg-Ziel-Theorie der Führung 78
Weiterbildung 204, 243, 381
Welfare-Bewegung 401
Werkvertrag 354
Werte 299, 301
    persönliche 22
Wettbewerb 322
Widerstände gegen Veränderungen 345
Wirklichkeit, inszenierte 213
Wirtschaftsliberalismus 399
wissenschaftliche Betriebsführung . 402–403
Wissensmanagement 193–194, 225, 244
Workhorses 200
Work-Life-Balance 322–323, 327

Z

Zeitarbeit 262, 269, 359
Zeitmanagement 342
Zeugnis 284
Ziele
    der Erfolgsbeteiligung 155
    Effizienz- 21
    Entwicklungs- 57
    Flexibilitäts- 23
    Innovations- 21
    Kohäsions- 57
    Leistungs- 55, 67
    von Feedbacksystemen 167
    Zufriedenheits- 56
Zielerreichungskontrolle 93
zielorientierte Führung 92, 170
Zielsetzung 58
Zielvereinbarung 92
Zufriedenheit 44, 55, 104, 118
Zufriedenheitsziel 56
Zugehörigkeitsbedürfnis 110
Zugehörigkeitsmotiv 104, 109, 111–113, 127,
    150, 153, 183, 237, 319, 367
Zwei-Faktoren-Theorie 104, 182

 SOS SAVE OUR  SOULS

Die Autoren

Markus Gmür Prof. Dr. Markus Gmür ist Inhaber des Lehrstuhls für NPO-Management und Forschungsdirektor am Institut für Verbands-, Stiftungs- und Genossenschaftsmanagement (VMI) der Universität Fribourg (Schweiz). Bis 2008 war er Inhaber des Lehrstuhls für Human Resource Management und Prorektor für Lehre an der European Business School (ebs) in Oestrich-Winkel (Deutschland). Im Mittelpunkt seiner Forschungs- und Lehrtätigkeit stehen die Erklärung und Steuerung ökonomischer Erfolgsbeiträge des Personalmanagements in Unternehmen und Nonprofit-Organisationen. Dies wird als Führungsaufgabe von Bereichsmanagern, als Fachaufgabe des Personalbereichs und als Aktionsfeld von Managementberatern angesehen. Markus Gmür ist über seine Forschungs- und Lehrtätigkeit hinaus als Coach für Führungskräfte und als Dozent in verschiedenen Weiterbildungsprogrammen tätig.

Jean-Paul Thommen Prof. Dr. Jean-Paul Thommen ist Inhaber des Lehrstuhls Organizational Behaviour an der European Business School (Deutschland), Titularprofessor der Universität Zürich und Gastprofessor an der University of Zagreb, Kroatien. Dozent in Executive-Programmen an verschiedenen Universitäten in der Schweiz und in Deutschland sowie in Weiterbildungskursen für Firmen und Verbände. Forschungsschwerpunkte: Allgemeine Betriebswirtschaftslehre, systemisches Management, organisationales Lernen, Coaching, Unternehmensethik. Er ist Autor verschiedener Standardwerke zur Betriebswirtschaftslehre.

SMS SAVEMY SOUL

Die Künstlerin

Susanne Keller
Die Malerin Susanne Keller lebt und arbeitet in Zürich und Stäfa. In ihrem Atelier entstehen vor allem großformatige Gemälde, die seit 1980 an zahlreichen Ausstellungen im In- und Ausland zu sehen waren.

Ungeachtet neuer Medien und avantgardistischer Kunstfindungen vertraut Susanne Keller auf die Gültigkeit und Unerschöpflichkeit der traditionellen Malerei. Vom Figurativen scheinbar unberührt, tragen ihre Bildtafeln dennoch Erinnerungen an Gegenständliches in sich, an eine moosbewachsene Mauer etwa oder an ein oxydiertes Kupferdach. Diese Farbstimmungen, wie unscharfe Momentaufnahmen gestaltet und bis zur Monochromie aufs Wesentliche reduziert, eröffnen dem Betrachter unvermittelt physische und seelische Räume, in denen Realität und Fiktion, Erlebtes und Empfundenes gleichzeitig präsent ist.

Die Illustrationen
Zum Buch: Der vorliegende Band ist (rückseitig) überschrieben mit dem Titel «soul». Soul ist Musik – Soul ist das geheimnisvoll Unbekannte, Unfassbare. Zahlreich sind die Assoziationen zu diesem Begriff, einige davon finden sich im Buchinnern in den kleinformatigen, beschrifteten Zeichnungen, die immer paarweise gestaltet sind. «Seele» findet sich auch im Blau des Buchumschlags. Die Themenvariationen sind subjektiv, schräg, doppelbödig und unabhängig vom Buchinhalt.